Großkommentare der Praxis

Bruck/Möller

Versicherungsvertragsgesetz

Großkommentar

9., völlig neu bearbeitete Auflage

herausgegeben von

Horst Baumann, Roland Michael Beckmann,
Katharina Johannsen, Ralf Johannsen (†), Robert Koch

Elfter Band

Schlussvorschriften

§§ 209–216 VVG
Mitversicherung
Internationales Versicherungsvertragsrecht

Bearbeiter:

§ 209 (Rückversicherung): Charlotte Echarti, Hubertus Labes
§ 209 (Seeversicherung): Robert Koch
§ 210: Reinhard Renger
§ 211: Kent Leverenz
§ 212: Gerrit Winter
§ 213: Knut Höra
§§ 214, 215: Oliver Brand
§ 216, Mitversicherung (Anhang zu § 216): Winfried Schnepp
Int. Versicherungsvertragsrecht: Heinrich Dörner

De Gruyter

Stand der Bearbeitung: September 2012

Zitiervorschlag: Bruck/Möller/*Winter*[9] § 212 VVG Rn. 4

Sachregister: Nicole Sylwester

MIX
Papier aus verantwortungsvollen Quellen
FSC® C016439

ISBN 978-3-89949-525-6
e-ISBN 978-3-11-024883-8

Bibliografische Information der Deutschen Nationalbibliothek

Die Deutsche Nationalbibliothek verzeichnet diese Publikation in der Deutschen Nationalbibliografie; detaillierte bibliografische Daten sind im Internet über http://dnb.d-nb.de abrufbar.

Datenkonvertierung/Satz: WERKSATZ Schmidt & Schulz GmbH, Gräfenhainichen
Druck: Hubert & Co. GmbH & Co. KG, Göttingen

∞ Gedruckt auf säurefreiem Papier

Printed in Germany

www.degruyter.com

Verzeichnis der Bearbeiter der 9. Auflage

Erwin Abele, Rechtsanwalt in München

Dr. **Horst Baumann**, Professor an der Technischen Universität Berlin

Dr. **Roland Michael Beckmann**, Professor an der Universität des Saarlandes, Saarbrücken

Dr. **Oliver Brand**, LL.M. (Cambridge), Professor an der Universität Mannheim

Dr. **Christoph Brömmelmeyer**, Professor an der Europa-Universität Viadrina, Frankfurt (Oder)

Dr. **Heinrich Dörner**, Professor an der Westfälischen Wilhelms-Universität Münster

Dr. **Jan Dreyer**, Rechtsanwalt in Hamburg

Charlotte Echarti, Rechtsanwältin in Rellingen

Dr. **Jan Eichhorn**, Rechtsanwalt in Hamburg

Dr. **Thomas Gädtke**, Rechtsanwalt in München

Dr. **Sven Gerhard**, Allianz Global Corporate & Speciality AG, Hamburg

Dr. **Olaf Hartenstein**, Rechtsanwalt in Hamburg

Dr. **Helmut Heiss**, LL.M. (Chicago), Professor an der Universität Zürich

Dr. **Jörg Henzler**, Rechtsanwalt in Stuttgart

Dr. **Harald Herrmann**, Professor an der Friedrich-Alexander-Universität Erlangen-Nürnberg und Leiter des Instituts für Versicherungswissenschaft

Dr. **Knut Höra**, Rechtsanwalt und Fachanwalt für Versicherungsrecht in Frankfurt am Main

Dr. **Detlef A. Huber**, Rechtsanwalt in Freiburg i.Br.

Jens Jaeger, Rechtsanwalt in Hamburg

Dr. **Katharina Johannsen**, Vorsitzende Richterin am Hanseatischen OLG a.D., Hamburg

Dr. **Ralf Johannsen** (†), Rechtsanwalt in Hamburg

Dr. **Rocco Jula**, Rechtsanwalt und Fachanwalt für Versicherungsrecht in Berlin

Dr. **Kai-Oliver Knops**, Professor an der Universität Hamburg

Dr. **Robert Koch**, LL.M. (McGill), Professor an der Universität Hamburg

Dr. **Hubertus W. Labes**, Rechtsanwalt in Rellingen

Dr. **Kent Leverenz**, Richter in Hamburg

Dr. **Annemarie Matusche-Beckmann**, Professor an der Universität des Saarlandes, Saarbrücken

Oliver Meixner, Rechtsanwalt und Fachanwalt für Versicherungsrecht in Hamburg

Dr. **Helmut Müller**, Präsident des Bundesaufsichtsamts für das Versicherungswesen a.D., Berlin

Dr. **Ernst Niederleithinger**, Ministerialdirektor beim Bundesministerium der Justiz a.D., Honorarprofessor, Berlin

Dr. **Peter Präve**, Syndikus beim GDV, Berlin

Jürgen Raab, Kravag-Logistic Versicherungs AG, Hamburg

Dr. **Reinhard Renger**, Ministerialrat beim Bundesministerium der Justiz a.D., Bonn

Dr. **Thomas Richter**, Rechtsanwalt in Hamburg

Dr. **Jens-Berghe Riemer**, Rechtsanwalt und Fachanwalt für Versicherungsrecht sowie Transport- und Speditionsrecht in Nürnberg

Dr. **Claus von Rintelen**, Rechtsanwalt in Hamburg

Dr. **Christian Rolfs**, Professor an der Universität zu Köln

Dr. **Christian Schneider**, Rechtsanwalt in Köln

Dr. **Winfried Schnepp**, Rechtsanwalt und Fachanwalt für Versicherungsrecht in Köln

Arno Schubach, Rechtsanwalt und Fachanwalt für Versicherungsrecht in Koblenz

Dr. **Dieter Schwampe**, Rechtsanwalt in Hamburg

Dr. **Hans-Peter Schwintowski**, Professor an der Humboldt-Universität zu Berlin

Dr. **Ansgar Staudinger**, Professor an der Universität Bielefeld

Dr. **Wolfgang Voit**, Professor an der Philipps-Universität Marburg

Dr. **Eckhardt Wilkens**, Vorstand der R+V Versicherung AG und Vorsitzender des Vorstandes der Vereinigten Tierversicherung Gesellschaft auf Gegenseitigkeit a.D., Burgwedel

Dr. **Gerrit Winter**, Professor an der Universität Hamburg

Vorwort zu Band 11

Band 11 des „Bruck/Möller“ enthält die Kommentierung zu „Teil 3 des VVG: Schlussvorschriften“ sowie des Internationalen Versicherungsvertragsrechts und des Rechts der Mitversicherung.

Die „Schlussvorschriften“ der §§ 209–216 regeln unterschiedliche Materien:

§ 209: Unanwendbarkeit des VVG auf Rückversicherung und Seeversicherung. Die Kommentierung bringt in diesem Zusammenhang einen fundierten Gesamtüberblick über die Rückversicherung sowie eine problemorientierte Einführung zur Seeversicherung, die des Weiteren in Band 6 (Transportversicherung) erörtert werden wird.

§ 210: Unanwendbarkeit der Beschränkungen der Vertragsfreiheit des VVG auf „Großrisiken“ und „laufende Versicherungen“.

§§ 211, 212: Sonderregelungen für Pensionskassen, kleinere Versicherungsvereine, Versicherungen mit kleineren Beträgen sowie für die Fortsetzung einer Lebensversicherung nach der Elternzeit.

§ 213: Erhebung personenbezogener Daten des Versicherers bei Dritten.

§§ 214, 215: Schlichtungsstelle und Gerichtsstand.

§ 216: Prozessstandschaft beim Vorgehen gegen Lloyds's als Versicherer-Mehrheit. Des sachlichen Zusammenhangs wegen wird in einem Anhang zu dieser Vorschrift die Mitversicherung ausführlich bearbeitet.

Den Abschluss des Bandes bildet eine umfassende Darstellung und Kommentierung des praktisch immer größere Relevanz erlangenden Internationalen Versicherungsvertragsrechts.

In rascher Folge werden 2013 weitere Bände – zur Lebensversicherung, zur Haftpflichtversicherung und zur Berufsunfähigkeitsversicherung – erscheinen.

Rechtsprechung und Schrifttum wurden im Wesentlichen bis September 2012 berücksichtigt. Für Kritik und Verbesserungsvorschläge sind Verlag und Herausgeber dankbar.

Berlin, Saabrücken und Hamburg im Oktober 2012

Horst Baumann *Roland Michael Beckmann* *Katharina Johannsen* *Robert Koch*

Inhaltsübersicht

VERSICHERUNGSVERTRAGSGESETZ

Teil 3
SCHLUSSVORSCHRIFTEN

Verzeichnis der Abkürzungen und der abgekürzt zitierten Literatur

a.A.	anderer Ansicht
a.a.O.	am angegebenen Ort
ABBV	Allgemeine Bedingungen für die Baubestandsversicherung
ABE	Allgemeine Bedingungen für die Elektronikversicherung
ABG	Allgemeine Bedingungen für die Kaskoversicherung von Baugeräten
ABGB	Allgemeines Bürgerliches Gesetzbuch (Österreich)
abgedr.	abgedruckt
ABGF	Allgemeine Bedingungen für die dynamische Sachversicherung des Gewerbes und der Freien Berufe
Abk.	Abkommen
abl.	ablehnend
ABl.	Amtsblatt
ABMG	Allgemeine Bedingungen für die Maschinen- und Kasko-Versicherung von fahrbaren und transportablen Geräten
ABN	Allgemeine Bedingungen für die Bauleistungsversicherung von Gebäudeneubauten durch Auftraggeber
ABRK	Allgemeine Bedingungen für die Reparaturkosten von Kraftwagen
ABRV	Allgemeine Bedingungen für die Reise-Rücktrittskosten-Versicherung
ABS	Allgemeine Bedingungen für die Sachversicherung (Österreich)
Abs.	Absatz
Abschlussbericht	*siehe KomE*
Abschn.	Abschnitt
ABU	Allgemeine Bedingungen für die Bauleistungsversicherung von Unternehmerleistungen
ABV	Allgemeine Bedingungen der Vertrauensschadenversicherung
ABV (PKautV)	Allgemeine Bedingungen der Vertrauensschadenversicherung (Personenkautionsversicherung)
ABVerm	Allgemeine Bedingungen für die Vermögenshaftpflichtversicherung
abw.	abweichend
AcP	Archiv für civilistische Praxis (zit. nach Band, Jahr u. Seite)
ADB	Allgemeine Deutsche Binnen-Transportversicherungsbedingungen
ADS	Allgemeine Deutsche Seeversicherungsbedingungen von 1919
a.E.	am Ende
AEB	Allgemeine Einbruchdiebstahlversicherungsbedingungen
ÄndG	Änderungsgesetz
ÄndVO	Änderungsverordnung
AERB	Allgemeine Bedingungen für die Einbruchdiebstahl- und Raubversicherung
AEUV	Vertrag über die Arbeitsweise der Europäischen Union
AFB	Allgemeine Bedingungen für die Feuerversicherung
AFVB	Allgemeine Bedingungen für die Fahrradverkehrsversicherung
a.F.	alte Fassung
AFG	Arbeitsförderungsgesetz
AG	Amtsgericht; Aktiengesellschaft
AGG	Allgemeines Gleichbehandlungsgesetz
AGBG	Gesetz zur Regelung des Rechts der Allgemeinen Geschäftsbedingungen (AGB-Gesetz)

AGlB	Allgemeine Bedingungen für die Glasversicherung
AGTG	Allgemeine Bedingungen für die Garantieverlängerungsversicherung von Technischen Geräten
AHagB	Allgemeine Hagelversicherungs-Bedingungen
AHB	Allgemeine Versicherungsbedingungen für die Haftpflichtversicherung
AKB	Allgemeine Bedingungen für die KfZ-Versicherung
AktG	Gesetz über Aktiengesellschaften und Kommanditgesellschaften auf Aktien
ALB	Allgemeine Bedingungen für die kapitalbildende Lebensversicherung
allg.	allgemein
allg.M.	allgemeine Meinung
Alt.	Alternative
AltZertG	Gesetz über die Zertifizierung von Altersvorsorgeverträgen
a.M.	anderer Meinung
AMB	Allgemeine Maschinen-Versicherungsbedingungen; ab 2008: Allgemeine Bedingungen für die Maschinenversicherung von stationären Maschinen
AMBUB	Allgemeine Maschinen-Betriebsunterbrechungs-Versicherungsbedingungen
AMG	Arzneimittelgesetz
AMoB	Allgemeine Montageversicherungsbedingungen
amtl. Begr.	amtliche Begründung
Anh.	Anhang
Anl.	Anlage
Anm.	Anmerkung
AnwBl.	Anwaltsblatt
AnwKom/*Bearbeiter*	AnwaltKommentar BGB, hrsg. von Dauner-Lieb/Heidel/Ring, 5 Bände (2005)
ao	außerordentlich
AO	Abgabenordnung
AöR	Archiv des öffentlichen Rechts
AP	Arbeitsrechtliche Praxis. Nachschlagewerk des Bundesarbeitsgerichts
ARB	Allgemeine Bedingungen für die Rechtsschutz-Versicherung
ArchBR	Archiv für Bürgerliches Recht
Art.	Artikel
ASKB	Allgemeine Bedingungen für die Sachversicherung von kerntechnischen Anlagen
Asmus/Sonnenberg	Kraftfahrtversicherung, 7. Aufl. (1998)
AStB	Allgemeine Bedingungen für die Sturmversicherung
AT	Allgemeiner Teil
AtomG	Gesetz über die friedliche Verwendung der Kernenergie und den Schutz gegen ihre Gefahren (Atomgesetz)
AUB	Allgemeine Unfallversicherungsbedingungen
AÜG	Arbeitnehmerüberlassungsgesetz
Auff.	Auffassung
Aufl.	Auflage
AuR	Arbeit und Recht
ausdrückl.	ausdrücklich
ausführl.	ausführlich
AusfVO	Ausführungsverordnung
ausl.	ausländisch
AuslG	Ausländergesetz
AusnVO	Ausnahmeverordnung

ausschl.	ausschließlich
Ausschussbericht	Beschlussempfehlung und Bericht des Rechtsausschusses zum Regierungsentwurf eines Gesetzes zur Reform des Versicherungsvertragsrechts (BTDrucks. 16/5862)
AV	Allgemeine Verfügung
AVB	Allgemeine Versicherungsbedingungen
AVB MaV	Allgemeine Bedingungen für die Versicherung von Maschinen, maschinellen Einrichtungen und Apparaten
AVBR	Allgemeine Bedingungen für die Versicherung von Reisegepäck
AVBSP	Allgemeine Bedingungen für die Versicherung von Juwelen, Schmuck- und Pelzsachen im Privatbesitz
AVB Vermögen	Allgemeine Versicherungsbedingungen zur Haftpflichtversicherung für Vermögensschäden
AVBW	Allgemeine Bedingungen für die Kasko-Versicherung von Wassersportfahrzeugen
AVFE	Allgemeine Versicherungsbedingungen für Fernmelde- und sonstige elektronische Anlagen
AVFEBU	Allgemeine Betriebsunterbrechungs-Bedingungen bei Fernmelde- und sonstigen elektrotechnischen Anlagen
AVFEM	Allgemeine Bedingungen für die Mehrkostenversicherung bei Fernmeldeanlagen und sonstigen elektrotechnischen Anlagen
AVG	Angestelltenversicherungsgesetz
AVP	Allgemeine Bedingungen für die Versicherung von Pferden und anderen Einhufern
AVR	Allgemeine Bedingungen für die Versicherung von Rindern
AVSZ	Allgemeine Bedingungen für die Versicherung von Schweinen, Schafen und Ziegen
AVTHK	Allgemeine Bedingungen für die Tierkrankenversicherung von Hunden und Katzen
AWaB	Allgemeine Versicherungs-Bedingungen für die Waldbrandversicherung
AWB	Allgemeine Bedingungen für die Leitungswasserversicherung
AWG	Außenwirtschaftsgesetz
Az.	Aktenzeichen
Bach/Langheid	Aktuelle Rechtsfragen der Versicherungsvertragspraxis, 2. Aufl. (1990)
Bach/Moser	Private Krankenversicherung, MB/KK- und MB/KT-Kommentar, 4. Aufl. (2010)
BaFin	Bundesanstalt für Finanzdienstleistungsaufsicht
BAG	Bundesarbeitsgericht
Bamberger/Roth/*Bearbeiter*	Kommentar zum Bürgerlichen Gesetzbuch in drei Bänden, 2. Aufl. (2007/08)
BankArch	Bankarchiv. Zeitschrift für Bank- und Börsenwesen
BAnz.	Bundesanzeiger
Baran	Das Versicherungsaufsichtsgesetz, 3. Aufl. (2000)
Basedow/Fock	Europäisches Versicherungsvertragsrecht, Bd. I–III (2002/03)
Bauer	Die Kraftfahrtversicherung, 6. Aufl. (2010)
BauGB	Baugesetzbuch
Baumgärtel/Prölss	Handbuch der Beweislast im Privatrecht, Bd. 5 (Versicherungsrecht) (1993)
Baumgärtel/Laumen/Prütting	Handbuch der Beweislast – BGB AT, §§ 1–240, 3. Aufl. (2007)
BAV (BAA)	Bundesaufsichtsamt für das Versicherungs- (bis 1973: und Bausparwesen (bis 2001)
BB	Der Betriebs-Berater

BBG	Bundesbeamtengesetz
Bd.	Band
BDSG	Bundesdatenschutzgesetz
Bearb.	Bearbeitung
Beckmann/Matusche-Beckmann/*Bearbeiter*	Versicherungsrechts-Handbuch, 2. Aufl. (2009)
BEEG	Gesetz zum Elterngeld und zur Elternzeit
begl.	beglaubigt
Begr.	Begründung zum VVG: RTDrucks Nr. 364, 12. Legislaturperiode, 1. Session 1907; zum PflVersG v. 7.11.1939: DJ 39, 1771; zur VO v. 19.12.1939: Amtl. Sonderveröffentl. d. DJ Nr. 20, Beilage zur DJ Nr. 3/1940; zum G v. 28.12.1942: DJ 43, 41 ff.; zur VO v. 6.4.1943: DJ 43, 269; zum G v. 5.4.1965 (PflVersG n.F.): BRDrucks. IV/2252 S 11 ff. zum RegE VVGReformG v. 20.12.2006 BTDrucks. 16/3945
Bek.	Bekanntmachung
Bekl.	Beklagter
Bem.	Bemerkung
Benkel/Hirschberg	Berufsunfähigkeits- und Lebensversicherung, ALB- und BUZ-Kommentar, 2. Aufl. (2011)
ber.	berichtigt
Berliner Kommentar/*Bearbeiter*	Berliner Kommentar zum Versicherungsvertragsgesetz: Kommentar zum deutschen und österreichischen VVG, hrsg. von H. Honsell (1999)
bes.	besonders
BesBed Arch	Besondere Bedingungen und Risikobeschreibungen für die Berufshaftpflichtversicherung von Architekten, Bauingenieuren und beratenden Ingenieuren
BesBed Priv	Besondere Bedingungen und Risikobeschreibungen für die Privathaftpflichtversicherung
Beschl.	Beschluss
Beschw.	Beschwerde
Bespr.	Besprechung
Best.	Bestimmung
bestr.	bestritten
betr.	betreffend
BetrAV	Betriebliche Altersversorgung
BetrAVG	Gesetz zur Verbesserung der betrieblichen Altersversorgung
BeurkG	Beurkundungsgesetz
BEW	Bedingungen für die Versicherung weiterer elementarer Schäden in der Wohngebäudeversicherung
BFH	Bundesfinanzhof
BGB	Bürgerliches Gesetzbuch
BGBl.	Bundesgesetzblatt
BGE	Entscheidungen des (Schweizerischen) Bundesgerichts
BGH	Bundesgerichtshof
BGHGrS	Bundesgerichtshof, Großer Senat
BGHR	BGH-Rechtsprechung Zivilsachen
BGHSt	Entscheidungen des Bundesgerichtshofes in Strafsachen (zit. nach Band u. Seite)
BGHZ	Entscheidungen des Bundesgerichtshofes in Zivilsachen (zit. nach Band u. Seite)

BLAH/*Bearbeiter*	Baumbach/Lauterbach/Albers/Hartmann, Zivilprozessordnung, 70. Aufl. (2012)
BLVA	Bayerische Landesbrandversicherungsanstalt
BMI	Bundesminister(ium) des Inneren
BMJ	Bundesminister(ium) der Justiz
BOÄ	Bundesärzteordnung
Böhme/Biela	Kraftverkehrs-Haftpflicht-Schäden. Handbuch für die Praxis, 23. Aufl. (2006) (bis zur 22. Aufl. *Becker/Böhme)*
Boldt FeuerV	Feuerversicherung, 7. Aufl. (1995)
Bolze	Praxis des Reichsgerichts in Civilsachen (1886 ff.)
Borutta	Handbuch des Privatversicherungsrechts (Loseblatt-Ausgabe)
BR	Bundesrat
BRAK	Bundesrechtsanwaltskammer
BRAO	Bundesrechtsanwaltsordnung
BRAOÄndG	Gesetz zur Änderung der Bundesrechtsanwaltsordnung, der Patentrechtsanwaltsordnung und anderer Gesetze
Braun Lebensversicherung	Lebensversicherung (1932)
BRDrucks.	Bundesrats-Drucksache
BReg.	Bundesregierung
BRProt.	Protokolle des Bundesrates
BRRG	Beamtenrechtsrahmengesetz
BRStenBer.	Verhandlungen des Bundesrats, Stenographische Berichte (zit. nach Sitzung u. Seite)
Bruck PVR	Das Privatversicherungsrecht (1930)
Bruck Versicherungsvertrag	Kommentar zum Reichsgesetz über den Versicherungsvertrag, 7. Aufl. (1932)
Bruck/Dörstling	Das Recht des Lebensversicherungsvertrages: ein Kommentar zu den Allgemeinen Vertragsbedingungen der Kapitalversicherung auf den Todesfall, 2. Aufl. (1933)
Bruck/Möller/*Bearbeiter*[8]	Kommentar zum Versicherungsvertragsgesetz und zu den Allgemeinen Versicherungsbedingungen unter Einschluss des Versicherungsvermittlerrechtes, 8. Aufl. (1961–2002)
Bruck/Möller/*Bearbeiter*	Großkommentar zum Versicherungsvertragsgesetz und zu den Allgemeinen Versicherungsbedingungen, 9. Aufl. (2008 ff)
BSG	Bundessozialgericht
BSHG	Bundessozialhilfegesetz
Bsp.	Beispiel
BStBl.	Bundessteuerblatt
BT	Besonderer Teil, Bundestag
BTDrucks.	Bundestagsdrucksache
BTProt.	s. BTVerh.
BTRAussch.	Rechtsausschuss des Deutschen Bundestags
BTStenBer.	Verhandlungen des deutschen Bundestages, Stenographische Berichte (zit. nach Wahlperiode u. Seite)
BU	Betriebsunterbrechung
Buchst.	Buchstabe
van Bühren/*Bearbeiter* Hdb	Handbuch Versicherungsrecht, 4. Aufl. (2009)
van Bühren	Versicherungsrecht in der anwaltlichen Praxis, 4. Aufl. (2000)
van Bühren/Nies	Reiseversicherung, 3. Aufl. (2010)
BUZ	Berufsunfähigkeits-Zusatzversicherung
BVB	Besondere Vertragsbedingungen
BVerfG	Bundesverfassungsgericht
BVerfGE	Entscheidungen des Bundesverfassungsgerichts (zit. nach Band u. Seite)
BVerfGG	Gesetz über das Bundesverfassungsgericht

BVerwG	Bundesverwaltungsgericht
BVerwGE	Entscheidungen des Bundesverwaltungsgerichts (zit. nach Band u. Seite)
bzgl.	bezüglich
bzw.	beziehungsweise
ca.	circa
cic	culpa in contrahendo
CR	Computer und Recht
dagg.	dagegen
DAR	Deutsches Autorecht
DAV	Deutscher Anwaltsverein; Deutsche Aktuarvereinigung
DB	Der Betrieb
DDR	Deutsche Demokratische Republik
DepotG	Gesetz über die Verwahrung und Anschaffung von Wertpapieren (Depotgesetz)
ders.	derselbe
Deutsch	Das neue Versicherungsvertragsrecht, 6. Aufl. (2008)
dgl.	dergleichen
DGVZ	Deutsche Gerichtsvollzieher-Zeitung
d.h.	das heißt
dies.	dieselbe(n)
Dietz HausratV	Hausratversicherung 84, Kommentar, 2. Aufl. (1987)
Dietz WohngebäudeV	Wohngebäudeversicherung, Kommentar, 2. Aufl. (1999)
Diff., diff.	Differenzierung, differenzierend
Dig.	Digesta
Diller	Die Berufshaftpflichtversicherung für Rechtsanwälte. Kommentar (2009)
DIN	Deutsche Industrie Norm
Diss.	Dissertation
DJ	Deutsche Justiz
DJT	Deutscher Juristentag
DJZ	Deutsche Juristenzeitung (1896–1936)
DMW	Deutsche Medizinische Wochenschrift
DöV	Deutsche öffentlich-rechtliche Versicherung
Dörner AVB	Allgemeine Versicherungsbedingungen, Textausgabe, 6. Aufl. (2009)
D&O	Directors and Officers (Liability Insurance)
DOGE	Entscheidungen des Deutschen Obergerichts für das Vereinigte Wirtschaftsgebiet
DR	Deutsches Recht, Wochenausgabe (vereinigt mit Juristische Wochenschrift) (1931–1945)
DRechtsw.	Deutsche Rechtswissenschaft (1936–1943)
Dreher	Die Versicherung als Rechtsprodukt (1991)
DRiB	Deutscher Richterbund
DRiG	Deutsches Richtergesetz
DRiZ	Deutsche Richterzeitung
DRM	Deutsches Recht, Monatsausgabe (vereinigt mit Deutsche Rechtspflege)
DRpfl.	Deutsche Rechtspflege (1936–1939)
DRsp.	Deutsche Rechtsprechung, hrsg. von Feuerhake (Loseblattsammlung)
Drucks.	Drucksache
DRW	Deutsches Recht, Wochenausgabe
DRZ	Deutsche Rechts-Zeitschrift (1946–1950)
DSB	Datenschutzberater

DStrR	Deutsches Steuerrecht
dt.	deutsch
DuR	Demokratie und Recht
DVBl.	Deutsches Verwaltungsblatt
DVers.	Deutsche Versicherung
DVersPresse	Deutsche Versicherungspresse
DVO	Durchführungsverordnung
DVollzO	Dienst- und Vollzugsordnung
DVP	Deutsche Verwaltungspraxis
DVR	Datenverarbeitung im Recht (bis 1985, danach vereinigt mit IuR)
DVZ	Deutsche Versicherungszeitschrift
DZWIR	Deutsche Zeitschrift für Wirtschaftsrecht
E	Entwurf bzw. Entscheidung
ebd.	ebenda
ebso.	ebenso
ECB	Bedingungen für die Versicherung zusätzlicher Gefahren zur Feuerversicherung für Industrie- und Handelsbetriebe
ECBUB	Bedingungen für die Versicherung zusätzlicher Gefahren zur Feuer-Betriebsunterbrechungs-Versicherung für Industrie- und Handelsbetriebe
ED	Einbruchdiebstahl
ed(s)	editor(s)
EDV	Einbruchdiebstahlversicherung
EFG	Entscheidung der Finanzgerichte (zit. nach Band u. Seite)
EG	Einführungsgesetz bzw. Europäische Gemeinschaft(en) bzw. Erinnerungsgabe
EGBGB	Einführungsgesetz zum Bürgerlichen Gesetzbuch
EGGVG	Einführungsgesetz zum Gerichtsverfassungsgesetz v. 27.1.1877
EGInsO	Einführungsgesetz zur Insolvenzordnung
EGInsOÄndG	Gesetz zur Änderung des Einführungsgesetzes zur Insolvenzordnung und anderer Gesetze
EGKS	Europäische Gemeinschaft für Kohle und Stahl
EGMR	Europäischer Gerichtshof für Menschenrecht
EGOWiG	Einführungsgesetz zum Gesetz über Ordnungswidrigkeiten
EGStGB	Einführungsgesetz zum Strafgesetzbuch
EGStPO	Einführungsgesetz zur Strafprozessordnung
EGV	Vertrag zur Gründung der Europäischen Gemeinschaft
EGVVG	Einführungsgesetz zum VVG
EheG	Ehegesetz
ehem.	ehemalig
Ehrenberg	Privatversicherungsrecht (1923)
Ehrenzweig	Deutsches (österreichisches) Versicherungs-Vertragsrecht (1952)
Einf.	Einführung
eingeh.	eingehend
einschl.	einschließlich
einschr.	einschränkend
Einl.	Einleitung
EKMR	Europäische Kommission für Menschenrechte
EMRK	Europäische Menschenrechtskonvention
entgg.	entgegen
Entsch.	Entscheidung
entspr.	entsprechend
Entw.	Entwurf
Erg.	Ergebnis bzw. Ergänzung

ErgBd.	Ergänzungsband
Erl.	Erläuterung
Erw.	Erwiderung
EStG	Einkommensteuergesetz
etc.	et cetera
EU	Europäische Union
EuGH	Gerichtshof der Europäischen Gemeinschaft
EuGHE	Entscheidungen des Gerichtshofs der Europäischen Gemeinschaften – Amtliche Sammlung
EuGRZ	Europäische Grundrechte-Zeitschrift
EuGVVO	Verordnung des Rates über die gerichtliche Zuständigkeit und die Anerkennung und Vollstreckung von Entscheidungen in Zivil- und Handelssachen (EG-Verordnung Nr. 44/2001)
EuR	Europarecht
EurKomMR	Europäische Kommission für Menschenrechte
europ.	europäisch
EuropolG	Europol-Gesetz
EUV	Vertrag über die Europäische Union (Lissabon-Vertrag)
EuZW	Europäische Zeitschrift für Wirtschaftsrecht
EV	Vertrag zwischen der Bundesrepublik Deutschland und der Deutschen Demokratischen Republik über die Herstellung der Einheit Deutschlands (Einigungsvertrag)
evtl.	eventuell
EWG	Europäische Wirtschaftsgemeinschaft
EWGV	Vertrag zur Gründung der Europäischen Wirtschaftsgemeinschaft
EWiR	Entscheidungen zum Wirtschaftsrecht
EWiV	Europäische wirtschaftliche Interessenvereinigung
f., ff.	folgende
FAG	Gesetz über Fernmeldeanlagen
Fahr/Kaulbach/Bähr	Versicherungsaufsichtsgesetz, 4. Aufl. (2007)
Fahr/Kaulbach/Bähr/Pohlmann	Versicherungsaufsichtsgesetz, 5. Aufl. (2012)
FamRZ	Ehe und Familie im privaten und öffentlichen Recht. Zeitschrift für das gesamte Familienrecht
FAO	Fachanwaltsordnung
Farny	Versicherungsbetriebslehre, 5. Aufl. (2011)
FBUB	Allgemeine Feuer-Betriebsunterbrechungs-Versicherungsbedingungen
Fenyves/Kronsteiner/Schauer	Kommentar zu den Novellen zum VersVG (Österreich) (1998)
FG	Finanzgericht
FGG	Gesetz über die Angelegenheiten der freiwilligen Gerichtsbarkeit
FGO	Finanzgerichtsordnung
FHB	Feuerhaftungs-Versicherungsbedingung
FinDAG	Finanzdienstleistungsaufsichtsgesetz
FJL	*Feyock/Jacobsen/Lemor* Kraftfahrtversicherung, 3. Aufl. (2009)
Fn.	Fußnote
fragl.	fraglich
FS	Festschrift
FVG	Gesetz über die Finanzverwaltung
v. Fürstenwerth/Weiß	Versicherungsalphabet, 10. Aufl. (2001)
G	Gesetz
GB BAV	Geschäftsbericht des Bundesaufsichtsamtes für das Versicherungswesen
GB GDV	Geschäftsbericht des Gesamtverbandes der Deutschen Versicherungswirtschaft e.V.

GBl.	Gesetzblatt
GDV	Gesamtverband der Deutschen Versicherungswirtschaft e.V.
GE	Geschäftsplanmäßige Erklärung
Geimer/Schütze/*Bearbeiter*	Europäisches Zivilverfahrensrecht, 3. Aufl. (2010)
gem.	gemäß
GenG	Gesetz betreffend die Erwerbs- und Wirtschaftsgenossenschaften
Gerhard/Hagen	Kommentar zum deutschen Reichsgesetz über den Versicherungsvertrag (1908)
GerS	Der Gerichtssaal
GeschO	Geschäftsordnung
gesetzl.	gesetzlich
GewArch	Gewerbearchiv, Zeitschrift für Gewerbe- u. Wirtschaftsverwaltungsrecht
GewO	Gewerbeordnung
gg.	gegen
GG	Grundgesetz für die Bundesrepublik Deutschland
ggf.	gegebenenfalls
von Gierke Versicherungsrecht I	J. von Gierke, Versicherungsrecht, Bd. I (1937)
von Gierke Versicherungsrecht II	J. von Gierke, Versicherungsrecht, Bd. II (1947)
GKG	Gerichtskostengesetz
GKV	Gesetzliche Krankenversicherung
gl.	gleich
GmbHG	Gesetz betr. die Gesellschaften mit beschränkter Haftung
GmbHR	GmbH-Rundschau (vorher: Rundschau für GmbH)
GMBl.	Gemeinsames Ministerialblatt
GoA	Geschäftsführung ohne Auftrag
grdl.	grundlegend
grds.	grundsätzlich
Grimm	Unfallversicherung, 5. Aufl. (2009)
GrS	Großer Senat
GrSZ	Großer Senat in Zivilsachen
Grubmann	Das Versicherungsvertragsgesetz, 6. Aufl. (2007) (Österreich)
GRUR	Gewerblicher Rechtsschutz und Urheberrecht
GS	Gedächtnisschrift
GVBl.	Gesetz- und Verordnungsblatt
GVG	Gerichtsverfassungsgesetz
GWB	Gesetz gegen Wettbewerbsbeschränkungen
GwG	Gesetz über das Aufspüren von Gewinnen aus schweren Straftaten (Geldwäschegesetz)
h.A.	herrschende Ansicht
Hagelschuer	Lebensversicherung, 2. Aufl. (1987)
Hagen Versicherungsrecht	in: Ehrenbergs Handbuch des gesamten Handelsrechts, 8. Band, I. und II. Abteilung (1922)
Halbs.	Halbsatz
Halm/Engelbrecht/Krahe	Handbuch des Fachanwalts Versicherungsrecht, 4. Aufl. (2011)
Hansen Beweislast	Beweislast und Beweiswürdigung im Versicherungsrecht (1990)
HansRGZ	Hanseatische Rechts- und Gerichtszeitschrift
Harbauer	Rechtsschutzversicherung. Kommentar zu den Allgemeinen Bedingungen für die Rechtsschutzversicherung (ARB), 8. Aufl. (2009)
Hauss	25 Jahre Karlsruher Forum. Beiträge zum Haftungs- und Versicherungsrecht (1983)
Hax	Grundlagen des Versicherungswesens (1964)

Hdb.	Handbuch
HdV	Handwörterbuch der Versicherung, hrsg. von Farny/Helten/Koch/Schmidt (1988)
HeilPrG	Gesetz über die berufsmäßige Ausübung der Heilkunde ohne Bestallung (Heilpraktikergesetz)
Heiss	Treu und Glauben im Versicherungsvertragsrecht (1989)
Heiss/Lorenz	Versicherungsvertragsgesetz, 2. Aufl. (1996)
Herdt	Die mehrfache Kausalität im Versicherungsrecht (1978)
HEZ	Höchstrichterliche Entscheidungen (Zivilsachen)
HFR	Höchstrichterliche Finanzrechtsprechung
HGB	Handelsgesetzbuch
HGZ	Hanseatische Gerichtszeitung
hins.	hinsichtlich
Hinw.	Hinweis
HK BGB/Bearbeiter	Bürgerliches Gesetzbuch Handkommentar, hrsg. von Schulze/Dörner/Ebert et. al., 7. Aufl. (2011)
HK ZPO/Bearbeiter	Zivilprozessordnung Handkommentar, hrsg. von Saenger, 4. Aufl. (2011)
HK VVG/*Bearbeiter*	Versicherungsvertragsgesetz Handkommentar, hrsg. von Rüffer/Halbach/Schimikowski, 2. Aufl. (2011)
h.L.	herrschende Lehre
h.M.	herrschende Meinung
Hofmann PVR	Privatversicherungsrecht, 4. Auflage (1998)
HRR	Höchstrichterliche Rechtsprechung (1928–1942), bis 1927: Die Rechtsprechung, Beilage zur Zeitschrift Juristische Rundschau
Hrsg./hrsg.	Herausgeber/herausgegeben
h.Rspr.	herrschende Rechtsprechung
Hübner	Allgemeine Versicherungsbedingungen und AGB-Gesetz, 5. Aufl. (1997)
i.Allg.	im Allgemeinen
i.d.F.	in der Fassung
i.d.R.	in der Regel
i.d.S.	in diesem Sinne
i.E.	im Ergebnis
i.e.S.	im engeren Sinne
IFG	Informationsfreiheitsgesetz
i.gl.S.	im gleichen Sinne
i.Grds.	im Grundsatz
IHK	Industrie- und Handelskammer
i.H.v.	in Höhe von
ILC	International Law Commission
IM	Innenministerium
InfoV	*siehe VVG-InfoV*
inl.	inländisch
insbes.	insbesondere
insges.	insgesamt
InsO	Insolvenzordnung
inzw.	inzwischen
IPBPR	Internationaler Pakt über bürgerliche und politische Rechte
i.R.d.	im Rahmen der/des
i.R.v.	im Rahmen von
i.S.	im Sinne
i.S.d.	im Sinne der/des
i.S.e.	im Sinne einer(s)

i.S.v.	im Sinne von
i.techn.S.	im technischen Sinne
i.U.	im Unterschied
i.üb.	im Übrigen
IuKDG	Gesetz zur Regelung der Rahmenbedingungen für Informations- und Kommunikationsdienste (Informations- und Kommunikationsdienstegesetz)
IuR	Informatik und Recht
IVH	Info-Letter Versicherungs- und Haftungsrecht
i.V.m.	in Verbindung mit
i.w.	im Wesentlichen
i.w.S.	im weiteren Sinne
i.Z.m.	im Zusammenhang mit
JA	Juristische Arbeitsblätter für Ausbildung und Examen
Jabornegg	Das Risiko des Versicherers (1979)
JahrbÖR	Jahrbuch des öffentlichen Rechts der Gegenwart
JBeitrO	Justizbeitreibungsordnung
JBl.	Juristische Blätter (Österreich)
JBlRhPf.	Justizblatt Rheinland-Pfalz
JBl Saar	Justizblatt des Saarlandes
jew.	jeweils
JK	Jura-Kartei
JM	Justizminister(ium)
JOR	Jahrbuch für Ostrecht
JPVR	Juristische Rundschau für die Privatversicherung
JR	Juristische Rundschau
Jula	Sachversicherungsrecht, 2. Aufl. (2008)
JurA	Juristische Analysen
Jura	Juristische Ausbildung
JurJahrb.	Juristen-Jahrbuch
JuS	Juristische Schulung. Zeitschrift für Studium und Ausbildung
Justiz	Die Justiz. Amtsblatt des Justizministeriums von Baden-Württemberg
JuV	Justiz und Verwaltung
JVBl.	Justizverwaltungsblatt
JVKostO	Gesetz über Kosten im Bereich der Justizverwaltung
JW	Juristische Wochenschrift
JZ	Juristenzeitung
JZ-GD	Juristenzeitung – Gesetzgebungsdienst
KalV	Verordnung über die versicherungsmathematischen Methoden zur Prämienkalkulation und zur Berechnung der Alterungsrückstellung in der privaten Krankenversicherung (Kalkulationsverordnung – KalV)
Kap.	Kapitel
Kfz.	Kraftfahrzeug
KfzPflVV	Kraftfahrzeugpflichtversicherungsverordnung
KG	Kammergericht, Kommanditgesellschaft
KGJ	Jahrbuch für Entscheidungen des Kammergerichts in Sachen der freiwilligen Gerichtsbarkeit, in Kosten-, Stempel- und Strafsachen (1881–1922) (zit. nach Band u. Seite)
KH	Kraftfahrzeug-Haftpflicht
Kisch Versicherungsschein	Der Versicherungsschein (1952)
Kisch Mehrfache Versicherung	Die Mehrfache Versicherung desselben Interesses (1935)
Kisch PVR II	Handbuch des Privatversicherungsrechts, Bd. II (1920)

Kisch PVR III	Handbuch des Privatversicherungsrechts, Bd. III (1922)
KJ	Kritische Justiz
Kl.	Klausel
KLV	Kapitalbildende Lebensversicherung
Knoerrich/Rotkies	Rechtsgrundlagen der Individualversicherung
KO	Konkursordnung
Koch/Weiss	Gabler Versicherungslexikon (1994)
Koller	Transportrecht, 7. Aufl. (2010)
KomE	Kommissionsentwurf zur Reform des Versicherungsvertragsrechts; zitiert nach: Abschlussbericht der Kommission zur Reform des Versicherungsvertragsrechts vom 19. April (2004), hrsg. von Egon Lorenz (2004)
KorrBekG	Gesetz zur Bekämpfung der Korruption
K&R	Kommunikation und Recht
krit.	kritisch
KritVj	Kritische Vierteljahresschrift für Gesetzgebung und Rechtsprechung
KrW-/AbfG	Gesetz zur Förderung der Kreislaufwirtschaft und Sicherung der umweltverträglichen Beseitigung von Abfällen (Kreislaufwirtschafts- und Abfallgesetz)
KTS	Zeitschrift für Konkurs-, Treuhand- und Schiedsgerichtswesen
K&R	Kommunikation und Recht
Kühnholz	Versicherungsrecht (1989)
KunstUrhG	Kunsturhebergesetz
Kuwert/Erdbrügger	Privat-Haftpflichtversicherung. Leitfaden durch die besonderen Bedingungen und Risikobeschreibungen, 2. Aufl. (1990)
KuV	Kraftfahrt und Verkehrsrecht
KWG	Gesetz über das Kreditwesen
Langheid/Wandt/*Bearbeiter*	Münchener Kommentar Versicherungsvertragsgesetz: VVG; Band 1: §§ 1–99 VVG (Teil 1. Allgemeiner Teil) und Erläuterungen zum EGVVG (2010); Band 2: §§ 100–191 VVG (Teil 2. Einzelne Versicherungszweige) (2011); Band 3: §§ 192–215 VVG, Synopsen, Materialien (2009)
LegPer.	Legislaturperiode
LG	Landgericht
lit.	littera (Buchstabe)
Lit.	Literatur
LM	Nachschlagewerk des Bundesgerichtshofs, hrsg. von Lindenmaier/Möhring u.a. (zit. nach Paragraph u. Nummer)
LMK	Kommentierte BGH-Rechtsprechung Lindenmaier-Möhring
Looschelders/Pohlmann/*Bearbeiter*	VVG Versicherungsvertragsgesetz, Kommentar, 2. Aufl. (2011)
LPG	Landespressegesetz
LS	Leitsatz
lt.	laut
LVerf.	Landesverfassung
LZ	Leipziger Zeitschrift für Deutsches Recht (1907–1933)
LZB	Zusatzbedingungen für die Feuerversicherung landwirtschaftlicher Betriebe
m.	mit
MaBV	Makler- und Bauträgerverordnung
Mahr	Einführung in die Versicherungswirtschaft, 3. Aufl. (1970)
Maier	Das Versicherungs-Vertragsrecht (1911)

Manes Versicherungslexikon	Versicherungslexikon, 3. Aufl. (1930)
m. Anm.	mit Anmerkung
Marlow/Spuhl	Das neue VVG, 4. Aufl. (2010)
Martin SVR	Sachversicherungsrecht, Kommentar, 3. Aufl. (1992)
m.a.W.	mit anderen Worten
m.Bespr.	mit Besprechung
MBKK	Musterbedingungen für die Krankheitskosten- und Krankenhaustagegeldversicherung
MBKT	Musterbedingungen für die Krankentagegeldversicherung
MBPPV	Musterbedingungen für die private Pflegeversicherung
MBUB	Allgemeine Maschinen-Betriebsunterbrechungs-Versicherungsbedingungen
MdB	Mitglied des Bundestags
MdL	Mitglied des Landtags
MDR	Monatsschrift für Deutsches Recht
MDStV	Staatsvertrag über Mediendienste
MedR	Zeitschrift für Medizinrecht
Meixner/Steinbeck	Allgemeines Versicherungsvertragsrecht, 2. Aufl. (2011)
missverst.	missverständlich
m.krit.Anm.	mit kritischer Anmerkung (von)
MMR	MultiMedia und Recht
MMW	Münchner Medizinische Wochenschrift
Möller Verantwortlichkeit	Verantwortlichkeit des Versicherungsnehmers für das Verhalten Dritter (1939)
Möller Versicherungsvertragsrecht	Versicherungsvertragsrecht, 3. Aufl. (1977)
Motive	Motive zum VVG, Nachdruck (1963)
MüKo-BGB/*Bearbeiter*	Münchener Kommentar zum Bürgerlichen Gesetzbuch, hrsg. von Rebmann/Säcker/Rixecker, 5. Aufl. (2009)
H. Müller	Versicherungsbinnenmarkt (1998)
m.w.N.	mit weiteren Nachweisen
m.zust.Anm.	mit zustimmender Anmerkung
N.	Nachweise
Nachtr.	Nachtrag
Nds.GVBl.	Niedersächsisches Gesetz- und Verordnungsblatt
Nds.Rpfl	Niedersächsische Rechtspflege
NEGB	Allgemeine Bedingungen für die Neuwertversicherung der Elektro- und Gasgeräte des Haushalts
NEhelG	Gesetz über die Rechtsstellung der nichtehelichen Kinder
Neum.	Neumanns Zeitschrift für Versicherungswesen
n.F.	neue Fassung
Niederleithinger	Das neue VVG (2007)
NJ	Neue Justiz
NJOZ	Neue Juristische Online Zeitung
NJW	Neue Juristische Wochenschrift
NJWE-VHR	NJW-Entscheidungsdienst Versicherungs-/Haftungsrecht
NJW-RR	NJW-Rechtsprechungs-Report Zivilrecht
Nr.	Nummer
NStZ	Neue Zeitschrift für Strafrecht
NVersZ	Neue Zeitschrift für Versicherung und Recht
NVwZ	Neue Zeitschrift für Verwaltungsrecht
NwIG	Sonderbedingungen für die Neuwertversicherung von Industrie und Gewerbe
NwSoBed	Sonderbedingungen für die Neuwertversicherung

NwSoBedIuG	Sonderbedingungen für die Neuwertversicherung von Industrie und Gewerbe
NwSoBedlwGeb	Sonderbedingungen für die Neuwertversicherung landwirtschaftlicher Gebäude
NZA	Neue Zeitschrift für Arbeits- und Sozialrecht
NZG	Neue Zeitschrift für Gesellschaftsrecht
NZS	Neue Zeitschrift für Sozialrecht
NZV	Neue Zeitschrift für Verkehrsrecht
o.	oben
o.ä.	oder ähnlich
ob.dict.	obiter dictum
OBGer	Obergericht (Schweizer Kantone)
öffentl.	öffentlich
ÖJVersG	Österr. Bundesgesetz über internationales Versicherungsvertragsrecht für den Europäischen Wirtschaftsraum
ÖJZ	Österreichische Juristenzeitung
ÖVVG	Österreichisches Versicherungsvertragsgesetz (*auch* VersVG)
o.g.	oben genannt
OG	Oberstes Gericht der DDR
OGDDR	Entscheidungen des Obersten Gerichts der DDR in Zivilsachen
ÖOGH	Österreichischer Oberster Gerichtshof
OHG	Offene Handelsgesellschaft
OLG	Oberlandesgericht
OLGZ	Entscheidungen der Oberlandesgerichte in Zivilsachen, einschließlich der freiwilligen Gerichtsbarkeit
OVG	Oberverwaltungsgericht
OWiG	Gesetz über Ordnungswidrigkeiten
Palandt/*Bearbeiter*	Bürgerliches Gesetzbuch, 71. Aufl. (2012)
PartGG	Partnerschaftsgesellschaftsgesetz
PatG	Patentgesetz
PAuswG	Gesetz über Personalausweise
PKV	Private Krankenversicherung
polit.	politisch
PostG	Gesetz über das Postwesen (Postgesetz)
PostO	Postordnung
Pr.	Praxis des Versicherungsrechts, Beilage zur „Oeffentlich-rechtlichen Versicherung" (1926–1928: „Versicherung und Geldwirtschaft")
Präve AGB	Versicherungsbedingungen und AGB-Gesetz (1998)
PrG	Pressegesetz
Prölss/Martin/*Bearbeiter*	Versicherungsvertragsgesetz, 28. Aufl. (2010)
Prölss/*Bearbeiter* VAG	Versicherungsaufsichtsgesetz, hrsg. von Kollhosser, 12. Aufl. (2005)
PrOVG	Preußisches Oberverwaltungsgericht
PStG	Personenstandsgesetz
psych.	psychisch
QIR	Angerer/Ollick, Quellen zum Individualversicherungsrecht
RAA	Reichsaufsichtsamt für Privatversicherung
RAO	Reichsabgabenordnung
Raiser	Kommentar der Allgemeinen Feuerversicherungs-Bedingungen, 2. Aufl. (1937)
RAnz.	Deutscher Reichsanzeiger
RAussch.	Rechtsausschuß/Rechtsausschuss

RBerG	Rechtsberatungsgesetz (bis 1962: Gesetz zur Verhütung von Mißbräuchen auf dem Gebiete der Rechtsberatung)
RdA	Recht der Arbeit
RdErl.	Runderlaß/Runderlass
RDG	Rechtsdienstleistungsgesetz
RdJB	Recht der Jugend und des Bildungswesens
RdK	Das Recht des Kraftfahrers, Unabhängige Monatsschrift des Kraftverkehrsrechts (1926–43, 1949–55)
RdSchr.	Rundschreiben
RDV	Recht der Datenverarbeitung
RdW	Recht der Wirtschaft (Österreich)
Recht	Das Recht, begründet von Soergel (1897–1944)
RechtsM	Rechtsmedizin
rechtspol.	rechtspolitisch
rechtsvergl.	rechtsvergleichend
RefE	Referentenentwurf des Bundesministeriums der Justiz zur Reform des Versicherungsvertragsrechts mit Begründung (nicht veröffentlicht; zitiert nach der vom BMJ online zur Verfügung gestellten PDF-Datei; u.a. noch abrufbar unter: http://www.brak.de/seiten/pdf /aktuelles/versicherungsvertragsrecht.pdf)
ReformG	Gesetz zur Reform des Versicherungsvertragsrechts vom 23.11.2007 (BGBl. I S. 2631) (siehe auch VVG-Reform 2008)
Reg.	Regierung
RegE	Regierungsentwurf eines Gesetzes zur Reform des Versicherungsvertragsrechts (BTDrucks. 16/3945); siehe auch *Ausschussbericht*
RegBl.	Regierungsblatt
Reichert-Facilides/*Bearbeiter*	Aspekte des internationalen Versicherungsvertragsrechts im Europäischen Wirtschaftsraum, hrsg. von Reichert-Facilides (1994)
rel.	relativ
RFH	Reichsfinanzhof
RfStV	Rundfunkstaatsvertrag
RG	Reichsgericht
RGBl.	Reichsgesetzblatt
RGRK/*Bearbeiter*	Reichsgerichtsrätekommentar – Das Bürgerliche Gesetzbuch. Kommentar, hrsg. von den Mitgliedern des Bundesgerichtshofs, 12. Aufl. (1975 ff.)
RGZ	Entscheidungen des Reichsgerichts in Zivilsachen (zit. nach Band u. Seite)
RHG	Rechnungshofgesetz
Richter PVR	Privatversicherungsrecht (1980)
Riebesell	Unfallversicherungsrecht und AUB 88, 2. Aufl. (1991)
Ritter/Abraham	Das Recht der Seeversicherung. Kommentar zu den Allgemeinen Deutschen Seeschiffahrts-Bedingungen, 2. Aufl. (1967)
RKG	Reichsknappschaftsgesetz
RL	Richtlinie
Rn.	Randnummer(n)
Rom I-VO	Rom I-Verordnung (Verordnung (EG) Nr. 593/2008 des Europäischen Parlaments und des Rates über das auf vertragliche Schuldverhältnisse anzuwendende Recht)
Römer	Neuere höchstrichterliche Rechtsprechung zum Versicherungsvertragsrecht, 7. Aufl. (1997)
Römer/Langheid	Versicherungsvertragsgesetz, 2. Aufl. (2002) / 3. Aufl. (2012)
ROW	Recht in Ost und West. Zeitschrift für Rechtsvergleichung und interzonale Rechtsprobleme
Rpfleger	Der Deutsche Rechtspfleger

RpflG	Rechtspflegergesetz
Rspr.	Rechtsprechung
RStBl.	Reichssteuerblatt
RT	Reichstag
RTDrucks.	Drucksachen des Reichstags
RTVerh.	Verhandlungen des Reichstags
Rudisch Versicherungsrecht	Das neue Versicherungsrecht: Gesetzestexte, Materialien, Hinweise (1994)
RuP	Recht und Politik. Vierteljahreshefte für Rechts- und Verwaltungspolitik
RuS	Recht und Schaden
RVerkBl.	Reichsverkehrsblatt
RVG	Rechtsanwaltsvergütungsgesetz
RVO	Reichsversicherungsordnung
RzW	Rechtsprechung zum Wiedergutmachungsrecht
s.	siehe
S.	Satz, Seite
s.a.	siehe auch
SaarRZ	Saarländische Rechts- und Steuerzeitschrift
SBR	Sonderbedingungen für die Beraubungsversicherung
Schauer	Das österreichische Versicherungsvertragsrecht, 3. Aufl. (1995)
ScheckG	Scheckgesetz
Schimikowski	Versicherungsvertragsrecht, 4. Aufl. (2009)
Schimikowski/Höra	Das neue Versicherungsvertragsrecht (2008)
SchlHA	Schleswig-Holsteinische Anzeigen
SchHB 79	Allgemeine Bedingungen für die gleitende NeuwertVers von Gebäuden gegen Schäden durch Schwamm und Hausbockkäfer
Schmidt-Salzer/Schramm	Kommentar zur Umwelthaftpflichtversicherung (1993)
Schmidt-Salzer/*Bearbeiter*	Produkthaftung, Bd. IV/1: Produkthaftpflichtversicherung, 3. Auflage (1994)
Schmidt/Müller-Stüler	Das Recht der öffentlich-rechtlichen Sachversicherung, 3. Aufl. (1979)
Schmidt Obliegenheiten	Reimer Schmidt, Die Obliegenheiten (1953)
Schwintowski	Der private Versicherungsvertrag zwischen Recht und Markt (1987)
Schwintowski/Brömmelmeyer/*Bearbeiter*	Praxiskommentar zum Versicherungsvertragsrecht, 2. Aufl. (2010)
SchwJZ	Schweizerische Juristen-Zeitung
SchwZStr.	Schweizer Zeitschrift für Strafrecht (zit. nach Band u. Seite)
Sen.	Senat
SGB I, IV, V, VIII, X, XI	I: Sozialgesetzbuch, Allg. Teil IV: Sozialgesetzbuch, Gemeinsame Vorschriften für die Sozialversicherung V: Sozialgesetzbuch, Gesetzliche Krankenversicherung VIII: Sozialgesetzbuch, Kinder- und Jugendhilfe X: Sozialgesetzbuch, Verwaltungsverfahren, Zusammenarbeit der Leistungsträger und ihre Beziehung zu Dritten XI: Soziale Pflegeversicherung
SGb.	Sozialgerichtsbarkeit
SGG	Sozialgerichtsgesetz
SGlN	Sonderbedingungen für die gleitende Neuwertversicherung von Wohn-, Geschäfts- und landwirtschaftlichen Gebäuden
Sieg Versicherungsvertragsrecht	Allgemeines Versicherungsvertragsrecht, 3. Aufl. (1994)
SJZ	Süddeutsche Juristen-Zeitung (1946–50), dann Juristenzeitung

s.o.	siehe oben
Soergel/*Bearbeiter*	Bürgerliches Gesetzbuch, 13. Aufl. (2000)
sog.	sogenannt(e)
Sonderausschuss	Sonderausschuß des Bundestags für die Strafrechtsreform, Niederschriften zitiert nach Wahlperiode und Sitzung
SozVers	Die Sozialversicherung
SP	Schadenspraxis
Späte AHB	Haftpflichtversicherung. Kommentar zu den Allgemeinen Versicherungsbedingungen für die Haftpflichtversicherung (AHB) (1993)
spez.	speziell
SpV	Spektrum für Versicherungsrecht
StaatsGH	Staatsgerichtshof
Staudinger/*Bearbeiter*	Kommentar zum Bürgerlichen Gesetzbuch mit Einführungsgesetz und Nebengesetzen, 13. Bearbeitung (1993 ff.)
StAZ	Das Standesamt. Zeitschrift f. Standesamtswesen, Personenstandsrecht, Ehe- u. Kindschaftsrecht, Staatsangehörigkeitsrecht
Stein/Jonas	Kommentar zur Zivilprozessordnung, 22. Aufl. (2002 ff.)
StenBer	Stenographischer Bericht
StGB	Strafgesetzbuch
Stiefel/Hofmann	Kraftfahrtversicherung. Kommentar zu den Allgemeinen Bedingungen für die Kraftversicherung (AKB) und zu den Allgemeinen Bedingungen für die Verkehrs-Service-Versicherung (AVSB), 17. Aufl. (2000)
Stiefel/Maier	Kraftfahrtversicherung. Kommentar zu den Allgemeinen Bedingungen für die Kraftfahrtversicherung - AKB mit Kommentierungen zu VVG (Auszug), Pflichtversicherungsgesetz (Auszug) und Pflichtversicherungsverordnung, 18. Aufl. (2010)
StPO	Strafprozessordnung
str.	strittig, streitig
st.Rspr.	ständige Rechtsprechung
StuR	Staat und Recht
StVG	Straßenverkehrsgesetz
StVj	Steuerliche Vierteljahresschrift
StVO	Straßenverkehrsordnung
SVS	Speditions-Versicherungsschein
StVZO	Straßenverkehrs-Zulassungs-Ordnung
s.u.	siehe unten
SubvG	Subventionsgesetz
SV	Sachverhalt
SZ	Entscheidungen des Österreichischen Obersten Gerichtshofes in Zivil- und Justizverwaltungssachen
TDG	Gesetz über die Nutzung von Telediensten
Terbille/*Bearbeiter* MAH	Münchener Anwaltshandbuch Versicherungsrecht, hrsg. von Terbille, 2. Aufl. (2008)
Thume/de la Motte/ Ehlers/*Bearbeiter*	Transportversicherungsrecht, 2. Aufl. (2011)
TierschG	Tierschutzgesetz
Tit.	Titel
TKG	Telekommunikationsgesetz
TranspR	Transportrecht
TumSchG	Gesetz über die durch innere Unruhen verursachten Schäden vom 12.5.1920
TV	Truppenvertrag
Tz.	Textzahl

u.	unten
u.a.	unter anderem
u.ä.	und ähnlich
u.a.m.	und anderes mehr
Üb.	Überblick, Übersicht
ÜbergangsAO	Übergangsanordnung
Übk.	Übereinkommen
ü.M.	überwiegende Meinung
UFITA	Archiv für Urheber-, Film-, Funk- und Theaterrecht
U-Haft	Untersuchungshaft
Ulmer/Brandner/Hensen	AGBG-Kommentar, 11. Aufl. (2011)
umstr.	umstritten
UNO	United Nations Organization (Vereinte Nationen)
unv.	unveröffentlicht
u.ö.	und öfter
UrhG	Gesetz über Urheberrecht und verwandte Schutzrechte (Urheberrechtsgesetz)
UStG	Umsatzsteuergesetz
usw.	und so weiter
u.U.	unter Umständen
UWG	Gesetz gegen den unlauteren Wettbewerb
UZwG	Gesetz über den unmittelbaren Zwang bei Ausübung öffentlicher Gewalt durch Vollzugsbeamte des Bundes
VA	Veröffentlichungen des Reichsaufsichtsamtes für Privatversicherung, ab 1947: ... des Zonenamtes des Reichsaufsichtsamtes für das Versicherungswesen (Hamburg)
VA (Berlin)	Veröffentlichungen des Aufsichtsamts für das Versicherungswesen Groß-Berlin (ab 15.9.1948)
VAE	Verkehrsrechtliche Abhandlungen und Entscheidungen
VAG	Gesetz über die Beaufsichtigung der Versicherungsunternehmungen
v.A.w.	von Amts wegen
VBlBW	Verwaltungsblätter für Baden-Württemberg
VDEW	Vereinigung Deutscher Elektrizitätswerke, ab 2000: Verband der Elektrizitätswirtschaft
VDEW-Bed.	Versicherungsbedingungen für die Mitglieder der VDEW
VE	Vorentwurf
VerAfP	Veröffentlichungen des Reichsaufsichtsamtes für das Versicherungswesen
VerBAV/VerBaFin	Veröffentlichungen des Bundesaufsichtsamtes für das Versicherungs- und Bausparwesen, ab 1973: ... des Bundesaufsichtsamtes für das Versicherungswesen, ab Mai 2002: VerBAFin = Veröffentlichungen der Bundesanstalt für Finanzdienstleistungsaufsicht (Versicherungsbereich)
VereinsG	Gesetz zur Regelung des öffentlichen Vereinsrechts (Vereinsgesetz)
VerfGH	Verfassungsgerichtshof
VerglO	Vergleichsordnung
Verh.	Verhandlungen des Deutschen Bundestages (BT), des Deutschen Juristentages (DJT) usw.
VerkMitt	Verkehrsrechtliche Mitteilungen
vermitt.	vermittelnd
VerschG	Verschollenheitsgesetz
VersG	Gesetz über Versammlungen und Aufzüge (Versammlungsgesetz)
VersEnzyklopädie/*Bearbeiter*	Versicherungsenzyklopädie, hrsg. von Grosse/Müller-Lutz/Schmidt, 4. Aufl. (1991)

VersAG	Versicherungsaktiengesellschaft
VersArch	Versicherungsarchiv
VersM	Versicherungsmedizin
VersPrax, VP	Die Versicherungspraxis
VersR	Versicherungsrecht. Zeitschrift für Versicherungsrecht, Haftungs- und Schadensrecht
VersRAI	Versicherungsrecht. Beilage Ausland
VersRdsch.	Versicherungsrundschau (Österreich)
VersSlg	Sammlung der seit 1945 ergangenen höchstrichterlichen Entscheidungen in Vertragsversicherungssachen, hrsg. von K. Wahle (1961)
VersVermV	Verordnung über die Versicherungsvermittlung und -beratung
VersVO	Dritte DurchführungsVO zu MRG Nr. 63 (VersicherungsVO)
VersWissArch	Versicherungswissenschaftliches Archiv
VersWiss. Stud.	Versicherungswissenschaftliche Studien, hrsg. von Brömmelmeyer et. al.
VerwArch.	Verwaltungsarchiv
VG	Verwaltungsgericht
VGB	Allgemeine Bedingungen für die Neuwertversicherung von Wohngebäuden gegen Feuer-, Leitungswasser- und Sturmschäden
VGB 2008, 2010	Allgemeine Wohngebäude-Versicherungsbedingungen
VGH	Verwaltungsgerichtshof
vgl.	vergleiche
VGS	Vereinigter Großer Senat
VHB	Allgemeine Bedingungen für die Neuwertversicherung des Hausrats gegen Feuer-, Einbruchdiebstahl-, Beraubungs-, Leitungswasser-, Sturm- und Glasbruchschäden/Allgemeine Hausratversicherungsbedingungen
VHB 2008	Allgemeine Hausrat-Versicherungsbedingungen
VN	Versicherungsnehmer
VO	Verordnung
VOBl.	Verordnungsblatt
VOBlBZ.	Verordnungsblatt für die Britische Zone
VOR	Zeitschrift für Verkehrs- und Ordnungswidrigkeitenrecht
vorangeh.	vorangehend
Voraufl.	Vorauflage
Vorbem.	Vorbemerkung
vorgen.	vorgenannt
VRR	Verkehrsrechtliche Rundschau
VR	Versicherer
VRS	Verkehrsrechts-Sammlung, Entscheidungen aus allen Gebieten des Verkehrsrechts (zit. nach Band u. Seite)
VU	Versicherungsunternehmen
VuR	Verbraucher und Recht
VVaG	Versicherungsverein auf Gegenseitigkeit
VVG	Gesetz über den Versicherungsvertrag (Versicherungsvertragsgesetz)
VVG-InfoV	Verordnung über Informationspflichten bei Versicherungsverträgen
VVGE	Entscheidungssammlung zum Versicherungsvertragsrecht (VVGE): Entscheidungen zum Versicherungsvertragsgesetz (VVG) und zu den Allgemeinen Versicherungsbedingungen (AVB), hrsg. von Dietrich Müller
VVG-Kommission	Kommission zur Reform des Versicherungsvertragsrechts
VVGRefG *bzw.* VVG-Reform 2008	Gesetz zur Reform des Versicherungsvertragsrechts vom 23.11.2007 (BGBl. I S. 2631) (siehe auch ReformG)
VVV	Versicherungswissenschaft, Versicherungspraxis, insbesondere Versicherungsmedizin (später DVZ)

VW	Versicherungswirtschaft
VwGO	Verwaltungsgerichtsordnung
VwVfG	Verwaltungsverfahrensgesetz
VwVG	Verwaltungsvollstreckungsgesetz
VwZG	Verwaltungszustellungsgesetz
WaffG	Waffengesetz
Wallm.	Wallmanns Versicherungszeitschrift
Wandt	Versicherungsrecht, 5. Aufl. (2010)
WarnRspr	Sammlung zivilrechtlicher Entscheidungen des RG, hrsg. von Warneyer (zit. nach Jahr u. Nummer)
weitergeh.	weitergehend
Werber/Winter	Grundzüge des Versicherungsvertragsrechts (1986)
von Westphalen/*Bearbeiter*	Produkthaftungshandbuch (1997)
WHG	Gesetz zur Ordnung des Wasserhaushalts (Wasserhaushaltsgesetz)
WI	Wussows Informationen
WiB	Wirtschaftsrechtliche Beratung
1. WiKG	1. Gesetz zur Bekämpfung der Wirtschaftskriminalität
2. WiKG	2. Gesetz zur Bekämpfung der Wirtschaftskriminalität
Winter	Versicherungsaufsichtsrecht (2007)
WiStG	Gesetz zur weiteren Vereinfachung des Wirtschaftsstrafrechts (Wirtschaftsstrafgesetz 1954)
WM	Wertpapier-Mitteilungen
Wolf/Lindacher/Pfeiffer	AGB-Recht, Kommentar, 5. Aufl. (2009)
WPg	Die Wirtschaftsprüfung
WpHG	Gesetz über Wertpapierhandel
WRP	Wettbewerb in Recht und Praxis
WuM	Wohnungswirtschaft und Mietrecht
WuR	Wirtschaft und Recht der Versicherung. Beiheft zu Mitt., ab 1926 zu „Versicherung und Geldwirtschaft", ab 1929 zu OeffV, ab 1935 zur DOeffV
Wussow	Unfallhaftpflichtrecht, 16. Aufl. (2008)
Wussow AHB	Allgemeine Versicherungsbedingungen für die Haftpflichtversicherung, 8. Aufl. (1976)
Wussow FeuerV	Kommentar zu den AFB und den §§ 1127–1130 BGB, §§ 97–107c VVG, 2. Aufl. (1975)
WZG	Warenzeichengesetz
(Z)	Entscheidung in Zivilsachen
ZAkDR	Zeitschrift der Akademie für Deutsches Recht (1934–44)
ZaöRV	Zeitschrift für ausländisches öffentliches Recht und Völkerrecht
ZAP	Zeitschrift für die Anwaltspraxis
z.B.	zum Beispiel
ZentrBlHR	Zentral-Blatt für Handelsrecht
ZEuP	Zeitschrift für Europäisches Privatrecht
ZfBR	Zeitschrift für deutsches und internationales Baurecht
ZFBUB	Zusatzbedingungen zu den FBUB
ZfgA 81b	Zusatzbedingungen (zu den AFB) für Fabriken und gewerbliche Anlagen
ZfRV	Zeitschrift für Rechtsvergleichung, Internationales Privatrecht u. Europarecht
ZfS	Zeitschrift für Schadensrecht
ZfV	Zeitschrift für Versicherungswesen
ZfW	Zeitschrift für Wasserrecht
ZfZ	Zeitschrift für Zölle und Verbrauchssteuern

ZGR	Zeitschrift für Unternehmens- und Gesellschaftsrecht
ZGS	Zeitschrift für das gesamte Schuldrecht
ZHR	Zeitschrift für das gesamte Handelsrecht und Wirtschaftsrecht, begr. v. Goldschmidt
Ziff.	Ziffer
ZIP	Zeitschrift für Wirtschaftsrecht
zit.	zitiert
ZJBl.	Zentral-Justizblatt für die Britische Zone
ZMR	Zeitschrift für Miet- und Raumrecht
Zöller/*Bearbeiter*	Zivilprozessordnung mit Gerichtsverfassungsgesetz und Nebengesetzen; Kommentar 29. Aufl. (2012)
ZollG	Zollgesetz
ZPO	Zivilprozessordnung
ZRP	Zeitschrift für Rechtspolitik
ZSchwR	Zeitschrift für Schweizerisches Recht
ZSK	Zusatzklauseln
ZSW	Zeitschrift für das gesamte Sachverständigenwesen
z.T.	zum Teil
ZUM	Zeitschrift für Urheber- und Medienrecht/Film und Recht
zusf.	zusammenfassend
zust.	zustimmend
ZustG	Zustimmungsgesetz
zutr.	zutreffend
z.V.b.	zur Veröffentlichung bestimmt
ZVBl.	Zentralverordnungsblatt für die sowjetische Besatzungszone Deutschlands
ZVerkR	(Österr.) Zeitschrift für Verkehrsrecht
ZVersWiss	Zeitschrift für die gesamte Versicherungswissenschaft (zitiert nach Jahr und Seite)
ZVG	Gesetz über die Zwangsversteigerung und die Zwangsverwaltung (Zwangsversteigerungsgesetz)
zw.	zweifelhaft
zz.	zurzeit
ZZP	Zeitschrift für Zivilprozess

Versicherungsvertragsgesetz

Artikel 1 des Gesetzes vom 23.11.2007 (BGBl. I S. 2631),
in Kraft getreten am 1.1.2008,
zuletzt geändert durch Artikel 2 Absatz 79 des Gesetzes vom 22. Dezember 2011
(BGBl. I S. 3044)

TEIL 3
Schlussvorschriften

§ 209
Rückversicherung, Seeversicherung

Die Vorschriften dieses Gesetzes sind auf die Rückversicherung und die Versicherung gegen die Gefahren der Seeschifffahrt (Seeversicherung) nicht anzuwenden.

Schrifttum

Rückversicherung

Bähr, Handbuch des Versicherungsaufsichtsrechts (2011) (zit.: Bähr/*Bearbeiter)*; *Berger* Schiedsrichterbestellung in Mehrparteienschiedsverfahren RIW **1993** 702 ff.; *Birke* Die Schiedsklausel in der Erst- und Rückversicherung, VW **2007** 1390; *ders.* Rückversicherung, Die Verfahrenssprache im Schiedsgericht ist Verhandlungssache, VW **2010** 570 ff.; *Busse/Taylor/Justen* Rückversicherungsschiedsgerichtsbarkeit in Deutschland – Gegenwärtiger Stand und Entwicklungen in 8 Thesen, SchiedsVZ **2008** 1 ff.; *Dakin-Grimm/Cloutier*, Coming of age: arbitration – the reinsurance industry's method of settling contract dispute – is no longer effective and needs an update, Best's Review, September **2003** 1 ff.; Duve/*Eidenmüller/Hacke* Mediation in der Wirtschaft, 2. Aufl. (2011); *Enderlein* Techniken der nicht-proportionalen Rückversicherung – Eine kurze Darstellung (2007); *Farny/Helten/Koch/Schmidt* Handwörterbuch der Versicherung, **1988** (zit.: Farny/Helten/Koch/Schmidt/*Bearbeiter*); *Gerathewohl* Rückversicherung, Grundlagen und Praxis, Bd. I (1976) (zit.: Gerathewohl Bd. I); *Gerathewohl* Rückversicherung, Grundlagen und Praxis, Bd. II (1979) (zit.: Gerathewohl Bd. II); *Grossmann* Rückversicherung – eine Einführung, 3. Aufl. **1990**; *Haft/Schlieffen* Handbuch Mediation, 2. Aufl. (2009) (zit.: Haft/Schliefen/*Bearbeiter*); *Halm/Engelbrecht/Krahe* Handbuch des Fachanwalts Versicherungsrecht, 4. Aufl. (2011) (zit.: Halm/Engelbrecht/Krahe/*Bearbeiter*); *Hamann/Lennarz* Parallele Verfahren mit identischem Schiedsgericht als Lösung für Mehrparteienkonflikte?, SchiedsVZ **2006** 289 ff.; *Hantke* Die Bildung des Schiedsgerichts, SchiedsVZ **2003** 269 ff.; *Henn* Schiedsverfahrensrecht, 3. Aufl. (2000); *Jannott* Überlegungen zu Bedeutung und Ausgestaltung von Schiedsgerichtsvereinbarungen in der Rückversicherung, FS Stiefel **1987** 359 ff.; *Kohleick* Die Doppelversicherung im deutschen Versicherungsvertragsrecht (1999); *Kreindler/Schäfer/Wolff* Schiedsgerichtsbarkeit – Kompendium für die Praxis (2006); *Kriele/Wolf* Wertorientiertes Risikomanagement von Versicherungsunternehmen (2012); *Labes* Schiedsgerichtsvereinbarungen in Rückversicherungsverträgen (1996) (zit.: Labes 1996); *ders.* Rückversicherungs-Schiedsgerichtsbarkeit – Gedanken zur Gestaltung von Schiedsgerichtsvereinbarungen in Verträgen zwischen Erst- und Rückversicherern, VersR **1996** 1461 ff.; *ders.* Konfliktbeseitigung durch ADR, ZfV **1998** 35 ff.; *ders./Echarti* Ausgewählte Probleme im Zusammenhang mit Schiedsverfahren, ZfV **2007** 711 ff.; *ders.* Fördert Solvency II den Druck zur Konsolidierung? ZfV **2011** 717 ff.; *Lachmann* Handbuch für die Schiedsgerichtspraxis, 3. Aufl. (2008); *Liebwein* Klassische und moderne Formen der Rückversicherung, 2. Aufl. (2009); *Looschelders* Grundfragen des deutschen und internationalen Rückversicherungsvertragsrechts, VersR **2012** 1 ff.; Lüer/Schwepcke/*Bearbeiter* Rückversicherungsrecht (2013); O'*Neill/Woloniecki* The Law of Reinsurance in England and Bermuda, 3. Aufl. (2010); *Pfeiffer* Einführung in die Rückversicherung, 5. Aufl. (1999); *Redfern/Hunter/Blackaby/Partasides* Redfern and Hunter on International Arbitration, 5. Aufl. (2009); *Reithmann/Martiny* Internationales Vertragsrecht, 7. Aufl. (2010) (zit.: Reithmann/Martiny/*Bearbeiter*); *Salzmann* Zur Abfassung von Rückversicherungsverträgen, FS Schmidt **1976** 937 ff.; *Schütze* Ausgewählte Probleme des deutschen und internationalen Schiedsverfahrensrechts (2006) (zit.: Schütze Ausgewählte Probleme); *Schütze/Tscherning/Wais* Handbuch des Schiedsverfahrens, 2. Aufl. (1990); *Schwab/Walter* Schiedsgerichtsbarkeit Kommentar, 7. Aufl. (2005); *Schwepcke* Rückversicherung, 2. Aufl. (2004); *Weeks* Reinsurance (1989).

Seeversicherung

Büchner/Jürss VVG-Reform – Die Seeversicherung unter der Flagge des § 203 n.F. (§ 187 a.F.) VVG?, VersR **2004** 1090; *Ehlers* Auswirkungen der Reform des Versicherungsvertragsgesetzes (VVG) auf das Transportversicherungsrecht, TranspR **2007** 5; *Remé* Gehören See- und Binnenversicherungsrecht unter einen Hut?, Sonderbeilage TranspR **2004** XXXII; *ders.* Das Seeversicherungsrecht bleibt Kaufmannsrecht, VersR **2008** 756; *Schwampe* Seekaskoversicherung (2009); *ders.* Die Auswirkungen der VVG-Reform auf die Versicherung von Seeschiffen, FS Thume (2008); *Richartz* Die Auswirkungen der verabschiedeten Neuregelung des VVG auf das Seeversicherungsrecht, TranspR **2007** 300; *Schleif* Die Seeversicherung nach altem und neuem VVG, VersR **2010** 1281.

Übersicht

A. Einführung

Die Vorschriften dieses Gesetzes sind auf die Rückversicherung und die Versicherung gegen die Gefahren der Seeschifffahrt (Seeversicherung) nicht anzuwenden.[1] 1

Die Vorschriften des VVG sind getragen von dem grundsätzlichen Schutzgedanken zugunsten des VN, der im Vergleich zu seinem Vertragspartner, dem Erstversicherer, die vermeintlich schwächere Partei ist. Eine unterschiedliche Behandlung aus diesem Drittschutzgedanken heraus, der den „schwachen" VN vor dem „starken" VR beschützen soll, ist im Hinblick auf die Rückversicherung des VR nicht gerechtfertigt, da in diesem Fall den Vertragsparteien eine vergleichbar starke Position zu unterstellen ist. Mithin bedarf es für die Rückversicherung keiner Beschränkungen der Vertragsfreiheit.[2] 2

Ähnliches gilt auch bzgl. der Seeversicherung. Bereits in der seinerzeitigen Begründung bei Verabschiedung des VVG im Jahre 1908 hieß es, in der Seeversicherung besäßen die VN in der Regel „hinreichende Geschäftskunde"[3], um selbst für die Wahrnehmung ihrer Interessen zu sorgen (hierzu Rn. 206 ff.). 3

---

[1] § 209 VVG – weitgehend unverändert zu § 186 VVG a.F.

[2] So auch Langheid/Wandt/*Looschelders* § 209 Rn. 1; *Looschelders* VersR **2012** 2; vgl. die gleiche Überlegung beim VAG: Bähr/*Labes* § 25 Bestandsübertragung und Sanierungsmöglichkeiten nach Bestandsübertragung, **2011** 717.

[3] Reichsjustizamt, Entwurf des VVG (**1903**) 51; später fast wortgleich die Reichstagsvorlage, Begründung zum VVG (**1906**) 5 f.

B. Rückversicherung

I. Geschichte und Bedeutung der Rückversicherung

1. Ursprünge und Entwicklung bis zum Ende des 18. Jahrhunderts

4 Schon zu antiken Zeiten gab es Risikoverteilung. So führten insbesondere die Seeversicherung und die Gefahren des Warentransportes über das Meer bereits im Altertum zu versicherungsähnlichen Geschäften. Die Chinesen beispielsweise verteilten ihre Güter auf verschiedene Schiffe, um in Zweifel wenigstens Teile der Ware auf den gefährlichen Reisen über die Flüsse Chinas zu retten. Die Babylonier entwickelten schon ca. 3000 v. Chr. darlehensartige Absicherungen für die Seefahrt, welche den Darlehensnehmer von der Rückzahlungspflicht von der Hauptschuld und/oder des Zinses befreiten, wenn dem Schiff oder der Ware bestimmte Unfälle zustiessen. Auch die Griechen kannten diese Praxis.[4] Keines der Beispiele erfüllt zwar die spezifischen Charakteristika einer Versicherung[5], aber sie zeigen die Anerkennung eines besonderen Schutzbedürfnisses, das letztendlich auch Grundlage für die spätere Entwicklung von Rückversicherung war.

5 Echte Rückversicherungen sind ab dem 14. Jahrhundert im Bereich der Seetransport-Versicherung in Italien nachzuweisen. Der erste bekannte Vertrag, der ein Rückversicherungsverhältnis im heutigen Sinne schafft, datiert aus dem Jahr 1370 und wurde in Genua geschlossen. In diesem Vertrag verpflichtete sich der Rückversichernde, die auf einem Schiff befindlichen Waren zu einem festen Preis zu kaufen, falls das Schiff nicht innerhalb einer bestimmten Frist nach Abreise am Bestimmungsort in Flandern eintreffen würde. Zwar hatte man in diesem Vertrag keine Prämie vereinbart, was aber höchstwahrscheinlich an dem kanonischen Wucherverbot lag, das zur Folge hatte, dass keiner der vor Genueser Notaren abgeschlossenen Verträge eine Vereinbarung über Prämienzahlung enthielt.[6] Der Vertrag erfüllt aber dennoch ganz wesentliche Bestandteile eines Rückversicherungsvertrages. So handelt es sich um einen auf Risikoübernahme gerichteten Vertrag. Ferner werden durch ihn keine direkten vertraglichen Beziehungen zwischen Rückversicherer und VN begründet.

6 Archivfunde belegen zudem, dass in jener Zeit Rückversicherung zwar selten, aber kontinuierlich angewendet wurde, wobei bereits die Tendenz sichtbar war, dem Rückversicherer das schwerere Risiko zuzuweisen. Der erste Vertrag, der offen als Rückversicherungsvertrag ausgewiesen wurde, stammt aus Florenz und datiert 1409. Rückversichert wurde wiederum die sichere Ankunft eines Schiffes. Weiteren Beleg für das Bestehen von Rückversicherung gibt ein Eintrag in ein Handelsbuch in Florenz aus dem Jahr 1457, wo erstmals der dem modernen italienischen Wort „riassicurare“ entsprechende Begriff „rasichurare“ verwendet wird. Mithin lässt sich der Begriff des „Rückversicherns“ bis in das 15. Jahrhundert zurückverfolgen.[7]

7 Aus dem 17. und 18. Jahrhundert sind zahlreiche Streitfälle und Gerichtsentscheidungen überliefert, die belegen, in welchem Umfang und zu welchem Zweck Rückversicherung verwendet wurde. So wurde etwa die Eigenständigkeit des Rückversicherungsvertrages anerkannt, der den Umfang der Haftung der Rückversicherer bestimmt, die zulässige Höhe der rückzuversichernden Summe, die Fälligkeit der Rückversicherungsleistung und schließlich die Eignung der Rückversicherung als Mittel zur planmäßigen Risikoteilung zugestanden.[8]

---

[4] *Carter*, Reinsurance: The Definite Industry Textbook, 4. Aufl. London 2000 10 f.
[5] *Gerathewohl* Bd. II 699 ff.
[6] *Gerathewohl* Bd. II 697 ff.
[7] *Gerathewohl* Bd. II 699 ff.
[8] *Gerathewohl* Bd. II 723.

In der Gesetzgebung fand der Rückversicherungsvertrag erstmals im „Guidon de la Mer“ Erwähnung, einer in der zweiten Hälfte des 16. Jahrhunderts in Rouen von einem unbekannten Verfasser veröffentlichten Darstellung der See-Versicherung. Ausdrücklich festgehalten wurde, dass die Rückversicherungsprämie größer oder kleiner als die Erstversicherungsprämie sein konnte und dass dem Versicherten die Möglichkeit fehlte, direkt gegen den Rückversicherer Ansprüche geltend zu machen. Eine erstmalige gesetzliche Regelung erfuhr die Rückversicherung dann in einer Verordnung („Kostumen“) der Stadt Antwerpen im Jahr 1609 und etwas später auch in der französischen „Ordonnances de la Marine“, welche durch König Ludwig XIV auf Vorschlag Colberts erlassen wurde. Erwähnenswert ist hier die Festlegung, dass die Rückversicherungsprämie nicht mit der Erstversicherungsprämie identisch zu sein brauchte.[9] 8

2. Grundlegende Neuerungen des 18. Jahrhunderts

Die Entstehung der Rückversicherung hängt wie dargestellt maßgeblich mit den sich aus der Seeversicherung ergebenden Sicherungsbedürfnissen zusammen. Die in jener Zeit und bis in das 19. Jahrhundert hinein allerdings dominierende Form der Versicherung war die Mitversicherung[10], die sich in dieser Zeit von den italienischen Handelsstädten über ganz Europa ausbreitete. Stetig zunehmender Kapazitätsbedarf wurde zunächst mittels weiterer Aufsplittung der Policen sichergestellt, bereits ab dem 18. Jahrhundert wurde derartiger Kapazitätsbedarf in Versicherungsbörsen regelrecht gehandelt. Nach Entdeckung der Neuen Welt und dem Beginn des Überseehandels stieg die Bedeutung der Versicherungsbörsen in Antwerpen, Amsterdam, Rotterdam und London schließlich erheblich.[11] Die Rückversicherung, die sicherlich das geeignetere Instrument gewesen wäre, konnte sich im Schatten der institutionalisierten Mitversicherung indes nur langsam entfalten. 9

Ferner geriet die Rückversicherung durch sogenannte Prämiendifferenzgeschäfte[12] in Verruf, was schließlich 1746 in England zu einem Verbot der Seerückversicherung führte. Dieses beinahe 120 Jahre dauernde Verbot führte zu einem weiteren Aufschwung der als Mitversicherer arbeitenden „Lloyds Private Underwriters“, da nur so die Einbuße an Zeichnungskraft ausgeglichen werden konnte. In anderen Märkten entwickelte sich die Rückversicherung stetig weiter, was sich beispielsweise in gesetzlichen Regelungen wie der Hamburger Assekuranz- und Haverei-Ordnung von 1731 oder besonders ausführlich im preußischen Allgemeinen Landrecht von 1794 zeigt.[13] 10

3. Aufschwung im 18. Jahrhundert

Die seit dem 14. Jahrhundert vorhandenen Rückversicherungsverträge fanden hauptsächlich auf fakultativer Basis statt. Es ging mithin um die Übertragung von Einzelrisiken. Erst im Jahre 1821 wird der erste obligatorische Rückversicherungsvertrag zwischen der „Compagnie Royale d'Assurance contre l'Incendie“ in Paris und der „Compagnie des 11

[9] *Gerathewohl* Bd. II 716 f.; *Grossmann* 9 f.; weitere Textstellen finden sich in: Terminazioni von Venedig (ab 1705), Hamburger Assekuranz- und Havarei-Ordnung (1731), Ordonnanz von Bilbao (1738), Allgemeines Landrecht für die Preußischen Staaten (1794).

[10] Zur Mitversicherung und der historischen Einordnung siehe Bruck/Möller/*Schnepp* Anh. 216 Rn. 2.

[11] *Gerathewohl* Bd. II 709 ff.

[12] *Gerathewohl* Bd. II 726: VR „rückversicherten“ gezeichneten Risiken gegen eine geringere als die ursprüngliche Prämie.

[13] Farny/Helten/Koch/Schmidt/*Koch* 691.

Propirétaires Réunis“ in Brüssel geschlossen.[14] Etwa ab Mitte des 19. Jahrhunderts werden dann erste als „Generalrückversicherung“ bezeichnete Rahmenverträge entwickelt[15], die Vertragsbedingungen für eine unbestimmte Anzahl von Risiken im Voraus festlegten. Im Juli 1829 schließlich wurde in Deutschland der erste bekannte Summenexzedentenvertrag zwischen zwei Erstversicherern geschlossen, der zugleich die älteste überlieferte Schiedsgerichtsklausel der Rückversicherung enthielt.[16]

12 Im Laufe des 18. Jahrhunderts kam es in allen wichtigen Handelsstädten zu Gründungen von Versicherungsgesellschaften, nicht nur für die Seefahrt, sondern auch Feuer- und Lebensversicherung wurde mehr und mehr von professionellen Gesellschaften betrieben. Insbesondere die Feuerversicherung, die im Gegensatz zur Seeversicherung und deren Absicherung einzelner Wirtschaftssubjekte vielmehr das Hab und Gut einer ganzen Gemeinschaft absichert, gewann zunehmend an Bedeutung. Brände wie die in London 1666 und in Hamburg 1842 gaben schließlich treibende Impulse für eine Gründungswelle auch von professionellen Rückversicherungsgesellschaften. In Deutschland beeindruckte der Hamburger Brand derartig, dass im Nachgang die beiden ersten Rückversicherer der Welt, die Kölnische und die Aachener Rückversicherungsgesellschaften gegründet wurden. In den folgenden Jahren kam es dann zu weiteren Gründungen (zu erwähnen insbesondere die Schweizerische Rückversicherungsgesellschaft 1863 sowie die Münchener Rückversicherungs-Gesellschaft 1880 – heutzutage die beiden größten Rückversicherer der Welt).[17]

13 Ab Mitte des 19. Jahrhunderts sind die ersten Retrozessionsverträge nachzuweisen.[18] Die Retrozession war allerdings zunächst vorwiegend auf Einzelfallrisiken abgestellt mit dem Zweck, Schadenkumule zu vermeiden.[19]

4. Entwicklung und Bedeutung im 20. Jahrhundert

14 Nachdem sich die internationale Rückversicherung in der Zeit bis zum Ersten Weltkrieg zunehmend ausbreitete, ausgelöst vor allem auch durch Katastrophenereignisse wie das Erdbeben von San Francisco 1906, warf dann der erste Weltkrieg die Frage auf, welche Auswirkungen der Kriegsausbruch auf die laufenden Rückversicherungsverträge haben würde. Dies traf zum einen zu auf Verträge zwischen Unternehmen aus Staaten, die jetzt zu Feinden geworden waren, zum anderen aber auch für Verträge, sofern das versicherte Risiko in einem dem Land des Rückversicherers feindlich gewordenen Staat belegen war.[20] Ein weiterer Effekt des Krieges waren versicherungstechnische Neuentwicklungen, wie z.B. die Fliegerversicherung und dauerhafte Änderungen in der Lebensversicherung (Versicherung der Kriegssterblichkeit, Einführung der Kriegsinvaliditätsversicherung, etc.).[21]

---

[14] *Grossmann* 11.

[15] *Gerathewohl* Bd. II 734; auch bezeichnet als „laufende“ Rückversicherung.

[16] Farny/Helten/Koch/Schmidt/*Koch* 691.

[17] Einzelheiten bei *Gerathewohl* Bd. II 743 ff.; im Jahre 1890 gründeten dieselben Gründungsmitglieder, die schon die Münchener Rück ins Leben gerufen hatten, auch die Allianz Versicherungs AG.

[18] Zur Retrozession siehe unten Rn. 74. Der erste nachgewiesene Retrozessionsvertrag wurde im Jahr 1860 zwischen der Kölnischen Rückversicherungs-Gesellschaft und der Union Belge d'Assurances contre Incendie in Brüssel geschlossen.

[19] *Gerathewohl* Bd. II 763 ff.

[20] *Gerathewohl* Bd. II 780, der als Beispiel den Fall nimmt, dass eine schweizerische Lebensversicherungsgesellschaft mit einem französischen oder englischen Staatsangehörigen eine Versicherung auf den Sterbefall abgeschlossen hat und hierüber einen Rückversicherungsvertrag mit einem deutschen Rückversicherer geschlossen hat.

[21] *Gerathewohl* Bd. II 788 f.

Die im ersten Weltkrieg gemachten Erfahrungen erleichterten den Umgang mit den Herausforderungen des zweiten Weltkrieges. So hatten im Jahre 1938 englische Erstversicherer, die in Deutschland und Italien rückversichert waren, sogenannte „shadow cover“ für den Fall eines Krieges abgeschlossen. Neutral gebliebene Länder, insbesondere die Schweiz und Schweden konnten ihr Rückversicherungsgeschäft zu allen Seiten fortsetzen. **15**

Nach dem Zweiten Weltkrieg entstand rasch wieder eine wachsende Nachfrage nach Versicherungsschutz, die nur durch leistungsfähige internationale Rückversicherung befriedigt werden konnte.[22] Deutsche Rückversicherer waren aber insoweit benachteiligt, als ihnen nach dem Krieg verboten war, internationale Geschäfte zu tätigen. Als dieses Verbot schliesslich im September 1950 aufgehoben wurde[23], hatten die deutschen Rückversicherer den Anschluss an den internationalen Markt zunächst verloren. So war das internationale Versicherungswesen nicht zuletzt auch angesichts des Fehlens deutscher Rückversicherer grundsätzlich umgestaltet worden. **16**

Im letzten Drittel des 20. Jahrhunderts hielten dann moderne Organisations-, Arbeits- und Planungsmethoden Einzug in der Rückversicherung. Eine Verwissenschaftlichung der praktischen Geschäftstätigkeit und eine Versachlichung der Beziehungen zwischen Erst- und Rückversicherer ersetzten das bis dahin mehr oder weniger uneingeschränkt geltende Prinzip der „uberrimae fidei“ bzw. des „utmost good faith“.[24] Zu dieser Versachlichung haben neben einer Verrechtlichung der Rückversicherungsbeziehungen vor allem auch die zunehmenden Einbindung von versicherungsmathematischen Prinzipien, vor allem aktuarielle Bewertungen und Berechnungen beigetragen. **17**

Schließlich wurden im 20. Jahrhundert alternative Risikotransfers (ART)[25] in sog. nicht-traditionellen (Kapital)-Märkten entwickelt, die sich durch einen begrenzten Risikotransfer auszeichnen und eher eine Finanzierungsfunktion für den abgebenden VR haben. Derartige Risikofinanzierungen haben sich zwischenzeitlich etabliert, zuvorderst Verbriefungen für Katastrophenrisiken, aber auch weit darüber hinaus bis hin zu Wetterderivaten oder Versicherungsprodukten, die Börsenindices absichern.[26] Um noch als Rückversicherungsprodukt zu gelten, ist allerdings entscheidend, dass ein Risikotransfer stattfindet, denn teilweise wurden ART-Instrumente lediglich als Mittel der „Bilanzkosmetik“ eingesetzt, um die tatsächliche Vermögenslage von Rückversicherungsunternehmen zu verschleiern.[27] **18**

---

[22] *Gerathewohl* Bd. II 806; Härle/*W. Labes* Die deutsche Rückversicherung seit dem 8. Mai 1945, Nachkriegsprobleme der Vertragsversicherung **1948** Vol.1, 175 ff.

[23] Gesetz Nr. 36 der Alliierten Hohen Kommission.

[24] *Banham* What happened to handshakes?, ReActions October **1994** 18, 18; *Bank/Winters* Reinsurance Arbitration: A U.S. Perspective, Journal of Insurance Regulation **1989** 85, 87; *Soll/Eilers* Unsichere Zukunft oder Ablösung von Schadenreserven ZfV **1994** 558, 558; *Wollan* Hitting out in the first third, ReActions September **1992** 67, 67.

[25] „Alternative Risk Transfer“, teilweise auch als „Finanzrückversicherung“ oder „Finite Risk Reinsurance“ bezeichnet.

[26] *Renggli* „ART 2000“ – Entwicklungstendenzen in der nicht-traditionellen Risikofinanzierung, ZfV **2000** 213 ff.; *Smethurst* Financial Services and Markets Act: the approved persons regime, Insurance Day 25 July **2000** 10; siehe eingehend unten Rn. 121 ff.

[27] Durch die VAG-Novelle 2007 wurde die Finanzrückversicherung in § 121e VAG dergestalt geregelt, dass zwischen traditioneller Rückversicherung und Finanzrückversicherung einerseits und sonstigen Finanzierungsgeschäften ohne ausreichenden Risikotransfer andererseits unterschieden wird. Über Finanzrückversicherungsverträge ohne hinreichenden Risikotransfer ist der BaFin nunmehr gesondert zu berichten.

5. Veränderungen und Herausforderungen im 21. Jahrhundert

19 Die jüngste Entwicklung in der Rückversicherung ist gekennzeichnet durch eine signifikante Ausweitung des internationalen Rückversicherungsangebotes und den dadurch bedingten erheblichen Wettbewerbsdruck auf den Märkten. Darüber hinaus hat sich die Assekuranz immer größer werdenden und weniger beherrschbaren Risiken zu stellen, die zwangsläufig zu einer stärkeren Schadensbelastung führen.[28] Vorrangige Bedeutung hierbei haben nach wie vor Naturkatastrophen.[29] Spätestens seit den WTC-Anschlägen weiss man aber, dass auch vom Menschen verursachte Katastrophen zu immer höheren Schadensummen führen können.[30] Hinzu kommen sogenannte Latenzschäden, also solche Schäden, die zwar bereits bei Abschluss eines Rückversicherungsvertrags „latent" angelegt sind, sich aber erst viele Jahre später, unter Umständen erst nach Jahrzehnten, auswirken und zu versicherten Schäden führen. Bekanntestes Beispiel sind sicherlich Asbestschäden, die wahrscheinlich schon einen dreistelligen Milliardenbetrag an Schadenzahlungen versucht haben. Aber auch in vielen anderen Bereichen (Umwelt, Pharmaschäden, Silikon, etc.) schlummern womöglich heute noch gar nicht absehbare Schadenursachen, die erst zukünftig zu entsprechenden Versicherungsschadenfällen werden.

20 Heutzutage befindet sich die Rückversicherung in einem allgemeinen Risikotransfermarkt bzw. in einem Markt für Risikotransferprodukte, und somit im Wettbewerb mit Erstversicherern, die durch höhere Zeichnungskapazität und steigende Selbstbehalte immer weniger Rückversicherungsschutz nachfragen, aber auch mit Banken und Anbietern alternativer Lösungen wie den bereits beschriebenen ART-Produkten. Technologische Entwicklung mit entsprechenden Risiken (z.B. Nanotechnologie, Energiegewinnung) und wachsende Ansprüche an das Risiko Management stellen auch die Rückversicherung ständig vor neue Aufgaben. Klassische und moderne Formen der Rückversicherung müssen sich dem wandelnden Kontext dynamisch anpassen und antizipativ verändern.

II. Definition und Funktion der Rückversicherung

21 Die Rückversicherung insgesamt ist Bestandteil der globalen Risikobewältigung. Zum einen wird durch sie das Ausfallrisiko aufgrund von Großschäden gemindert und somit die VN im Allgemeinen geschützt, zum anderen wird auch die Schadenbelastung durch Frequenzschäden minimiert und somit der VR geschützt. Das Bedürfnis des Erstversiche-

[28] Was den versicherten Schaden angeht, gilt das Jahr 2005 immer noch als das teuerste Jahr mit geschätzten 123 Mrd. USD. Das wirtschaftlich schadenträchtigste Jahr wird aber sicher das Jahr 2011 sein. Hier liegt die Schätzung der Swiss Re bei 350 Mrd. USD; vgl. Das zweitteuerste Katastrophenjahr aller Zeiten, VW **2011** 9; die Münchener Rückvers. geht sogar von 380 Mrd. USD aus.

[29] Bislang größtes versichertes Schadenereignis überhaupt dürfte der von Hurrikan Katrina im Jahr 2005 verursachte Schaden sein, der zur Zeit auf etwa 41 Mrd. US-Dollar geschätzt wird. Dazu kommen noch Schäden an den Ölförderanlagen vor der Küste mit ca. 5 Mrd. US-Dollar; vgl. The Review, September **2009** 29. Der bis dato größte Schaden, Hurrikan Andrew aus dem Jahr 1992, verursachte einen versicherten Schaden in Höhe von seinerzeit etwa 23 Mrd. US-Dollar, vgl. Insurance Day, 30.6.2008; inflationsbereinigt wären dies heute annähernd 57 Mrd. USD; vgl. The Review July/August **2009** 13.

[30] Der WTC-Schaden soll bei den VR Zahlungen in Höhe von über 40 Mrd. USD über die verschiedenen Sparten (Geschäftsunterbrechung, Sach, Luftfahrt, Leben, etc.) ausgelöst haben; vgl. Global Reinsurance, September **2011** 21.

rers nach Entlastung ergibt sich aus der besonderen Natur des von ihm getragenen versicherungstechnischen Risikos. Nicht vorhersehbare Schwankungen des Schadenverlaufes sollen geglättet, mögliche strukturelle Änderungen der Risikolage ausgeglichen und Kumulgefahren sowie Katastrophenrisiken reduziert werden.[31] So ist es dem VR überhaupt nur möglich, für große Risiken (Flugzeuge, Industriebetriebe oder auch die Haftpflicht ganzer Konzerne) die Deckung zu übernehmen. Der Versicherte muss also nicht, wie in früheren Zeiten im Rahmen der Mitversicherung, Verträge mit verschiedenen Versicherungsunternehmen abschließen.

1. Definition

Die frühere Legaldefinition der Rückversicherung in § 779 HGB[32] wurde durch die VVG-Reform im Jahr 2008 aufgehoben. Dogmatisch ist der Rückversicherungsvertrag als ein gegenseitiger Vertrag (§ 320 BGB) zwischen Erst- und Rückversicherer anzusehen.[33] **22**

Rückversicherung setzt begrifflich das Bestehen einer Versicherung (Erst-, Direkt- oder auch Originalversicherungsvertrag) voraus.[34] Ohne einen vorgelagerten Erstversicherungsvertrag ist Rückversicherung mithin nicht möglich. Eine Rechtsbeziehung zum VN wird nicht begründet.[35] Die Rückversicherung wird abgeschlossen zur Deckung von Einzelrisiken (fakultativen Risiken) bzw. ganzen Portfolios (Vielzahl von Einzelrisiken mit gemeinsamen Merkmalen). Ganz oder auch nur teilweise, werden im Rahmen auszuhandelnder Bedingungen im Rückversicherungsverhältnis durch (regelmäßig) eine Versicherungsgesellschaft (Zedent) Risiken auf eine andere Versicherungsgesellschaft (Zessionar, meist eine spezielle Rückversicherungsgesellschaft) übertragen (zediert). Dabei wird die ursprüngliche Versicherung weder aufgelöst, noch wird in ihren Regelungsinhalt eingegriffen. Der Vertragsinhalt wird mithin nicht geändert. Der Erstversicherer bleibt dem Versicherten auch allein für Leistungen aus dem Versicherungsvertrag verpflichtet. Andererseits aber erhält der Erstversicherer im Schadensfall beim VN (Teil-)Leistungen vom Rückversicherer erstattet, soweit das realisierte Risiko von der Rückversicherung gedeckt war. Man unterscheidet dabei zwischen verschiedenen Formen der Rückversicherung (Quotenrückversicherung, Exzedentenrückversicherung, etc.).[36] **23**

Grundsätzlich wird zwischen aktiver und passiver Rückversicherung unterschieden. Die aktive Rückversicherung beschreibt das Geschäft eines Rückversicherers, anderen Erst- oder Rückversicherern Rückversicherungsschutz anzubieten. Dabei kann auch ein Erstversicherer als Rückversicherer agieren. Es handelt sich andererseits um passive Rückversicherung, wenn ein Erst- oder ein Rückversicherer Rückversicherungsschutz nachfragt. **24**

Auch Rückversicherer geben wiederum Teile ihres Risikos weiter an andere Rückversicherer. Ein solcher weltweiter Risikoausgleich untereinander wird durch die sog. Retrozession erzielt. Mithilfe einer geografischen Diversifikation sollen regionale Häufungen von Schadensereignissen weltweit verteilt werden. Man spricht auch von einer Atomisierung des Risikos. Dass diese Risikoverteilung auch wirklich funktioniert, haben Großschadenereignisse wie Katrina oder WTC bewiesen. **25**

---

[31] *Grossmann* 1.

[32] In § 779 Abs. 1 HGB (Seehandelsrecht) war die Rückversicherung definiert als Versicherung der vom VR übernommenen Gefahr.

[33] *Looschelders* VersR **2012** 3.

[34] *Gerathewohl* Bd. I 1.

[35] RG 8.6.**1903** RGZ Bd. **55** 90; LG Köln 19.4.**1951** VersR **1953** 130; Farny/Helten/Koch/Schmidt/*Koch* 689.

[36] Zu den Rückversicherungsformen siehe unten Rn. 87 ff.

2. Funktion

26 Die Rückversicherung erfüllt mithin drei wesentliche Funktionen, nämlich zunächst die Glättung des versicherungstechnischen Risikos und die Stärkung des Eigenkapitals. Darüber hinaus werden den Zedenten wertvolle Dienstleistungen angeboten.

27 a) **Glättung des versicherungstechnischen Risikos.** Das versicherungstechnische Risiko realisiert sich typischer Weise durch Änderungen im Vergleich zur ursprünglichen Kalkulation eines Risikos, durch Irrtümer, oder durch Zufälle. Das Änderungsrisiko wird erheblich beeinflusst von steigenden Löhnen und Preisen, der Kriminalitätsrate, technischen Entwicklungen (Schifffahrt, Flugverkehr), Qualität von Baumaterialen etc. Das Irrtumsrisiko kann entweder ein Diagnose- oder ein Prognoserisiko sein. Es manifestiert sich bei Abweichungen von erwarteten Versicherungsleistungen sowie irrtümlich falschen Annahmen. Von Zufallsrisiko spricht man bei sehr hohen Einzelschäden oder etwa, wenn mehrere Einheiten aus demselben Ereignis betroffen sind. Abgrenzungen zwischen den verschiedenen Risikoarten sind oft schwierig zu treffen. Man kann aber feststellen, dass die Wahrscheinlichkeit zufälliger Änderungen eines Portefeuilles und seines tatsächlichen Schadenverlaufes mit zunehmender Bestandsgröße abnimmt.[37]

28 b) **Stärkung des Eigenkapitals.** Selbst für starke Erstversicherer, die im Zweifel auch große Schäden selber tragen könnten, bleibt die Rückversicherung ein attraktives Instrument zur Eigenkapitalsteuerung. Rückversicherung stärkt die Eigenkapitalrelation des Erstversicherers; die Bindung von Kapital, das anderweitig ggfs. produktiver eingesetzt werden kann, kann durch Rückversicherungsnahme reduziert werden. Zusätzlich erhöht die Rückversicherung die Zeichnungskapazität des Zedenten und folglich dessen Möglichkeiten zur Zeichnung größerer und zahlreicherer Risiken. Dies wäre ansonsten nur mittels Eigenkapitalerhöhung möglich.

29 Der Eigenkapitalbedarf von VR steht aktuell angesichts der Einführung von Solvency II[38] in der Diskussion. Durch Solvency II werden erheblich verschärfte Anforderungen an die notwendigen Eigenmittel gestellt. VR werden sowohl Risiken aus ihrem Versicherungsportfolio als auch Risiken aus den Kapitalanlagen mit erhöhtem Eigenkapital bedecken müssen. Je riskanter ein Versicherungsvertrag oder eine Kapitalanlage ist, desto mehr Kapital wird benötigt. Durch gezielte Rückversicherungspolitik kann der Erstversicherer seinen Eigenkapitalbedarf bedarfsgerecht steuern, ohne sein eigenes Eigenkapital ständig auf höchstem Niveau halten zu müssen.

30 c) **Dienstleistungen des Rückversicherers.** Größere Rückversicherer bieten ihren Zedenten Beratung an, beispielsweise bei der Bestimmung des Rückversicherungsbedarfs, bei der Ausarbeitung von Versicherungsbedingungen und Prämientarifen oder der Aufstellung eines möglichst effizienten Rückversicherungsplans. Zudem gibt es ein breit gefächertes Angebot von Unterstützungs-Leistungen, insbesondere in den Bereichen technische Weiterbildung, betriebliche Organisation, Buchführung und Informatik, aber auch Bereitstellung von Kompetenz in hochspezialisierten Bereichen, wie z.B. bei der Analyse und Tarifierung komplexer Risiken. Letztlich unterstützen Rückversicherer auch bisweilen die Geschäftsentwicklung eines Zedenten mit beschränktem Eigenkapital, insbesondere bei der Einführung neuer Produkte, die mit hohen Investitionen verbunden sind.

---

37 *Gerathewohl* Bd. I 14.

38 Zu der Einführung von Solvency II und der Auswirkung auf das Eigenkapital der VR bzw. Rückversicherer siehe *Labes* ZfV **2011** 717 ff., Langheid/Wandt/*Gause* AufsichtsR Rn. 326 ff.

Ein wichtiger Bereich der Zusammenarbeit zwischen Erst- und Rückversicherer betrifft auch die Schadenverhütung. Rückversicherer beschäftigen häufig Spezialisten verschiedenster Fachrichtungen (Ingenieure, Chemiker, Architekten, Brandschutzfachleute, Kapitäne etc.). Dies geht teilweise so weit, dass der Rückversicherer das versicherungstechnische Risiko für den Erstversicherer bearbeitet. So insbesondere bei der fakultativen Rückversicherung. Hier werden häufig besonders umfangreiche, großvolumige, komplexe oder völlig neuartige Güter versichert. Rückversicherer leisten aufgrund der weltweiten Diversifizierung und Erfahrung aus vielen Jahrzehnten häufig wertvolle Unterstützung für lokale Erstversicherer. Der Rückversicherer ist auch derjenige, der häufig neue Deckungs- und Rückdeckungsformen entwickelt, um den Versicherungsschutz an die Bedürfnisse der VN anzupassen. Schließlich veröffentlichen viele Rückversicherer regelmäßig erscheinende aktuelle Informationen und Studien zu diversen Themen rund um das Versicherungsgeschäft.[39] **31**

III. Recht der Rückversicherung

1. Rechtsnatur der Rückversicherungsbeziehungen

Die Rückversicherung gilt als echte Versicherung[40] und gehört unabhängig davon, worauf sie sich bezieht – z.B. Güterversicherung, Personenversicherung oder Vermögensversicherung –, zur Schadenversicherung.[41] Dies wird damit begründet, dass es sich um eine Versicherung der von der Erstversicherung übernommenen Gefahr handelt und somit nicht konkret das vom Erstversicherer abgesicherte Risiko, sondern das Vermögen des Erstversicherers vor Verlusten infolge von Leistungen schützt, also den Aufwand des Erstversicherers für Schadenzahlungen an den Versicherten oder Drittberechtigten deckt.[42] **32**

Andere sehen in der Rückversicherung ein speziell ausgestaltetes Sicherungssystem „sui generis" zwischen Versicherungsunternehmen, wobei das Bestehen eines Erstversicherungsverhältnisses Wirksamkeitsvoraussetzung der Rückversicherung ist.[43] Die früher darüber hinaus teilweise vertretene Ansicht, dass ein Rückversicherungsvertrag einen Gesellschafts- bzw. einen Bürgschaftsvertrag darstellt[44], wird mittlerweile nicht mehr nachhaltig vertreten. **33**

Zwischen dem VN des Erstversicherers und dem Rückversicherer besteht mithin jedoch nach keiner der Ansichten eine Rechtsbeziehung, so dass grundsätzlich auch ein direkter Anspruch des Erstversicherungsnehmers abzulehnen ist[45], der jedoch teilweise in den USA unter engen Voraussetzungen zugelassen wird.[46] Erst durch die Vereinbarung einer Durchgriffshaftung, einer sog. „Strike-Through"- oder „Cut-Through"-Klausel wird dem Erstversicherungsnehmer unter begrenzten Voraussetzungen ein direkter Anspruch **34**

39 *Gerathewohl* Bd. I 58 f.

40 So h.M., RG 08.01.**1937** RGZ **153**, 184, **162**, 244; Mindermeinung: Gesellschaftsverhältnis, RG 24.04.**1897** RGZ **38**, 206, **39**, 164; s.a. *Grossmann* 37 f. m.w.N.

41 Prölss/Martin/*Klimke* § 209 Rn. 3 m.w.N., insbes. RG 08.01.**1937** RGZ **153**, 184; RG 11.06.**1940** RGZ **164**, 212.

42 *Grossmann* 38.

43 Halm/Engelbrecht/Krahe/*Materne/Diehl* 38. Kap. Rückversicherung Rn. 32 m.w.N.

44 *Gerathewohl* Bd. I 407 m.w.N.

45 BGH 15.10.**1969** VersR **1970** 29 f.; *Schwepcke* 104, Halm/Engelbrecht/Krahe/*Materne/Diehl* 38. Kap. Rückversicherung Rn. 106.

46 Dort wird die Durchgriffshaftung durch einen expliziten Klauselausschluss vermieden.

zugestanden, insbesondere wenn der Erstversicherer vor der Zahlung des Schadens insolvent wird. Daneben ist eine Durchgriffshaftung kraft Rechtsschein möglich, wenn dieser durch eine substantielle Beteiligung des Rückversicherers an der Erstversicherungsschadenregulierung, durch Ausstellung einer Rückversicherungsbestätigung an den VN oder durch 100 %iges Fronting[47] gesetzt wird.[48]

2. Rechtsgrundlagen der Rückversicherung im deutschen bürgerlichen Recht

35 Eine Gesetzeswerk über die vertragliche Ausgestaltung von Rückversicherung gibt es weder im In- noch Ausland.[49]

36 § 209 VVG mit seiner ausdrücklichen gesetzlichen Regelung steht einer analogen Anwendung der Regelungen des Versicherungsvertragsgesetzes auf die Rückversicherung entgegen.[50] Zum einen fehlt es an einer planwidrigen Lücke. Zum anderen ist der VN unter einem Rückversicherungsvertrag, also der Erstversicherer, anders als der VN unter einem Erstversicherungsvertrag[51], nicht entsprechend schutzbedürftig.[52] Im englischen Recht allerdings behelfen sich die Gerichte unter bestimmten Umständen mit einem solchen Rekurs auf das Versicherungsrecht.[53]

37 Auch wenn eine analoge Anwendung des Versicherungsvertragsgesetzes hierzulande nicht zuzulassen ist, so ist zumindest der Rückgriff auf allgemeine Grundprinzipien des Versicherungsvertragsrecht, die sich insbesondere auch unabhängig von einer konkreten Regelung im Versicherungsvertragsgesetz aus Treu und Glauben (§ 242 BGB) ableiten lassen, teilweise anerkannt.[54]

38 Nachdem das deutsche Versicherungsvertragsgesetz keine Anwendung auf die Rückversicherung findet und auch keine sonstigen expliziten Regelungen für Rückversicherungen im Bürgerlichen Gesetzbuch existent sind, gelten grundsätzlich die allgemeinen Vorschriften und die allgemeinen Regelungen des Vertragsrechts, so nicht anerkannte Rückversicherungsgrundsätze entgegenstehen.[55] Auch steht es aufgrund der Vertragsfreiheit den Parteien frei, spezielle Regelungen im Rückversicherungsvertrag zu treffen,

---

[47] Fronting liegt vor, wenn ein Erstversicherer oder ein Rückversicherer aus rechtlichen oder sonstigen Gründen ein Risiko nicht direkt zeichnen kann oder will und dieses Risiko auf Wunsch der Vertragspartner (= Fronting-Gesellschaft, frontende Gesellschaft) vorgezeichnet wird. Die Fronting-Gesellschaft zeichnet das Risiko und gibt es in vollem Umfang an (Rück-)VR weiter; sie hält also keinerlei versicherungstechnisches Risiko im Eigenbehalt, bekommt jedoch für den verwaltungstechnischen Aufwand sowie das Kreditrisiko des Ausfalls (Insolvenz) des Rückversicherers eine Kompensation (= Overrider), die sich i.d.R. auf ca. 5 % der Prämie beläuft; siehe dazu ausführlich *von Fürstenwerth/Weiß* 260.

[48] Halm/Engelbrecht/Krahe/*Materne/Diehl* 38. Kap. Rückversicherung Rn. 107.

[49] Halm/Engelbrecht/Krahe/*Materne/Diehl* 38. Kap. Rückversicherung Rn. 24.

[50] So h.M., anders jedoch u.a. *Kohleick* 12 hinsichtlich einer analogen Anwendung der Regelungen über die Doppelversicherung; *Looschelders* VersR **2012** 2 m.w.N.; ausführlich *Gerathewohl* Bd. I 399 ff., 405 (zur Doppelversicherung) m.w.N.; vgl. auch *Gerathewohl* Bd. I 441 ff.; Berliner Kommentar/*Schwintowski* § 186 Rn. 18.

[51] Siehe dazu auch § 210 VVG, der die Beschränkungen der Vertragsfreiheit nach dem VVG insbesondere auch für Großrisiken mangels Schutzbedürfnisses für nicht anwendbar erklärt.

[52] Siehe oben Rn. 2.

[53] *Kendall* Recent developments in English reinsurance law ZfV **2003** 649.

[54] So Prölss/Martin/*Klimke* § 209 Rn. 3.

[55] *Gerathewohl* Bd. I 412.

sowie – was regelmäßig erfolgt – das anwendbare Recht zu wählen und so unter Umständen den Rückversicherungsvertrag der Anwendbarkeit des deutschen bürgerlichen Rechts zu entziehen. Vielmehr finden dann die Regelungen des Privatrechts der jeweils im Rückversicherungsvertrag für anwendbar erklärten Rechtsordnung Anwendung.[56]

Auf die Rückversicherung finden darüber hinaus auch die Regelungen des Handelsrechts Anwendung, da beide Parteien eines Rückversicherungsvertrages, Erst- und Rückversicherer, ein Handelsgewerbe im Sinne von § 1 HGB betreiben und somit als Kaufleute im Sinne des HGB anzusehen sind. Für Versicherungsvereine auf Gegenseitigkeit gilt dies zumindest hinsichtlich des Ersten und Vierten Buches des HGB (mit Ausnahme der §§ 1 bis 7 HGB).[57] Neben den Bestimmungen des HGB zu Prokura und Handlungsvollmacht (§§ 48–58 HGB), den Jahresabschluss und Lagebericht (§ 341a HGB)[58], die Bildung versicherungstechnische Rückstellungen (§§ 341e–341h HGB) und über Handelsgeschäfte (§§ 343–372 HGB), legt § 346 HGB fest, dass unter Kaufleuten in Ansehung der Bedeutung und Wirkung von Handlungen und Unterlassungen auf die im Handelsverkehr geltenden Gewohnheiten und Gebräuche Rücksicht zu nehmen ist. Dies ist insoweit von besonderer Bedeutung, als somit auch der sogenannte Rückversicherungsbrauch[59], der durch die tatsächliche Ausübung und Anerkennung in der Rückversicherung entstanden ist, seine gesetzliche Grundlage findet.[60] **39**

3. Rechtsgrundlagen der Rückversicherung im deutschen öffentlichen Recht

Insbesondere das Versicherungsaufsichtsrecht[61], das Steuer-[62] und Insolvenzrecht[63], aber auch Bestimmungen betreffend Rückversicherungsmonopole, den internationalen Zahlungsverkehr, Freihandelsverbote, Normen über schiedsgerichtliche Verfahren, Vorschriften internationaler, von einzelnen Staaten getragener Organisationen, wie z.B. der OECD, EU, etc. beeinflussen die rechtlichen und wirtschaftlichen Beziehungen zwischen Erst- und Rückversicherer[64], wenn auch überwiegend nicht direkt den Rückversicherungsvertrag. **40**

---

[56] Teilweise beinhalten die Gesetze zum Versicherungsvertrag in anderen Ländern auch Regelungen zur Rückversicherung oder sind zumindest analog anwendbar.

[57] Siehe §16 S. 1 VAG, so ein Handelsgewerbe mangels Gewinnerzielungsabsicht und so eine direkte Anwendung des HGB verneint wird; Halm/Engelbrecht/Krahe/*Materne/Diehl* 38. Kap. Rückversicherung Rn. 27 m.w.N.; zulässige Unternehmensformen sind gem. § 120 I VAG neben dem Versicherungsverein auf Gegenseitigkeit die AG einschließlich der SE sowie Körperschaften und Anstalten des öffentlichen Rechts.

[58] In der Fassung aufgrund des Gesetzes zur Modernisierung des Bilanzrechts (Bilanzrechtsmodernisierungsgesetz – BilMoG) vom 25.05.2009, der unter Absatz VI explizit die Rückversicherung (als Versicherungsunternehmen im Sinne des HGB) erwähnt.

[59] Zur Bedeutung des Rückversicherungsbrauch im streitigen Verfahren s. im Folgenden Rn. 199 ff.

[60] Halm/Engelbrecht/Krahe/*Materne/Diehl* 38. Kap. Rückversicherung Rn. 29.

[61] Siehe dazu im Folgenden Rn. 44 ff.

[62] In Form von Körperschafts- bzw. Ertragssteuern am Sitz der Gesellschaft, nicht jedoch in Form von indirekten Steuern auf Rückversicherungsprämieneinnahmen; vgl. *Grossmann* 281, 282 ff; vgl. auch FG München, 23.03.2011 – 4 K 1008/08 – Anwendbarkeit der Steuerbefreiungsvorschrift für Bürgschafts- oder Kautionsrückversicherungen, z.Zt. anhängig beim BFH (BFH – II R 26/11).

[63] Bspw. § 198 InsO – zur Zugehörigkeit des Rückkaufswertes einer Rückversicherung zur Insolvenzmasse vgl. BAG, 17.01.2012 – 3 AZR 10/10.

[64] *Grossmann* 39 f.

41 Direkt beeinflusst werden kann ein Rückversicherungsvertrag, dessen Abschluss, Abwicklung bzw. Ablösung zudem durch Embargos und Sanktionen. Rückversicherer (und ihre Tochtergesellschaften) haben Sanktionsregelungen der Vereinten Nationen, der Europäischen Union und der entsprechenden Länder des jeweiligen Firmensitzes zu folgen.[65] Teilweise gelten unterschiedliche Sanktionsregelungen; zudem ist zwischen sog. Personenembargos und Länderembargos mit jeweils unterschiedlichen Konsequenzen zu unterscheiden.[66] Um diese Sanktionen zu befolgen und jede Verletzung dieser Regeln auch durch Rückversicherungsverträge oder etwa Schadenzahlungen zu vermeiden, muss jeder Erst- und Rückversicherer Überprüfungsprozesse etablieren. Dabei ist jede Organisationseinheit für sich verantwortlich für die Konformität ihres Geschäfts mit national wie international verhängten Sanktionsregelungen.

4. Internationales Recht der Rückversicherung

42 Auch wenn Rückversicherung ein internationales Geschäft ist und die Mehrzahl der Versicherungsverträge länderübergreifenden Charakter haben, gibt es keine international festgeschriebene Rechtsgrundlagen für die Rückversicherung.[67]

43 In der Regel beinhaltet jedoch ein zwischen Parteien mit Sitz in unterschiedlichen Ländern abgeschlossener Rückversicherungsvertrag eine Regelung zum anwendbaren Recht. Fehlt eine solche Regelung, so wurde ursprünglich auf das Recht am Hauptsitz des Zedenten zurückgegriffen.[68] Nach Klarstellung durch die Rom I-Verordnung vertritt die überwiegende Ansicht nunmehr die Anwendbarkeit des materiellen Rechts, das am Sitz der Hauptverwaltung des Rückversicherers gilt[69], so sich nicht implizit aus dem Rückversicherungsvertrag etwas anderes ergibt. Dies kann insbesondere der Fall sein, wenn sich das anwendbare Recht aus der Schiedsgerichtsklausel des Rückversicherungsvertrages ergibt, da dann davon auszugehen ist, dass dieses auch für den Rückversicherungsvertrag im Übrigen gelten soll. Auch die Wahl eines Schiedsgerichtsortes kann das auf den Rückversicherungsvertrag anzuwendende Recht implizieren.[70] Nach anderer Ansicht bestimmt sich – falls keine Rechtswahl im Rückversicherungsvertrag getroffen ist und sich dies auch nicht implizit ergibt – das anzuwendende Recht nach dem internationalen Privatrecht des Landes, in dem der Sachverhalt juristisch geprüft wird, wobei es sich jedoch nicht um eine internationale Rechtsmaterie, sondern um nationales Recht handelt.[71] Insoweit wäre in Deutschland nach den internationalen Privatrechtsnormen im EGBGB[72] durch Kollisionsnormen das anwendbare Recht zu bestimmen.[73]

---

65 Vgl. z.B. die Sanktionslisten der EU unter http://eeas.europa.eu/cfsp/sanctions/consol-list_en.htm.

66 Siehe eingehend *Heinisch* Die Anwendung von Sanktionen in der Rückversicherung, ZfV **2011** 740 ff.; *Nebel* Internationale Wirtschaftssanktionen – Auswirkungen auf Versicherungen, HAVE/REAS **3/2011**, 241 ff.

67 Halm/Engelbrecht/Krahe/*Materne*/*Diehl* 38. Kap. Rückversicherung Rn. 26.

68 So z.B. *Grossmann* 40.

69 Siehe dazu eingehend „Anwendbares Recht" Rn. 193 ff.

70 *Grossmann* 40; zur Bedeutung des Schiedsortes bei der Bestimmung des anwendbaren Rechts s. im Folgenden Rn. 194 f.

71 Halm/Engelbrecht/Krahe/*Materne*/*Diehl* 38. Kap. Rückversicherung Rn. 26.

72 Rom-I-VO, vgl. Art. 3 EGBGB.

73 *Schwepcke* 57; Halm/Engelbrecht/Krahe/*Materne*/*Diehl* 38. Kap. Rückversicherung Rn. 26.

5. Versicherungsaufsichtsrecht

44 Anders als im VVG hat die Rückversicherung zunehmend Regelungscharakter im Versicherungsaufsichtsgesetz (VAG) erfahren. Die Aufsicht über Rückversicherungsunternehmen ist vor allem mit der VAG-Novelle 2004[74] grundlegend novelliert worden, deren Umsetzung zur Einführung des neuen Abschnitts VIIa „Rückversicherungsaufsicht" (§§ 119 ff.) in das VAG geführt hat. So wurde insbesondere ein Erlaubnisverfahren eingeführt sowie Solvabilitätsanforderungen geschaffen, die weitgehend denen für Erstversicherungsunternehmen gleichen. Darüber hinaus wurden die Eingriffsbefugnisse der Bundesanstalt für Finanzdienstleistungsaufsicht („BaFin") gegenüber Rückversicherungsunternehmen und ihren Geschäftsleitern verschärft und weitgehend der Aufsicht über Erstversicherungsunternehmen angepasst.

45 Mit der VAG-Novelle 2007 wurden schließlich die Vorgaben der Richtlinie 205/68/EG („Rückversicherungs-Richtlinie")[75] in deutsches Recht umgesetzt, was den vorläufigen Abschluss der zunehmenden versicherungsaufsichtsrechtlichen Regulierung der Rückversicherungstätigkeit darstellt. Mit diesem Gesetz hat der Gesetzgeber einerseits die fakultativen Richtlinienbestimmungen über die Finanzrückversicherung in deutsches Recht transformiert und somit einen Rechtsrahmen für die Finanzrückversicherung – und damit größere Rechtssicherheit für einen „aufsichtspolitisch" sensiblen Bereich – geschaffen.[76] Zum anderen wurde die Möglichkeit eröffnet, Rückversicherungsbestände ganz oder teilweise auf andere Rückversicherungsunternehmen zu übertragen, ohne dass es hierzu der Zustimmung der Rückversicherten (Erst- oder Rückversicherungsunternehmen) bedarf.[77] Damit wurde ein Instrumentarium eingeführt, das es insbesondere ermöglichen wird, sanierungsbedürftige oder im Run-off befindliche Rückversicherungsbestände[78] unter erleichterten Voraussetzungen zu übertragen. Ziel ist dabei in aller Regel, die Maximalbelastungen aus den entsprechenden Haftungen zu limitieren. Eine Verfah-

---

[74] Bis zum 4. Finanzmarktförderungsgesetz waren Rückversicherer in Deutschland weitgehend von der Versicherungsaufsicht freigestellt. Durch die VAG-Novelle 2004 wurde unter der Überschrift „Rückversicherungsaufsicht" mit den §§ 119 bis 121e VAG eine unmittelbare Aufsicht über professionelle Rückversicherungsunternehmen ins VAG eingefügt.

[75] Richtlinie 205/68/EG des Europäischen Parlaments und des Rates vom 16. November 2005 zur Rückversicherung. Durch die 8. VAG-Novelle 2007 vom 28.5.2007 wurden die Aufsichtsregeln für Rückversicherungsunternehmen erweitert.

[76] Siehe eingehend Bähr/*Laudage* § 24 Finanzrückversicherung 685 ff.

[77] Als Bestandsübertragung ist der Transfer eines Portefeuilles auf eine neue Rechtseinheit zu verstehen. Bei einer Bestandsübertragung gehen nicht nur die Verträge und Haftungen, sondern auch die dazugehörigen versicherungstechnischen Reserven mit über; vgl. eingehend Bähr/*Labes* § 25 Bestandsübertragung und Sanierungsmöglichkeiten nach Bestandsübertragung **2011** 709 ff.; *Labes/Marshall* Rückversicherung: Finalität durch Übertragung?, VW **2008** 305 ff.; *Labes* Portfolio Transfers in Europe, run-off & restructuring, autumn **2010** 17 ff.

[78] Zur Restrukturierung und Sanierung von Rückversicherungsbeständen bedurfte es bislang aufwendiger Spaltungs-, Verschmelzungs- und Ausgliederungsverfahren nach geltendem Umwandlungs- und Gesellschaftsrecht. Demgegenüber stellen Bestandsübertragungen ein probates Mittel für Konzernumbau- und Liquiditätsbeschaffungsmaßnahmen dar. Ziel sind dabei oft Vereinfachungen der Konzernstruktur, eine Reduzierung des Verwaltungsaufwandes, die Konzentration von Liquidität bei einer Muttergesellschaft oder etwa die Verringerung des Aufwandes für die Rechnungslegung.

rensoption, die international eine endgültige Haftungsbeendigung („Finalität") ermöglicht, ist das „*Solvent Scheme of Arrangement*" Verfahren nach englischem Recht.[79]

46 Ein Solvent Scheme muss schließlich auch für einen deutschen Gläubiger abschließende Bindungswirkung entfalten. Würde einem Solvent Scheme die Anerkennung in Deutschland versagt, würde dieses auch keine unmittelbare rechtliche Wirkung gegenüber einem deutschen (Rück-)Versicherer haben. So hat sich nicht zuletzt zu der Frage der Vollstreckbarkeit von Solvent Schemes in Deutschland eine vielbeachtete Diskussion entwickelt.[80] Der BGH[81] hat zwischenzeitlich in einem ihm konkret vorliegenden Fall dem Solvent Scheme die Anerkennung auf Grundlage der Sonderreglungen der Artt. 8, 12 Abs. 1, 35 EuGVVO mit der Begründung versagt, dass ein VR seinen VN gegenüber ein Verfahren grundsätzlich nur vor Gerichten des Mitgliedsstaates anstrengen kann, in dessen Hoheitsgebiet diese ihren Wohnsitz haben.[82] Beachtenswert ist hier allerdings, dass im Rückversicherungsbereich die Sondervorschriften über die Zuständigkeit in Versicherungssachen nach Art. 8 ff. EuGVVO nicht gelten. Insofern kommt es bei der Anerkennung eines Solvent Scheme für Rückversicherungsnehmer mit Sitz in Deutschland darauf an, ob es sich bei dem Solvent Scheme um eine Entscheidung nach Art. 32 EuGVVO handelt.[83]

47 Ferner wurde mit der VAG-Novelle 2007 das sog. Sitzlandprinzip eingeführt, das künftig auch für die Geschäftstätigkeit von Rückversicherungsunternehmen in der Europäischen Union und im EWR gilt. Rückversicherungsunternehmen, die in Deutschland zugelassen sind, ist es daher erlaubt, künftig im gesamten EWR über Niederlassungen oder im Dienstleistungsverkehr Rückversicherungsgeschäfte zu betreiben. Anders als im Bereich der Erstversicherung bedarf es hierzu keines vorgeschalteten Notifizierungsverfahrens.[84]

---

[79] Für Rückversicherer in Kontinentaleuropa kann ein solches Verfahren zurzeit nur für in England belegenes Geschäft angewendet werden. Dennoch können auch kontinentaleuropäische- und somit bspw. deutsche Gesellschaften unter bestimmten Voraussetzungen von derartigen Verfahrensoptionen profitieren. Eingehend zum Solvent Scheme of Arrangement: Bergeest/Labes/*Labes* Verfahrensoptionen zur Beendigung von Haftungen aus (Rück)Versicherungsverträgen, Liber amicorum für Gerrit Winter **2007** 645 ff.; Bähr/*Labes* § 25 Bestandsübertragung und Sanierungsmöglichkeiten nach Bestandsübertragung **2011** 726 ff. m.w.N.

[80] Bähr/*Labes* § 25 Bestandsübertragung und Sanierungsmöglichkeiten nach Bestandsübertragung **2011** 734 ff.; *Schaloske* Abwicklung von Versicherungsbeständen durch Solvent Schemes of Arrangement, VersR **2009** 26 ff.; *Schnepp/Janzen* Rückversicherung: Wirken Solvent Schemes auf deutsche Vertragsbestände?, VW **2007** 1057 ff. (Teil 1) und 1148 ff. (Teil 2); *Sieg/Blum* Managing Run-Off in Europe **2007** 47 ff.; *Tyrell/Heitlinger/Stern* Solvent Schemes auch in Deutschland vollsteckbar, VW **2007** 1695 ff.

[81] BGH 15.2.2012 VersR **2012** 601 ff.

[82] *Schröder/Fischer* Die praktischen Folgen des Urteils dürften über den Versicherungs- und Rückversicherungsbereich hinausgehen, BB **2012** 1563 f.; *Weyer* Anmerkung zu BGH Urt. IV ZR 194/09, Celle, VersR **2012** 605 ff.

[83] Bähr/*Labes* § 25 Bestandsübertragung und Sanierungsmöglichkeiten nach Bestandsübertragung **2011** 734 ff.; *Schröder/Fischer* Die praktischen Folgen des Urteils dürften über den Versicherungs- und Rückversicherungsbereich hinausgehen, BB **2012** 1563 f; *dieselben*, Solvent Schemes of Arrangement: Exit-Strategie im Run-off?, VW **2012** 1060 ff.

[84] *Bähr* VAG-Novelle 2007 – gelungene Restumsetzung der Rückversicherungs-Richtlinie? Newsletter der deutschen Versicherungs- und Rückversicherungspraxis von DLA Piper UK LLP **April 2007** 8; Bähr/*Geiger* § 22 Zulassungsaufsicht 636 Rn. 15 f.

Das Ziel der nachhaltigen Regelung der Rückversicherung im Aufsichtsrecht ist die Gewährleistung einer adäquaten Risikoeinschätzung und eines aktuellen Informationsstandes der Aufsichtsbehörde zur Durchführung einer effizienten Rechts- und Finanzaufsicht. Die Rückversicherungsaufsicht soll mithin unter Anwendung einer Aufnahme- und Ausübungsüberwachung vorrangig die Funktionsfähigkeit des Versicherungssektors sicherstellen. Durch die Schaffung eines Erlaubnisverfahrens unter Einschluss der notwendigen Sanktionsmechanismen und durch Anforderungen an die Solvabilität von Rückversicherungsunternehmen sollen die Möglichkeiten zur Vermeidung krisenhafter Situationen erweitert und sichergestellt werden, dass das Rückversicherungsunternehmen jederzeit willens und in der Lage ist, den Verpflichtungen gegenüber den Vorversicherern nachzukommen. Die EU-Rückversicherungsrichtlinie verweist in diesem Zusammenhang auf die Rückversicherung als eine bedeutende Finanztätigkeit, die es den Direktversicherern durch eine weltweit breitere Streuung der Risiken erlaubt, ihre Kapazität für das Versicherungsgeschäft und die Gewährleistung von Versicherungsschutz zu erhöhen sowie ihre Kapitalkosten zu senken.[85] 48

6. Rückversicherungsgrundsätze und -gebräuche, Standard- und Generalklauseln

Im Rahmen der privatrechtlich und öffentlich-rechtlich gesetzlichen Schranken ist der Rückversicherungsvertrag in seiner Gestaltung frei. Es ist also Sache der vertragsschließenden Parteien, diesen ihren Bedürfnissen nach auszugestalten.[86] Die Ausgestaltung wird regelmäßig insbesondere durch die speziellen rückversicherungstechnischen, betriebswirtschaftlichen und finanziellen Anforderungen, sowie die betroffenen Sparten, Länder und Märkte bestimmt.[87] Auch wenn Standard- und Mustertexte aus diesem Grunde nur in einem sehr begrenzten Umfang existieren bzw. Anwendung finden, beinhalten grundsätzlich alle Rückversicherungsverträge die grundlegenden Rückversicherungsgrundsätze und -gebräuche in diversen Standard- und Generalklauseln.[88] 49

Soweit keine explizite Regelung im Rückversicherungsvertrag existiert, die als spezielles Vertragsrecht vorgehen würde, wird im Falle einer Vertragslücke auf Rückversicherungsgrundsätze und -gebräuche zurückgegriffen[89], welche nachgehend exemplarisch dargestellt werden sollen. 50

a) **Prämienzahlungspflicht.** Die Prämienzahlungspflicht ist die Gegenleistung der geschuldeten Vertragsleistung des Rückversicherers, den Rückversicherten im Falle eines Schadens aus dem Erstversicherungsvertrag entsprechend dem Rückversicherungsvertrag zu entschädigen. Die Pflicht des Erstversicherers zur Prämienzahlung ist mithin die korrespondierende Hauptpflicht zur Gefahrentragung (Leistungspflicht des Rückversicherers).[90] 51

Dennoch ist eine Gefahrentragungspflicht nicht von der Prämienzahlung abhängig. Auch der Rückversicherungsvertrag verlangt – anders als in Erstversicherungsverträgen – regelmäßig nicht die Prämienzahlung als Vorbedingung einer Leistungspflicht. Mithin 52

[85] Bähr/*Geiger* § 22 Zulassungsaufsicht 633 Rn. 6 m.w.N.

[86] *Looschelders* VersR **2012** 3 mit Hinweis auf die Vertragsfreiheit und den Willen der Parteien.

[87] *Grossmann* 38 f. mit Nachweisen zu Beispielen für Mustertexte aus dem angelsächsischen Raum.

[88] Eine Auswahl im Folgenden.

[89] *Schwepcke* 64; Halm/Engelbrecht/Krahe/*Materne/Diehl* 38. Kap. Rückversicherung Rn. 31.

[90] *Schwepcke* 65; Halm/Engelbrecht/Krahe/*Materne/Diehl* 38. Kap. Rückversicherung Rn. 72.

kann es durchaus vorkommen, dass erst im Schadenfall die vom Erstversicherer zu leistende Prämie von der Schadenzahlung in Abzug gebracht wird.

53 Darüber hinaus ist die Pflicht zur Prämienzahlung unabhängig von dem Erhalt der Prämie durch den Erstversicherer unter dem Erstversicherungsvertrag. Dies liegt zum einen an der Natur des Rückversicherungsvertrages, der keine Beteiligung an dem Erstversicherungsrisiko darstellt, sondern das Vermögen des Erstversicherers vor Verlusten infolge von Leistungen schützt. Zum anderen decken der Rückversicherungsvertrag und auch der Grundsatz der Schicksalsteilung[91] ausschließlich das versicherungstechnische Risiko des Erstversicherers und nicht sein betriebswirtschaftlich-unternehmerisches, kaufmännisches Risiko aus dem Forderungseinzug. Klarstellend wird dies des Öfteren auch in einer entsprechenden Klausel niedergelegt.

54 b) **Selbstbehaltspflicht des Erstversicherers.** Die Pflicht des Erstversicherers, ein unversichertes Eigeninteresse am Risiko zu halten, ergibt sich aus der Natur des Rückversicherungsverhältnisses. Einerseits würde ein Erstversicherer ohne Selbstbehaltspflicht im Falle der vollständigen Zession[92] nicht VR, sondern nur noch Vermittler sein, andererseits bedingt die Geschäftsführungsbefugnis des Erstversicherers, der die Folgepflicht des Rückversicherers korrespondiert, dass der Erstversicherer ein unversichertes Eigeninteresse am Risiko hält. Nur so hat er ein eigenes Interesse, bei der Zeichnung der Originalpolicen besondere Sorgfalt auszuüben und auf die Wirtschaftlichkeit des Geschäfts zu achten.[93]

55 Möchte der Erstversicherer das gesamte Risiko zedieren oder den selbstgehaltenen Eigenanteil anderweitig rückversichern, muss er sich mit dem Rückversicherer abstimmen.

56 Die Selbstbehaltspflicht trägt mithin zur Gewähr für den Rückversicherer bei, dass der Erstversicherer seinen Geschäftsführungspflichten ordnungsgemäß nachkommt. Dennoch ist diese kein international anerkannter Rückversicherungsbrauch. Insbesondere im angloamerikanischen Raum ist die Vereinbarung einer entsprechenden Klausel geboten.[94]

57 c) **Grundsatz der Schicksalsteilung.** Nach dem Grundsatz der Schicksalsteilung („Follow the Fortune") ist der Rückversicherer verpflichtet, das aus dem Originalrisiko folgende versicherungsvertragliche und -technische Schicksal in Höhe des vertraglich vereinbarten Anteils zu tragen, auch ohne dass er unmittelbar an dem Rechtsverhältnis zwischen Erstversicherer und VN beteiligt ist.[95] Dieser Grundsatz wird häufig explizit als Klausel seinen Niederschlag im Rückversicherungsvertrag finden.[96] Aber auch ohne ausdrückliche Regelung ist dieser Grundsatz als feststehender, internationaler Rückversicherungsbrauch und als fundamentales Prinzip zur Geschäftsgrundlage anerkannt und gilt daher auch, wenn keine entsprechende Klausel vereinbart wurde.[97]

58 Im Unterschied zum Geschäftsführungsrecht bezieht sich der Grundsatz der Schicksalsteilung auf Umstände des Versicherungsverhältnisses, die der Erstversicherer nicht

---

[91] Siehe nachfolgend unter III. 6. c) „Grundsatz der Schicksalsteilung".

[92] Zur interessenlagig davon zu unterscheidenden Situation beim Fronting s. Fn. 47.

[93] Halm/Engelbrecht/Krahe/*Materne/Diehl* 38. Kap. Rückversicherung Rn. 80; *Looschelders* VersR **2012** 6 f.

[94] *Schwepcke* 86.

[95] *Looschelders* VersR **2012** 6; *Schwepcke* 89.

[96] Bspw. „Der Rückversicherer teilt im Rahmen und nach Maßgabe dieses Vertrages das versicherungstechnische Schicksal des Erstversicherers aus den Risiken, die dieser in Versicherungsverträgen und Deckungszusagen übernommen hat".

[97] Halm/Engelbrecht/Krahe/*Materne/Diehl* 38. Kap. Rückversicherung Rn. 76.

beeinflussen kann. Mithin muss der Rückversicherer alle Entwicklungen, Einflüsse und Tatsachen hinnehmen, die sich unabhängig von einem Tun oder Unterlassen des Erstversicherers auf seine Leistungspflicht gegenüber dem VN auswirken.

Dem Grundsatz der Schicksalsteilung unterfällt nur das versicherungstechnische und das versicherungsvertragliche, nicht jedoch das kaufmännisch-unternehmerische Risiko. Der Rückversicherer haftet also z.B. bei Eintritt des Versicherungsfalles, trägt eine Erhöhung der Risikogefahren mit, ist abhängig von der Höhe des Schadeneintritts etc. Er trägt aber bspw. nicht das Solvenzrisiko des VN hinsichtlich der Prämienzahlung.[98] 59

d) **Geschäftsführungsrecht des Erstversicherers.** Das Geschäftsführungsrecht des Erstversicherers gewährt dem Erstversicherer das Recht, die Originalpolicen entsprechend seinem Willen zu verwalten und abzuwickeln, insbesondere Policen zu zeichnen und Schäden zu regulieren, und bezieht sich mithin auf seine versicherungstechnischen und versicherungsvertraglichen Entscheidungen.[99] Grenzen des Geschäftsführungsrechts finden sich in den Maßstäben der Fremdgeschäftsführungssorgfaltspflicht.[100] Verstößt der Erstversicherer gegen diese Pflicht, wird regelmäßig der Rückversicherer insoweit von seiner Folgepflicht befreit sein oder ggf. sogar Schadenersatz gegenüber dem Erstversicherer wegen Verletzung seiner Geschäftsführungspflichten geltend machen können. 60

Das Geschäftsführungsrecht drückt mithin aus, dass der Rückversicherer den Erstversicherer hinsichtlich seiner im eigenen Ermessen zu führenden Geschäfte nicht beeinflussen soll.[101] Dem Geschäftsführungsrecht des Erstversicherers korrespondiert daher die Folgepflicht des Rückversicherers. Soweit dies vertraglich festgeschrieben wird, geschieht dies oftmals in einer gemeinsamen Klausel. 61

e) **Folgepflicht des Rückversicherers.** Die Folgepflicht des Rückversicherers („Follow the Settlements") beinhaltet die Pflicht des Rückversicherers, trotz der Unabhängigkeit von Erst- und Rückversicherungsvertrag an die Maßnahmen und Entscheidungen des Erstversicherers gebunden zu sein und diese als auch für sich verbindlich anzuerkennen. Als international anerkannter Rückversicherungsbrauch gilt diese Folgepflicht auch, selbst wenn der Rückversicherungsbrauch nicht explizit im Rückversicherungsvertrag verklausuliert ist. Die Folgepflicht bindet mithin den Rückversicherer an die ordnungsgemäße Geschäftsführung des Erstversicherers und umfasst dabei Verwaltung und Abwicklung des Erstversicherungsverhältnisses.[102] Sie greift aber nur im Rahmen des Rückversicherungsvertrages, also hinsichtlich solcher Risiken, die unter dem Rückversicherungsvertrag gedeckt sind, und kann mithin nicht den Deckungsbereich des Rückversicherungsvertrages erweitern. 62

Der Rückversicherer kann die Folgepflicht jedoch durch eine Einschränkung der Geschäftsführungsbefugnis des VR beeinflussen. Dies erfolgt regelmäßig über Beratungs- 63

[98] Einhellige Meinung in Literatur und Praxis, vgl. *Grossmann* 46, 49 f.; Halm/Engelbrecht/Krahe/*Materne*/*Diehl* 38. Kap. Rückversicherung Rn. 75; *Pfeiffer* 28; *Schwepcke* 90; sowie oben „Prämienzahlungspflicht", Rn. 51 ff.

[99] Halm/Engelbrecht/Krahe/*Materne*/*Diehl* 38. Kap. Rückversicherung Rn. 77; *Looschelders* VersR **2012** 5 f.

[100] Vgl. § 677 BGB.

[101] Halm/Engelbrecht/Krahe/*Materne*/*Diehl* 38. Kap. Rückversicherung Rn. 77.

[102] *Labes, Hartmut* Rechtssätze und Rechtstatsachen zur Entstehung und Versicherung von Großrisiken, ZVersWiss **1969** 247; *Looschelders* VersR **2012** 5 f.; *Schwepcke* 86.

und Mitwirkungsrechte[103] insbesondere bei der Schadenregulierung (ohne die ein Schaden nicht für den Rückversicherungsvertrag verbindlich reguliert werden kann) oder durch sonstige beschränkende Klauseln wie z.B. „Key Underwriter Clauses", nach denen ein Risiko nur dann unter den Rückversicherungsvertrag zediert werden kann, wenn es durch eine oder mehrere bestimmte, in der Regel namentlich benannte Person(en), gezeichnet wurde.

64 Nach überwiegender Ansicht findet die Folgepflicht darüber hinaus seine Grenzen, wenn der Erstversicherer die Grundsätze an die ordnungsgemäße Geschäftsführung grob fahrlässig oder sogar vorsätzlich verletzt.[104] Eine nur (leicht) fahrlässige Pflichtverletzung kann insoweit nicht zu einer Begrenzung der Folgepflicht führen, da es im „Massengeschäft" immer zu Versehen, Unachtsamkeiten oder Irrtümern[105] kommen kann, die jedoch die Folgepflicht des Rückversicherers unberührt lassen.[106]

65 Die teilweise in Zusammenhang mit der Folgepflicht diskutierten[107] „ungewöhnlichen Risiken" sind insoweit gesondert zu betrachten, als sich die Folgepflicht nur auf Risiken bezieht, die unter die Reichweite des Rückversicherungsvertrages fallen. „Ungewöhnliche Risiken" sind demgegenüber Risiken, die so ungewöhnlich bzw. unüblich sind, dass sie gerade nicht durch den bestehenden Rückversicherungsvertrag gedeckt sind. Dies kann insbesondere bei Risiken der Fall sein, die bisher noch von keinem Versicherungsunternehmen (unter der betreffenden Sparte) gezeichnet wurden. Insoweit sind solche „ungewöhnlichen Risiken" unter dem Gesichtspunkt des sachlichen oder geographischen Deckungsbereichs zu betrachten; gegebenenfalls auch unter Anwendung einer Ausschlussliste, nicht jedoch im Rahmen der Folgepflicht.

66 Auch die teilweise als Grenzen der Folgepflicht diskutierten[108] „Kulanzzahlungen" („Ex Gratia" Zahlungen) sind insoweit separat zu betrachten, als sie gerade keine Zahlungen unter dem Rückversicherungsvertrag darstellen.[109] Auf jeden Fall sind nach herrschender Meinung solche Zahlungen nicht durch das Geschäftsführungsrecht des Erstversicherers gedeckt.[110]

67 **f) Auskunfts-, Informations-, Kooperations- und Kontrollrechte des Rückversicherers.** Auskunfts- und Informationsrechte verpflichten den Erstversicherer nach Treu und Glauben, den Rückversicherer über alle den Rückversicherungsvertrag betreffenden, relevanten Sachverhalte in ausreichendem Maße aufzuklären und zu informieren.[111] Niederschlag findet das Auskunfts- und Informationsrecht insbesondere in der Bordereaupflicht des Erstversicherers („Prämien-" und „Schadenaufgabedienst")[112]. Die Bordereaupflicht, auch Aufgabedienst genannt, gewährt dem Rückversicherer in periodischen Abständen Einsicht in die zedierten Risiken in Form von – in der Regel – listenförmigen Aufstellungen mit detaillierten Informationen zur Zeichnung (z.B. Name des Risikos, Prämien, Selbstbehalt und Rückversicherungsanteil, Laufzeit und Versicherungssumme) bzw. zu Schäden (z.B. Name des Risikos, Schadentag, Versicherungssumme, Schadenreserve, Schadenzahlung).[113]

---

[103] Siehe nachfolgend unter III. 6. f) „Auskunfts-, Informations-, Kooperations- und Kontrollrechte des Rückversicherers".
[104] *Grossmann* 52.
[105] Siehe dazu auch „Irrtümer und Versehen", Rn. 73.
[106] *Schwepcke* 88.
[107] Vgl. *Schwepcke* 88.
[108] Vgl. *Schwepcke* 88.
[109] Siehe dazu ausführlicher nachfolgend unter III. 6. g) „Kulanzzahlungen".
[110] Halm/Engelbrecht/Krahe/*Materne/Diehl* 38. Kap. Rückversicherung Rn. 81.
[111] *Schwepcke* 87, 90 f.
[112] Siehe dazu ausführlich *Schwepcke* 87.
[113] Halm/Engelbrecht/Krahe/*Materne/Diehl* 38. Kap. Rückversicherung Rn. 84.

Kooperationsrechte finden sich insbesondere bei der Schadenregulierung. Im Rahmen dieser meist summenmäßig vertraglich geregelten Pflicht des Erstversicherers zur Kooperation verpflichtet sich dieser beispielsweise vor einer Schadenregulierung ab einer bestimmten Summe oder vor Einleitung eines Prozesses den Rückversicherer zu involvieren.[114] Derartige Kooperationsrechte können gestaffelt von einer reinen Informations- und Abstimmungspflicht bis hin zu einer Übernahme der Schadenbearbeitung durch den Rückversicherer gehen. 68

Das Kontrollrecht des Rückversicherers spiegelt sich im Wesentlichen im Inspektionsrecht des Rückversicherers wieder. Das Inspektionsrecht gestattet dem Rückversicherer die Einsichtnahme in die rückversicherungsvertragsrelevanten Bücher und Unterlagen des Erstversicherers in seinen Räumen.[115] 69

Da die Auskunfts-, Informations-, Kooperations- und Kontrollrechte des Rückversicherers keine Rückversicherungsbräuche per se darstellen, werden diese regelmäßig als Klauseln im Rückversicherungsvertrag vereinbart. 70

g) **Kulanzzahlungen.** Kulanz- oder Ex-Gratia Zahlungen sind Zahlungen, die trotz Kenntnis des Nichtbestehens einer Leistungspflicht vom VR aufgrund kaufmännischer bzw. geschäftspolitischer Erwägungen geleistet werden. 71

Ein Anspruch besteht mithin weder nach Art oder Höhe, noch kommt eine Zahlung durch den Erstversicherer dem Rückversicherer zugute. Daher wird überwiegend die Ansicht vertreten, dass für Kulanzzahlungen keine Folgepflicht des Rückversicherers besteht.[116] In der Regel werden diese Zahlungen regelmäßig im Rahmen einer Klausel über die Schadenregulierung entweder explizit ein- oder ausgeschlossen. Ersteres wird eher bei proportionalen Verträgen der Fall sein, letzteres regelmäßig beim nicht-proportionalen Geschäft. 72

h) **Irrtümer und Versehen.** (Unbeabsichtigte) Irrtümer oder ein Versehen des Erstversicherers bei der Durchführung des Vertrages, insbesondere Übermittlungs- und Erklärungsfehler, sollen den Rückversicherungsschutz nicht gefährden, sind jedoch so bald wie möglich dem Rückversicherer gegenüber zu berichtigen.[117] Voraussetzung ist dabei, dass es sich nicht um grobfahrlässige oder vorsätzliche Handlungen handelt, und die Berichtigung des Irrtums bzw. Versehens noch möglich ist. Eine entsprechende Regelung erfolgt über die Irrtums- und Versehens-Klausel („Errors and Omissions"), wobei sich eine solche Festlegung grundsätzlich an dem Grundsatz von Treu und Glauben orientiert. Gleichzeitig ist auch diese Klausel auf die Grenzen des Rückversicherungsvertrages begrenzt und kann nicht vertragserweiternd wirken.[118] 73

---

[114] Halm/Engelbrecht/Krahe/*Materne*/*Diehl* 38. Kap. Rückversicherung Rn. 86.

[115] *Eilers*/*Soll* Inspection of Records – Folgerungen für VR und Rückversicherer, ZfV **1995** 601 ff.; Halm/Engelbrecht/Krahe/*Materne*/*Diehl* 38. Kap. Rückversicherung Rn. 83, 85.

[116] Vgl. Halm/Engelbrecht/Krahe/*Materne*/*Diehl* 38. Kap. Rückversicherung Rn. 80; *Schwepcke* 88.

[117] *Grossmann* 54.

[118] Bspw. mit der Argumentation, dass das Risiko versehentlich irrtümlich im Glauben, dass es unter dem Rückversicherungsvertrag gedeckt sei, gezeichnet wurde; *Schwepcke* 89.

IV. Rückversicherungsmärkte, Formen und Ausgestaltung der Rückversicherung

74 Rückversicherung ist – wie dargestellt – die Versicherung der Versicherung.[119] Beteiligt sind der zedierende Erstversicherer und der die Zession annehmende Rückversicherer. Soweit wiederum ein Rückversicherer Rückversicherung kauft, handelt es sich um Retrozession (bzw. Schutzdeckung), der abgebende Rückversicherer ist insoweit Retrozedent und der annehmende Rückversicherer Retrozessionär. Ein Retrozessionsvertrag ist mithin ein Rückversicherungsvertrag zwischen Rückversicherern.

75 Privatwirtschaftliche Rückversicherungsgesellschaften zeichnen den überwiegenden Teil der weltweit platzierten Rückversicherung. Daneben sind im Rückversicherungsmarkt Exchanges, Pools, Captives und staatliche Rückversicherer aktiv.[120]

76 Traditionell werden Rückversicherungsverträge nach Form und Art unterschieden. Möglich ist darüber hinaus auch eine Differenzierung nach klassischen oder traditionellen Instrumentarienklassen und alternativem Risikotransfer, oder etwa auch nach preispolitischen Gesichtspunkten oder nach Wirkung.[121]

77 Die Rückversicherungsform gibt über die Gestaltung des Rückversicherungsvertrages Auskunft, nämlich ob die Zession obligatorisch bzw. semi-obligatorisch oder fakultativ erfolgt.[122]

78 Die Rückversicherungsart beschreibt die Methode, nach der die Zessionen vom Rückversicherer in Deckung genommen werden. Dies kann proportional oder nicht-proportional erfolgen.[123]

1. Rückversicherungsmärkte

79 a) **Exchanges.** Eine Exchange ist eine Organisation, die Zeichnungsgruppen (Syndikate) auf einer Plattform zusammen führt. Dies erleichtert die Vermarktung des Geschäfts. Die bekannteste Exchange ist Lloyd's of London, dessen Geschichte bis in das Jahr 1688 zurückverfolgt werden kann. Allerdings trat Lloyd‘s erst durch das Verbot der Rückversicherung im Jahr 1864 den Weg zu einem der weltweit bekanntesten Rückversicherungsmärkte an.[124]

80 Wesentliches Merkmal von Lloyd's ist das System der individuellen Haftung. Wird ein Risiko bei Lloyd's platziert, wird es nicht etwa mit der Organisation Lloyd's, sondern mit einem oder mehreren der vielen Lloyd's Syndikate platziert. Jedes Syndikat bestand ursprünglich aus Einzelpersonen (sog. „Names"), die für ihren Anteil auch direkt mit ihrem Privatvermögen haftbar waren. Mittlerweile sind Einzelpersonen eher die Ausnahme, vielmehr stellen inzwischen juristische Personen die Syndikate.

---

119 Die frühere Legaldefinition der Rückversicherung in § 779 HGB, nach der die Rückversicherung als Versicherung der vom VR übernommenen Gefahr definiert war, wurde zwischenzeitlich aufgehoben.

120 *Weeks* 1/2 f.; sowie nachfolgend „Rückversicherungsmärkte".

121 Halm/Engelbrecht/Krahe/*Materne/Diehl* 38. Kap. Rückversicherung Rn. 3.

122 *Weeks* 2/3; Halm/Engelbrecht/Krahe/*Materne/Diehl* 38. Kap. Rückversicherung Rn. 4; sowie „Rückversicherungsformen" Rn. 87 ff.

123 *Weeks* 2/1; Halm/Engelbrecht/Krahe/*Materne/Diehl* 38. Kap. Rückversicherung Rn. 4; sowie „Rückversicherungsarten" Rn. 102 ff.

124 *Weeks* 1/3.

b) **Rückversicherungspools.** Rückversicherungspools sind Organisationen bestehend aus einer Anzahl von Rückversicherern (oder auch VR), die sich das von einem oder mehreren Erstversicherern zedierte Geschäft teilen. Dabei ist der Pool selber nicht Risikoträger, sondern verwaltet lediglich die Risikotragung.[125] Die Art und Weise, wie das Geschäft verwaltet wird, variiert von Pool zu Pool, jedoch wird regelmäßig ein Poolmanager involviert sein (der meist auch einer der Poolbeteiligten ist). Der Poolmanager ist gegen eine Gebühr auf Basis des Prämienvolumens und/oder des Gewinns zuständig für die Zeichnung und die Verwaltung (Buchhaltung, Schadenbearbeitung, etc.) des Geschäfts. **81**

Die Gründe für die Gründung eines Rückversicherungspools variieren, oftmals erfolgt diese jedoch,[126] **82**

- um spezielle Sparten, die besonderer Expertise bedürfen, die in der jeweiligen Gesellschaft nicht vorgehalten werden, mittels des gemeinsamen Poolmanagers zeichnen zu können;
- um es einer Versicherungsgesellschaft zu ermöglichen, sich auf der Basis der Expertise des Poolmanagers an der Rückversicherung zu beteiligen;
- um traditionelles Geschäft in einem Markt zeichnen zu können, in dem die Gesellschaft keine eigene Organisation etablieren will (dies mag auch ein erster Schritt vor einer Marktpenetration sein, einfach um Erfahrungen zu sammeln);
- um besonders große oder schwer kalkulierbare Risiken versicherbar zu machen.

Als Beispiele für nationale Versicherungspools zur Abdeckung von Großschäden dienen insbesondere die Deutsche Kernreaktor-Versicherungsgemeinschaft für Risiken der zivilen Nutzung der Atomenergie („Atompool")[127] und die zur Deckung von Terrorrisiken in Deutschland nach dem 11. September 2011 gegründete Extremus AG.[128] Diese beiden Pools wurden allerdings als Erstversicherungspools aufgesetzt. Anders der sog. Pharmapool, ein Rückversicherungspool[129], dem ca. 100 VR angehören und dessen Zweck es ist, Pharmazieunternehmern die nach § 94 des Arzneimittelgesetzes vorgeschriebenen Deckungssummen zur Verfügung zu stellen.[130] Ebenso als Rückversicherungspool aufgesetzt wurde der zwischenzeitlich im Jahr 1993 wieder aufgelöste Luftfahrtpool.[131] **83**

c) **Captives.** Eine Captive ist eine zu einer Gesellschaft bzw. Gesellschaftsgruppe[132] gehörende Versicherungsgesellschaft die den Zweck hat, Versicherungen dieser Gesell- **84**

[125] *Kriele/Wolf* 12.
[126] *Weeks* 1/4.
[127] Die ersten Atompools wurden 1956 in den USA und England gegründet. 1957 folgten Belgien, Frankreich, Schweden, die Schweiz und Deutschland.
[128] Auch in anderen Ländern wurden derartige Terrorpools etabliert, wie z.B. der britische Terrorpool „Pool Re".
[129] Hinsichtlich der Unterteilung in Erst- und Rückversicherungspool siehe *Liebwein* 44.
[130] Zwischen dem Erstversicherer und dem Pharmapool kommt ein Rückversicherungsvertrag über die gem. AMG erforderlichen € 120 Mio. zustande, wobei ein Selbstbehalt des Erstversicherers von € 6 Mio. vereinbart wird. Dabei handelt es sich beim Pharmapool um eine reine Innengesellschaft, deren Mitglieder im Außenverhältnis lediglich teilschuldnerisch haften. Der Pharmapool tritt weder eigenständig im Rechtsverkehr auf, noch bilden seine Mitglieder eine Gesamthand. Im Innenverhältnis hingegen unterwerfen sich die einzelnen Mitglieder den Beschlüssen der Mehrheit.
[131] *Kriele/Wolf* 12; *Schwepcke* 18.
[132] Typischer Weise handelt es sich um große Industrie- oder Handelsunternehmen (wie z.B. multinational tätige Automobilhersteller oder Pharmakonzerne). Weltweit gibt es zurzeit mehr als 4000 Captives, davon viele in klassischen Steueroasen wie Guernsey, Bermuda, Cayman, Barbados, aber auch Luxembourg oder Irland.

schaft bzw. Gesellschaftsgruppe zu zeichnen.[133] Es gibt sowohl Erstversicherungs- (sog. „Direct Insurance Captives“) als auch Rückversicherungscaptives (sog. „Reinsurance Captives“). Erstere übernehmen das Versicherungsgeschäft direkt von der Muttergesellschaft (und unterliegen als solche dann auch, wie ein Erstversicherer, in vollem Umfang der Versicherungsaufsicht), letztere nach Vorzeichnung der Risiken durch eine Erstversicherungsgesellschaft. Um das Prämienvolumen auf eine breitere Basis zu stellen, zeichnen einige Captives entweder auch Geschäft anderer Captives oder auch traditionelles Geschäft von Erstversicherern.

85 Gründe für die Zeichnung über eine Captive können verschieden sein: Beispielsweise um ein Risiko überhaupt platzierbar zu machen, um Kosten zu sparen[134], um Zugang zu einem Rückversicherungsmarkt zu bekommen, um in den Genuss von Steuervorteilen[135] zu kommen oder – in neuerer Zeit – zur Betreuung spezifischer Geschäftsfelder, wie z.B. den alternativen Risikotransfer[136].[137]

86 d) **Staatliche Rückversicherer.** Die erste staatliche Rückversicherungsgesellschaft wurde 1922 in Chile („Caha de Reaseguro“) gegründet, gefolgt von weiteren staatlichen Rückversicherern in Südamerika und Frankreich (während des 2. Weltkrieges) und etwa 1953 in Pakistan („Pakistan Insurance Corporation“).[138] Ursprünglich zeichneten diese Gesellschaften ausschließlich Geschäft des eigenen Landes; teilweise den Rückversicherungsmarkt darstellend, teilweise einen festen Anteil am gesamten Erstversicherungsgeschäft zeichnend. Einige Gesellschaften zeichnen im Austausch auch Geschäft anderer Länder bzw. beteiligen sich begrenzt an Rückversicherungsverträgen auf dem internationalen Markt. Einige dieser staatlichen Rückversicherer haben zwischenzeitlich die aktive Geschäftstätigkeit eingestellt bzw. befinden sich in Liquidation.

2. Rückversicherungsformen: Fakultativ und Vertrag

87 Unterschieden wird grundsätzlich zwischen der fakultativen- und der obligatorischen Rückversicherung. Während sich die fakultative Rückversicherung auf Einzelrisiken bezieht, verpflichten sich die Parteien bei der obligatorischen Rückversicherung, Deckung zu geben bzw. zu übernehmen.[139]

88 a) **Fakultative Rückversicherung.** In der fakultativen Rückversicherung – auch Einzelrückversicherung genannt[140] – wird jedes Risiko individuell und einzeln bei einem Rückversicherer platziert.[141] Beide Parteien, Erst- und Rückversicherer, sind frei in der Entscheidung, ob und wie ein bestimmtes Risiko rückversichert wird; der Erstversicherer entscheidet mithin jeweils im Einzelfall, ob er Rückversicherung kauft und der Rückversicherer umgekehrt, ob er das Risiko in Rückversicherung nimmt.[142] Fakultative Rück-

---

133 *Weeks* 1/4; *Schwepcke* 19 f.

134 Auch wenn die Gründung einer Captive substantielle Investitionen erfordert.

135 Im weitesten Sinne, z.B. auch in Form von Steuerzahlungsaufschub über die Möglichkeit der Schwankungsreservenrückstellung in Deutschland.

136 Siehe dazu „Alternativer Risikotransfer“ Rn. 120 ff.

137 Ausführlich zu den einzelnen Punkten s. *Schwepcke* 19 ff.

138 *Weeks* 1/5.

139 *Looschelders* VersR **2012** 4.

140 *Grossmann* 77; Prölss/Martin/*Klimke* § 209 Rn. 11.

141 *Gerathewohl* Bd. II 1.

142 *Weeks* 2/3; Halm/Engelbrecht/Krahe/*Materne/Diehl* 38. Kap. Rückversicherung Rn. 6.

versicherung kann auf jede Rückversicherungsart (proportional oder nicht-proportional) platziert werden[143], auch wenn die proportionale Rückversicherung überwiegt.

Gründe für fakultative Rückversicherung sind mannigfaltig.[144] Insbesondere kann eine Rolle spielen, dass der Erstversicherer z.B. keine bzw. keine entsprechende Vertragskapazität besitzt, das Erstversicherungsportfolio für eine automatische (obligatorische) Zeichnung noch zu unbedeutend ist, der Rückversicherer den Zedenten und seine Zeichnungspolitik noch kennen lernen möchte, oder etwa das Risiko „außerordentlich" der Art oder der Größe nach ist, so dass zum bestehenden Rückversicherungsvertrag zusätzliche Kapazität erforderlich ist. Auch kommt eine fakultative Platzierung als Vorwegabgabe unter einem bestehenden Rückversicherungsvertrag in Betracht, also als Ausnahme zur Zessionspflicht im beidseitigen Interesse z.B. zur Vermeidung eines negativen Vertragsverlaufs bzw. ggf. auch nur im eigenen Interesse zur Sicherung einer verlaufsabhängigen Vergütung.[145] **89**

Regelmäßig wird die fakultative Rückversicherung durch den Erstversicherer nur in Einzelfällen erfolgen, da gerade jedes Risiko einzeln mit dem (bzw. den) Rückversicherer(n) verhandelt werden muss, was administrativ aufwendig und kostenintensiv ist. Für jedes einzelne Risiko müssen Underwriting Informationen zusammengestellt, Bedingungen verhandelt, eine Bestätigung der Platzierung des bzw. der Rückversicherer eingeholt, Prämien und Schäden abgerechnet, sowie gegebenenfalls – im Falle von Änderungen im Originalrisiko – Bedingungen bzw. die Rückversicherung als solche neu verhandelt werden. Aufgrund dieses Informationsbedarfs ähnelt die fakultative Rückversicherung der Erstversicherung.[146] **90**

Gleichzeitig ist die fakultative Rückversicherung eine mehrwertbringende und wichtige Form der Rückversicherung, da sie zusätzliche Kapazität (oftmals über die Vertragsrückversicherungskapazität hinaus) gewährt, oder Rückversicherung für Risiken bietet, die unter der Vertragsrückversicherung nicht mit gedeckt sind.[147] Auch kann es im Interesse des Erstversicherers sein, ein Risiko individuell einzeln mit einem professionellen Rückversicherer mit entsprechender Expertise zu betrachten. **91**

b) Vertragsrückversicherung. Die vertragliche Rückversicherung – auch obligatorische oder laufende Rückversicherung genannt[148] – stellt die Weitergabe von Risiken auf proportionaler oder nicht-proportionaler Basis durch den Erst- an den Rückversicherer auf eine vertragliche Basis und gewährt so dem Erstversicherer automatische Rückversicherung, ohne dem Rückversicherer die Risiken einzeln vorlegen zu müssen.[149] Der Erstversicherer gibt im Gegenzug seine Freiheit (zumindest teilweise) auf, über das „ob" der Rückversicherung eigenverantwortlich zu entscheiden, da mit der Vertragsrückversicherung alle rückzuversichernden Risiken vor ihrer Zeichnung festgelegt werden. Der Rückversicherer andererseits ist verpflichtet, die unter die Vertragsbedingungen fallenden Risiken zur Rückversicherung ohne weitere Prüfung anzunehmen. Der Erstversicherer muss also, so das Risiko dem vertraglichen Rahmen entspricht (das Risiko unterfällt dem Rückversicherungsvertrag), das Risiko abgeben; der Rückversicherer muss es übernehmen. Dem Erstversicherer steht es insoweit also nicht frei, in Einzelfällen ein dem **92**

143 *Grossmann* 83.
144 Siehe dazu mit weiteren Gründen: *Liebwein* 62; *Pfeiffer* 21 ff.; *Grossmann* 87; *Gerathewohl* Bd. II 1 f., 5 f., 9, 11 ff.
145 *Liebwein* 61.
146 Halm/Engelbrecht/Krahe/*Materne*/*Diehl* 38. Kap. Rückversicherung Rn. 6.
147 *Grossmann* 87.
148 Prölss/Martin/*Klimke* § 209 Rn. 11.
149 *Weeks* 2/3.

Rückversicherungsvertrag unterfallendes Risiko im unversicherten Netto (Selbstbehalt) zu halten.

93 Die Rückversicherungsvertragsparteien vereinbaren in dem zu schließenden Rückversicherungsvertrag die unter den Vertrag fallenden Risiken, die regelmäßig spartenmäßig und geographisch sowie – zumindest in der proportionalen Rückversicherung – auch kapazitätsmäßig umschrieben werden. Ferner werden auch Informationspflichten des Erstversicherers, insbesondere Schadenmelde- und Bordereaupflichten[150], Prämie und Prämienberechnungsart, Provisionen und Gewinnanteile, Schadenregulierungsregeln, sowie Regeln der Beendigung des Vertrages (Kündigung mit Run Off, Cut Off oder Clean Cut) und die Form der Streitbeilegung festgeschrieben.

94 In der Regel werden sich mehrere Rückversicherer an einem Rückversicherungsvertrag beteiligen. Diese stehen jedoch in keinem Rechtsverhältnis zueinander, auch wenn ein „Führender" bestimmt werden kann, der für alle Rückversicherer bestimmte dem Führenden zugewiesene Aufgaben wahrnimmt. Diese Aufgaben können etwa die Verhandlung der dem Vertrag zugrundeliegenden Klauseln sein, denkbar sind jedoch auch unterschiedliche Vertragstexte zwischen Zedent und Zessionären.

95 Da einem Rückversicherungsvertrag so eine Vielzahl von Risiken unterfallen, die Abrechnung für Prämie und Schäden gesammelt erfolgt, ist der Verwaltungsaufwand niedrig und diese Form der Rückversicherung substantiell weniger kostenintensiv.

96 c) **Semi-obligatorische Rückversicherung.** Die semi-obligatorische Rückversicherung ist eine Mischform aus vertraglicher (obligatorischer) und fakultativer Rückversicherung.

97 Eine Form der semi-obligatorischen Rückversicherung ist die **fakultativ-obligatorische Rückversicherung** (auch „fac-obl Cover" oder „Open Cover" genannt), bei der es dem Erstversicherer frei steht, einzelne Risiken unter einen mit seinem Rückversicherer geschlossenen Vertrag zu zedieren, der Rückversicherer jedoch verpflichtet ist, das Risiko zu akzeptieren.[151] Die fakultativ-obligatorische Rückversicherung gewährt dem Rückversicherer „Exklusivität" hinsichtlich des Geschäftes des Erstversicherers. Ferner führt die fakultativ-obligatorische Rückversicherung regelmäßig zu einer besseren Bestandsmischung aufgrund des regelmäßig größeren Volumens verglichen mit der rein fakultativen Rückversicherung, ohne dass der Erstversicherer sich für eine rein obligatorische Lösung entscheiden müsste.[152]

98 Demgegenüber ist nach der **obligatorisch-fakultativen Rückversicherung** der Erstversicherer im Rahmen der getroffenen Rückversicherungsvereinbarung verpflichtet, alle Risiken zu zedieren.[153] Der Rückversicherer hat jedoch hier das Wahlrecht, ein Risiko zur Rückversicherung zu akzeptieren oder nicht. Die obligatorisch-fakultative Rückversicherung könnte z.B. in Betracht kommen, um eine rein fakultative Beziehung auszuweiten, ohne dass der Rückversicherer eine „echte", rein obligatorische Vertragsbeziehung eingehen muss.

99 Der Vorteil beider Rückversicherungsformen ist der – verglichen mit einer rein fakultativen Platzierung – reduzierte Verwaltungsaufwand.

100 Beide Vertragsformen beinhalten jedoch substantielle Herausforderungen, so dass der semi-obligatorischen Rückversicherung insgesamt in der Praxis eine untergeordnete Be-

150 Siehe oben Rn. 67.

151 *Grossmann* 165; Halm/Engelbrecht/Krahe/*Materne/Diehl* 38. Kap. Rückversicherung Rn. 7.

152 *Liebwein* 64.

153 *Grossmann* 165.

deutung zukommt. Bei der fakultativ-obligatorischen Rückversicherung läuft der Rückversicherer das Risiko der negativen Antiselektion angesichts des Wahlrechts des Erstversicherers. Bei der obligatorisch-fakultativen Rückversicherung trägt demgegenüber der Erstversicherer das Risiko, für ein von ihm gezeichnetes Risiko aufgrund des Wahlrechts des Rückversicherers keinen Rückversicherungsschutz zu bekommen.[154]

Während die obligatorisch-fakultative Rückversicherung im Allgemeinen nicht sehr verbreitet ist und grundsätzlich nur für oberhalb des obligatorischen Vertragslimits liegende Spitzenrisiken im Sinne einer Andienungspflicht Bedeutung hat, ist die fakultativ-obligatorische Rückversicherung von der jeweiligen Rückversicherungsmarktphase und der damit verbundenen Bereitschaft des Rückversicherers, diese für ihn wenig vorteilhafte Form der Rückversicherung zu gewähren, bestimmt. **101**

3. Rückversicherungsarten: Proportional und nicht-proportional

Die verschiedensten Methoden der Rückversicherungszession sind möglich, jedoch lassen sich alle der proportionalen oder nicht-proportionalen Rückversicherung zuordnen. **102**

a) Proportionale Rückversicherung: Quote und Summenexzedent. Bei der proportionalen Rückversicherung, auch Summenrückversicherung[155] genannt, werden Risiko, Haftung, Prämie und Schaden verhältnismäßig (proportional) geteilt.[156] So wird ein bestimmter Anteil des Risikos an den Rückversicherer weiter gegeben, der den gleichen Anteil an Prämie dafür erhält und sich zum gleichen Anteil an den Schäden beteiligt. Daher wird der das Risiko zedierende Erstversicherer auch als Zedent, der die Zession des Risikos annehmende Rückversicherer als Zessionär bezeichnet. Die proportionale Rückversicherung unterteilt sich in die Grundform der Quotenrückversicherung und die Summenexzedentenrückversicherung (auch „Summenexzedent", kurz „Exzedent" oder wie im Englischen „Surplus") genannt. **103**

Die einfachste Form der proportionalen Rückversicherung ist die Quotenrückversicherung. Der Rückversicherer (Zessionär) beteiligt sich zu einem festen prozentualen Anteil an den vom Erstversicherer (Zedent) weitergegebenen (zedierten) Risiken.[157] Der vom Zedenten gehaltene Anteil wird die Selbstbeteiligung genannt und sollte ein substantielles unversichertes Eigeninteresse darstellen. **104**

Da jedes einem Quotenrückversicherungsvertrag unterfallende Risiko zu einem gleichen Satz zwischen Erst- und Rückversicherer geteilt wird, bietet die Quote unter den vertraglichen Rückversicherungsformen die größte Risikostreuung und – aufgrund der einfachen Durchführung von Zession und Abrechnung – den niedrigsten Verwaltungsaufwand.[158] Andererseits werden bei der Quotenrückversicherung auch Risiken berücksichtigt und prozentual proportional zediert, die der Erstversicherer im Eigenbehalt halten könnte, für die er also einzeln gesehen keine Rückversicherung benötigt. Jedoch ist hier die Gesamtheit der Risiken zu sehen und der der Quotenrückversicherung immanente Zielgedanke, kleine und mittlere Schäden abzusichern, die in der Akkumulation gesehen **105**

---

[154] Halm/Engelbrecht/Krahe/*Materne/Diehl* 38. Kap. Rückversicherung Rn. 7 f.; *Liebwein* 64 f.; *Grossmann* 167.

[155] *Schwepcke* 115.

[156] *Kriele/Wolf* 13; Halm/Engelbrecht/Krahe/*Materne/Diehl* 38. Kap. Rückversicherung Rn. 9.

[157] Halm/Engelbrecht/Krahe/*Materne/Diehl* 38. Kap. Rückversicherung Rn. 12.

[158] Vgl. insgesamt zu den Vor- und Nachteilen *Grossmann* 91 ff.

den Erstversicherer substantiell belasten würden. Die Quotenrückversicherung wirkt Eigenkapitalersetzend und bewirkt eine absolute Haftungsreduzierung sowie einen effektiven Schutz gegen Änderungen der Gesamtschadenverteilung, jedoch keine Homogenisierung des Portfolios[159] und nur einen bedingten Schutz gegen das Zufallsrisiko.[160] Praktische Anwendungsbereiche für die Quotenrückversicherung sind daher Frequenzschadensparten wie z.B. Kraftfahrzeug-[161] oder Transportversicherung.

106 Eine andere Form der proportionalen Rückversicherung ist der Summenexzedent. Dabei wird der Selbstbehalt – auch Maximum, Plein oder Priorität genannt – des Erstversicherers in einer absoluten Summe ausgedrückt und der Rückversicherer beteiligt sich ausschließlich entsprechend dem Betrag, um den die Versicherungssumme den Selbstbehalt des Erstversicherers überschreitet.[162] Überschreitet die Versicherungssumme eines Risikos die Selbstbehaltsgrenze, wird das Risiko gemäß dem Verhältnis von Selbstbehalt zu darüber hinausgehender Versicherungssumme zwischen Erst- und Rückversicherer geteilt. Absolut ist die Haftung des Rückversicherers durch die Festlegung einer Haftungsstrecke begrenzt, die durch eine festgelegte Anzahl von Maxima, nämlich einer Vervielfachung des Maximums als Selbstbehalt des Erstversicherers, ausgedrückt wird.[163] Bleibt die Versicherungssumme unterhalb der Selbstbehaltsgrenze, verbleibt das Risiko vollständig beim Erstversicherer.[164]

107 Der Summenexzedent unterscheidet sich somit von der Quotenrückversicherung darin, dass der Erstversicherer Risiken, die unter dem Selbstbehalt liegen, vollständig im Netto hält; der zedierte Anteil mithin innerhalb der bestimmten Parameter für jedes Risiko unterschiedlich sein kann. Die Ratio für den Erstversicherer dabei ist, eine Flexibilität beim Risikoselbstbehalt zu behalten.

108 Die Homogenisierung und ausgleichende Wirkung im Portfolio des Erstversicherers und die Vermeidung möglicherweise „unnötiger" Abgaben durch die Zession der Risiken erst nach Erreichen des Selbstbehaltes, bei gleichzeitiger dann proportionaler Teilung von Beiträgen und Schäden entsprechend dem Verhältnis von Selbstbehalt zu der darüber hinausgehenden Versicherungssumme, ist der offensichtliche Vorteil des Summenexzedenten für den Erstversicherer.[165] Dazu korrespondiert jedoch der Nachteil des im Vergleich zur Quotenrückversicherung substantiell erhöhten Verwaltungs-(kosten-)aufwandes, da jedes Risiko einzeln zediert, buchhalterisch und schadentechnisch betrachtet und abgerechnet werden muss.[166] Darüber hinaus schützt der Summenexzedent nur sehr bedingt gegen einen Kumul (= Zusammentreffen[167]) mittlerer und kleinerer Schäden.[168] Der Rückversicherer muss bei dem Summenexzedenten berücksichtigen, dass er an weni-

---

159 Risikokennzahlen (wie z.B. der Variationskoeffizient), sowie Renditekennzahlen (wie z.B. RORAC) bleiben unverändert; s. dazu *Kriele/Wolf* 13.

160 *Liebwein* 73 m.w.N.

161 Kasko und Haftpflicht.

162 *Grossmann* 94; *Kriele/Wolf* 13; Prölss/Martin/*Klimke* § 209 Rn. 6; *Liebwein* 76; zur Sonderform des Summenexzedenten mit sog. Maximaltabelle, die zu einem gestaffelten Selbstbehalt – mit einhergehenden Risiko der bewussten Antiselektion – führt, s. *Liebwein* 79.

163 *Pfeiffer* 45 f.; *Liebwein* 77.

164 Halm/Engelbrecht/Krahe/*Materne/Diehl* 38. Kap. Rückversicherung Rn. 13.

165 Bzgl. weiterer Vor- und Nachteile s. *Liebwein* 73 m.w.N.

166 Vgl. insgesamt zu den Vor- und Nachteilen *Grossmann* 105 f.

167 Viele voneinander unabhängige Risiken werden von einem Schadenereignis betroffen (ausführlich: *Gerathewohl* Bd. I 124 ff.).

168 Rückversicherungsschutz speziell gegen das Kumulieren wird zweckmäßig in Form einer Schadenexzedenten-Rückversicherung gewährt; *Kriele/Wolf* 13.

ger Risiken beteiligt ist und regelmäßig die Spitzen oberhalb des Selbstbehalts des Erstversicherers hält, was das Risiko eines schwankungsanfälligeren Verlaufs bei fehlendem Ausgleich durch das Basisgeschäft birgt.

Trotz des höheren Verwaltungskostenaufwandes ist der Summenexzedent in der Rückversicherungspraxis eine weit verbreitete Rückversicherungsform und findet insbesondere in der Feuer-, Einbruchdiebstahl-, sowie der Unfall- und Lebensversicherung ihren Anwendungsbereich.[169] **109**

Der Quotenexzedentenrückversicherungsvertrag, eine Kombination von Quote und Summenexzedent, tritt in zwei Formen auf, nämlich als Quotenexzedent mit Vorwegquote (sog. Brutto-Quote) oder mit Vorwegexzedent (sog. Brutto-Exzedent), je nachdem ob zuerst die Quote oder der Summenexzedent greift.[170] Über diese Kombination von Quote und Exzedent können die Vorteile beider Rückversicherungsformen kombiniert werden.[171] **110**

b) Nicht-proportionale Rückversicherung: Schadenexzedent und Stop Loss. In der nicht-proportionalen Rückversicherung – auch Schadenrückversicherung[172] genannt – existiert keine anteilsmäßige Teilung von Haftung, Prämie und Schäden.[173] Vielmehr übernimmt der Erstversicherer den eintretenden Schadenaufwand bis zu einer vereinbarten Priorität. Der Rückversicherer tritt dann unabhängig von der Versicherungssumme für den Schaden oberhalb der Priorität bis zu einem festgelegten Limit ein.[174] Die Differenz zwischen Limit und Priorität wird Haftstrecke genannt und auch so ausgedrückt: „€ 10 Mio. nach € 5 Mio." („€ 10 m xs € 5 m") drückt daher eine maximale Haftung der Rückversicherung in Höhe einer Haftstrecke von € 10 Mio. nach einer Haftung der Erstversicherung bis zu einer Priorität von € 5 Mio. aus. Die Versicherungssumme des zugrundeliegenden Risikos bleibt dabei völlig außer Acht, allein der Schaden, die Priorität und die Haftstrecke bestimmen die Aufteilung des Schadenaufwandes zwischen Erst- und Rückversicherer. **111**

Zur stufenweise Erhöhung des Versicherungsschutzes können nacheinander mehrere Versicherungsverträge (= Layer) aneinandergereiht werden, so dass sich deren Deckungsumfang addiert und sich so aus selbstständigen Versicherungsverträgen eine lückenlose Versicherungsstruktur ergibt (= Layerstruktur).[175] **112**

Da in der nicht-proportionalen Rückversicherung nicht das Risiko zediert, sondern die Schadenlast geteilt wird, wird – im Gegensatz zur proportionalen Rückversicherung – nicht von Zedent und Zessionär, sondern von Rückversichertem und Rückversicherer gesprochen und die nicht-proportionale Rückversicherung auch Schadenrückversicherung genannt.[176] Sie teilt sich auf in Schadenexzedenten und die Jahresüberschadenrückversicherung („Stop Loss"). Die häufigsten Schadenexzedentenformen sind der Einzelschadenexzedent, der Schadenexzedent pro Ereignis und der Kumulschadenexzedent. **113**

---

169 *Liebwein* 76; *Pfeiffer* 43.

170 Vgl. insgesamt *Grossmann* 107 ff.; *Kriele/Wolf* 13; *Liebwein* 82 ff. mit weiteren Ausführungen auch zur Wirkungsweise.

171 *Liebwein* 85.

172 *Schwepcke* 115 f.

173 *Kriele/Wolf* 13.

174 Halm/Engelbrecht/Krahe/*Materne/Diehl* 38. Kap. Rückversicherung Rn. 14; *Grossmann* 114, 119; sowie insgesamt zum Einzelschadenexzedenten: *Gerathewohl* Bd. I 86 ff.; *Pfeiffer* 55; *Schwepcke* 162.

175 Priorität und Haftung des ersten Layers ergeben dabei die Priorität des zweiten Layers, dessen Haftstrecke sich dann lückenlos an die Haftung des ersten Layers anschließt; siehe dazu insgesamt *von Fürstenwerth/Weiß* 407.

176 Halm/Engelbrecht//Krahe/*Materne/Diehl* 38. Kap. Rückversicherung Rn. 14.

114 Der hauptsächlich in der Sachversicherung Anwendung findende Einzelschadenexzedentenrückversicherungsvertrag[177] – kurz Einzelschadenexzedent bzw. „per Risk-XL" genannt – sichert den Erstversicherer gegen einzelne (Groß-) Schäden ab, die er pro einzelnem Risiko erleidet.[178] Wichtig ist dabei die genaue Definition dessen, was ein Risiko darstellt. Der Einzelschadenexzedent sichert den Erstversicherer wirksam gegen Schadenspitzen ab und reduziert die Varianz der Schadenverteilung.[179] Durch die Betrachtung einzelner Schäden ist der Einzelschadenexzedent relativ einfach zu verwalten[180] und wird häufig für Versicherungsbranchen mit kleinen bis mittleren Schäden vereinbart.[181]

115 Der Schadenexzedent pro Ereignis („Event-XL") greift pro Schadenereignis, wenn mehrere Einzelschäden bei mehreren Risiken eintreten und die Addition der Schäden die Priorität des Schadenexzedenten pro Ereignis übersteigt.[182]

116 Ein Sonderfall des Schadenexzedenten pro Ereignis ist der Kumulschadenexzedent[183] („Cat-XL"), der diesen über die „Two Risk Warranty Clause" auf Schadenfälle reduziert, bei dem mindestens zwei rückversicherte Risiken betroffen sind.[184] Der Kumulschadenexzedent kann eine bestehende Quoten- oder Exzedentenrückversicherungsdeckung mit einer Priorität über dem höchsten Selbstbehalt der Exzedentenversicherung ergänzen.[185]

117 Der Stop Loss[186] greift – ohne Bezug zu Einzelschäden, Schadenereignissen oder einem zugrunde liegenden Risiko –, soweit in einer Branche bzw. einem Versicherungszweig die Summe aller (Selbstbehalts-)Schäden, die der Erstversicherer innerhalb eines Jahres erleidet, die vereinbarte Priorität übersteigt.[187] Indem er gegen sämtliche Auswirkungen des versicherungstechnischen Risikos schützt, bietet er einen wirksamen Bilanzschutz und glättet das Jahresergebnis. Er beinhaltet jedoch ein nicht zu vernachlässigendes moralisches Risiko, nämlich das Risiko, dass z.B. der Erstversicherer seine Sorgfalt aufgrund des umfänglichen Schutzes nicht mehr in der gewohnten Art und Weise ausübt, und wird daher in der Regel nur bei Vorliegen anderer Rückversicherungsverträge und eines proportionalen Selbstbehalts des Erstversicherers am Jahresüberschaden versichert.[188]

4. Sonderformen

118 a) **Gefahrenrückversicherung („Carve Out" Verträge).** Bei der Gefahrenrückversicherung beteiligt sich der Rückversicherer ganz oder teilweise, auf proportionaler oder nicht-proportionaler Basis, an einem Schaden, der auf ein oder mehrere bestimmte Gefahrenereignisse zurückzuführen ist, z.B. das Feuerrisiko in der Kraftfahrzeugkaskoversicherung.[189] Da eine bestimmte Gefahr aus der vom Erstversicherer gewährten Deckung herausgelöst wird, werden diese Rückversicherungsverträge auch „Carve Out" Verträge genannt.

119 b) **Risikobasisrückversicherung.** Diese Vertragsform ist ein Sonderfall aus der Lebensversicherung, bei der sich der Rückversicherer lediglich an dem (echten) Sterblich-

---

177 Siehe dazu ausführlich *Enderlein* 5 ff.
178 *Grossmann* 112, 116, 119; *Schwepcke* 159.
179 *Enderlein* 9; *Kriele/Wolf* 14.
180 *Enderlein* 9.
181 *Liebwein* 169 mit Beispielen.
182 Halm/Engelbrecht/Krahe/*Materne/Diehl* 38. Kap. Rückversicherung Rn. 16.
183 Siehe dazu ausführlich *Enderlein* 9 ff.
184 *Grossmann* 116, 121; Halm/Engelbrecht/Krahe/*Materne/Diehl* 38. Kap. Rückversicherung Rn. 17.
185 *Kriele/Wolf* 14.
186 Siehe dazu ausführlich *Enderlein* 15 ff.
187 *Grossmann* 116, 123; Halm/Engelbrecht/Krahe/*Materne/Diehl* 38. Kap. Rückversicherung Rn. 18; *Kriele/Wolf* 14.
188 *Kriele/Wolf* 14.
189 *Prölss/Martin/Klimke* § 209 Rn. 9.

keitsrisiko beteiligt, nicht jedoch an dem Zins- und Verwaltungskostenergebnis mit der Folge, dass die Prämienreservebildung (Sparvorgang) sich nur beim Erstversicherer vollzieht.[190]

5. Alternativer Risikotransfer

Der Alternative Risikotransfer beinhaltet die Rückversicherung mit begrenz-tem Risikotransfer und die Rückversicherung mit kapitalmarktspezifischen Instrumentarien.[191] **120**

a) **Finanzrückversicherung.** Die Finanzrückversicherung („Finite Reinsurance") unterscheidet sich von klassischen Rückversicherungsverträgen durch eine Beschränkung oder gar den Ausschluss des transferierten versicherungstechnischen Risikos.[192] Anwendungsfälle der sog. retrospektiven Finanzrückversicherung aus der Praxis sind insbesondere der Loss Portfolio Transfer (LPT) und der Adverse Development Cover (ADC). **121**

Beim Loss Portfolio Transfer (LPT) werden Schadenverpflichtungen(-reserven), die bereits bestehen, an den Rückversicherer zediert. Bei der Prämienkalkulation steht der Zeitwert des Geldes im Vordergrund, so dass die Prämie in erster Linie der erwarteten Schadenzahlung, diskontiert auf den aktuellen Wert, entspricht.[193] **122**

Beim Adverse Development Cover (ADC) wird dem Erstversicherer eine Deckung für das Risiko der unzureichenden Schadenrückstellung gegeben, oftmals in der Form der Absicherung der unvorgesehenen IBN(E)R[194]-Verschlechterung.[195] **123**

Die sog. prospektive Finanzrückversicherung bietet demgegenüber Deckung für laufendes und zukünftiges Geschäft, wobei Beschränkungen des transferierten Risikos über beispielsweise Funding- bzw. Rückzahlungsvereinbarungen erfolgen und anstatt des Zeichnungsrisikos mithin das Zeitfaktorrisiko („Timing Risk") im Vordergrund steht.[196] **124**

b) **Risikotransfer mit kapitalmarktspezifischen Instrumentarien.** Hier ist insbesondere die Verbriefung von Transaktionsrisiken („Risk Securitization", „Insurance Linked Securities" – ILS) zu nennen. Diese Instrumente sehen die Rückversicherung des Erstversicherungsbestandes bei einer Versicherungszweckgesellschaft (auch „Special Purpose Vehicle" (SPV) genannt) vor, die dann wiederum die übernommenen Risiken in den Kapitalmarkt verbrieft.[197] **125**

Anders als unter dem Rückversicherungsvertrag, bei dem sich der Rückversicherer an einem regelmäßig konkret erlittenen Schadenaufwand des Erstversicherers beteiligt, wird **126**

190 *Prölss/Martin/Klimke* § 209 Rn. 10.
191 Halm/Engelbrecht/Krahe/*Materne/Diehl* 38. Kap. Rückversicherung Rn. 19; *Renggli* „ART 2000" – Entwicklungstendenzen in der nicht-traditionellen Risikofinanzierung, ZfV **2000** 213 ff.
192 *Liebwein* 349 ff., 369; Halm/Engelbrecht/Krahe/*Materne/Diehl* 38. Kap. Rückversicherung Rn. 20.
193 Siehe insgesamt dazu *Liebwein* 376 ff. mit weiteren Ausführungen zur Ausgestaltung und Wirkung.
194 IBN(E)R: Incurred But Not (Enough) Reported; vgl. zur Terminologie: *Schmidt-Salzer* IBNR und Spätschadenreservierung in der Allgemeinen Haftpflichtversicherung **1984** 15 ff.
195 *Liebwein* 383 ff. mit weiteren Ausführungen zur Ausgestaltung und Wirkung.
196 *Liebwein* 387 ff. mit weiteren Ausführungen zur Ausgestaltung und Wirkung von insbes. Financial Quota Share, Funded Covers und Spread Loss Verträgen.
197 Halm/Engelbrecht/Krahe/*Materne/Diehl* 38. Kap. Rückversicherung Rn. 21.

im Rahmen der Verbriefung (Kapitalmarktlösung) auf einen vom konkreten Schadenfall losgelösten Trigger, wie beispielsweise parametrische Definitionen oder Simulationsmodelle, zurückgegriffen.[198]

6. Poolverträge

127 Ein Pool[199] wird durch einen Poolvertrag geschlossen, der üblicher Weise als Gesellschaftsvertrag nach bürgerlichem Recht ausgestaltet wird. Es handelt sich daher bei einem Poolvertrag nicht um eine Ausprägung des eigentlichen Rückversicherungsgeschäfts[200], sondern um einen Vertrag, der auf Erst- oder Rückversicherungsseite Erst- oder Rückversicherer zu einer Gesellschaft mit dem gemeinsamen Zweck, Vertragspartei eines Rückversicherungsvertrages zu sein, vereint (BGB-Gesellschaft). Je nachdem, ob der Pool auf Erst- oder Rückversicherungsseite geschlossen wird, spricht man von einem Erstversicherungs- oder Rückversicherungspool. Die durch den Poolvertrag zusammen geschlossenen Erst- bzw. Rückversicherer treten als eine Einheit auf, regelmäßig vertreten durch einen Poolmanager, der aus den eigenen Reihen kommen kann, jedoch nicht muss. Da es durchaus zu einem Wechsel der Poolmitglieder kommen kann, ist gerade die Verwaltung, insbesondere aber auch die Vertragsabwicklung durch Austritt oder Ablösung mit einzelnen Poolmitgliedern nicht ganz unproblematisch. Gleiches gilt für den Fall der Insolvenz eines einzelnen Poolmitglieds, so der Poolvertrag nicht auch insoweit Regelungen trifft.

7. Preisfindung in der proportionalen und nicht-proportionalen Rückversicherung

128 Bei der proportionalen Rückversicherung erhält der Rückversicherer seinen proportionalen Anteil an der Originalprämie und trägt somit anteilig das Risiko der Prämienfehlkalkulation des Erstversicherers mit. Stellt sich am Jahresende heraus, dass die Originalprämie hinter den Schadenkosten nebst Verwaltungs- und Risikokapitalkosten zurückbleibt, kann der Rückversicherer nur versuchen, auf die Qualität des rückversicherten Portfolios und die kalkulierten Originalprämien des Erstversicherers Einfluss zu nehmen.[201]

129 In der nicht-proportionalen Rückversicherung erfolgt eine „künstliche" Entgeltberechnung, losgelöst vom Originalrisiko, unter Berücksichtigung von Risikoprämie, Sicherheitszuschlag, externen Kosten (bspw. Makler), ggf. anteilige Schutzdeckungskosten, interne Betriebskosten sowie (angestrebtem) Gewinn.[202] Das Risikoportfolio wird lediglich als Schadenproduzent aufgefasst. Die Ermittlung des Entgelts erfolgt mithin durch eine eigenständige Kalkulation der Schadenerwartung – Tarifierung oder auch Quotierung genannt –, wobei verschiedene Berechnungsmethoden[203], die regelmäßig alternativ angewandt werden, abhängig von der zu deckenden Branche, der Schadenerfahrung im zu quotierenden Layer und der Layerstruktur[204] zur Anwendung kommen.[205]

---

198 Halm/Engelbrecht/Krahe/*Materne/Diehl* 38. Kap. Rückversicherung Rn. 22.

199 Siehe auch Rn. 81 ff.

200 *Gerathewohl* Bd. I 133, 430.

201 *Schwepcke* 94; Halm/Engelbrecht/Krahe/*Materne/Diehl* 38. Kap. Rückversicherung Rn. 90 f.

202 *Grossmann* 133; Halm/Engelbrecht/Krahe/*Materne/Diehl* 38. Kap. Rückversicherung Rn. 92.

203 Exposure Rating, Burning Cost Verfahren, Extrapolationsverfahren, Pay Back Rating oder sonstige modellbasierte Verfahren; ausführlich zu den Berechnungsmethoden s. *Liebwein* 205 ff., 208 ff., 213 ff., 217 ff., 222 ff., 229 ff.

204 Siehe zum Begriff des Layers oben unter Rn. 112, sowie weiterführend *von Fürstenwerth/Weiß* 407.

205 Siehe *Liebwein* 205 f.

Anzumerken ist letztlich, dass eine fakultative Rückversicherung regelmäßig teurer sein wird als die obligatorische Rückversicherung. Dies liegt an dem höheren Bearbeitungs- und Verwaltungsaufwand, der Inhomogenität und Schwankungsanfälligkeit der Einzelrückversicherung.[206] Wird als Basis für die Preisfindung in der Rückversicherung der Originalbeitrag des Erstversicherers zugrunde gelegt, so erfolgt eine „Preisadjustierung" über die dem Erstversicherer zugestandene Provision für Akquisitions- und Verwaltungskosten. Auch ist die Gewinnanteils-[207] wie auch Staffelprovisionsvereinbarung[208] in der fakultativen Rückversicherung (wie auch in der nicht-proportionalen) unüblich. Alternativ ist auch in der proportionalen fakultativen Rückversicherung eine vom Originalbeitrag unabhängige Kalkulation des Rückversicherungsentgelts möglich, wenn auch in der Praxis eher selten zu finden. **130**

8. Beendigung und Abwicklung des Rückversicherungsvertrages

Der Rückversicherungszyklus endet mit der Beendigung und Abwicklung des Rückversicherungsvertrages. **131**

a) **Rückversicherungsvertragsbeendigung.** Ein proportionaler Rückversicherungsvertrag wird in der Regel auf unbestimmte Zeit geschlossen und kann dann entsprechend der Vereinbarung im Rückversicherungsvertrag (die in der Regel auf drei Monate zum Ende eines Rückversicherungsvertragsjahres läuft) ordentlich gekündigt werden. **132**

Nicht-proportionale Rückversicherungsverträge und fakultative Einzelzessionen laufen in der Regel für eine bestimmte, in der Rückversicherungsvereinbarung festgelegten Zeit und enden dann durch Zeitablauf ohne dass es einer besonderen ordentlichen Kündigung bedarf. Eine darüber hinaus gehende ordentliche Kündigung ist in aller Regel ausgeschlossen. **133**

Eine außerordentliche Kündigung ist in allen Fällen möglich, soweit in der Rückversicherungsvereinbarung vorgesehen, unter anderem insbesondere im Falle des Verlustes substantieller Anteile des Kapitals des Erstversicherers oder gar der Insolvenz, oftmals auch korrespondierend dazu im Falle des Ratingverlustes des Rückversicherers über ein bestimmtes (ebenfalls in der Vereinbarung festgelegten) Maß hinaus. **134**

In allen anderen Fällen als einer Anfechtung oder einem Rücktritt, die rückwirkend das Haftungsverhältnis entfallen lässt, besteht die Haftung des Rückversicherers für vor Kündigung oder sonstiger Vertragsbeendigung begründete Verbindlichkeiten nach („Unkündbarkeit der Abwicklungsrisiken").[209] Gerade im Haftpflichtbereich kann dies zu einer langjährigen Abwicklung führen, die sich durchaus auf einen Zeitraum von mehreren Jahrzehnten erstreckt. **135**

Um eine solche Nachhaftung auszuschließen oder zu verkürzen, besteht zum einen die Möglichkeit, bereits im Rückversicherungsvertrag eine die Abwicklungsdauer beschränkende Vereinbarung zu treffen. Dazu wird z.B. vereinbart, dass nach zehn Jahren der **136**

---

206 *Grossmann* 85 f.

207 Eine Gewinnanteilsvereinbarung ist eine Vereinbarung im Rückversicherungsvertrag über eine zusätzliche Vergütung an den Erstversicherer, soweit die Rückversicherungsabgaben einen (bestimmten) Gewinn erbringen; siehe dazu insgesamt *Liebwein* 109 f.

208 Eine Staffelprovisionsvereinbarung ist eine Vereinbarung im Rückversicherungsvertrag über eine variable, sich an dem Verlauf der Rückversicherungsabgabe orientierende Provision; siehe dazu insgesamt *Liebwein* 106.

209 *Looschelders* VersR **2012** 7 m.w.N.

Rückversicherer zu einem bestimmten, auf die dann noch stehenden Reserven zu zahlenden Prozentsatz austritt („Clean Cut").

137 Eine vergleichsweise rasche Haftungsbeendigung wird vor allem durch Ablösung der entsprechenden Verträge oder Vertragsbeziehungen („Commutation") zu erreichen sein. Bei Ablösungen handelt es sich um vom Rückversicherungsvertrag unabhängige vertragliche Vereinbarungen zwischen Zedent und Rückversicherer, die dazu dienen, Rückversicherungsverträge abschließend zu beenden, indem sich die Vertragspartner gegenseitig vollumfänglich aus ihrer Haftung für entstandene und zukünftige Verpflichtungen aus einem oder mehreren Rückversicherungsverträgen entlassen; gegen Zahlung offener Salden und den Barwert der Schadenreserven.[210] In einer solchen Commutation wird zu einem zu vereinbarenden Zeitpunkt und zu einem zu vereinbarenden Betrag die Abwicklung (sog. „Rückversicherungs-Tail") für eine einzelne (sog. „Einzelablösung"), für mehrere (sog. „Teilablösung"[211]) oder sogar alle zwischen den Parteien geschlossenen Rückversicherungsverträge (sog. „Gesamtablösung"[212]) beendet. Soll eine gesamte Vertragsbeziehung insgesamt beendet werden, die auch alle Gruppengesellschaften betrifft, so spricht man oftmals von einer „Globalablösung"[213].

138 Ein differenziertes Ergebnis ergibt sich bei der „Erklärung über die Schließung der Bücher", die hinsichtlich bekannter Abwicklungen eine weitere Verbindlichkeit des Rückversicherers beendet. Werden jedoch neue – natürlich während der Vertragslaufzeit begründete – Haftungen nach Erklärung der Schließung der Bücher bekannt, bleiben diesbezügliche Verbindlichkeiten des Rückversicherers bestehen.

139 **b) Rückversicherungsvertragsabwicklung.** Mit Beendigung des Rückversicherungsvertrags befindet sich dieser in der Abwicklung, allgemein auch als „Run-off" bezeichnet.[214] Neben der geregelten Beendigung eines Vertrages kann aber auch die Entschei-

---

210 *Huber* Commutation leicht gemacht?, ZfV **2003** 628 ff.

211 Von einer „Teilablösung" wird gesprochen, wenn ausgewählte bzw. einzelne Verträge, Vertragsjahre, Schadenkomplexe o.ä. – d.h. Teile des Gesamtportefeuilles – mit einzelnen benannten oder allen Vertragsparteien abgelöst werden.

212 Von einer „Gesamtablösung" (oder auch „Komplettablösung") wird gesprochen, wenn ausnahmslos alle Verträge zwischen den Vertragsparteien abgelöst werden, unabhängig von einer expliziten Auflistung (Identifizierung).

213 Von einer „Globalablösung" wird gesprochen, wenn ausnahmslos alle Verträge zwischen den Vertragsparteien, nebst deren Gruppengesellschaften weltweit abgelöst werden, unabhängig von einer expliziten Auflistung (Identifizierung).

214 Eine juristisch festgeschriebene Definition für „Run-off" existiert nicht. Unter „Run-off" oder „Abwicklung" wird die fachgerechte Bearbeitung gekündigter Rückversicherungsverträge und damit in Zusammenhang stehender Retrozessionen verstanden, mit dem Ziel der endgültigen Beendigung der unter diesen gekündigten Rückversicherungsverträgen übernommenen Haftungen und aller Verbindlichkeiten. Als „Run-off Bestand" werden somit gekündigte Versicherungs- bzw. Rückversicherungsverträge bezeichnet, die noch so lange abgewickelt werden, bis eine endgültige Beendigung aller Haftungen und Verbindlichkeiten erreicht wurde. Die Entscheidung, einen Rückversicherungsbestand in Run-off zu versetzen kann entweder auf einem bewussten Entschluss des Managements und/oder der Anteilseigner beruhen, oder es handelt sich um eine erzwungene Entscheidung verursacht beispielsweise durch eine Insolvenz der Gesellschaft (ausführlich zur Insolvenz von Versicherungsunternehmen: *Winter* Versicherungsaufsichtsrecht **2007** 763 ff.) Die Abwicklung von Rückversicherungsbeständen ist ebenfalls „Rückversicherungsgeschäft" im Sinne des Aufsichtsrechts (vgl: Bürkle/*Geiger* Compliance in Versicherungsunternehmen, § 3 Rückversicherung **2009** Rn. 8 m.w.N.).

dung, in Teilsegmenten (bspw. in geographisch abgegrenzten Bereichen) kein Neugeschäft mehr zu zeichnen, oder gar die aktive Zeichnung gänzlich einzustellen, zu Run-off Situationen führen.[215] Die Konzentration auf Kernkompetenzen, der ständig wachsende Wettbewerbs- und Kostendruck auf die Versicherungs- und Rückversicherungsindustrie, eine Reihe von Katastrophen und Großschäden[216], Verluste im technischen Geschäft sowie eine Flut von Latenzschäden[217] insbesondere aus den USA, haben überall auf der Welt zu einer verstärkten Einstellung der Zeichnung von Neugeschäft oder einem Rückzug aus gewissen Geschäftssegmenten geführt.

Mithin wird jede Gesellschaft, die sich über eine Anzahl von Jahren mit der Zeichnung und der Verwaltung von Rückversicherungsgeschäft befasst hat, wenigstens Teile ihres Portefeuilles in Abwicklung haben, auch wenn diese Gesellschaften weiterhin aktiv Rückversicherungsgeschäft zeichnen.[218] International gesehen sollen Bestände von mehr als 2.300 Versicherungs- und Rückversicherungsgesellschaften im Nicht-Leben-Bereich zumindest teilweise in den „Run-off" versetzt worden sein.[219] In den vergangenen Jahren sind mehrfach Studien veröffentlicht worden, die das Volumen der sich in Abwicklung befindlichen Reserven international, aber nicht zuletzt auch speziell im deutschsprachigen Raum anhand von im Markt durchgeführten Umfragen hochgerechnet haben.[220] So wurde das Volumen allein für Deutschland, Österreich und die Schweiz auf 115 Mrd. EUR geschätzt[221] bzw. für Kontinentaleuropa auf 196 Mrd. EUR, wovon 42 % auf Deutschland und die Schweiz entfallen sollen.[222] Der weitaus größte Teil dieser Bestände ist sicherlich den großen Häusern in München, Zürich, Hannover oder Köln zuzurechnen. **140**

Der Eintritt in die Abwicklung ist einfach, die Beendigung derselben kann sich jedoch dauerhaft und schwierig gestalten, obgleich ein Run-off auf lange Sicht durchaus erfolgreich sein kann.[223] Die normale Abwicklung eines Vertrags(teil)bestandes wird aber immer eine langwierige Aufgabe sein, weshalb die Möglichkeit einer endgültigen und vollständigen Haftungsentlastung in einem überschaubaren Zeitraum sinnvoll sein kann. Ziel für die betroffene Gesellschaft ist dabei, die Maximalbelastungen aus den entsprechenden Haftungen zu limitieren. Dies auch unter dem Gesichtspunkt von Solvency II[224], da unter diesen neuen aufsichtsrechtlichen Regelungen zukünftig der Gesamtbestand, und somit auch Portefeuilles in Run-off, nach veränderten Kriterien kapitalseitig unterlegt werden muss.[225] **141**

---

215 Die Gründe für eine solche Einstellung der Geschäftstätigkeit können höchst unterschiedlich sein, vgl. für den deutschen Markt: *Labes/Stamp* An overview of the Run-Off Market Situation in Germany, runoff business Special report: Run-Off in Europe **2005** 60 ff.

216 Ein markantes Beispiel sind sicherlich die Ereignisse des 11. September 2001, die Grund (wenn auch sicherlich nicht der ausschließliche) für einige Gesellschaften gewesen sein dürften, sich aus dem aktiven Rückversicherungsgeschäft zurückzuziehen.

217 *Brace* A proactive strategy, Run off business winter **2002** 29; siehe auch oben Rn. 19.

218 *Labes/Fronert* „Run-off" – Beginn eines neuen Lebens, ZfV **2003** 130.

219 Insurance Security Watch, Issue 12, 28 February **2000**; vgl. auch: *Wedge* How big is your market? Run off business summer **2002** 6 ff.

220 KPMG, Run-off-Studien **2007**, Oktober **2008**, **2010**; PWC, Werte freisetzen im Run-off Februar **2007**, Februar **2008**, März **2009**.

221 KPMG **2010** 8.

222 PWC **2009** 6.

223 *Eilers/Labes* Run-Off – Ein lösbares Problem, ZfV **1997** 617 ff.; *Labes/Fronert* ZfV **2003** 130 ff.

224 Siehe oben Rn. 29.

225 *Endres/Villeroy de Galhau* Solvency II and the capital charge for run-offs, run off & restructuring **2010** issue 32, 21, 22.

142 Eine vollständige Haftungsbeendigung („Finalität") kann beispielsweise durch Übertragung des fraglichen Bestandes auf einen anderen Risikoträger erzielt werden. Seit seiner Einführung im Jahre 2007 erlaubt § 121f VAG die Übertragung eines Rückversicherungsbestandes von einem inländischen Rückversicherungsunternehmen auf ein anderes Versicherungsunternehmen mit Sitz in der EU unter vereinfachten Bedingungen. Vereinfacht ist die Übertragung deshalb, weil nunmehr Rückversicherungs-Portefeuilles auch ohne Zustimmung der Zedenten und somit ohne Novation übertragen werden können.[226] Eine alternative Verfahrensoption, die international eine Finalität ermöglicht, stellt das sog. „*Solvent Scheme of Arrangement*" Verfahren nach englischem Recht dar.[227]

V. Streitige Auseinandersetzung aus einem Rückversicherungsvertrag

143 Streitige Auseinandersetzungen im Bereich der Rückversicherung gab es traditionell immer nur wenige, vor allem, wenn man diese ins Verhältnis zur wirtschaftlichen Bedeutung der insofern bestehenden Ansprüche setzt. Insbesondere „in der guten alten Rückversicherungszeit" galt das Prinzip des gegenseitigen Vertrauens unter Geschäftsleuten. Der juristischen Ausgestaltung der meist auf viele Jahre ausgerichteten Rückversicherungsverträge[228], die auch verlustreiche Perioden überdauerten, wurde relativ wenig Beachtung geschenkt. Es war jahrzehntelang Branchenprinzip, dass eine Lösung immer gefunden werden konnte, ohne dass man sich vor einem (Schieds-)Gericht streiten musste.[229] Inzwischen werden aber auch in der Rückversicherung Konflikte in früher unbekannter Härte ausgetragen.[230]

144 Beigetragen zu dieser Entwicklung hat eine dramatische Ausdehnung des Marktes, eine Reihe von Großschäden mit immer höheren Schadensummen[231] und daraus folgende Verluste im technischen Geschäft[232] bis hin zum Rückzug mancher Gesellschaften vom Markt. Aber auch der allgemeine Compliance-Druck, der es Vorständen praktisch verbietet, tatsächlich bestehende Ansprüche nicht auch durchzusetzen, mag eine Rolle spielen.[233]

---

226 Eingehend: Bähr/*Labes* § 25 Bestandsübertragung und Sanierungsmöglichkeiten nach Bestandsübertragung **2011** 709 ff. m.w.N.; *ders.* Portfolio Transfers in Europe, run-off & restructuring, autumn **2010** 17 ff.

227 Vgl. Fn. 79 f.

228 *Jannott* 362; vgl. auch *Hartmut Labes* Rückversicherungsformen, Handwörterbuch der Versicherung **1988** 703.

229 *Labes* **1996** 6 ff. m.w.N.; *Busse/Taylor/Justen* SchiedsVZ **2008** 2 f.

230 *Busse/Taylor/Justen* SchiedsVZ **2008** 3; *Butler* A new chapter on arbitration, Reinsurance April **1990** 29, 29; *Jannott* 360 f.; *Gumbel* Zur Schlichtung von Meinungsverschiedenheiten in der Rückversicherung, ZfV **1992** 506, 506; *Labes* Arbitration of Insurance Disputes in Germany, Arbitration in Germany **2007** Rn. 76; *McCullough* Combat or compromise?, ReActions March **1990** 51, 57; *O'Neill/Woloniecki* Rn. 13-001; *Stenberg* Jüngste Entwicklungen im amerikanischen Rückversicherungsrecht ZfV **1992** 529, 529; *Wollan* Arbitration anyone?, ReActions July **1992** 33, 33; vgl. auch *Wollan* Hitting out in the first third, ReActions September **1992** 67, 67. Als Beispiel aus der Rspr.: OLG München 9.5.**1989** NJW **1989** 3102 ff.; eindrücklich auch *Banham* What happened to handshakes?, ReActions October **1994** 18: „*In the ‚good faith' days of the early 1980s, when a reinsurer had the rare dispute with a ceding company, they would meet for lunch, tell a few bawdy jokes and, before dessert, resolve their differences with a sherry or two*".

231 Vgl. Hinweise in Rn. 19.

232 Wirtschaftskommentar „Profitable Rückversicherung" ZfV **1995** 365; „Naturkatastrophen und von Menschen direkt verursachte Großereignisse führten 1994

145 Mithin besteht inzwischen auch in der internationalen Rückversicherungswirtschaft vermehrt das Interesse an einer vernünftigen, möglichst schnellen und somit effizienten Streitbeilegung.

1. Streiterledigungsmethoden

146 Grundsätzlich stehen den am Rechtsverkehr Beteiligten mehrere Wege zur Beilegung einer rechtlichen Auseinandersetzung zur Verfügung, zuvorderst naturgemäß die staatliche Gerichtsbarkeit. Aber auch die Alternative Streiterledigung und hier insbesondere die Mediation ist inzwischen eine weitgehend geläufige Verfahrensform.

147 a) **Staatliche Gerichtsbarkeit.** Staatliche Gerichte und ihre Richter sind – trotz oftmals langer Fristen – immer präsent und das Verfahren ist einheitlich und verlässlich geregelt. Langjährige Erfahrungen in unzähligen Verfahren mit der Gestaltung und dem Ablauf von Prozessen haben eine funktionierende „Prozesslandschaft“ hervorgebracht. Weiterhin sind wegen der strengen Bindung an das Gesetz und der Präzedenzwirkung von staatlichen Urteilen Einleitung und Durchführung eines Gerichtsverfahrens bis hin zu Urteil und Vollstreckung von vornherein bekannt.[234]

148 Trotz dieser Vorzüge spielen staatliche Gerichte traditionell bei Streitigkeiten in der Rückversicherung eine völlig untergeordnete Rolle.[235] Die Gründe mögen in den häufig genannten Vorteilen der Schiedsgerichtsbarkeit liegen.[236] Von diesen kommen im Rückversicherungsbereich insbesondere der Branchennähe der Schiedsrichter und der Vertraulichkeit eine besondere Bedeutung zu. Zudem sind bekanntlich bei Schiedssprüchen die Vollstreckungsoptionen im Ausland oft größer – was bei der regelmäßig grenzüberschreitenden Rückversicherungswirtschaft von wesentlicher Bedeutung ist.[237] Gleichwohl erklärt dies nur ansatzweise die historisch gewachsene, schwache Stellung staatlicher Gerichte in der Rückversicherungsbranche.[238]

---

zur dritthöchsten Schadenlast der Versicherungsgeschichte“.

233 *Busse/Taylor/Justen* SchiedsVZ **2008** 3 f.

234 *Labes* **1996** 130 f. m.w.N.

235 Dies ist insbesondere im anglo-amerikanischen Rechtsraum teilweise anders. So werden bspw. häufiger als in Deutschland in den USA, aber auch im UK, auch rückversicherungsrechtliche Streitigkeiten vor ordentlichen Gerichten ausgetragen.

236 Ausführlich *Gumbel* Contracts and a Standard Clause, Reinsurance August **1976** 160, 160 f.; *Tract* The case for litigation, ReActions July **1987** 37 ff. mit einer Gegenüberstellung der Vorteile sowohl der Schiedsgerichtsbarkeit, als auch der staatlichen Gerichtsbarkeit bezogen auf rückversicherungsrechtliche Streitigkeiten. Vgl. auch *O'Neill/Woloniecki* Rn. 14-062 ff.; *Schütze* Ausgewählte Probleme 7 ff.

237 Der Grund hierfür liegt darin, dass internationale Abkommen zur Anerkennung und Vollstreckung staatlicher Gerichtsurteile nicht überall existieren, während Schiedsgerichtsurteile über das sog. New Yorker Übereinkommen für Schiedssprüche vergleichsweise einfach vollstreckt werden können, vgl. etwa Luther/Oppenhoff/Sandrock/Winkhaus/*Sandrock* FS Stiefel **1987** 625, 640; *Schütze* Schiedsgericht und Schiedsverfahren, 4. Aufl. **2007** Rn. 298 ff.; eine Übersicht über die Mitgliedstaaten findet sich unter http://www.newyorkconvention.org/new-york-convention-countries/contracting-states.

238 Dort allerdings, wo bereits eine besonders hohe Kompetenz der Gerichte besteht, wie etwa beim High Court in London, ist eine zunehmende Tendenz zu den staatlichen Gerichten gegeben. Dies wird im UK auch dadurch befördert, dass Schiedsverfahren häufig durch eine weitgehende – allerdings unnötige – Übernahme des englischen Prozessablaufs besonders aufwändig und somit auch teuer sind, was viele Streitparteien veranlasst, wegen der geringen Unterschiede im

149 Eine Sondersituation im Verhältnis zwischen staatlicher Gerichtsbarkeit und Schiedsgerichtsbarkeit ist die Zuweisung von Klagen auf anerkannte Salden an die ordentlichen Gerichte, die sich in vielen Schiedsvereinbarungen zu Rückversicherungsverträgen findet.[239] Bei einer „reinen Zahlungsverweigerung" soll dabei die Schiedsvereinbarung nicht gelten. Das verfolgt den Zweck, in solchen Fällen die Titulierung der Forderung zu erleichtern, die vor staatlichen Gerichten im Regelfall dann doch regelmäßig schneller zu erzielen ist, wenn materieller Streit nicht besteht.

150 Das Verhältnis zwischen staatlicher Gerichtsbarkeit und Schiedsgerichtsbarkeit ist in einer Vielzahl weiterer Konstellationen problematisch. So findet sich in Rückversicherungsverträgen zwischen US-Zedenten und nicht in den USA ansässigen und/oder lizenzierten Rückversicherern öfter eine mitunter als „Service of Suit"-Klausel bezeichnete Bestimmung, die u.a. festlegt, dass der Rückversicherer sich der US-Gerichtsbarkeit unterwirft, soweit er auf Aufforderung des Zedenten nicht zahlt.[240] Diese „Service of Suit"-Klausel scheint den Weg zu den ordentlichen Gerichten zu eröffnen, obwohl gleichzeitig die Schiedsgerichtsklausel gerade das Schiedsgericht für Streitigkeiten im Zusammenhang mit dem Rückversicherungsvertrag für zuständig erklärt. Sicherheitshalber sollte daher jede US-amerikanische „Service of Suit"-Klausel eine entsprechende Klarstellung enthalten.[241]

151 b) **Schiedsverfahren.** Das Schiedsverfahrensrecht ist für das deutsche Recht im 10. Buch der ZPO (§§ 1025 ff. ZPO) normiert. Die Vorschriften sind sehr weitgehend dem UNCITRAL-Modellgesetz entnommen und bilden daher einen verlässlichen und auch ausländischen Rechtsanwendern vertrauten Rechtsrahmen.[242] Dabei ist es kennzeichnend für die §§ 1025 ff. ZPO, dass die meisten Bestimmungen dispositiv sind. So können die Parteien sich etwa eine selbst formulierte, auf ihre Bedürfnisse zugeschnittene Prozessordnung schaffen. Diese Freiheit findet ihre Grenze lediglich in den zwingenden Bestimmungen, zu denen namentlich der Anspruch auf Gleichbehandlung der Parteien und Gewährung rechtlichen Gehörs sowie der insbesondere materielle *ordre public*-Vorbehalt gehören.[243]

152 Das im 10. Buch der ZPO kodifizierte Verfahrensrecht steht im innerdeutschen Bereich für jede Art von Geschäfts- und Vertragsbeziehungen zwischen Unternehmen zur Verfügung. Die Bestimmungen sind aber auf internationale Schiedsverfahren ebenso

---

Verfahren und insbesondere hinsichtlich der Kosten dann doch gleich den Weg zu den staatlichen Gerichten zu suchen; vgl. Wedge/*Labes* Managing reinsurance disputes, Reinsurance Claims Management **2005** 173 ff. Vorgeschlagen wurde etwa auch, neben einer Schiedsvereinbarung eine „litigation clause" zu vereinbaren: vgl. *Tract* The case for litigation, ReActions July **1987** 37, 40 mit Textvorschlag.

239 *Gerathewohl* Bd. I 584; *Jannott* 369 Fn. 15, 371; *Gumbel* Eine neue Schiedsgerichtsvereinbarung für Rückversicherungsverträge ZfV **1984** 541, 543; *Labes* **1996** 152 f.

240 Eingehend *Labes/Echarti* ZfV **2007** 714 f.; vgl. auch *O'Neill/Woloniecki* Rn. 13-045 f., 14-009.

241 Vgl. eingehend Lüer/Schwepcke/*Labes/Busse* § 16 Rn. 23; für die Formulierung bietet sich ein Rückgriff auf die Klauselvorschläge der „Brokers & Reinsurance Market Association" an, im Internet abrufbar unter http://www.brma.org/frommembers/frommemcontractwd01.htm (Stand: 25.08.2011).

242 *Labes* German arbitration law reform, Insurance Day, September 9, **1997** (No. 365) 10; MüKo – ZPO Band 3/*Münch* vor § 1025 Rn. 108; Stein/Jonas/*Schlosser* vor § 1025 Rn. 1.

243 Vgl. *Wach*, Taktik in M&A-Schiedsverfahren, Wissenschaftlicher Gesprächskreis Schiedsrecht München (Hrsg.) Taktik im Schiedsverfahren **2008** 57, 73.

anwendbar. Voraussetzung für ein deutsches Verfahren ist nach § 1025 Abs. 1 ZPO, dass der Schiedsort in Deutschland liegt. Der Ort des Schiedsverfahrens ist insofern von großer praktischer Relevanz. Das dort geltende Verfahrensrecht findet ergänzend auf das Schiedsverfahren Anwendung und die staatlichen Gerichte am Schiedsort sind in der Regel für die Unterstützung des Schiedsgerichts und die Überprüfung von Schiedssprüchen zuständig.[244] Ergänzende Regeln zur internationalen Schiedsgerichtsbarkeit finden sich für Deutschland in bilateralen[245] und multinationalen[246] Übereinkommen.

c) **Alternative Streitbeilegungsmethoden.** Als Alternative zum Schiedsverfahren und dem Verfahren vor staatlichen Gerichten stehen neuartige Verfahren zur Verfügung, welche einfacher und rascher zu einer Streiterledigung auf Basis einer vergleichsweisen Lösung führen. Gleichzeitig verspricht man sich davon eine möglichst geringe Belastung der laufenden Geschäftsbeziehungen. Derartige alternative Streitbeilegungsverfahren, sog. „ADR" (Alternative Dispute Resolution-)Verfahren können grundsätzlich auch für die Lösung von Streitigkeiten aus Rückversicherungsverträgen genutzt werden. Der Begriff „ADR" umfasst verschiedene voneinander zu unterscheidende Verfahren, wie etwa Mediation, Schlichtung und andere, wobei Mediation den wohl größten Verbreitungsgrad erzielt hat.[247] **153**

ADR-Streiterledigungsformen sind vor allem in den USA entwickelt worden. Dort haben sich unter diesem Begriff eine ganze Palette von konkret ausgearbeiteten Verfahrensoptionen und überwiegend professionell organisierten Institutionen entwickelt. Dafür waren neben einer Überlastung der Gerichte nicht zuletzt die Besonderheiten des amerikanischen Zivilprozesses verantwortlich – wie etwa das jury-System, die sog. pre-trial discovery oder die Sorge vor punitive damages.[248] Selbstverständlich spielt auch die Kostenseite eine wesentliche Rolle. So wurde etwa geschätzt, dass in Zusammenhang mit Hurrikan Andrew im Jahre 1994 VR Rechts- und Sachverständigenkosten in Höhe von mehr als 20 Millionen US$ allein dadurch einsparen konnten, dass zahlreiche Ansprüche in ADR-Verfahren verglichen wurden.[249] **154**

In Europa und insbesondere auch in Deutschland ist die praktische Bedeutung dieser Verfahren bisher eher gering.[250] Auch die Unternehmen sind bei dem Einsatz z.B. von **155**

---

244 Vgl. § 1062 ZPO.

245 Aufzählung der bilateralen Abkommen der Bundesrepublik Deutschland in *Schwab/Walter* Kap. 41 Rn. 9.

246 Als wichtigste dieser Art sind zu nennen United Nations Übereinkommen über die Anerkennung und Vollstreckung ausländischer Schiedssprüche vom 10.06.1958, Europäisches Übereinkommen über die internationale Handelsschiedsgerichtsbarkeit vom 21.04.1961.

247 *Breidenbach/Peres* Die DIS-Mediationsordnung, SchiedsVZ **2010** 125 ff.; *Duve* Mediation & Recht, Beilage 10 zu BB **1998** 9, 14; *ders./Eidenmüller/Hacke* 63 ff.; Haft/Schlieffen/*Heussen* § 10 Rn. 1 ff.; Haft/Schlieffen/*Risse/Wagner* § 23 Rn. 96 ff.; *Labes* Verfahrensoptionen der Alternativen Streitbeilegung („ADR"), DZWir **1998** 353, 360 f.; *Risse* Mediation & Recht, Beilage 2 zu BB **2001** 16 ff.; *Trenczek* ADR – Mediation: Faire Konfliktlösung ohne Gericht, DS **2009** 66 ff.; *Ulrich/Vogt* Mediation in der Praxis Teil I: Alternative Streitlösungsmodelle und Grundzüge der Mediation, DS **2009** 217 ff.; zur terminologischen Unsicherheit siehe *Trenczek* ADR – Mediation: Faire Konfliktlösung ohne Gericht, DS **2009** 66, 68.

248 *Labes* ZfV **1998** 35; Haft/Schlieffen/*Haft* § 2 Rn. 13.

249 *Fellows*, Hurricane-Related Insurance Claim Disputes, TortSource Winter **2006** 3; *Labes* ZfV **1998** 35; *Sachs* Hurricane Claims Mediated, ABA Journal May **1993** 3.

250 Zu Fallzahlen von Mediation in Deutschland vgl. Haft/Schlieffen/*Schlieffen* § 9 Rn. 5 ff.; zu Mediation und anderen ADR-Verfahren in verschiedenen europäischen

Mediation eher zurückhaltend.[251] Dies mag sich zukünftig ändern. So wurde zur Förderung der alternativen Streitbeilegung von den Gremien der Europäischen Union die sog. Mediationsrichtlinie[252] initiiert, die in Deutschland durch die Einführung eines Mediationsgesetzes und die Änderung von Vorschriften der ZPO und weiterer Verfahrensordnungen umgesetzt werden soll. Auch für die bisher nur im Rahmen von Modellprojekten praktizierte gerichtsinterne Mediation soll dabei eine gesetzliche Grundlage geschaffen werden.[253]

156 Kennzeichnend für ADR-Verfahren ist, dass eine diesbezügliche Vereinbarung der Parteien vorliegen muss und dass sie nicht zu einem für die Parteien verbindlichen Ergebnis führen. Die herausragende Eigenschaft, zugleich Stärke und Schwäche der ADR-Verfahren, ist die vollkommene Freiwilligkeit vom Anfang bis zum Ende des Verfahrens. So sind kaum juristische Förmlichkeiten zu beachten. Jede Partei kann das Verfahren zu jeder Zeit ohne Angabe von Gründen beenden. Die meist selbst gewählten und weitgehend zwanglosen ADR-Verfahrensregeln ermöglichen den Parteien eine freie und allein in der Parteiautonomie liegende Verfahrensgestaltung und -durchführung.[254]

157 Entscheidende Voraussetzung für den Erfolg jeder der alternativen Streitbeilegungsmethoden ist der Wille der beteiligten Parteien, das Ergebnis eines solchen Verfahrens dann auch zu akzeptieren. Ansonsten kann derselbe Streitgegenstand jederzeit noch einmal vor ein staatliches Gericht oder ein Schiedsgericht gebracht werden. Nach derzeitigem Recht kann nämlich das Ergebnis eines ADR-Verfahrens, z.B. ein Mediationsvergleich oder ein Schlichtungsspruch, als solches nicht tituliert und vollstreckt werden, sondern begründet lediglich einen vertraglichen Anspruch. Eine zwangsweise Durchsetzungsmöglichkeit kann allenfalls durch Vergleich vor einer anerkannten Gütestelle,[255] durch Aufnahme in eine notarielle Urkunde[256], durch einen Anwaltsvergleich[257] mit Vollstreckungsunterwerfung, bei parallel laufendem Gerichtsverfahren durch gerichtliche Protokollierung eines Parteivergleichs[258] oder auch durch Schiedsspruch mit vereinbartem Wortlaut[259] erreicht werden.[260] Nach Umsetzung der Mediationsrichtlinie soll dann

---

Ländern vgl. Haft/Schlieffen/*Rüssel* § 54 Rn. 2 ff.; auch der Ombudsmann für Versicherungen, der in Deutschland zum 1. Oktober 2001 eingeführt wurde, stellt eine weitere Alternative zum Gerichtsprozess dar: eingehend Bähr/Labes/Pataki/*Labes* Der Ombudsmann der Versicherungswirtschaft, Sachstand – Erwartung – Alternative, Liber discipulorum für Gerrit Winter **2002** 149 ff.; zur Begriffsdefinition vgl. *v. Hippel* Der Ombudsmann im Bank- und Versicherungswesen **2000** 2 ff.; vgl. auch Lüer/Schwepcke/*Labes/Busse* § 16 Rn. 38. Der Jahresbericht 2010 des Versicherungsombudsmannes ist abrufbar unter http://www.versicherungsombudsmann.de/Ressourcen/PDF/Jahresbericht-2010.pdf (Stand: 25.08.11).

251 Haft/Schlieffen/*Risse/Wagner* § 23 Rn. 2.

252 Richtlinie 2008/52/EG des Europäischen Parlaments und des Rates vom 21. Mai 2008 über bestimmte Aspekte der Mediation in Zivil- und Handelssachen, ABl. L 136/3 vom 24.05.2008; vgl. eingehend Lüer/Schwepcke/*Labes/Busse* § 16 Rn. 30 sowie dort Fn. 56.

253 Vgl. dazu z.B. *Löer* Referentenentwurf eines Mediationsgesetzes, ZKM **2010** 179; *Monßen* Fördert das Mediationsgesetz die gerichtsnahe Mediation?, ZKM **2011** 10 ff.

254 *Labes* ZfV **1998** 36.

255 § 794 Abs. 1 Nr. 1 ZPO.

256 § 794 Abs. 1 Nr. 5 ZPO.

257 §§ 796a bis 796c ZPO.

258 § 278 Abs. 6 ZPO.

259 §§ 1053 ff., 1060 ZPO.

260 Vgl. zu den verschiedenen Möglichkeiten *Duve/Eidenmüller/Hacke* 266 f.; *Greger* Die Reglementierung der Selbstregulierung, Zum Referentenentwurf eines Mediationsgesetzes, ZRP **2010** 209, 210; Haft/Schlieffen/*Hess* § 43 Rn. 59 ff.; Haft/Schlieffen/*Lörcher/Lörcher* § 45 Rn. 19 ff.; Hasselblatt/*Labes/Lörcher* Münchener Anwaltshandbuch Gewerblicher Rechtsschutz, 3. Aufl. **2009** § 7 Rn. 91 ff.; *Probst* Mediation und Recht – zur Umsetzung der

allerdings eine im Mediationsverfahren getroffene Abschlussvereinbarung ähnlich wie ein Anwaltsvergleich für vollstreckbar erklärt werden können.[261]

Angesichts der hohen Flexibilität, der Vertraulichkeit und der – vor allem im Hinblick auf laufende Geschäftsbeziehungen wichtigen – einigermaßen friedlichen und zukunftsgerichteten Streitentscheidung bzw. Problemlösung könnten alternative Streitbeilegungsmethoden zur Lösung von Meinungsverschiedenheiten in der Rückversicherung fast ideal geeignet sein[262], zumal ADR-Verfahren durch ihre Anpassungsfähigkeit und durch die Berücksichtigung von außerhalb des Rechts stehenden, vor allem wirtschaftlichen Interessen[263] der dem Rückversicherungsrecht typischen Internationalität und der fehlenden Normenstruktur in besonderer Weise gerecht werden. Auch aufgrund der Länge und Komplexität von Schiedsverfahren und des Mangels an in Rückversicherungsfragen erfahrenen Schiedsrichtern kann Mediation eine interessante Alternative sein.[264] Im Rahmen der Umsetzung der europäischen Mediationsrichtlinie ist neuerdings auch für den Versicherungsbereich die Diskussion über die „Mediation in der Versicherungswirtschaft" neu entflammt.[265] 158

d) Vorgeschaltetes Mediationsverfahren. Mittels einer dem Schiedsverfahren vorgeschalteten Mediation oder Schlichtung haben die Streitparteien die Möglichkeit, zunächst eine gütliche Einigung mit vergleichsweise geringem Aufwand an Zeit und Geld herbeizuführen, bevor ein wesentlich aufwändigeres Schiedsverfahren eingeleitet wird.[266] Der Vorteil dieser Kombination aus Mediations- bzw. Schlichtungs- und anschließendem Schiedsverfahren ist, dass keine Partei schließlich gezwungen ist, sich im Rahmen der Mediation zu einigen oder der Entscheidung des Schlichters Folge zu leisten. Vielmehr verbleibt bei Weigerung einer der beiden Parteien immer noch das schiedsgerichtliche Verfahren zur endgültigen Streitentscheidung im Hintergrund. Die Erfahrungen mit dieser Methode zeigen jedoch, dass es einem Mediator oder Schlichter in vielen Fällen gelingt, die Parteien zu einem Vergleich zu bewegen. Unter Umständen kann gar die Drohung mit der Einleitung des Schiedsgerichtsverfahrens eine schnelle, einvernehmliche und endgültige Einigung innerhalb des vorgeschalteten Mediations- oder Schlichtungsverfahrens fördern. 159

Eine Verletzung der in der Mediations- oder Schlichtungsklausel getroffenen Vereinbarungen wird regelmäßig zum Übergang in das Schiedsverfahren führen. Das sich anschließende Schiedsverfahren ist von dem Mediations- oder Schlichtungsverfahren vollständig zu trennen. Eine erhebliche Gefahr besteht nämlich darin, dass solche Verfahren nur genutzt werden, um Argumente oder Taktik der Gegenseite für einen späteren Prozess zu erforschen. Hier wirkt sich die völlige Unverbindlichkeit derartiger Verfahren negativ aus. Dies bedeutet im Besonderen, dass der Mediator oder Schlichter nicht Mitglied des Schiedsgerichts werden sollte und auch nicht von diesem gehört werden darf. 160

EU-Mediationsrichtlinie, JR **2009** 265, 266.

[261] Neueinführung von § 796d ZPO, vgl. BT-Drucks. 17/5335, 7, 21 f.

[262] *Schütt* Leserbrief zu VW 15/2008, „Schiedsrichter gesucht", VW **2008** 1769.

[263] Vgl. dazu Haft/Schlieffen/*Risse/Wagner* § 23 Rn. 26 ff. und die Checkliste der Eignungskriterien in Rn. 58.

[264] *Birke* VW **2007** 1390.

[265] *Hellberg/Wendt* Die Mediation in der Versicherungspraxis, VW **2009** 1336 ff.; *Much/Roth/Stefanidis* Wir sehen uns nicht vor Gericht, Positionen September **2009** 3, 6; *Tögel/Rohlff* Die Umsetzung der EU-Mediations-Richtlinie – Erwartungen aus Sicht der Rechtsschutzversicherer, ZRP **2009** 209 ff.

[266] Vgl. z.B. Haft/Schlieffen/*Hess* § 43 Rn. 18; *O'Neill/Woloniecki* Rn. 14-102; *Ulrich/Vogt* Mediation in der Praxis Teil I: Alternative Streitlösungsmodelle und Grundzüge der Mediation, DS **2009** 217, 220.

Weiterhin sollten sämtliche Schriftstücke der Parteien sowie Aufzeichnungen des Mediators oder Schlichters der uneingeschränkten Verschwiegenheit unterliegen und dürfen ohne Zustimmung des Gegners keine Verwendung in dem nachfolgenden Schiedsverfahren finden. Darüber hinaus sind alle Vergleichsangebote oder ähnliche Meinungsäußerungen der Parteien im Hinblick auf eine Einigung im Mediations- oder Schlichtungsverfahren in einem späteren Schiedsverfahren bedeutungslos.[267]

2. Schiedsverfahren aus Rückversicherungsverträgen

161 Streitbeilegung erfolgt in der Rückversicherungsbranche traditionell durch Schiedsverfahren. So dürfte es praktisch keinen – zumindest keinen obligatorischen[268] – Rückversicherungsvertrag geben, der eine Entscheidung über mögliche Streitigkeiten zwischen Zedent und Rückversicherer nicht einem Schiedsgericht zur endgültigen Entscheidung übertragen würde. Obwohl in fast jedem Rückversicherungsvertrag enthalten, sind diese Vereinbarungen jedoch sehr unterschiedlich.

162 Demgegenüber finden sich in fakultativen Verträgen Schiedsklauseln nicht mit gleicher Häufigkeit.[269] Dies liegt in den besonderen Eigenheiten des fakultativen Rückversicherungsvertrags begründet, bei dem es dem Erstversicherer darum geht, ein individuelles Risiko bei einem Rückversicherer unterzubringen. Solche Verträge werden in aller Regel auf das Notwendigste beschränkt; auf eine Schiedsklausel wird dann teilweise wenig Wert gelegt. Eine vernünftige Begründung für einen Verzicht auf Schiedsklauseln in fakultativen Rückversicherungsverträgen ist jedoch nicht ersichtlich. Bei Streitigkeiten aus oder im Zusammenhang mit einem solchen Vertrag entstehen schließlich gleichartige Streitfragen wie auch bei obligatorischen Verträgen. Eine entsprechende Regelung zu verfahrensrechtlichen Fragen ist mithin schon bei der Vertragsgestaltung gleichermaßen auch bei fakultativen Rückversicherungsverträgen geboten.

163 Die Tatsache, dass sich die Schiedsgerichtsbarkeit mit ihrer grossen Flexibilität und dem hohen Mass an Privatautonomie im Bereich der Rückversicherung durchgesetzt hat, liegt nicht zuletzt auch an den Besonderheiten dieser Branche, die sich durch mangelnde spezialgesetzliche Normierung bzw. fehlende generelle Regelung – etwa durch Allgemeine (Rück-)Versicherungsbedingungen – spärliche Rechtsprechung sowie der Internationalität von Rückversicherungsbeziehungen auszeichnet. Allerdings steht auch die Rückversicherung nicht außerhalb der Rechtsordnung; vielmehr sind allgemeingültige Rechtsregeln und Grundsätze und bestimmte grundlegende Normen des Versicherungsvertragsrechts auch bei der gebotenen kaufmännischen Beurteilung der Rückversicherungs-Vertragsbeziehungen zur Ergänzung oder Unterstützung heranzuziehen.[270] Auch gehen ins einzelne gehende Vereinbarungen der Parteien im jeweiligen Rückversicherungsvertrag als spezielles Vertragsrecht vor.

---

[267] Vgl. eingehend *Labes* **1996** 159 und 183.

[268] Zur obligatorischen Rückversicherung vgl. auch Rn. 92 ff. Zur Abgrenzung obligatorischer und fakultativer Rückversicherungsverträge und zur Unterscheidung zwischen proportionalen und nicht proportionalen Rückversicherungsverträgen vgl. eing. *Grossmann* 71 ff.; *Lamby* Elementarrisiken und ihre marktwirtschaftliche Versicherung **1993** 200 ff.; *Pfeiffer* 20 ff. und 42 ff.; *Werber/Winter* Grundzüge des Versicherungsvertragsrechts **1986** Rn. 228 f.

[269] Zur fakultativen Rückversicherung vgl. auch Rn. 88 ff. *Gumbel* Versicherungsschiedsgerichte aus der Sicht des Londoner Marktes, ZVersWiss 78 (**1989**) 299, 304; *Jannott* 366; eing. zu fakultativen Rückversicherungsverträgen *Gerathewohl* Bd. II 1 ff.; *Werber/Winter* Grundzüge des Versicherungsvertragsrechts **1986** Rn. 228.

[270] Vgl. *Gerathewohl* Bd. I 594 f. und eing. Bd. I 511 ff.

Die schiedsgerichtliche Streiterledigung vereint Vorteile alternativer Streitbeilegungsformen (wie Flexibilität in der Verfahrensgestaltung und Verfahrensdurchführung) und Vorzüge der staatlichen Gerichtsbarkeit (insbesondere die bindende Entscheidung des Streits). Auch stehen der Schiedsgerichtsbarkeit ein etabliertes Regelungssystem, international gesicherte Vollstreckungsmöglichkeiten und somit eine verfahrensrechtliche Zuverlässigkeit zur Verfügung. Damit wird die Schiedsgerichtsbarkeit den gerade das Rückversicherungsrecht kennzeichnenden Eigenheiten in besonderer Weise gerecht. **164**

Die Schiedsgerichtsbarkeit leidet allerdings zunehmend darunter, dass Schiedsverfahren durch eine teilweise Übernahme typischer Charakteristika der staatlichen Gerichtsbarkeit mitunter als zu starr empfunden wird und die zunehmend zu beobachtende Übernahme angloamerikanischer Verfahrensregeln diese verzögert und verteuert.[271] **165**

Unerlässliche Voraussetzung für die Durchführung eines Schiedsverfahrens ist das Vorliegen einer wirksamen Schiedsvereinbarung, mit der die Parteien die Streitigkeit der Entscheidung durch staatliche Gerichte entziehen und auf ein Schiedsgericht übertragen. Dabei sollten schon im Vorhinein alle absehbar relevanten schiedsverfahrensrechtlichen Fragen sowie außergewöhnliche Verfahrenssituationen – wie etwa ein mögliches Mehrparteienverfahren – bedacht werden, ohne allerdings einen zu großen Detaillierungsgrad der Regelungen anzustreben, damit ein Streit im Konfliktfall schnell, effizient und mit Blick auf die wirtschaftlichen Rahmenbedingungen entschieden werden kann. Allerdings sind Schiedsklauseln oft die bei der Formulierung eines Rückversicherungsvertrages am meisten vernachlässigten Regelungen, weil die Vertragspartner den in seiner wesentlichen Substanz schon fertigen Vertrag nicht mehr belasten und zudem nicht den Eindruck erwecken wollen, etwaige Schwierigkeiten schnell vor Schiedsgerichte zu tragen. Diese Schwierigkeiten sollte man jedoch in Kauf nehmen, um eine möglichst gute und effiziente Schiedsklausel zu erreichen. **166**

Grundsätzlich gilt für das Verfahren in rückversicherungsrechtlichen Streitigkeiten aber nichts Anderes als für Schiedsverfahren in anderen Gebieten auch.[272] Wo es doch Abweichungen, Besonderheiten oder häufig auftretende Fragestellungen gibt, sollen diese nachstehend angesprochen werden. **167**

Es entspricht zudem der Realität, dass Streitigkeiten aus Rückversicherungsverträgen, wenn sie dann juristisch ausgetragen werden, aufgrund entsprechender Ad-hoc Schiedsklauseln[273] durch Schiedsgerichte entschieden werden.[274] Solche, regelmäßig im **168**

[271] Vgl. oben Fn. 238.

[272] Für allgemeine schiedsverfahrensrechtliche Fragen sei auf die entsprechende allgemein-schiedsverfahrensrechtliche Literatur verwiesen; für das deutsche Schiedsverfahrensrecht neben den ZPO-Kommentaren insbesondere eingehend: *Henn* Schiedsverfahrensrecht, 3. Aufl. 2000; *Kreindler/Schäfer/Wolff* Schiedsgerichtsbarkeit 2006; *Lachmann* Handbuch für die Schiedsgerichtspraxis, 3. Aufl. 2008; *Lionnet/Lionnet* Handbuch der internationalen und nationalen Schiedsgerichtsbarkeit, 3. Aufl. 2005; *Lörcher/Lörcher* Das Schiedsverfahren – national/international – nach deutschem Recht, 2. Aufl. 2001; *Raeschke-Kessler/Berger* Recht und Praxis des Schiedsverfahrens, 4. Aufl. 2011; *Schütze/Tscherning/Wais* Handbuch des Schiedsverfahrens, 2. Aufl. 1990 Rn. 40 ff.; *Schütze* Ausgewählte Probleme; *Schwab/Walter* Schiedsgerichtsbarkeit, 7. Aufl. 2005; Weigand/*Wagner* Practitioner's Handbook on International Arbitration 2002 Part 4, D; jeweils m.w.N.

[273] Bei der Ad-hoc Schiedsgerichtsbarkeit handelt es sich um die sog. „Gelegenheitsschiedsgerichtsbarkeit" (DIS-Definition), d.h. die Parteien und Schiedsrichter organisieren den Ablauf des Schiedsverfahrens auf Grundlage von Parteivereinbarungen und gesetzlichen Vorschriften vollständig selbständig. Mit entsprechenden Klauseln *Gerathewohl* Bd. I 583 f.; *Jannott* 369 f. Fn. 15; *Salzmann* 946 f.; vgl. dagegen *Böckstiegel* Beilage 15 zu BB 1992 (RPS) 4, 7,

Hauptvertrag enthalten, herrschen im Bereich des Rückversicherungsrechts weltweit vor.[275]

169 Die Parteien können sich indes auch Schiedsordnungen unterwerfen, die entweder von Organisationen der Versicherungswirtschaft oder von entsprechenden Institutionen zur Verfügung gestellt werden und auf die nur durch eine kurze Schiedsklausel im Vertrag verwiesen werden muss.

170 a) **Ad-hoc Schiedsverfahren.** Sieht die Schiedsklausel ein Ad-hoc Verfahren vor, müssen die Parteien dann auch die wesentlichen Bestimmungen über den Ablauf eines zukünftigen Schiedsverfahrens regeln. Die Kunst ist, die Schiedsvereinbarung so zu formulieren, dass sie nicht unpraktikabel wird, denn trotz einer umfassend gestalteten Schiedsvereinbarung können nicht alle Unwägbarkeiten vorhergesehen und zuverlässig geregelt werden. Bei der tatsächlichen Einleitung und Durchführung eines Schiedsverfahrens werden immer noch zusätzliche Fragen entstehen.[276] Eine klare und einfache Schiedsklausel ist jedoch eine der wichtigsten Voraussetzungen dafür, dass die hinreichend bekannten Vorzüge der Schiedsgerichtsbarkeit gegenüber der staatlichen Gerichtsbarkeit zum Tragen kommen können. Es sollte daher auf alle Regelungen verzichtet werden, die missverständlich, widersprüchlich oder unnötig kompliziert sind.[277]

171 Wichtig allerdings ist etwa zu regeln, wie und unter Einhaltung welcher Fristen ein Verfahren im Streitfall einzuleiten ist. Eine klare Fristenregelung und daran hängende Konsequenzregelungen (bspw. Ersatzbenennungen) ist deshalb dringend anzuraten, da nur so mögliche Obstruktionen der jeweils anderen Partei schon bei Einleitung des Verfahrens von vorneherein unterbunden werden können.[278] Ferner sollte geregelt werden, wo der Schiedsort liegen soll[279]; auch ist eine Regelung zur Verfahrenssprache zu empfehlen[280].

---

wonach in internationalen Verträgen ein Verweis auf etablierte Schiedsgerichtsordnungen gängige Praxis der deutschen Wirtschaft ist.

274 *Gerathewohl* Bd. I 583; Reichert-Facilides/Rittner/Sasse/*Gumbel* Thoughts on Arbitration under Reinsurance Contracts and on an Attempt to Draft a Standard Clause, FS Schmidt **1976** 883, 885; *ders.* Zur Schlichtung von Meinungsverschiedenheiten in der Rückversicherung ZfV **1992** 506, 512; *Jannott* 365; *Lorenz* Rechtsfragen der schiedsgerichtlichen Regulierung inländischer und grenzüberschreitender Versicherungsstreitigkeiten ZVersWiss 78 (**1989**) 263, 265; *Salzmann* 946 f.

275 Schiedsvereinbarung und Hauptvertrag sind allerdings grds. rechtlich voneinander unabhängig (BGH 22.9.**1977** BGHZ 69, 260, 263 f. = NJW **1978** 212, 213; *Grossmann* 60; Stein/Jonas/*Schlosser* § 1040 Rn. 3 ff.), selbst wenn sie in einem Vertragswerk zusammengefasst sind. Insbes. ist die Vorschrift des § 139 BGB für das Verhältnis Hauptvertrag-Schiedsvereinbarung unanwendbar (BGH 27.2.**1970** BGHZ 53, 315, 318 ff. = NJW **1970** 1046, 1046 f.). Selbst eine Nichtigkeit des Hauptvertrags hat also nicht ipso iure die Nichtigkeit der Schiedsvereinbarung zur Folge. Denkbar ist aber auch ein eigenständiger, vom Rückversicherungsvertrag losgelöster Schiedsvertrag oder eine gesonderte Abrede nach Entstehen der Streitigkeit.

276 *Labes* **1996** 179; *Busse/Taylor/Justen* SchiedsVZ **2008** 5.

277 *Busse/Taylor/Justen* SchiedsVZ **2008** 4 f.; vgl. die Musterformulierung in *Labes* **1996** 179 ff.; vgl. allgemein zu den Folgen pathologischer Schiedsklauseln *Breßler/Korte/Kröger/Rollin/von Bodenhausen* Pathologische Schiedsklauseln – Beispiele aus der Beratungspraxis HansOLG Hamburg – Keine Vertragsaufhebung bei eingeschränkter Nutzbarkeit IHR **2008** 89 ff.

278 Zum Thema Fristen: *Labes* **1996** 152.

279 *Busse/Taylor/Justen* SchiedsVZ **2008** 5; wenn das Vertragsrisiko auf mehrere Rückversicherer verteilt ist, bietet es sich an, als Schiedsort den Sitz des Zedenten sowie die Anwendung des dort geltenden Rechts zu wählen (vgl. *Birke* VW **2007** 1390; *ders.* VW **2010** 570).

280 *Busse/Taylor/Justen* SchiedsVZ **2008** 5; vgl.

Wenig spricht demgegenüber dafür, Regelungen aufzunehmen, die sich so oder in ganz ähnlicher Form schon in dem betreffenden Schiedsgesetz – bei einem Schiedsort in Deutschland also im 10. Buch der ZPO – finden, da dies in der Praxis regelmäßig zu Auslegungsschwierigkeiten führt, insbesondere wenn nur einzelne Regeln übernommen und leichte Modifikationen vorgenommen werden. Vermieden werden sollte auch die immer wieder zu findende schlichte Übersetzung von Klauseln, die für den englischen oder amerikanischen Rechtskreis konzipiert sind.[281] 172

In der Praxis werden zu Verfahrensbeginn durch die Schiedsrichter ohnehin häufig Verfahrensregeln vorgegeben (oft „Terms of Reference“ genannt), die neben diversen organisatorischen Fragen (Fristen, Zeiten, Gebühren etc.) auch verfahrensrechtliche Angelegenheiten (Sprache, Verhandlungsort, zusätzliche Anwendung von bspw. einzelnen UNCITRAL-Regeln etc.) betreffen können.[282] 173

Oft erwarten die Schiedsrichter eines Ad-hoc Verfahrens auch noch den Abschluss eines Schiedsrichtervertrags, der das Verhältnis zwischen den Schiedsrichtern einerseits und den Parteien andererseits regelt.[283] 174

b) Institutionelle Schiedsgerichtsbarkeit. Während in Rückversicherungs- und Retrozessionsverträgen Ad-hoc Klauseln überwiegen, nutzen viele andere Branchen institutionelle Verfahren.[284] Solche Institution entlasten die Streitparteien in erheblichem Maße bei der Einleitung und Durchführung des Schiedsverfahrens. Dies spart nicht zuletzt Zeit und Kosten. Gerade auch hinsichtlich der Verfahrensordnung kann auf eine mit Schiedsverfahren vertraute Organisation zurückgegriffen werden. Die Konzipierung einer eigenen Verfahrensordnung ist nämlich aufwändig und wird vielfach von unerfahrenen Parteien oder unerfahrenen Juristen verfasst[285], was dann im Moment der Anwendung Probleme bereitet. 175

Sowohl die Versicherungswirtschaft als auch die sonstige Privatwirtschaft haben Schiedsordnungen entwickelt, der sich auch die Partner eines Rückversicherungsvertrags 176

---

ausführlich zur Verfahrenssprache im Rückversicherungs-Schiedsverfahren *Birke* VW **2010** 570 ff.

281 *Busse/Taylor/Justen* SchiedsVZ **2008** 5. Dies löst bspw. die interessante Frage aus, wie eine Umpire-Regelung nach deutschem Verfahrensrecht zu verstehen ist (siehe dazu unten Fn. 297).

282 Vgl. hierzu *Sandrock* Die „Terms of Reference“ und die Grenzen ihrer Präklusionswirkungen, RIW **1987** 649, 651 ff.

283 Typischerweise finden sich hier vor allem Regelungen zur Haftungseingrenzung und zur Vergütung der Schiedsrichter.

284 Zahlreiche ständige Institutionen der internationalen Schiedsgerichtsbarkeit stellen Schiedsordnungen bereit. Zu nennen sind beispielhaft der Schiedsgerichtshof der Internationalen Handelskammer (ICC) mit Sitz in Paris, der London Court of International Arbitration (LCIA) oder etwa die Deutsche Institution für Schiedsgerichtsbarkeit (DIS). Diese und andere Institutionen (Übersicht bei *Labes/Lörcher* Nationales und internationales Schiedsverfahrensrecht **1998**) bieten den Vertragsparteien nicht nur ihre Hilfe bei der Gestaltung und Durchführung von Schiedsverfahren an, sondern üben auch administrative Tätigkeiten aus, die funktionell mit den Aufgaben der Justizverwaltung verglichen werden können. Ein abgeschlossenes Gesetzeswerk ohne feste Organisation und Verwaltung stellen auch die weltweit anerkannten Schiedsregeln der United Nations Commission for International Trade Law (UNCITRAL) dar.

285 *Berger* Internationale Wirtschaftsschiedsgerichtsbarkeit **1992** 527: „Typischer Adressat des modernen Schiedsgesetzes ist nicht der ohnehin selten zu findende Schiedsrechtsexperte, sondern der Praktiker, der in seiner täglichen Kautelpraxis eine Schiedsklausel nur als „Beiwerk“ zu seinen Verträgen aushandelt“.

bedienen können. Schiedsordnungen, welche speziell für Rückversicherungsverträge entwickelt wurden, unterbreiten die Reinsurance Offices Association (R.O.A.)[286], die Reinsurance Association of America (RAA)[287] sowie der London Court of International Arbitration (LCIA) mit seinen „Reinsurance Arbitration Rules", welche als Ergänzung zu den LCIA „International Arbitration Rules" wirksam werden. Schließlich stellt die Association Internationale de Droit des Assurances (AIDA) mit Hilfe der „AIDA Reinsurance and Insurance Arbitration Society" (A.R.I.A.S.) Schiedsregeln speziell für Rückversicherungs-Schiedsverfahren in den USA und im UK zur Verfügung.[288] Die ARIAS Europe demgegenüber hat keine Verfahrensordnung entwickelt und administriert auch keine Verfahren. Sie empfiehlt lediglich eine Musterklausel, die den Besonderheiten der Rückversicherungspraxis Rechnung tragen soll.[289] Entscheiden sich die Parteien für ein institutionelles Verfahren in Deutschland, spricht zudem viel dafür, die Geltung der Schiedsordnung der Deutschen Institution für die Schiedsgerichtsbarkeit e.V. (DIS) zu vereinbaren. Die DIS hat durch entsprechende interne Gremien und die Einbindung erfahrener Rückversicherungspraktiker hohen Sachverstand hinsichtlich der Berücksichtigung schiedsverfahrensrechtlicher Besonderheiten.[290]

177 Derartige Schiedsinstitutionen haben allerdings in der Rückversicherung keine praktische Bedeutung erlangt; mit gewissen Abstrichen evtl. in den USA. Als Grund für die Bevorzugung von Ad-hoc Klauseln wird immer wieder darauf verwiesen, dass das Verfahren nach den Regeln und unter der Administration einer bestimmten Schiedsorganisation branchenspezifischen Besonderheiten nicht gerecht werden könne.[291] Bedenken bestehen auch gegenüber von manchen Institutionen angebotenen Schiedsrichterlisten, deren Verwendung für das jeweilige Verfahren bindend ist, da darin eine deutliche Einschränkung der Parteiautonomie gesehen wird.[292] Derartige obligatorische Schiedsrichterlisten gibt es jedoch nur in wenigen Ausnahmefällen.[293] Meist sind derartige Listen allerdings fakultativ mit dem Vorteil, dass den Parteien qualifizierte Schiedsrichter genannt werden, aus denen er frei wählen kann, aber nicht muss. Dies und insbesondere die organisatorische Unterstützung der Schiedsinstitutionen bei der Konstituierung des Schiedsgerichts verkürzt die oftmals zeitraubende Bestellungsprozedur erheblich. Denn die Bestellung der Schiedsrichter sowie die Wahl des Obmanns und deren Vorbereitung auf das

[286] Diese Schiedsgerichtsordnung wurde von der R.O.A. in Zusammenarbeit mit dem Institute of London Underwriters (I.L.U.) und der Lloyd's Underwriters Association (L.U.A.) entwickelt.

[287] Die „Guidelines on Reinsurance Arbitration" der RAA enthalten neben einer Empfehlung für ein vorgeschaltetes Mediationsverfahren und einer Schiedsordnung für das sich im Zweifel anschließende Schiedsverfahren auch eine Regelung für ein „Schieds-Schnellverfahren" („expedited arbitration") sowie einen Regelungsbereich für „special issues", der etwa Verfahrensregeln für Mehrparteien- oder Liquidationsverfahren vorschlägt.

[288] Eingehend zu den speziell für Rückversicherungsverträge entwickelten Schiedsordnungen *Labes* **1996** 168 ff.

[289] http://www.arias-europe.org/content.php?id=354.

[290] *Lansch* Schlichten statt richten, Handelsblatt 26. September **2006** 24; Schieds-Ausschuss „Erst- und Rückversicherung", ZfV **2006** 484.

[291] *Busse/Taylor/Justen* SchiedsVZ **2008** 4; zu einigen Bedenken *Jannott* 365; zu den Vor- und Nachteilen institutioneller Schiedsverfahren siehe *Weigand* Practitioner's Handbook on International Commercial Arbitration **2002** Rn. 1.180 f.

[292] *Labes* **1996** 174 f.; *Hantke* SchiedsVZ **2003** 272.

[293] Bekanntestes Beispiel ist sicherlich die CIETAC (China International Economic and Trade Commission).

Verfahren kann deutlich mehr Zeit in Anspruch nehmen als die Anrufung eines staatlichen Gerichts.[294]

c) **Schiedsrichterauswahl.** Die Auswahl der Schiedsrichter für ein bestimmtes Verfahren ist eine der wichtigsten Entscheidungen – wenn nicht die wichtigste Entscheidung – während eines Schiedsverfahrens, denn nur durch sorgfältige Auswahl der Schiedsrichter lässt sich sicherstellen, dass die zur Streitentscheidung Berufenen die Branchenerfahrung und juristische Qualifikation haben, um die Sache in angemessener Weise zu verhandeln.[295] Üblicher Weise[296] sehen Schiedsklauseln in Rückversicherungsverträgen – wie auch im deutschen Recht in § 1034 ZPO geregelt – ein Dreier-Schiedsgericht vor, wobei regelmäßig jede Partei einen Schiedsrichter und diese beiden dann einen Obmann[297] bestimmen. **178**

Schiedsrichter können nur natürliche, geschäftsfähige Personen sein.[298] Eine besondere Qualifikation der Schiedsrichter, etwa die Befähigung zum Richteramt[299], ist nicht erforderlich.[300] Sofern die Regeln einer Schiedsgerichtsinstitution vereinbart sind, enthalten diese regelmäßig nur sehr beschränkte Vorgaben.[301] Parteien sollten zudem auf die sprachlichen Fähigkeiten je nach Streitgegenstand und Verfahrenssprache achten.[302] **179**

Schiedsklauseln in Rückversicherungsverträgen sehen zudem häufig vor, dass die Schiedsrichter langjährige Erfahrung im Bereich der Rückversicherungsbranche aufzuweisen haben. Meist sind diese als zwingende Bestimmung ausgestaltet und verlangen, dass die Erfahrung in ganz bestimmter Weise erlangt worden ist, nämlich typischerweise in der Geschäftsleitung eines Rückversicherers.[303] Viele der formal in Betracht kommen- **180**

---

[294] *Labes* **1996** 174 f.

[295] *Cornish* English reinsurance law developments during 1991, ZfV **1991** 568, 570; *Kreindler/Schäfer/Wolff* Rn. 478.

[296] Nicht selten besteht ein Schiedsgericht aus einem Einzelschiedsrichter, der gemeinsam von den Parteien benannt wird.

[297] Zu den Besonderheiten des „*Umpire*“ nach englischem Recht siehe eingehend Lüer/Schwepcke/*Labes/Busse* § 16 Rn. 77 ff.

[298] So auch *Henn* Rn. 153. Nach *Schwab/Walter* Kap. 9 Rn. 1 und *Schütze/Tscherning/Wais* Rn. 178 soll auch eine juristische Person zum Schiedsrichter ernannt werden können; insofern seien ihre gesetzlichen Vertreter bestellt.

[299] Doch auch hier ist eine großzügige Formulierung angebracht, da sich etwa die Festlegung auf eine „Befähigung zum Richteramt“ zumindest international problematisch auswirken kann, schließlich sind weltweit die jeweiligen Kriterien zur Erlangung einer bestimmten Qualifikation oder Position höchst unterschiedlich; vgl. *Hantke* SchiedsVZ **2003** 270; *Labes* **1996** 155.

[300] *Schütze/Tscherning/Wais* Rn. 176; *Henn* Rn. 154; *Hantke* Auswahl der Schiedsrichter, in: Wissenschaftlicher Gesprächskreis Schiedsrecht München (Hrsg.), Taktik im Schiedsverfahren **2008** 33, 43 ff.; *ders.* 270.

[301] Nach den Regeln der DIS muss der Vorsitzende des Schiedsgerichts oder der Einzelschiedsrichter Jurist sein, wenn die Parteien nichts Abweichendes vereinbart haben (§ 2.2 DIS-SchO); die ICC-Schiedsgerichtsordnung legt fest, dass ein Vorsitzender oder Einzelschiedsrichter regelmäßig eine andere Nationalität haben soll als die Parteien (Art. 9 Abs. 5 ICC-SchO).

[302] Zu den praktischen Schwierigkeiten in einer solchen Situation aufgrund einer zweisprachigen Verfahrensführung vgl. *Birke* VW **2010** 570 ff.

[303] *Butler* Arbitration Clauses in Contracts, Reinsurance April **1973** 539: „[...] active or retired officers of insurance or reinsurance companies or Lloyd's London underwriters“; *Gerathewohl* Bd. I 583 f. mit einer typischen Klausel („Die Mitglieder des Schiedsgerichts müssen aktive oder im Ruhestand lebende Direktoren von Versicherungs- oder Rückversicherungsgesellschaften sein.“); ähnlich *Grossmann* 64; *Salzmann* 946. Demgegenüber sieht die R.O.A.-Klausel vor: „[...] persons with not less than ten years' experience of insurance

den Personen haben allerdings häufig neben einer beruflichen Tätigkeit in Leitungsfunktionen nicht auch die Zeit, als Schiedsrichter tätig zu sein.[304] Auch ist es nicht unüblich, dass Unternehmen ihren Angestellten die Übernahme eines Schiedsrichteramtes nicht gestatten, wenn auch die Bereitschaft zur Erteilung einer entsprechenden Genehmigung zu steigen scheint.[305] Eine Vielzahl von qualifizierten Personen kommt als Schiedsrichter auch deshalb nicht in Betracht, weil das Unternehmen, für das sie tätig sind, indirekt ein Interesse an dem Verfahrensgegenstand hat.[306] Vor allem aber haben nicht wenige der formal Qualifizierten den entscheidenden Nachteil, dass ihnen die schiedsrechtliche Erfahrung fehlt. Abgesehen davon, dass auch in Schiedsverfahren aus Rückversicherungsverträgen letztlich doch meist juristische Sachverhalte zur Entscheidung anstehen, bereiten den allein nach (rück)versicherungstechnischen Kriterien benannten Schiedsrichtern oftmals bereits schiedsverfahrensrechtliche Gesichtspunkte Schwierigkeiten.[307]

181 Viel spricht daher dafür, auf entsprechende Regelungen in der Schiedsvereinbarung ganz zu verzichten. So werden die Streitparteien im eigenen Interesse selber darauf achten, einen geeigneten Schiedsrichter zu benennen. Und dazu wird regelmäßig auch eine hinreichende Erfahrung in der Rückversicherungsbranche allgemein und idealerweise im betreffenden Marktsegment gehören, wie auch dass die Schiedsrichter – jedenfalls aber der Vorsitzende oder Einzelschiedsrichter – hinreichende Erfahrung als Schiedsrichter haben. Es wird im Zweifel einfacher sein, versicherungstechnische Details durch Hinzuziehen eines Sachverständigen zu klären, als in rechtlichen Angelegenheiten unerfahrene Schiedsrichter über juristische Feinheiten entscheiden zu lassen.[308]

182 Eine namentliche Nennung des oder der Schiedsrichter schon in der Schiedsvereinbarung ist in jedem Fall zu vermeiden, da hiermit möglicherweise sogar die Unwirksamkeit der gesamten Schiedsvereinbarung einhergeht, wenn ein so benannter Schiedsrichter ausfällt oder sein Amt nicht wahrnehmen will.

183 Kandidaten für das Schiedsrichteramt sind schließlich nach § 1036 Abs. 1 ZPO verpflichtet, alle Umstände offenzulegen, die Zweifel an ihrer Unparteilichkeit oder Unabhängigkeit wecken könnten.[309] Offenzulegen sind alle Umstände, auch wenn sie sich erst

---

or reinsurance; *Jannott* 369: „[...] müssen die Mitglieder des Schiedsgerichts über fundierte Kenntnisse und Erfahrungen in der Erst- oder Rückversicherung verfügen"; siehe auch: *Labes* VersR **1996** 1463; problematisch kann dies werden, wenn ein Schiedsrichter, der während eines laufenden Schiedsverfahrens in den Ruhestand versetzt wurde, nachträglich abgelehnt wird: vgl. *Pan Atlantic Group Inc. v. Hassneh Insurance Co. Of Israel Ltd.* (London Court of Appeal, Urt. v. 21.10.1991 VersRAl **1993** 12).

[304] Vgl. *Birke* VW **2007** 1390.

[305] *Busse/Taylor/Justen* SchiedsVZ **2008** 6.

[306] *Busse/Taylor/Justen* SchiedsVZ **2008** 6; *Gumbel* Eine neue Schiedsgerichtsvereinbarung für Rückversicherungsverträge ZfV **1984** 541, 544; *Kreindler/Schäfer/Wolff* Rn. 530; *Labes* **1996** 21 m.w.N.; *ders.* VersR **1996** 1463.

[307] *Busse/Taylor/Justen* SchiedsVZ **2008** 6; *Dakin-Grimm/Cloutier*, 3; *Kohler*, Die moderne Praxis des Schiedsgerichtswesens in der Wirtschaft, 1967, 86 f.; *Labes* **1996** 154 f.; vgl. zur Qualifikation des Schiedsrichters auch *Hantke* SchiedsVZ **2003** 270; *Smid* Gewährleistung eines fairen Schiedsgerichtsverfahrens, DZWir **1995** 441, 446.

[308] *Labes* **1996** 155; *ders.* VersR **1996** 1462.

[309] Jenseits der Vorschrift des § 1036 Abs. 1 ZPO und der im Regelfall gleich lautenden oder jedenfalls gleich zu verstehenden Bestimmungen in den Regelwerken der Schiedsinstitutionen gibt es keine rechtlich bindenden Regeln, die die Begriffe „Unparteilichkeit" oder „Unabhängigkeit" näher konkretisieren. Im Zweifel hilft daher nur der Rückgriff auf Rechtsprechung und Literatur sowie das Regelwerk der *IBA Guidelines on Conflicts of Interest in Arbitration* (vgl. hierzu eingehend

während des laufenden Schiedsverfahrens ergeben. Wegen der Verflechtung der Beteiligten im Bereich der Rückversicherung und angesichts der geringeren Anzahl der als Schiedsrichter in Betracht kommenden Personen bedarf diese Regelung besonderer Beachtung.[310]

Häufig wird auch die Frage erörtert, inwieweit direkte Kontakte zwischen einem Schiedsrichter und der ihn benennenden Partei zulässig sind. Die Vorstellungen hierzu können gerade in internationalen Verfahren sehr unterschiedlich sein. So erlaubt – anders als nach deutschem Verständnis und erst recht in England – bspw. das Verständnis der Rolle des parteibenannten Schiedsrichters in den USA Kontakte zu der benennenden Partei bis hin Erörterung des Verfahrensstoffes.[311] Nach amerikanischem Verständnis handelt der „party-appointed arbitrator“ im Interesse „seiner“ Partei und stellt sich somit eher als „party-advocate“ dar. Inzwischen ist jedoch auch in den USA eine Tendenz zu stärkerer Neutralität zu beobachten.[312] **184**

d) **Mehrparteienverfahren.** An den meisten Rückversicherungsverträgen partizipieren mehrere Rückversicherer, weswegen sich für den Fall einer Streitigkeit zwischen dem Zedenten und seinen Rückversicherern oftmals auch die Frage der sog. Mehrparteienschiedsgerichtsbarkeit stellt.[313] Der Risikoverteilung dient auch der Poolvertrag[314], bei dem die Poolmitglieder dem Erstversicherer entweder geschlossen oder aber rechtlich selbständig gegenübertreten. Zudem werden Auseinandersetzungen in Zusammenhang mit Rückversicherungsverträgen nicht immer nur zwischen den Parteien des Rückversicherungsvertrags selbst ausgetragen, denkbar ist etwa auch eine mögliche Inanspruchnahme des an der Entstehung des Rückversicherungsvertrags beteiligten Rückversicherungsmaklers. **185**

Lüer/Schwepcke/*Labes/Busse* § 16 Rn. 67); vgl. auch Hasselblatt/*Labes/Lörcher* Gewerblicher Rechtsschutz, 2. Aufl. **2005** 219, Rn. 121 ff.

310 Zu dieser Problematik *McConnell/Tvarian Stevens* Arbitrator Qualification And Disqualification Issues In Reinsurance Disputes, Journal of Reinsurance Summer **2005** Vol. 12 No. 3, 39, 40.

311 Überblick bei *Busse/Taylor/Justen* SchiedsVZ **2008** 7 f.; *McCullough/Eilers* ... and justice for all, Reactions September **1991** 53, 53 f.; *Powell* International Insurance Law Review **1993** 171; *Schiffer* Leveling the Playing Field: An Analysis of Neutrality Issues in Reinsurance Arbitration, ARIAS U.S. Quarterly, 1. Quartal **2006** 2 ff.; dagegen *Dakin-Grimm/Cloutier* 3.

312 *Dakin-Grimm/Cloutier* 3; *Busse/Taylor/Justen* SchiedsVZ **2008** 8.

313 *Labes* **1996** 27 ff.; *Kimball/Stone* The arbitrator who knew too much, ReActions January **1993** 12, 12 f., mit Blick auf die besondere Vertraulichkeit und das Problem des „ex parte evidence“. Zu Pools und Maklern *Gerathewohl* Bd. I 133 ff., 667 ff.; *Grossmann* 20 f.; zum „Risikoatomisierungseffekt“ *Lamby* Elementarrisiken und ihre marktwirtschaftliche Versicherung **1993** 200, 218 f. Vgl. dazu auch die Entscheidung des Londoner Court of Appeal i.S. *Sun Life Assurance Co. of Canada, American Phoenix Life and Phoenix Home Life v Lincoln National Life Insurance Co.* [**2004**] EWCA CIV 1660: Die Entscheidungen eines Schiedsgerichts sind nicht bindend für ein Schiedsgericht in einem weiteren Schiedsverfahren mit einem Dritten, der an dem ersten Verfahren nicht beteiligt war.

314 Im Gegensatz zu einem Rückversicherungsvertrag, bei dem einem Erstversicherer mehrere Rückversicherer gegenüberstehen, unterscheidet sich der Poolvertrag durch die bloße Organisationsform der Zusammenarbeit mehrerer Anbieter im Rahmen einer vorab vereinbarten Gemeinschaft; vgl. *Gerathewohl* Bd. I 133 ff.; dort auch zur Unterscheidung „Mitversicherungs-“ und „Rückversicherungspool“ 430 f.; *Grossmann* 19 f.; *Pfeiffer* 77 f.; Zum Poolvertrag siehe oben Rn. 81 ff. und Rn. 127.

186 Dieser letztgenannte Fall der Beteiligung eines Dritten wird vor Gericht verfahrensrechtlich regelmäßig mittels Streitverkündung an den Dritten (hier also den Makler) geregelt. Da aber für den Rückversicherungsvertrag fast ausnahmslos die Zuständigkeit eines Schiedsgerichts vereinbart ist, zieht eine Streitverkündung nicht die ihr im Zivilprozess eigene Interventionswirkung im Sinne der §§ 74 Abs. 3, 68 ZPO nach sich.[315] Der betreffende Vertragspartner muss daher befürchten, mit einander widersprechenden Begründungen in beiden Verfahren zu unterliegen. Will man dies weder hinnehmen noch auf eine Schiedsklausel verzichten, besteht nur die Möglichkeit, den Rückversicherungsmakler seinerseits über eine Schiedsklausel einzubinden. Alle drei Parteien stimmen dann der Durchführung eines Mehrparteienverfahrens zu.[316]

187 Aber auch in direkten Rückversicherungsbeziehungen mit mehreren Rückversicherern auf einer Seite haben die Beteiligten ein Interesse, die Auseinandersetzung in einem einheitlichen Verfahren beizulegen. Für ein gemeinsames Verfahren spricht vor allem, sachlich widersprüchliche Entscheidungen über parallele Rechtsfragen zu vermeiden.[317] Auch wird im Vergleich zur Durchführung von zwei oder mehr Einzelverfahren durch gemeinsame Verhandlung und Beweisaufnahme im Sinne der Prozessökonomie insgesamt der Aufwand an Zeit und Kosten reduziert, da eine Wiederholung von Verfahrensteilen verhindert werden kann.[318]

188 Das Grundproblem liegt allerdings darin, dass das gesamte Schiedsverfahrenssystem auf Zweiparteienverfahren ausgerichtet ist und sich daher Schwierigkeiten bei der Anwendung auf Verfahren mit mehreren Parteien ergeben. Insbesondere die Schiedsrichterbestellung in Mehrparteienverfahren gehört zu den schwierigsten Problemen der internationalen Wirtschaftsschiedsgerichtsbarkeit.[319] Will man Schiedsverfahren über mehrere Rechtsverhältnisse oder solche mit mehreren Parteien zusammenfassen, so setzt dies Verfahrensregeln voraus, die im Vergleich zum Zweiparteien-Prozess völlig andersartig sind. Dem 10. Buch der ZPO ist insofern keine eindeutige Regelung zu entnehmen. Allerdings stellt § 1034 Abs. 2 ZPO ein gleichgewichtig besetztes Schiedsgericht sicher, falls eine Partei nach der Schiedsvereinbarung ein Übergewicht bei der Zusammensetzung des Schiedsgerichts haben sollte.

189 Zwei zwingende Voraussetzungen für ein Mehrparteienschiedsverfahren haben sich allgemein durchgesetzt: Erstens muss eine vertragliche Grundlage für die Durchführung eines Mehrparteienverfahrens hinsichtlich aller Beteiligter bestehen[320] und zweitens muss gewährleistet sein, dass alle Parteien den gleichen Einfluss auf die Zusammensetzung des

[315] Vgl. zum Meinungsstand etwa BGH 24.08.1965 MDR **1965** 124; *Hamann/Lennarz* SchiedsVZ **2006** 291 f.; *Henn* Rn. 317; *Schwab/Walter* Kap. 16 Rn. 19; *Schütze/Tscherning/Wais* Rn. 363; Stein/Jonas/*Schlosser* § 1042 Rn. 28; die Streitverkündung im Schiedsverfahren an sich ablehnend *Lachmann* Rn. 2830; die Streitverkündung für denkbar haltend MüKo – ZPO Band 3/*Münch* § 1029 Rn. 64; vgl. auch *McCullough* Combat or compromise?, ReActions March **1990** 51, 58: „Unfortunately, few reinsurance contracts obligate an intermediary to be a party to an arbitration between the cedent and reinsurer".

[316] Eingehend m.w.N. und zur diese Problematik aufgreifenden *ARIAS Europe Rechtswahl-, Mediations- und Schiedsklausel 2010* siehe Lüer/Schwepcke/*Labes/Busse* § 16 Rn. 11.

[317] *Lachmann* Rn. 2805; *Redfern/Hunter* Rn. 2.186; zu den Vor- und Nachteilen eines einheitlichen Schiedsverfahrens bzw. paralleler Verfahren vgl. *Hamann/Lennarz* SchiedsVZ **2006** 295.

[318] Vgl. etwa MüKo – ZPO Band 3/*Münch* § 1029 Rn. 57; *Redfern/Hunter* Rn. 2.186.

[319] So jedenfalls *Berger* RIW **1993** 703.

[320] Vgl. *Lachmann* Rn. 2808. Zur Gestaltung von Mehrparteienschiedsklauseln vgl. *Hamann/Lennarz* SchiedsVZ **2006** 294 ff.; MüKo – ZPO Band 3/*Münch* § 1029 Rn. 59 ff.

Schiedsgerichts haben.[321] Liegt eine der Voraussetzungen nicht vor, kann ein gemeinsames Verfahren nicht durchgeführt werden; die Beteiligten müssen vielmehr auf getrennte Verfahren ausweichen. Wird dennoch ein gemeinsames Verfahren durchgeführt, können sich unter Umständen Probleme bei der Anerkennung und Vollstreckung des so erzielten Schiedsspruchs ergeben.[322] Der Grundsatz der Gleichheit der Parteien bei der Ernennung des Schiedsgerichts ist sogar Bestandteil des internationalen ordre public[323], ein Verstoß führt im Zweifel zur Aufhebung des Schiedsspruchs, mithin zur Versagung der Vollstreckung.

Um den einheitlichen Einfluss aller Beteiligter sicher zu stellen, bietet sich die Unter- **190** zeichnung durch alle beteiligten Rückversicherer in demselben Vertrag und die identische Verwendung einer Multi-party-Klausel jeweils in den einzelnen, zwischen den Parteien bestehenden Verträgen an. Aus dem Kreis der mehreren Beteiligten auf einer Seite wäre dann, idealer Weise nach Entstehen der Streitigkeit[324], ein Vertreter zu bestimmen, in dessen Hand die Führung der Verhandlungen mit bindender Wirkung für alle anderen liegt.[325] Dieser gemeinsame Vertreter trifft dann die schiedsverfahrensrechtlichen Entscheidungen und somit bspw. auch die Auswahl des Schiedsrichters. Die Grenzen dieser Vertretungsmacht sowie Informations-, Eingriffs- oder sonstige Rechte der anderen Beteiligten sollten allerdings ausdrücklich festgelegt werden. Das Ergebnis einer solchen Vereinbarung ist somit insgesamt ein Dreierschiedsgericht, wie es in Rückversicherungsverträgen fast durchgängig vorgesehen ist.

Natürlich können die betroffenen Parteien auch nach Eintritt des Streitfalls noch ein **191** Mehrparteienverfahren vereinbaren. Scheitert in solchen Fällen die Durchführung eines gemeinsamen Verfahrens, müssen die Beteiligten auf separate Verfahren ausweichen, da ansonsten spätestens bei der Anerkennung und Vollstreckung des so erzielten Schiedsspruchs Probleme entstehen.

Zur Wahrung des einheitlichen Einflusses aller Beteiligter ist schließlich auch eine **192** Regelung denkbar, die die Entscheidung über eine Zusammenfassung des Schiedsverfahrens gegen mehrere am Vertrag beteiligte Rückversicherer in die Hände des Schiedsgerichts legt.[326]

e) **Anwendbares Recht.** Die Internationalität des Rückversicherungsgeschäfts hat zur **193** Folge, dass regelmäßig das auf den Hauptvertrag anzuwendende materielle Recht zu bestimmen ist. Von diesem materiellen Recht wiederum ist das geltende Schiedsverfahrensrecht zu unterscheiden.

---

321 Vor allem entwickelt von *Schwab*, Mehrparteienschiedsgerichtsbarkeit und Streitgenossenschaft, FS Habscheid **1989** 285, 290 f.; vgl. auch *Berger* RIW **1993** 705 ff.; *Lachmann* Rn. 2806; *Schlosser* Das Recht der internationalen Schiedsgerichtsbarkeit, 2. Aufl. **1989** Rn. 560; *Schwab/Walter* Kap. 10 Rn. 14; eingehend auch *Labes* **1996** 30 ff. m.w.N.

322 § 1059 Abs. 2 Nr. 2b ZPO; vgl. *Redfern/Hunter* Rn. 2.189; siehe auch OLG Frankfurt 24.11.**2005** SchiedsVZ **2006** 219 ff.

323 Cour de Cassation vom 7.1.1992 *Société Siemens AG und BKMI v. Société Dutco Construction*; *Société Industrieanlagenbau GmbH v. Société Siemens AG*, RdA **1992** 470 ff.; deutsche Übersetzung abgedruckt in Beilage 15 zu BB **1992** (RPS) 27; zum Verfahrenshergang vgl. eingehend *Berger* RIW **1993** 704 f. und *Labes* **1996** 35 f. Zum *ordre public* vgl. *Kreindler/Schäfer/Wolff* Rn. 1103 ff.

324 Zur Begründung vgl. Lüer/Schwepcke/*Labes/Busse* § 16 Rn. 91.

325 Eingehend: *Labes* **1996** 157.

326 Zur Frage nach der Zulässigkeit der Zusammenfassung zu einem Schiedsgerichtsverfahren in den USA und zur Rechtsprechung der einzelnen US-Bundesstaaten vgl. *Labes/Echarti* ZfV **2007** 714 f.

194 Bei Schiedsverfahren mit deutschem Schiedsort[327] regelt § 1051 Abs. 1 ZPO das maßgebliche Kollisionsrecht dergestalt, dass die von den Parteien gewählten Rechtsvorschriften anzuwenden sind. Gemäß § 1051 Abs. 2 ZPO gilt mangels Rechtswahl das Recht des Staates, mit dem der Gegenstand des Verfahrens die engsten Verbindungen aufweist.[328] Im Regelfall aber wird das materiell anwendbare Recht durch Parteivereinbarung bestimmt. Dies kann auch konkludent, z.B. durch die Vereinbarung des Schiedsortes, erfolgen, wenn daraus eindeutig auch eine Rechtswahl zu entnehmen ist.[329]

195 Durch Bestimmung des Schiedsortes haben die Parteien im Zweifel auch das auf die Streitsache anzuwendende Schiedsverfahrensrecht bestimmt, denn die meisten nationalen Schiedsgerichtsgesetze knüpfen die Nationalität von Schiedsverfahren und Schiedsspruch an den Sitz des Schiedsverfahrens.[330]

196 Von dem auf den Hauptvertrag anzuwendenden Recht ist das für die Schiedsvereinbarung selbst geltende Recht zu unterscheiden. Auch hier ist eine Rechtswahl durch die Parteien möglich, wiederum etwa durch stillschweigende Rechtswahl für das Recht am Schiedsort oder für das auf den Hauptvertrag anwendbare Recht.[331]

197 In Rückversicherungsverträgen mit deutscher Beteiligung wird der Parteiwille meist derart formuliert, dass der Schiedsort von vornherein vereinbart wird.[332] Bei einem deutschen Schiedsort gilt mangels Rechtswahl deutsches Recht.[333] Fehlt es sowohl an einer ausdrücklichen Einigung zum Verfahrensrecht als auch an einer Festlegung des Schiedsorts, so wird dieser nach § 1043 Abs. 1 ZPO durch das Schiedsgericht bestimmt. Nur mit Ausübung dieser Privatautonomie können die Parteien einer solchen objektiven Anknüpfung durch das Schiedsgericht entgehen.

198 Zur Frage der objektiven Anknüpfung von Rückversicherungsverträgen ging die bis zum Inkrafttreten der Rom I-Verordnung[334] überwiegende Meinung auf der Grundlage

---

[327] Zur Bestimmung des anwendbaren Rechts in internationalen Schiedsverfahren mit anderen Schiedsorten vgl. *Silberman/Ferrari* Getting to the law applicable to the merits in international arbitration and the consequences of getting it wrong, Ferrari/Kröll, Conflict of Laws in International Arbitration **2011** 257, 294 ff.

[328] Ergänzend sind Art. 3 ff. Rom I-Verordnung heranzuziehen (Gesetzesbegründung zu § 1051 ZPO); BT-Drucks. 13/5274, 52 für Art. 27 ff. EGBGB; *Zöller/Geimer*, ZPO, 28. Aufl. **2010** § 1051 Rn. 2; a.A. Reithmann/Martiny/*Martiny* Rn. 59; MüKo – ZPO Band 3/*Martiny* vor Art. 1 Rom I-VO Rn. 100.

[329] *Baumbach/Lauterbach*, ZPO, 69. Aufl. **2011** § 1051 Rn. 2; *Fricke* Das Internationale Privatrecht der Versicherungsverträge nach Inkrafttreten der Rom-I-Verordnung, VersR **2008** 443, 445; Labes **1996** 71 f.; MüKo – BGB Band 10/*Martiny* Rom I-VO Rn. 51 f.; Reithmann/Martiny/*Martiny* Rn. 118 m.w.N.; MüKo – ZPO Band 3/*Münch*, § 1051 Rn. 13. Aber auch andere Kriterien können von den Schiedsrichtern auslegend herangezogen werden, wie etwa die spezifische Nennung einer ersatzbenennenden Stelle („Präsident des Oberlandesgerichts Köln" oder „President of the Chamber of Commerce of Rotterdam").

[330] *Labes* VersR **1996** 1461, 1465. Zur Terminologie vgl. *Berger* „Sitz des Schiedsgerichts" oder „Sitz des Schiedsverfahrens"?, RIW **1993** 8 ff.

[331] Ausführlich dazu Reithmann/Martiny/*Hausmann* Rn. 6621 ff.; vgl. auch MüKo – BGB Band 10/*Martiny* vor Art. 1 Rom I-VO Rn. 90 f.; Staudinger/*Hausmann* IntVertrVerfR Rn. 344 f.; aus internationaler Sicht vgl. *Graffi* The law applicable to the validity of the arbitration agreement: A practitioner's view, Ferrari/Kröll, Conflict of Laws in International Arbitration, **2011** 19 ff.

[332] Bspw. *Gerathewohl* Bd. I 583; *Jannott* 369 f. Fn. 15: „Das Schiedsgericht tagt am Sitz der beklagten Partei".

[333] § 1059 Abs. 2 Ziff. 1 lit. a), 2. Alt. ZPO; vgl. auch *Schütze* Ausgewählte Probleme 121.

[334] Die Rom I-Verordnung ist nach ihrem Art. 28 auf alle Verträge anwendbar, die ab

des ehemaligen Art. 28 EGBGB mit unterschiedlicher Begründung davon aus, der Rückversicherungsvertrag sei nach dem am Sitz des Erstversicherers geltenden Recht zu beurteilen.[335] Nach anderer Ansicht war mit Blick auf Art. 28 Abs. 2 EGBGB das Recht am Sitz des Rückversicherers maßgeblich, da den Erstversicherer lediglich eine Prämienzahlungspflicht treffe, während der Rückversicherer mit der Risikoübernahme die charakteristische Leistung erbringe.[336] Die überwiegende Ansicht vertritt nach der Klarstellung durch die Rom I-Verordnung nunmehr die Anwendbarkeit des materiellen Rechts, das am Sitz der Hauptverwaltung des Rückversicherers gilt.[337]

f) Rückversicherungsbrauch und -praxis. Da die den Parteien eingeräumte Privat- **199**
autonomie grundsätzlich grenzenlos ist, können die Parteien auch auf den Rückversicherungsbrauch und die Rückversicherungspraxis[338] Bezug nehmen. Die Marktpraxis hat in rückversicherungsrechtlichen Streitigkeiten einen besonderen Stellenwert, da sich angesichts der Internationalität der Rückversicherungsbranche in einigen grundlegenden Fragen Prinzipien[339] herausgebildet haben, deren Geltung im Markt weithin anerkannt ist. Grundlage dieser Prinzipien ist ein gemeinsames wirtschaftliches Verständnis des Rück-

---

dem 17.12.2009 geschlossen werden. Für Altverträge bleibt gemäß Art. 220 Abs. 1 EGBGB das bisherige Kollisionsrecht maßgeblich.

[335] So etwa *Grossmann* 40; MüKo – BGB Band 10/*Martiny* Art. 37 EGBGB Rn. 195; Prölss/Martin/*Prölss/Armbrüster* vor Art. 7 EGVVG Rn. 20; *Reichert-Facilides* Zur Kodifikation des deutschen internationalen Versicherungsvertragsrechts, IPRax **1990** 1, 2; Reithmann/Martiny/*Schnyder* Rn. 4753; Soergel/*v. Hoffmann* BGB, 13. Aufl. **2002** Art. 37 EGBGB Rn. 144; Staudinger/*Armbrüster* Anh. zu Art. 7 Rom I-VO Rn. 8, Anh. I zu Art. 37 EGBGB Rn. 13; mit ausführlicher Begründung *Gerathewohl* Bd. I 554 ff.; zum Meinungsstand vgl. auch Beckmann/Matusche-Beckmann/*Roth* Versicherungsrechts-Handbuch, 2. Aufl. **2009** § 4 Rn. 66 m.w.N.

[336] So etwa Beckmann/Matusche-Beckmann/*Roth* § 4 Rn. 66; Berliner Kommentar/*Dörner* Anh. zu Art. 7–15 Rn. 21; *Mankowski* Internationales Rückversicherungsvertragsrecht, VersR **2002** 1177, 1187; vgl. auch *v. Bar* Internationales Privatrecht Bd. II **1991** Rn. 531.

[337] Vgl. mit ausführlicher Begründung Lüer/Schwepcke/*Labes/Busse* § 16 Rn. 99; *Looschelders/Smarowos* Das Internationale Versicherungsvertragsrecht nach Inkrafttreten der Rom-I-Verordnung, VersR **2010** 1, 9; ausführlich auch *Looschelders* VersR **2012** 7 f. m.w.N.

[338] *Gerathewohl* Bd. I 510 ff. und 414 mit dem Hinweis auf den Grundsatz von Treu und Glauben (§ 242 BGB); *Grossmann* 46 ff.; *Hartmut Labes* Rechtssätze und Rechtstatsachen zur Entstehung und Versicherung von Großrisiken, ZVersWiss 58 (**1969**) 247, 269 f.

[339] Dies können vornehmlich die Grundsätze der Schicksalsteilung, das Geschäftsführungsrecht des Erstversicherers, die Folgepflicht und das Informationsrecht des Rückversicherers sowie schließlich die Selbstbehaltspflicht des Erstversicherers sein. Siehe dazu auch Rn. 49 ff.; vgl. *Gerathewohl* Bd. I 510 ff. mit weiteren Einzelheiten zu den einzelnen Regelungen, sowie 414: „So ergibt sich etwa das Informationsrecht des Rückversicherers (…) aus dem Grundsatz von Treu und Glauben (§ 242 BGB) wegen des besonders weitgehenden Vertrauens, das der Rückversicherer seinem Vertragspartner entgegenbringen muß"; *Grossmann* 46 ff.; *Hartmut Labes* Rechtssätze und Rechtstatsachen zur Entstehung und Versicherung von Großrisiken, ZVersWiss 58 (**1969**) 247, 269 (jedenfalls für die Folgepflicht); *Palmberger* Zum Ereignisbegriff in Transport-XL-Verträgen, ZfV **1985** 581, 581 f.; *Prölss* Ansichten der Rückversicherung **1964** 92, 98; *Werber/Winter* Grundzüge des Versicherungsvertragsrechts **1986** Rn. 234; zur Abgrenzung der Begriffe „Folgepflicht" und „Schicksalsteilung" vgl. *Vahsen* Chancen und Risiken bei der Gestaltung von Rückversicherungsverträgen, VW **1990** 1162, 1164.

versicherungsgeschäfts der Marktteilnehmer. Gefördert wurde dieser Prozess durch den Umstand, dass es in den meisten Rechtsordnungen, so auch in Deutschland, keine Gesetze gibt, die sich ausdrücklich auf Rechtsfragen des Rückversicherungs-Privatrechts beziehen.[340]

200 Der Rückversicherungsbrauch ist als ungeschriebenes Rückversicherungsrecht „geprägt durch die Geschäftstechnik [...] sowie die Bedürfnisse der Rückversicherung und ist [...] in besonderem Maße vom Grundsatz der Billigkeit [...] beeinflusst“[341]. Er wird dargestellt durch individuelle Rückversicherungsverträge[342] und stellt demgemäß weder Rechtsnormen noch Gewohnheitsrecht dar. Trotzdem verkörpert er eine Regel, die in der kaufmännischen Praxis befolgt werden muss, soweit die Anwendung über einen gewissen Zeitraum international beständig ist und die Parteien davon Kenntnis haben. So kann für ein sachkundiges Schiedsgericht die Bezugnahme auf Rückversicherungsbräuche durchaus Basis für eine Sachentscheidung sein.[343] Solche Marktpraxis-Klauseln sind allerdings nicht als Ermächtigung zur Entscheidung nach Billigkeit[344] auszulegen, sondern nur als Aufforderung zur Berücksichtigung der betreffenden Usancen im Rahmen der Anwendung des geltenden Rechts.[345]

201 Denn auch die Rückversicherung steht nicht außerhalb der Rechtsordnung und auch Rückversicherer unterliegen als Rechtssubjekte den allgemeinen privat-rechtlichen und öffentlich-rechtlichen Normen. Auch gehen besondere Vereinbarungen der Parteien im jeweiligen Rückversicherungsvertrag als spezielles Vertragsrecht vor. Das Schiedsgericht wird erst danach auf die marktüblichen Usancen zurückgreifen können. In der Praxis bleibt allerdings „für die Berücksichtigung der im Rückversicherungsgeschäft geltenden Gewohnheiten und Gebräuche noch ein weites Feld“[346].

202 Wünschen die Parteien eine solche Bezugnahme auf Rückversicherungsbräuche, können sie eine Klausel in den Rückversicherungsvertrag aufnehmen, welche den Schiedsrichtern vorgibt, neben den geltenden Gesetzen auch den Rückversicherungsbrauch zur Entscheidungsfindung heranzuziehen.

203 **g) Kosten des Schiedsverfahrens.** Obwohl die Kostenfrage bei Abschluss eines jeden Schiedsverfahrens von Bedeutung ist, treffen die Parteien diesbezüglich häufig keine Vereinbarung.[347] Es bleibt daher insofern bei den allgemeinen Regeln, wie sie auch in nichtrückversicherungsbezogenen Verfahren gelten.[348] Sofern die Parteien nichts Abweichen-

---

340 *Gerathewohl* Bd. I 436 ff.; *Jannott* 363; *Labes* **1996** 93 f. In § 779 Abs. 1 HGB a.F. (aufgehoben zum 1.1.2008) wurde die Rückversicherung auch nur erwähnt.

341 *Gerathewohl* Bd. I 510; vgl. auch *ders.* 498 f. m.w.N. und Beispielen aus anderen Rechtsordnungen; *Jannott* 362; *Hartmut Labes* Rückversicherungsformen, Handwörterbuch der Versicherung **1988** 703; *Liebwein* Klassische und moderne Formen der Rückversicherung **2000** 146; *Pfeiffer* 13 f.

342 *Gerathewohl* Bd. I 510 f.

343 *Butler* Arbitration Clauses in Contracts, Reinsurance April **1973** 539; *ders.* Arbitration uncertainty, Reinsurance July **1978** 122 ff.; *Cornish* English Reinsurance Law: Recent Developments, ZfV **1988** 537, 539 f.; vgl. auch insbes. *Gerathewohl* Bd. I 510 ff. eing. m.w.N. und 437; *Grossmann* 37, 60; *Jannott* 378; *Prölss* Ansichten der Rückversicherung **1964** 92; *Salzmann* 939.

344 Daher empfiehlt sich in einer entsprechenden Klausel auch eine Abgrenzung zur reinen Billigkeit. Vielmehr sollte ausdrücklich Bezug genommen werden auf Rückversicherungsbrauch und -praxis.

345 *Busse/Taylor/Justen* SchiedsVZ **2008** 6.

346 *Gerathewohl* Bd. I 512.

347 *Baumbach/Lauterbach* ZPO, 69. Aufl. **2011** § 1057 Rn. 1.

348 § 1057 ZPO. Zu den Kosten eingehend *Lachmann* Rn. 4666 ff.; *Schwab/Walter* Kap. 33 Rn. 1 ff.

des vereinbart haben, entscheidet danach das Schiedsgericht nach pflichtgemäßem Ermessen unter Berücksichtigung der Umstände des Einzelfalls in einem Schiedsspruch darüber, ob und zu welchem Anteil die Parteien die Kosten des schiedsrichterlichen Verfahrens zu tragen haben. Maßstab für die Kostenverteilung ist insbesondere der Ausgang des Verfahrens, wenngleich das Schiedsgericht die Kostenlast auch anders verteilen kann.

Bei den Kosten des Schiedsverfahrens ist zunächst das Honorar der Schiedsrichter zu berücksichtigen, das entweder streitwertabhängig oder auf der Grundlage des Zeitaufwandes berechnet werden kann.[349] Zu den von den Parteien zu zahlenden Verfahrenskosten gehören ferner die den Schiedsrichtern entstandenen Auslagen. Letztlich sind die Parteikosten zu berücksichtigen. Hierzu gehören insbesondere die Kosten der Parteivertretung in dem Verfahren und die im Rahmen einer Beweiserhebung entstandenen Kosten. **204**

Findet hingegen ein Verfahren nach den Regeln einer Schiedsgerichtsinstitution statt, stellt diese Gebührentabellen zur Verfügung. Meist erhält bspw. ein Schiedsrichter streitwertabhängig ein Festhonorar, wobei neben der Höhe des Streitwerts auch die Gesamtumstände, die Anzahl der Parteien, der Schwierigkeitsgrad der Streitsache und die Stellung des Schiedsrichters sowie etwaige besondere vom Schiedsrichter verlangte Qualifikationen Berücksichtigung finden können. Manche Kostenregelungen sehen indes ein nach dem Zeitaufwand berechnetes Honorar vor. Letztlich entsteht bei der Einbeziehung einer Schiedsgerichtsinstitution in aller Regel eine streitwertabhängige Bearbeitungsgebühr. **205**

C. Seeversicherung

I. Begriff der Seeversicherung

§ 209 ist die Nachfolgeregelung zu § 186 a.F., die von der Schaffung des VVG 1908 bis zum Inkrafttreten des VVG 2008 unverändert geblieben ist. Während es dort noch schlicht hieß, dass die Vorschriften des VVG auf die Seeversicherung keine Anwendung finden, nimmt § 209 die Seeversicherung nicht nur vom Anwendungsbereich des VVG aus, sondern definiert die Seeversicherung darüber hinaus als **Versicherung gegen die Gefahren der Seeschifffahrt**. Die Aufnahme einer Definition war aufgrund der ersatzlosen Aufhebung der §§ 778 f. HGB a.F. im Zuge der VVG-Reform erforderlich. Nach § 778 HGB a.F. konnte jedes in Geld schätzbare Interesse, welches jemand daran hat, dass Schiff oder Ladung die Gefahren der Seeschifffahrt (Rn. 209) besteht, Gegenstand der Seeversicherung sein. § 779 HGB a.F. führte Beispiele versicherbarer Interessen auf: Schiff, Fracht, Überfahrtsgelder, Güter, Bodmereigelder, Havereigelder, Forderungen, zu deren Deckung Schiff, Fracht, Überfahrtsgelder oder Güter dienen, der von der Ankunft am Bestimmungsort erwartete Gewinn, die zu verdienende Provision und schließlich die von dem VR übernommene Gefahr (Rückversicherung). Auf diese Beispiele zur Konkretisierung der Gefahren der Seeschifffahrt meinte der Gesetzgeber verzichten zu können, „da auch nach dem vorgesehenen Wegfall dieser Vorschrift davon ausgegangen werden kann, dass für den Rechtsverkehr klar ist, dass der Begriff der Seeversicherung im bis- **206**

[349] Siehe hierzu *Gurry* Fees and Costs, (WIPO/ASA) Conference on the Rules for Institutional Arbitration and Mediation **1995** 91, 96 f.; zur Frage, in welcher Höhe und wem gegenüber Schiedsrichter für ihre Leistungen Umsatzsteuer in Rechnung zu stellen haben, siehe: *Risse/Meyer-Burow* Umsatzsteuerpflicht von Schiedsrichterleistungen, SchiedsVZ **2009** 326 ff.

herigen Sinn zu verstehen ist".[350] Der Gesetzgeber ist somit nicht dem Vorschlag der VVG-Kommission gefolgt, die sich für eine Streichung von § 186 a.F. und damit für eine Einbeziehung der Seeversicherung in den Anwendungsbereich des neuen VVG ausgesprochen hatte.[351] Vielmehr hat der Gesetzgeber den Bedenken gegen die Einbeziehung der Seeversicherung in das VVG Rechnung getragen, die vor allem von Seiten der Reeder und der Versicherungswirtschaft geäußert wurden.[352] Die Versicherungswirtschaft befürchtete, „dass auf deutschen Versicherungsschutz zugunsten von ausländischem verzichtet würde".[353]

II. Folgen der Ausklammerung der Seeversicherung aus dem Anwendungsbereich des VVG und der Aufhebung der §§ 778 ff. HGB

207 Die Ausklammerung der Seeversicherung aus dem VVG und die gleichzeitige Aufhebung der §§ 778–900 HGB führen dazu, dass die Vorschriften des Handelsrechts und des Bürgerlichen Rechts auf die Seeversicherung Anwendung finden, soweit deutsches Recht gilt. Das **HGB/BGB** ist somit bei Vertragslücken heranzuziehen und bildet den Rahmen für die Inhaltskontrolle nach §§ 307 ff. BGB. Dies wirft eine Vielzahl von Fragen auf, was der Rechtssicherheit nicht zuträglich ist. Die vom Gesetzgeber bezweckte Stärkung der internationalen Wettbewerbsfähigkeit der in diesem Versicherungszweig tätigen deutschen VR[354] könnte sich deshalb leicht ins Gegenteil verkehren. Beispielhaft zu nennen sind vorvertragliche Anzeigepflichten, Obliegenheiten oder der Übergang von Ersatzansprüchen auf den VR, die keine Entsprechung im HGB oder BGB finden. Kontrollmaßstäbe existieren entweder gar nicht oder müssen erst mühsam gefunden werden. So lassen sich vorvertragliche Anzeigepflichten wohl nur aus § 241 Abs. 2 BGB herleiten und folglich würde diese Norm – neben § 123 BGB – auch Maßstab im Rahmen der Inhaltskontrolle von entsprechenden AVB-Regelungen nach § 307 Abs. 2 Nr. 1 BGB sein. Für Obliegenheiten und den Übergang von Regressansprüchen gibt es keine gesetzlichen Grundlagen, weshalb die Inhaltskontrolle am Maßstab des § 307 Abs. 2 Nr. 2 BGB und § 307 Abs. 1 BGB erfolgen muss. Fraglich ist auch, inwieweit die Rechtsfolgen von Obliegenheiten und der Übergang von Regressansprüchen im Rahmen der Seeversicherung als Handelsbrauch i.S. von § 346 HGB zu qualifizieren sind, auf die nach § 310 Abs. 1 S. 1 BGB im Rahmen der Inhaltskontrolle angemessen Rücksicht zu nehmen ist.

208 Sind Klauseln nicht wirksam einbezogen worden oder unwirksam, stellt sich die Frage, wie diese Lücke nach § 306 Abs. 2 BGB zu schließen ist. Selbst wenn ausnahmsweise gesetzliche Regelungen zur Lückenfüllung zur Verfügung stünden, gilt es zu berücksichtigen, dass in den Fällen, in denen feststeht, dass die Parteien nach ihrem tatsächlichen oder mutmaßlichen Willen die gesetzliche Regelung nicht wollten, eine **ergänzende Vertragsauslegung** vorzunehmen ist (Ausnahme von dem Grundsatz des Vorrangs des dispositiven Rechts vor der ergänzenden Vertragsauslegung).[355] In diesem Fall

---

[350] BTDrucks. 16/3945 S. 115.
[351] KomE S. 89 ff.
[352] Vgl. *Remé* Sonderbeilage TranspR **2004** XXXII ff.; *Schwampe* FS Thume 252; *Büchner/Jürss* VersR **2004** 1090 ff.; zustimmend Prölss/Martin/*Klimke* § 209 Rn. 2; HK-VVG/*Muschner* § 209 Rn. 6; Römer/Langheid/*Rixecker* § 209 Rn. 2.
[353] *Büchner/Jürss* VersR **2004** 1090, 1094.
[354] Vgl. BTDrucks. 16/3945 S. 115.
[355] Vgl. BGH 14.3.1990 NJW-RR **1990** 817, 818 f.; BGH 19.3.1975 NJW **1975** 1116; vgl. auch Schleif VersR **2010** 1281, 1288.

wäre ein Rückgriff auf die Regelungen des VVG zu prüfen und im Zweifel vorzunehmen, da dessen Regelungen am ehesten dem entsprechen, was die Parteien bei sachgerechter Abwägung der wechselseitigen Interessen nach Treu und Glauben redlicherweise vereinbart hätten, wenn ihnen die Nichteinbeziehung und/oder Unwirksamkeit der Klausel bekannt gewesen wäre. Hierdurch gelangt man vor allem bei Obliegenheitsverletzungen und beim Übergang von Regressansprüchen (vertraglich vereinbarte Vorausabtretung[356]) zu befriedigenden Ergebnissen. Angesichts der Unwägbarkeiten, die insbesondere mit der Feststellung des Parteiwillens verbunden sind, sollte der gegenwärtige Zustand jedoch bald möglichst *de lege ferenda* beendet werden. Der einfachste Weg würde darin bestehen, den **Ausschluss der Seeversicherung in § 209 zu streichen.** Durch die Einordnung als Großrisiko i.S. des § 210 Abs. 2 Nr. 1 wäre allerdings nur für die Seekasko- (Anlage Teil A zum VAG Nr. 6c), Seegüter-(Anlage Teil A zum VAG Nr. 7) und Seehaftpflichtversicherung (Anlage Teil A zum VAG Nr. 12) eine weitgehende Vertragsfreiheit sichergestellt. Für die Loss of Hire-Versicherung (Erlösausfall/Mietverlust) und die Seerechtsschutzversicherung käme es für die Großrisikoeigenschaft darauf an, dass zwei der drei in § 210 Abs. 2 Nr. 3 als Voraussetzungen genannten Kennzahlen überschritten würden.[357] Alternativ käme eine **Neufassung des Rechts der Seeversicherung** im VVG oder im HGB in Betracht.[358]

III. Gefahren der Seeschifffahrt

Der Begriff „Gefahren der Seeschifffahrt" ist weit zu verstehen.[359] Alle Unternehmungen, „die mit denjenigen der Seeschifffahrt im engsten örtlichen und wirtschaftlichen Zusammenhang stehen, [sind] nach den Regeln der Seeversicherung zu beurteilen [.]".[360] Zur Seeversicherung zählen deshalb nicht nur die bereits zuvor genannte **Seekasko-, Seegüter-, Seehaftpflicht-** und **Seerechtsschutzversicherung** sowie die **Loss-of-Hire-Versicherung**, sondern auch die **Baurisikoversicherung** – soweit sie sich auf das Schiff und nicht auf die Werftanlagen bezieht[361] – und die **Reparaturhaftpflichtversicherung.**[362] Zu näheren Einzelheiten zu den versicherten Interessen in der Seeversicherung sowie deren (formular-)vertragliche Ausgestaltung wird auf die Kommentierung der vorgenannten Sparten in Bd. 6 verwiesen. 209

[356] Vgl. HK-VVG/*Harms* vor § 130 Rn. 1; Thume/de la Motte/Ehlers/*Thume* § 130 VVG Rn. 406.

[357] *Schwampe* FS Thume 253.

[358] Vgl. *Richartz* TranspR **2007** 300 ff.

[359] *Schleif* VersR 2010 1281, 1287.

[360] BGH 5.7.1971 BGHZ **56** 339, 343 = VersR **1971** 1031.

[361] *Schwampe* FS Thume 258 f.; Schleif VersR 2010 1281, 1288; nach BGH 5.7.1971 BGHZ **56** 339, 343 = VersR **1971** 1031 („jedenfalls vom Stapellauf ab").

[362] *Schwampe* FS Thume 260 f.; *Schleif* VersR **2010** 1281, 1288.

§ 210
Großrisiken, laufende Versicherung

(1) Die Beschränkungen der Vertragsfreiheit nach diesem Gesetz sind auf Großrisiken und auf laufende Versicherungen nicht anzuwenden.

(2) Großrisiken im Sinne dieser Vorschrift sind:
1. Risiken der unter den Nummern 4 bis 7, 10 Buchstabe b sowie den Nummern 11 und 12 der Anlage Teil A zum Versicherungsaufsichtsgesetz erfassten Transport- und Haftpflichtversicherungen,
2. Risiken der unter den Nummern 14 und 15 der Anlage Teil A zum Versicherungsaufsichtsgesetz erfassten Kredit- und Kautionsversicherungen bei Versicherungsnehmern, die eine gewerbliche, bergbauliche oder freiberufliche Tätigkeit ausüben, wenn die Risiken damit in Zusammenhang stehen, oder
3. Risiken der unter den Nummern 3, 8, 9, 10, 13 und 16 der Anlage Teil A zum Versicherungsaufsichtsgesetz erfassten Sach-, Haftpflicht- und sonstigen Schadensversicherungen bei Versicherungsnehmern, die mindestens zwei der folgenden drei Merkmale überschreiten:
   a) 6 200 000 Euro Bilanzsumme,
   b) 12 800 000 Euro Nettoumsatzerlöse,
   c) im Durchschnitt 250 Arbeitnehmer pro Wirtschaftsjahr.

Gehört der Versicherungsnehmer zu einem Konzern, der nach § 290 des Handelsgesetzbuchs, nach § 11 des Publizitätsgesetzes vom 15. August 1969 (BGBl. I S. 1189) in der jeweils gültigen Fassung oder nach dem mit den Anforderungen der Siebten Richtlinie 83/349/EWG des Rates vom 13. Juni 1983 aufgrund von Artikel 54 Buchstabe g des Vertrages über den konsolidierten Abschluss (ABl. L 193 vom 18.7.1983, S. 1) in der jeweils geltenden Fassung übereinstimmenden Recht eines anderen Mitgliedstaats der Europäischen Gemeinschaft oder eines anderen Vertragsstaats des Abkommens über den Europäischen Wirtschaftsraum einen Konzernabschluss aufzustellen hat, so sind für die Feststellung der Unternehmensgröße die Zahlen des Konzernabschlusses maßgebend.

Schrifttum

Bruck/Möller/*Beckmann*, Rn 126–131 zu Einführung A und das dort zitierte Schrifttum; zur laufenden Versicherung s. die Angaben vor Vorbemerkungen zu §§ 53–58; Berliner Kommentar/*Dörner*, Rn. 10 ff. zu Art. 10 EGVVG; *Ehlers* Auswirkungen der Reform des Versicherungsvertragsgesetzes (VVG) auf das Transportversicherungsrecht, TranspR 2007, 5; *Freitag* Das Großrisiko in der VVG-Reform, RuS 2008, 96; *Fricke* Das Internationale Privatrecht der Versicherungsverträge nach Inkrafttreten der Rom-I-Verordnung, VersR 2008, 443 ff.; *Hübner* Vom Beruf unserer Zeit zur nationalen Gesetzgebung. Notwendigkeit, Aufgaben und Ziele einer Reform des Versicherungsrechts, ZVersWiss 2002, 87 ff.; *Looschelders/Smarowos* Das Internationale Versicherungsvertragsrecht nach Inkrafttreten der Rom-I-Verordnung, VersR 2010, 1 ff.; *H. Müller* Versicherungsbinnenmarkt. Die europäische Integration des Versicherungswesens, 1995; *Thume* Probleme des Verkehrshaftungsversicherungsrechts nach der VVG-Reform, VersR 2010, 849 ff.

Übersicht

A. Einführung

I. Gesetzgebungsgeschichte

Das VVG in seiner Fassung vom 30.5.1908 bestimmte in § 187: 1

§ 187 i.d.F. 1908

[1] Die in diesem Gesetz vorgesehenen Beschränkungen der Vertragsfreiheit bleiben bei der Transportversicherung von Gütern, bei der Kreditversicherung, der Versicherung gegen Kursverluste, und der Versicherung gegen Arbeitslosigkeit außer Anwendung.

[2] Das Gleiche gilt von einer Schadensversicherung, die in der Weise genommen wird, dass die versicherten Interessen bei der Schließung des Vertrages nur der Gattung nach bezeichnet und erst nach ihrer Entstehung dem Versicherer einzeln aufgegeben werden (laufende Versicherung).

Mit Art. 2 Nr. 8 des 2. Durchführungsgesetzes/EWG zum VAG vom 28.6.1990[1] 2
wurde als Folge der Regelung der Großrisiken und der sich nach Artt. 7 ff. EGVVG für sie ergebenden Rechtswahlfreiheit § 187 VVG neu gestaltet; Absatz 2 schien entbehrlich:

§ 187 i.d.F. 1990

Die in diesem Gesetz vorgesehenen Beschränkungen der Vertragsfreiheit sind auf die in Art. 10 Abs. 1 des Einführungsgesetzes zum Gesetz über das Versicherungsvertragsgesetz genannten Großrisiken nicht anzuwenden.

Kommissions- und Regierungsentwurf beschränkten sich 2004 und 2007 darauf, allein 3
die in Absatz 1 enthaltene Regelung unter Bezugnahme auf die in Art. 10 Abs. 1 Satz 2 EGVVG enthaltene Definition des Großrisikos und ergänzt um die laufenden Versicherungen vorzuschlagen; dementsprechend lautet § 210 in der Fassung des Gesetzes vom 23.11.2007:

§ 210 i.d.F. 2007

Die Beschränkungen der Vertragsfreiheit nach diesem Gesetz sind auf die in Artikel 10 Abs. 1 Satz 2 des Einführungsgesetzes zum Versicherungsvertragsgesetz genannten Großrisiken und auf laufende Versicherungen nicht anzuwenden.

Mit Wirkung vom 17.12.2009 erhielt § 210 seine geltende Fassung durch Artikel 2 4
Nr. 3 des Gesetzes vom 25.6.2009 zur Anpassung der Vorschriften des Internationalen Privatrechts an die Verordnung (EG) Nr. 593/2008[2] in Folge der durch die europäische Verordnung über das auf vertragliche Schuldverhältnisse anzuwendende Recht (Rom-I-Verordnung) bezweckten europäischen Vereinheitlichung und Vergemeinschaftung des Internationalen Privatrechts.

II. Entwicklungsgeschichte

Das 1908 in Kraft getretene Gesetz war sehr bewusst vom liberalen Grundsatz seiner 5
Abdingbarkeit und der freien Vereinbarungen der Vertragsparteien beherrscht, mit der Folge, dass die gesetzlichen Vorschriften nur insoweit anzuwenden sind, als nichts anderes vereinbart ist. Bereits in den Erläuterungen zum Regierungsentwurf ist klargestellt, dass die uneingeschränkte Durchführung dieses Prinzips im Hinblick darauf, dass der VN jedenfalls im Massengeschäft der wirtschaftlich schwächere und unerfahrenere Vertrags-

1 BGBl. I S. 1249.

2 BGBl. I S. 1574.

partner ist, nicht zu vertreten sei und deshalb eine Reihe von Bestimmungen als relativ oder absolut zwingend gestaltet war und dadurch die Vertragsfreiheit einschränkten[3].

6 Der Katalog der Beschränkungen mittels zwingender und halbzwingender Vorschriften im VVG wurde mit der Verordnung vom 19.12.1939[4] erheblich erweitert. Neu bewertet wurde der Katalog durch die Reform des Versicherungsvertragsgesetzes von 2007[5]; der Katalog der von den Beschränkungen der Vertragsfreiheit befreiten Versicherungsgeschäfte blieb hingegen bis zur Änderung von 1990 unverändert.

7 Die Notwendigkeit zur Neufassung von § 187 Abs. 1 ergab sich 1990 im Rahmen der Umsetzung der Zweiten Koordinierungsrichtlinie für die Schadenversicherung EWG 88/357, durch die im Versicherungsbereich der Dienstleistungsverkehr im Gemeinschaftsgebiet durch Schaffung eines europäischen Versicherungsbinnenmarktes mit freier Rechtswahl für gewerblich-kommerzielle Großrisiken eröffnet wurde.[6] Die 1990 mit der Änderung des § 187 erfolgte ersatzlose Streichung des Absatzes 2 hat der Kommissionsbericht 2004 als nicht sachgerecht identifiziert. Der Reformgesetzgeber hat dementsprechend 2007 die laufende Versicherung als eigenständiges gesetzliches Rechtsinstitut wieder in das Gesetz aufgenommen[7] und ihr mit den §§ 53–58 als 6. Abschnitt des Allgemeinen Teils eine eigene Regelung gewidmet.

8 Die jetzt geltende Fassung des § 210 ist mit Absatz 2 um die Definition des Großrisikos ergänzt worden. Ihre Aufnahme in das Gesetz ist bedingt durch die Aufhebung der bisher das Europäische Internationale Versicherungsvertragsrecht regelnden Artt. 7 bis 15 EGVVG, deren Art. 10 Abs. 1 bislang im deutschen Recht die Definition des Großrisikos enthielt[8].

B. Inhalt und Zweck der Regelung

I. Anwendungsbereich

9 Die Vorschrift ist im Kontext mit § 209 zu lesen. § 209 erklärt das Gesetz für die Seeversicherung und die Rückversicherung für unanwendbar. Die Versicherung von Großrisiken und laufende Versicherungen sind nach § 210 nur von den Beschränkungen der Vertragsfreiheit nach dem VVG befreit; die Geltung des VVG in seinen Grenzen ist unbestritten, andere gesetzliche Beschränkungen bleiben mithin durch die Vorschrift unberührt.

10 Die rechtliche **Unterscheidung zwischen Großrisiken und Massenrisiken** ist mit der Umsetzung der Zweiten Koordinierungsrichtlinie für die Schadenversicherung EWG 88/357 durch das Gesetz vom 28.6.1990[9] ins deutsche Versicherungsrecht als Maßnahme zur Schaffung eines europäischen Binnenmarktes im Versicherungsbereich eingeführt worden. Gesetzgeberisches Ziel war es, jedenfalls für den Bereich der gewerblich-kommerziellen Versicherungen die Dienstleistungsfreiheit im Gemeinschaftsgebiet zu ermöglichen. Hierzu befreite § 5 Abs. 6 VAG i.d.F. des Gesetzes vom 28.6.1990 die inländischen Versicherungsunternehmen gegenüber der Versicherungsaufsicht von der Genehmi-

---

[3] BTDrucks. Nr. 364, 12. Legislaturperiode, 1. Session 1907, S. 5 f.
[4] VO vom 19.12.1939, RGBl. S. 2443
[5] Bruck/Möller/*Beckmann* Einf. A Rn. 126 ff.
[6] S. BTDrucks. 11/6341, S. 18, 37.
[7] S. Bruck/Möller/*Renger* Vorbem. zu §§ 53 bis 58, Rn. 7; § 53 Rn. 2.
[8] S. BTDrucks. 16/12104, S. 8 f., 11.
[9] BGBl. I S. 1249.

gungs- und Vorlagepflicht der allgemeinen Versicherungsbedingungen in Bezug auf die dort definierten Großrisiken.

Die nach dieser Vorschrift von den Beschränkungen der Vertragsfreiheit nach dem VVG befreiten Versicherungen – Großrisiken und laufende Versicherungen – sind begrifflich zu bestimmen. 11

Die **Begriffsbestimmung des Großrisikos** enthält nunmehr Absatz 2 der Vorschrift. 12
Der **Begriff der laufenden Versicherung** ist gesetzlich in § 53 definiert[10] und stellt deshalb keine Beschränkung der Vertragsfreiheit dar und steht damit auch nicht zur Disposition der Vertragsparteien.

Beschränkungen der Vertragsfreiheit sieht das VVG durch **zwingende und halbzwingende Vorschriften**[11] vor, von denen nicht oder nicht zum Nachteil des VN abgewichen werden darf. Die Bestimmung des § 210 erklärt nicht die zwingenden und halbzwingenden Vorschriften des VVG für unanwendbar, sondern nur die Beschränkungen der Vertragsfreiheit durch sie. Sie sind also nicht bereits *de lege lata* nicht auf Großrisiken und laufende Versicherungen anzuwenden, sondern vielmehr jeweils vertraglich abdingbar und dies muss im Vertrag klar zum Ausdruck kommen[12]. 13

Nicht erfasst vom Regelungsgehalt des § 210 sind jedoch Bestimmungen, die die Unwirksamkeit von **Vereinbarungen zu Lasten Dritter** betreffen wie § 98. Ebensowenig kann von den **Vorschriften des VVG** abgewichen werden, **die zur Nichtigkeit des Vertrages führen** wie §§ 74 Abs. 1 und 78 Abs. 3. Ebenfalls nicht erfasst vom Regelungsgehalt des § 210 sind zwingende Bestimmungen anderer Gesetze. 14

Sind im Bereich der Versicherung von Großrisiken oder laufender Versicherungen durch AVB zwingende oder halbzwingende Vorschriften des VVG abbedungen, so gelten uneingeschränkt die Bestimmungen der **§§ 305 ff. BGB**. Bei der hiernach anzustellenden **Inhaltskontrolle** sind die verwendeten AVB aber wiederum am Kerngehalt der VVG-Regelung zu messen[13]. Bei der Inhaltskontrolle der für laufende Versicherungen verwandten AVB sind die Bestimmungen der §§ 53–58 sowie andere abbedungene Bestimmungen des VVG als gesetzliche Leitbilder im Sinne des § 307 Abs. 2 Nr. 1 BGB zu beachten[14]. In Fortsetzung der Rechtsprechung des BGH zu § 6 a.F.[15] ist davon auszugehen, dass auch nach der Reform ein formularmäßiger Verzicht auf das Verschuldenserfordernis sowie der Ausschluss des Kausalitätsgegenbeweises nach § 307 BGB unwirksam ist.[16] 15

Für laufende Versicherungen ist aber unabdingbar die in § 53 enthaltene Legaldefinition. Ein als „laufende Versicherung“ bezeichneter Versicherungsvertrag, der die Tatbestandsmerkmale der laufenden Versicherung nach § 53 nicht erfüllt, ist keine laufende Versicherung im Sinne des Gesetzes und kann die Befreiungen nach § 210 nicht in Anspruch nehmen. 16

Ebensowenig können kombinierte Versicherungen von Großrisiken mit anderen Risiken ohne weiteres die Freistellung von den Beschränkungen der Vertragsfreiheit nach § 210 für sich in Anspruch nehmen, weil andernfalls bezüglich der übrigen Risiken der 17

---

10 S. Bruck/Möller/*Renger* §§ 53–58

11 S. hierzu Bruck/Möller/*Beckmann* Einf. A Rn. 126 ff.

12 BGH 3.6.1992 VersR **1992** 1089 ff.; BGHZ **118** 275; Langheid/Wandt/*Looschelders* § 210 Rn. 7.

13 BGH 2.12.1992 VersR **1993** 223 ff.; Langheid/Wandt/*Reinhardt*, § 210 Rn. 11 ff.; Prölss/Martin/*Kollhosser*[26] §187 Rn. 5; Prölss/Martin/*Klimke*[28] § 210 Rn. 15.

14 Langheid/Wandt/*Reinhard* Vor §§ 53–58 Rn. 15 f.

15 BGH 2.12.1992 VersR **1993** 223 ff.

16 Langheid/Wandt/*Looschelders* § 210 Rn. 11; Prölss/Martin/*Klimke* § 210. Rn. 16.

Abweichung von den Schutzvorschriften des VVG nur durch die Inhaltkontrolle nach § 307 BGB Grenzen gesetzt würden; anderes gilt, wenn die Vertragsbestimmungen ausdrücklich zwischen den versicherten Risiken differenzieren.[17]

II. Großrisiken

18 Die Ergänzung des Absatzes 1 durch die Begriffsbestimmung des Großrisikos in Absatz 2 ergab sich aus der Eingliederung des bislang in den Artt. 7–15 EGVVG geregelten Europäischen Internationalen Versicherungsvertragsrechts in das allgemeine Internationale Privatrecht des EGBGB nach Maßgabe der Verordnung des Europäischen Parlaments und des Rates über das auf vertragliche Schuldverhältnisse anzuwendende Recht (Rom-I-Verordnung)[18].

19 Bis zum Inkrafttreten dieses Gesetzes war die Anwendung der allgemeinen Vorschriften des Internationalen Privatrechts auf Versicherungsverträge, die im europäischen Gemeinschaftsgebiet belegene Risiken decken, gemäß Art. 37 Abs. 6 EGBGB ausgeschlossen; das auf diese Verträge anwendbare Recht bestimmte sich nach den Artt. 7 bis 15 EGVVG. Der Vorrang der Rom-I-Verordnung macht nunmehr besondere nationale Umsetzungsregelungen zum internationalen europäischen Versicherungsrecht entbehrlich, weshalb mit dem Umsetzungsgesetz zur Rom-I-Verordnung die Artt. 7 bis 15 EGVVG einschließlich der in Art. 10 Abs. 1 EGVVG enthaltenen gesetzlichen Begriffsbestimmung des Großrisikos aufzuheben war.

20 Sowohl die Regelung des Absatzes 1 als auch die **Bezugnahmen auf Großrisiken** in den §§ 6 Abs. 6, 7 Abs. 5 Satz 1, 8 Abs. 3 Nr. 4 und 65 VVG, §§ 10 Abs. 3 und 111 Abs. 2 VAG sowie in § 11 Abs. 2 Versicherungsvermittlerverordnung begründen jedoch ein **Bedürfnis nach einer Begriffsbestimmung des Großrisikos** im nationalen Recht. Als Standort bot sich die Anknüpfung an die Regelung des bisherigen § 210 an.

21 Absatz 2 enthält die durch die **Zweite Koordinierungsrichtlinie für die Schadenversicherung EWG 88/357**[19] **gemeinschaftsrechtlich vorgegebene Definition des Großrisikos.** Es ist eine **zweiteilige Legaldefinition**: zum einen besteht sie aus einer Bezugnahme auf den gemeinschaftsrechtlich bereits durch die Erste Koordinierungsrichtlinie für die Schadenversicherung EWG 73/239[20] vorgegebenen Spartenkatalog der Versicherungszweige in Anlage A zum VAG, zum anderen aus gemeinschaftsrechtlich vorgegebenen quantitativen und qualitativen Kriterien zur Betriebsgröße, die der VN zu erfüllen hat, damit seine über den Spartenkatalog erfasste Versicherung als Großrisiko von den Beschränkungen der Vertragsfreiheit nach dem VVG befreit ist.

22 Entsprechend den gemeinschaftsrechtlichen Vorgaben differenziert deutsches Versicherungsrecht zwischen **absoluten, relativen und eingeschränkt relativen Großrisiken** wie folgt:

- **absolute Großrisiken** aus dem Bereich der Transport- und Haftpflichtversicherungen (Nr. 4, 5, 6, 7, 10 Buchstabe b, 11 und 12 der Anlage A zum VAG): Schienenfahrzeug-Kasko, Luftfahrt-Kasko, See-, Binnensee- und Flussschifffahrts-Kasko, Transportgüter, Luftfahrzeug-Haftpflicht sowie See-, Binnensee- und Flussschifffahrts-Haftpflicht;

[17] Vgl. Langheid/Wandt/*Looschelders* § 210 Rn. 14 f.; Prölss/Martin/*Klimke* § 210. Rn. 4.

[18] ABl. EWG Nr. L 177 vom 4.7.2008, S. 6; s. Bruck/Möller/*Dörner* Einf. Int. VersR Rn. 15–21.

[19] Vom 22.6.1988 (ABl. EWG Nr. L 172 S. 1).

[20] Vom 24.7.1973 (ABl. EWG Nr. L 228 S. 3).

- **relative Großrisiken** für industrielle, gewerbliche oder aus freiberuflicher Tätigkeit gedeckte Risiken im Bereich der Kredit- und Kautionsversicherung (Nr. 14 und 15 der Anlage A);
- als durch die Unternehmensgröße des VN definierte **eingeschränkt relative Großrisiken** gelten Versicherungen über Risiken aus den Sparten Feuer- und Elementarschäden, Sachschäden; Allgemeine Haftpflicht sowie für verschiedene finanzielle Verluste (Berufsrisiken, ungenügendes Einkommen, Schlechtwetter, Gewinnausfall, laufende Unkosten, unvorhergesehene Geschäftsunkosten, Wertverluste, Miet- oder Einkommensausfall, indirekte kommerzielle Verluste, nichtkommerzielle Geldverluste und sonstige finanzielle Verluste (Nr. 3, 8, 9, 13 und 16 der Anlage A), sofern der Versicherungsnehmer eine bestimmte Betriebsgröße dadurch erreicht, dass er mindestens zwei und von drei in Absatz 2 Nr. 3 vorgegebenen Kriterien zur Bilanzsumme (6,2 Mio €), zu den Nettoerlösen (12,8 Mio €) und der Anzahl der Arbeitnehmer im Durchschnitt des Wirtschaftsjahres (250) überschreitet. Erreicht der VN die geforderte Unternehmensgröße selbst nicht, ist aber Teil eines Konzerns, der nach Maßgabe der in Absatz 2 Satz 2 angeführten Bestimmungen einen Konzernabschluss unter Einschluss des VN erstellt, ist der Konzernabschluss für die Qualifizierung maßgebend.

Die durch die Betriebsgröße des VN in Absatz 2 Satz 1 Nr. 3 und Satz 2 erfolgte **23** qualifizierte Zuordnung von Versicherungsverträgen über die dort bezeichneten Risiken entbehrt einer juristischen dogmatischen Rechtfertigung; es handelt sich vielmehr um eine pragmatische betriebswirtschaftliche Kategorie, die ursprünglich durch Bedürfnisse der Versicherungsaufsicht veranlasst war.

Maßgebend ist bei der Beurteilung von Versicherungsverträgen, die von der durch **24** § 210 den Parteien eingeräumten Befugnis Gebrauch machen, ob die geforderten Kriterien zur Betriebsgröße des VN bei Abschluss des Versicherungsvertrages vorlagen. Darauf zu vertrauen, dass dies bei Abschluss von Versicherungsverträgen gewissenhaft geprüft wird, mutet jedoch lebensfremd an.

III. Gerichtsstandsvereinbarungen

Das VVG selbst schränkt die **Zulässigkeit von Gerichtsstandsvereinbarungen** nur in **25** sehr begrenztem Maß durch die Regelung des § 215 ein. Versicherungen über Großrisiken und laufende Versicherungen sind, wenn die Vertragsparteien Vollkaufleute nach den §§ 38 und 29 Abs. 2 ZPO sind, jedoch von diesen Beschränkungen aus dem VVG befreit. Bei Versicherungsverträgen über Großrisiken oder laufende Versicherungen dürfte es mithin zulässig sein, den nach § 215 Abs. 1 begründeten Gerichtsstand am Wohnsitz des Versicherungsnehmers nicht nur beschränkt auf den Ausnahmezustand des Absatzes 3 auszuschließen[21]. Die Gerichtsstandsbestimmung aus § 215 Abs. 1 ist eine klare Verbraucherschutzbestimmung zu Gunsten des Schutzbedürftigen VN, für deren Anwendung im Geschäftsverkehr zwischen Vollkaufleuten kein zwingendes Bedürfnis besteht.

---

[21] So auch Prölss/Martin/*Klimke* § 210 Rn. 11 f.

§ 211
Pensionskassen, kleinere Versicherungsvereine, Versicherungen mit kleineren Beträgen

(1) Die §§ 37, 38, 165, 166, 168 und 169 sind, soweit mit Genehmigung der Aufsichtsbehörde in den Allgemeinen Versicherungsbedingungen abweichende Bestimmungen getroffen sind, nicht anzuwenden auf
1. Versicherungen bei Pensionskassen im Sinn des § 118b Abs. 3 und 4 des Versicherungsaufsichtsgesetzes,
2. Versicherungen, die bei einem Verein genommen werden, der als kleinerer Verein im Sinn des Versicherungsaufsichtsgesetzes anerkannt ist,
3. Lebensversicherung mit kleineren Beträgen und
4. Unfallversicherungen mit kleineren Beträgen.

(2) Auf die in Absatz 1 Nr. 1 genannten Pensionskassen sind ferner nicht anzuwenden
1. die §§ 6 bis 9, 11, 150 Abs. 2 bis 4 und § 152 Abs. 1 und 2; für die §§ 7 bis 9 und § 152 Abs. 1 und 2 gilt dies nicht für Fernabsatzverträge im Sinn des § 312b Abs. 1 und 2 des Bürgerlichen Gesetzbuchs;
2. § 153, soweit mit Genehmigung der Aufsichtsbehörde in den Allgemeinen Versicherungsbedingungen abweichende Bestimmungen getroffen sind; § 153 Abs. 3 Satz 1 ist ferner nicht auf Sterbekassen anzuwenden.

(3) Sind für Versicherungen mit kleineren Beträgen im Sinn von Absatz 1 Nr. 3 und 4 abweichende Bestimmungen getroffen, kann deren Wirksamkeit nicht unter Berufung darauf angefochten werden, dass es sich nicht um Versicherungen mit kleineren Beträgen handele.

Übersicht

A. Einführung

1 Die Vorschrift des § 211 zielt darauf ab, aus Praktikabilitätsgründen für bestimmte Versicherungsarten das Abweichen von einigen Vorschriften des VVG zu ermöglichen.

2 § 211 Abs. 1 übernimmt inhaltlich unverändert die bisherige Sonderregelung des § 189 Abs. 1 a.F. für (deregulierte und regulierte) **Pensionskassen**, für **kleinere Versicherungsvereine auf Gegenseitigkeit** im Sinne des § 53 VAG sowie für die **Lebens-** und **Unfallversicherungen mit kleineren Beträgen**. Dadurch will der Gesetzgeber den besonderen Verhältnissen bei diesen Versicherungen auch künftig Rechnung tragen.[1]

[1] Begr. zu § 211, BTDrucks. 16/3945 S. 116.

§ 189 Abs. 1 Nr. 1 a.F. hat insofern eine redaktionelle Änderung erfahren, als die Wendung „**Werkpensionskassen** mit Zwangsbeitritt" durch eine Bezugnahme auf § 118b Abs. 3 und 4 VAG in § 211 Abs. 1 Nr. 1 ersetzt worden ist. Zum einen sah der Gesetzgeber den Begriff der „Werkpensionskasse" als überholt an.[2] Zum anderen erschien der Zusatz „mit Zwangsbeitritt" entbehrlich zu sein, „da neben den klassischen Modellen einer Pflichtmitgliedschaft in den traditionellen Pensionskassensystemen durch die gesetzlichen Änderungen in der betrieblichen Altersversorgung zusätzlich eine große Zahl von Versorgungssystemen z.B. auf tariflicher Ebene eingeführt worden ist, bei denen der Arbeitgeber zwar verpflichtet ist, jedem Arbeitnehmer eine betriebliche Altersversorgung anzubieten, dem Arbeitnehmer es aber freisteht, das Angebot anzunehmen oder abzulehnen."[3]

Anders als bei der Pensionskasse verzichtete der Gesetzgeber bewusst auf eine Sonderregelung für **Pensionsfonds** im Sinn des § 112 VAG. Bei Pensionsfonds handelt es sich um keine Versicherungsunternehmen, die dem Versicherungsvertragsgesetz unterfallen.[4]

§ 211 Abs. 2 enthält für die Pensionskasse eine neue Bestimmung, die in § 189 a.F. **3**
keine Entsprechung hatte. Der Gesetzgeber wollte für Pensionskassen im Sinn des § 118b Abs. 3 und 4 VAG die Anwendung weiterer Vorschriften des VVG ausschließen, um den Besonderheiten der betrieblichen Altersversorgung in dem notwendigen Umfang Rechnung zu tragen.

Der Zusatz für die **Sterbekasse** in § 211 Abs. 2 Nr. 2 Halbs. 2 zur Unanwendbarkeit von § 153 Abs. 3 Satz 1 war im Regierungsentwurf zunächst nicht enthalten. Er ist auf Empfehlung des Rechtsausschusses in den Gesetzestext aufgenommen worden.[5]

§ 211 Abs. 3 entspricht nahezu wortgleich der Vorgängerregelung in § 189 Abs. 2 a.F. **4**

B. Besonderheiten für Unternehmen mit abweichenden AVB

§ 211 Abs. 1 ordnet für bestimmte Versicherungen die Unanwendbarkeit von einigen **5**
VVG-Vorschriften an, soweit mit Genehmigung der Aufsichtsbehörde in den AVB abweichende Bestimmungen getroffen sind.

I. Persönlicher Anwendungsbereich

Vom Wortlaut des § 211 Abs. 1 werden folgende Versicherungen erfasst: **6**

1. Versicherungen bei Pensionskassen

Eine Legaldefinition der Pensionskasse findet sich in § 118a VAG. Da § 211 Abs. 1 **7**
Nr. 1 auf § 118b Abs. 3 und 4 VAG verweist, ist der Anwendungsbereich der Vorschrift auf **regulierte Pensionskassen** beschränkt. Unerheblich ist es, ob es sich um eine Pensionskasse mit oder ohne „Zwangsbeitritt" handelt (Rn. 2).

---

2 Begr. zu § 211, BTDrucks. 16/3945 S. 116.
3 Begr. zu § 211, BTDrucks. 16/3945 S. 116.
4 Begr. zu § 211, BTDrucks. 16/3945 S. 116.
5 Beschlussempfehlung und Bericht des Rechtsausschusses, BTDrucks. S. 67.

2. Versicherungen bei kleineren Vereinen

8 Bei „kleineren Vereinen“ handelt es sich nach der Legaldefinition in § 53 Abs. 1 VAG um Vereine, die bestimmungsgemäß einen sachlich, örtlich oder dem Personenkreis nach eng begrenzten Wirkungskreis haben. Die Entscheidung, ob ein kleinerer Verein vorliegt, trifft die Aufsichtsbehörde (§ 53 Abs. 4 VAG).

Ein sachlich eng begrenzter Wirkungskreis liegt vor, wenn laut Satzung eine Beschränkung auf wenige versicherungstechnisch einfache Risikoarten erfolgt.[6]

Eine örtliche Beschränkung kann z.B. angenommen werden, wenn nur die im Gebiet einer Gemeinde belegenen Risiken versichert werden.[7]

Ein nach dem Personenkreis eng begrenzte Wirkung ist etwa zu bejahen, wenn der Kreis der zu versichernden Personen auf ein bestimmtes Unternehmen beschränkt wird.[8]

3. Versicherungen mit kleineren Beträgen

9 Für die Frage, ob eine Versicherung mit kleineren Beträgen vorliegt, ist die Firmenbezeichnung oder Organisation des VR irrelevant.[9] Auch ist es unerheblich, welche Zahlungsweise vereinbart ist (Wochen-, Monats oder Jahresbeiträge). Welche Versicherungssummen bzw. Versicherungsprämien zwischen den Parteien vereinbart werden müssen, um – in Abgrenzung etwa zur Großlebensversicherung – noch von „kleineren Beträgen“ sprechen zu können, wird im Gesetz nicht definiert. Die Grenzen verlaufen flüssig[10] und haben sich im Laufe der Zeit zunehmend verwischt.[11]

10 a) **Lebensversicherungen mit kleineren Beträgen.** Zu den **Kleinlebensversicherungen** können alle Arten von Lebensversicherungen zählen, z.B. Sterbegeld- und Volksversicherungen oder Pensions-, Sterbe-, Witwen- und Waisenkassen. Sie können sowohl als Todesfall- und/oder Erlebensfallversicherung ausgestaltet sein.[12] Die Kleinlebensversicherung hat inzwischen ihre frühere große soziale und wirtschaftliche Bedeutung eingebüßt.[13]

11 Bei **Sterbegeldversicherungen** bzw. **Sterbekassen** (bzw. Leichen-, Begräbniskassen usw.) als Sonderform der Kleinlebensversichersicherung handelt es sich um Einrichtungen, die nur Todesfallrisiken versichern, soweit der Betrag ihrer Leistungen den Durchschnittswert der Bestattungskosten bei einem Todesfall nicht übersteigt oder diese Leistungen in Sachwerten erbracht werden. Auch die Sterbegeldversicherung ist eine Versicherung mit abstrakter Bedarfsdeckung.[14] Für die Frage, was ein „kleiner Betrag“ ist, kann eine Orientierung an dem Höchstbetrag erfolgen, der nach § 150 Abs. 4 für gewöhnliche Beerdigungskosten veranschlagt wird. Dieser liegt z.Z. bei € 8.000,–.[15]

12 b) **Unfallversicherungen mit kleineren Beträgen.** Die **Volks-Unfallversicherung** ist eine „Unfallversicherung mit kleineren Beträgen“. Die Beträge, die das Aufsichtsamt früher als Invaliditätssumme zugelassen hat, um die Anforderungen von § 189 Abs. 1 Nr. 3 a.F. zu erfüllen, dürften heute veraltet sein. Sachgerecht dürfte es sein, die Unfall-Todesfallleistung (wie bei der Sterbegeldversicherung) an die gewöhnlichen Beerdigungskosten i.S.

---

[6] Langheid/Wandt/*Looschelders* § 211 Rn. 5.
[7] Langheid/Wandt/*Looschelders* § 211 Rn. 5.
[8] Langheid/Wandt/*Looschelders* § 211 Rn. 5.
[9] Prölss/Martin/*Klimke*[28] § 211 Rn. 2; ferner Langheid/Wandt/*Looschelders* § 211 Rn. 6.
[10] Prölss/Martin/*Kollhosser*[27] § 189 Rn. 2.
[11] Bruck/Möller/*Winter*[8] Anm. G 183.
[12] Bruck/Möller/*Winter*[8] Anm. B 28.
[13] Bruck/Möller/*Winter*[8] Anm. B 9.
[14] Bruck/Möller/*Winter*[8] Anm. G 203.
[15] VerBAV **2001** 133.

von § 150 Abs. 4 zu orientieren und für die Invaliditätsleistung den fünffachen Betrag zugrunde zu legen. Danach sind Unfallversicherung mit einer Todesfallleistung bis zu € 8.000,– und Invaliditätsleistungen bis zu € 40.000,– als Unfallversicherungen mit kleineren Beträgen anzusehen.[16]

II. Sachlicher Anwendungsbereich

§ 211 Abs. 1 greift nur ein, „soweit mit Genehmigung der Aufsichtsbehörde in den AVB abweichende Bestimmungen getroffen worden sind". 13

Nach der Deregulierung kommt eine solche aufsichtsbehördliche Genehmigung für Sterbe- und Pensionskassen in Betracht, da deren AVB – wegen ihrer sozialpolitischen Bedeutung für Geringverdiener[17] – nach wie vor vorab zu genehmigen sind (§ 5 Abs. 3 Nr. 2 Halbs. 2, 118b Abs. 1 S. 2 Halbs. 2 VAG).

III. Rechtsfolgen

Keine Anwendung finden sollen die Vorschriften 14

- zum Zahlungsverzug mit der Einmal-, Erst- oder Folgeprämie (§§ 37, 38),
- zur Umwandlung in eine prämienfreie Versicherung (§ 165),
- zur Kündigung des VR (§ 166),
- zum Kündigungsrecht des VN (§ 168) und
- zum Rückkaufswert (§ 169).

Dem Arbeitnehmer als VN soll kein allgemeines Recht auf Umwandlung der betrieblichen Altersversorgung über eine Pensionskasse in eine prämienfreie Versicherung eingeräumt werden, um den Besonderheiten der betrieblichen Altersversorgung gerecht zu werden. Die Umwandlung widerspräche der Einbindung der Versorgungszusage in das Arbeitsverhältnis.[18] Auch risikotechnische Gründe lassen sich in den kollektiven Systemen bei Pensionskassen gegen eine Umwandlungsmöglichkeit anführen.[19] 15

Eine (zulässige) abweichende Regelung zu dem in § 168 Abs. 1 vorgesehenen Kündigungsrecht des VN liegt z.B. dann vor, wenn in den AVB als alleinige Beendigungsmöglichkeit für das Versicherungsverhältnis das Ausscheiden des VN aus dem Arbeitsverhältnis mit dem Trägerunternehmen vorgesehen ist.[20] 16

C. Weitere Besonderheiten bei Pensionskassen

§ 211 Abs. 2 schränkt die Anwendung des VVG auf (regulierte) Pensionskassen i.S.v. § 118b Abs. 3 und 4 VAG ein. Vorbehaltlich der „Ausnahme von der Ausnahme" für Fernabsatzverträge gelten für das Rechtsverhältnis der Pensionskassen zu ihren Kunden grundsätzlich nicht: 17

- die Beratungspflichten des Versicherers nach § 6,
- die Informationspflichten des VR nach § 7,

---

16 Bruck/Möller/*Leverenz* Vor § 178 Rn. 46.
17 Langheid/Wandt/*Looschelders* § 211 Rn. 7.
18 Begr. zu § 211, BTDrucks. 16/3945 S. 116.
19 Begr. zu § 211, BTDrucks. 16/3945 S. 116.
20 BAG 13.5.1997 VersR **1998** 789.

- das Widerrufsrecht des Versicherungsnehmers (§§ 8,9 und § 152 Abs. 1 und 2),
- die Vorschriften zur Verlängerung und Kündigung von Versicherungsverhältnissen in § 11,
- die Regelungen über die Versicherung für fremde Rechnung in § 150 Abs. 2 bis 4 und
- die Vorschrift des § 153 zur Überschussbeteiligung, soweit mit Genehmigung der Aufsichtsbehörde in den AVB abweichende Bestimmungen getroffen sind.[21]

Fernerhin ist § 153 Abs. 3 Satz 1 nicht auf Sterbekassen anzuwenden.

18 Zur Begründung lässt sich anführen, dass

- die Beratungs- und Informationspflichten einschließlich der Vorschriften zur Modellrechnung und jährlichen Unterrichtung sich bereits aus dem VAG und aus arbeitsrechtlichen Vorschriften ergeben.[22] Ist darüber hinaus der Arbeitgeber alleiniger VN, bestehen im Übrigen ähnliche Verhältnisse wie bei Großrisiken, für die §§ 6, 7 ebenfalls nicht anwendbar sind (§§ 6 Abs. 6, 7 Abs. 5 Satz 1, 210 Abs. 2);[23]
- ein allgemeines Widerrufsrecht des Arbeitnehmers als VN der Einbindung der Versorgungszusage in das Arbeitsverhältnis widerspräche, in dem den beteiligten Parteien keine einseitigen Widerrufsrechte zustehen;[24]
- der VN in der betrieblichen Altersversorgung nicht vor einer überlangen Vertragsbindung geschützt werden muss;[25]
- durch die Nichtanwendung (z.B. von § 150 Abs. 2 bis 4) unnötiger Verwaltungsaufwand vermieden wird.[26] Für Kollektivversicherungen im Bereich der betrieblichen Altersversorgung dokumentiert bereits § 150 Abs. 2 S. 2 Halbs. 2 das fehlende Schutzbedürfnis;
- es der Anwendung der Vorschrift des § 153 über die Überschussbeteiligung nicht bedarf, da nach § 118b Abs. 3 S. 1 VAG die versicherten Personen zu mindestens 50 Prozent in der obersten Vertretung einer regulierten Pensionskasse, die stets in der Rechtsform des VVaG geführt wird, vertreten sind.[27] „Hinzukommt, dass die AVB und damit die Überschussbeteiligungssysteme von der Aufsichtsbehörde genehmigt werden (vgl. § 5 Abs. 3 Nr. 2 VAG). Somit ist gewährleistet, dass die versicherten Personen angemessen im Rahmen der Überschussverwendung auch an den stillen Reserven beteiligt werden. Da regulierte Pensionskassen regelmäßig laufende Renten über längere Zeiträume zahlen, ist auch ein Ausgleich über die Zeit zu erwarten";[28]
- Sterbekassen mit der Befreiung von § 153 Abs. 3 S. 1 der mit der jährlichen Ermittlung des Überschusses verbundene Verwaltungs- und Kostenaufwand erspart wird.[29] Hintergrund ist, dass Sterbekasse ihre Überschüsse nur alle drei Jahre ermitteln.[30]

19 Von dem Ausschluss der Anwendung bestimmter VVG-Vorschriften macht § 211 Abs. 2 Nr. 1 Halbs. 2 Ausnahmen, um den Besonderheiten des Fernabsatzrechts Rechnung zu tragen. Für im **Fernabsatz** geschlossene Verträge (§ 312b Abs. 1 und 2 BGB) sind die

---

[21] LG Karlsruhe 18.1.2008, 6 S 26/07 Rn. 55 (juris).

[22] Begr. zu § 211, BTDrucks. 16/3945 S. 116.

[23] Begr. zu § 211, BTDrucks. 16/3945 S. 116.

[24] Langheid/Wandt/*Looschelders* § 211 Rn. 13 mit Hinweis auf Begr. zu § 211, BTDrucks. 16/3945 S. 116.

[25] Langheid/Wandt/*Looschelders* § 211 Rn. 15; ferner Prölss/Martin/*Klimke*[28] § 211 Rn. 4.

[26] Langheid/Wandt/*Looschelders* § 211 Rn. 15; ferner Prölss/Martin/*Klimke*[28] § 211 Rn. 4.

[27] Begr. zu § 211, BTDrucks. 16/3945 S. 116.

[28] Begr. zu § 211, BTDrucks. 16/3945 S. 116.

[29] Prölss/Martin/*Klimke*[28] § 211 Rn. 4.

[30] Langheid/Wandt/*Looschelders* § 211 Rn. 16.

Vorgaben der §§ 7 bis 9 und § 152 Abs. 1 und 2 zu Informationspflichten und dem Widerrufsrecht auch im Pensionskassengeschäft einzuhalten, da die Fernabsatzrichtlinie II insoweit keine Einschränkung vorsieht.[31]

D. Einwendungsausschluss bei Versicherungen mit kleineren Beträgen

Liegen abweichende Bestimmungen (Rn. 13) für Versicherungen mit kleineren Beträgen (Rn. 9 ff.) vor, so kann nach § 211 Abs. 3 deren Wirksamkeit nicht unter Berufung darauf angefochten werden, dass es sich nicht um Versicherungen mit kleineren Beträgen handele. Sind die im Rechtsverhältnis zwischen VN und VR zugrundeliegenden Bedingungen genehmigt, kommt es für die Wirksamkeit dieser Verträge m.a.W. auf die vereinbarte Beitragshöhe nicht mehr an. **20**

§ 212
Fortsetzung der Lebensversicherung nach der Elternzeit

Besteht während einer Elternzeit ein Arbeitsverhältnis ohne Entgelt gemäß § 1a Abs. 4 des Betriebsrentengesetzes fort und wird eine vom Arbeitgeber zugunsten der Arbeitnehmerin oder des Arbeitnehmers abgeschlossene Lebensversicherung wegen Nichtzahlung der während der Elternzeit fälligen Prämien in eine prämienfreie Versicherung umgewandelt, kann die Arbeitnehmerin oder der Arbeitnehmer innerhalb von drei Monaten nach der Beendigung der Elternzeit verlangen, dass die Versicherung zu den vor der Umwandlung vereinbarten Bedingungen fortgesetzt wird.

Schrifttum

Blomeyer/Rolfs/Otto Betriebsrentengesetz. Gesetz zur Verbesserung der betrieblichen Altersversorgung, 5. Aufl. (2010); *Blumenstein* Änderung des Gesetzes zur Verbesserung der betrieblichen Altersversorgung im Rahmen des Entwurfs eines Alterseinkunftsgesetzes, BetrAV **2004** 236; *Engeländer* Die Neuregelung des Rückkaufs durch das VVG 2008, VersR **2007** 1297; *Langohr-Plato* Rechtshandbuch Betriebliche Altersversorgung, 4. Aufl. (2007); *Müller-Glöge/Preis/Schmidt* Erfurter Kommentar zum Arbeitsrecht, 12. Aufl. (2012); *Schumacher* Der Rückkaufswert von Lebensversicherungen (2012).

Übersicht

[31] Begr. zu § 211, BTDrucks. 16/3945 S. 116.

A. Einführung

I. Entstehungsgeschichte

1 Die Vorschrift ist 2008 im Rahmen der VVG-Reform neu geschaffen worden, um die mit der Einführung der Elternzeit durch das BEEG von 2006 intendierte Familienförderung hinsichtlich der betrieblichen Altersvorsorge im Wege der Lebensversicherung zu erweitern.[1]

II. Inhalt und Zweck der Regelung

2 Durch die Bestimmungen der §§ 15 ff. BEEG zur **Elternzeit** soll es den Arbeitnehmerinnen und Arbeitnehmern ermöglicht werden, sich bis zu drei Jahre nach der Geburt der Betreuung und Erziehung eines Kindes anzunehmen, ohne dabei die Verbindung zum Beruf zu verlieren. Das Arbeitsverhältnis besteht fort. Mit Hilfe des **Elterngeldes** erhält der Elternzeitberechtigte eine finanzielle Unterstützung, die sich unter Berücksichtigung des letzten Jahreseinkommens bemisst. Da der Arbeitgeber während der Elternzeit nicht zur Zahlung eines Entgelts an den Arbeitnehmer verpflichtet ist, entfällt auch die Möglichkeit einer Entgeltumwandlung im Rahmen der betrieblichen Altersvorsorge. Nach § 1a Abs. 4 BetrAVG kann der Elterngeldbezieher, der in der Regel als Bezugsberechtigter oder Versicherter eingesetzt ist, die zu seinen Gunsten bestehende Lebensversicherung durch Zahlung der **Prämien aus eigenen Mitteln fortsetzen**; mit der sich aus § 166 Abs. 4 ergebenden **Pflicht des VR**, den Versicherten über die Nichtzahlung der Prämie durch den Arbeitgeber zu **informieren**, soll der Arbeitnehmer auch an die Möglichkeit der Fortzahlung der Versicherungsprämien aus eigenen Mitteln erinnert werden.[2] Die Möglichkeit der Weiterzahlung der Beiträge – die für den Elterngeldberechtigten in der Regel nur schwer möglich sein dürfte – soll es ihm gestatten, die anderenfalls vom VR vorzunehmende Absenkung der Versicherungssumme zu vermeiden und einer Vergrößerung der Versorgungslücke entgegenzuwirken.

3 Wird die Lebensversicherungsprämie weder durch den Arbeitgeber noch durch den Versicherten – weil ihm das z.B. wirtschaftlich nicht möglich ist – fortgezahlt, kann der VR den Versicherungsvertrag nach § 38 Abs. 3 kündigen; damit wandelt sich die Lebensversicherung insoweit in eine beitragsfreie Versicherung mit einem erheblich geringeren

---

[1] BTDrucks. 16/3945 S. 116 zu § 212; vgl. im Übrigen schon Bruck/Möller/*Winter* § 166 Rn. 25.

[2] Zu § 166 Absatz 4 vgl. Bruck/Möller/*Winter* § 166 Rn. 25.

Deckungskapital um, §§ 166 Abs. 1 bis 3, 165.[3] Hätte der Versicherte nach der Rechtslage bis 2008 bei einer **Umwandlung i.S.d. §§ 165 f.** die **Zurückumwandlung** einer Lebensversicherung begehrt, so bedurfte es dazu grundsätzlich einer erneuten Vereinbarung zwischen dem Versicherten und dem VR, die Rückumwandlung war daher wie ein **Neuabschluss** zu behandeln, allerdings **nur insoweit**, wie die Versicherungsleistung wieder erhöht werden sollte. Der VR konnte insoweit erneut die Erfüllung der vorvertraglichen Anzeigepflicht usw. verlangen.[4]

Die **Besserstellung der Eltern**, wie sie durch die Vorschrift des § 212 vorgenommen wird, liegt darin, dass ein Elternteil als Elterngeldbezieher nach Beendigung der Elternzeit das **Recht** erhält, die Lebensversicherung zu den ursprünglichen Bedingungen **fortzusetzen.** Die Fortführung der Versicherung steht damit nicht im Ermessen des VR, wie das bei einer Rückumwandlung häufig der Fall ist. Es **entfällt vielmehr** eine **erneute Gesundheitsprüfung** mit Blick auf den Zeitraum, in dem die Versicherung in eine beitragsfreie umgewandelt war. Angesichts dessen, dass die vorvertragliche Anzeigepflicht in der **reinen Rentenversicherung** bedeutungslos ist und nur für die Todesfallleistungen im Rahmen der betrieblichen Altersvorsorge infrage kommt, ist die **Wohltat** des Gesetzgebers zur Förderung eines familienfreundlicheren Umfeldes nur **eng begrenzt.** Ein andauerndes Recht auf Nachzahlung der Prämien zu einem späteren Zeitpunkt ist dadurch **nicht** geschaffen worden, hier greift noch immer die – eher familienfeindliche – Monatsfrist des § 38 Abs. 3 Satz 3. 4

III. Anwendungsbereich

Die Vorschrift ist auf **sämtliche Lebensversicherungsformen** anwendbar, die rückkaufsfähig sind und bei denen eine beitragsfreie Versicherung zulässig ist, soweit sie im Rahmen der betrieblichen Altersvorsorge i.S.d. BetrAVG vereinbart werden. Sie ist nicht anwendbar, soweit § 166 nicht greift, wie bei regulierten Pensionskassen, kleineren Versicherungsvereinen, Versicherungen mit kleineren Beiträgen, bei denen die Umwandlung nach §§ 165, 166 mit Genehmigung der Aufsichtsbehörde ausgeschlossen werden kann, § 211 Abs. 1.[5] Soweit – wie bei Pensionsfonds – keine Lebensversicherungsverträge i.S.d. VVG vereinbart werden, kann es zu einer analogen Anwendung des § 212 kommen.[6] 5

Die Bestimmung gilt nicht für die Berufsunfähigkeitsversicherung,[7] die Unfallversicherung und Kapitalisierungsgeschäfte. 6

B. Tatbestand des Fortsetzungsverlangens

I. Durch den Arbeitgeber geschlossener Lebensversicherungsvertrag

Voraussetzung für eine Fortsetzung ist das Vorliegen eines zwischen dem Arbeitgeber zugunsten seiner Arbeitnehmer und dem VR abgeschlossenen Lebensversicherungsvertrages i.S.d. §§ 150 ff. Handelt es sich nicht um einen Lebensversicherungsvertrag, so kann § 212 nur analoge Anwendung finden. 7

---

[3] Vgl. dazu Bruck/Möller/*Winter* § 166 Rn. 14 ff., § 165 Rn. 7 ff.
[4] Vgl. dazu im Einzelnen Bruck/Möller/*Winter* § 165 Rn. 49 ff.
[5] Vgl. Bruck/Mölller/*Winter* § 166 Rn. 6.
[6] Langheid/Wandt/*Looschelders* § 212 Rn. 5.
[7] BTDrucks. 16/3945 S. 116 zu § 212.

II. Weiterführung des Arbeitsverhältnisses ohne Entgelt

8 Zur Fortsetzung kommt es nur, wenn das Arbeitsverhältnis während der Elternzeit nicht durch eine Kündigung oder einen Aufhebungsvertrag beendet wird und keine Weiterzahlung des Arbeitsentgelts erfolgt.

III. Umwandlung nach §§ 165, 166 VVG

9 Voraussetzung für eine Fortsetzung der Lebensversicherung zugunsten des Arbeitnehmers ist ferner, dass die Versicherung angesichts der Nichtzahlung der Prämien durch den Arbeitgeber bzw. den Elterngeldberechtigten während der Elternzeit infolge einer **Kündigung durch den Versicherer** in eine beitragsfreie Versicherung umgewandelt wird. *Klär* ist darin beizupflichten, dass diese Voraussetzung für eine Fortsetzung der Versicherung auch gegeben ist, wenn der bezugsberechtigte Elterngeldbezieher bei Beginn der Elternzeit die Beiträge aus eigenen Mitteln zunächst weiter zahlt, dazu im weiteren Verlauf der Elternzeit nicht mehr in der Lage ist und die Versicherung sodann aufgrund der Kündigung des VR in eine prämienfreie Versicherung umgewandelt wird. Angesichts des Normzwecks fällt eine solche Konstellation gleichfalls unter die Vorschrift des § 212.[8]

IV. Bezugsberechtigter und Versicherter im Rahmen einer Versicherung für fremde Rechnung

10 § 212 bezieht seine Regelung nicht allein auf den bezugsberechtigten Elterngeldbezieher, er unterscheidet auch nicht zwischen dem unwiderruflich und widerruflich Bezugsberechtigten und sonstigen Versicherten. Die Vorschrift trägt damit dem Umstand Rechnung, dass die **Regelung der Versicherung für fremde Rechnung** seit 2008 auch für die Lebensversicherung und hier insbes. auch für die betriebliche Altersvorsorge gilt. Auch die Lebensversicherung für fremde Rechnung ist als Anwendungsfall des **Vertrages zugunsten Dritter** zu sehen, sofern sich aus den §§ 43 bis 48 nichts anderes ergibt.[9] Es ist somit unerheblich, ob die vom Arbeitgeber abgeschlossene Lebensversicherung die Benennung eines Bezugsberechtigten beinhaltet oder nicht.

C. Rechtsfolgen

I. Fortsetzung der Lebensversicherung durch rechtsgestaltende Willenserklärung

11 Sind die Voraussetzungen gegeben, „kann" der Elternteil, dessen Versicherung in eine prämienfreie umgewandelt wurde, „verlangen, dass die Versicherung fortgesetzt wird". Auch wenn eine solche Wortwahl darauf hinzudeuten scheint, dass dem Berechtigten ein Anspruch auf Zurückumwandlung eingeräumt wird, so kann davon nicht ausgegangen

---

[8] Schwintowski/Brömmelmeyer/*Klär* § 212 Rn. 7; Langheid/Wandt/*Looschelders* § 212 Rn. 6.

[9] Vgl. im Einzelnen dazu Bruck/Möller/*Winter* § 159 Rn. 268 ff.

werden. Die Formulierung des Gesetzes ist wenig glücklich. Da Verhandlungen zwischen dem Elternteil und dem VR über die Fortsetzung nicht erforderlich sind, weil die Ausgestaltung der Fortsetzung des Vertrages – nämlich zu den ursprünglichen Bedingungen – gesetzlich festgelegt ist, muss in dem Fortsetzungsverlangen eine **einseitige**, allerdings empfangsbedürftige **rechtsgestaltende Willenserklärung** gesehen werden. Die Erklärung wird mit dem Zugang beim VR automatisch wirksam, einer Annahmeerklärung durch den VR bedarf es nicht, der VR hat auch keine Zurückumwandlung auf der Grundlage des § 165 vorzunehmen. Eine Klage auf Durchführung der Fortsetzung des Vertrages ist somit nicht erforderlich, sie ist auch nicht möglich. Bestehen Meinungsverschiedenheiten über die Rechtswirksamkeit eines Fortsetzungsverlangens, so kann die Möglichkeit einer Feststellungsklage i.S.d. § 256 ZPO in Betracht kommen. *Looschelders* weist zu Recht auf die Parallele zur Umwandlung nach § 165 hin[10] und nicht auch auf die Umwandlung nach § 167: Bei § 167 ist die Rechtsfolge der Umwandlungserklärung gänzlich anders: Will der VN eine Kapitallebensversicherung in eine pfändungsgeschützte Rentenversicherung umwandeln, so stehen ihm eine ganze Reihe von Ausgestaltungen zur Verfügung, zwischen denen er sich entscheiden kann.[11] Bei § 165 und § 212 führt die Fortsetzungserklärung zu einer klaren und eindeutigen Rechtslage, nicht aber bei § 167. Die Fortsetzungserklärung soll eben gerade **nicht** eine **weitere Vereinbarung** zwischen dem Elternteil/Arbeitnehmer und dem VR erforderlich machen.

II. Fortsetzungswirkung

1. Weiterführung der Lebensversicherung zu den vor der Umwandlung geltenden Bedingungen

Die Rechtsfolge des Fortsetzungsbegehrens tritt mit dem Zugang der Willenserklärung beim VR ein. Es kommt nicht zu einer erneuten vertraglichen Einbeziehung des Bezugsberechtigten usw. in den Lebensversicherungsvertrag. Schon deshalb findet auch keine erneute Gesundheitsprüfung statt. Die Versicherung wird zu dem im ursprünglichen Vertrag gewählten Tarif weitergeführt, eine etwa gegebene Selbstmordwartefrist dürfte vor dem Ende der Elternzeit abgelaufen sein. **12**

2. Zeitpunkt der Fortsetzung

Das Fortsetzungsverlangen führt nicht dazu, dass der Vertrag seit dem Ende der Elternzeit weitergeführt wird. Die Fortsetzungserklärung wirkt nur ex nunc. **13**

3. Form

Eine Form für das Fortsetzungsverlangen ist in § 212 nicht vorgeschrieben. Die Fortsetzung des Vertrages muss **unzweideutig**, aber nicht ausdrücklich verlangt werden. Da stets ausreichende **Klarheit** über den Bestand und den **Umfang des Versicherungsschutzes** gegeben sein muss, reicht es aus, dass sich aus der Erklärung klar und eindeutig der Wille **14**

---

[10] Langheid/Wandt/*Looschelders* § 212 Rn. 8; zur Rechtsnatur der Umwandlung vgl. Bruck/Möller/*Winter* § 165 Rn. 22.

[11] Vgl. dazu im Einzelnen Bruck/Möller/*Winter* § 167 Rn. 82.

ergibt, dass die Versicherung zu den ursprünglichen Bedingungen fortgesetzt werden soll.[12] Eine Fortsetzungserklärung kann u.U. auch in der Wiederaufnahme einer Prämienzahlung gesehen werden.[13]

4. Absenkung der späteren Versicherungsleistung durch Unterbrechung der Prämienzahlung

15 Soweit während der Elternzeit von den versicherten Arbeitnehmern aus eigenen Mitteln keine Prämien entrichtet werden, führt das zu einer entsprechenden Absenkung der späteren Versicherungsleistung. Der Gesetzgeber hat dem Versicherten mit der Regelung des § 212 nicht die Möglichkeit gegeben, die während der Elternzeit nicht geleisteten Prämien später **nachzuzahlen.** Dazu bedarf es einer entsprechenden Vereinbarung zwischen Versichertem und VR. Sicherlich kann nicht erwartet werden, dass die während der Elternzeit nicht gezahlten Prämien von der übrigen Versichertengemeinschaft übernommen werden, die gesetzliche Normierung einer großzügig bemessenen Nachleistungsmöglichkeit hätte die Regelung des § 212 jedoch deutlich familienfreundlicher werden lassen.

III. Ausschlussfrist

16 Die Drei-Monats-Frist, innerhalb der die Fortsetzungserklärung durch den Versicherten abgegeben werden kann, ist eine Ausschlussfrist. Für den Fristbeginn ist der **Bewilligungsbescheid** für die Elternzeit maßgeblich. Wird die Frist nicht eingehalten, erlischt das Recht zur Fortsetzung des Vertrages zu den ursprünglichen Bedingungen.

17 Dem Normzweck steht es nicht entgegen, wenn der VR die Ausschlussfrist in den **Versicherungsbedingungen** oder **vertraglich verlängert.**

IV. Zurückumwandlung der Versicherung nach Ablauf der Ausschlussfrist

18 Versäumt der Versicherte die Frist für die Fortsetzung der Versicherung, so besitzt er kein Recht auf die Weiterführung der Versicherung in der ursprünglichen Höhe. Ihm bleibt jedoch die Möglichkeit, im Wege einer **erneuten Vereinbarung** zwischen dem VR und ihm eine **Zurückumwandlung** herbeizuführen, wenn dem nicht der Gruppenversicherungsvertrag entgegensteht. Ob der **VR** dem Begehren des Versicherten entsprechen will, steht in seinem **Ermessen.** Die Rückumwandlung ist wie ein **Neuabschluss** zu behandeln, der VR kann also grundsätzlich die Erfüllung der vorvertraglichen Anzeigepflicht verlangen, soweit es sich um den Zeitraum nach erfolgter Umwandlung handelt.[14] Der VR kann u.U. auch einen anderen Beitragssatz zugrunde legen. Eine etwaige Wartefrist für den Einschluss des Selbstmordrisikos läuft nur in Ansehung des wieder aufgestockten Deckungskapitals.

---

[12] BGH 23.6.1993 VersR **1994** 39, 40 zu einem Umwandlungsverlangen.

[13] Vgl. Bruck/Möller/*Winter* § 165 Rn. 51 für den Fall einer Rückumwandlungsvereinbarung.

[14] Vgl. OLG Oldenburg 28.4.2004 VersR **2004** 1164, 1165; Bruck/Möller/*Winter* § 165 Rn. 53.

V. Frage-, Informations- und Beratungspflichten des Versicherers

Mit Blick auf die Umwandlung, die Fortsetzung und die Rückumwandlung der Versicherung kann es zu – u.U. anlassbedingten – Frage- und Beratungspflichten des VR kommen.[15] **19**

D. Abdingbarkeit

Die Regelung des § 212 knüpft an die halbzwingenden Vorschriften der §§ 165, 166 an. Eine gesetzliche Norm, die eine Abweichung von § 212 regelt, findet sich im VVG nicht. Es entspricht jedoch Sinn und Zweck der Regelung, wenn auch von ihr zugunsten des Bezugsberechtigten bzw. Versicherten abgewichen werden kann, z.B. durch eine vertragliche Verlängerung der Ausschlussfrist. **20**

§ 213
Erhebung personenbezogener Gesundheitsdaten bei Dritten

(1) Die Erhebung personenbezogener Gesundheitsdaten durch den Versicherer darf nur bei Ärzten, Krankenhäusern und sonstigen Krankenanstalten, Pflegeheimen und Pflegepersonen, anderen Personenversicherern und gesetzlichen Krankenkassen sowie Berufsgenossenschaften und Behörden erfolgen; sie ist nur zulässig, soweit die Kenntnis der Daten für die Beurteilung des zu versichernden Risikos oder der Leistungspflicht erforderlich ist und die betroffene Person eine Einwilligung erteilt hat.

(2) [1]Die nach Absatz 1 erforderliche Einwilligung kann vor Abgabe der Vertragserklärung erteilt werden. [2]Die betroffene Person ist vor einer Erhebung nach Absatz 1 zu unterrichten; sie kann der Erhebung widersprechen.

(3) Die betroffene Person kann jederzeit verlangen, dass eine Erhebung von Daten nur erfolgt, wenn jeweils in die einzelne Erhebung eingewilligt worden ist.

(4) Die betroffene Person ist auf diese Rechte hinzuweisen, auf das Widerspruchsrecht nach Absatz 2 bei der Unterrichtung.

Schrifttum

Egger Schweigepflichtentbindung in privater Berufsunfähigkeits- und Krankenversicherung, VersR **2007** 905; *ders.* Auskunftspflicht und Schweigerecht in privater Berufsunfähigkeits- und Krankheitskostenversicherung, VersR **2012** 810; *Fricke* Die Erhebung personengebundener Gesundheitsdaten bei Dritten – Anmerkungen zu § 213 VVG, VersR **2009** 297; *Gola/Schomerus* Bundesdatenschutzgesetz, 9. Aufl. (2007); *Heghmanns/Niehaus* Outsourcing im Versicherungswesen und der Gehilfenbegriff des § 203 III 2 StGB, NStZ **2008** 57; *Hoenicke/Hülsdunk* Outsourcing im Versicherungs- und Gesundheitswesen ohne Einwilligung? MMR **2004** 788; *Höra* Materielle und prozessuale Klippen in der Berufsunfähigkeits- und Krankenversicherung, RuS **2008** 89; *Hoeren* Risikoprüfung in der Versicherungswirtschaft – Datenschutz und wettbewerbsrechtliche Fragen beim Aufbau zentraler Hinweissysteme, VersR **2005** 1014; *Hohmann-Dennhardt* Informationeller Selbstschutz als Bestandteil des Persönlichkeitsrechts, RDV **2008** 1; *Künast* Meine Daten gehören mir –

[15] Vgl. Bruck/Möller/*Winter* § 165 Rn. 58 ff.

und der Datenschutz ins Grundgesetz, ZRP **2008** 201; *Langheid* Die Reform des Versicherungsvertragsgesetzes, NJW **2007** 3665; *Neuhaus/Kloth* Gesundheitsdaten(schutz) im Versicherungsrecht – Der aktuelle Stand, NJW **2009** 1707; *Notthoff* Die Zukunft genereller Schweigepflichtentbindungserklärungen in der Berufsunfähigkeitszusatzversicherung, ZfS **2008** 243; *Petri* Datenschutzrechtliche Einwilligung im Massengeschäftsverkehr, RDV **2007** 153; *Präve* Das Gendiagnostikgesetz aus versicherungsrechtlicher Sicht, VersR **2009** 857; *Rixecker* Rechtswidrigkeit einer Obliegenheit zur generellen Entbindung von der Schweigepflicht, zugl. Anm. zu BVerfG, Beschl. v. 23.10.2006, ZfS **2007** 37; *Schleifenbaum* Datenschutz und Tatenschutz in der Versicherungswirtschaft, 2009; *Simitis* (Hrsg.) Bundesdatenschutzgesetz, 6. Aufl. (2006); *Weichert* Die Krux mit der ärztlichen Schweigepflichtentbindung für Versicherungen, NJW **2004** 1695; *Wolf* Die Erhebung personenbezogener Gesundheitsdaten bei Dritten, ZVersWiss **2009** 35.

Übersicht

A. Inhalt und Zweck der Regelung

I. Regelungszweck

1 Die **Erhebung von Gesundheitsdaten** ist vornehmlich in der Personen-, aber auch in der Rückversicherung und gelegentlich in anderen Versicherungssparten[1] **unverzichtbar.** In der Personenversicherung lässt sich ohne Kenntnis der Gesundheitsdaten der zu ver-

[1] Etwa in der Sachversicherung bei einem Kfz-Unfall oder einem Haftpflichtschaden mit Verletzung von Personen.

sichernden Person nicht einschätzen, ob ein Versicherungsantrag zu regulären Konditionen, mit Risikozuschlägen bzw. einem Leistungsausschluss oder überhaupt nicht angenommen werden kann. Ebenso wenig lässt sich bei Eintritt des Versicherungsfalles beurteilen, ob Leistungen, etwa wegen Krankheit, Berufsunfähigkeit oder eines Unfalls, zu gewähren sind, wenn Einzelheiten von Gesundheitsstörungen, die Auslöser des versicherten Leistungsanspruchs sind, nicht bekannt werden. Der VR hat deshalb in solchen Fällen ein berechtigtes, auch von dem Bundesverfassungsgericht[2] ausdrücklich anerkanntes Interesse, im Rahmen der Antrags- bzw. der Leistungsprüfung die erforderlichen Gesundheitsdaten zu erheben.

Gesundheitsdaten sind andererseits besonders **sensibel**. Nicht jeder möchte seinen Gesundheitszustand Dritten in allen Einzelheiten offenbaren. Das Recht auf informationelle Selbstbestimmung ist allgemein anerkannt[3] und grundgesetzlich geschützt, die unbefugte Weitergabe persönlicher Daten steht unter Strafe (§ 203 StGB). 2

Maßgebend ist, dass dem Betroffenen die freie Entscheidung über die Weitergabe seiner Gesundheitsdaten verbleibt. Dies war bei den in der Vergangenheit allgemein gebräuchlichen, in der Regel bereits im Versicherungsantrag enthaltenen generellen Erklärungen zur Schweigepflichtentbindung nicht der Fall. Der Betroffene hatte weder nach Unterzeichnung der Schweigepflichtentbindungerklärung Kenntnis noch Einfluss darauf, ob, wann, bei wem und zu welchem Zweck der VR unter Berufung auf die Schweigepflichtentbindung Auskünfte einholt. Da die Versicherungssparten, in denen personenbezogene Gesundheitsdaten benötigt werden, zum Massengeschäft der VR gehören, war die generelle Schweigepflichtentbindung auch nicht verhandelbar. Entweder stimmte der Betroffene zu oder der Versicherungsvertrag scheiterte.

§ 203 will den **Interessenkonflikt** zwischen dem informationellen Selbstbestimmungsrecht des Betroffenen und dem berechtigten Aufklärungsinteresse des VR **lösen**. Er ergänzt den in § 203 StGB geregelten Strafrechtsschutz gegen die Weitergabe von Daten, die dem dort benannten Personenkreis anvertraut worden sind. Die Strafvorschrift schützt nur die unberechtigte Weitergabe, nicht aber die Erlangung der Daten selbst und die Berechtigung dazu. § 4a Abs. 3 BDSG, der die Erhebung personenbezogener Daten, zu denen nach § 3 Abs. 9 BDSG auch Gesundheitsdaten gehören, von der Zustimmung des Betroffenen abhängig macht, gilt zwar allgemein. Die Vorschrift ist aber nicht an den widerstreitenden Interessen und Erfordernissen des Versicherungsrechts ausgerichtet.[4] 3

§ 213 geht als **Spezialnorm** der allgemeinen Regelung im BDSG vor, soweit sein Regelungsgehalt greift, d.h. wann, bei wem und unter welchen Voraussetzungen persönliche Gesundheitsdaten von einem VR bei einem Dritten erhoben werden dürfen und welche Rechte die versicherte Person insoweit hat. Hinsichtlich anderer Daten verbleibt es bei den Bestimmungen des BDSG. Das gilt insbesondere auch für die in ihm verankerten Regelungen über die Speicherung und Verarbeitung von Daten; der Anspruch auf Löschung unberechtigt erlangter Informationen wird von § 213 nicht berührt.[5] 4

---

[2] BVerfG 23.10.2006 VersR **2006** 1669 = RuS **2007** 29.

[3] Vgl. § 3 Abs. 9 BDSG; BVerfG 15.12.1983 BVerfGE **65** 1; BVerfG 4.4.2006 BVerfGE **115** 320; BVerfG 23.10.2006 VersR **2006** 1669; NJW **2008** 1435; BSG 10.12.2008, B 6 KA 37/07 (juris) (Abrechnung über Verrechnungsstelle); BGH 10.7.1991 BGHZ **115** 123 (Abrechnung über Verrechnungsstelle); *Weichelt* NJW **2004** 1695.

[4] Vgl. Langheid/Wandt/*Eberhardt*, § 213 Rn. 4 f.

[5] Vgl. Looschelders/Pohlmann/*Pohlmann*/*Wolf* § 213 Rn. 4; Prölss/Martin/*Voit* § 213 Rn. 7; Römer/Langheid/*Rixecker* § 213 Rn. 2; *Fricke* VersR **2009** 297.

5 § 213 ist am 1.1.2008 in Kraft getreten. Obwohl eine Übergangsregelung im EGVVG fehlt, hat die Norm auch für **Altverträge,** also Versicherungsverträge, die vor dem 1.1.2008 zustande gekommen sind, insofern Bedeutung, als sie die Anforderungen an die Erhebung personengebundener Gesundheitsdaten konkretisiert, die das Bundesverfassungsgericht in seinem Beschluss vom 23.10.2006[6] aus Art. 1 und 2 GG abgeleitet hat (näher Rn. 14). § 213 gilt für Altverträge nach Art. 1 Abs. 1 EGVVG zwar erst seit dem 1.1.2009 unmittelbar. Die Anforderungen des Verfassungsrechts an eine mit der Verfassung konforme Schweigerechtentbindungserklärung bestehen jedoch unabhängig von jeder versicherungsvertraglichen Regelung und gehen dieser auf Grund des Vorrangs des Verfassungsrechts vor. Ob eine Schweigepflichtentbindungserklärung in einem Altvertrag die Anforderungen des Verfassungsrechts wahrt, wie sie in dem Beschluss vom 23.10.2006 aufgezeigt worden sind, hat deshalb nichts mit dem Inkrafttreten des reformierten Versicherungsvertragsrechts zu tun. Entspricht die Schweigerechtentbindungserklärung den verfassungsrechtlichen Anforderungen nicht, ist sie nichtig.[7]

Daraus kann jedoch nicht geschlossen werden, dass die **Verwendung** von in der Vergangenheit auf der Grundlage der bis zum 1.1.2008 allgemein gebräuchlichen Schweigepflichtentbindungserklärung erhobenen personenbezogenen Gesundheitsdaten generell einem Verwertungsverbot unterläge.[8] Unter der Voraussetzung, dass sich die Datenerhebung im Rahmen des Wortlauts der Entbindungserklärung gehalten hat, muss das Schutzinteresse des Versicherten gegen das ebenfalls berechtigte Aufklärungsinteresse des VR abgewogen werden. Wenn die Schweigepflichtsentbindung nur zu weit gefasst und deshalb unwirksam war, folgt daraus dann jedenfalls kein Verwertungsverbot in Bezug auf die von dem VR erlangten Informationen über den Gesundheitszustand des Versicherten, wenn der VR auf die Rechtmäßigkeit der Schweigepflichtentbindung vertraut hat und die erlangten Informationen eine arglistige Täuschung durch unrichtige Beantwortung von Gesundheitsfragen bei der Anbahnung des Vertragsverhältnisses aufdecken. Vielmehr kann die insoweit gebotene Güterabwägung ergeben, wie der Bundesgerichtshof in seinem Urteil vom 28.10.2009 zutreffend betont hat, dass der VR weder unter dem Gesichtspunkt der unzulässigen Rechtsausübung (§ 242 BGB) an der Anfechtung des Versicherungsvertrages noch wegen eines prozessualen Verwertungsverbots an der Einführung der gewonnen Erkenntnisse in einen Rechtsstreit gehindert ist.[9] Maßgebend ist die Abwägung im Einzelfall.

II. Regelungsinhalt

6 § 213 VVG trägt dem Interessenkonflikt zwischen den berechtigten Interessen des VR und dem Schutzbedürfnis der versicherten Person dadurch Rechnung, dass die Vorschrift die **Modalitäten der Datenbeschaffung** bei einem **Dritten**, im Normalfall dem Behandler, aber auch bei Krankenkassen und anderen Institutionen, regelt. Was der Versicherte aus eigenem Entschluss selbst an personenbezogenen Gesundheitsdaten dem VR preisgibt, ist nicht Regelungsgegenstand und obliegt allein seiner persönlichen Entscheidung.

---

[6] BVerfG 23.10.2006 VersR **2006** 1669 = RuS **2007** 29 = ZfS **2007** 34 (mit Anmerkung *Rixecker*).

[7] Looschelders/Pohlmann/*Pohlmann*/*Wolf* § 213 Rn. 5; Prölss/Martin/*Rixecker* § 213 Rn. 8; HK VVG/*Muschner* § 213 Rn. 98; *Höra* RuS **2008**, 89, 93; *Schneider* VersR **2008**, 859; *Wolf* ZVersWiss **2009**, 35, 43.

[8] Prölss/Martin/*Rixecker* § 213 Rn. 8.

[9] BGH 28.10.2009 VersR **2010** 97; OLG Jena 22.6.2010 VersR **2011** 380.

Die Erhebung von Gesundheitsdaten bei Dritten setzt immer die Einwilligung der versicherten Person voraus und ist nur in beschränktem Umfang zulässig (Abs. 1). Sie bedarf der vorherigen Unterrichtung der versicherten Person, die ihr widersprechen kann (Abs. 2). Der Betroffene kann verlangen, dass in jedem Einzelfall seine Zustimmung eingeholt wird (Abs. 3). Seine Einwilligung ist nur rechtswirksam, wenn er zuvor über seine Rechte hinreichend belehrt worden ist (Abs. 4). **7**

Zu den für die Rechtsanwendung weiter bedeutsamen Fragen, etwa in welcher Form der Betroffene von der beabsichtigten Datenerhebung zu unterrichten ist, was es bedeutet, wenn er darauf nicht reagiert, welche Folgen ein Verstoß des VR gegen die ihm auferlegten Schranken der Einholung von Gesundheitsdaten hat und welche Folgen sich ergeben, wenn der VN die Einholung von Gesundheitsdaten ganz oder teilweise verweigert, schweigt das Gesetz. **8**

III. Entstehungsgeschichte

Die seit 1989 bis zum Inkrafttreten des reformierten VVG in der Versicherungswirtschaft nahezu einheitlich verwendete Schweigepflichtentbindungserklärung beruht auf einer Abstimmung zwischen den VR, den Obersten Datenschutzbehörden sowie dem damals zuständigen Bundesamt für Versicherungsaufsicht (BAV).[10] **9**

An ihrer Verwendung hat auch die am 24.10.1995 verabschiedete Europäische Datenschutzrichtlinie 95/46/EG[11] zunächst nichts geändert. Sie erklärt in Art. 8 die Erhebung von persönlichen Gesundheitsdaten grundsätzlich für unzulässig. Die Datenerhebung darf nur erfolgen, sofern die **10**

> *Verarbeitung erforderlich ist für die Erfüllung eines Vertrages, dessen Vertragspartei die betroffene Person ist, oder für die Durchführung vorvertraglicher Maßnahmen, die auf Antrag der betroffenen Person erfolgen.*

Die Richtlinie unterscheidet sowohl in ihren Formulierungen als auch in den Erwägungsgründen zwischen der Anbahnung des Vertragsverhältnisses und seiner Durchführung.[12] Die Umsetzung in deutsches Recht, die bis zum 24.10.1998 hätte abgeschlossen sein müssen, ist erst durch das „Gesetz zur Änderung des Datenschutzgesetzes (BDSG) und anderer Gesetze" vom 6.4.2001, in Kraft seit dem 23.5.2001[13], erfolgt.[14] Der in das BDSG eingefügte § 4a verlangt die Einwilligung des Betroffenen in Bezug auf eine **konkrete Datenerhebung**.

Aus Sicht der Mehrheit der Datenschutzbehörden in Bund und Ländern entsprach die seit 1989 verwendete Schweigepflichtentbindungserklärung deshalb weder der Europäischen Datenschutzrichtlinie noch § 4a BDSG. Im Fokus ihrer Bedenken stand, dass die Erklärung regelmäßig bereits im Antragsformular mit Geltung für die gesamte Vertragslaufzeit abzugeben ist, sich auch auf etwaige künftige Leistungsfälle und damit nicht auf **11**

---

[10] Vgl. VerBAV **1989** 345,346.

[11] Richtlinie 95/46/EG des Europäischen Parlaments und des Rates vom 24.Oktober 1995 zum Schutz natürlicher Personen bei der Verarbeitung personenbezogener Daten und zum freien Datenverkehr, Abl. 1995 I 281/31.

[12] *Egger* VersR **2012** 810, 814.

[13] BGBl. I 904 ff.

[14] In einigen Bundesländern wie Hessen, Brandenburg, Schleswig-Holstein, Nordrhein-Westfalen und Württemberg, ist eine mit der Richtlinie konforme Anpassung der jeweiligen Landesdatenschutzgesetze bereits zu früheren Zeitpunkten erfolgt.

konkrete Gesundheitsdaten bezieht.[15] Dem ist entgegen gehalten worden, jedem in einem Versicherungsverhältnis Betroffenen sei bewußt, dass er im Versicherungsfall mitwirken müsse, um dem VR eine den Vertragsbestimmungen entsprechende Leistungsbeurteilung zu ermöglichen. Die Ungewissheit, ob und wann ein Leistungsfall eintrete und welche personengebundenen Gesundheitsdaten dann zu prüfen seien, mache eine abstrakte Formulierung der Einwilligungserklärung zwingend notwendig.[16]

12 In seinem Urteil vom 28.2.2002 hat das OLG Celle die Ermächtigung in der Entbindungserklärung von der Schweigepflicht zu einem Lebensversicherungsvertrag mit Berufsunfähigkeitszusatzversicherung in der Form

> *Von allen Ärzten, Krankenhäusern und Krankenanstalten, bei denen ich in Behandlung war oder sein werde sowie von meiner Krankenkasse ... und von Versicherungsgesellschaften, Sozialversicherungsträgern, Behörden, derzeitigen und früheren Arbeitgebern erforderliche Auskünfte einzuholen. Die befragten Personen und Stellen entbinde ich hiermit ausdrücklich von ihrer Schweigepflicht ...*

mit der Begründung für unbedenklich erachtet, der VR bedürfe zur Feststellung des Versicherungsfalles Berufsunfähigkeit der umfassenden Mitwirkung der Betroffenen. Diese hatte in ihrem Leistungsantrag die Schweigepflichtentbindungserklärung gestrichen, dem VR jedoch angeboten, im Einzelfall ihre Zustimmung zur Dateneinholung zu erteilen. Der VR hatte daraufhin die begehrten Berufsunfähigkeitsleistungen abgelehnt. Nach Ansicht des OLG Celle war die angebotene Einholung der Zustimmung in jedem Einzelfall nicht gangbar. Sie würde zu einem unverhältnismäßig hohen Verwaltungsaufwand führen. Die Klage war deshalb abgewiesen worden.[17]

13 Trotz der zu diesem Zeitpunkt bereits kontrovers geführten Diskussion um die Rechtsmäßigkeit der seit 1989 üblichen Erklärung zur Schweigepflichtentbindung[18] enthalten weder der Abschlussbericht der von der Bundesregierung eingesetzten Kommission zur Reform des Versicherungsvertragsrechts vom 19.4.2004 noch der darauf fußende Referentenentwurf des Bundesjustizministeriums einen Regelungsvorschlag. Erst auf Drängen des Bundesbeauftragten für den Datenschutz und die Informationsfreiheit[19] findet sich im Regierungsentwurf des Gesetzes vom 13.10.2006 eine erste Wortfassung des § 213:

> *Die Erhebung personenbezogener Gesundheitsdaten durch den VR bei Dritten ist nur zulässig, soweit die Kenntnis der Daten für die Beurteilung des zu versichernden Risikos oder der Leistungspflicht erforderlich ist, die Daten bei einer der in § 203 Abs. 1 Nr. 1, 2 und 6 StGB genannten Personen erhoben werden und die betreffende Person im Einzelfall eine Einwilligung nach § 4a des Bundesdatenschutzgesetzes erteilt hat.*[20]

Danach sollte eine im voraus erteilte Schweigepflichtentbindungserklärung, wie sie seit 1989 allgemein üblich war, generell ausgeschlossen und die Datenerhebung auf einen eng begrenzten Personenkreis Dritter beschränkt sein.

---

[15] Z.B. Tätigkeitsbericht des Hamburgischen Datenschutzbeauftragten 2004/2005, S. 116; Hessischer Landtag Drucks. 16/4752 S. 25 f.

[16] Näher Langheid/Wandt/*Eberhardt* § 213 Rn. 7 ff.

[17] OLG Celle 28.2.2002 VersR **2004** 317.

[18] Vgl. etwa *Weichert* NJW **2004** 1695, 1700.

[19] Tätigkeitsbericht 2005 und 2006 des Bundesbeauftragten für den Datenschutz und die Informationsfreiheit, BTDrucks. 16/4950 S. 111 f.

[20] RegE vom 13.10.2006, BTDrucks. 16/3945, S. 40.

Die Wortfassung des § 213 im Regierungsentwurf ist auf Grund des wenige Tage später ergangenen Beschlusses des Bundesverfassungsgerichts vom 23.10.2006[21] nicht Gesetz geworden. 14

Gegenstand der Verfassungsbeschwerde war das Urteil des OLG Celle vom 28.2.2002 (vgl. Rn. 12). Das Bundesverfassungsrecht hat betont, dass das allgemeine Persönlichkeitsrecht die Befugnis des Einzelnen umfasse, über die Preisgabe und Verwendung seiner persönlichen Daten selbst zu bestimmen. Da die Vertragsbedingungen der VR praktisch nicht verhandelbar seien, dem Interesse des Betroffenen an informationeller Selbstbestimmung ein berechtigtes Offenbarungsinteresse des VR von gleichfalls erheblichem Gewicht gegenüberstehe und es auf Grund der Vielzahl denkbarer Fallgestaltungen dem VR nicht möglich sei, in einer Vertragsklausel alle Informationen zu beschreiben, auf die es ankommen könne, bestünden keine verfassungsrechtlichen Bedenken gegen eine generelle Schweigepflichtentbindungserklärung. Dem Recht auf informationelle Selbstbestimmung könne und müsse dann aber dadurch Rechnung getragen werden, dass der Betroffene entweder eine Mitteilung über die beabsichtigte Datenerhebung und eine Widerspruchsmöglichkeit erhält oder ihm die Gesundheitsdaten von der zu befragenden Stelle zur Weiterleitung an den VR zur Verfügung gestellt werden.

Im Regierungsentwurf konnten diese Grundsätze nicht mehr berücksichtigt werden. 15
Nach Anhörung des Bundesrates, der sich auf Grund der zeitlichen Enge einer Stellungnahme zu § 213 enthielt,[22] ist deshalb der **Rechtsausschuss** des Bundestages angerufen worden, der § 213 in Anlehnung an die Entscheidung des Bundesverfassungsgerichts modifizierte und ihm die dann Gesetz gewordene Fassung gab.[23] Soweit für die **Auslegung** der Norm der Wille des Gesetzgebers von Bedeutung ist, kann deshalb nicht auf die Begründung des Regierungsentwurfs mit seiner weit stringenteren Fassung der Vorschrift abgestellt werden. Maßgebend sind die Erwägungen im Rechtsausschuss.

B. § 213 Abs. 1

I. Normadressaten

§ 213 ist keiner spezifischen Versicherungssparte zugeordnet, sondern Teil der Schlussvorschriften des Versicherungsvertragsgesetzes. Die Norm gilt deshalb für **alle Arten** von Versicherungsverträgen mit Ausnahme der See- und der Rückversicherung (§ 209 VVG).[24] Auf Grund des Regelungsgehalts ist § 213 jedoch nur für solche Versicherungen von Bedeutung, in denen die Erhebung personengebundener Gesundheitsdaten zur Beurteilung eines Versicherungsantrags oder im Leistungsfall notwendig ist. Das sind vornehmlich alle Personenversicherungen, d.h. Lebens-, Berufsunfähigkeits-, Kranken- und Unfallversicherungen. 16

§ 213 regelt die Datenerhebung durch VR bei Dritten. Die Norm gilt auch für den Datenaustausch zwischen rechtlich selbständigen VR innerhalb eines Konzerns; diese sind Dritte im Sinne des Gesetzes. § 213 findet außerdem Anwendung, falls der VR einen medizinischen Beratungsdienst mit der Sachverhaltsermittlung bei Dritten beauftragt. Der medizinische Beratungsdienst leistet in diesem Fall dem VR lediglich Hilfe bei der

[21] BVerfG 23.10.2006 VersR **2006** 1669 = RuS **2007** 29 = ZfS **2007** 34 (mit Anmerkung *Rixecker*).

[22] BRDrucks. 707/1/06 vom 13.11.2006.

[23] BTDrucks. 16/5862 S. 135.

[24] Vgl. etwa Prölss/Martin/*Voit* § 213 Rn. 9.

Erfüllung von Aufgaben, die originär dem VR selbst obliegen. Die Auftragsdurchführung erfolgt gemäß Weisung und unter der Aufsicht und Verantwortung des VR. Soweit unter diesen Voraussetzungen von dem medizinischen Beratungsdienst Gesundheitsdaten erhoben werden, liegt eine Auftragsdatenverarbeitung im Sinne von § 11 BDSG vor.[25]

II. Geschützter Personenkreis

17 Verfügungsberechtigt über personengebundene Gesundheitsdaten ist der **Betroffene**, d.h. die Person, deren Gesundheitsdaten von dem VR bei einem Dritten erhoben werden sollen. Seine Einwilligung in die Datenerhebnung ist zwingend erforderlich. Betroffener ist im Versicherungsverhältnis bei einer Eigenversicherung regelmäßig der VN, bei einer Fremdversicherung der Versicherte bzw. die Gefahrperson.[26] Ausnahmsweise kann auch die Erhebung von personengebundenen Gesundheitsdaten eines Begünstigten notwendig werden, etwa dann, wenn in einer Lebensversicherung drei Kinder als Bezugsberechtigte für die Todesfallleistung eingesetzt sind und bestimmt ist, dass dann, wenn eines der Kinder bei Eintritt des Versicherungsfalles schwerbehindert im Sinne der gesetzlichen Bestimmungen sein sollte, dieses Kind statt einem Drittel die Hälfte der Versicherungsleistung erhalten soll.

18 Ob § 213 Anwendung für die notwendige Informationsbeschaffung des VR bei **Personenschäden** findet, die für den VN oder eine mitversicherte Person aus einem Versicherungsvertrag zu regulieren sind, etwa in der Kraftfahrzeug-, der Sach- oder der Haftpflichtversicherung, ist streitig. Regelmäßig bedarf es dazu der Einholung personengebundener Gesundheitsdaten, um den Umfang und die Höhe versicherter Schadenersatzansprüche feststellen zu können. Allerdings geht es nicht um die Gesundheitsdaten eines Versicherten, sondern die eines geschädigten Dritten.

Nach einer Ansicht kommen nur VN, versicherte Personen oder sonstige Gefahrpersonen als geschützter Personenkreis in Betracht. Die Stellung der Norm im Versicherungsvertragsgesetz und die Bezugnahme der Gesetzesmaterialien auf den Beschluss des Bundesverfassungsgericht vom 23.10.2006[27] schließe eine Erstreckung auf Personen außerhalb eines Versicherungsvertrages aus; der Schutz von deren personenbezogenen Gesundheitsdaten werde durch § 4a BDSG gewährleistet.[28]

Dem steht der Wortlaut von § 213 entgegen. Die Norm ist weder auf bestimmte Versicherungshältnisse beschränkt, noch beinhaltet sie eine Begrenzung auf versicherte Personen. § 213 ist im Rahmen seines Regelungsgehalts lex spezialis gegenüber den Bestimmungen des BDSG. Europarechtliche Bedenken sind nicht ersichtlich.[29] Weshalb die Gesundheitsdaten eines Geschädigten nach § 4a BDSG, der anders als § 213 generell die Einwilligung in konkrete Fragestellungen in Schriftform sowie einen Hinweis auf die Folgen verweigerter Einwilligung verlangt, strenger geschützt sein sollen als die eines Versicherten, erschließt sich nicht. Wenn der Geschädigte gemäß § 213 über die beabsichtigte

---

[25] Römer/Langheid/*Rixecker* § 213 Rn. 9; Prölss/Martin/*Voit* § 213 Rn. 23, **a.A.** Bach/Moser/*Kalis* Rn. 20.

[26] Vgl. etwa Prölss/Martin/*Voit* § 213 Rn. 10; Römer/Langheid/*Rixecker* § 213 Rn. 4.

[27] BVerfG 23.10.2006 VersR **2006** 1669 = RuS **2007** 29 = ZfS **2007** 34 (mit Anmerkung *Rixecker*).

[28] Langheid/Wandt/*Eberhardt* § 213 Rn. 24; Römer/Langheid/*Rixecker* § 213 Rn. 3.

[29] Vgl. Art 8 und 11 der Richtlinie 95/46/EG des Europäischen Parlaments und des Rates vom 24. Oktober 1995 zum Schutz natürlicher Personen bei der Verarbeitung personenbezogener Daten und zum freien Datenverkehr, Abl. 1995 I 281/31.

Informationseinholung unterrichtet werden muss, ihr widersprechen und eine von ihm etwa dem Sach- oder HaftpflichtVR bei Eintritt des Schadenfalles erteilte generelle Einwilligung jederzeit widerrufen kann, ist sein Recht auf informationelle Selbstbestimmung hinreichend gewahrt. Aus dem Beschluss des Bundesverfassungsgerichts vom 23.10.2006[30] lässt sich nichts dem Entgegenstehendes ableiten. Zwischen dem Geschädigten und dem hinter dem Schädiger stehenden VR besteht zwar kein Vertragsverhältnis. Der Geschädigte erteilt vor einem etwaigen Schadenfall auch keine generelle Schweigepflichtentbindung. Er befindet sich aber im Schadenfall in einer dem Versicherten bei Eintritt des Versicherungsfalles vergleichbaren Lage. Regelmäßig genügen bei Personenschäden Eigenangaben des Geschädigten nicht, um Bestehen und Umfang etwaiger Schadenersatzansprüche festzustellen und häufig ist der hinter dem Schädiger stehende VR der einzige, der diese erfüllen kann. Zur Feststellung der Ansprüche ist deshalb die Erhebung von Gesundheitsdaten über den Gesundheitszustand vor Eintritt des Schadenereignisses und die durch dieses eingetretenen Veränderungen sowie zur Beurteilung eines möglichen Zukunftsschadens bei Dritten zwingend erforderlich. Die Abwägung zwischen den berechtigten Interessen des von der Erhebung seiner Gesundheitsdaten Betroffenen und denen des mit der Regulierung eines Versicherungsfalles befassten VR hat das Bundesverfassungsgericht vorgenommen; sie ist in § 213 umgesetzt. Die Norm gilt wegen identischer Interessenlage deshalb auch für notwendige Erhebungen von Gesundheitsdaten bei einem Geschädigten, für dessen Schaden ein VR aus einem mit dem Schädiger begründeten Versicherungsverhältnis einzustehen hat, zumindest entsprechend.[31]

III. Personenbezogene Gesundheitsdaten

Was unter personenbezogenen Gesundheitsdaten zu verstehen ist, wird in § 213 nicht **19** definiert. Der Begriff ist enger als die in § 3 Abs. 1 BDSG verwendete Bezeichnung ‚personenbezogene Daten'. Personenbezogene Gesundheitsdaten sind nur solche über den Gesundheitszustand einer einzelnen natürlichen Person, seine Entwicklung, die erfolgte und vorgesehene weitere Medikation und die sonstige Behandlung sowie der aktuelle Behandlungsstand, die etwaige Genesung und das Genesungsdatum.[32] Zu den Angaben über den Gesundheitszustand gehören auch etwaige Röntgenbilder, MRT's, Krankenhaus- und Reha-Entlassungsberichte usw.

IV. Zulässige Datenquellen

§ 213 nennt als zulässige Datenquellen Ärzte, Krankenhäuser, sonstige Krankenanstal- **20** ten, Pflegeheime und Pflegepersonen, andere PersonenVR und gesetzliche Krankenkassen sowie Berufsgenossenschaften und Behörden.

Ärzte im Sinne von § 213 sind alle unter § 2 BOÄ fallenden approbierten Personen. **21** Dazu gehören Heilpraktiker, Psycho- und Physiotherapeuten sowie Diplom-Psychologen nicht.[33] Ob deshalb die Erhebung personengebundener Gesundheitsdaten durch den VR

30 BVerfG 23.10.2006 VersR **2006** 1669 = RuS **2007** 29 = ZfS **2007** 34 (mit Anmerkung *Rixecker*).

31 So auch Prölss/Martin/*Voit* § 213 Rn. 10.

32 Vgl. Looschelders/Pohlmann/*Pohlmann*/*Wolf* § 213 Rn. 7; HK VVG/*Muschner* § 213 Rn. 12; Simitis/*Simitis* § 3 Rn. 260.

33 Looschelders/Pohlmann/*Pohlmann*/*Wolf* § 213 Rn. 6.

bei Angehörigen dieser Heilberufe ausgeschlossen ist, erscheint zweifelhaft (näher dazu nachfolgend unter Rn. 27 ff.).

22 Ob unter den Begriff der **sonstigen Krankenanstalten** auch Rehabilitationseinrichtungen fallen, ist zweifelhaft. Nach allgemeinem Sprachgebrauch werden unter Krankenanstalten nur solche Einrichtungen verstanden, in denen Patienten aufgenommen, medizinisch behandelt und verpflegt werden. Dem allgemeinen Sprachgebrauch entspricht die Definition in § 107 SGB V. Wenn Rehabilitationseinrichtungen diese Voraussetzungen nicht erfüllen, soll die unmittelbare Datenerhebung durch den VR trotz Einwilligung des Betroffenen nicht möglich sein, sondern nur in der Weise erfolgen können, dass der Betroffene die Behandlungsdaten selbst weitergibt.[34] Auch diese Differenzierung überzeugt nicht wirklich (näher dazu nachfolgend unter Ziffer 5).

23 Nach § 19 SGB XI sind **Pflegepersonen** nur solche, die nicht erwerbsmäßig einen Pflegebedürftigen pflegen. Da ein Großteil der Pflegeleistungen von überwiegend gewerblich tätigen stationären und ambulanten Pflegeeinrichtungen (§ 71 SGB XI) erbracht werden, sind deren Mitarbeiter ebenfalls Pflegepersonen im Sinne von § 213.[35] Ob dazu auch pflegende Angehörige des Betroffenen gehören,[36] erscheint fraglich. Sie können zwar Pflegeperson gemäß § 19 SGB XI sein. Die Erhebung von Gesundheitsdaten bei einem Pflegebedürftigen erfolgt jedoch über dessen Personensorgeberechtigten als seinem gesetzlichen Vertreter.[37]

24 Was das Gesetz unter einem **anderen PersonenVR** versteht, lässt § 213 offen. Zweifelsfrei sind dies nach allgemeiner Ansicht Lebens-, Kranken-, Berufsunfähigkeits- und UnfallVR, auch wenn der Begriff „Personenversicherung" an sich dem Versicherungsvertragsgesetz fremd ist. Gesundheitsdaten müssen aber, vor allem bei Personenschäden, zwingend auch in anderen Versicherungssparten von den VR im Zusammenhang mit entsprechenden Leistungsfällen erhoben werden, etwa in der Sach-, der Kraftfahrzeug- und der Haftpflichtversicherung. Deshalb schlossen die in der Vergangenheit allgemein üblichen Erklärungen auch solche VR in die Schweigepflichtentbindung ein. An der bisher gängigen Praxis wollte der Gesetzgeber nichts ändern.[38] Entgegen einer vereinzelt vertretenen Ansicht[39] muss § 213 Abs. 1 deshalb dahin ausgelegt werden, dass der Rechtsbegriff ‚andere PersonenVR' alle VR umfasst, bei denen zulässig erhobene personengebundene Gesundheitsdaten vorliegen.[40] Nur so kann dem verfassungsrechtlich anerkannten Offenbarungsinteresse der VR und den dahinter stehenden Interessen der Versichertengemeinschaft genügt werden. Der Schutz des informationellen Persönlichkeitsrechts des von der Datenerhebung Betroffenen ist durch das Einwilligungserfordernis und die Widerspruchsmöglichkeiten sowie die Belehrungspflicht gewahrt.

25 Zu den **gesetzlichen Krankenkassen** müssen auch die gesetzlichen Pflegekassen gezählt werden.[41] Unterschiede in der Interessenlage, sowohl auf seiten des Betroffenen als auch des VR, sind nicht ersichtlich, zumal § 213 ausdrücklich die Datenerhebung bei Pflegeeinrichtungen erlaubt. Privatärztliche Verrechnungsstellen können dagegen nicht als gesetzliche Krankenkasse angesehen werden.[42]

---

[34] Langheid/Wandt/*Eberhardt* § 213 Rn. 43; Beckmann/Matusche-Beckmann/*Rixecker* § 46 Rn. 184.

[35] Langheid/Wandt/*Eberhardt* § 213 Rn. 41.

[36] So Prölss/Martin/*Voit* § 213 Rn. 17.

[37] Langheid/Wandt/*Eberhardt* § 213 Rn. 46.

[38] BTDrucks. 16/5862 S. 100.

[39] Vgl. Schwintowski/Brömmelmeyer/*Klär* § 213 Rn. 12; zweifelnd Prölss/Martin/*Voit* § 213 Rn. 20.

[40] So zutreffend Langheid/Wandt/*Eberhardt* § 213 Rn. 40.

[41] Langheid/Wandt/*Eberhardt* § 213 Rn. 44.

[42] Prölss/Martin/*Voit* § 213 Rn. 21.

Als Behörde im Sinne der gesetzlichen Regelung sind auch die deutschen **Auslandsvertretungen** anzusehen, deren Assistenz bei Versicherungs- und Schadenfällen im Ausland im Rahmen ihrer Zuständigkeit unverzichtbar ist.[43] 26

V. Andere Datenquellen

Nach § 213 Abs. 1 Hs. 1 darf die Erhebung personengebundener Gesundheitsdaten nur bei Ärzten, Krankenhäusern, sonstigen Krankenanstalten, Pflegeheimen und Pflegepersonen, anderen PersonenVR und gesetzlichen Krankenkassen sowie Berufsgenossenschaften und Behörden erfolgen. Nicht aufgeführt sind Heilpraktiker, Physio- bzw. Psychotherapeuten und Diplom-Psychologen. Die Angehörigen dieser Heilberufe sind weder Ärzte noch Pflegepersonen im Sinne des Gesetzes. Auch Rehabilitationseinrichtungen sind nicht genannt und lassen sich nur teilweise den sonstigen Krankenanstalten zuordnen. 27

Ob die Aufzählung der Datenquellen in § 213 Abs. 1 **abschließend** ist oder durch den VR mit Einwilligung des Betroffenen auch bei anderen Heilbehandlern oder Einrichtungen des Gesundheitswesens Auskünfte eingeholt werden dürfen, ist streitig.

Nach einer verbreiteten Meinung[44] ist die Erhebung personengebundener Gesundheitsdaten bei anderen Heilbehandlern oder Institutionen als den aufgeführten unzulässig. Zur Begründung wird auf den Wortlaut der Vorschrift verwiesen. Der Gesetzgeber habe den Kreis zulässiger Datenquellen ausdrücklich durch die Worte „nur bei" abschließend begrenzt. Eine Datenerhebung durch den VR bei Heilpraktikern, Physio- und Psychotherapeuten, Diplom-Psychologen oder Rehabilitationseinrichtungen ist danach unzulässig. Von ihnen benötigte Auskünfte muss der VR über den Betroffenen anfordern und sich von ihm selbst übergeben lassen. 28

Die Datenerhebung bei in § 213 Abs. 1 nicht aufgeführten Dritten ist nach dieser Ansicht nur in Bezug auf Aussagen und Wahrnehmungen zulässig, die selbst keine Angaben zum Gesundheitszustand enthalten, sondern lediglich den Schluss auf einen solchen Zustand zulassen, wie etwa in der Lebensversicherung die Befragung Angehöriger nach Anzeichen suizidaler Absichten des Versicherten oder bei einem Unfallgeschehen Fragen nach einer etwaigen Alkoholisierung des Schädigers.[45]

Nach anderer Ansicht enthält § 213 Abs. 1 eine **planwidrige Regelungslücke.**[46] Die Regelungslücke besteht, weil etwa in der Krankheitskostenversicherung regelmäßig Kostenerstattung bei Behandlung durch Heilpraktiker, in bestimmten Umfang auch durch Physio- und Psychotherapeuten versichert ist und der Versicherungsschutz im Basistarif Rehabilitationsmaßnahmen umfasst. Der KrankheitskostenVR ist deshalb zwingend auf die Auskunftserhebung bei diesen Heilbehandlern angewiesen. Dass die Regelungslücke planwidrig ist, belegen die Gesetzesmaterialien. In dem Regierungsentwurf waren Beschränkungen des Informantenkreises nicht enthalten.[47] Ziel der auf Betreiben des Rechtsausschusses erfolgten Änderung des Entwurftextes war nicht eine 29

[43] Langheid/Wandt/*Eberhardt* § 213 Rn. 45; Prölss/Martin/*Voit* § 213 Rn. 22.

[44] So aber Looschelders/Pohlmann/*Pohlmann/Wolf* § 213 Rn. 6; HK VVG/*Muschner* § 213 Rn. 14; Schwintowski/Brömmermeyer/*Klär* § 213 Rn. 12.

[45] So Prölss/Martin/*Voit* § 213 Rn. 18.

[46] Römer/Langheid/*Rixecker* § 213 Rn. 10; Prölss/Martin/*Voit* § 213 Rn. 16; Langheid/Wandt/*Eberhardt* § 213 Rn. 36; *Schleifenbaum* 166.

[47] RegE vom 13.10.2006, BTDrucks. 16/3945 S. 40.

Verschärfung der Norm, sondern deren Anpassung an die Vorgaben des Bundesverfassungsgerichts[48] unter Berücksichtigung des Offenbarungsinteresses der VR.[49]

§ 213 ist verfassungskonform auszulegen. Wird die Datenerhebung bei anderen als den ausdrücklich in der Vorschrift aufgeführten Heilbehandlern und Institutionen als unzulässig erachtet, ist dadurch die grundrechtlich auch geschützte Freiheit des Einzelnen (Art. 2 GG) eingeschränkt, persönliche Informationen zu offenbaren.[50] Eingeschränkt wird auch die Berufsfreiheit des VR (Art. 12 GG), wenn ihm die Einholung benötigter Gesundheitsdaten zumindest erschwert wird. Eingriffe des Gesetzgebers in grundgesetzrechtlich geschützte Rechte bedürfen immer eines besonderen öffentlichen Interesses. Gerechtfertigt sind sie deshalb unter anderem, wenn in einem Vertragsverhältnis ein Partner ein solches Gewicht hat, dass er den Vertragsinhalt faktisch einseitig bestimmen kann. Dann ist es Aufgabe des Rechts, auf die Wahrung der Grundrechtspositionen beider Vertragspartner hinzuwirken, um zu verhindern, dass sich für einen Vertragsteil die Selbstbestimmung in eine Fremdbestimmung verkehrt.[51] Weshalb die Einholung von Gesundheitsdaten bei einem approbierten Arzt unter den in § 213 genannten Voraussetzungen zulässig ist und bei einem Heilpraktiker unzulässig sein soll, erschließt sich jedoch nicht. Die Interessenlage ist sowohl auf Seiten des Betroffenen als auch der des VR identisch. Ein grundgesetzkonformes Verständnis von § 213 Abs. 1 erfordert deshalb die Zulässigkeit der Informationseinholung bei allen Behandlern des Betroffenen, sofern dieser einwilligt.[52]

VI. Erhebung von Daten

30 Unter der Erhebung von Daten eines Betroffenen ist gemäß der Legaldefinition in § 3 Abs. 3 BDSG deren **Beschaffung von einem Dritten** zu verstehen.[53]

31 An der Beschaffung von einem Dritten fehlt es, wenn der VR auf Gesundheitsdaten zurückgreift, die sich aus früheren Anträgen oder Leistungsfällen in seinen Archiven befinden.[54] Dasselbe gilt, wenn der VR im Innenverhältnis Gesundheitsdaten übernimmt, die ein von ihm mit der Antrags- oder Leistungsprüfung beauftragter medizinischer Beratungsdienst zulässigerweise ermittelt hat, sofern der medizinische Beratungsdienst unter den strengen Voraussetzungen des § 11 BDSG als Auftragsdatenverarbeiter anzusehen ist, mithin auf Grund eines schriftlichen Auftrags des VR quasi als externer Mitarbeiter des VR handelt und in vollem Umfang dessen Weisungsrecht unterliegt. Der VR ist in einem solchen Vertragsverhältnis allein und umfassend für die Einhaltung aller datenschutzrechtlichen Bestimmungen verantwortlich.[55]

32 Der **Begriff des Beschaffens** setzt ein zielgerichtetes Handeln des VR voraus. Daran fehlt es, wenn der VR Gesundheitsdaten des Betroffenen ohne eigenes Zutun erhält,[56]

---

[48] BVerfG 23.10.2006 VersR **2006** 1669 = RuS **2007** 29 = ZfS **2007** 34.

[49] BTDrucks. 16/5862 S. 135.

[50] BVerfG 23.10.2006 VersR **2006** 1669, 1671 (unter Ziffer 32).

[51] BVerfG 23.10.2006 VersR **2006** 1669, 1671 (unter Ziffer 32).

[52] Vgl. Römer/Langheid/*Rixecker* § 213 Rn. 10; Prölss/Martin/*Voit* § 213 Rn. 16; Langheid/Wandt/*Eberhardt* § 213 Rn. 36; *Schleifenbaum* 166.

[53] Simitis/*Simitis* § 3 BDSG Rn. 102.

[54] Langheid/Wandt/*Eberhardt* § 213 Rn. 31; Prölss/Martin/*Voit* § 213 Rn. 14; Simitis/*Simitis* § 3 BDSG Rn. 102.

[55] Langheid/Wandt/*Eberhardt* § 213 Rn. 31; Prölss/Martin/*Voit* § 213 Rn. 14; Simitis/*Simitis* § 11 BDSG.

[56] Simitis/*Simitis* § 3 BDSG Rn. 102.

etwa dadurch, dass ein verärgerter Nachbar dem KrankentagegeldVR mitteilt, der dort Versicherte brüste sich damit, Krankentagegeld zu erhalten, obwohl er tatsächlich arbeite. Zufällig erlangte oder dem VR aufgedrängte Gesundheitsdaten sind nicht erhoben, für derartige Daten gilt § 213 nicht.

Dies trifft jedoch nicht auf Gesundheitsdaten des Betroffenen zu, die der VR infolge einer vertraglichen Vereinbarung oder sonstigen Absprache mit einem potentiellen Informanten erlangt. Ist dieser nicht Auftragsdatenverarbeiter im Sinne von § 11 BDSG, gilt § 213 uneingeschränkt.[57]

VII. Erforderlichkeit der Datenerhebung

Personenbezogene Gesundheitsdaten dürfen von dem VR nur erhoben werden, wenn **33** ihre Kenntnis erforderlich ist, wobei die Erforderlichkeit im Hinblick auf die Beurteilung des zu übernehmenden Risikos oder der Leistungspflicht aus einem bestehenden Versicherungsvertrag bestehen muss. Zu anderen Zwecken, etwa zur Überprüfung übernommener Risiken innerhalb eines bestehenden Versichertenkollektivs, ist die Datenerhebung unzulässig.

Ob und welche personenbezogenen Gesundheitsdaten allgemein für die Beurteilung **34** des zu übernehmenden Risikos erforderlich sind, wird in den Gesundheitsfragen des Versicherungsantrags (§ 19 Abs. 1) konkretisiert. Deren Formulierung beruht auf den Annahmerichtlinien des VR für das angetragene Vertragsverhältnis. Die nachgefragten Gesundheitsdaten müssen gefahrerheblich sein. Eine generelle Aussage darüber, welche Gesundheitsdaten des zu Versichernden der VR benötigt, um über die Annahme des Versicherungsantrags zu entscheiden, ist nicht möglich. Die Erforderlichkeit differiert je nach Vertragstyp und auch nach den keineswegs immer identischen Annahmerichtlinien der einzelnen VR und der Gewichtung bestimmter Gesundheitsstörungen in diesen.[58]

Auf die in dem Versicherungsantrag enthaltenen Fragen des VR findet § 213 keine Anwendung. Die Fragen richten sich nicht an einen Dritten, sondern an den Versicherten selbst. Dessen Eigenangaben genügen jedoch nicht immer, um dem VR nach dessen Annahmerichtlinien eine Entscheidung darüber zu ermöglichen, ob der Vertrag zu normalen Bedingungen, mit einem Beitragszuschlag, dem Ausschluss einer bestimmten Gesundheitsstörung aus dem Versicherungsschutz oder überhaupt nicht angenommen werden kann. Grund können unklare oder widersprüchliche Angaben sein, die eine Nachfrage notwendig machen, aber auch die Nennung einer bestimmten Gesundheitsstörung, die je nach ihrem Schweregrad zu einer unterschiedlichen Annahmeentscheidung führt. Bestimmte Angaben indizieren zudem ein erhöhtes Risiko. Dann ist regelmäßig die Befragung von Ärzten und anderen Heilbehandlungspersonen erforderlich.

Die detaillierte Erhebung personengebundener Gesundheitsdaten ist in nahezu allen **35** Leistungsfällen der Personenversicherung, aber auch in der Sach- und Haftpflichtversicherung[59] unumgänglich, um den Eintritt des Versicherungsfalles und Höhe sowie Umfang der Leistungspflicht beurteilen zu können. In der Lebensversicherung ist etwa bei Selbsttötung die Frage relevant, ob der Suizid in einem Zustand des Ausschlusses der

[57] Langheid/Wandt/*Eberhardt* § 213 Rn. 32; Prölss/Martin/*Voit* § 213 Rn. 14.

[58] Vgl. im Einzelnen die Kommentierung zu § 19 VVG.

[59] Näher dazu oben Rn. 18.

freien Willensbestimmung begangen wurde. In der Berufsunfähigkeitsversicherung muss ermittelt werden, welche Teiltätigkeiten seiner bisherigen Berufstätigkeit der Versicherte aus medizinischen Gründen überhaupt nicht mehr oder nur noch eingeschränkt auszuüben vermag bzw. ob – im Nachprüfungsverfahren – gegenüber dem Gesundheitszustand im Zeitpunkt des Leistungsanerkenntnisses eine Verbesserung eingetreten ist und welches Ausmaß diese hat. In der Krankenversicherung sind vielfach Fragen der medizinischen Notwendigkeit von Behandlungsmaßnahmen sowie eines etwaigen Übermaßes zu beurteilen. In der Unfallversicherung ist häufig streitig, ob und in welchem Ausmaß eine dauerhafte Invalidität eingetreten ist. Dies sind nur einige wenige Beispiele. In allen ist die Erhebung personengebundener Gesundheitsdaten erforderlich.

36 Bei Anfechtung des Versicherungsvertrages wegen arglistiger Täuschung (§ 22) ist dieser von Anfang an nichtig. Es besteht keine Leistungspflicht des VR aus einem eingetretenen Versicherungsfall. Dies gilt auch, in den Grenzen des § 21, bei einem gerechtfertigten Rücktritt wegen vorsätzlicher oder grob fahrlässiger Verletzung der vorvertraglichen Anzeigepflicht (§ 19 Abs. 2 VVG). Bei einfacher Fahrlässigkeit oder fehlendem Verschulden kann der VR den Vertrag kündigen (§ 19 Abs. 3). Soweit Rücktritt oder Kündigung gemäß § 19 Abs. 4 ausgeschlossen sind, kommt eine Anpassung der Vertragsbedingungen in Betracht. Da durch diese dem VR bei Verletzung der vorvertraglichen Anzeigepflicht zustehenden Rechte die Leistungspflicht entfällt oder modifiziert wird, erstreckt sich das berechtigte Aufklärungsinteresse des VR nach allgemeiner Ansicht[60] zu Recht auch auf Gesundheitsdaten des Versicherten im Zeitpunkt des Vertragsabschlusses in dem im Versicherungsantrag nachgefragten Zeitraum. Zu fordern ist aber ein Anfangsverdacht im Hinblick auf eine mögliche Anzeigepflichtverletzung. Ohne einen solchen sind Ermittlungen „ins Blaue hinein" nicht zu rechtfertigen.[61] Liegt ein konkreter Anfangsverdacht vor, ist die Erhebung von Gesundheitsdaten auch insoweit erforderlich.

37 Welche Erhebungen im Einzelnen erforderlich sind oder waren, unterliegt in vollem Umfang der richterlichen Überprüfung.[62] Nach Sinn und Zweck von § 213, der in dem verfassungsrechtlich gebotenem Maße die Schranken des legitimen Offenbarungsinteresses der VR gegenüber dem informationellen Selbstbestimmungsrecht des Betroffenen abgrenzt, kann nicht maßgebend sein, was der VR aus seiner Sicht für erforderlich ansieht.[63] Entscheidend ist ein objektiver Maßstab.[64] Dieser richtet sich an dem Deckungsumfang des Versicherungsvertrages, den Annahmerichtlinien des VR, der Beschreibung des Versicherungsfalles in den Allgemeinen Versicherungsbedingungen und der daraus resultierenden Notwendigkeit zur Erhebung von Gesundheitsdaten aus.[65] Im Streitfall trifft den VR insoweit eine sekundäre Darlegungslast,[66] denn der anspruchserhebende VN kennt die Annahme- und Beurteilungsrichtlinien des VR nicht.

---

60 Statt vieler Prölss/Martin/*Voit* § 213 Rn. 29 m.w.N.

61 Vgl. (zum Einsatz eines Ermittlers) BGH 18.7.2007, IV ZR 129/06 (juris).

62 BVerfG 23.10.2006 VersR **2006** 1669, 1671 f.; Prölss/Martin/*Voit* § 213 Rn. 26.

63 So aber Langheid/Wandt/*Eberhardt* § 213 Rn. 49 unter Verweis auf BGH RuS **2006** 185, 186.

64 Prölss/Martin/*Voit* § 213 Rn. 26; *Neuhaus/Kloth* NJW **2009** 1707.

65 Prölss/Martin/*Voit* § 213 Rn. 26.

66 Siehe im Einzelnen die Kommentierung zu § 19 VVG.

VIII. Grundsätzliches zur Einwilligung des Betroffenen

Die Erhebung personengebundener Gesundheitsdaten bei einer der nach Abs. 1 Hs. 1 zulässigen Datenquellen bedarf zwingend der Einwilligung des Betroffenen. Darunter ist die **vorherige Zustimmung** des Betroffenen zur Datenerhebung zu verstehen (§ 183 BGB). 38

Die Einwilligung ist von der Schweigepflichtentbindung zu unterscheiden. Die Einwilligung beinhaltet die Ermächtigung des VR zur Erhebung personengebundener Gesundheitsdaten, die Schweigepflichtentbindung befreit die Auskunftsperson von ihrer Schweigepflicht.

1. Rechtsnatur der Einwilligung

Ob es sich bei der Einwilligung um eine einseitige rechtsgeschäftliche Erklärung, um eine rechtsgeschäftsähnliche Erklärung oder einen Realakt handelt, ist streitig.[67] Da die VR ohne Einwilligung des Betroffenen nicht ermächtigt sind, bei einem Dritten Gesundheitsdaten zu erheben, ist die Einwilligung zweifelsohne mehr als ein Realakt, da sie mit einer Rechtsfolge verbunden ist. Andererseits ist ihre Rechtswirkung nicht mit derjenigen typischer einseitiger rechtsgeschäftlicher Erklärungen wie Anfechtung, Rücktritt oder etwa einer Kündigung vergleichbar. Die Einwilligung gestaltet nicht ein Rechtsverhältnis um, sondern ähnelt Handlungen wie Mahnung oder Fristsetzung. Entsprechend kann die Einwilligung des Betroffenen nicht als einseitige rechtsgeschäfliche Erklärung qualifiziert werden, sondern ist eine rechtsgeschäftsähnliche Handlung.[68] 39

2. Form der Einwilligung

§ 213 VVG schweigt darüber, wie die Einwilligung zu erteilen ist. Daraus kann entgegen einer Mindermeinung[69] nicht geschlossen werden, § 213 VVG enthalte eine Regelungslücke, die durch die allgemeine Regelung in § 4a Abs. 1 S. 3 BDSG – Schriftformerfordernis – zu schließen sei. Denn wenn § 213 VVG eine spezialgesetzliche Regelung ist und in seinem Regelungsumfang dem BDSG vorgeht, muss dies auch für das in der Vorschrift fehlende Formerfordernis gelten.[70] Dies umso mehr, als dass das reformierte VVG in seinen Bestimmungen weitestgehend von dem früheren Schriftformerfordernis Abstand genommen hat. Die Einwilligung kann deshalb auch in Textform, dem Regelformerfordernis des neuen VVG, erteilt werden. Die Begriffsbestimmung in Art. 2 lit. h der Datenschutzrichlinie[71] definiert als Einwilligung der betroffenen Person jede Willensbekundung, die ohne Zwang, für den konkreten Fall und in Kenntnis der Sachlage erfolgt und mit der die betroffene Person akzeptiert, dass personenbezogene Daten, die sie betreffen, verarbeitet werden. Ob auch eine mündlich erteilte[72] oder konkludente Einwilligung ausreicht, ist mit Rücksicht auf Art. 8 Abs. 2 lit. a der Richtlinie zweifel- 40

67 Übersicht bei Simitis/*Simitis* § 4a Rn. 20.

68 Prölss/Martin/*Voit* § 213 Rn. 33.

69 *Fricke* VersR **2009** 297, 299; *Neuhaus/Kloth* NJW **2009** 1707, 1709.

70 Im Ergebnis so auch Langheid/Wandt/*Eberhardt* § 213 Rn. 51; Prölss/Martin/*Voit* § 213 Rn. 36; HK VVG/*Muschner* § 213 Rn. 20.

71 Richtlinie 95/46/EG des Europäischen Parlaments und des Rates vom 24.Oktober 1995 zum Schutz natürlicher Personen bei der Verarbeitung personenbezogener Daten und zum freien Datenverkehr, Abl. 1995 I 281/31.

72 So HK VVG/*Muschner* § 213 Rn. 20.

haft, da dort in Bezug auf Gesundheitsdaten nicht nur einfach eine Einwilligung, sondern explizit eine ‚ausdrückliche' Erklärung des Betroffenen verlangt wird.

Schon um nachweisen zu können, dass die Erhebung personenbezogener Gesundheitsdaten durch die Einwilligung des Betroffenen gedeckt war, empfiehlt sich für die VR, die Einwilligung des Betroffenen schriftlich oder in Textform einzuholen. Denn beweispflichtig sind sie (vgl. nachfolgend Rn. 47).

3. Fehlende oder beschränkte Geschäftsfähigkeit

41 Streitig ist, inwieweit eine Einwilligung von einem geschäftsunfähigen oder nur beschränkt geschäftsfähigen Betroffenen rechtswirksam erteilt werden kann. Nach einer Ansicht ist für die Einwilligung volle Geschäftsfähigkeit erforderlich, so dass die Einwilligung von dem Personensorgeberechtigten erteilt werden muss.[73] Geschäftsfähigkeit bedeutet die grundsätzlich jedem Menschen zukommende Fähigkeit, Rechtsgeschäfte selbständig vollwirksam vorzunehmen.[74] Anders als bei Rechtsgeschäften, bei denen regelmäßig Vermögensinteressen im Vordergrund stehen, bezweckt das Einwilligungserfordernis jedoch den Schutz höchstpersönlicher Daten. Wenn die Einwilligung kein Rechtsgeschäft, sondern eine rechtsgeschäftsähnliche Handlung ist, kann es deshalb nicht auf Geschäftsfähigkeit ankommen, sondern auf die persönliche Einsichtsfähigkeit. Dies ist bei geschäftsähnlichen Handlungen mit starkem höchstpersönlichem Einschlag wie etwa der Einwilligung zu Freiheitsbeschränkungen, zu ärztlichen Eingriffen oder dem Verzicht auf ärztliche Aufklärung anerkannt[75]; gleiches gilt für das Recht am eigenen Bild.[76] Für die Einwilligung zur Einholung von Gesundheitsdaten kann nichts anderes gelten. Der Betroffene muss die Tragweite seiner Entscheidung, dem VR zu gestatten, bei einem Dritten höchstpersönliche Gesundheitsdaten einzuholen, übersehen können. Dass diese Einsichtsfähigkeit nicht von starren Altersgrenzen abhängig ist[77], zeigt auch ein Blick auf § 828 Abs. 3 BGB. Danach ist die schadenersatzrechtliche Verantwortlichkeit eines noch nicht Volljährigen davon abhängig, ob er die zur Erkenntnis der Verantwortlichkeit erforderliche Einsicht hatte. Es kommt folglich auf die in jedem konkreten Fall zu prüfende Einsichtsfähigkeit an.[78]

Lag Einsichtsfähigkeit des Betroffenen zunächst nicht vor und hat deshalb der Personensorgeberechtigte für diesen eine Einwilligung gegeben, wird diese nicht dadurch obsolet, dass der Betroffene volljährig wird. Volljährigkeit bedeutet zwar, dass das Personensorgerecht als solches endet. Damit ist aber nicht die Rechtsfolge verbunden, dass für ihn rechtswirksam von dem Personensorgerechtsberechtigten abgegebene Erklärungen unwirksam würden. Der ehemals Minderjährige ist durch die in § 213 Abs. 2 VVG normierte Unterrichtungspflicht und sein dort ebenfalls verankertes Widerspruchsrecht hinreichend geschützt.[79]

---

[73] MüKo/*Schmitt* § 105 BGB Rn. 21 ff.

[74] Palandt/*Ellenberger* Einführung vor § 105 Rn. 2.

[75] Palandt/*Ellenberger* Überblick vor § 104 Rn. 8.

[76] OLG Karlsruhe 31.3.1983 FamRZ **1983** 742; anders OLG Düsseldorf 29.5.1984 FamRZ **1984** 1222.

[77] BGH 5.12.1958 BGHZ **29** 33 = VersR **1959** 308; BGH 2.12.1963 VersR **1964** 337; *Fricke* VersR **2009** 297, 298 m.w.N.

[78] *Fricke* VersR **2009** 297, 298, Fn. 20.

[79] Prölss/Martin/*Voit* § 213 Rn. 35; anderer Ansicht *Weichert* NJW **2004** 1695, 1697.

4. Anfechtbarkeit

Gleichgültig, ob die Einwilligung als Rechtsgeschäft oder rechtsgeschäftsähnliche Handlung qualifiziert wird, ist sie unmittelbar oder jedenfalls wegen ihrer Nähe zu Rechtsgeschäften[80] wegen Irrtums oder arglistiger Täuschung nach §§ 119, 123 BGB anfechtbar. **42**

5. Teilweise Einwilligung

Die Einwilligung kann unabhängig von ihrer rechtlichen Qualifikation als Rechtsgeschäft oder rechtsgeschäftähnliche Handlung auch nur teilweise erteilt werden, etwa im Hinblick auf die Einholung von Gesundheitsdaten bei den Ärzten A, B und C, nicht aber bei dem Arzt D. § 213 VVG gibt dem Betroffenen das verfassungsmäßig garantierte Recht, über seine persönlichen Gesundheitsdaten und deren Preisgabe an einen VR zu entscheiden. Dieses Recht kann deshalb nicht auf „alles oder nichts" beschränkt sein. Eine ganz andere und davon unabhängige Frage ist, welche Rechtsfolgen aus einer teilweisen Verweigerung der Einwilligung gezogen werden können. Dazu schweigt das Gesetz, wie es überhaupt zu den Rechtsfolgen einer verweigerten Einwilligung schweigt. **43**

Die Gründe für eine teilweise verweigerte Einwilligung können von persönlicher Willkür bis zu nachvollziehbaren Bedenken des Betroffenen reichen. Nachvollziehbar wäre etwa, dass der Betroffene aus ganz anderen Gründen als dem akuten Versicherungsfall, zu dessen Klärung Gesundheitsdaten eingeholt werden müssen, mit dem Arzt, bei dem Gesundheitsdaten eingeholt werden sollen, im Streit liegt und deshalb eine nicht objektive Beantwortung befürchtet. Die teilweise Verweigerung der Einwilligung zur Erhebung von Gesundheitsdaten lässt für sich allein jedenfalls den Schluß nicht zu, der Betroffene wolle etwa eine Verletzung der vorvertraglichen Anzeigepflicht verschleiern.

6. Tod des Betroffenen

Das Recht, einen VR zur Erhebung persönlicher Gesundheitsdaten bei einem Dritten zu ermächtigen, ist ein höchstpersönliches Recht. Höchstpersönliche Rechte sind nicht vererblich; sie gehen nach dem Tod des Betroffenen nicht auf dessen Erben über.[81] Die nach § 213 erforderliche Einwilligung in die Datenerhebung kann folglich nach dem Tod des Betroffenen nicht von den Erben des Verstorbenen erteilt werden. Das Recht erlischt vielmehr mit dem Tod des Betroffenen.[82] **44**

Was nicht mit dem Tod des Betroffenen erlischt, ist die Schweigepflicht von Ärzten und den weiter in § 203 StGB aufgeführten Personen und Institutionen. Sie sind nur befugt, über die ihnen anvertrauten oder durch ihre Tätigkeit bekannt gewordenen Gesundheitsdaten einem anderen Auskunft zu erteilen, wenn sie ihr Patient, der Betroffene, dazu von ihrer Schweigepflicht befreit hat. Auch die Schweigepflichtentbindung ist höchstpersönlicher Natur. Das Recht dazu geht damit ebenfalls nicht mit dem Tod des Patienten auf dessen Erben oder nahe Angehörige über.[83]

---

80 So zutreffend *Fricke* VersR **2009** 297, 298.

81 Statt vieler BGH 4.7.1984 BGHZ **91** 392, 399; Palandt/*Weidlich* Einleitung vor § 1922 Rn. 1.

82 Langheid/Wandt/*Eberhardt* § 213 Rn. 25; Prölss/Martin/*Voit* § 213 Rn. 11.

83 BGH 25.5.2011 VersR **2011** 1249; OLG Naumburg 9.12.2004 NJW **2005** 2017, 2018; Tröndle/*Fischer* § 203 Rn. 34.

In spezifischen Leistungsfällen ist der VR auch bei Tod des Versicherten auf Auskünfte über dessen Gesundheitszustand angewiesen, um seine Leistungspflicht und deren Umfang beurteilen zu können. In der Lebensversicherung kann es etwa darauf ankommen, ob ein Suizid im Zustand des Ausschlusses der freien Willensbestimmung begangen wurde, in der Berufsunfähigkeitsversicherung, ob bis zum Tode ein leistungsrelevanter Grad an Berufsunfähigkeit oder eine bestimmte Stufe der Pflegebedürftigkeit erreicht war, ob ein aus medizinischen Gründen vereinbarter Risikoausschluss greift oder generell auch um eine etwa relevante Verletzung der vorvertraglichen Anzeigepflicht.

Liegt dem VR eine von dem Betroffenen zu Lebzeiten wirksam erteilte generelle Schweigepflichtentbindungserklärung (§ 213 Abs. 2 S. 1 VVG) vor, gilt diese, sofern sie nicht zeitlich eingeschränkt ist, über den Tod hinaus.[84] Fehlt es an einer solchen Entbindungserklärung, ist der mutmaßliche Wille des Verstorbenen festzustellen. Dabei ist grundsätzlich von einem redlichen VN auszugehen. Als dessen Wille kann unterstellt werden, dass seine Erben oder von ihm sonst bestimmte Bezugsberechtigte etwaige Versicherungsleistungen erhalten sollen. Sofern der VR zur Feststellung des Leistungsanspruchs und des Umfangs der zu erbringenden Versicherungsleistung berechtigt Auskünfte über die gesundheitlichen Verhältnisse des Verstorbenen benötigt, ist bei einem redlichen VN von einer mußmaßlichen Schweigepflichtentbindung und einer damit verbundenen Einwilligung in die Datenerhebung durch den VR auszugehen.[85] Denn sonst würden die Versicherungsleistungen nicht fällig.

Fraglich ist, ob ein solcher mutmaßlicher Wille des Verstorbenen auch angenommen werden kann, wenn konkrete Anhaltspunkte auf Arglist oder eine Verletzung der vorvertraglichen Anzeigepflicht bei Abschluss des Versicherungsvertrages bestehen. Das mag zweifelhaft sein. Konkrete Anhaltspunkte des VR auf ein arglistiges Verhalten oder die Verletzung der vorvertraglichen Anzeigepflicht bedeuten jedoch nicht zwangsläufig, dass es tatsächlich so war. Der mutmaßliche Wille eines rational denkenden Betroffenen wird deshalb in der Regel auch unter diesen Umständen die Einwilligung in die Datenerhebung umfassen, damit seinen Erben oder einem sonstigen Begünstigten die Chance auf die Versicherungsleistung erhalten bleibt. Der VR wird dadurch nicht unbillig belastet. Ergeben die Ermittlungen des VR tatsächlich ein arglistiges Verhalten oder eine Verletzung der vorvertraglichen Anzeigepflicht, stehen ihm die Rechte aus § 19 bzw. § 21 VVG zu.

45 Die nur nach dem mutmaßlichen Willen eines Verstorbenen ermittelte Einwilligung ist für jeden Arzt und alle anderen nach § 213 VVG zulässigen Datenquellen problematisch. Auf Grund ihrer mit strafrechtlichen Sanktionen (§ 203 StGB) bewehrten Geheimhaltungspflicht obliegt ihnen eine eigenverantwortliche Prüfung. Auf die subjektive Einschätzung, wie vereinzelt gemeint wird,[86] kann es im Streitfalle jedoch nicht ankommen. Maßgebend kann nur ein objektiver, gerichtlich nachprüfbarer Maßstab sein.

Ob davon unabhängig die Erben oder ein in dem Versicherungsvertrag Begünstigter von dem Arzt, dem Krankenhaus usw. auf Grund ihrer Interessenlage verlangen können, dass von dem VR benötigte Gesundheitsdaten diesem übermittelt werden, richtet sich nach dem zugrunde liegenden Rechtsverhältnis.[87]

---

[84] Langheid/Wandt/*Eberhardt* § 213 Rn. 26; Prölss/Martin/*Voit* § 213 Rn. 11; Römer/Langheid/*Rixecker* § 213 Rn. 5 f.

[85] So auch Langheid/Wandt/*Eberhardt* § 213 Rn. 26; Prölss/Martin/*Voit* § 213 Rn. 11; Römer/Langheid/*Rixecker* § 213 Rn. 6.

[86] So wohl Prölss/Martin/*Voit* § 213 Rn. 11.

[87] Römer/Langheid/*Rixecker* § 213 Rn. 7.

Dass § 213 VVG die Erhebung von personengebundenen Gesundheitsdaten Verstorbener gänzlich nicht umfasst[88], ist zweifelhaft. Zwar kann kein Rechtsübergang des Einwilligungserfordernisses auf Erben oder sonst in Bezug auf die Versicherungsleistung Begünstigte stattfinden. § 213 Abs. 1 VVG enthält jedoch mit dem Einwilligungserfordernis, der Beschränkung auf zulässige Datenquellen sowie der aus dem Versicherungszweck resultierenden Notwendigkeit der Datenerhebung aus dem Verfassungs-recht abgeleitete Konkretisierungen, die auch nach dem Tod des Betroffenen zu beachten sind. **46**

Dies kann jedoch nicht gleichermaßen für die auf lebende Betroffene abgestellten Schutzbestimmungen in § 213 Abs. 2 bis 4 VVG gelten. Mangels Rechtsübergangs auf Erben oder einen etwaigen sonstigen aus dem Versicherungsverhältnis Begünstigten sind diese Rechte mit dem Tod des Betroffenen erloschen.[89] Er ist nicht mehr Betroffener. Seine Angehörigen haben nach § 205 Abs. 2 StGB lediglich ein Strafantragsrecht, wenn ihrer Auffassung zufolge die Geheimhaltungspflicht durch den Geheimnisträger verletzt worden sein sollte.

7. Beweisfragen

Im Streitfall muss der VR, der sich auf eine berechtigte Datenerhebung bei Dritten beruft und die erhaltenen Daten bei seiner Leistungsentscheidung verwerten will, nach allgemeinen Beweisgrundsätzen nachweisen, dass **47**

- eine rechtlich zu beachtende Einwilligung des Betroffenen vorlag,
- die Datenerhebung bei einer nach § 213 VVG zulässigen Datenquelle erfolgt ist und
- die Datenerhebung notwendig war.

Weitere Beweisfragen ergeben sich durch § 213 Abs. 2 bis 4 VVG (siehe Rn. 48 ff.).

C. § 213 Abs. 2 bis 4

I. Generaleinwilligung (§ 213 Abs. 2 S. 1)

Anders als der Regierungsentwurf, der in Anlehnung an die Bestimmungen des BDSG die Ermächtigung zur Datenerhebung auf den Einzelfall beschränkte[90], erlaubt § 213 Abs. 2 S. 1 in der auf Drängen der Versicherungswirtschaft Gesetz gewordenen Fassung die Erteilung einer Generalermächtigung. Die nach Abs. 1 erforderliche Einwilligung des Betroffenen kann danach bereits vor Abgabe der Vertragserklärung erteilt werden. Unter Vertragserklärung im Sinne der Vorschrift sind sowohl der Versicherungsantrag als auch ein Leistungsbegehren[91] zu verstehen. **48**

Wenn die Erteilung der Einwilligung bereits vor diesen Vertragserklärungen zulässig ist, also zu einem Zeitpunkt, zu dem noch nicht feststeht, ob der ermächtigte VR von ihr überhaupt, wem gegenüber und zu welchem Zweck Gebrauch macht, steht der Erteilung zu einem späteren Zeitpunkt, etwa zusammen mit dem Versicherungsantrag oder einem Leistungsbegehren, nichts entgegen. Denn allein dadurch, dass der Betroffene die gene- **49**

---

88 So möglicherweise Langheid/Wandt/*Eberhardt* § 213 Rn. 25.

89 Römer/Langheid/*Rixecker* § 213 Rn. 7.

90 RegE vom 13.10.2006, BTDrucks. 16/3945 S. 40, 100.

91 Römer/Langheid/*Rixecker* § 213 Rn. 15.

relle Einwilligung nicht schon im Vorfeld erteilt hat, sondern sie später nachholt, ändert sich nichts, so lange der Betroffene Herr über die Preisgabe seiner persönlichen Gesundheitsdaten bleibt. Ihm muss bewusst sein und vor Augen stehen, dass er sich auch anders entscheiden kann.[92] Dies wird durch das Recht des Betroffenen gewährleistet, jederzeit, d.h. auch von Anfang an verlangen zu können, dass eine Erhebung von Daten nur erfolgt, wenn jeweils in die einzelne von dem VR beabsichtigte Datenerhebung eingewilligt worden ist (§ 213 Abs. 3). Darauf hat der VR ihn ausdrücklich hinzuweisen (§ 213 Abs. 4). Wird dieser Hinweis nicht erteilt, fehlt es an einer wirksamen Einwilligung.[93]

Die Generalermächtigung kann vorformuliert in den Versicherungs- bzw. Leistungsantrag aufgenommen werden. Nur dürfen Textfassung und optische Gestaltung nicht den Eindruck erwecken, dass keine Ermächtigungsalternative besteht. Ob der Generalermächtigung dazu gleichwertig der Abdruck einer Einzelermächtigungsformulierung gegenübergestellt werden muss[94] oder eine opt-out Lösung ausreicht, also ein entsprechend gekennzeichnetes Feld angekreuzt werden kann[95], ist zweifelhaft. Auch wenn empirische Erfahrungen belegen, dass bei einer opt-out Lösung ein nicht unerheblicher Teil der Betroffenen dazu neigt, das betreffende Feld kurzerhand anzukreuzen[96], fehlt zwar möglicherweise eine überlegte Abwägung zwischen den beiden Ermächtigungsalternativen. Bei opt-out bedeutet dies jedoch eine Entscheidung für Einzelermächtigung. Deshalb spricht bei transparenter Gestaltung nichts gegen die Zulässigkeit einer opt-out Lösung, zumal § 213 Abs. 2 S. 1 die Generalermächtigung nur erlaubt, nicht aber als Entscheidungsalternative für den Betroffenen verlangt.

50 Inhaltlich kann in einer Generalermächtigung keine Aussage darüber getroffen werden, in welchen Einzelfällen seitens des VR von ihr Gebrauch gemacht wird. Dazu sind die Anlässe, in denen die Erhebung personengebundener Gesundheitsdaten notwendig ist, zu unterschiedlich. Aus dem Umstand, dass eine Konkretisierung im einzelnen unmöglich ist, darf jedoch nicht gefolgert werden, dass der VR nur auf Notwendigkeit aus seiner Sicht abstellen könnte.[97] Denn § 213 Abs. 2 S. 1 nimmt auf Absatz 1 der Vorschrift Bezug. Deshalb darf die Generalermächtigung nicht über den Rahmen der danach zulässigen Datenquellen hinausgehen und muss auf Datenerhebung zur Beurteilung des zu versichernden Risikos oder der Leistungspflicht beschränkt sein.[98]

51 Verweigert der Betroffene die Erteilung einer generellen Ermächtigung, entstehen dem VR durch die Notwendigkeit, in jedem Einzelfall die Einwilligung des Betroffenen zur Datenerhebung einzuholen, in der Regel Kosten. Deren Abwälzung auf den Betroffenen ist grundsätzlich verfassungsrechtlich unbedenklich.[99] Werden sie pauschaliert, muss der Pauschalbetrag angemessen sein. Er darf den Betroffenen nicht unzumutbar in der Ausübung seines informationellen Selbstbestimmungsrechts behindern.[100] Bei Festlegung des Betrages im Antragsformular oder in Allgemeinen Versicherungsbedingungen ist zudem zu beachten, dass dem Betroffenen der Nachweis offen bleiben muss, die Kosten seien nicht oder nicht in der geforderten Höhe entstanden.

---

[92] Vgl. Langheid/Wandt/*Eberhardt* § 213 Rn. 53; Römer/Langheid/*Rixecker* § 213 Rn. 15; Prölss/Martin/*Voit* § 213 Rn. 39.

[93] Vgl. Langheid/Wandt/*Eberhardt* § 213 Rn. 53; Prölss/Martin/*Voit* § 213 Rn. 39.

[94] So Schwintowski/Brömmelmeyer/*Klär* § 213 Rn. 30 und wohl auch Prölss/Martin/*Voit* § 213 Rn. 40.

[95] Dafür Langheid/Wandt/*Eberhardt* § 213 Rn. 54.

[96] So Prölss/Martin/*Voit* § 213 Rn. 40 m.w.N.

[97] Missverständlich Prölss/Martin/*Voit* § 213 Rn. 38.

[98] Vgl. auch *Höra* RuS **2008** 89, 93.

[99] BVerfG 23.10.2006 VersR **2006** 1669, 1672.

[100] Prölss/Martin/*Voit* § 213 Rn. 39.

II. Unterrichtung vor Datenerhebung (§ 2 S. 2 Halbs. 1)

§ 213 Abs. 2 S. 2 Halbs. 1, schreibt vor, dass der Betroffene vor einer Datenerhebung bei Dritten durch den VR zu unterrichten ist. Die Unterrichtungspflicht stellt in Verbindung mit dem im 2. Halbs. der Vorschrift normierten Widerspruchsrecht sicher, dass das informationelle Selbstbestimmungsrecht des Betroffenen auch dann, wenn er eine Generalermächtigung erteilt hat, gewahrt bleibt. Sobald der VR innerhalb des durch Abs. 1 und den Wortlaut der Generalermächtigung nur abstrakt eingeschränkten Rahmens konkret personengebundene Gesundheitsdaten bei einem Dritten erheben will, muss der Betroffene unterrichtet werden und hat das Recht, dieser konkreten Datenerhebung zu widersprechen. Die Vorschrift setzt damit die verfassungsrechtlichen Vorgaben, wie diese das Bundesverfassungsgericht in seinem Beschluss vom 23.10.2006[101] konkretisiert hat, um. Der Betroffene bleibt trotz erteilter Generalermächtigung Herr über seine Gesundheitsdaten. 52

Ob die Unterrichtungsverpflichtung nur bei Vorliegen einer Generalermächtigung besteht oder alle Fälle der Datenerhebung bei Dritten umfasst, ist zweifelhaft. Die systematische Stellung der Regelung spricht dafür, dass die Unterrichtungspflicht nur besteht, wenn dem VR eine Generalermächtigung im Sinne des § 213 Abs. 2 S. 1 vorliegt. Im Wortlaut von Abs. 2 S. 2 Halbs. 1, findet sich dafür aber keine Stütze. Eine Auffassung[102] geht deshalb davon aus, dass der VR immer und in jedem Einzelfall über die beabsichtigte Datenerhebung unterrichten müsse. Nach anderer Ansicht besteht die Pflicht zur Unterrichtung des Betroffenen nur, wenn der Betroffene generell und vorab seine Einwilligung in Datenerhebungen erteilt hat.[103] Nach einer dritten Auffassung kommt es darauf an, ob Einwilligung und Erhebung zeitlich auseinander fallen.[104] 53

Wenn dem VR keine Generalermächtigung vorliegt und er deshalb vor jeder Datenerhebung eine Einzelfalleinwilligung des Betroffenen benötigt, ist er gehalten anzugeben, in welchem Umfang und bei welcher Stelle die Datenerhebung erfolgen soll (näher dazu nachfolgend unter Rn. 54). Der Betroffene hat damit bereits die Informationen vorliegen, über die er nach § 213 Abs. 2 S. 2 Halbs. 1, zu unterrichten ist. Er kann, ordnungsgemäße Belehrung gemäß Abs. 4 vorausgesetzt, frei entscheiden, ob er in die Datenerhebung einwilligt. Einer nochmaligen Unterrichtung bedarf es nicht. Sie würde zudem auf völliges Unverständnis des Betroffenen stoßen, dem in aller Regel an einer möglichst zügigen Abwicklung seiner Versicherungssache gelegen ist. Der Schutzzweck der Regelung erfordert deshalb in einem solchen Fall eine nochmalige Unterrichtung des Betroffenen nicht. Anders kann es aber liegen, wenn der VR nach erster Datenerhebung, die durch eine Einzelfallermächtigung gedeckt ist, auf Grund der erhaltenen Auskünfte später eine weitergehende Datenerhebung für notwendig erachtet. Der gesetzgeberischen Intention wird damit nur ein Verständnis der Regelung gerecht, die für die Unterrichtungspflicht darauf abstellt, ob die konkrete Einzelfalleinwilligung zeitlich spätere Datenerhebungen noch abdeckt. Dies bedarf der Abwägung im Einzelfall.

---

[101] BVerfG 23.10.2006 VersR **2006** 1669 = RuS **2007** 29 = ZfS **2007** 34 (mit Anmerkung *Rixecker*).

[102] Marlow/Spuhl/*Spuhl* Rn. 1469 S. 638; zweifelnd HK VVG/*Muschner* § 213 Rn. 24 f.

[103] So wohl Prölss/Martin/*Voit* § 213 Rn. 41.

[104] Römer/Langheid/*Rixecker* § 213 Rn. 15.

1. Form der Unterrichtung

54 Wie die Unterrichtung erfolgt, ob schriftlich, in Textform oder mündlich, ist in § 213 nicht vorgeschrieben. Allein aus dem Umstand, dass bei einer mündlichen Unterrichtung der Hinweis auf das Widerspruchsrecht untergehen könnte, rechtfertigt sich nicht die Annahme, dass die Unterrichtung in Textform erfolgen müsse.[105] Jeder VR ist aber gut beraten, die Unterrichtung in nachweisbarer Form vorzunehmen. Denn wenn jede zulässige Erhebung personengebundener Gesundheitsdaten bei Dritten die Einwilligung des Betroffenen voraussetzt, trägt der VR die Beweislast dafür, dass diese vor Datenerhebung vorlag. Der VR muss im Streitfall auch darlegen und beweisen, dass sowohl die Unterrichtung als auch die erforderliche Rechtsbelehrung (§ 213 Abs. 4) dem Betroffenen zugegangen sind.[106]

2. Umfang der Unterrichtung

55 Die Mitteilung, dass eine Datenerhebung erfolgen soll, genügt nicht. Um den Betroffenen in die Lage zu versetzen, ob er in Wahrung seines informationellen Selbstbestimmungsrecht der Datenerhebung zustimmt oder ihr widerspricht, ist es erforderlich, dass ihm die Notwendigkeit der Datenerhebung zumindest kurz erläutert und angegeben wird, bei welchen Informationsquellen welche Daten erhoben werden sollen.[107]

Eine detaillierte Unterrichtung über jede einzelne Fragestellung und deren Ziel kann jedoch – zumindest im Regelfall – nicht gefordert werden. Es genügt, wenn der Betroffene beispielsweise dahingehend informiert wird, dass zu einer von ihm angegebenen Gesundheitsstörung Auskünfte bei dem benannten Hausarzt „und etwa von diesem in seiner Auskunft zur Weiter- oder Mitbehandlung angegebenen Ärzten bzw. Krankenanstalten" eingeholt werden sollen. Für den VR ist nicht absehbar, ob sich aus der Erstauskunft des Hausarztes weitere Fragestellungen ergeben; er kann die Mitteilung seiner Fragestellung deshalb nicht weiter präzisieren. Im Gegensatz dazu weiß der Betroffene, ob und gegebenenfalls bei wem eine Mit- oder Weiterbehandlung des fraglichen Leidens erfolgt ist. Er kann deshalb unschwer darüber entscheiden, ob er mit der Weitergabe auch von diesen Mit- oder ergänzenden Behandlern erhobenen Befunde an den VR einverstanden ist. Der Schutzzweck des § 213 erfordert aus diesem Grunde nicht, dass der VR nach Eingang der Erstauskunft in Bezug auf sich zeitnah daraus ergebende ergänzende Fragestellungen eine erneute Unterrichtung des Betroffenen vornimmt.

3. Zeitpunkt der Unterrichtung

56 Die Unterrichtung muss zeitlich vor der beabsichtigten Anfrage an die Auskunftsstelle (Arzt, Krankenhaus etc.) erfolgen. Eine zeitgleiche Unterrichtung des Betroffenen mit der Versendung der beabsichtigten Anfrage an die Auskunftsstelle würde das dem Betroffenen zustehende Widerspruchsrecht nach § 213 Abs. 2 Halbs. 2, unterlaufen. Dem Betroffenen muss nach Zugang der Unterrichtungsmitteilung hinreichend Zeit verbleiben, seine Entscheidung darüber zu treffen, ob und inwieweit er von seinem Widerspruchsrecht Gebrauch macht. Insoweit besteht Einigkeit.[108]

---

[105] So aber Marlow/Spuhl/*Spuhl* Rn. 1467 S. 637 f.

[106] Vgl. Prölss/Martin/*Voit* § 213 Rn. 41.

[107] Vgl. Langheid/Wandt/*Eberhardt* § 213 Rn. 63; Prölss/Martin/*Voit* § 213 Rn. 41; HK VVG/*Muschner* § 213 Rn. 23; Schwintowski/Brömmelmeyer/*Klär* § 213 Rn. 32; Looschelders/Pohlmann/*Pohlmann*/*Wolf* § 213 Rn. 10.

[108] Prölss/Martin/*Voit* § 213 Rn. 42; Römer/Langheid/*Rixecker* § 213 Rn. 16; HK VVG/*Muschner* § 213 Rn. 34.

Welcher Zeitraum danach zwischen der Unterrichtung des Betroffenen von der beabsichtigten Datenerhebung und der Absendung der Anfrage an die Auskunftstelle liegen muss, ist im Gesetz nicht geregelt. Sicher ist nur, dass ein zeitgleiches Handeln des VR dem Gesetz widerspricht. Nicht geregelt ist ferner, welche Rechtsfolge ein Schweigen des Betroffenen auf die Unterrichtung von der beabsichtigten Datenerhebung hat. 57

Der Betroffene ist gesetzlich nicht verpflichtet, auf die Unterrichtung durch den VR zu reagieren. Er wird der Unterrichtung, vor allem in Leistungsfällen, auf Grund seines Leistungsbegehren und dem verständlichen Wunsch nach rascher Regulierung in Anbetracht der aus seiner Sicht ausreichenden Generalermächtigung vielfach mit Unverständnis begegnen und nicht antworten. Als Widerspruch gegen die Datenerhebung kann das Schweigen des Betroffenen nicht gewertet werden, sofern er ordnungsgemäß nach § 213 Abs. 4 belehrt worden ist. Denn dann weiß er, dass er widersprechen muss, wenn er Einwände gegen die beabsichtigte Datenerhebung hat. Sein Schweigen kann deshalb nur als konkludenter Verzicht auf das Widerspruchsrecht nach § 213 Abs. 2 Halbs. 2, angesehen werden.

Von welchem Zeitpunkt an von einem konkludenten Verzicht des Betroffenen auf einen Widerspruch gegen die beabsichtigte Datenerhebung ausgegangen werden kann, ist ungeklärt. Einigkeit herrscht lediglich insoweit, dass die Postlaufzeiten für den Zugang der Unterrichtung nebst Rechtsbelehrung, eine Überlegungsfrist des Betroffenen und die Postlaufzeit bis zum Eingang eines etwaigen Widerspruchs bei dem VR zu berücksichtigen sind. Nach einer Ansicht genügt das Abwarten des VR mit einer Frist von einer Woche ab Versendung der Unterrichtung über die beabsichtigte Datenerhebung.[109] Dies erscheint zu kurz. Von dem Betroffenen kann nicht erwartet werden, dass er sofort reagiert. Ihm muss eine angemessene Überlegungsfrist verbleiben. Wenn der Gesetzgeber dem VN in Bestimmungen, in denen von diesem eine Reaktion gefordert wird wie etwa in § 8 (Widerrufsrecht) oder § 38 Abs. 1 (Zahlungsverzug bei Folgeprämie), einen Reaktionszeitraum von 2 Wochen einräumt, erscheint es angemessen, diesen Zeitraum auch für die einzuhaltende Frist zwischen Unterrichtung über eine beabsichtigte Datenerhebung und der mangels einer Reaktion des Betroffenen berechtigten Annahme zugrunde zu legen, dass sein Schweigen als Einverständnis anzusehen ist.[110] 58

Die danach zu beachtende Wartezeit verzögert sowohl in der Annahme- als auch der Leistungsprüfung die Entscheidung des VR zwangsläufig. Dies muss hingenommen werden, da es der Betroffene selbst in der Hand hat, durch Mitteilung seines Einverständnisses mit der beabsichtigten Datenerhebung die Entscheidung des VR zu beschleunigen. Darauf sollte, auch wenn gesetzlich nicht vorgeschrieben, im Zusammenhang mit der erforderlichen Rechtsbelehrung nach § 213 Abs. 4 hingewiesen werden.

4. Verzicht auf Unterrichtung.

Ein von dem Betroffenen formularmäßig geforderter Verzicht auf Unterrichtung, etwa in einem Antragsformular, ist unwirksam. Er widerspräche dem Grundgedanken der gesetzlichen Regelung und den verfassungsrechtlichen Schranken, wie sie das Bundesver- 59

---

109 So Langheid/Wandt/*Eberhardt* § 213 Rn. 66; Schwintowski/Brömmelmeyer/*Klär* § 213 Rn. 28.

110 Vgl. Prölss/Martin/*Voit* § 213 Rn. 42; Römer/Langheid/*Rixecker* § 213 Rn. 16; Looschelders/Pohlmann/*Pohlmann*/*Wolf* § 213 Rn. 11; HK VVG/*Muschner* § 213 Rn. 27; *Fricke* VersR **2009** 297; *Wolf* ZVersWiss **2009** 35, 43.

fassungsgericht in seinem Beschluss vom 23.10.2006[111] aufgezeigt hat.[112] Dass § 213 nicht ausdrücklich als zwingende oder halbzwingende Norm bezeichnet worden ist, steht dem nicht entgegen.[113] Verfassungsrechtlich zum Schutz des Rechts auf informationelle Selbstbestimmung gebotene Schranken der Einholung von Gesundheitsdaten durch einen VR bedürfen keiner im Gesetz zusätzlich verankerten Normierung.

III. Widerspruchsrecht des Betroffenen (§ 213 Abs. 2 S. 2 Halbs. 2)

Der Betroffene kann der beabsichtigten Datenerhebung gemäß § 213 Abs. 2 Halbs. 2 widersprechen. Die Vorschrift ergänzt, verfassungsrechtlich erforderlich[114], den Schutz des informationellen Selbstbestimmungsrechts des Betroffenen. Auch wenn er dem VR eine Generalermächtigung erteilt hat, verbleibt dem Betroffenen das Recht, nach vorgeschriebener Unterrichtung über eine konkret beabsichtigte Datenerhebung zu entscheiden. Dies ist Ausprägung des Grundsatzes im Datenschutzrecht, dass die betroffene Person eine einmal erteilte Einwilligung in die Datenerhebung widerrufen darf.[115]

1. Form des Widerspruchs

60 Das Gesetz schreibt für den Widerspruch keinerlei Formerfordernis vor. Als Spezialregelung geht sie der in § 4a Abs. 1 S. 2 BDSG normierten Bestimmung vor, dass ein Widerspruch in Schriftform zu erfolgen hat, sofern nicht wegen besonderer Umstände eine andere Form angemessen ist. Der Widerspruch des Betroffenen kann dem VR deshalb nicht nur schriftlich, sondern auch in Textform oder mündlich übermittelt werden.[116] Falls Streit darüber entsteht, ob eine erfolgte Datenerhebung durch den VR zulässig war oder ihr der Betroffene widersprochen hat, liegt die Beweislast allerdings bei dem Betroffenen.[117]

2. Verspäteter Widerspruch

61 Hat der VR nach erfolgter Unterrichtung des Betroffenen über die beabsichtigte Datenerhebung und Ablauf der Wartefrist[118] im berechtigten Vertrauen auf das Einverständnis des Betroffenen Gesundheitsdaten erhoben, wird die Verwertung dieser Daten nicht dadurch unzulässig, dass der Betroffene nachträglich Widerspruch gegen die Datenerhebung einlegt. Nach dem Gesetzeswortlaut kann der Betroffene lediglich der Erhebung der Daten widersprechen.[119] Zulässigerweise erhobene Daten bleiben verwertbar.[120] Sonst hätte es der Betroffene in der Hand, nach seinen Interessen ‚unliebsame' Daten im Nachhinein der Antrags- bzw. Leistungsprüfung zu entziehen.

Ein verspäteter Widerspruch ist gleichwohl nicht folgenlos. Ab seinem Eingang bei dem VR kann und darf sich dieser im Rahmen des Widerspruchs für etwaige weitere

---

[111] BVerfG 23.10.2006 VersR **2006** 1669 = RuS **2007** 29 = ZfS **2007** 34 (mit Anmerkung *Rixecker*).

[112] So auch Prölss/Martin/*Voit* § 213 Rn. 41.

[113] So wohl aber *Neuhaus/Kloth* NJOZ **2009** 1370, 1378.

[114] BVerfG 23.10.2006 VersR **2006** 1669 = RuS **2007** 29 = ZfS **2007** 34.

[115] HK VVG/*Muschner* § 213 Rn. 30 m.w.N.

[116] Prölss/Martin/*Voit* § 213 Rn. 43; Looschelders/Pohlmann/*Pohlmann*/*Wolf* § 213 Rn. 11; HK VVG/*Muschner* § 213 Rn. 33.

[117] So auch HK VVG/*Muschner* § 213 Rn. 90.

[118] Vgl. Rn. 56–58.

[119] HK VVG/*Muschner* § 213 Rn. 35.

[120] So auch Langheid/Wandt/*Eberhardt* § 213 Rn. 71; Prölss/Martin/*Voit* § 213 Rn. 42; HK VVG/*Muschner* § 213 Rn. 35; *Schleifenbaum* 174; *Fricke* VersR **2009** 297, 299.

Anfragen nicht mehr auf eine General- oder auch Einzelfallermächtigung berufen. Sonst würde das informationelle Selbstbestimmungsrecht des Betroffenen unterlaufen.[121]

IV. Einzelfalleinwilligung (§ 213 Abs. 3)

Das Widerspruchsrecht nach § 213 Abs. 2 S. 2 Halbs. 2 betrifft die konkrete Erhebung personengebundener Gesundheitsdaten nach Unterrichtung durch den VR. Zum Schutz des informationellen Selbstbestimmungsrechts sieht § 213 Abs. 3 ergänzend vor, dass der Betroffene von vornherein oder trotz einer in der Vergangenheit erteilten Generalermächtigung jederzeit verlangen kann, dass ihn betreffende Gesundheitsdaten in jedem Einzelfall nur nach vorheriger Einwilligung erhoben werden dürfen. Er ist berechtigt, eine einmal erteilte Generalermächtigung zu jedem Zeitpunkt zu widerrufen und den Wechsel zur ausschließlichen Einzelfallermächtigung zu vollziehen.[122] Die gesetzliche Regelung erfüllt damit alle verfassungsrechtlich gebotenen Vorgaben. Der Betroffene bleibt damit in jedem Stadium der Datenerhebung Herr über seine persönlichen Gesundheitsdaten. Dass von ihm ein aktives Tun verlangt wird, wenn er im Vorfeld eine Generalermächtigung erteilt hat, steht dem nicht entgegen. Denn dies war seine freie Willensentscheidung. Will er diese ändern, muss ihm zwar das Recht dazu zustehen. Er muss seine Willensänderung aber seinem Vertragspartner, dem VR, mitteilen. 62

Das Verlangen kann formfrei erfolgen, ist also auch mündlich möglich.[123] Es wirkt bei zuvor erteilter Generalermächtigung jedoch nur für die Zukunft. Bislang berechtigt erhobene Gesundheitsdaten werden in ihrer Verwertbarkeit davon nicht berührt.[124] 63

V. Hinweispflicht (§ 213 Abs. 4)

Nach § 213 Abs. 4 ist der VR, der personenbezogene Gesundheitsdaten eines Betroffenen aus versicherungsrelevanten (notwendigen) Gründen einholen möchte, dazu verpflichtet, den Betroffenen auf seine Rechte, d.h. das Recht auf Unterrichtung, den Widerspruch im Einzelfall (§ 213 Abs. 2 S. 2 Halbs. 2) bzw. das Verlangen auf generelle Einzelfallbewilligung (§ 213 Abs. 3) hinzuweisen. 64

Darüber, wann der Hinweis zu erfolgen hat, schweigt das Gesetz weitgehend. Geregelt ist nur, dass der Hinweis auf das Widerspruchsrecht im Einzelfall spätestens mit der Unterrichtung über die von dem VR beabsichtigte Datenerhebung erfolgen muss (§ 213 Abs. 4 Halbs. 2). Dahinter steht der auch auf alle anderen Fälle der Hinweispflicht zu übertragende Rechtsgedanke, dass der Hinweis so rechtzeitig erfolgen muss, dass der Betroffene unter Berücksichtigung einer angemessenen Reaktionszeit noch persönlich darüber entscheiden kann, ob er dem VR gestattet, bei Dritten personengebundene Gesundheitsdaten über ihn einzuholen.

Eine Formvorgabe für den Hinweis besteht nicht. Er kann deshalb auch mündlich erfolgen, muss im Streitfall aber nachweisbar sein. Denn ohne die gesetzlich vorgeschriebene Rechtsbelehrung ist die Datenerhebung zweifelsfrei unzulässig. Dies folgt aus dem Schutzzweck der Norm.

---

121 Im Ergebnis gleichlautend Langheid/Wandt/*Eberhardt* § 213 Rn. 71.

122 Vgl. Langheid/Wandt/*Eberhardt* § 213 Rn. 44; HK VVG/*Muschner* § 213 Rn. 36.

123 HK VVG/*Muschner* § 213 Rn. 37.

124 Sinngemäß gleich HK VVG/*Muschner* § 213 Rn. 76.

D. Rechtsfolge fehlender bzw. verweigerter Einwilligung

§ 213 regelt nicht, welche Rechtsfolge es hat, wenn der VR personengebundene Gesundheitsdaten bei einem Dritten ohne hinreichende Einwilligung des Betroffenen oder ohne dessen vorherige Unterrichtung erhebt. Ebenso wenig ist geregelt, welche Rechtsfolge sich aus einer verweigerten Zustimmung des Betroffenen ergeben.

I. Datenerhebung ohne hinreichende Einwilligung des Betroffenen

65 Erfolgt durch den VR eine Datenerhebung bei einem Arzt, Krankenhaus oder einer sonstigen Auskunftsperson, ohne dass eine den Anforderungen im Beschluss des Bundesverfassungsgerichts vom 23.10.2006[125] bzw. § 213 genügende Einwilligung des Betroffenen vorlag, sind die Rechtsfolgen umstritten. Nicht abschließend geklärt ist, ob daraus ein totales Verwertungsverbot folgt oder die gewonnenen Gesundheitsdaten verwertbar bleiben.

Dem Schutz des informationellen Selbstbestimmungsrecht des Betroffenen steht insoweit das legitime Interesse des VR an der Erhebung der Gesundheitsdaten zum Zwecke der Antrags- oder Leistungsprüfung gegenüber. Die Antrags- oder Leistungsprüfung dient dabei nur vordergründig allein den Interessen des VR. Tatsächlich ist bei Annahme- und Leistungsentscheidungen, zumindest auch, die in dem Versicherungsverband zusammengeschlossene Versichertengemeinschaft betroffen. In der Krankenversicherung muss etwa jährlich überprüft werden, ob die kalkulierten Ausgabebeträge mit den realen Leistungsausgaben übereinstimmen. Übersteigt die Differenz ein bestimmtes Maß, ist der KrankenVR gesetzlich zu Beitragsanpassungen gezwungen.

Deshalb wäre es nicht richtig, bei jedwedem Verstoß eines VR gegen ihm verfassungsrechtlich oder durch § 213 gebotenen Schranken der notwendigen Informationsbeschaffung von einem absoluten Verwertungsverbot der erhaltenen Gesundheitsdaten auszugehen.

1. Datenerhebung vor dem 23.10.2006

66 Abweichend von der bis dahin allgemein in Versicherungsanträgen enthaltenen allgemeinen Schweigepflichtentbindungserklärung hat das Bundesverfassungsgericht in seinem Beschluss vom 23.10.2006 unter Abwägung der wechselseitigen Interessen die verfassungsrechtlich zum Schutz des informationellen Selbstbestimmungsrecht gebotenen Schranken der Erhebung personengebundener Gesundheitsdaten aufgezeigt. Bis dahin konnte jeder VR auf Grund der seinerzeit mit dem Bundesamt für Versicherungsaufsicht und den Datenschutzbehörden[126] abgestimmten Formulierung davon ausgehen, Gesundheitsdaten des Betroffenen berechtigt zu erheben. Das ändert indessen nichts daran, dass die Datenerhebung nicht durch eine hinreichende Ermächtigung des Betroffenen gedeckt und damit unzulässig war.

Ob daraus zwingend ein Verwertungsverbot der mit unzureichender Ermächtigung erlangten Gesundheitsdaten folgt, ist umstritten. Vertreten wird, dass derart erlangte Gesundheitsdaten wegen des grundgesetzlich geschützen Rechts auf informationelle

---

[125] BVerfG 23.10.2006 VersR **2006** 1669 = RuS **2007** 29 = ZfS **2007** 34.

[126] Siehe oben Rn. 9–15.

Selbstbestimmung von dem VR nicht verwertet werden dürfen.[127] Der VR dürfte danach weder eine Arglistanfechtung des Vertrages noch einen Rücktritt wegen Verletzung der vorvertraglichen Anzeigepflicht auf das erlangte Datenmaterial stützen.

Die Instanzrechtsprechung[128] hat, mit wechselnder Begründung, ganz überwiegend die Verwertbarkeit der erlangten Daten bejaht. Richtig dürfte sein, dass entscheidend zunächst die Frage ist, ob personengebundene Gesundheitsdaten überhaupt erhoben werden dürfen. Denn ein generelles Erhebungsverbot würde zweifelsohne jeder Datenverwertung entgegen stehen. Das ist bei Erhebung personengebundener Gesundheitsdaten jedoch nicht der Fall. Auch die VR haben ein verfassungsrechtlich zu beachtendes Offenbarungsinteresse. Die Datenerhebung steht nicht unter einem absoluten Verbot, sondern hängt von der Einwilligung des Betroffenen ab. Fehlt diese, ist die Datenerhebung zwar fehlerhaft, aber nicht generell unzulässig. Deshalb kann die Rechtsfolge einer generell unzulässigen Datenerhebung nicht ohne weiteres auf eine Datenerhebung übertragen werden, bei der lediglich die allein dem Betroffenen zustehende Ermächtigung zur Datenerhebung auf Grund einer nicht verfassungskonform formulierter Ermächtigungsgrundlage unwirksam ist. In seinem Urteil vom 28.10.2008[129] hat der BGH folgerichtig das Recht auf informationelle Selbstbestimmung mit dem auch verfassungsrechtlich nicht in Zweifel gezogenen Offenbarungsinteresse des VR und der damit gleichfalls betroffenen Versichertengemeinschaft abgewogen und zunächst nur für den Fall der Arglist des Betroffenen ein Überwiegen des Offenbarungsinteresses und damit die Zulässigkeit der Datenverwertung bejaht.

2. Datenerhebung nach dem 23.10.2006

Mit Verkündung des Beschlusses des Bundesverfassungsgerichts vom 23.10.2006[130] **67**
sind den VR die verfassungsrechtlich gebotenen Schranken der Erhebung personengebundener Gesundheitsdaten aufgezeigt worden. Nach einer angemessenen Reaktionszeit, für die die vorstehenden Erwägungen noch zutreffend sein sollten, konnten sie deshalb nicht mehr darauf vertrauen, dass die in der Vergangenheit verwendete Schweigepflichtentbindungserklärung verfassungskonform ist. Spätestens ab Inkrafttreten des § 213, der die Vorgaben des Bundesverfassungsgerichts umsetzt, war eine Berufung auf die in der Vergangenheit allgemein gebräuchliche Schweigepflichtentbindungserklärung mit der darin konkludent enthaltenen Ermächtigung des VR, Gesundheitsdaten bei Dritten einzuholen, obsolet. Dem von der Einholung seiner Gesundheitsdaten Betroffenen muss und musste die freie Entscheidung darüber offenstehen und durch einen Hinweis verdeutlicht werden. Setzt sich der VR über diese gesetzlichen Gebote, ob bewusst oder unbewusst, hinweg, kann zur Durchsetzung des verfassungsrechtlich Gebotenen nur ein Verwertungsverbot die Folge sein.[131] Ausgenommen davon müssen aber Fälle bleiben, in

---

[127] Vgl. *Rixecker* ZfS **2007** 17; *Weichert* NJW **2004** 1695, 1700; *Notthoff* ZfS **2008** 243, 247.

[128] Übersicht bei HK VVG/*Muschner* § 213 Rn. 75 ff.

[129] BGH 28.10.2008 VersR **2010** 97.

[130] BVerfG 23.10.2006 VersR **2006** 1669 = RuS **2007** 29 = ZfS **2007** 34.

[131] So auch Prölss/Martin/*Voit* § 213 Rn. 49; Langheid/Wandt/*Eberhardt* § 213 Rn. 78 und 81; **a.A.** Schwintowski/Brömmelmeyer/*Klär* § 213 Rn. 40, der zwar zu Recht betont, dass nicht jedes Beweiserhebungsverbot zu einem Verwertungsverbot führt, dabei jedoch nicht hinreichend den Stellenwert berücksichtigt, der dem in § 213 umgesetzten Schutz des informationellen Selbstbestimmungsrechts gegenüber dem Offenbarungsinteresse des VRs zukommt. Von Fällen der Arglist abgesehen, enthält § 213 ein klares Handlungsgebot des Gesetzgebers. Dieses darf nicht unterlaufen werden.

denen Arglist des Betroffenen dem Offenbarungsinteresse entgegensteht. Denn arglistiges Verhalten ist generell nicht schützenswert.

II. Verweigerte Einwilligung des Betroffenen

Allein der von der beabsichtigten Datenerhebung Betroffene oder gegebenenfalls[132] sein gesetzlicher Vertreter kann verfassungskonform darüber entscheiden, ob eine von dem VR zutreffend als notwenig eingestufte Erhebung von Gesundheitsdaten tatsächlich erfolgen darf. Ohne Einwilligung des Betroffenen darf kein VR bei Ärzten, Krankenhäusern oder anderen zulässigen Auskunftspersonen Gesundheitsdaten erheben. Von der Willensentscheidung des Betroffenen hängt damit – auch – ab, ob der VR die für seine Annahme- oder Leistungsentscheidung erforderlichen Daten erhält.

1. Vertragliche Mitwirkungsobliegenheit

68 Sowohl frühere als auch aktuell verwendete Allgemeine Versicherungsbedingungen sehen Mitwirkungsobliegenheiten des Versicherten bei Eintritt des Versicherungsfalles vor und knüpfen an die Verletzung dieser Obliegenheit rechtliche Folgen. So sieht etwa § 10 Abs. 1 der Musterbedingungen für die Krankheitskostenversicherung (MB/KK 2008) den gänzlichen oder teilweisen Verlust der Leistungspflicht des VR nach Maßgabe von § 28 VVG vor, wenn der VN oder die versicherte Person nicht auf Verlangen jede Auskunft erteilt, die zur Feststellung des Versicherungsfalles und ihres Umfangs erforderlich ist (§ 9 Abs. 2 MB/KK). Nach bisherigem Verständnis gehört dazu auch die Pflicht, Ärzte und andere Behandlungspersonen zur Auskunft an den VR zu ermächtigen.[133] Ein solches Verständnis verletzt jedoch das Recht des Betroffenen auf informationelle Selbstbestimmung. Das hat das Bundesverfassungsgericht in seinem Beschluss vom 23.10.2006 zu einer ähnlichen Regelung in den Besonderen Bedingungen der Berufsunfähigkeitsversicherung (BB-BUZ) überzeugend begründet.[134] Die dem Betroffenen grundgesetzlich garantierte Freiheit, über die Weitergabe persönlicher Gesundheitsdaten allein zu entscheiden, darf nicht durch eine Obliegenheit eingeschränkt werden, bei deren Verletzung ein gänzlicher oder teilweiser Anspruchsverlust droht.[135] Die gegenteilige Ansicht[136] überzeugt nicht. Sie lässt außer Betracht, dass der Betroffene zur Wahrung seines informationellen Selbstbestimmungsrechts jederzeit eine einmal erteilte Generalermächtigung widerrufen können muss und daran nicht durch die Furcht vor etwaigen Rechtsnachteilen gehindert sein darf.

2. Widerspruch gegen die Datenerhebung

69 Der Betroffene ist nach § 213 befugt, von vornherein eine Generalermächtigung des VR zur Einholung persönlicher Gesundheitsdaten zu verweigern. Er ist ferner berechtigt, einer von dem VR konkret beabsichtigten Datenerhebung ganz oder teilweise zu widersprechen.

---

132 Näher dazu Rn. 41.

133 OLG Hamm 4.9.1990 VersR **1991** 535 sowie RuS **1998**, 76; OLG Hamburg 2.7.1993 VersR **1994** 1170.

134 BVerfG 23.10.2006 VersR **2006** 1669 = RuS **2007** 29 = ZfS **2007** 34.

135 So auch Prölss/Martin/*Voit* § 213 Rn. 54; Marlow/Spuhl/*Spuhl* Rn. 1473 S. 639; *Fricke* VersR **2009** 297, 301.

136 HK VVG/*Muschner* § 213 Rn. 46; zweifelnd Römer/Langheid/*Rixecker* § 213 Rn. 21; Schwintowski/Brömmelmeyer/*Klär* § 213 Rn. 39.

Die Verweigerung einer Generalermächtigung, die formularmäßig in aller Regel mit einer Schweigepflichtentbindungserklärung verbunden wird, ist im Zusammenhang mit der Annahmeprüfung des VR unproblematisch. Der VR hat die Wahl, auf eine Prüfung der von ihm an sich als relevant erachteten Gesundheitsdaten völlig zu verzichten, den zu Versichernden konkret über die als notwendig erachtete Datenerhebung zu unterrichten und sein Einverständnis einzuholen oder, wenn auch dies verweigert wird, den angetragenen Versicherungsvertrag abzulehnen. Schützenswerte Interessen des VR und der dahinter stehenden Versichertengemeinschaft werden durch die Entscheidungsfreiheit des VR nicht berührt. Dies kann auch nicht anders gesehen werden, wenn das Gesetz ausnahmsweise wie in der Krankheitskostenversicherung eine Versicherungspflicht vorschreibt und für den relevanten Personenkreis im Basistarif ein Aufnahmezwang besteht (§ 193 Abs. 3 bis 5 VVG 2009[r1]). Denn etwa vorhandene gesundheitliche Beeinträchtigungen dürfen weder die Annahme des Versicherungsvertrages in Frage stellen noch sich auf die Beitragsgestaltung auswirken.

Zur Beurteilung seiner etwaigen Leistungspflicht ist der VR dagegen in der Leistungs- **70**
prüfung bei Personenversicherungsverträgen regelmäßig auf die Erhebung personengebundener Gesundheitsdaten angewiesen. Er kann ohne diese keine begründete Leistungsentscheidung treffen. In der privaten Krankheitskostenversicherung hängt die Kostenerstattungspflicht des VR von der medizinischen Notwendigkeit durchgeführter Behandlungsmaßnahmen ab, Berufsunfähigkeitsrente kann erst beansprucht werden, wenn die gesundheitlichen Einschränkungen ein bestimmtes Ausmaß erreicht haben, in der Unfallversicherung spielt eine Rolle, welche Verletzungsfolgen eingetreten sind.

Verweigert der Versicherte die Datenerhebung ganz oder auch nur in Bezug auf bestimmte Datenquellen, ist dies unproblematisch, sofern der VR die Notwendigkeit der Datenerhebung nicht darlegt und im Streitfall beweist. Denn dann stellt sich die Frage nach etwaigen Rechtsfolgen der verweigerten Einwilligung nicht, da die Erhebung personengebundener Gesundheitsdaten bei Dritten ohnehin nur bei Notwendigkeit zulässig ist.

Ist die Datenerhebung dagegen objektiv notwendig, verhindert das aus verfassungsrechtlichen Gründen zu beachtende fehlende Einverständnis des Betroffenen mit der Datenerhebung die Leistungsentscheidung des VR. Mittelbarer Zwang auf die Willensentscheidung des Betroffenen durch eine mit Sanktionen verbundene Mitwirkungsobliegenheit ist unzulässig.[137] Soweit diskutiert wird, dass der Betroffene nach Treu und Glauben sein verweigertes Einverständnis begründen müsse[138], fehlt ein hinreichender rechtlicher Ansatz. Die Freiheit, über die Weitergabe persönlicher Gesundheitsdaten zu entscheiden, wäre unzulässig eingeschränkt. Eine Begründungsobliegenheit könnte dazu führen, dass sich der Betroffene, sei es etwa aus Scham oder der Furcht, sein Anliegen nicht hinreichend formulieren zu können, zu einer an sich nicht gewollten Einwilligung genötigt sieht. Dem steht nicht entgegen, dass auch unredliche Motive, etwa die Verheimlichung einer Anzeigepflichtverletzung, Grund dafür sein können, dass die erforderliche Einwilligung zur Datenerhebung nicht erteilt wird.

Dem geschützten Interesse des Betroffenen an der höchstpersönlichen Verfügung über seine Gesundheitsdaten steht das ebenfalls schutzwerte Interesse des VR an der Erlangung der für einen etwaigen Leistungsanspruch notwendigen Gesundheitsdaten gegenüber. Deshalb kann der VR nicht zu den vertraglichen Leistungen verpflichtet sein, wenn er die auch im Interesse der Versichertengemeinschaft notwendigen Daten nicht

[137] Näher oben Rn. 68.

[138] HK VVG/*Muschner* § 213 Rn. 31.

erlangen kann. Die erforderliche Güterabwägung führt deshalb dazu, dass ein etwaiger Leistungsanspruch nicht fällig wird, wenn der VR die zur Feststellung des Versicherungsfalles und den Umfang seiner geschuldeten Leistungen erforderlichen Erhebungen nicht treffen kann (§ 14 Abs. 1).[139]

§ 214
Schlichtungsstelle

(1) Das Bundesministerium der Justiz kann im Einvernehmen mit dem Bundesministerium der Finanzen, dem Bundesministerium für Wirtschaft und Technologie und dem Bundesministerium für Ernährung, Landwirtschaft und Verbraucherschutz privatrechtlich organisierte Einrichtungen als Schlichtungsstelle zur außergerichtlichen Beilegung von Streitigkeiten
1. bei Versicherungsverträgen mit Verbrauchern im Sinn des § 13 des Bürgerlichen Gesetzbuchs,
2. zwischen Versicherungsvermittlern oder Versicherungsberatern und Versicherungsnehmern im Zusammenhang mit der Vermittlung von Versicherungsverträgen anerkennen.

Die Anerkennung ist im Bundesanzeiger bekannt zu machen. Die Beteiligten können diese Schlichtungsstelle anrufen; das Recht, die Gerichte anzurufen, bleibt unberührt.

(2) Privatrechtlich organisierte Einrichtungen können als Schlichtungsstelle anerkannt werden, wenn sie hinsichtlich ihrer Antworten und Vorschläge oder Entscheidungen unabhängig und keinen Weisungen unterworfen sind und in organisatorischer und fachlicher Hinsicht die Aufgaben erfüllen können.

(3) Die anerkannten Schlichtungsstellen sind verpflichtet, jede Beschwerde über einen Versicherer oder einen Versicherungsvermittler, Vermittler nach § 66 und Versicherungsberater zu beantworten.

(4) Die anerkannten Schlichtungsstellen können von dem Versicherungsvermittler, Vermittler nach § 66 oder Versicherungsberater ein Entgelt erheben. Bei offensichtlich missbräuchlichen Beschwerden kann auch von dem Versicherungsnehmer ein Entgelt verlangt werden. Die Höhe des Entgeltes muss im Verhältnis zum Aufwand der anerkannten Schlichtungsstelle angemessen sein.

(5) Soweit keine privatrechtlich organisierte Einrichtung als Schlichtungsstelle anerkannt wird, kann das Bundesministerium der Justiz im Einvernehmen mit dem Bundesministerium der Finanzen, dem Bundesministerium für Wirtschaft und Technologie und dem Bundesministerium für Ernährung, Landwirtschaft und Verbraucherschutz die Aufgaben der Schlichtungsstelle durch Rechtsverordnung ohne Zustimmung des Bundesrates einer Bundesoberbehörde oder Bundesanstalt zuweisen und deren Verfahren sowie die Erhebung von Gebühren und Auslagen regeln.

Schrifttum

Basedow Der Versicherungsombudsmann und die Durchsetzung der Verbraucherrechte in Deutschland, VersR **2008** 750; *Bultmann* Der Versicherungsombudsmann e.V. – Die Organisation,

---

[139] So auch Prölss/Martin/*Voit* § 213 Rn. 58; HK VVG/*Muschner* § 213 Rn. 44; Römer/Langheid/*Rixecker* § 213 Rn. 20; OLG Nürnberg VersR **2008**, 627.

Münsteraner Reihe Bd. 72, **2002** 1; *Friedrich* Das Ombudsmannverfahren in der Versicherungswirtschaft für Verbraucher, DAR **2002** 157; *v. Hippel* Der Ombudsmann im Bank- und Versicherungswesen 2000; *Hirsch* Die Praxis des Versicherungsombudsmanns, VuR **2010** 298; *ders.* Erfahrungen des Versicherungsombudsmanns, Münsteraner Reihe Bd. 112, **2010** 44; *ders.* The German insurance Ombudsman, ZVersWiss **2011** 561; *Kalis* Der Ombudsmann in der privaten Krankenversicherung (PKV), VersR **2002** 292; *Knauth* Der Versicherungsombudsmann – private Streitbeilegung für Verbraucher, WM **2001** 2325; *E. Lorenz* Der Versicherungsombudsmann – eine neue Institution im deutschen Versicherungswesen, VersR **2004** 541; *Michaels* Die Unabhängigkeit des Ombudsmanns ist oberster Grundsatz, VW **2000** 396; *H. Müller* Der Ombudsmann der Privaten Kranken- und Pflegeversicherung, VersM **2008** 161; *Römer* Offene und beantwortete Fragen zum Verfahren vor dem Ombudsmann, NVersZ **2002** 289; *ders.* Der Ombudsmann für private Versicherungen, NJW **2005** 1251; *Scherpe* Der deutsche Versicherungsombudsmann, NVersZ **2002** 97; *Scholl* Der Versicherungsombudsmann e.V. – Die Erwartungen der Verbraucher, Münsteraner Reihe Bd. 72, 2002 19; *Tiffe* Eineinhalb Jahre Versicherungsombudsmann e.V., VuR **2003** 260.

Übersicht

A. Normgeschichte

§ 214 setzt die Vorgaben europäischen Richtlinienrechts um. Im Einzelnen sind dies Art. 10, 11 der EU-Vermittler-Richtlinie[1] und Art. 14 der Fernabsatzrichtlinie II[2]. Nach Art. 11 Abs. 1 EU-Vermittler Richtlinie haben die Mitgliedstaaten in ihrem jeweiligen nationalen Recht angemessene und wirksame Beschwerde- und Abhilfeverfahren zur außergerichtlichen Beilegung von Streitigkeiten zwischen Versicherungsvermittlern und VN zu fördern. Dabei können sie auf bestehende Stellen zurückgreifen. Art. 10 EU-Vermittler-Richtlinie enthält nähere Bestimmungen zur Ausgestaltung des Beschwerdeverfahrens. Der deutsche Gesetzgeber hatte diese Vorgaben ursprünglich mit § 48k a.F. umgesetzt.[3] Art. 14 Abs. 1 Fernabsatzrichtlinie II verpflichtet die Mitgliedstaaten zusätzlich, wirksame außergerichtliche Beschwerde- und Rechtsbehelfsverfahren bei Verbraucherstreitigkeiten bei Fernabsatzverträgen über Versicherungen zu fördern. Dem kam das deutsche Recht mit § 48e a.F. nach. **1**

Die beiden Umsetzungsbestimmungen der §§ 48e a.F. und 48k a.F. werden seit der Neukodifikation von 2008 in § 214 zusammengefasst. § 214 Abs. 1 S. 1 tritt an die Stelle **2**

[1] Richtlinie 2002/92/EG des Europäischen Parlaments und des Rates über Versicherungsvermittlung, ABl. EG 2003 Nr. L 9/9 v. 15.1.2003.

[2] Richtlinie 2002/65/EG des Europäischen Parlaments und des Rates über den Fernabsatz von Finanzdienstleistungen an Verbraucher und zur Änderung der Richtlinie 90/619/EWG des Rates und der Richtlinien 97/7/EG und 98/27/EG, ABl. EG 2002 Nr. L 271/16.

[3] Dazu *Römer* NJW **2005** 1251.

von § 48e a.F., § 214 Abs. 1 S. 2 bis Abs. 5 an die Stelle von § 42k Abs. 1 bis 5 a.F. Dem Generalansatz des Reformgesetzgebers von 2008 folgend, der die Vorgaben aus der Fernabsatzrichtlinie II aus Gründen regulatorischer Einfachheit für sämtliche Versicherungsverträge verallgemeinert hat, erstreckt sich der **Anwendungsbereich** des § 214 nunmehr auf sämtliche Streitigkeiten aus Versicherungsverträgen mit Verbrauchern. Dies entspricht auch der Praxis der bestehenden Schlichtungsstellen (dazu unten Rn. 4).[4] Der Anwendungsbereich des § 48e a.F. blieb auf Verträge im Fernabsatzrecht beschränkt.

B. Normzweck

3 § 214 ermöglicht im Interesse des Versicherungsnehmerschutzes die Anerkennung privatrechtlich organisierter Schlichtungsstellen auf dem Gebiet des Versicherungswesens. Diese dienen dem Zweck, Streitigkeiten außergerichtlich beizulegen. Das ist für den VN häufig ein schnellerer, einfacherer und kostengünstigerer Weg, seine Rechte zu wahren, als diese gerichtlich zu verfolgen. Aber auch dem VR, den Vermittlern und Beratern ist mit einem effektiven, aufwandlosen Verfahren zur Erledigung von Beschwerden gedient, da dies im vorherrschenden Beziehungswettbewerb ein wichtiger Faktor für die Kundenbindung ist.[5] § 214 fördert die außergerichtliche Streitbeilegung, indem er die dafür geltenden Vorgaben des Europarechts im deutschen Versicherungsvertragsrecht umsetzt. Die Vorschrift regelt neben der Anerkennung privatrechtlich organisierter Schlichtungsstellen zur außergerichtlichen Beilegung von Streitigkeiten das Recht, sie anzurufen, und die Pflicht der Schlichtungsstelle, diejenigen, die sie anrufen, zu bescheiden.

4 Derzeit bestehen **zwei anerkannte Schlichtungsstellen:** der Versicherungsombudsmann (www.versicherungsombudsmann.de) und der Ombudsmann Private Kranken- und Pflegeversicherung (www.pkv-ombudsmann.de). Beide Schlichtungsstellen bestehen seit dem Oktober 2001. Der Versicherungsombudsmann ist in der Rechtsform eines eingetragenen Vereins organisiert. Mitglied sind der Gesamtverband der Deutschen Versicherungswirtschaft (GDV) und dessen Mitgliedsunternehmen. Diese Mitglieder finanzieren den Versicherungsombudsmann e.V. auch. Der Ombudsmann Private Kranken- und Pflegeversicherung wurde als eine eigenständige Organisationseinheit („Stelle“) innerhalb des Verbandes der privaten Krankenversicherung e.V. eingerichtet. Beide Schlichtungsstellen wurden bereits aufgrund der Vorgängernormen des § 214 anerkannt. Ihre praktische Bedeutung ist erheblich. Der Versicherungsombudsmann e.V. hat jährlich zwischen 18.000 und 19.000 Beschwerden zu bearbeiten, der Ombudsmann für die Private Kranken- und Pflegeversicherung zuletzt[6] ca. 6.000 Verfahren pro Jahr. Für weitere Schlichtungsstellen besteht kein Bedarf.[7] Die Regelung des § 214 musste dennoch in das VVG von 2008 aufgenommen werden, um den europarechtlichen Vorgaben (s. oben Rn. 1) zu genügen.[8]

---

[4] Vgl. auch Begr. RegE BTDrucks. 16/3945 S. 117.

[5] *Hirsch* ZVersWiss **2011** 561, 567 f.

[6] Zahlen aus dem Tätigkeitsbericht 2010: http://www.pkv-ombudsmann.de/taetigkeitsbericht/2010.pdf.

[7] HK-VVG/*Muschner* § 214 Rn. 2; Langheid/Wandt/*Looschelders* § 214 Rn. 8.

[8] Zweifelnd insoweit bereits *Langheid* NJW **2007** 3665, 3672.

C. Sachlicher Anwendungsbereich (Abs. 1 S. 1)

5 Schlichtungsstellen können nach § 214 Abs. 1 Satz 1 zur gütlichen Beilegung zweier verschiedener Arten von Streitigkeiten angerufen werden: Streitigkeiten bei Versicherungsverträgen mit Verbrauchern i.S.d. § 13 BGB (Nr. 1) und Streitigkeiten zwischen Versicherungsvermittlern oder Versicherungsberatern auf der einen und VN auf der anderen Seite im Zusammenhang mit der Vermittlung von Versicherungsverträgen (Nr. 2).

6 In der **Praxis** kann der Versicherungsombudsmann nach der maßgeblichen Verfahrensordnung in Fällen der **Nr. 1** nicht nur Beschwerden von Verbrauchern i.S.d. § 13 BGB hören, also von natürlichen Personen, die den Versicherungsvertrag zu einem Zweck abschließen, der weder ihrer gewerblichen noch ihrer selbständigen beruflichen Tätigkeit zugerechnet werden kann, sondern auch von **Kleingewerbetreibenden** (§ 2 Abs. 1 Satz 2 VomVO[9]). Darunter sind Gewerbetreibende zu verstehen, deren Betrieb nach Art, Umfang und Ausstattung keinen kaufmännischen Geschäftsbetrieb erfordert.[10] Der Praxis zu §§ 1, 2 HGB lassen sich Hinweise entnehmen, wann dies der Fall ist. Die Ausdehnung des sachlichen Anwendungsbereichs auf Kleingewerbetreibende ist ohne weiteres zulässig (s. unten Rn. 7) und entspricht einem Grundansatz der VVG-Reform von 2008, nach dem Kleingewerbetreibende in Bezug auf den Abschluss von Versicherungsverträgen hinsichtlich ihrer Kenntnisse und Erfahrungen ähnlich schutzwürdig erscheinen wie Verbraucher.[11] Über das HGB hinausgehend sollte der Begriff des Kleingewerbetreibenden im Versicherungsvertragsrecht auch kleinere freiberuflich Tätige umfassen. Auch sie dürften den Besonderheiten des Versicherungsgeschäfts nicht näher stehen als der Durchschnittsverbraucher. Zur Abgrenzung des Kreises der Freiberufler, auf den § 214 Anwendung findet, ließe sich auf die Kriterien des „Kleinunternehmers" i.S.v. § 19 UStG abstellen.

7 In Fällen der **Nr. 2** muss der **VN kein Verbraucher** sein.[12] Das ergibt sich zum einen daraus, dass in Nr. 2 ein einschränkender Zusatz wie das „mit Verbrauchern im Sinn des § 13 des Bürgerlichen Gesetzbuchs" der Nr. 1 fehlt, zum anderen aus den Vorgaben der EU-Vermittler-Richtlinie. Bei Streitigkeiten zwischen Versicherungsberatern und VN geht es nicht um einen Zusammenhang mit der Vermittlung von Versicherungsverträgen, sondern um Auseinandersetzungen um die Dienstleistung der Versicherungsvermittler und -berater selbst.[13] Wer Versicherungsvermittler bzw. -berater ist, ergibt sich aus § 59 Abs. 2–4.

8 Aus § 209 folgt, dass § 214 für Streitigkeiten in der Rück- und Seeversicherung keine Anwendung findet. Für Großrisiken ist die Rechtslage nicht ganz so klar. Nach der Begründung zum Regierungsentwurf[14] und einem Teil des Schrifttums[15] gilt § 214 auch für Verträge über **Großrisiken** i.S.d § 210 Abs. 2 nicht. Einen derart pauschalen Ausschluss von Großrisiken fordert der Wortlaut der Norm nicht. Was Abs. 1 Satz 1 Nr. 2 anbelangt, folgt der Ausschluss für Großrisiken allerdings daraus, dass es bei den Strei-

[9] Verfahrensordnung des Versicherungsombudsmanns; näher unten Rn. 15.

[10] *Römer* NJW **2005** 1251, 1253.

[11] Abschlussbericht, S. 23 f.; *Brand*, in: E. Lorenz, Karlsruher Forum 2011, S. 55, 60; *E. Lorenz* VersR **2004** 541, 546.

[12] Langheid/Wandt/*Looschelders* § 214 Rn. 14; Prölss/Martin/*Klimke* § 214 Rn. 3.

[13] Römer/Langheid/*Rixecker* § 214 Rn. 2.

[14] Begr. RegE BTDrucks. 16/3945 S. 117.

[15] HK-VVG/*Muschner* § 214 Rn. 1; Langheid/Wandt/*Looschelders* § 214 Rn. 6; Schwintowski/Brömmelmeyer/*Klär* § 214 Rn. 12.

tigkeiten, die Schlichtungsstellen vorgelegt werden, um eine Verletzung von Pflichten i.S.d. §§ 60–63 geht, die auf Großrisiken nach § 65 nicht anwendbar sind. Hinsichtlich der Streitigkeiten nach Abs. 1 Nr. 1 ist der Ausschluss für Verträge über Großrisiken differenziert zu handhaben. Den kritischen Stimmen ist zuzugeben, dass Streitigkeiten i.S.d. Abs. 1 Satz 1 Nr. 1 nur dann dem Streitbeilegungsverfahren zugänglich sind, wenn es sich um Verbraucherversicherungsverträge handelt, die i.d.R. keine Großrisiken darstellen. Dieser Gedanke war wohl auch für die Wortwahl in der Regierungsbegründung verantwortlich. Wenn aber ausnahmsweise bei einem Großrisiko der VN ein Verbraucher ist, ist der Anwendungsbereich des § 214 Abs. 1 Satz 1 Nr. 1 eröffnet.[16] In diesen Fällen besteht nämlich in gleicher Art und Weise wie bei Massenrisiken ein Bedarf nach der Möglichkeit, Streitigkeiten außergerichtlich beilegen zu können.

9 **Für die laufende Versicherung** ist ähnlich zu werten. Für diese soll § 214 ausweislich der Regierungsbegründung zur Neukodifikation des VVG „in aller Regel" nicht gelten.[17] Das liegt daran, dass die laufende Versicherung zumeist Großrisiken zum Gegenstand hat. Selbst diese fallen aber, wie soeben gezeigt, in Grenzen in den sachlichen Anwendungsbereich des § 214. Zudem gibt es für laufende Versicherungen keine dem § 65 vergleichbaren Ausnahmetatbestand. Daher gilt: Insoweit die laufende Versicherung keine Großrisiken betrifft,[18] unterfällt sie ohne weiteres § 214, insoweit sie Großrisiken betrifft, nur dann wenn § 214 auf diese Anwendung findet, d.h. in den Fällen des § 214 Abs. 1 Satz 1 Nr. 1, sofern der VN ausnahmsweise Verbraucher ist.

10 Anders als nach dem Regierungsentwurf zum VVG 2008[19] und ungeachtet des Gesetzeswortlauts sind Streitigkeiten zwischen sog. **„Bagatellvermittlern" i.S.v. § 66 bzw. § 34d Abs. 9 Nr. 1 GewO** und VN vom sachlichen Anwendungsbereich des § 214 Abs. 1 ausgenommen.[20] Das ergibt sich ausdrücklich aus § 66, der die Vorschrift des § 214 auf Bagatellvermittler für unanwendbar erklärt. Sachlich ist diese Ausnahme deswegen gerechtfertigt, weil Bagatellvermittler nicht den Pflichten nach §§ 60–63 unterliegen, die den Gegenstand eines Streitschlichtungsverfahrens i.S.d. Abs. 1 Satz 1 Nr. 2 bilden können. Bei der Erwähnung von Bagatellvermittlern in § 214 Abs. 3 und Abs. 4 handelt es sich folglich um ein Redaktionsversehen. Diese Rechtslage ist europarechtskonform, da das maßgebliche Richtlinienrecht (oben Rn. 1) von den Mitgliedstaaten nicht verlangt, Schlichtungsstellen für Bagatellvermittler einzurichten. Von der Möglichkeit einer überschießenden Umsetzung hat der Reformgesetzgeber von 2007 abgesehen, um Bagatellvermittler nicht übermäßig zu belasten.[21]

---

16 Looschelders/Pohlmann/*Wolf* § 214 Rn. 3; Prölss/Martin/*Klimke* § 214 Rn. 4; Römer/Langheid/*Rixecker* § 214 Rn. 2.

17 Begr. RegE BT-Drucks 16/3945 S. 117; Langheid/Wandt/*Looschelders* § 214 Rn. 6; Looschelders/Pohlmann/*Wolf* § 214 Rn. 3; Schwintowski/Brömmelmeyer/*Klär* § 214 Rn. 12.

18 Dazu mit Beispielen: Bruck/Möller/*Renger* Vor §§ 53–58 Rn. 8; *Ehlers* TranspR **2007** 5, 8.

19 Siehe Begr. RegE BTDrucks. 16/3945 S. 40.

20 Langheid/Wandt/*Looschelders* § 214 Rn. 6; Looschelders/Pohlmann/*Wolf* § 214 Rn. 2; Prölss/Martin/*Klimke* § 214 Rn. 3; Römer/Langheid/*Rixecker* § 214 Rn. 2.

21 Stellungnahme des Bundesrates zum RegE BTDrucks. 16/3945 S. 32; Looschelders/Pohlmann/*Wolf* § 214 Rn. 2.

D. Anerkennung von Schlichtungsstellen (Abs. 2)

11 Die Voraussetzungen dafür, dass eine Schlichtungsstelle anerkennungsfähig ist, ergeben sich aus § 214 Abs. 2. Anerkennungsfähige Schlichtungsstellen müssen danach **privatrechtlich organisiert** sein. Das trifft sowohl auf den Versicherungsombudsmann e.V. als eingetragenen Verein als auch auf den Ombudsmann Private Kranken- und Pflegeversicherung als selbständige Stelle eines eingetragenen Vereins zu. In der Sache, also bei der Bescheidung von Schlichtungsanliegen, muss die Schlichtungsstelle **unabhängig** sein **und** sie darf **keinen Weisungen unterworfen** sein. Diese Kriterien sind dem allgemeinen Zivilrecht aus § 831 Abs. 1 S. 1 BGB bekannt. Mit der Einschränkung, dass es sich um die Beurteilung einer Institution und nicht einer Person geht, lassen sich die zu § 831 BGB entwickelten Kriterien zur Abhängigkeit und Weisungsgebundenheit auf § 214 Abs. 2 übertragen. Unabhängig bedeutet, dass die Schlichtungsstelle weder rechtlich oder wirtschaftlich abhängig sein und keinem wirtschaftlichen, politischen oder sonstigen Druck unterliegen darf.[22] Weisungsunabhängig ist sie, wenn sie in Ausübung ihrer Tätigkeit faktisch keinen Beschränkungen und Einflussnahmemöglichkeiten von dritter Seite unterworfen ist. Die Satzung des Versicherungsombudsmann e.V. (§ 15 VomVO) und das Statut des Ombudsmanns Private Kranken- und Pflegeversicherung (§ 8 des Statuts) tragen dem Rechnung.[23]

12 Voraussetzung der Anerkennung ist weiterhin, dass die Schlichtungsstelle **in organisatorischer und fachlicher Hinsicht ihre Aufgaben erfüllen kann.** Das setzt einerseits eine angemessene Ausstattung der Einrichtung und die effiziente und transparente Ausgestaltung des Schlichtungsverfahrens (vgl. § 15 Abs. 2 VomVO) voraus, andererseits eine hinreichende Anzahl von Mitarbeitern, die nach ihrer Ausbildung, ihrer bisherigen beruflichen Tätigkeit und ihrer Erfahrung hinreichend qualifiziert sind, um die zur Schlichtung eingereichten Streitigkeiten angemessen zu behandeln.[24]

13 Die Vorschrift schließt es nicht aus, Schlichtungsstellen mit einer **fachlich begrenzten Schlichtungskompetenz** auszustatten.[25] Voraussetzung einer Anerkennung und eines Tätigwerdens ist es nicht, dass der Schlichtungsstelle alle Aufgaben zugewiesen sind, die das Bundesministerium der Justiz ihr nach Abs. 1 zuweisen könnte. Das würde oft die Kapazitäten einer Schlichtungsstelle überschreiten. Daher ist es ohne weiteres statthaft, die sachliche Zuständigkeit einer Schlichtungsstelle inhaltlich zu begrenzen, etwa auf bestimmte Versicherungssparten, bestimmte VR oder bestimmte Streitwerte. Umgekehrt ist auch eine Erweiterung der sachlichen Zuständigkeit über den in Abs. 1 skizzierten Aufgabenbereich hinaus möglich, etwa die Zuweisung von Streitigkeiten, die keine Verbraucher-VN betreffen (§ 2 Abs. 1 Satz 2 VomVO; vgl. oben Rn. 7)

14 Die **Anerkennung** erfolgt durch das Bundesministerium der Justiz mit Einverständnis der in Abs. 1 Satz 1 genannten weiteren Ministerien. Die Anerkennung **ist ein Verwaltungsakt** i.S.d. § 35 VwVfG, der jederzeit zurückgenommen oder widerrufen werden kann.[26] Sie ist gem. § 214 Abs. 1 Satz 2 im Bundesanzeiger oder im elektronischen Bun-

---

22 HK-VVG/*Muschner* § 214 Rn. 5; Looschelders/Pohlmann/*Wolf* § 214 Rn. 4; Römer/Langheid/*Rixecker* § 214 Rn. 3; *Michaels* VW **2000** 396.

23 Dazu *Michaels* VW **2000** 396.

24 HK-VVG/*Muschner* § 214 Rn. 5; Looschelders/Pohlmann/*Wolf* § 214 Rn. 4; Römer/Langheid/*Rixecker* § 214 Rn. 3.

25 Prölss/Martin/*Klimke* § 214 Rn. 5; Römer/Langheid/*Rixecker* § 214 Rn. 3.

26 Langheid/Wandt/*Looschelders* § 214 Rn. 7; Schwintowski/Brömmelmeyer/*Klär* § 214 Rn. 8.

desanzeiger bekannt zu machen. Mit Einführung des freien elektronischen Zugangs zum amtlichen Teil des Bundesanzeigers zum 1.4.2012 wurde die seit 2002 bestehende Zweiteilung in den Bundesanzeiger und den elektronischen Bundesanzeiger aufgegeben. Das neu gefasste Verkündungs- und Bekanntmachungsorgan wird seitdem unter dem gemeinsamen Titel „Bundesanzeiger" fortgeführt. Der Verweis in § 214 Abs. 1 Satz 2 bezieht sich seit dem 1.4.2012 allein auf diesen. Die Bekanntmachung im Bundesanzeiger hat nur deklaratorische Wirkung. Rechtsfolge der Anerkennung ist, dass § 214 Abs. 3 und 4 Geltung beanspruchen.

E. Schlichtungsverfahren

I. Grundsätzliches

15 Das Schlichtungsverfahren selbst ist in § 214 nur bruchstückhaft geregelt. Das ist kein regulatorisches Versehen, sondern eine bewusste Entscheidung des Gesetzgebers, der den bestehenden Schlichtungsstellen Raum lassen wollte, die Zuständigkeiten und Verfahren flexibel den praktischen Bedürfnissen anzupassen.[27] In der Praxis sind die Verfahren vor den Ombudsmännern grundsätzlich als **schriftliche Verfahren** ausgestaltet, in dem weder die Parteien noch Zeugen oder Sachverständige vernommen werden (§§ 6, 7 VomVO bzw. § 6 Satz 1 Statut des PKV-Ombudsmanns).[28] Der Ombudsmann ermittelt von Amts wegen den Sach- und Streitstand und hört die Parteien dazu in geeigneter Form an. In seiner Beweiswürdigung, die in der Regel nur den Urkundsbeweis betrifft, ist er frei (vgl. § 7 Abs. 6 VomVO). Beim **Versicherungsombudsmann e.V.** ist zu beachten, dass dieser auf Grundlage von **zwei Verfahrensordnungen** operiert. Für Streitigkeiten i.S.d. § 214 Abs. 1 Satz 1 Nr. 1 gilt die Verfahrensordnung des Versicherungsombudsmanns v. 18.11. 2010 (VomVO), für Streitigkeiten i.S.d. § 214 Abs. 1 Satz 1 Nr. 2 die Verfahrensordnung für Beschwerden im Zusammenhang mit der Vermittlung von Versicherungsverträgen (VermVO) v. 27.11.2008.

II. Beschwerdebefugte

16 § 214 Abs. 1 Satz 3 Halbs. 1 lässt sich bezüglich des Verfahrens zunächst nur entnehmen, dass **„die Beteiligten"** befugt sind, die Schlichtungsstelle anzurufen. Das sind neben dem VN der VR, Versicherungsvermittler und Versicherungsberater[29] sowie in Fällen des Abs. 1 Satz 1 Nr. 2 auch Verbraucherschutzverbände (vgl. § 1 Abs. 2 VermVO).[30] Bei Vermittlerbeschwerden ist auch der Versicherungsinteressent beschwerdebefugt, und zwar für den Fall dass der Versicherungsvertrag nicht zustande gekommen ist (§ 1 Abs. 1 Satz 2 VermVO). § 214 Abs. 1 Satz 3 schließt es allerdings nicht aus, den Kreis der Antragsbefugten vor einer Schlichtungsstelle zu begrenzen.[31] In der Praxis ist das etwa in der Verfahrensordnung des Versicherungsombudsmann e.V. geschehen. Nach § 1 VomVO darf der VR – anders als nach § 3 Abs. 2 des Statuts des Ombudsmanns Pri-

---

[27] Begr. ReGE BTDrucks. 16/1935 S. 27; kritisch insoweit: Römer/Langheid/*Rixecker* § 214 Rn. 4.

[28] *Hirsch* ZVersWiss **2011** 561, 567.

[29] Langheid/Wandt/*Looschelders* § 214 Rn. 16; Römer/Langheid/*Rixecker* § 214 Rn. 4.

[30] HK-VVG/*Muschner* § 214 Rn. 3; Langheid/Wandt/*Looschelders* § 214 Rn. 16.

[31] Prölss/Martin/*Klimke* § 214 Rn. 7.

vate Kranken- und Pflegeversicherung (mit Zustimmung des VN) – nicht um Vermittlung in einem Streitfall bitten. Andere potentiell Berechtigte als der VR dürfen aber bei Berücksichtigung des europarechtlichen Hintergrunds des § 214 nicht aus dem Kreis der Antragsbefugten ausgesondert werden. Für den VN folgt dies aus Art. 14 der Fernabsatzrichtlinie II und Art. 11 der EU-Vermittler-Richtlinie, für Versicherungsvermittler oder Versicherungsberater aus Art. 11 der EU-Vermittler-Richtlinie und für Verbraucherschutzverbände aus Art. 10 der EU-Vermittler-Richtlinie.[32]

III. Voraussetzungen der Beschwerde

Für die Beschwerde ist **keine besondere Form** vorgesehen. Sie kann mündlich, schriftlich oder in jeder anderen geeigneten Form (etwa per Telefon, Fax, E-Mail oder über eine Social-Media-Seite im Internet) eingelegt werden (§ 3 Abs. 1 VomVO).[33] Das soll es insb. dem (Verbraucher-)VN erleichtern, die Schlichtungsstelle anzurufen. Nähere Regelungen zu den Voraussetzungen für die Anrufung der Schlichtungsstelle finden sich in den jeweiligen **Verfahrensordnungen der Ombudsmänner**. Die Beschwerde kann sich gem. § 2 Abs. 1 VomVO nur gegen einen VR richten, der Mitglied des Vereins Versicherungsombudsmann e.V. ist.[34] Das ergibt sich aus der Struktur des Vereins. Weiterhin muss der Beschwerdeführer seinen Anspruch vor Anrufung des Ombudsmanns gegenüber dem VR geltend gemacht und diesem sechs Wochen Zeit gegeben haben, den Anspruch abschließend zu bescheiden (§ 2 Abs. 1 VomVO bzw. § 4 Abs. 1 S. 2 Statut des PKV-Ombudsmanns). Das dient dem Schutz des VR, der nicht mit der Anrufung der Schlichtungsstelle „überfallen“ werden können soll.[35] 17

Was den **Gegenstand des Schlichtungsverfahrens** anbelangt, schreibt § 2 Abs. 1 lit. a) VomVO vor, dass (Verbraucher-)VN nur insoweit beschwerdebefugt sind, als sie **eigene vertragliche Ansprüche** geltend machen. Dass der Vertrag zum Zeitpunkt der Anrufung der Schlichtungsstelle noch besteht, ist nicht erforderlich (siehe § 3 Abs. 1 Satz 1 Statut des PKV-Ombudsmanns). Nichtvertragliche Ansprüche Dritter, etwa der Direktanspruch des geschädigten Dritten aus § 115 in der Pflichthaftpflichtversicherung, können der Schlichtungsstelle nicht vorgelegt werden. Das liegt daran, dass sich bei der Geltendmachung solcher Ansprüche regelmäßig keine versicherungs-, sondern haftungsrechtliche Probleme stellen,[36] mit denen sich die Schlichtungsstellen nicht befassen sollen, um die organisatorische Ausstattung solcher Stellen nicht zu überdehnen. Nicht als Dritte anzusehen sind der **Bezugsberechtigte** in der Lebensversicherung[37] und die **versicherte Person** in der Versicherung für fremde Rechnung. Das ergibt sich aus dem Sinn und Zweck des Schlichtungsverfahrens vor den Ombudsmännern und ist im Statut des Ombudsmanns Private Kranken- und Pflegeversicherung ausdrücklich festgehalten (§ 3 Abs. 1 Satz 2 des Statuts). Auch Art. 1:302 PEICL stellt den VN, den Begünstigten und die versicherte Person gleich, was ihren Zugang zur außergerichtlichen Streitbeilegung anbelangt. 18

32 Vgl. auch Schwintowski/Brömmelmeyer/*Klär* § 214 Rn. 6.

33 HK-VVG/*Muschner* § 214 Rn. 3; Beckmann/Matusche-Beckmann/*v. Rintelen* § 23 Rn. 396; *Römer* NJW **2005** 1251, 1253.

34 *Römer* NVersZ **2002** 289, 290.

35 Langheid/Wandt/*Looschelders* § 214 Rn. 18; *Scherpe* NVersZ **2002** 97, 99.

36 Langheid/Wandt/*Looschelders* § 214 Rn. 18.

37 *Römer* NVersZ **2002** 289, 290; *E. Lorenz* VersR **2004** 541, 548.

IV. Beantwortungspflicht

19 § 214 Abs. 3 verpflichtet die Schlichtungsstelle, Beschwerden über einen VR, Versicherungsvermittler oder -berater zu bearbeiten und **zu beantworten.** Das gilt aber nur bei Beschwerden „über" einen VR, einen Vermittler oder Berater, d.h. wenn diese Beschwerdegegner sind. Sind sie hingegen selbst beschwerdebefugt und haben sie Beschwerde bei der Schlichtungsstelle eingelegt, gilt die Beantwortungspflicht der Schlichtungsstelle ihnen gegenüber nicht.[38] Der Grund für diese Differenzierung lässt sich nicht nur darin finden, dass Beschwerden von VR, Beratern und Vermittlern praktisch so gut wie nicht vorkommen, sondern auch im Richtlinienrecht, dessen Umsetzung § 214 dient: Die Beantwortungspflicht soll Art. 10 Satz 2 der EU-Vermittler-Richtlinie (vgl. oben Rn. 1) ins deutsche Recht überführen. Bagatellvermittler nach § 66 werden in der Norm nur aufgrund eines Redaktionsversehens aufgeführt (vgl. oben Rn. 10). Die Pflicht zur Beantwortung bedeutet nicht, dass die Schlichtungsstelle sich zwingend inhaltlich mit einer eingereichten Beschwerde befassen muss. Das ergibt sich schon daraus, dass die Schlichtungsstelle ihre sachliche Zuständigkeit ohnehin weitreichend beschränken kann. Beschwerdeführer müssen lediglich darüber unterrichtet werden, ob (und wie) sich die Schlichtungsstelle mit dem vorgetragenen Anliegen befasst bzw. befassen wird.[39] Diese kann entsprechend eine Beschwerde auch (z.B. mangels Erfolgsaussicht) als unzulässig abweisen oder sich weigern, sich näher mit einer Beschwerde zu befassen, weil diese für eine Entscheidung im Schlichtungsverfahren als ungeeignet erscheint (§§ 2, 8 und 10 Abs. 1 VomVO).[40] Das ergibt sich bereits aus der Regierungsbegründung zum Normvorgänger des § 214, § 42k a.F.[41]

20 Unterbleibt eine Antwort der Schlichtungsstelle trotz bestehender Beantwortungspflicht nach Abs. 3, so ist zwar vorstellbar, dass dem Beschwerdeführer ein **Schadensersatzanspruch nach § 280 Abs. 1 BGB** zusteht. Ein Schaden im Schutzbereich der verletzten Pflicht kann aber nur darin bestehen, dass der VN auf eine gütliche Einigung mit seinem Schlichtungsgegner vertraut hat. Fallgestaltungen solcher Art liegen fern.[42] Bei systematischer Nichtbeantwortung von Beschwerden durch eine Schlichtungsstelle kommt ein Widerruf der Anerkennung in Betracht.

21 Entscheidet die Schlichtungsstelle in der Sache, so ist sie dabei **nicht an eine bestimmte Form der Entscheidung** gebunden. Sie muss insb. nicht nach Art eines Urteils ganz oder teilweise für eine der Streitparteien entscheiden.[43] Vielmehr steht ihr jedwede Form der Sachentscheidung zur Verfügung, die dem Ziel der Streitschlichtung dient. Das wird an der offenen Formulierung des Abs. 2 deutlich, der von „Antworten und Vorschlägen oder Entscheidungen" der Schlichtungsstelle spricht.

V. Verhältnis zum gerichtlichen Rechtsschutz

22 Nach Abs. 1 Satz 3 Halbs. 2 bleibt das **Recht** des Beschwerdeführers, **die Gerichte anzurufen,** unberührt, wenn er sich an eine Schlichtungsstelle wendet. Das bedeutet zunächst, dass eine Entscheidung der Schlichtungsstelle für die Beteiligten grundsätzlich

38 Looschelders/Pohlmann/*Wolf* § 214 Rn. 8; Prölss/Martin/*Klimke* § 214 Rn. 8.

39 Prölss/Martin/*Klimke* § 214 Rn. 8; Römer/Langheid/*Rixecker* § 214 Rn. 4.

40 Langheid/Wandt/*Looschelders* § 214 Rn. 28; *Scherpe* NVersZ **2002** 97, 100.

41 BTDrucks. 16/1935 S. 27.

42 Prölss/Martin/*Klimke* § 214 Rn. 8; Römer/Langheid/*Rixecker* § 214 Rn. 4; offen Looschelders/Pohlmann/*Wolf* § 214 Rn. 8.

43 Prölss/Martin/*Klimke* § 214 Rn. 10.

unverbindlich ist – auch wenn es sich um eine andere Form der Streitentscheidung als den „Vorschlag" i.S.d. Abs. 2 handelt. Die Beteiligten können alternativ zu oder neben dem Schlichtungsverfahren den Rechtsweg beschreiten. Auch nach einer Entscheidung der Schlichtungsstelle kann der Beschwerdeführer grundsätzlich noch den Weg zu den ordentlichen Gerichten suchen (§ 11 Abs. 2 Satz 1 VomVO). Nur dadurch wird gewährleistet, dass der Beschwerdeführer keinen Nachteil dadurch erleidet, dass er die Schlichtungsstelle eingeschaltet hat.[44] Umgekehrt kann das Beschreiten des ordentlichen Gerichtswegs Rückwirkungen auf das Verfahren vor der Schlichtungsstelle haben. So bestimmt etwa § 2 Abs. 3 lit. e) VomVO, dass ein Verfahren vor dem Versicherungsombudsmann nicht stattfindet, solange der Beschwerdegegenstand vor einem Gericht, einem Schiedsgericht, einer (anderen) Schlichtungseinrichtung oder der Versicherungsaufsicht anhängig ist.

Allerdings können Versicherungsverträge – auch konkludent – eine **Bindungswirkung** der Entscheidung einer Schlichtungsstelle zugunsten des VN vorsehen.[45] Eine solche (konkludente) Bindungswirkung ergibt sich bei Streitigkeiten i.S.d. § 214 Abs. 1 Satz 1 Nr. 1 etwa aus § 10 Abs. 3 Satz 2 i.V.m. § 11 Abs. 1 Satz 1, Abs. 2 Satz 2 VomVO. Diese Bestimmungen sehen vor, dass Entscheidungen, die der Versicherungsombudsmann bei Streitigkeiten bis zu einem Beschwerdewert von € 10.000,– erlässt, den VR binden. Der Rechtsweg ist für ihn in einem solchen Fall – anders als für den beschwerdeführenden VN – ausgeschlossen. Für die Wertermittlung gelten die Grundsätze des Zivilverfahrensrechts. Diese Verpflichtung des VR wird zumindest konkludent Bestandteil des Versicherungsvertrags mit dem VN, weil sich die VR, die Mitglied des Versicherungsombudsmann e.V. sind, gem. § 5 Abs. 3 der Satzung verpflichtet haben, ihre Kunden auf die Mitgliedschaft im Verein und die Rahmenbedingungen einer Schlichtung vor dem Versicherungsombudsmann hinzuweisen.[46] 23

Die Bindungswirkung von Entscheidungen einer Schlichtungsstelle scheint im Widerspruch zu § 214 Abs. 1 Satz 3 Halbs. 2 zu stehen, rechtfertigt sich aber damit, dass die Bindungswirkung nur gegenüber einem VR eintritt, der Mitglied des Versicherungsombudsmann e.V. ist und sich damit freiwillig der Satzung des Vereins unterworfen hat, welche die Bindungswirkung der Entscheidungen des Ombudsmanns erst anordnet.[47] Zu beachten ist überdies, dass **nicht alle Bescheide** des Versicherungsombudsmanns **Bindungswirkung** entfalten: Bei Streitigkeiten i.S.d. § 214 Abs. 1 Satz 1 Nr. 1 mit einem Streitwert zwischen € 10.000,– und € 100.000,– hat der Bescheid des Ombudsmann nur den Rechtscharakter einer Empfehlung, die weder den VR noch den VN bindet (§ 10 Abs. 3 Satz 2 i.V.m. § 11 Abs. 1 Satz 2, Abs. 2 Satz 2 VomVO). Entsprechend steht der Rechtsweg offen. Der Ombudsmann Private Kranken- und Pflegeversicherung entscheidet stets in Form einer Empfehlung (§ 7 Abs. 1 Statut). Eine Bindungswirkung seiner Entscheidungen ist bewusst nicht vorgesehen, da der Ombudsmann Private Kranken- und Pflegeversicherung eine reine Einigungs- und Schlichtungsfunktion wahrnimmt.[48] Das Gleiche gilt für den Versicherungsombudsmann e.V. in Vermittlerstreitigkeiten i.S.d. § 214 Abs. 1 Satz 1 Nr. 2. Bei diesen haben Bescheide des Versicherungsombudsmann ebenfalls keine Bindungswirkung (§ VermVO). 24

[44] Langheid/Wandt/*Looschelders* § 214 Rn. 23; *Römer* NJW **2005** 2151, 2154; *Scherpe* NVersZ **2002** 97, 101.

[45] Prölss/Martin/*Klimke* § 214 Rn. 10; Römer/Langheid/*Rixecker* § 214 Rn. 4.

[46] Langheid/Wandt/*Looschelders* § 214 Rn. 20.

[47] Langheid/Wandt/*Looschelders* § 214 Rn. 24.

[48] *Kalis* VersR **2002** 292, 293; *H. Müller* VersM **2008** 161, 162.

VI. Zwangsvollstreckung und Verjährung

25 Schlichtungsstellen i.S.d. Vorschrift sind keine von einer Landesjustizverwaltung eingerichtete oder anerkannte Gütestellen i.S.v. §§ 15a EGZPO, 794 Abs. 1 Nr. 1 ZPO, deren Entscheidungen Grundlage einer Zwangsvollstreckung sein können. Sie können aber als **außergerichtliche Gütestellen** nach § 278 Abs. 2 ZPO betrachtet werden.[49] Weitere materiellrechtliche Wirkungen ergeben sich aus einem Schlichtungsverfahren nach dem Gesetz nicht.[50] Insbesondere wird die **Verjährung von Ansprüchen** der Beteiligten durch eine Anrufung der Schlichtungsstelle nicht von Gesetzes wegen gehemmt, wie dies bei Schlichtungssatzungen zum Ombudsmannverfahren außerhalb des Versicherungsvertragsrechts durchaus der Fall ist (vgl. etwa Ziff. VIII der Verfahrensordnung Ombudsmann Immobilien v. 28.5.2008). Soweit § 12 Abs. 1 VomVO bzw. § 5 Abs. 2 des Statuts des Ombudsmanns Private Kranken- und Rentenversicherung dennoch eine solche **Hemmung** für Streitigkeiten zwischen VR und VN vorsieht, muss sich der VR das allerdings entgegenhalten lassen. Der dogmatische Grund dafür ist umstritten. Vereinzelt wird vertreten, bei der Verpflichtungserklärung in der Satzung handele es sich um einen Vertrag zugunsten Dritter.[51] Verbreiteter wird die Verpflichtung des VR mit einer ergänzenden Auslegung des Versicherungsvertrages erklärt[52] oder einer Berufung des VR auf Verjährung in Anbetracht der Verpflichtungserklärung das Verbot widersprüchlichen Verhaltens gem. § 242 BGB entgegen gehalten.[53] Nach § 6 VermVO führen Beschwerden im Zusammenhang mit der Vermittlung von Versicherungsverträgen hingegen nicht zu einer Hemmung der Verjährung. Diese Ausnahme erscheint nicht hinreichend begründet und sollte bei einer Revision der Verfahrensordnung aufgegeben werden.

F. Entgeltanspruch (Abs. 4)

26 Die Schlichtungsstellen können nach § 214 Abs. 4 S. 1 für ihr Tätigwerden nach Maßgabe einer von ihnen aufgestellten Vergütungsordnung ein Entgelt erheben. Der Wortlaut der Norm („können"), zeigt, dass es sich dabei um eine **Ermessensentscheidung** der Streitschlichtungsstelle handelt.[54] Der Entgeltanspruch richtet sich nach dem Wortlaut des Abs. 4 grundsätzlich **gegen den Versicherungsvermittler und Versicherungsberater.** Bagatellvermittler nach § 66 werden in der Norm nur aufgrund eines Redaktionsversehens aufgeführt (vgl. oben Rn. 10 und 19). **Ansprüche gegen VR** begründet § 214 Abs. 4 nicht. Das mag daran liegen, dass sie die anerkannten Schlichtungsstellen ohnehin selbst finanzieren (§ 16 Abs. 1 Satzung des Versicherungsombudsmanns; § 12 des Statuts des Ombudsmanns Private Kranken- und Pflegeversicherung).[55] Die Beteiligten haben gem. § 14 Abs. 2 VomVO bzw. § 7 VermVO ihre eigenen Kosten (Kosten des Rechtsanwalts und persönliche Auslagen) selbst zu tragen.[56] Das gleiche gilt gem. § 4 Abs. 3 des Statuts auch für den Ombudsmann Private Kranken- und Pflegeversicherung.

---

49 Looschelders/Pohlmann/*Wolf* § 214 Rn. 7; *Meixner/Steinbeck* § 1 Rn. 376.

50 Römer/Langheid/*Rixecker* § 214 Rn. 5.

51 *Friedrich* DAR **2002** 157, 159.

52 Langheid/Wandt/*Looschelders* § 214 Rn. 20; HK-VVG/*Muschner* § 214 Rn. 4; Prölss/Martin/*Klimke* § 214 Rn. 9; Römer/Langheid/*Rixecker* § 214 Rn. 5; *Scherpe* NVersZ **2002** 97, 101.

53 Dazu schon *Hoeren* NJW **1992** 2727, 2731.

54 Langheid/Wandt/*Looschelders* § 214 Rn. 29.

55 Langheid/Wandt/*Looschelders* § 214 Rn. 29; Looschelders/Pohlmann/*Wolf* § 214 Rn. 9.

56 HK-VVG/*Muschner* § 214 Rn. 7.

Vom **VN** kann die Schlichtungsstelle grundsätzlich kein Entgelt verlangen. Eine Ausnahme gilt gem. Abs. 4 S. 2, wenn der VN die Schlichtungsstelle offensichtlich missbräuchlich anruft. Dann kann die Schlichtungsstelle vom VN ein Entgelt verlangen. Auch im Falle des Missbrauchs bleibt das Erheben eines Entgelts aber Ermessensentscheidung der Schlichtungsstelle. Wann von einem **offensichtlichen Missbrauch** auszugehen ist, lässt § 214 Abs. 4 offen. Auch das Schrifttum hat nur schwache Leitlinien entwickelt. Überwiegend wird ein zurückhaltender Umgang mit der Ausnahme des Satz 2 empfohlen. Anfragen eines VN sollen auch dann noch kostenfrei sein, wenn sie einer vernünftigen Grundlage entbehren.[57] „Missbrauchsgebühren" sollen erst dann anfallen, wenn es im konkreten Fall um eine „querulatorische Inanspruchnahme der Schlichtungsstelle ohne jeden sachlichen Grund" geht.[58] Diese Abgrenzung hilft nicht viel weiter, da der Begriff der „querulatorischen Inanspruchnahme" kaum klarer definiert ist als derjenige des „offensichtlichen Missbrauchs". **27**

Sachdienlicher erscheint es, bei der Anwendung des § 214 Abs. 4 Satz 2 auf die **Praxis zu § 34 Abs. 2 BVerfGG** zurückzugreifen. Danach kann das BVerfG die grundsätzlich kostenfreie Verfassungsbeschwerde entgeltlich stellen, wenn sie „missbräuchlich" eingelegt worden ist. Betrachtet man die – wenigen – Entscheidungen zu § 34 Abs. 2 BVerfGG, so fällt auf, dass es zur Annahme eines Missbrauchs mehr bedarf als die für jedermann erkennbare Erfolglosigkeit, das Verfassungsgericht anzurufen. Darüber hinaus muss entweder ein sog. „Zweckmissbrauch" vorliegen, d.h. dass mit einem angestrengten Verfahren verfahrenswidrige oder sachfremde Zwecke verfolgt werden (z.B. Beteiligte zu diffamieren), oder ein sog. „Inhaltsmissbrauch", bei dem die Rechtsverfolgung mittels des angestrengten Verfahrens als frivol erscheint, etwa weil der Beschwerdeführer in seiner Beschwerde das Gericht durch falsche Angaben zu täuschen versucht.[59] Diese Grundsätze lassen sich auf den Begriff des Missbrauchs in § 214 Abs. 2 Satz 2 übertragen. Zu beachten ist allerdings, dass der Missbrauch nach dieser Vorschrift – anders als nach § 34 Abs. 2 BVerfGG – „offensichtlich" sein muss. Das bedeutet, dass die Schlichtungsstelle noch zurückhaltender in der Ausübung ihres Ermessens im Hinblick auf Missbrauchsgebühren sein muss, als dies das BVerfG in seiner Praxis ist. Was die Offensichtlichkeit anbelangt, lässt sich der Begriff durch eine Gesamtschau auf die §§ 309 Nr. 8 lit. b) lit. ee), 323 Abs. 4, 543 Abs. 3 Satz 2 Nr. 1 und 1579 Nr. 7 BGB mit Inhalt füllen. Danach ist etwas offensichtlich i.S.d. Bürgerlichen Rechts, wenn es keinen vernünftigen Zweifel am Vorliegen der betreffenden Tatsache gibt. Für § 214 Abs. 4 Satz 2 bedeutet dies, dass es keinen vernünftigen Zweifel daran geben darf, dass a) die angestrengte Beschwerde erfolglos ist und b) entweder ein Zweck- oder ein Inhaltsmissbrauch vorliegt. **28**

In der **Praxis** gehen die Verfahrensordnung des Versicherungsombudsmann e.V. und das Statut des Ombudsmanns Private Kranken- und Pflegeversicherung bei Streitigkeiten zwischen dem VR und einem Verbraucher-VN auf die Frage der Erhebung eines Entgelts im Falle eines offensichtlichen Missbrauchs nicht ein. Daraus ist zu schließen, dass sie in solchen Fällen von ihrem Ermessen Gebrauch machen, auch insoweit kein Entgelt zu erheben. Das folgt systematisch gesehen auch daraus, dass Missbrauchsgebühren in der Verfahrensordnung des Versicherungsombudsmann e.V. sehr wohl für Beschwerden im Zusammenhang mit der Vermittlung von Versicherungsverträgen vorgesehen sind (§ 7 Abs. 2 VomVO). Vor dem Ombudsmann Private Kranken- und Pflegeversicherung sind **29**

---

[57] Römer/Langheid/*Rixecker* § 214 Rn. 6.

[58] Langheid/Wandt/*Looschelders* § 214 Rn. 30.

[59] Dazu Maunz/Schmidt-Bleibtreu/*Graßhof* BVerfGG (37. EL 2012) § 34 Rn. 37 ff.; (auch) kritisch *Lechner/Zuck* BVerfGG[11] § 34 Rn. 6.

auch Vermittlerbeschwerden keinen Missbrauchsgebühren unterworfen. Auch in dieser Hinsicht ist eine Vereinheitlichung der Verfahrensordnungen anzustreben. Angesichts der unbedeutenden Zahlen der Missbrauchsfälle, die zu § 34 BVerfGG ausgeurteilt worden sind, sollte auf Missbrauchsgebühren gänzlich verzichtet werden, um der außergerichtlichen Streitschlichtung im Versicherungswesen jeglichen pönalen Charakter zu nehmen.

30 Die **Höhe des Entgelts** muss nach § 214 Abs. 4 Satz 3 im Verhältnis zum Aufwand der Schlichtungsstelle angemessen sein. Feste Gebührensätze sind demnach nicht vorgesehen.

G. Zuweisung an Bundesoberbehörde oder Bundesanstalt (Abs. 5)

31 Existiert keine privatrechtlich organisierte Einrichtung als Schlichtungsstelle (mehr), kann das Bundesministerium der Justiz im Einvernehmen mit den anderen beteiligten Ministerien **gem. Abs.** 5 die Aufgaben der Schlichtungsstelle durch Rechtsverordnung ohne Zustimmung des Bundesrates auf eine Bundesoberbehörde oder Bundesanstalt übertragen. Das gilt auch für die Regelung von Verfahren der Schlichtungsstelle sowie die Erhebung von Gebühren und Auslagen durch Rechtsverordnung. Nach der Gesetzesbegründung zum gleichlautenden Normvorgänger, § 42k a.F., hat die Norm „Auffangcharakter“.[60] Sie soll nur zur Anwendung kommen, wenn privatrechtlich organisierte Streitschlichtungsstellen nicht vorhanden sind. Solange die beiden derzeit bestehenden Ombudsmänner als Streitschlichtungsstellen anerkannt sind, hat Abs. 5 daher keine praktische Bedeutung.

H. PEICL und Auslandsrechte

32 Nach Art. 1:302 PEICL schließt die Wahl der **PEICL** als Regime für den Versicherungsvertrag einen „anderenfalls vorhandenen“ Zugang des Versicherungsnehmers, Versicherten oder Begünstigten zu außergerichtlichen Beschwerde- und Rechtsbehelfsverfahren nicht aus. Das bedeutet zweierlei: Zunächst bleiben die Regeln nationalen Rechts über Schlichtungsstellen – im Falle Deutschlands also § 214 – auch dann anwendbar, wenn die Parteien sich für eine Geltung der PEICL entschieden haben. Das musste vor dem Hintergrund der Ausschlussregel des Art. 1:105 Abs. 1 PEICL ausdrücklich angeordnet werden. Darüber hinaus will Art. 1:302 PEICL auch bewirken, dass die PEICL von Schlichtungsstellen nicht als ausländisches Recht angesehen werden.[61] Das ist für Schlichtungsstellen wie den deutschen Versicherungsombudsmann e.V. (§ 8 Abs. 3 VomVO) und den niederländischen Ombudsman Verzekeringen (Art. 4 lit. a) Satzung des Ombudsman) von Belang, die keine Beschwerden behandeln, die nach ausländischem Recht zu entscheiden sind.

33 Schlichtungsstellen für Versicherungsstreitigkeiten sind auch in vielen **ausländischen Rechtsordnungen** bekannt und dort mitunter schon länger aktiv als in Deutschland (z.B. Frankreich: seit 1993). Teilweise sind sie – wie die deutschen Ombudsmänner – als eigenständige Schlichtungsstellen organisiert (z.B. Frankreich [Le Médiateur de la Fédération Française des Sociétés d’Assurances], Schweiz [Ombudsman der Privatversicherung und der Suva]), teilweise als Abteilungen von Schlichtungsstellen mit übergreifender Kompetenz, wie dies in Irland und im Vereinigten Königreich beim Financial Services Ombuds-

[60] Begr. RegE BTDrucks. 16/1935, S. 27.

[61] *Basedow et al.* PEICL, Art. 1:302 C 4.

man der Fall ist. Die Höchstsummen, bis zu denen die Schlichtungsstellen über Beschwerden entscheiden dürfen, liegen teilweise erheblich höher als in Deutschland. Im Vereinigten Königreich etwa kann der Financial Services Ombudsman seit dem 1.1.2012 Beschwerden bis zu £ 150.000,– hören. Beschwerden beim französischen Médiateur unterliegen gar keiner Höchstsumme. Neben dem VN sind regelmäßig auch versicherte Personen und Begünstigte beschwerdebefugt. Nicht überall ist das Schlichtungsverfahren als schriftliches Verfahren ausgestaltet. In Irland etwa können der Ombudsman und die Parteien eine mündliche Verhandlung erzwingen. Die Regeln über die Bindungswirkung von Entscheidungen der Schlichtungsstellen sind ebenfalls uneinheitlich. Der Schweizerische Ombudsman der Privatversicherung und der Suva und der französische Médiateur können etwa gar keine bindenden Entscheidungen fällen. Im Vereinigten Königreich liegt die Entscheidung über die Bindungswirkung beim Verbraucher-VN. Nimmt er die Entscheidung des Financial Services Ombudsman an, ist sie für ihn und das betroffene Versicherungsunternehmen bindend, nimmt er sie nicht an, kann der VN den Gerichtsweg beschreiten, um sein Recht zu suchen. Für Verbraucher-VN sind Beschwerden bei den Schlichtungsstellen in aller Regel kostenfrei – auch Missbrauchsregeln wie § 214 Abs. 4 Satz 2 sind nicht verbreitet. Teilweise (z.B. Vereinigtes Königreich) erheben die Schlichtungsstellen von beteiligten VR (neben ihrer Grundfinanzierung) eine Verfahrensgebühr („case fee“) – auch zur deren Disziplinierung.

§ 215
Gerichtsstand

(1) Für Klagen aus dem Versicherungsvertrag oder der Versicherungsvermittlung ist auch das Gericht örtlich zuständig, in dessen Bezirk der Versicherungsnehmer zur Zeit der Klageerhebung seinen Wohnsitz, in Ermangelung eines solchen seinen gewöhnlichen Aufenthalt hat. Für Klagen gegen den Versicherungsnehmer ist dieses Gericht ausschließlich zuständig.

(2) § 33 Abs. 2 der Zivilprozessordnung ist auf Widerklagen der anderen Partei nicht anzuwenden.

(3) Eine von Absatz 1 abweichende Vereinbarung ist zulässig für den Fall, dass der Versicherungsnehmer nach Vertragsschluss seinen Wohnsitz oder gewöhnlichen Aufenthalt aus dem Geltungsbereich dieses Gesetzes verlegt oder sein Wohnsitz oder gewöhnlicher Aufenthalt im Zeitpunkt der Klageerhebung nicht bekannt ist.

Schrifttum

Abel/Winkens Zur Frage des Gerichtsstands bei Versicherungsaltverträgen gem. § 215 VVG, RuS 2010 143; *Armbrüster* Prozessuale Besonderheiten in der Haftpflichtversicherung, RuS **2010** 441; *Bauer/Rajkowski* Zum Wohngerichtsstand des Versicherungsnehmers nach § 215 Abs. 1 VVG, VersR **2010** 1559; *Brand* Problemfelder des Übergangsrechts zum neuen VVG, VersR **2011** 557; *ders.*, Verbraucherschutz im Versicherungsrecht, in: E. Lorenz, Karlsruher Forum 2011, **2012**, S. 55; *Franz* Das Versicherungsvertragsrecht im neuen Gewand, VersR **2008** 298; *Fricke* Die teleologische Reduktion des § 48 VVG bei Streitigkeiten aus Versicherungsverträgen, die im Internet abgeschlossen wurden, VersR **2001** 925; *ders.* Wen oder was schützt § 215 VVG? – Ein Versuch, eine dunkle Norm zu erhellen –, VersR **2009** 15; *Grote/Schneider* VVG 2008: Das neue Versicherungsvertragsrecht, BB **2007** 2689; *Looschelders* Der Klägergerichtsstand am Wohnsitz des Versicherungsnehmers nach Art. 8 Abs. 1 Nr. 2 EuGVÜ, IPRax **1998** 86; *ders./Heinig* Der Gerichtsstand am Wohnsitz oder gewöhnlichen Aufenthalt des Versicherungsnehmers nach § 215 VVG, JR **2008** 265; *Nugel* Die „neue" Zuständigkeitsregel des § 215 VVG – Ausgangspunkt für Streitigkeiten „ohne Ende"?, VRR **2009** 448; *Staudinger* Versicherungsrechtsmodernisierung – Kritikpunkte aus nationalem und europäischem Blickwinkel, Münsteraner Reihe, Bd. 105 **2007** S. 1; *Wagner* Der richtige Gerichtsstand für Klagen des Versicherungsnehmers gegen den Versicherer nach der VVG-Reform, VersR **2009** 1589.

Übersicht

A. Normgeschichte

1 § 215 **Abs. 1** begründet einen besonderen Gerichtsstand, der es dem VN ermöglicht, am eigenen Wohnsitz, hilfsweise am Ort seines gewöhnlichen Aufenthalts, zu klagen und dort vom VR verklagt zu werden. Eine solche Regel kennt das Europäische Zivilprozessrecht mit § 9 Abs. 1 lit. b) EuGVVO schon länger.[1] Dem Schrifttum gilt die Vorschrift des § 215 teilweise als **„Fremdkörper im VVG"**,[2] weil eine Gerichtsstandsregelung systematisch in das Zivilprozessrecht gehört. Das ist richtig. Indes gab es für den Reformgesetzgeber gute Gründe, § 215 innerhalb des VVG zu verankern. Zum einen ermöglicht dieser „Kunstgriff" es, die Vorschrift den besonderen übergangsrechtlichen Vorschriften des EGVVG zu unterwerfen (dazu unten Rn. 53 ff.), zum anderen hat die systematische Stellung Tradition: § 215 ist seit dem 1.1.2008 an die Stelle des § 48 a.F. getreten. Dieser eröffnete einen besonderen Gerichtsstand für Klagen des VN am Ort der Niederlassung des Versicherungsagenten, wenn ein solcher als Vermittlungs- oder Abschlussvertreter eingeschaltet worden war.[3] Die VVG-Reformkommission wollte an dieser Bestimmung

[1] Dazu *Looschelders* IPRax **1998** 86 ff.

[2] Römer/Langheid/*Rixecker*, § 215 Rn. 1; ähnlich *Staudinger*, Münsteraner Reihe, Bd. 105, 2007, S. 1, 8.

[3] Näher Prölss/Martin/*Kollhosser*[27] § 48 *passim*; *Fricke* VersR **2001** 925, 932 ff.

festhalten.[4] Im Referentenentwurf zum VVG fand sich jedoch – wohl auf Initiative des Justizministeriums – ein Entwurf, der sich im Wesentlichen mit dem Gesetz gewordenen § 215 deckte.[5]

Der Reformgesetzgeber entschied sich dagegen, § 48 a.F. beizubehalten, **um Unwägbarkeiten zu begegnen,** die für den VN mit dieser Bestimmung verbunden waren: **§ 48 a.F.** galt für angestellte Vertreter[6] und sog. „Pseudomakler" (heute: § 59 Abs. 3 Satz 2),[7] die faktisch die Stellung eines Versicherungsvertreters einnehmen, und auch für Gelegenheitsmakler, die eine Vertretertätigkeit aufnahmen,[8] nicht aber für Innendienstmitarbeiter des VR oder Makler.[9] Für den VN war es oft nur schwer erkennbar, in welcher Funktion ihm sein Verhandlungspartner gegenübertrat und wo dieser seine Niederlassung hatte. Außerdem galt § 48 a.F. nicht für Direktversicherungen.[10] Angesichts der unübersichtlichen Regelungslage war der Reformgesetzgeber von 2007 darum bemüht, für die Zukunft eine klarere, weniger problematische Bestimmung zu schaffen, um zu verhindern, dass der VN häufiger zunächst Klage vor einem falschen Gericht erhebt.[11] Dies ist ihm gelungen. Der Gerichtsstand am eigenen Wohnort bzw. dem Ort des eigenen Aufenthalts ist deutlich einfacher zu handhaben als der Normvorgänger.[12] 2

§ 215 Abs. 1 ist – zumindest regelungstechnisch – **an § 29c Abs. 1 ZPO angelehnt,**[13] der einen besonderen Gerichtsstand für den Bereich der Haustürgeschäfte (§ 312 Abs. 1 Satz 1 BGB) aufstellt. Bei Auslegungsfragen kann daher auf Rechtsprechung und Schrifttum zu § 29c ZPO ergänzend Bezug genommen werden. Zu berücksichtigen ist dabei allerdings, dass § 29c ZPO einen engeren persönlichen Anwendungsbereich hat. Die **Abs. 2 und 3** sind im Rahmen der Neukodifikation des VVG von 2008 neu hinzugekommen. Sie entsprechen inhaltlich den Abs. 2 und 3 des Regelungsvorbilds § 29c ZPO. 3

B. Normzweck

§ 215 Abs. 1 dient im Kern dem **Schutz des Verbraucher-VN.** Er fördert dessen Interesse, die Rechte aus dem Versicherungsvertrag (prozessual) möglichst ungehindert durchsetzen zu können.[14] Zu diesem Zwecke wird die prozessrechtliche Grundregel (§§ 12–17 ZPO) **„actor sequitur forum rei"** (der Kläger muss dem Gerichtsstand des Beklagten folgen) **durchbrochen.** Dem allgemeinen Ansatz des VVG zum Verbraucherschutz folgend, erstreckt sich die Schutzwirkung des § 215 auf sämtliche VN (näher unten Rn. 9 ff.). **Abs. 1 Satz 1** eröffnet dem VN neben dem allgemeinen Gerichtsstand nach § 17 ZPO (Sitz des VR) und dem Gerichtsstand der Niederlassung (§ 21 ZPO) einen besonderen Gerichts- 4

---

4 Vgl. Abschlussbericht S. 347.

5 RefE § 72; dazu *Fricke* VersR **2009** 15.

6 OLG Bremen 16.12.1949 VersR **1950** 19 m. Anm. *E. Prölss*; Bruck/Möller/*Möller*[8] § 48 Rn. 20; Beckmann/Matusche-Beckmann/*v. Rintelen* § 23 Rn. 11.

7 OLG Hamm 8.5.1981 VersR **1982** 337; BayObLG 22.1.2004 – 1 Z AR 1/04 (juris).

8 Römer/Langheid/*Langheid*[2] § 48 Rn. 2.

9 OLG Bremen 16.12.1949 VersR **1950** 19 m. Anm. *E. Prölss*; LG Lübeck 30.10.1964 VersR **1965** 25; LG Duisburg 28.7.1999 VersR **2001** 178; Bruck/Möller/*Möller*[8] § 48 Rn. 20.

10 Schwintowski/Brömmelmeyer/*Klär* § 215 Rn. 1.

11 RegE BTDrucks. 16/3945 S. 117.

12 So auch Langheid/Wandt/*Looschelders* § 215 Rn. 5; kritisch Prölss/Martin/*Klimke* § 215 Rn. 1.

13 RegE BTDrucks. 16/3945 S. 117; zur Reichweite der Vorbildwirkung des § 29c ZPO: *Fricke* VersR **2009** 15, 16; *Wagner* VersR **2009** 1589.

14 Zur Kategorisierung der Interessen des VN *Brand* in: Karlsruher Forum 2011, 55, 62 f.

stand in dem Bezirk, wo der VN zum Zeitpunkt der Klageerhebung seinen Wohnsitz, hilfsweise seinen gewöhnlichen Aufenthalt, hat. Dadurch soll insb. der Verbraucher-VN die Möglichkeit erhalten, den VR, den Vermittler (§ 59 Abs. 1 und 2) und den Berater wohnortnah zu verklagen.[15] Im Gegensatz zur Vorgängerbestimmung des § 48 a.F. (dazu oben Rn. 1) ist der besondere Gerichtsstand des § 215 Abs. 1 Satz 1 auch für Verträge der Direktversicherung eröffnet.[16] Er betrifft – wie das Regelungsvorbild des § 29c ZPO – **nur die örtliche**, nicht aber die sachliche **Zuständigkeit**, welche nach den allgemeinen Regeln zu ermitteln ist (§§ 23 Nr. 1, 71 Abs. 1 GVG).[17]

5 **Abs. 1 Satz 2** begründet einen ausschließlichen Gerichtsstand für Klagen gegen den VN. Auf die Gerichtsstände der ZPO kann daneben nicht zurückgegriffen werden. Das ist eine ebenfalls im Kern verbraucherschützende Ergänzung des Schutzes, den Abs. 1 Satz 1 gewährt. Der VN soll für den Fall, dass er in Versicherungssachen als Beklagter in Anspruch genommen wird, darauf vertrauen können, nicht an einem anderen Orte als seinem Wohn- oder Aufenthaltsort prozessieren zu müssen. Der Schutz fällt mit der ausschließlichen Ausgestaltung des Gerichtsstands noch strenger aus, als der Schutz bei aktiven Klagen des VN. Der Grundsatz „actor sequitur forum rei“ wird gewissermaßen „zementiert“.[18]

6 **Abs. 2** verfolgt zur Förderung der **prozessualen Waffengleichheit** und der Prozessökonomie den Zweck, es dem VR durch ein Abweichen von der Grundregel des § 33 Abs. 2 ZPO zu ermöglichen, in Fällen des § 215 Abs. 1 Satz 2 konnexe Widerklagen zu erheben.[19] Abs. 2 durchbricht mithin die starre, ausschließliche Zuständigkeitsregel des Abs. 1 Satz 2 um Sachzusammenhänge zu wahren.

7 **Abs. 3** bestimmt, dass abweichend von der Grundregel des § 40 Abs. 2 Nr. 2 ZPO auch bei einem ausschließlichen Gerichtsstand, wie ihn § 215 Abs. 1 Satz 2 begründet, Gerichtsstandsvereinbarungen getroffen werden können, und zwar dann, wenn der VN seinen Wohnsitz oder gewöhnlichen Aufenthalt ins Ausland verlegt, oder wenn sein Wohnsitz oder gewöhnlicher Aufenthalt unbekannt sind. Dadurch sollen der VR und ggf. auch Vermittler vor einer erschwerten und kostspieligen Rechtsverfolgung geschützt werden, die mit einer Geltendmachung von Ansprüchen im Ausland oder gegen Personen mit unbekanntem Aufenthaltsort verbunden sind.[20] Die Regelung ist notwendig, weil der ähnlich gestaltete § 38 Abs. 3 Nr. 2 ZPO im allgemeinen Zivilprozessrecht keine Abweichung vom ausschließlichen Gerichtsstand des § 215 Abs. 1 Satz 2 gestatten würde.[21]

---

15 RegE BTDrucks. 16/3945 S. 117; zustimmend HK-VVG/*Muschner*, § 215 Rn. 1; Langheid/Wandt/*Looschelders*, § 215 Rn. 1; Prölss/Martin/*Klimke* § 215 Rn. 1; Römer/Langheid/*Rixecker* § 215 Rn. 1.

16 Schwintowski/Brömmelmeyer/*Klär* § 215 Rn. 1.

17 Langheid/Wandt/*Looschelders*, § 215 Rn. 1; zu § 29c ZPO: Zöller/*Vollkommer* § 29c Rn. 2; Stein/Jonas/*H. Roth* § 29c Rn. 1; MünchKomm-ZPO/*Patzina* § 29c Rn. 3.

18 Langheid/Wandt/*Looschelders* § 215 Rn. 2; zu § 29c ZPO: Stein/Jonas/*H. Roth* § 29c Rn. 1.

19 Langheid/Wandt/*Looschelders* § 215 Rn. 57; Schwintowski/Brömmelmeyer/*Klär* § 215 Rn. 14; Prölss/Martin/*Klimke* § 215 Rn. 28; Marlow/Spuhl/*Spuhl* Rn. 1494; zur Motivlage des Normvorbilds, § 29c ZPO: RegE BTDrucks. 14/6040 S. 278; Zöller/*Vollkommer* § 29c Rn. 10.

20 Langheid/Wandt/*Looschelders* § 215 Rn. 58; Looschelders/Pohlmann/*Wolf* § 215 Rn. 10; Prölss/Martin/*Klimke* § 215 Rn. 30; Römer/Langheid/*Rixecker* § 215 Rn. 7; *Looschelders/Heinig* JR **2008** 265, 270; zum Normvorbild, § 29c ZPO: Baumbach/Lauterbach/Albers/*Hartmann* § 29c Rn. 6; Stein/Jonas/*H. Roth* § 29c Rn. 13.

21 Prölss/Martin/*Klimke* § 215 Rn. 29.

C. Gerichtsstand für Klagen des VN (Abs. 1 Satz 1)

I. Wirkung

§ 215 Abs. 1 Satz 1 begründet in seinem persönlichen und sachlichen Anwendungsbereich einen besonderen, d.h. zusätzlichen, Gerichtsstand. Dem VN und den anderen Begünstigten stehen daneben der allgemeine Gerichtsstand nach §§ 12–17 ZPO sowie die besonderen Gerichtsstände des allgemeinen Zivilprozessrechts (insb. dem Gerichtsstand des Erfüllungsortes gem. § 29 Abs. 1 ZPO und dem Gerichtsstand der Niederlassung gem. § 21 Abs. 1 ZPO) uneingeschränkt zur Verfügung.[22] Sie können nach § 35 ZPO frei wählen, vor welchem Gericht sie Klage erheben wollen. In den Grenzen der §§ 38 und 40 ZPO sind auch abweichende Vereinbarungen über den Gerichtsstand möglich. Ebenso kann in Fällen des § 215 Abs. 1 Satz 1 die Zuständigkeit des Gerichts durch rügelose Einlassung begründet werden. 8

II. Persönlicher Anwendungsbereich

1. Versicherungsnehmer

§ 215 Abs. 1 Satz 1 gilt seinem Wortlaut nach in persönlicher Hinsicht für den VN 9 bzw. den Versicherungsinteressenten. Im Schrifttum ist aber umstritten, ob damit sämtliche VN gemeint sind,[23] nur natürliche Personen[24] oder gar nur Verbraucher-VN.[25] Für eine Beschränkung des Anwendungsbereichs auf natürliche Personen scheint der Wortlaut der Norm zu sprechen, die auf den „Wohnsitz“ des Versicherungsnehmers und dessen „gewöhnlichen Aufenthalt“ abstellt. Das allgemeine Zivilprozessrecht verwendet diese Begriffe nur im Zusammenhang mit der Bestimmung des Gerichtsstands für natürliche Personen (§ 13 ZPO; ebenso aufgrund seiner systematischen Stellung: § 7 BGB). Für juristische Personen ist eine Anknüpfung an den Sitz üblich. Ergänzend wird auch auf den Sinn und Zweck des § 215 Abs. 1 Satz 1 abgestellt, um zu einer einschränkenden Auslegung des Wortlauts zu gelangen. Einmal solle die Vorschrift laut ihrer Begründung prozessualen Verbraucherschutz gewährleisten. Solcher komme wegen der Legaldefinition des Verbraucherbegriffs in § 13 BGB nur bei natürlichen Personen in Betracht.[26] Zudem sei die Bindung einer juristischen Person an ihren Sitz nicht mit derjenigen einer

---

[22] Langheid/Wandt/*Looschelders* § 215 Rn. 55; Looschelders/Pohlmann/*Wolf* § 215 Rn. 8; Prölss/Martin/*Klimke* § 215 Rn. 24.

[23] Langheid/Wandt/*Looschelders* § 215 Rn. 11–14; Looschelders/Pohlmann/*Wolf* § 215 Rn. 5; Römer/Langheid/*Rixecker* § 215 Rn. 2; Beckmann/Matusche-Beckmann/*Reiff* § 5 Rn. 183; *Meixner/Steinbeck* § 1 Rn. 365; *van Bühren* ZAP **2007** 1397, 1412; *ders.* AnwBl. **2008** 32; *Looschelders/Heinig* JR **2008** 265, 266; *Fricke*, VersR **2009** 15, 16 f.; *Wagner* VersR **2009** 1589; *Armbrüster* RuS **2010** 441, 456; *Bauer/Rajkowski* VersR **2010** 1559; *Nugel* VRR **2009** 448, 449; wohl auch Veith/Gräfe/*Gräfe* § 1 Rn. 63.

[24] LG Berlin 30.9.2010 – 7 O 292/10 (BeckRS 30691); LG Limburg 14.12.2010 VersR **2011** 609; Prölss/Martin/*Klimke*, § 215 Rn. 9; Schwintowski/Brömmelmeyer/*Klär*, § 215 Rn. 9 f. (anders aber wohl Rn. 8); Beckmann/Matusche-Beckmann/*v. Rintelen*, § 23 Rn. 7; Marlow/Spuhl/*Spuhl*, Rn. 1489; Burmann/Heß/Höke/Stahl/*Burmann*/*Heß* Das neue VVG im Straßenverkehrsrecht, Rn. 458; *Franz* VersR **2008** 298, 307; *ders.* DStR **2008** 303, 309.

[25] HK-VVG/*Muschner* § 215 Rn. 11; *Grote/Schneider* BB **2007** 2689, 2701.

[26] So *Marlow/Spuhl*, Rn. 1489; Beckmann/Matusche-Beckmann/*v. Rintelen*, § 23 Rn. 7.

natürlichen Person an ihren Wohnsitz vergleichbar:[27] Für juristische Personen sei es viel leichter als für natürliche Personen, ihr Recht an einem Ort durchzusetzen, der sitzfern ist. Auch sei es nicht immer sinnvoll, Verfahren bei gewerblichen Versicherungsverträgen am Sitzort des VN durchzuführen, etwa wenn der Gewerbebetrieb sich an einem anderen Ort als dem Sitzort befinde.

10 Eine **teleologische Reduktion** des § 215 auf natürliche Personen oder Verbraucher-VN **überzeugt** im Ergebnis aber **nicht**. Schon mit dem **Wortlaut der Norm** lässt sich dafür nicht eindeutig argumentieren. Zwar ist es üblich, die Begriffe „Wohnsitz" und „gewöhnlicher Aufenthalt" im Zusammenhang mit natürlichen Personen zu verwenden. Im europäischen Zivilprozessrecht zeigt die Brüssel-I-VO beispielhaft, dass dies aber nicht zwingend der Fall sein muss. In Art. 9 Abs. 2 Brüssel-I-VO ist etwa vom „Wohnsitz des VR" die Rede – und der kann keine natürliche Person sein. Innerhalb des VVG spricht § 36 Abs. 1 im Prämienrecht in Anlehnung an § 270 Abs. 1 BGB vom „Wohnsitz" des VN, ohne damit nur natürliche Personen zu meinen.[28] Des Weiteren ist zu beachten, dass § 215 Abs. 1 Satz 1 einschränkungslos vom „Versicherungsnehmer" spricht, ohne diesen näher zu qualifizieren. Wenn der Gesetzgeber nur bestimmte Gruppen von VN berechtigen will, so drückt er dies für gewöhnlich aus, wie etwa in § 4 VVG-InfoV, der nur für Verbraucher-VN gilt. Indem er generell auf „Versicherungsnehmer" abgestellt hat, ist der Reformgesetzgeber auch bewusst vom Regelungsvorbild des § 29c ZPO abgewichen, der seinen personalen Anwendungsbereich ausdrücklich auf „Verbraucher" beschränkt.

11 Auch die **Entstehungsgeschichte der Norm** spricht gegen eine einschränkende Auslegung. Zum einen ist in Rechnung zu stellen, dass § 215 den § 48 a.F. ersetzt. Für diese Vorgängerregelung war anerkannt, dass sie juristische Personen erfasste. Dass der Reformgesetzgeber diese durch die Einführung des § 215 schlechter stellen wollte, indem er sie auf die Gerichtsstände nach §§ 17, 21 ZPO beschränkt, lässt sich den Materialien nicht entnehmen.[29] Weiterhin ist zu berücksichtigen, dass der Reformgesetzgeber sich bei der Abfassung von § 215 an § 29c ZPO orientierte. Dessen auf Verbraucher zugeschnittene Begrifflichkeit mag ohne sachgedankliches Mitbewusstsein von der Vorgängerregelung übernommen worden sein.[30] Ein entscheidender Unterschied zwischen den beiden Normen besteht nämlich darin, dass es § 215 – anders als § 29c ZPO – an einem Verweis auf verbraucherschützende (im Falle des § 29c ZPO: § 312 BGB) und damit naturgemäß auf natürliche Personen beschränkte Vorschriften fehlt.

12 **Teleologisch** lässt sich für eine Reduktion des § 215 Abs. 1 Satz 1 auf natürliche Personen oder Verbraucher nicht anführen, der Reformgesetzgeber habe mit dieser Vorschrift den Verbraucherschutz fördern wollen. Zwar ist es richtig, dass die Neukodifikation des VVG von 2008 unter dem Leitstern von „Mehr Verbraucherschutz für Versicherte" stand. Im Versicherungsvertragsrecht ist der Verbraucherschutz aber generell zu einem Versicherungsnehmerschutz verallgemeinert, der nicht darauf achtet, ob der VN natürliche Person oder Verbraucher ist (vgl. etwa die vorvertraglichen Beratungs- und Informationspflichten des VR nach §§ 6, 7 oder das Widerrufsrecht des VN nach §§ 8, 9).[31] Die Schutzgrenze verläuft vielmehr zwischen Großrisiken und Massenrisiken, vgl.

[27] LG Berlin 30.9.2010 – 7 O 292/10 (BeckRS 30691); Prölss/Martin/*Klimke* § 215 Rn. 9.

[28] Bruck/Möller/*Beckmann* § 36 Rn. 18; **a.A.** Marlow/Spuhl/*Spuhl* Rn. 1489.

[29] Langheid/Wandt/*Looschelders* § 215 Rn. 9; Beckmann/Matusche-Beckmann/*Reiff* § 5 Rn. 183; *Meixner/Steinbeck* § 1 Rn. 365.

[30] So auch Looschelders/Pohlmann/*Wolf* § 215 Rn. 5; *Looschelders/Heinig* JR **2008** 265, 266; wohl auch *Armbrüster* RuS **2010** 441, 456.

[31] *Brand*, in: *E. Lorenz*, Karlsruher Forum 2011, 55, 59 f.; Langheid/Wandt/*E. Lorenz*, Einf. Rn. 28; Bruck/Möller/*Baumann* § 1 Rn. 61.

§ 210. Diese Grundsatzentscheidung hat die VVG-Reformkommission damit begründet, dass die Mehrzahl der Gewerbetreibenden, die sich nicht unter den Verbraucherbegriff subsumieren lassen, über kaum mehr Kenntnisse und Erfahrung im Umgang mit Versicherungsprodukten verfügt als private Verbraucher.[32] Der Verallgemeinerungsgrundsatz gilt auch für § 215, da es der Norm – anders als etwa § 4 VVG-InfoV – an einer einschränkenden Qualifikation des VN fehlt. Dafür spricht auch der Wortlaut der Regierungsbegründung zu § 215, der besagt, dass mit dieser Norm „*auch* [Hervorhebung vom Verf.] der (...) Schutz des Verbrauchers gestärkt" werden soll. Dass es zu bedenklichen Schutzlücken kommt, wenn man nur natürliche Personen als berechtigt i.S.d. § 215 ansieht, müssen auch Vertreter dieser Ansicht einräumen. Sie sehen sich zu Korrekturen aus Wertungsgesichtspunkten gezwungen, etwa indem sie § 215 Abs. 1 analog anwenden, wenn der VN zwar eine juristische Person ist, jedoch eine natürliche Person begünstigt wird, wie bei Restschuldversicherungen[33] oder Gruppenversicherungsverträgen[34]. Darüber hinaus ist fraglich, warum nach der Ansicht, die den persönlichen Anwendungsbereich des § 215 auf natürliche Personen beschränken will, die Norm zwar nicht für Gesellschaften, wohl aber für Einzelkaufleute gelten soll, deren Schutzwürdigkeit vergleichbar erscheint. Insgesamt sprechen damit die **besseren Argumente** dafür, **sämtliche VN als berechtigt i.S.d. § 215 Abs. 1 Satz 1 anzusehen.** Für juristische Personen und parteifähige Personengesellschaften ist anstelle des Wohnsitzes der Sitz i.S.d. § 17 ZPO maßgeblich. Dieses Ergebnis entspricht der Regelungslage im **Europäischen Zivilverfahrensrecht.**[35]

Tritt ein **Wechsel in der Person des VN** ein, etwa weil eine versicherte Sache veräußert **13** wird (§ 95 Abs. 1) oder der Versicherungsvertrag wirksam rechtsgeschäftlich übernommen wird, findet § 215 auf die neue Vertragspartei Anwendung.[36] Dass diese am ursprünglichen Vertragsschluss nicht beteiligt war, ist unschädlich, da § 215 Abs. 1 auf die Klageerhebung als maßgeblichen Zeitpunkt abstellt. Entsprechend ist der Wohnsitz bzw. gewöhnliche Aufenthalt der neuen Vertragspartei im Zeitpunkt der Klageerhebung maßgeblich für die Bestimmung des besonderen Gerichtsstands, nicht etwa derjenige des bisherigen VN. Dieser kann sich in Fällen des Wechsels weiterhin auf § 215 Abs. 1 Satz 1 berufen, wenn er noch Forderungen aus der Zeit vor der Vertragsübernahme geltend macht, die nicht auf die neue Vertragspartei übergegangen sind. Maßgeblich ist insoweit der Wohnsitz bzw. der Ort des gewöhnlichen Aufenthalts des früheren VN im Zeitpunkt der Klageerhebung.[37] Das kann zur Folge haben, dass der VR bezüglich Ansprüchen aus einem einheitlichen Versicherungsvertrag teils am Wohnsitz des ausgeschiedenen, teils aber auch am Wohnsitz des neuen VN in Anspruch genommen wird. Dies ist ihm aber zumutbar. Bei **Verschmelzungen** nach § 20 Abs. 1 Nr. 1 UmwG **oder Spaltungen** nach § 131 Abs. 1 Nr. 1 Satz 1 UmwG findet § 215 Abs. 1 Satz 1 ebenfalls zugunsten des übernehmenden Rechtsträgers Anwendung.[38]

---

[32] Abschlussbericht S. 23 f.; ferner *Looschelders/Heinig* JR **2008** 265, 267.

[33] Schwintowski/Brömmelmeyer/*Klär* § 215 Rn. 9; Marlow/Spuhl/*Spuhl* Rn. 1489; *Franz* VersR **2008** 298, 307.

[34] Prölss/Martin/*Klimke* § 215 Rn. 19; Schwintowski/Brömmelmeyer/*Klär* § 215 Rn. 11; Marlow/Spuhl/*Spuhl* Rn. 1489; *Franz* VersR **2008** 298, 307.

[35] Langheid/Wandt/*Looschelders*§ 215 Rn. 14; *Fricke* VersR **2009** 15, 17.

[36] Looschelders/Pohlmann/*Wolf* § 215 Rn. 6; Prölss/Martin/*Klimke* § 214 Rn. 13; Römer/Langheid/*Langheid* § 69 Rn. 14; *Looschelders/Heinig* JR **2008** 265, 267; **a.A.** für § 48 a.F. Berliner Kommentar/*Gruber* § 48 Rn. 4.

[37] Prölss/Martin/*Klimke* § 214 Rn. 15.

[38] Langheid/Wandt/*Looschelders* § 215 Rn. 19; Looschelders/Pohlmann/*Wolf* § 215 Rn. 6; *Looschelders/Heinig* JR **2008** 265, 267.

14 **Beim Tod des VN** können Ansprüche aus dem Versicherungsvertrag vererblich sein. In der Sachversicherung etwa ist es üblich, dass der VR und der VN vereinbaren, dass der Versicherungsvertrag als ganzer bei Eintritt des Erbfalles auf den Erben übergeht.[39] In diesen Fällen tritt der Erbe an die Stelle des VN. Sein Wohnsitz als neuer VN ist damit maßgeblich i.S.d. § 215, nicht etwa derjenige des Erblassers. Ähnlich ist die Sachlage in der Krankheitskostenversicherung. Nach § 207 Abs. 1 können (versicherungsfähige) versicherte Personen hier verlangen, dass der VR den Vertrag nach dem Tod des VN mit ihnen als neuen VN fortsetzt. Auch hier greift § 215 Abs. 1 Satz 1 mit der Maßgabe, dass der Wohnsitz des neuen VN maßgeblich ist. Das gleiche gilt in Fällen des § 207 Abs. 2 bei Kündigung eines Vertrages in der Krankheitskostenversicherung durch den VN.

15 § 215 Abs. 1 Satz 1 kann auch dann zur Anwendung kommen, wenn nicht der ganze Vertrag auf einen Erben des VN übergeht, sondern nur **einzelne Ansprüche** aus diesem Vertrag. Der Erbe erscheint in einem solchen Fall nicht minder schutzwürdig. Zu denken ist etwa an Ansprüche auf Auszahlung der Versicherungssumme in der Lebensversicherung, wenn kein Bezugsberechtigter bestimmt ist,[40] oder auch an die Krankheitskostenversicherung, bei der im Zeitpunkt des Todes des VN noch Ansprüche auf Erstattung von Heilbehandlungskosten bestehen, die auf den Erben übergehen.[41] Maßgeblicher Zeitpunkt für den Übergang der Ansprüche ist wiederum der **Eintritt des Erbfalles**. Im Unterschied zum Übergang des gesamten Versicherungsvertrags, erwerben die Erben beim Übergang einzelner Ansprüche nicht die Rechtsstellung eines VN. Für § 215 Abs. 1 Satz 1 hat das zur Folge, dass es nicht auf den Wohnsitz bzw. Aufenthalt der Erben ankommen kann, sondern auf den Wohnsitz des Erblassers. Dieser hat nach seinem Ableben keinen Wohnsitz oder Aufenthalt mehr, so dass nicht auf den Zeitpunkt der Klageerhebung abgestellt werden kann. Vielmehr kommt es auf den Wohnsitz oder gewöhnlichen Aufenthalt des Erblassers zum Zeitpunkt seines Todes an.[42] Das lässt sich auf die Wertungen stützen, die § 27 Abs. 1 ZPO zugrunde liegen.

2. Versicherte Personen

16 Der persönliche Anwendungsbereich des § 215 Abs. 1 Satz 1 ist nicht auf den VN beschränkt. Dass **auch Klagen versicherter Personen i.S.d. §§ 43 ff. in den Anwendungsbereich** der Norm **fallen,**[43] ergibt sich bereits aus dessen Wortlaut. Es ist von „Klagen aus dem Versicherungsvertrag oder der Versicherungsvermittlung" die Rede, nicht etwa von Klagen des VN. Aus der Entstehungsgeschichte des § 215 ist zu berücksichtigen, dass versicherte Personen auch unter dem Normvorgänger, der Gerichtsstandsregel des § 48 a.F., als berechtigt galten.[44] In systematischer Hinsicht ist auch § 44 Abs. 1 und 2 zu berücksichtigen, welcher der versicherten Person die Rechte des VN zuweist, sofern sie

---

[39] Staudinger/*Marotzke* (2008) § 1922 Rn. 286; z.T. wird eine solche Vereinbarung sogar vermutet, vgl. etwa BGH NJW-RR **1993** 1048, 1049 für die Hausratsversicherung.

[40] BGH 8.2.1960 BGHZ **32** 44, 46; Langheid/Wandt/*Looschelders* § 215 Rn. 22.

[41] Prölss/Martin/*Klimke* § 214 Rn. 16.

[42] Langheid/Wandt/*Looschelders* § 215 Rn. 22; Prölss/Martin/*Klimke* § 214 Rn. 16; Looschelders/Heinig JR **2008** 265, 268.

[43] OLG Oldenburg 18.4.2012 RuS **2012** 329, 330 f.; HK-VVG/*Muschner* § 215 Rn. 12; Langheid/Wandt/*Looschelders* § 215 Rn. 16; Looschelders/Pohlmann/*Wolf* § 215 Rn. 6; Römer/Langheid/*Rixecker* § 215 Rn. 3; Schwintowski/Brömmelmeyer/*Klär*, § 215 Rn. 8; *Fricke* VersR **2009** 15; **a.A.** LG Limburg 17.11.2011 Az. 4 O 280/11b (juris); LG Halle 15.10.2010 NJW-RR **2011** 114.

[44] Berliner Kommentar/*Gruber* § 48 Rn. 4; Bruck/Möller/*Möller*[8] § 48 Rn. 21; Römer/Langheid/*Langheid*[2] § 48 Rn. 3.

nicht das Vertragsganze betreffen.[45] Dazu zählen auch zivilprozessuale Rechte wie die Wahl des Gerichtsstands nach § 215 Abs. 1 Satz 1, wenn die versicherte Person befugt ist, ihre Rechte aus dem Versicherungsvertrag selbständig geltend zu machen, § 44 Abs. 2. Teleologisch ist nicht einzuwenden, dass die Gesetzesbegründung zu § 215 ausschließlich von Klagen des „Versicherungsnehmers" spricht.[46] Dies ist auch bei anderen Regelungen der Fall, die für versicherte Personen Geltung beanspruchen, etwa die vorvertraglichen Anzeigepflichten nach §§ 19 ff.[47] Dafür, versicherte Personen in den persönlichen Anwendungsbereich des § 215 einzubeziehen, spricht teleologisch gesehen vielmehr, dass der sachliche Anwendungsbereich des § 215 Abs. 1 Satz 1 eröffnet ist, wenn diese Personen Ansprüche aus dem Versicherungsvertrag geltend machen.

Findet § 215 Abs. 1 Satz 1 auf versicherte Personen Anwendung, so ist fraglich, ob **17**
diese **am Orte ihres eigenen Wohnsitzes** bzw. gewöhnlichen Aufenthalts klagen können[48] oder ob auch für sie der jeweilige Wohnort bzw. Ort des gewöhnlichen Aufenthalts des VN maßgeblich ist.[49] Für letztere Ansicht mag der Wortlaut der Norm sprechen, der auf den Wohnsitz des VN abstellt. Wie bereits zur Berechtigung versicherter Personen in der vorigen Rn. ausgeführt, kommt dem Wortlaut in Bezug auf sie keine abgrenzende Bedeutung zu, weil das VVG auf die Verweisungsfunktion des § 47 vertraut, welcher die jeweiligen Rechte und Pflichten zu solchen der versicherten Person macht, in den Formulierungen der Paragraphen des VVG aber durchweg nur auf den VN abstellt, auch wenn die Vorschriften für versicherte Personen gelten (Beispiel: wiederum §§ 19 ff.). Teleologisch ließe sich für eine Berechtigung versicherter Personen, am eigenen Wohn- bzw. Aufenthaltsort zu klagen, anführen, dass dies den Verbraucherschutz und das Generalziel der Norm, wohnortnahe Klagen zu ermöglichen, besser fördert als die Gegenansicht.[50] Zwingend ist dieses Argument schon deswegen nicht, weil § 215 Abs. 1 nicht nur Verbraucher sondern sämtliche VN schützt. Weitere Bedenken teleologischer Natur ergeben sich daraus, dass § 215 eine Ausnahmevorschrift zum zivilprozessualen Grundprinzip des „actor sequitur forum rei" ist. Eine solche Ausnahme ist eng auszulegen. Dass dies für § 215 Abs. 1 Satz 1 VVG insbesondere gilt, zeigen einzelne Versicherungssparten. Könnten in der D&O-Versicherung etwa, bei der es eine Vielzahl von versicherten Personen gibt, diese sämtlich Klagen gegen den VR an ihrem Wohn- oder Aufenthaltsort erheben, würde dies zu einer Zersplitterung der Rechtsverfolgung führen, die prozessökonomisch nicht sinnvoll ist. Am Wohnsitz des VN hingegen muss der VR ohnehin mit Klagen des VN rechnen. Es ist daher davon auszugehen, dass versicherte Personen nach § 215 Abs. 1 Satz 1 nur die Möglichkeit haben, neben den allgemeinen Gerichtsständen auch am Wohn- bzw. Aufenthaltsort des VN zu klagen. Über weitere Durchbrechungen der zivilprozessualen Grundregeln hat der demokratisch legitimierte Gesetzgeber zu entscheiden.[51]

---

[45] Dazu ausführlich Bruck/Möller/*Brand* § 44 Rn. 7 f.; Looschelders/Pohlmann/*Koch* § 44 Rn. 3 f.

[46] So aber LG Halle 15.10.2010 NJW-RR **2011** 114 unter Berufung auf Begr RegE, BTDrucks. 16/3945, S. 117.

[47] Zur Geltung dieser Vorschriften für versicherte Personen trotz Nichtnennung in der Gesetzesbegründung Bruck/Möller/Rolfs § 47 Rn. 25; Bruck/Möller/Brand § 47 Rn. 14; Langheid/Wandt/*Dageförde* § 47 Rn. 4; **a.A.** Berliner Kommentar/*Beckmann* § 16 Rn. 54 und 59; *Lange* VersR **2006** 605, 608.

[48] So OLG Oldenburg 18.4.2012 RuS **2012** 329, 331; Prölss/Martin/*Klimke* § 215 Rn. 18 (im Wege der Analogie); Marlow/Spuhl/*Spuhl* Rn. 1486.

[49] LG Cottbus 4.5.2011 Az. 5 S 78/10 (BeckRS 2011, 27578); HK-VVG/*Muschner* § 215 Rn. 12; Langheid/Wandt/*Looschelders* § 215 Rn. 16; Looschelders/Pohlmann/*Wolf* § 215 Rn. 6; *Looschelders/Heinig* JR **2008** 265, 267.

[50] OLG Oldenburg 18.4.2012 RuS **2012** 329, 331.

[51] So auch Langheid/Wandt/*Looschelders* § 215 Rn. 16.

3. Bezugsberechtigte

18 Neben versicherten Personen sind auch Bezugsberechtigte in den Schutzbereich des § 215 Abs. 1 Satz 1 einbezogen.[52] Sie stehen versicherten Personen – trotz Unterschieden im Einzelfall – wertungsmäßig gleich, da sie ebenfalls Begünstigte eines Vertrages zugunsten Dritter sind.[53] Auch der Bezugsberechtigte kann nach § 215 Abs. 1 Satz 1, wie die versicherte Person, nicht am eigenen Wohnsitz bzw. Ort des gewöhnlichen Aufenthalts, sondern an demjenigen des VN Klage erheben. Zur Begründung wird auf die vorige Rn. verwiesen. Für den Bezugsberechtigten einer Lebensversicherung ist entsprechend § 27 Abs. 1 a.E. ZPO der letzte Wohnsitz bzw. letzte gewöhnliche Aufenthalt des VN maßgeblich.[54] Ist **kein Bezugsberechtigter bestimmt**, fällt der Anspruch auf die Versicherungssumme in den Nachlass des VN.[55] Da der VN als Erblasser keinen Wohnsitz oder gewöhnlichen Aufenthalt mehr hat und sein Erbe nicht VN im Rahmen des Lebensversicherungsverhältnisses ist, findet § 215 keine Anwendung.[56] Es gelten stattdessen die allgemeinen zivilprozessualen Regeln über die örtliche Zuständigkeit.

4. Zessionare und Pfandgläubiger

19 Umstritten ist, ob auch Zessionare und Pfandgläubiger in den personalen Anwendungsbereich des § 215 Abs. 1 fallen. Sie können im Einzelfall kraft Gesetzes (z.B. bei der Abtretung generell und bei Hypotheken und Grundschulden gem. § 1127 Abs. 1 BGB ggf. i.V.m. § 1192 Abs. 1 BGB) oder Parteivereinbarung (z.B. bei Pfandrechten an beweglichen Sachen[57]) Forderungen aus Versicherungsverträgen geltend machen. Der Wortlaut des § 215 gestattet keinen Hinweis darauf, ob Zessionare und Pfandgläubiger diesen Gerichtsstand beanspruchen können. Im Schrifttum wird dessen ungeachtet überwiegend befürwortet, § 215 Abs. 1 Satz auch auf diese Personen anzuwenden.[58] Voraussetzung soll lediglich sein, dass ihnen eigene Ansprüche aus dem Versicherungsvertrag oder dessen Vermittlung zustehen. Die Gegenauffassung, die zur Parallelvorschrift des § 29c ZPO entwickelt,[59] aber mittlerweile von Teilen des Schrifttums und untergerichtlich auf § 215 Abs. 1 Satz 1 erstreckt wurde,[60] lehnt es ab, diese Vorschrift auf (Grund-) Pfandgläubiger anzuwenden. Das wird im Wesentlichen auf drei Gründe gestützt. Zum einen wird gesagt, die Norm diene ausschließlich dem Verbraucherschutz. Diese Auffassung ist bereits oben im Zusammenhang mit dem Kreis der geschützten VN widerlegt

---

[52] LG Saarbrücken 7.6.2011 – (BeckRS 2011, 20586); HK-VVG/*Muschner* § 215 Rn. 12; Looschelders/Pohlmann/*Wolf* § 215 Rn. 6; Römer/Langheid/*Rixecker* § 215 Rn. 3; Schwintowski/Brömmelmeyer/*Klär* § 215 Rn. 8; *Fricke* VersR **2009** 15; **a.A.** LG Halle 15.10.2010 NJW-RR **2011** 114.

[53] Bruck/Möller/*Brand* § 43 Rn. 13; Beckmann/Matusche-Beckmann/*Armbrüster* § 6 Rn. 92.

[54] Langheid/Wandt/*Looschelders* § 215 Rn. 16; Looschelders/Pohlmann/*Wolf* § 215 Rn. 6; *Looschelders/Heinig* JR **2008** 265, 267.

[55] BGH 8.2.1960 BGHZ **32** 44, 45 f.; Looschelders/Pohlmann/*Wolf* § 215 Rn. 6.

[56] Looschelders/Pohlmann/*Wolf* § 215 Rn. 6; *Looschelders/Heinig* JR **2008** 265, 268.

[57] MünchKomm-BGB/*Damrau* § 1212 Rn. 4.

[58] HK-VVG/*Muschner* § 215 Rn. 12; Langheid/Wandt/*Looschelders* § 215 Rn. 24; Looschelders/Pohlmann/*Wolf* § 215 Rn. 6; Schwintowski/Brömmelmeyer/*Klär* § 215 Rn. 8; *Looschelders/Heinig* JR **2008** 265, 268; *Fricke* VersR **2009** 15 f.; zu § 48 a.F. bereits Berliner Kommentar/*Gruber* § 48 Rn. 4; Bruck/Möller/*Möller*[8] § 48 Anm. 21.

[59] OLG München 30.1.2009 VersR **2009** 1382; Stein/Jonas/*H. Roth* § 29c Rn. 1.

[60] LG Halle 15.10.2010 NJW-RR **2011** 114 f.; AG Kiel 7.9.2010 NJW-RR **2011** 188; Prölss/Martin/Klinke § 215 Rn. 21; Römer/Langheid/*Rixecker* § 215 Rn. 4.

worden (s. oben Rn. 9 ff.) und muss hier daher nicht weiter verfolgt werden. § 215 Abs. 1 Satz 1 hat einen weiteren personalen Anwendungsbereich als § 29c ZPO. Ergänzend heißt es, Zessionare und Pfandgläubiger seien weniger schutzwürdig als der VN und die anderen vom Anwendungsbereich des § 215 erfassten Personen; insb. stünden sie außerhalb des Vertragsverhältnisses zwischen VN und VR oder zumindest nicht in einer Sonderbeziehung zu Letzterem. Das ist in dieser Pauschalität nicht richtig. Die §§ 94, 142–149 zeigen, dass Grundpfandgläubiger, aber auch Zessionare, im Versicherungsvertragsrecht teilweise besonderen Schutzes für würdig gehalten werden. Daher lässt sich auch nur schwer vertreten, sie seien generell weniger schutzwürdig als der VN, versicherte Personen und Bezugsberechtigte. Auch stehen sie nicht außerhalb des Versicherungsvertrages – dann wäre § 215 ohnehin nicht anwendbar –, da die Rechte des VN (zumindest zeitweilig) auf sie übergegangen sind. Dennoch ist die **Auffassung, dass § 215 Abs. 1 Satz 1 auf Pfandgläubiger und Zessionare keine Anwendung findet, vorzugswürdig.** Der entscheidende Unterschied zu Bezugsberechtigten und versicherten Personen ist die mangelnde innere Bindung an den VR. Typisches Beispiel ist der Forderungskäufer in der Lebensversicherung. Für einen solchen erscheint eine Privilegierung nach § 215 Abs. 1 Satz 1, wie das AG Kiel richtig befunden hat, unangebracht, da keine der Schutzerwägungen, welche der Reformgesetzgeber § 215 zugrunde gelegt hat, auf ihn zutreffen und der VR ihm gegenüber auch nicht zur besonderen Rücksichtnahme verpflichtet ist. Das gleiche gilt für Pfandgläubiger, die zwar punktuell Rechte aus dem Versicherungsvertrag geltend machen können, deren Rechtsstellung aber nicht mit der einer versicherten Person oder eines Bezugsberechtigten vergleichbar ist. Ihre Ansprüche entstehen kraft Gesetzes und nicht aus dem Versicherungsverhältnis, das den VR zur besonderen Rücksichtnahme verpflichtet. Die Rechtsstellung des Pfandgläubigers ist insoweit mit derjenigen des Inhabers eines Direktanspruchs nach § 115 zu vergleichen, auf den § 215 Abs. 1 ebenfalls keine Anwendung findet (vgl. unten Rn. 30 f.). Aus den §§ 143 ff. folgt überdies in systematischer Hinsicht, dass Pfandgläubiger nur dann besondere Rechte nach dem VVG genießen, wenn der Gesetzgeber dies ausdrücklich anordnet.

5. Geschädigte

Keine Anwendung findet § 215 Abs. 1 Satz 1 auf den Geschädigten in der Pflichthaftpflichtversicherung. Sein **Direktanspruch gegen den VR aus § 115** fällt als gesetzlicher Anspruch schon nicht in den sachlichen Anwendungsbereich der Norm (s. unten Rn. 30 f.). Bereits deswegen kann er sich nicht auf § 215 Abs. 1 Satz 1 berufen. **20**

6. Ermittlung des Wohnsitzes oder gewöhnlichen Aufenthalts

§ 215 Abs. 1 Satz 1 führt dazu, dass Klagen des VN vornehmlich an dessen Wohnsitz geführt werden. Welches der maßgebliche **Wohnsitz** ist, bestimmt sich wie bei den Gerichtsstandsregeln der ZPO nach §§ 7–11 BGB.[61] Die Begründung eines Wohnsitzes hat danach zwei Voraussetzungen: Zum einen muss sich der Betreffende, d.h. im Falle des § 215 der VN, tatsächlich ständig[62] niederlassen und den gewählten Ort zum Mittel- **21**

---

[61] Looschelders/Pohlmann/*Wolf* § 215 Rn. 7; *Looschelders/Heinig* JR **2008** 265, 269; für § 29c ZPO: MünchKomm-ZPO/Patzina § 29c Rn. 20; Musielak/*Heinrich* § 29c Rn. 10.

[62] Ständigkeit wird u.a. verneint für den Studienort (BVerwG 6.4.1960 JR **1961** 113; BVerfG 22.6.1990 NJW **1990** 2193) oder die Flucht in ein Frauenhaus (BGH 15.12.1994 NJW **1995** 1224).

punkt seiner Lebensverhältnisse machen.[63] Dazu bedarf es einer eigenen Unterkunft, nicht notwendig aber einer eigenen Wohnung. Das Anmieten eines möblierten Zimmers[64] oder die Unterkunft bei Verwandten[65] kann entsprechend einen Wohnsitz begründen; ein Obdachloser hingegen verfügt mangels tatsächlicher Niederlassung nicht über einen Wohnsitz.[66] Zur Begründung eines Wohnsitzes ist neben der tatsächlichen Niederlassung ein Domizilwille erforderlich. Das ist der zumindest konkludent geäußerte rechtsgeschäftliche Wille, den gewählten Ort zum Lebensmittelpunkt zu machen.[67] Er fehlt z.B. bei Strafgefangenen, da deren tatsächlicher Aufenthalt sich unabhängig von ihrem Willen bestimmt.[68] Im Übrigen wird man aus dem Einrichten und Nutzen einer Unterkunft zu Wohnzwecken den erforderlichen Domizilwillen regelmäßig konkludent herauslesen können.[69] Bei Geschäftsunfähigen und beschränkt Geschäftsfähigen kommt es gem. § 8 Abs. 1 BGB auf den Willen des gesetzlichen Vertreters an. Soldaten haben nach § 9 BGB einen gesetzlichen Wohnsitz an ihrem Standort, d.h. dem regelmäßigen Unterkunftsort der Einheit, der sie zugewiesen sind. Nach § 7 Abs. 2 BGB kann der Wohnsitz einer Person **an mehreren Orten** bestehen, wenn eine Person dort gleichermaßen ihren Lebensschwerpunkt hat, z.B. zu unterschiedlichen Jahreszeiten (Landsitz im Sommer und Stadtwohnung im Winter). In diesem Fall gibt es mehrere gleichrangige Gerichtsstände, zwischen denen der Kläger gem. § 35 ZPO die freie Wahl hat.[70] Den **Zeitpunkt** zu dem der Wohnsitz zu bestimmen ist, legt § 215 Abs. 1 Satz 1 auf die **Klageerhebung** fest. Diese erfolgt durch Zustellung der Klageschrift an den Gegner, § 253 Abs. 1 ZPO. Eine Änderung des Wohnsitzes nach diesem Zeitpunkt ist nach § 261 Abs. 3 Satz 2 ZPO unbeachtlich. Ebenso kommt es nicht auf den Wohnsitz zum Zeitpunkt des Abschlusses des Versicherungsvertrags oder der Versicherungsvermittlung an.

22 Auf den **gewöhnlichen Aufenthalt** kommt es nur dann an, wenn der VN nicht über einen Wohnsitz verfügt. Der Begriff des gewöhnlichen Aufenthalts wird auch in verschiedenen Normen des Kollisionsrechts und in der Vorbildvorschrift des § 215, § 29c Abs. 1 Satz 1 ZPO, verwandt. Gemeint ist – in Abgrenzung vom schlichten Aufenthalt i.S.d. § 16 ZPO – der Ort, an dem eine Person ihren tatsächlichen Lebensmittelpunkt hat.[71] Kriterien dafür sind u.a. die Anzahl und die Intensität der familiären und sozialen Kontakte sowie die berufliche Tätigkeit. Um als Anknüpfungspunkt für eine Gerichtsstandsregel zu taugen, muss der Aufenthalt an diesem Ort des Weiteren von gewisser Dauer sein oder zumindest auf eine gewisse Dauer angelegt sein. Grundsätzlich gelten sechs bis zwölf Monate als ausreichende Zeitspanne.[72] Eine kurze Abwesenheit hebt den gewöhnlichen Aufenthaltsort nicht auf.[73] Unter den gleichen Bedingungen wie bei der Begründung

---

[63] BGH 14.7.1952 BGHZ **7** 104, 109; Palandt/*Ellenberger* § 7 Rn. 6; Looschelders/Pohlmann/*Wolf* § 215 Rn. 7.

[64] BVerfG 10.7.1958 BVerfGE **8** 81, 85.

[65] BVerwG 21.5.1985 BVerwGE **71** 309, 312; BGH 30.11.1983 NJW **1984** 971.

[66] BayObLG 30.4.1985 BayObLGZ **1985** 158, 161.

[67] BGH 14.7.1952 BGHZ **7** 104, 109; BGH NJW 2.3.2006 **2006** 1808; MünchKomm-BGB/*J. Schmitt* § 7 Rn. 23 ff.; Langheid/Wandt/*Looschelders* § 215 Rn. 46.

[68] BGH 19.6.1996 NJW-RR **1996** 1217; Palandt/*Ellenberger* § 7 Rn. 7.

[69] BGH 14.7.1952 BGHZ **7** 104, 109; Langheid/Wandt/*Looschelders* § 215 Rn. 46.

[70] Langheid/Wandt/*Looschelders* § 215 Rn. 48; für § 29c ZPO: MünchKomm-ZPO/*Patzina* § 29c Rn. 20.

[71] BGH 5.2.1975 NJW **1975** 1068; BGH 29.10.1980 BGHZ **78** 293, 295; BGH 3.2.1993 NJW **1993** 2047, 2048.

[72] BGH 5.2.1975 NJW **1975** 1068; BGH 29.10.1980 BGHZ **78** 293, 295; Palandt/*Ellenberger* § 7 Rn. 3; Langheid/Wandt/*Looschelders* § 215 Rn. 49; *Looschelders/Heinig* JR **2008** 265, 269.

[73] Schwintowski/Brömmelmeyer/*Klär* § 215 Rn. 12; Zöller/*Vollkommer* § 16 Rn. 7.

eines Wohnsitzes kann es auch zu einem gewöhnlichen Aufenthalt an mehreren Orten kommen.[74] Zu denken ist insb. an jahreszeitlich spezifische gewöhnliche Aufenthaltsorte. Anders als bei der Begründung eines Wohnsitzes muss der Begründung eines gewöhnlichen Aufenthalts **kein rechtsgeschäftlicher Wille** zugrunde liegen.[75]

Hat der VN **weder einen Wohnsitz noch einen gewöhnlichen Aufenthalt**, ist § 215 Abs. 1 Satz 1 nicht anwendbar.[76] Der wird von dieser Norm nur geschützt, wenn er eine gefestigte Bindung an einen bestimmten Ort hat. Teilweise wird abweichend davon zwar zu § 29c ZPO vertreten, in einem solchen Fall sei hilfsweise auf den tatsächlichen Aufenthalt i.S.d. § 16 ZPO abzustellen.[77] Das widerspricht aber dem klaren Wortlaut des § 29c ZPO und des § 215, die auf den *gewöhnlichen* Aufenthalt der fraglichen Person abstellen und keine Hilfsanknüpfung vorsehen. Lässt sich weder ein Wohnsitz noch ein gewöhnlicher Aufenthalt des VN ermitteln, ist daher auf die Gerichtsstände der ZPO, namentlich §§ 12 i.V.m. 16 ZPO sowie §§ 21 und 29 ZPO zurückzugreifen. **23**

III. Sachlicher Anwendungsbereich

1. Klagen aus dem Versicherungsvertrag

Sachlich erfasst § 215 zunächst sämtliche Klagen aus dem Versicherungsvertrag. § 48 Abs. 1 a.F. hatte sich noch auf „Klagen aus dem Versicherungsverhältnis" bezogen. Rechtlich bedeutet dies keinen Unterschied, da die Begriffe des „Versicherungsvertrags" und des „Versicherungsverhältnisses" synonym sind.[78] Rechtsprechung und Schrifttum zu § 48 Abs. 1 a.F. bleiben daher von Belang. Entsprechend ist davon auszugehen, dass der Passus „Klagen aus dem Versicherungsvertrag" **weit auszulegen** ist.[79] Dafür spricht nicht nur der Wortlaut, sondern – ausweislich der Regierungsbegründung – auch der Zweck der Vorschrift, dem VN wohnortnah Klagen im Zusammenhang mit einem Versicherungsvertrag zu ermöglichen und ihn vor einer wohnortfernen Inanspruchnahme zu schützen. Auf sämtliche Fälle, in denen sich die fachliche und organisatorische Überlegenheit des VR auswirken kann und ein innerer Zusammenhang mit dem Versicherungsvertrag gewahrt bleibt – und sei es nur in der klagebegründenden Behauptung. **24**

---

74 Langheid/Wandt/*Looschelders* § 215 Rn. 50; für § 29c ZPO: MünchKomm-ZPO/*Patzina* § 29c Rn. 21.

75 BGH 5.2.1975 NJW **1975** 1068; BGH 29.10.1980 BGHZ **78** 293, 295; Langheid/Wandt/*Looschelders* § 215 Rn. 49.

76 Langheid/Wandt/*Looschelders* § 215 Rn. 51; Looschelders/Pohlmann/*Wolf* § 215 Rn. 7; Prölss/Martin/*Klimke* § 215 Rn. 23; *Looschelders/Heinig* JR **2008** 265, 269; für § 29c ZPO: Baumbach/Lauterbach/Albers/*Hartmann*, § 29c Rn. 4; MünchKomm-ZPO/*Patzina* § 29c Rn. 20; Stein/Jonas/*H. Roth* § 29c Rn. 10.

77 Schwintowski/Brömmelmeyer/*Klär* § 215 Rn. 4; zu § 29c ZPO: HK-ZPO/*Keyser* § 29c Rn. 5, 7; wie hier Looschelders/Pohlmann/*Wolf* § 215 Rn. 7.

78 Langheid/Wandt/*Looschelders* § 215 Rn. 29; Looschelders/Pohlmann/*Wolf* § 215 Rn. 2; Schwintowski/Brömmelmeyer/*Klär* § 215 Rn. 5; Beckmann/Matusche-Beckmann/*v. Rintelen* § 23 Rn. 7; *Meixner/Steinbeck* § 1 Rn. 362; *Marlow/Spuhl* Rn. 1491; *Hinsch-Timm* Rn. 380; *Looschelders/Heinig* JR **2008** 265.

79 Bruck/Möller/*Möller*[8] § 48 Anm. 21; Looschelders/Pohlmann/*Wolf* § 215 Rn. 2; Schwintowski/Brömmelmeyer/*Klär* § 215 Rn. 5; Beckmann/Matusche-Beckmann/*v. Rintelen* § 23 Rn. 7; *Looschelders/Heinig* JR **2008** 265; *Fricke* VersR **2009** 15; *Wagner* VersR **2009** 1589.

25 § 215 Abs. 1 Satz 1 erstreckt sich damit sachlich auf Streitigkeiten im Zusammenhang mit der Beratung im Vorfeld, dem Abschluss oder der Durchführung eines Versicherungsvertrags. Im Einzelnen bedeutet dies, dass die Vorschrift einschlägig ist, soweit es in einer Klage um das Bestehen, Nichtbestehen oder Nichtmehrbestehen eines Versicherungsvertrages geht, sei es präjudiziell oder im Wege einer Feststellungsklage.[80] § 215 gilt entsprechend für Streitigkeiten um die Wirksamkeit eines Rücktritts, eines Widerrufs (§§ 8 f.) oder einer Kündigung des Versicherungsvertrags. Das gleiche gilt für das Bestehen oder Nichtbestehen einer vorläufigen Deckungszusage i.S.d. §§ 49 ff. und die Ansprüche, die sich aus einer solchen Zusage ergeben.[81] Des Weiteren ist an Leistungsklagen aus dem Versicherungsvertrag[82] und Klagen wegen (teilweiser) Nichterfüllung oder Verzugs sowie die Geltendmachung von Schadensersatzansprüchen gegen den VR aus § 6 Abs. 5 wegen der Verletzung einer Beratungspflicht[83] zu denken. Für Ansprüche aus ***culpa in contrahendo*** (§§ 280 Abs. 1, 311 Abs. 2, 241 Abs. 2 BGB) gilt der Gerichtsstand des § 215 Abs. 1 ebenfalls.[84] Solche Ansprüche können sich z.B. bei einer Verletzung der Informationspflichten des VR aus § 7 Abs. 1 VVG i.V.m. der VVG-InfoV ergeben,[85] aber auch dann wenn es überhaupt nicht zum Abschluss eines in Aussicht genommenen Versicherungsvertrags gekommen ist, sich aber Schadensersatzansprüche aufgrund der Beratung durch den VR, der angebotenen Konditionen oder der Risikobeurteilung ergeben.[86] Zu denken ist insoweit an einen abgelehnten Versicherungsinteressenten, der geltend machen kann, dass seine Ablehnung gegen das Gleichbehandlungsrecht (§ 19 Abs. 1 Nr. 2 AGG) verstößt, oder einen „Basistarifnomaden"[87], der entgegen dem Kontrahierungszwang aus § 193 Abs. 5 VVG keinen Versicherungsschutz bei einem privaten Krankenversicherer gefunden hat. § 215 Abs. 1 gilt ferner für Streitigkeiten der Parteien über das **Ausüben ihrer Rechte**, etwa des Widerrufsrechts des VN nach §§ 8 f. oder des Rücktrittsrechts des VR aus § 19 Abs. 2.[88] Auch Ansprüche aus **gesetzlichen Schuldverhältnissen** werden – wie bei § 48 a.F. und § 29c ZPO – von § 215 Abs. 1 erfasst, sofern sie im Zusammenhang mit dem Versicherungsvertrag stehen.[89] Darunter sind etwa bereicherungsrechtliche Rückforderungsansprüche bei Nichtigkeit des Vertrags (z.B. nach Anfechtung, Kündigung oder Rücktritt) zu verstehen oder deliktsrechtliche Schadensersatzansprüche wegen Betrugs (§ 823 Abs. 2 BGB i.V.m. § 263 StGB) oder vorsätzlicher sittenwidriger Schädi-

---

[80] Berliner Kommentar/*Gruber* § 48 Rn. 4; Bruck/Möller/*Möller*[8] § 48 Anm. 21; Langheid/Wandt/*Looschelders* § 215 Rn. 30; Looschelders/Pohlmann/*Wolf* § 215 Rn. 2; Prölss/Martin/*Klimke* § 215 Rn. 4; Römer/Langheid/*Langheid* § 48 Rn. 3; Schwintowski/Brömmelmeyer/*Klär* § 215 Rn. 5; *Looschelders/Heinig* JR **2008** 265; *Fricke* VersR **2009** 15.

[81] OLG Schleswig 5.10.1984 VersR **1985** 756; Langheid/Wandt/*Looschelders* § 215 Rn. 30; Looschelders/Pohlmann/*Wolf* § 215 Rn. 2; Prölss/Martin/*Klimke* § 215 Rn. 4; *Looschelders/Heinig* JR **2008** 265.

[82] U.a. auch auf Freistellung bezüglich (zu Unrecht) gekürzter Gebührenforderungen eines Rechtsanwalts in der Rechtsschutzversicherung, *Häcker* ZfS **2010** 188, 189.

[83] *Meixner/Steinbeck* § 1 Rn. 363.

[84] Bruck/Möller/*Möller*[8] § 48 Anm. 21; Langheid/Wandt/*Looschelders* § 215 Rn. 30; *Looschelders/Heinig* JR **2008** 265.

[85] Langheid/Wandt/*Looschelders* § 215 Rn. 30; Looschelders/Pohlmann/*Wolf* § 215 Rn. 2; *Meixner/Steinbeck* § 1 Rn. 363.

[86] *Fricke* VersR **2009** 15.

[87] Begriff mit Erläuterung zum Sachverhalt *Brand* VersR **2011** 1337, 1344 f.

[88] Looschelders/Pohlmann/*Wolf* § 215 Rn. 2; *Looschelders/Heinig* JR **2008** 265.

[89] Bruck/Möller/*Möller*[8] § 48 Anm. 21; Langheid/Wandt/*Looschelders* § 215 Rn. 31; Looschelders/Pohlmann/*Wolf* § 215 Rn. 2; Prölss/Martin/*Klimke* § 215 Rn. 4; Römer/Langheid/*Rixecker* § 215 Rn. 5; *Looschelders/Heinig* JR **2008** 265; zu § 29c ZPO: BGH 7.1.2003 NJW **2003** 1190, 1191; Stein/Jonas/*H. Roth* § 29c Rn. 7; MünchKomm-ZPO/*Patzina* § 29c Rn. 15.

gung (§ 826 BGB). Ggf. kommen auch Ansprüche aus einer Geschäftsführung ohne Auftrag in Betracht.

Keine Anwendung findet § 215 auf die gewohnheitsrechtliche Erfüllungshaftung, da dieser pönal anmutende Fremdkörper im Versicherungsvertragsrecht mit der Neukodifikation des VVG von 2008 abgeschafft worden ist, weil die §§ 6 Abs. 5 und 63 die Interessen des VN hinreichend schützen.[90] Des weiteren verdrängt § 466 Abs. 1 FamFG § 215 im Wege der Spezialität in Aufgebotsverfahren zur Kraftloserklärung eines Versicherungsscheins.[91] 26

2. Klagen aus der Versicherungsvermittlung

Anders als § 48 a.F. ist § 215 auch auf Klagen aus der Versicherungsvermittlung anwendbar. Das Schrifttum macht den Begriff der Versicherungsvermittlung i.S.d. § 215 mitunter an dem des Versicherungsvermittlers aus § 59 Abs. 1 fest.[92] Versicherungsvermittler sind danach der Versicherungsvertreter (§ 59 Abs. 2) und der Versicherungsmakler (§ 59 Abs. 3), nicht aber der Versicherungsberater i.S.d. § 59 Abs. 4. Auch das Gewerberecht differenziert zwischen Versicherungsvermittlern auf der einen Seite (§ 34d GewO) und Versicherungsberatern auf der anderen Seite (§ 34e GewO).[93] Das ist insoweit zutreffend, als sie keinen Vertragsabschluss vermitteln. Für die Auslegung des § 215 Abs. 1 ist diese Differenzierung aber ohne Belang. Der Reformgesetzgeber hat in der Gesetzesbegründung klargestellt, dass § 215 Abs. 1 Satz 1 **auch für Versicherungsberater** gilt.[94] § 215 Abs. 1 liegt also ein **autonomer, weiter Begriff der Versicherungsvermittlung** zugrunde, der nicht an denjenigen des § 59 Abs. 1 gekoppelt ist. Einer Analogie bedarf es daher mangels Regelungslücke nicht, um § 215 Abs. 1 auf Versicherungsberater anzuwenden.[95] Inhaltlich überzeugt die Wertung des Reformgesetzgebers. Die Unterschiede zwischen Versicherungsberatern und Versicherungsvermittlern (insb. die größere Unabhängigkeit des ersteren und seine ggf. weitergehende Haftung gegenüber dem VN, §§ 59 Abs. 4, 68 Satz 2) rechtfertigen es nicht, den VN bei Versicherungsberatern schlechter zu stellen, was die Geltendmachung seiner Ansprüche anbelangt. Für eine Gleichbehandlung von Versicherungsvermittlern und Versicherungsberatern im Rahmen des sachlichen Anwendungsbereichs des § 215 Abs. 1 spricht auch ihre Gleichstellung im Rahmen der EU-Vermittlerrichtlinie,[96] auf die das maßgebliche Pflichtenprogramm der §§ 60–63 zurückgeht, und im Rahmen des § 214. Gegen Versicherungsvermittler i.S.d. § 59 Abs. 1 27

---

[90] Insoweit offen gelassen von Prölss/Martin/*Klimke* § 215 Rn. 4; zur Abschaffung der gewohnheitsrechtlichen Erfüllungshaftung: Langheid/Wandt/*Armbrüster* § 6 Rn. 332 f.; Beckmann/Matusche-Beckmann/*Reiff* § 5 Rn. 146; Beckmann/Matusche-Beckmann/*Rixecker* § 18a Rn. 52; *E. Lorenz* FS Canaris S. 757, 772 f.; **a.A.** mit fragwürdiger Begründung OLG Frankfurt a.M. 19.5.2011 VersR **2012** 342 sowie Schwintowski/Brömmelmeyer/*Ebers* § 6 Rn. 56; zum Ganzen auch Bruck/Möller/*Baumann* § 1 Rn. 257.

[91] OLG Düsseldorf 30.7.2012 – I-3 Wx 102/12, 3 Wx 102/12 (juris).

[92] *Looschelders/Heinig* JR **2008** 265, 266.

[93] Dazu Begr. RegE BTDrucks. 16/1935 S. 21; *Reiff* VersR **2007** 717, 729; *Ring* WM **2007** 281, 288.

[94] Begr. RegE BTDrucks. 16/3945 S. 117 und 298.

[95] So aber Langheid/Wandt/*Looschelders* § 215 Rn. 36; *Looschelders/Heinig* JR **2008** 265, 266 und dem folgend Looschelders/Pohlmann/*Wolf* § 215 Rn. 4; wie hier Prölss/Martin/*Klimke* § 215 Rn. 7; Schwintowski/Brömmelmeyer/*Klär* § 215 Rn. 3; *Fricke* VersR **2009** 15.

[96] Richtlinie 2002/92/EG des Europäischen Parlaments und des Rates über Versicherungsvermittlung, ABl. EG 2003 Nr. L 9/9 v. 15.1.2003.

und Versicherungsberater kann der VN also auch am eigenen Wohnsitz bzw. gewöhnlichen Aufenthalt Klage erheben. Das gilt entgegen vereinzelter Stimmen im Schrifttum[97] **nicht für Angestellte des VR** als potentielle Klagegegner des VN. Diese hat der Reformgesetzgeber ausweislich der Regierungsbegründung – anders als Versicherungsberater und Versicherungsvertreter – nicht in seinen Willen aufgenommen. Gegen eine analoge Anwendung des § 215 Abs. 1 Satz 1 VVG auf Innendienstmitarbeiter spricht die mangelnde Vergleichbarkeit der Regelungslage. Mit der Erstreckung der Norm auf Versicherungsvermittler und -berater wollte der Reformgesetzgeber vor allem die Durchsetzung vertraglicher Ansprüche des VN und dessen Schadensersatzansprüche aus § 63 prozessual stärken. Vergleichbare Ansprüche gegen Mitarbeiter des VR gibt es nicht.

28 **Ansprüche** aus der Versicherungsvermittlung kommen insb. wegen einer Verletzung der Beratungs- und Informationspflichten aus §§ 60–62 in Betracht.[98] Solche Pflichtverletzungen sind nicht nur für Versicherungsvermittler i.S.d. § 59 Abs. 2 und 3, sondern gem. § 68 Satz 1 auch für Versicherungsberater schadensersatzbewehrt, § 63. § 215 Abs. 1 Satz 1 ist ferner dann einschlägig, wenn Vermittler oder Berater dem VN daneben aus *culpa in contrahendo* (§ 280 Abs. 1, 311 Abs. 2 ggf. i.V.m. § 311 Abs. 3 Satz 2 BGB) haften.[99] Das gleiche gilt für konkurrierende Ansprüche aus gesetzlichen Schuldverhältnissen, etwa wegen deliktischer Herbeiführung des Vertragsschlusses oder deliktsrechtlich relevanten Beratungsfehlern.[100]

29 Bei **Versicherungsmaklern** erfasst § 215 Abs. 1 auch alle sonstigen Klagen aus dem Vertrag zwischen dem Makler und dem VN, etwa die Klage des VN auf Erbringen der Maklerleistung. Beim Versicherungsvertreter kommen solche Ansprüche nicht in Betracht, da er keine vertraglichen Beziehungen zum VN unterhält, sondern allein mit dem VR vertraglich verbunden ist. § 215 spielt bei Versicherungsvertretern daher nur im Zusammenhang mit Schadensersatzansprüchen des VN gegen sie, insb. bei Ansprüchen aus § 63, eine Rolle. **Kein Anspruch** aus der Versicherungsvermittlung ist ein Direktanspruch des Geschädigten gegen den Pflichthaftpflichtversicherer eines Vermittlers oder Beraters, der für deren Pflichtverletzungen einzustehen hat.[101] Zwar besteht der notwendige Zusammenhang des Anspruchs mit der Versicherungsvermittlung. Diese bietet den Anlass für die Klage des Geschädigten. Indes würde eine Anwendung des § 215 auf diese Fälle die bestehenden Rechtsverhältnisse in unzulässiger Weise miteinander vermengen. „Klagen aus der Versicherungsvermittlung" i.S.d. Vorschrift sind nur solche von Vermittlern und gegen Vermittler, nicht solche von Dritten wie dem Geschädigten. Dieser verdient zudem die Privilegierung des § 215 nicht. Anders als der VN steht er nicht einer vertraglichen Sonderverbindung zum VR, die diesen zur besonderen Rücksichtnahme verpflichten würde.

---

[97] *Fricke* VersR **2009** 15 unter irrtümlicher Berufung auf Begr. RegE BTDrucks. 16/1935 S. 117.

[98] Langheid/Wandt/*Looschelders* § 215 Rn. 33; Prölss/Martin/*Klimke* § 214 Rn. 6; Schwintowski/Brömmelmeyer/*Klär*, § 215 Rn. 7; *Hintsch-Timm* Rn. 381; *Wagner* VersR **2009** 1589.

[99] Langheid/Wandt/*Looschelders* § 215 Rn. 33; Beckmann/Matusche-Beckmann/*Reiff* § 5 Rn. 181; *ders.* VersR **2007** 717, 727; *Looschelders/Heinig* JR **2008** 265, 266.

[100] Langheid/Wandt/*Looschelders* § 215 Rn. 33; Prölss/Martin/*Klimke* § 215 Rn. 6; *Looschelders/Heinig* JR **2008** 265, 266; zu § 29c ZPO: BGH 7.1.2003 NJW **2003** 1190, 1191; OLG Celle 15.4.2004 NJW **2004** 2602 f.; MünchKomm-ZPO/*Patzina* § 29c Rn. 15.

[101] Langheid/Wandt/*Looschelders* § 215 Rn. 37; Prölss/Martin/*Klimke* § 215 Rn. 8; Schwintowski/Brömmelmeyer/*Klär* § 215 Rn. 6; Marlow/Spuhl/*Spuhl* Rn. 646.

3. Direktanspruch des Geschädigten

Unklar ist, ob es sich auch um eine „Klage aus dem Versicherungsvertrag" handelt, wenn der Geschädigte seinen **Direktanspruch aus § 115** im Recht der Pflichthaftpflichtversicherung[102] gegen den VR geltend macht. Im Schrifttum wird dies ganz überwiegend und mit Recht verneint.[103] Zwei alternative Begründungen versuchen diese Auffassung zu tragen. Verbreitet wird darauf abgestellt, dass der Direktanspruch seiner Natur nach ein deliktischer Anspruch sei, der nicht im Versicherungsverhältnis wurzele.[104] Diese Begründung überzeugt nicht vollständig. Denn für deliktische Ansprüche, die im Zusammenhang mit dem Abschluss eines Versicherungsvertrags gegen einen VR oder einen Vermittler bestehen, gilt § 215 ja ohne Weiteres. Naheliegender erscheint es, darauf abzustellen, dass es sich schon deswegen nicht um eine „Klage aus dem Versicherungsvertrag" handelt, weil das Schuldverhältnis zwischen dem geschädigten Dritten und dem VR nicht auf einer Sonderverbindung beruht, welche zur besonderen Rücksichtnahme auf die Interessen des Geschädigten drängen würde, sondern kraft Gesetzes entsteht.[105] Diesem dogmatischen Einwand stehen lediglich Praktikabilitätserwägungen gegenüber: § 215 Abs. 1 Satz 1 auf Klagen aus § 115 anzuwenden, würde es dem Geschädigten erleichtern, den VN und den VR vor einem Gericht zu belangen.[106] Diesem anerkennenswerten Bedürfnis lässt sich aber, wie die Überlegungen in der folgenden Randnummer zeigen, auch ohne eine Anwendung des § 215 Rechnung tragen. **30**

Da § 215 Abs. 1 Satz 1 nicht anwendbar ist, gelten für den Direktanspruch des Geschädigten aus § 115 die **allgemeinen Regeln über die örtliche Zuständigkeit.** Das ist für die Klage gegen den VN § 13 ZPO und für den Direktanspruch gegen den VR § 17 ZPO. Der VR kann zudem – ebenso wie der VN – alternativ am Ort der unerlaubten Handlung verklagt werden (§§ 32 ZPO, 20 StVG), so dass ein gemeinsamer Gerichtsstand für beide Klagen möglich bleibt.[107] Besteht kein gemeinsamer Gerichtsstand für Klagen gegen den VN und gegen den VR, so kann ein zuständiges Gericht nach § 36 Abs. 1 Nr. 3 ZPO bestimmt werden, wenn der Dritte VN und VR gemeinsam verklagen will. Dies ist möglich, weil VR, VN und versicherte Person Streitgenossen sind.[108] Tritt der Versicherungsfall innerhalb der EU ein und besteht ein Direktanspruch gegen den VR, kann der Geschädigte den VR mit Geschäftssitz in einem anderen Mitgliedstaat an seinem Wohnsitz verklagen.[109] **31**

---

[102] Zur Begrifflichkeit Langheid/Wandt/*Brand* Vor §§ 113 ff. Rn. 2.

[103] HK-VVG/*Muschner* § 215 Rn. 8; Langheid/Wandt/*Looschelders* § 215 Rn. 37; Looschelders/Pohlmann/*Wolf* § 215 Rn. 3; Prölss/Martin/*Knappmann* § 115 Rn. 11; Prölss/Martin/*Klimke* § 215 Rn. 5; Römer/Langheid/*Rixecker* § 215 Rn. 5; Schwintowski/Brömmelmeyer/*Klär* § 215 Rn. 6; *Wandt* Versicherungsrecht Rn. 1090; *Franz* VersR **2008** 307; *Armbrüster* RuS **2010** 441, 456; *Nugel* VRR **2009** 448, 449; **a.A.** *Fricke* VersR **2009**, 15.

[104] Langheid/Wandt/*Looschelders*, § 215 Rn. 37; Looschelders/Pohlmann/*Wolf* § 215 Rn. 3; Prölss/Martin/*Knappmann* § 115 Rn. 11; Schwintowski/Brömmelmeyer/*Klär* § 215 Rn. 6; *Wandt* Versicherungsrecht Rn. 1090; *Franz* VersR **2008** 298, 307.

[105] Prölss/Martin/*Klimke*, § 215 Rn. 5; *Armbrüster* RuS **2010** 441, 456.

[106] Schwintowski/Brömmelmeyer/*Klär* § 215 Rn. 6.

[107] BGH 3.3.1983 VersR **1983** 586; Prölss/Martin/*Knappmann*, § 115 Rn. 15; *Armbrüster* RuS **2010** 441, 456.

[108] BGH 10.7.1974 BGHZ **63** 51, 56 f.; BGH 15.1.2008 VersR **2008** 485 = RuS **2008** 167; Looschelders/Pohlmann/*Pohlmann*/*Schwartze*, § 115 Rn. 8; *Armbrüster* RuS **2010** 441, 456.

[109] EuGH 13.12.2007 VersR **2008** 111, 112; BGH 6.5.2008 VersR **2008**, 955, 956 = RuS **2008**, 322; Prölss/Martin/*Knappmann*, § 115 Rn. 15; *Armbrüster* RuS **2010** 441, 456.

IV. Mehrheit von Klägern und Beklagten

32 Besteht eine Mehrheit von VN, können die VN den VR bzw. den Vermittler an jedem ihrer Wohnsitze bzw. gewöhnlichen Aufenthaltsorte verklagen. § 35 ZPO lässt ihnen insoweit die Wahl (z.B. Wohnort des VN1, Wohnort des VN2 etc.).[110] Ob es sinnvoll ist eine solche Wahl zu treffen oder sich auf die allgemeinen Gerichtsstände nach der ZPO zurückzuziehen, ist Sache des Einzelfalls. Will ein VN mehrere VR und/oder Vermittler verklagen, kann er dies gemeinsam an seinem Wohnsitz bzw. gewöhnlichen Aufenthalt tun.

D. Gerichtsstand für Klagen gegen den VN (Abs. 1 Satz 2)

I. Grundfragen

33 Für Klagen gegen den VN ist die nach § 215 Abs. 1 Satz 1 begründete Zuständigkeit gem. Satz 2 ein **ausschließlicher Gerichtsstand**. Bei Ansprüchen von Versicherungsmaklern fallen sämtliche Ansprüche des Maklers gegen den VN aus dem Maklervertrag in den Anwendungsbereich der Norm, etwa auch solche auf Zahlung der Maklercourtage, sofern die Parteien vereinbart haben, dass der VN und nicht der VR diese zu zahlen hat.[111] Dass ein Gerichtsstand ausschließlich ist, führt nach § 40 Abs. 2 Satz 1 Nr. 2 ZPO dazu, dass die örtliche Zuständigkeit eines anderen Gerichts als des Wohnortgerichts weder durch Gerichtsstandsvereinbarung noch durch rügelose Einlassung begründet werden kann. Letzteres wird zwar bei der Parallelnorm des § 29c ZPO für den Fall bestritten, dass der **Verbraucher das Gericht selbst als Kläger** anrufen könnte.[112] Indes vermag diese Ansicht aus systematischen Gründen weder für § 29c ZPO noch für § 215 Abs. 1 Satz 2 zu überzeugen.[113] In den Abs. 2 und 3 der beiden Normen sind jeweils Ausnahmen von der ausdrücklich als „ausschließlich" bezeichneten Gerichtsbarkeit über Klagen gegen den Verbraucher bzw. den VN geregelt. Der damit bezweckte Schutz der Begünstigten darf nicht durch eine rügelose Einlassung durchbrochen werden können. Eine solche zeitigt die Gefahr, dass der VN entgegen dem Willen des Reformgesetzgebers durch bloße Nachlässigkeit in einen Rechtsstreit vor einem wohnortfernen Gericht verwickelt wird. Der VN kann mithin darauf vertrauen, vom VR und Vermittlern ausschließlich an seinem Wohnort verklagt zu werden. Ausnahmen, was Gerichtsstandsvereinbarungen anbelangt, können sich nach Maßgabe des § 215 Abs. 3 ergeben.

34 Im Schrifttum wird teilweise eine weitere **teleologische Reduktion** des Abs. 1 Satz 2 befürwortet.[114] Für andere VN als **Verbraucher-VN** soll die Norm keinen ausschließlichen Gerichtsstand begründen, weil Unternehmer, anders als Verbraucher, ein Interesse daran haben können, den Rechtsstreit an einem anderen Ort als ihrem Sitz zu führen,

[110] Langheid/Wandt/*Looschelders* § 215 Rn. 56; Looschelders/Pohlmann/*Wolf* § 215 Rn. 9; Schwintowski/Brömmelmeyer/*Klär* § 215 Rn. 4; *Hinsch-Timm* Rn. 377; zu § 29c ZPO: OLG Karlsruhe 21.7.2005 NJW **2005** 2718, 2719; Baumbach/Lauterbach/Albers/*Hartmann* § 29c Rn. 1.

[111] Langheid/Wandt/*Looschelders* § 215 Rn. 34; Looschelders/Pohlmann/*Wolf* § 215 Rn. 4; Prölss/Martin/*Kollhosser*[27] Nach § 48 Rn. 28, 42a; Marlow/Spuhl/*Spuhl* Rn. 1493; *Looschelders/Heinig* JR **2008** 265, 266.

[112] MünchKomm-ZPO/*Patzina* § 29c Rn. 24.

[113] Langheid/Wandt/*Looschelders* § 215 Rn. 54; Prölss/Martin/*Klimke* § 215 Rn. 25.

[114] Prölss/Martin/*Klimke* § 215 Rn. 25; *Armbrüster* RuS **2010** 441, 456.

etwa am Ort der Niederlassung. Eine solche teleologische Reduktion ist zu befürworten. Der Reformgesetzgeber hat sich bei der Formulierung des § 215 eng an § 29c ZPO orientiert, der – anders als § 215 – ausschließlich auf Verbraucher Anwendung findet. Dabei hat der Gesetzgeber übersehen, dass die von ihm gewünschte Besserstellung der Begünstigten im Passivprozess bei Nichtverbraucher-VN, die er in den Schutzbereich des § 215 einbezogen wissen wollte, u.U. auch an einem anderen Ort als dem Wohn- bzw. Sitzort eintreten kann. Dieses regulatorische Missgeschick lässt sich am einfachsten durch die vorgeschlagene teleologische Reduktion ausräumen.

II. Versicherte Personen und andere Berechtigte

Eine weitere teleologische Reduktion wird für versicherte Personen, Bezugsberechtigte, Zessionare und Pfandgläubiger befürwortet.[115] Für diese soll **§ 215 Abs. 1 Satz 2 nicht gelten.** Auf den Wortlaut lässt sich dies nicht stützen,[116] da dieser nach der Konstruktion des VVG zumindest für versicherte Personen und wohl auch für Bezugsberechtigte offen ist (siehe oben Rn. 16 ff.). Teleologisch sprechen aber gewichtige Gründe dagegen, 215 Abs. 1 Satz 2 auf versicherte Personen anzuwenden. Diesbezüglich ist zunächst § 215 Abs. 1 Satz 1 in den Blick zu nehmen. Dieser ist so auszulegen, dass zugunsten der versicherten Person keine Zuständigkeit an derem eigenen Wohnsitz oder Aufenthaltsort begründet wird, sondern am Wohnsitz oder Aufenthaltsort des VN. Spiegelbildlich scheidet es aus, anzunehmen, versicherte Personen könnten nach § 215 Abs. 1 Satz 2 ausschließlich an ihrem Wohn- oder Aufenthaltsort verklagt werden. Es bliebe damit nur die Auslegung, dass versicherte Personen, Bezugsberechtigte etc. ausschließlich am Wohn- oder Aufenthaltsort des VN verklagt werden könnten. Dies würde versicherte Personen ungebührlich stark benachteiligen, wenn sich ihr allgemeiner Gerichtsstand an einem anderen Ort befindet.[117] Daher findet § 215 Abs. 1 Satz 2 auf sie und auch auf Bezugsberechtigte keine Anwendung. **35**

Für **Klagen gegen Erben** des VN gilt § 215 Abs. 1 Satz 2 ebenfalls nicht.[118] Das beruht auf ähnlichen Wertungen wie die Ausgliederung der versicherten Personen und Bezugsberechtigten aus dem Anwendungsbereich der Norm. Auch der Erbe wäre regelmäßig ungebührlich belastet, wenn er am früheren Wohnsitz bzw. gewöhnlichen Aufenthaltsort des verstorbenen VN verklagt werden könnte. Der VR kann den Erben allerdings nach Maßgabe des § 28 ZPO wegen Forderungen, die gegen den erblassenden VN bestanden, an dessen früheren allgemeinen Gerichtsstand verklagen. Für originäre Ansprüche des VR gegen den Erben (z.B. Rückforderungsansprüche wegen zuviel gezahlter Versicherungsleistungen) gilt § 28 ZPO nicht.[119] Hier muss sich der VR an den allgemeinen Gerichtsstand des Erben nach §§ 12 ff. ZPO halten. **36**

---

115 HK-VVG/*Muschner* § 215 Rn. 12; Langheid/Wandt/*Looschelders* § 215 Rn. 15, 18, 28 und 53; Looschelders/Pohlmann/*Wolf* § 215 Rn. 6; Römer/Langheid/*Rixecker* § 215 Rn. 7; *Looschelders/Heinig* JR **2008** 265, 268 f.; **a.A.** Prölss/Martin/*Klimke* § 215 Rn. 20.

116 So aber HK-VVG/*Muschner* § 215 Rn. 12; Langheid/Wandt/*Looschelders* § 215 Rn. 18.

117 Langheid/Wandt/*Looschelders* § 215 Rn. 18; *Looschelders/Heinig* JR **2008** 265, 268.

118 Langheid/Wandt/*Looschelders* § 215 Rn. 23.

119 Langheid/Wandt/*Looschelders* § 215 Rn. 23.

III. Mehrheit von Klägern und Beklagten

37 Mehrere VR und/oder Vermittler können einen einzelnen VN ausschließlich an dessen Wohnsitz verklagen. Will hingegen ein VR oder Vermittler mehrere VN mit Wohnsitzen in unterschiedlichen Gerichtsbezirken als Gesamtschuldner verklagen, muss er beantragen, dass ein Gerichtsstand nach § 36 Abs. 1 Nr. 3 ZPO bestimmt wird.[120] Werden hingegen ein VN und ein Nicht-VN als Streitgenossen verklagt, besteht ein gemeinsamer Gerichtsstand am Wohnsitz des VN bzw. an dessen gewöhnlichem Aufenthaltsort.[121]

E. Gerichtsstand für Widerklagen (Abs. 2)

38 § 33 Abs. 1 ZPO bestimmt, dass das Gericht der Klage unter der Voraussetzung, dass der Gegenanspruch mit dem in der Klage geltend gemachten Anspruch oder mit den gegen diesen vorgebrachten Verteidigungsmitteln in Zusammenhang steht (sog. **Konnexität**), auch für die Widerklage zuständig ist. **§ 33 Abs. 2 i.V.m. § 40 Abs. 2 Nr. 2 ZPO** macht davon eine Ausnahme, wenn für die Widerklage ein ausschließlicher Gerichtsstand bestimmt ist. Dieser soll durch den Gerichtsstand der Widerklage nach § 33 Abs. 2 ZPO nicht umgangen werden können. Im Versicherungsvertragsrecht würde dies bedeuten, dass konnexe Ansprüche gegen den VN – etwa Prämienforderungen – nicht vor einem Gericht geltend gemacht werden könnten, an dem der VN selbst gegen den VR – etwa auf Leistung – klagt.[122] Dieser müsste die Widerklage (z.B. auf Prämienzahlung) am ausschließlichen Gerichtsstand gem. § 215 Abs. 1 Satz 2 erheben.[123] Das wäre sehr umständlich. Daher ordnet § 215 Abs. 2 aus Gründen der Waffengleichheit eine **Rückausnahme** zu § 33 Abs. 2 ZPO an: Die „andere Partei" i.S.d. Abs. 2 sind der VR und die Vermittler. Ihnen wird die Möglichkeit eingeräumt, abweichend von § 33 Abs. 2 ZPO Widerklage gegen den VN auch außerhalb des ausschließlichen Gerichtsstands des Wohnortes nach Abs. 1 Satz 2 zu erheben und auf diesem Wege etwa die Prämien einzufordern, wenn der VN auf Leistung klagt. Eine solche Möglichkeit der Widerklage sieht auch das Regelungsvorbild des § 215, § 29c ZPO, in Abs. 2 vor. Hat der VN ohnehin am Gerichtsstand des Wohnortes geklagt, ist § 215 Abs. 2 in der Praxis bedeutungslos: Dann stimmen beide Gerichtsstände zwingend überein.[124]

39 Abs. 2 ist **als Sonderregel eng auszulegen.**[125] Daher ist streng zu prüfen, ob die Gegenansprüche des VR tatsächlich im Zusammenhang mit der Klage des VN stehen, also konnex sind. Der zivilprozessuale Begriff der Konnexität ist schillernd und nicht ganz klar zu fassen. Einigkeit besteht insoweit, dass nicht nur solche Ansprüche konnex sind, die im Synallagma stehen.[126] Sie müssen nicht einmal zwingend aus demselben Rechts-

[120] Langheid/Wandt/*Looschelders* § 215 Rn. 56; Prölss/Martin/*Klimke* § 215 Rn. 26; Schwintowski/Brömmelmeyer/*Klär* § 215 Rn. 13.

[121] Schwintowski/Brömmelmeyer/*Klär* § 215 Rn. 13; *Fricke* VersR **2009** 15, 16.

[122] Etwas anderes würde nur dann gelten, wenn der VN an seinem Wohnsitzgerichtsstand nach § 215 Abs. 1 S. 1 geklagt hätte, weil dann die beiden Gerichtsstände zusammenfielen; dazu *Fricke* VersR **2009** 15, 20.

[123] Prölss/Martin/*Klimke* § 215 Rn. 28; Schwintowski/Brömmelmeyer/*Klär* § 215 Rn. 14.

[124] HK-VVG/*Muschner* § 215 Rn. 13; Marlow/Spuhl/*Spuhl* Rn. 1494.

[125] Looschelders/Pohlmann/*Wolf* § 215 Rn. 9; Schwintowski/Brömmelmeyer/*Klär* § 215 Rn. 14; zum Normvorbild, § 29c ZPO: Zöller/*Vollkommer* § 29c Rn. 14; offen gelassen von *Fricke* VersR **2009** 15, 20.

[126] Stein/Jonas/*H. Roth* § 33 Rn. 28; *Fricke* VersR **2009** 15, 20.

geschäft entspringen.[127] Das bedeutet, dass auch Ansprüche konnex sein können, die nicht aus demselben Versicherungsverhältnis herrühren. Ansprüche, die dies nicht tun, fallen aber nur ausnahmsweise in den Anwendungsbereich des § 215 Abs. 2, da erforderlich ist, dass sie zusammengefasst, einheitlich und untrennbar erscheinen.[128] Regelmäßig wird sich ein VR daher nicht auf § 215 Abs. 2 berufen können, wenn er Widerklage gegen den VN wegen (Prämien-) Forderungen aus einem anderen Versicherungsvertrag erhebt als demjenigen, auf den der VN seine Klage stützt.[129]

F. Gerichtsstandsvereinbarungen

I. Zulässige Vereinbarungen nach Abs. 3

In Anlehnung an § 38 Abs. 3 Nr. 2 und § 29c Abs. 3 ZPO lässt § 215 Abs. 3 eine Gerichtsstandsvereinbarung, die von Abs. 1 abweicht, ausnahmsweise zu, um den VR und ggf. auch Vermittler vor einer erschwerten Rechtsverfolgung zu schützen (vgl. auch oben Rn. 7). Ein solcher Ausnahmefall, der eine abweichende Gerichtsstandsvereinbarung ermöglicht, liegt vor, wenn der VN entweder **40**

- nach Vertragsschluss seinen Wohnsitz oder gewöhnlichen Aufenthalt aus dem Geltungsbereich des VVG verlegt oder
- sein Wohnsitz oder gewöhnlicher Aufenthalt im Zeitpunkt der Klageerhebung nicht bekannt ist.

Die Verlegung des Wohnsitzes bzw. des gewöhnlichen Aufenthalts setzt einen ernsthaften Entschluss des VN sowie eine Verlegung auf unbestimmte Zeit voraus.[130] Verlegt der VN seinen **Wohnsitz ins Ausland**, zieht er aber später in den Anwendungsbereich des VVG zurück, entfällt damit die Legitimationsgrundlage einer Gerichtsstandsvereinbarung nach § 215 Abs. 3.[131] Bei einer nachträglichen Verlagerung des Wohnsitzes ins Ausland sind Art. 23 EuGVVO bzw. des Art. 17 LugÜ nicht zu beachten.[132] Das Vertrauen der Parteien in die Wirksamkeit einer Vereinbarung, die nach nationalem Recht wirksam getroffen worden ist, erscheint insoweit schutzwürdig. Zudem dürften Vereinbarungen, welche den formalen Anforderungen des § 215 genügen, regelmäßig auch die Anforderungen des internationalen Zivilprozessrechts erfüllen.

Eine Gerichtsstandsvereinbarung i.S.d. Abs. 3 kann vorprozessual – also auch schon bei Vertragsschluss – und **durch AVB** erfolgen.[133] Sie muss aber dem Transparenzgebot des § 307 Abs. 1 BGB genügen. Was die **Form** anbelangt, gelten für Gerichtsstandsvereinbarungen nach § 215 Abs. 3 die allgemeinen Anforderungen. Diese ergeben sich insb. aus §§ 38 Abs. 3, 40 Abs. 1 ZPO.[134] Das bedeutet zum einen, dass die Vereinbarung in **41**

[127] Zöller/*Vollkommer* § 33 Rn. 15; *Fricke* VersR **2009** 15, 20; **a.A.** wohl Schwintowski/Brömmelmeyer/*Klär* § 215 Rn. 14.

[128] Stein/Jonas/*H. Roth* § 33 Rn. 28; Zöller/*Vollkommer* § 33 Rn. 15; *Fricke* VersR **2009** 15, 20.

[129] Looschelders/Pohlmann/*Wolf* § 215 Rn. 9.

[130] Looschelders/Pohlmann/*Wolf* § 215 Rn. 10; Baumbach/Lauterbach/*Albers/Hartmann* § 38 Rn. 35.

[131] So zum insoweit inhaltsgleichen § 38 Abs. 3 Nr. 2 ZPO Musielak/*Heinrich* § 38 Rn. 23.

[132] Baumbach/Lauterbach/*Albers/Hartmann* Art. 23 EuGVVO Rn. 28; Langheid/Wandt/*Looschelders* § 215 Rn. 62; **a.A.** Reithmann/Martiny/*Haussmann* Rn. 2979.

[133] Looschelders/Pohlmann/*Wolf* § 215 Rn. 10; Prölss/Martin/*Klimke* § 215 Rn. 31; Schwintowski/Brömmelmeyer/*Klär* § 215 Rn. 15; *Fricke* VersR **2009** 15, 19.

[134] Looschelders/Pohlmann/*Wolf* § 215 Rn. 10; Schwintowski/Brömmelmeyer/*Klär* § 215 Rn. 15; *Meixner/Steinbeck* § 1 Rn. 369; *Fricke* VersR **2009** 15, 19.

Schriftform (§ 126 BGB) und ausdrücklich getroffen werden muss. Ausdrücklich bedeutet dabei mehr als „nicht konkludent".[135] Die Vereinbarung muss unmissverständlich das für zuständig erklärte Gericht und ein bestimmtes Rechtsverhältnis bezeichnen sowie die daraus hervorgehenden Rechtsstreitigkeiten, § 40 Abs. 1 ZPO. Die Vereinbarung eines Gerichtsstandes „soweit dies gesetzlich zulässig ist" genügt daher nicht den Anforderungen des § 215 Abs. 3 und auch nicht dem Transparenzgebot des § 307 Abs. 1 BGB.[136]

42 Da § 215 Abs. 3 den gesamten Abs. 1 in Bezug nimmt, sind – anders als nach § 40 Abs. 2 Nr. 2 ZPO – **abweichende Gerichtsstandsvereinbarungen sogar zulässig**, wenn ein **ausschließlicher Gerichtstand nach Abs. 1 Satz 2** vorliegt.[137] Es ist folglich möglich, in AVB zu bestimmen, dass VN am Sitz des VR verklagt werden kann, wenn er nach Vertragsschluss seinen Wohnsitz aus dem Geltungsbereich des VVG verlegt. Da **versicherte Personen und Bezugsberechtigte** nicht von § 215 Abs. 1 Satz 2 erfasst werden (s. oben Rn. 35), fallen sie als Klagegegner auch nicht unter § 215 Abs. 3. Gerichtsstandsvereinbarungen, die einen von § 215 Abs. 1 abweichenden Gerichtsstand für den Fall vorsehen, dass versicherte Personen oder Bezugsberechtigte nach Vertragsschluss ihren Wohnsitz oder gewöhnlichen Aufenthalt aus dem Geltungsbereich des VVG verlegen, oder dass ihr Wohnsitz oder gewöhnlicher Aufenthalt im Zeitpunkt der Klageerhebung nicht bekannt ist, sind unwirksam (s. unten Rn. 43).

II. Gerichtsstandsvereinbarungen außerhalb des Abs. 3

43 Aus der Regierungsbegründung zu § 215 Abs. 3 folgt, dass diese Norm abschließend ist. Vereinbarungen, die von Abs. 1 abweichen und nicht von Abs. 3 gedeckt werden, sind grundsätzlich unwirksam.[138] Es mag zwar zutreffend sein, dass der Blick des Reformgesetzgebers stark auf den Verbraucher-VN, der nach § 38 Abs. 1 ZPO grundsätzlich keine Gerichtsstandsvereinbarungen treffen kann, konzentriert war, als er diese Regelung schuf.[139] Der Reformgesetzgeber hat § 215 in seiner Gesamtheit aber seinem Generalkonzept der Verallgemeinerung des Verbraucherschutzes zu einem Versicherungsnehmerschutz eingeordnet. Daher gilt der zu § 215 Abs. 3 geäußerte Wille ohne weiteres auch für Nichtverbraucher-VN. Dennoch wird man auch unter Berücksichtigung des Willens des Reformgesetzgebers **ausnahmsweise** eine Gerichtsstandsvereinbarung jenseits des § 215 Abs. 3 zulassen können. Das ist dann der Fall, wenn der VN ein **nach § 38 Abs. 1 ZPO prorogationsfähiger Kläger** ist und mit dem VR ein zusätzlicher Gerichtsstand vereinbart wird. § 215 Abs. 3 ist eine nicht-zwingende Schutzvorschrift zugunsten des VR und der Vermittler. Den Geschützten steht es daher frei, sich privatautonom des gesetzlich gewährten Schutzes zu begeben. Von praktischer Bedeutung ist z.B. der Gerichtsstand der gewerblichen Niederlassung des klagenden VN, wenn dieser Einzelkaufmann ist. Es ist aber darauf zu achten, dass etwaige Vereinbarungen keine Personen erfassen, die nicht prorogationsfähig sind. Insoweit sind etliche Regelungen in den Musterbedingungen zur Sachversicherung zu beanstanden (s. unten Rn. 46 ff.).

---

135 Musielak/*Heinrich* § 38 Rn. 22; Zöller/*Vollkommer* § 38 Rn. 34.

136 Zu § 29c ZPO: MünchKomm-ZPO/*Patzina* § 29c Rn. 23.

137 HK-VVG/*Muschner* § 215 Rn. 15; Prölss/Martin/*Klimke* § 215 Rn. 29 (anders wohl ebd. Rn. 32); Schwintowski/Brömmelmeyer/*Klär* § 215 Rn. 15; Marlow/Spuhl/*Spuhl* Rn. 1495.

138 RegE BTDrucks. 16/3945 S. 117; zustimmend HK-VVG/*Muschner* § 215 Rn. 15; Schwintowski/Brömmelmeyer/*Klär* § 215 Rn. 15; Marlow/Spuhl/*Spuhl* Rn. 1495.

139 So Prölss/Martin/*Klimke* § 215 Rn. 34.

G. Internationale Zuständigkeit

Die internationale Zuständigkeit in Versicherungssachen regelt im Anwendungsbereich der **EuGVVO** deren Art. 8–14. Die EuGVVO ist bei grenzüberschreitenden Sachverhalten anwendbar, wenn der Beklagte seinen Wohnsitz in einem Mitgliedstaat hat (Art. 3 Abs. 1, 4 Abs. 1 EuGVVO). Bei Klagen gegen den VR genügt es gem. Art. 9 Abs. 2 EuGVVO, wenn dieser eine Zweigniederlassung, Agentur oder sonstige Niederlassung in einem Mitgliedstaat unterhält. **Dänemark** ist zwar nach Art. 1 Abs. 3 EuGVVO kein Mitgliedstaat der EuGVVO; deren Bestimmungen gelten aber im Rechtsverkehr zwischen Dänemark und den Mitgliedstaaten kraft eines Abkommens, das zum 1.7.2007 in Kraft getreten ist.[140] Im Anwendungsbereich der EuGVVO kann § 215 verdrängt werden, insoweit die EuGVVO die örtliche Zuständigkeit selbst regelt. Das betrifft die Fälle des Art. 9 Abs. 1 lit. b) und 10 Satz 1, 11 Abs. 1 und 2 EuGVVO.[141] In den übrigen Fällen (Art. 9 Abs. 1 lit. a) und c) sowie 12 Abs. 1 EuGVVO) bleibt § 215 anwendbar. Art. 9 Abs. 1 lit. b) EuGVVO eröffnet einen Gerichtsstand für den Kläger an seinem jeweiligen Wohnsitz. Das gleiche gilt gem. Art. 11 Abs. 2 für den Geschädigten, was seine Direktklage gegen den VR anbelangt. Der VR hingegen kann den VN, versicherte Personen und Begünstigte nach Art. 12 Abs. 1 EuGVVO nur in dem Mitgliedstaat verklagen, in dem diese ihren Wohnsitz haben. Alle Beklagten können nach Art. 12 Abs. 2 EuGVVO Widerklage bei dem Gericht erheben, vor dem sie verklagt worden sind, auch wenn sie dort selbständig nicht hätten klagen können. Art. 13 EuGVVO setzt Gerichtsstandsvereinbarungen eine enge Grenze. **44**

Im Verhältnis zu **Norwegen, Island und der Schweiz** ist neben der EuGVVO auch das Luganer Abkommen vom 16.9.1988 (LuGÜ)[142] zu beachten. Dieses ist anwendbar, wenn der Beklagte in einem Vertragsstaat ansässig ist (Art. 3 Abs. 1, 4 Abs. 1 LugÜ). Die Vorschriften des Luganer Übereinkommens kommen allerdings nur dann zur Anwendung, wenn der Anwendungsbereich der vorrangigen EuGVVO nicht eröffnet ist (Art. 54b LuGÜ i.V.m. Art. 68 Abs. 2 EuGVVO). Sind **weder die EuGVVO noch das Luganer Übereinkommen einschlägig,** bestimmt § 215 nach dem zivilprozessualen Grundsatz der Doppelfunktionalität auch die internationale Zuständigkeit der deutschen Gerichte.[143] **45**

H. Abdingbarkeit

§ 215 ist eine Vorschrift zwingenden Rechts.[144] Gerichtsstandsvereinbarungen sind nur nach Maßgabe des § 215 Abs. 3 zulässig. Eine Ausnahme gilt nach § 210 Abs. 1 für **Großrisiken und** für **laufende Versicherungen** i.S.d. §§ 53–58. Hier können die Parteien generell von § 215 Abs. 1 abweichende Vereinbarungen treffen. Klauseln in AVB, die nicht vollständig den Vorgaben von § 215 entsprechen, sind wegen Verstoßes gegen zwingendes Recht nichtig, ohne dass eine Angemessenheitsprüfung nach §§ 307 ff. BGB erforderlich wäre.[145] *Looschelders* hat im Jahre 2009 einen ersten Überblick über problematische Gerichtsstandsklauseln gegeben.[146] Seitdem hat die Versicherungswirtschaft ihr **46**

---

140 Dazu *Nielsen* IPRax **2007** 506.

141 Langheid/Wandt/*Looschelders* § 215 Rn. 65; Looschelders/Pohlmann/*Wolf* § 215 Rn. 1; Prölss/Martin/*Klimke* § 215 Rn. 35; *Grote/Schneider* BB **2007** 2689, 2701.

142 BGBl. **1994** II 2660; dazu Langheid/Wandt/*Looschelders* § 215 Rn. 68.

143 Langheid/Wandt/*Looschelders* § 215 Rn. 68.

144 Looschelders/Pohlmann/*Wolf* § 215 Rn. 12.

145 Allgemein Staudinger/*Coester* § 307 Rn. 299 und 472; mit Bezug auf AVB: Langheid/Wandt/*Looschelders* § 215 Rn. 70.

146 Langheid/Wandt/*Looschelders* § 215 Rn. 71 ff.

Klauselwerk vielfach überarbeitet, in keinem einzigen Fall allerdings die im Hinblick auf § 215 bedenklichen Gerichtsstandsklauseln angepasst. Das ist bedauerlich und bedarf dringend der Abhilfe. Im Einzelnen verlangen vier Gruppen von Vorschriften Aufmerksamkeit:

47 **Klauselgruppe 1:** In der **Sachversicherung** sind Klauseln gebräuchlich, welche für die betriebliche Versicherung vorsehen, dass sowohl der VN als auch der VR nicht nur am Sitz des VN, sondern auch an der **Niederlassung seines Betriebs** klagen können (z.B. Abschnitt B § 21 AERB 2010; Abschnitt B § 21 FBUB 2010; Abschnitt B § 21 AFB 2010; Abschnitt B § 21 AGlB 2010; Abschnitt B § 20 AHagB 2010; Abschnitt B § 21 VHB 2010; Abschnitt B § 21 AWB 2010; Abschnitt B § 21 AStB 2010; Abschnitt B § 21 VGB 2010). Das ist eine Gerichtsstandsvereinbarung, die über § 215 Abs. 3 hinausgeht. Das ist nicht *per se* unzulässig (oben Rn. 43). Allerdings ist eine solche Gerichtsstandsvereinbarung nur solchen Parteien möglich, die prorogationsfähig i.S.d. § 38 ZPO sind. Die genannten Klauseln in den Muster-AVB für die Sachversicherung erfassen neben prorogationsfähigen Einzelkaufleuten aber auch nicht prorogationsfähige Kleingewerbetreibende. Das ist nicht zulässig.[147] Die Klauseln sind daher wegen des Verbots der geltungserhaltenden Reduktion insgesamt unwirksam. Gem. § 306 Abs. 2 BGB gilt stattdessen die Grundregel des § 215 Abs. 1.

48 **Klauselgruppe 2:** Gerichtsstandsvereinbarungen, die vorsehen, dass der VR nicht nur gegen den VN, sondern auch gegen versicherte Personen oder Bezugsberechtigte Klage am Sitz des VR oder einer von dessen Niederlassungen erheben kann, wenn der Wohnsitz oder gewöhnlichen Aufenthalt aus dem Geltungsbereich des VVG verlegt wird bzw. der Wohnsitz oder gewöhnlicher Aufenthalt im Zeitpunkt der Klageerhebung nicht bekannt ist, verletzen die Grenzen des § 215 Abs. 3. Dieser ist auf versicherte Personen und Bezugsberechtigte nicht anwendbar (s. oben Rn. 42). Bedenklich sind insoweit Ziff. 14 ABRV 2002/2008 sowie Ziff. 20 AVB Reisegepäck 1992/2008.

49 **Klauselgruppe 3:** Eine weitere Gruppe von problematischen Muster-Bedingungen **beschränkt** den persönlichen Anwendungsbereich des § 215 Abs. 1 **auf natürliche Personen** und sieht für andere Personen eine umfassende Gerichtsstandsvereinbarung vor (z.B. Ziff. 31 AHB 2012; § 20 ARB 2010; Ziff. 14 ABRV 2008; Ziff. 19 AVB Schmuck und Pelze 2008). Dass nur natürliche Personen als VN an ihrem Wohnsitz oder Ort des gewöhnlichen Aufenthalts klagen und verklagt werden können, lässt sich nicht mit § 215 Abs. 1 vereinbaren. Die entsprechenden Gerichtsstandsvereinbarungen sind aufgrund der zwingenden Rechtsnatur des § 215 Abs. 1 daher unwirksam.[148]

50 **Klauselgruppe 4:** Mit der Klauselgruppe 3 verwandt ist eine Reihe von AVB, welche die Schutzwirkung des § 215 Abs. 1 Satz 1 für Klagen des VN gegen den VR auf natürliche Personen beschränkt. Zu diesen Klauseln zählen u.a. § 20 BUV 2010, § 17 KLV 2010, § 17 RV 2010 aufgeschoben; § 12 RV 2010 sofort sowie § 12 Allgemeine Bedingungen für die Restschuldlebensversicherung 2010. Es handelt sich zwar um weniger weitreichende Beschränkungen des § 215 Abs. 1, da nur Aktivklagen des VN betroffen sind. Aufgrund des zwingenden Charakters der Norm macht aber jede Abweichung die betreffende Gerichtsstandsvereinbarung, die nicht den Anforderungen des Abs. 3 genügt und nicht anderweitig teleologisch motiviert ist, unwirksam.[149]

---

[147] Offener Langheid/Wandt/*Looschelders* § 215 Rn. 72.

[148] Ebenso Langheid/Wandt/*Looschelders* § 215 Rn. 74.

[149] Langheid/Wandt/*Looschelders* § 215 Rn. 77.

Enthält **eine AVB-Klausel mehrere Gerichtsstandsvereinbarungen**, von denen ein Teil für sich genommen wirksam, ein anderer Teil für sich genommen aber unwirksam ist, hängt die tatsächliche Wirksamkeit des ersten – für sich genommen wirksamen – Teils der Vereinbarung davon ab, ob sie sich vom unwirksamen Teil der Klausel **inhaltlich und sprachlich trennen** lässt.[150] Ist dies möglich, kann der wirksame Teil isoliert aufrecht erhalten bleiben. 51

I. Beweisrecht

§ 215 regelt eine Prozessvoraussetzung, deren Vorliegen das Gericht von Amts wegen zu prüfen hat. Die Zuständigkeit des Gerichtes wird sich regelmäßig aus Tatsachen ergeben, die zugleich zur Begründung der erhobenen materiell rechtlichen Ansprüche geltend gemacht werden, namentlich dem Bestehen eines Versicherungs- oder Vermittlungsvertrages. Bei diesen materiell rechtlichen Behauptungen der Parteien handelt es sich um sog. **„doppelrelevante Tatsachen"**. Diese doppelrelevanten Tatsachen bedürfen entgegen einzelner Stimmen im Schrifttum[151] im Rahmen der Zulässigkeitsprüfung **keines Beweises**, sondern müssen vom Kläger lediglich schlüssig behauptet werden.[152] Die Tatsache wird im Bereich der Zulässigkeitsprüfung als zutreffend unterstellt. Hat das Gericht sich für zuständig erklärt, so greift in der Berufung und Revision § 513 Abs. 2 ZPO. 52

J. Übergangsrecht

Um zu verhindern, dass aufgrund der außerordentlichen Langlebigkeit von Versicherungsverträgen das alte VVG noch jahrzehntelang Anwendung findet und es zu unterschiedlichen, Verwirrung stiftenden Parallelregimen für Alt- und Neufälle im Versicherungsbestand kommt, und um die mit der Neukodifikation bezweckte Stärkung der Rechtsstellung des VN möglichst kurzfristig umzusetzen, hat sich der Reformgesetzgeber entschlossen, auf Versicherungsverhältnisse, die bis zum 1.1.2008 entstanden sind (sog. Altverträge), nur noch bis zum 31.12.2008 die Vorschriften des alten VVG zur Anwendung zu bringen, Art. 1 Abs. 1 EGVVG.[153] Nach Ablauf dieser Übergangsfrist gilt auch für Altverträge das neue VVG. Das ist eine Durchbrechung des übergangsrechtlichen Prinzips der Unwandelbarkeit des Schuldstatuts. Art. 1 Abs. 2 EGVVG hebt diese Durchbrechung teilweise wieder auf: Um zu verhindern, dass einheitliche Vorgänge, die unter Geltung des alten Rechts nicht vollständig zum Abschluss gekommen sind, auseinander gerissen und zwei unterschiedlichen Regelwerken unterworfen werden, ordnet diese Vorschrift an, dass ein Versicherungsfall, der bis zum Ablauf des Übergangszeitraums am 31.12.2008 eintritt, abweichend von Art. 1 Abs. 1 EGVVG vollständig nach altem Recht abgewickelt wird. 53

Ob diese Grundsätze des VVG-Übergangsrechts auch für die Gerichtsstandsregel des § 215 gelten, ist lebhaft **umstritten**. Im Wesentlichen stehen sich drei Lager gegenüber. 54

---

[150] Dazu BGH 18.1.1989 NJW-RR **1989** 625, 626; BGH 7.6.1989 BGHZ **108** 1, 12; BGH 14.1.1999 NJW **1999** 1108, 1109.

[151] Langheid/Wandt/*Looschelders* § 215 Rn. 69; Zöller/*Vollkommer* § 12 Rn. 14.

[152] BGH 7.3.1994 NJW **1994** 1413; MünchKomm-ZPO/*Patzina* § 29c Rn. 25.

[153] Zur Motivlage des Reformgesetzgebers: RegE BTDrucks. 16/3945 S. 118; Langheid/Wandt/*Looschelders* Art. 1 EGVVG Rn. 1; *Brand* VersR **2011** 557, 558.

Das eine will die Gerichtsstandsregel des § 215 bereits ab dem 1. Januar 2008 anwenden.[154] Diese Ansicht lässt sich nur vertreten, wenn man nicht Art. 1 Abs. 1 EGVVG zur Anwendung bringt, sondern die allgemeinen Regeln des Übergangsrechts, die in Art. 12 Abs. 1 Satz 3 des Gesetzes zur Reform des Versicherungsvertragsrechts konkretisiert werden. Das wird damit begründet, ein Vertrauen der Parteien in den Fortbestand einer Gerichtsstandsregel des alten Rechts sei nicht schutzwürdig. Folge der Ansicht ist eine Spaltung des Übergangsrechts. Im Übergangszeitraum (vom 1.1.2008 bis zum 31.12. 2008) würde für materiellrechtliche Fragen auf Grundlage von Art. 1 Abs. 1 EGVVG altes Recht zur Anwendung kommen, für prozessuale Fragen, wie den Verbrauchergerichtsstand nach § 215 hingegen bereits neues Recht.

55 Eine derartige **gespaltene Rechtsanwendung ist abzulehnen.**[155] Eine Beschränkung des Anwendungsbereichs des Art. 1 Abs. 1 EGVVG auf materiellrechtliche Vorschriften lässt sich dem Wortlaut der Norm nicht entnehmen und würde zu einem unnötig komplizierten und verwenderfeindlichen Übergangsrecht führen, da es für unterschiedliche Rechtsfragen eines einheitlichen Versicherungsverhältnisses für den gleichen Zeitraum zu einer gespaltenen Rechtsanwendung käme – eben der Geltung alten Rechts für materielle, neuen Rechts aber für prozessuale Fragen. Vor diesem Hintergrund lässt sich annehmen, dass der Reformgesetzgeber **§ 215**, der als prozessuale Vorschrift besser in der ZPO aufgehoben gewesen wäre,[156] **bewusst im VVG platziert** hat, um ihm einem einheitlichen übergangsrechtlichen Regelungsrahmen, den Vorschriften der Art. 1–6 EGVVG, zu unterwerfen (vgl. auch oben Rn. 1).[157] Zudem passen die Erwägungen des allgemeinen Übergangsrechts, die allein eine Anwendung des § 215 ab dem 1.1.2008 ermöglichen würden, auf diese Vorschrift nicht. Prozessuale Regeln sollen deswegen unmittelbar gelten, weil sie vermeintlich politisch neutral sind, während für materielle Bestimmungen andere Erwägungen eine Rolle spielen können. Auf § 215, dessen Einführung eine erklärte Maßnahme des Verbraucherschutzes ist,[158] trifft die Vermutung der politischen Neutralität aber nicht zu, so dass die Grundannahme der allgemeinen Übergangsregeln hinsichtlich dieser Vorschrift nicht stimmt und sich mit ihnen daher nicht arbeiten lässt.[159] Dafür, dass Art. 1 Abs. 1 EGVVG auch auf § 215 anzuwenden ist, spricht ein weiteres: Folgte man der Gegenauffassung, wären aufgrund der ausschließlichen Zuweisung des § 215 Abs. 1 Satz 2 VVG **Gerichtsstandsvereinbarungen**, die Versicherer bis zum Ablauf des Jahres 2007 zulässigerweise getroffen haben, mit Inkrafttreten der Neukodifikation des VVG unmittelbar unwirksam geworden, insoweit sie von § 215 Abs. 1 Satz 2 VVG abwichen. Das aber wäre ein (verfassungsrechtlich) bedenklicher rückwirkender Eingriff in vertragliche Abreden.[160]

56 Im Lager der Stimmen, die – wie hier – annehmen, Art. 1 Abs. 1 EGVVG lasse sich dem Grunde nach auf § 215 anwenden, herrscht wiederum Uneinigkeit darüber, ob die Gerichtsstandsregel auf Grundlage des Art. 1 Abs. 1 EGVVG ab dem 1.1.2009 zwingend

---

154 OLG Frankfurt a.M. 16.6.2008 NJOZ **2009** 1722; OLG Saarbrücken 23.9.2008 VersR **2008** 1337, 1338; Langheid/Wandt/*Looschelders* Art. 1 EGVVG Rn. 8 und § 215 Rn. 38; Looschelders/Pohlmann/*Wolf* § 215 Rn. 11; *W.-T. Schneider* VersR **2008** 859, 861.

155 Dazu ausführlich Looschelders/Pohlmann/*Brand* Art. 1 EGVVG Rn. 6 ff.

156 *Staudinger*, Münsteraner Reihe, Bd. 105, 2007, S. 1, 8; *Brand* VersR **2011** 557, 559.

157 Looschelders/Pohlmann/*Brand* Art. 1 EGVVG Rn. 7.

158 RegE BTDrucks. 16/3945 S. 117; Schwintowski/Brömmelmeyer/*Klär* § 215 Rn. 1.

159 *Brand* VersR **2011** 557, 559.

160 OLG Dresden 10.11.2009 VersR **2010** 1065, 1066.

anzuwenden ist,[161] oder ob auch die weiteren Vorschriften des Übergangsrechts zu beachten sind, so dass bei Eintreten des Versicherungsfalls während des Übergangszeitraums, also spätestens bis zum 31. Dezember 2008, wenn Klage bis zum 31. Dezember, oder auch später erhoben wurde, noch altes Recht zur Anwendung gelangt.[162] Dazu ist zu sagen, dass eine Entscheidung für eine Anwendung der Regeln des EGVVG auf § 215 nur heißen kann, dass sämtliche Bestimmungen des besonderen versicherungsrechtlichen Übergangsrechts – also auch die Ausnahmen zu Art. 1 Abs. 1 EGVVG, zu denen **Art. 1 Abs. 2 EGVVG** zählt – **zur Geltung kommen**. Die Regierungsbegründung zu Art. 1 Abs. 2 EGVVG spricht ausdrücklich davon, dass das VVG in seiner bis zum 31.12.2007 geltenden Fassung bei Eintritt des Versicherungsfalles im Laufe des Jahres 2008 auf „sämtliche Rechte und Pflichten der Vertragsparteien weiterhin Anwendung findet."[163] Unter „Rechte" lassen sich ohne Weiteres auch prozessuale Rechte, wie die Wahl des Gerichtsstands durch eine Partei fassen. Entsprechend ist bei Eintreten des Versicherungsfalls bis zum 31. Dezember 2008 altes Recht für die Gerichtsstandsregel anzuwenden, und zwar unabhängig davon, zu welchem Zeitpunkt die Klage erhoben wird.[164] Der Klagerhebung wird nämlich von Art. 1 Abs. 2 EGVVG keine Bedeutung beigemessen.

K. Verhältnis zu anderen Bestimmungen

I. Verbrauchergerichtsstand bei Haustürgeschäften

Das Regelungsvorbild des § 215 (dazu oben Rn. 2), § 29c ZPO, schafft eine ähnliche **57**
Rechtslage, was den Gerichtsstand anbelangt, bei Klagen aus Haustürgeschäften mit Verbrauchern. Vor Inkrafttreten des § 215 war umstritten, ob § 29c ZPO auch auf Versicherungsverträge Anwendung finden sollte.[165] Dieser Streit lag darin begründet, dass es bei Versicherungsverträgen kein Widerrufs- und Rückgaberecht nach § 312 Abs. 3 BGB gibt, wie § 29c ZPO dies voraussetzt, und dass unklar war, ob sich der Verweis in § 29c Abs. 1 Satz 1 ZPO auf § 312 BGB auch auf dessen Abs. 3 erstreckt, indem eine Bereichsausnahme für Versicherungsverträge geregelt ist. Dieser Streit hat sich nunmehr erledigt: § 215 ist aufgrund seiner systematischen Stellung im VVG *lex specialis* zu § 29c ZPO mit der Folge, dass letztere auf Versicherungsverträge keine Anwendung findet.[166] Das Spe-

---

161 OLG Rostock 15.4.2010 – 5 W 179/09 (juris); OLG Hamburg 30.3.2009 VersR **2009** 531; OLG Köln 9.6. 2009 VersR **2009** 1347; OLG Dresden 10.11.2009 VersR **2010** 1065; kl. Anfrage *Dyckmans*, BTDrucks. 16/11480.

162 Für letzteres OLG Stuttgart 18.11.2008 VersR **2009** 246; OLG Naumburg 15.10.2009 VersR **2010** 374; OLG Nürnberg 2.3.2010 VersR **2010** 935; OLG Bamberg 21.9.2010 NJW-RR **2011** 388 f.; OLG Hamm 8.4.2011 VersR **2011** 1293; OLG Braunschweig 5.10.2011 – 3 W 43/11 (juris); LG Stralsund 1.2.2011 – 6 O 259/10 (juris); LG Stralsund 10.3.2011 – 6 O 378/10 (juris).

163 Begr. RegE BTDrucks. 16/3945 S. 118.

164 Wie hier OLG Düsseldorf 18.6.2010 VersR **2010** 1354 (1355); OLG Köln 9.6.2009 VersR **2009** 1347; OLG Nürnberg 2.3.2010 – 8 W 353/10 (BeckRS 2010, 0961); LG Ansbach 15.2.2010 VersR **2010** 935; *Abel/Winkens*, r+s **2009** 103.

165 Für eine Anwendung von § 29c ZPO auf Versicherungsverträge: LG Landshut 10.1.2003 NJW **2003** 1197; LG Traunstein 3.11.2005 r+s **2006** 88; LG Traunstein 25.7.2004 r+s **2005** 135; Thomas/Putzo/*Hüßtege*[31], § 29c Rn. 1; Zöller/*Vollkommer*[27] § 29c Rn. 4; gegen eine Anwendung: OLG München 30.5.2006 VersR **2006** 1517 f.; LG Berlin 23.12.2004 VersR **2005** 1259 f.

166 Langheid/Wandt/*Looschelders* § 215 Rn. 43; *Looschelders/Heinig* JR **2008** 265, 270; i.E. ebenfalls Prölss/Martin/*Klimke* § 215 Rn. 27

zialitätsverhältnis zeigt sich u.a. auch daran, dass der Anwendungsbereich des § 215 personell (jeder VN unabhängig von seiner Eigenschaft als Verbraucher) und sachlich (sämtliche Klagen aus des Versicherungsverhältnis unabhängig davon, wie der Versicherungsvertrag zustande gekommen ist) weiter ist als derjenige des § 29c ZPO.

II. Mahnverfahren und Vollstreckungsabwehrklagen

58 § 215 verhält sich zu den Zuständigkeitsregeln im Mahnverfahren und bei Vollstreckungsabwehrklagen ebenso wie seine Vorbildregel, § 29c ZPO. Hier wie dort regelt grundsätzlich die Sondervorschrift des § 689 Abs. 2 Satz 1 ZPO die Zuständigkeit im **Mahnverfahren.** Der Antrag ist bei dem dort bezeichneten Gericht zu stellen. Etwas anderes gilt aber, wenn das Verfahren nach einem Widerspruch (§ 696 Abs. 1 Satz 1 ZPO) oder einem Einspruch (§ 700 Abs. 3 ZPO) abgegeben wird. Dann besteht Raum dafür, § 215 anzuwenden.[167] Umstritten ist aber, welches der maßgebliche Zeitpunkt ist, um die örtliche Zuständigkeit zu bestimmen. Teilweise wird auf die Zustellung des Mahnbescheids abgestellt.[168] Dazu ist es erforderlich, die Rückbeziehungsfiktion des § 696 Abs. 3 bzw. § 700 Abs. 2 ZPO auch für die Bestimmung der Zuständigkeit heranzuziehen. Die wohl h.M. stellt hingegen auf den Zeitpunkt ab, zu dem die Akten beim Streitgericht eingehen, §§ 696 Abs. 1 Satz 4 bzw. § 700 Abs. 3 Satz 2 ZPO.[169] Das überzeugt aber nicht. Eine Anknüpfung an die Zustellung des Mahnbescheids erscheint vorzugswürdig, weil sie funktionell der Klageerhebung nach § 253 ZPO entspricht, die nach § 215 Abs. 1 Satz 1 eigentlich maßgeblich ist.

59 Bei **Vollstreckungsabwehrklagen** ist die Zuständigkeitsregel des § 767 Abs. 1 ZPO, welche das Prozessgericht erster Instanz für zuständig erklärt, dem § 215 gegenüber vorrangig.[170] Ist das Prozessgericht erster Instanz nicht nach § 215 Abs. 1 Satz 1 zuständig, ist es trotzdem für die Vollstreckungsabwehrklage zuständig.

L. Auslandsrecht und PEICL

60 Die **PEICL** sehen in den Vorschriften über ihre (gerichtliche) Durchsetzung (Art. 1:301 f. PEICL) keine Gerichtsstandsbestimmungen vor.

61 **Andere Rechtsordnungen** haben mitunter keinen Bedarf für eine Sonderbestimmung wie § 215 gesehen. Dort erfassen zum Teil die allgemeinen Bestimmungen über den Verbrauchergerichtsstand auch Versicherungsverträge. Das ist etwa in Österreich der Fall (§ 14 KSchG). Der persönliche Anwendungsbereich der entsprechenden Normen ist dann

---

(es bedürfe aber keines Spezialitätsverhältnisses).

167 Langheid/Wandt/*Looschelders* § 215 Rn. 41; Schwintowski/Brömmelmeyer/*Klär* § 215 Rn. 4; *Looschelders/Heinig* JR **2008** 265, 270; für 29c ZPO: Baumbach/Lauterbach/Albers/*Hartmann* § 29c Rn. 4; Stein/Jonas/*H. Roth* § 29c Rn. 9.

168 MünchKomm-ZPO/*Patzina* § 29c Rn. 17; *Niepmann* NJW **1985** 1453; *Bork/Jacoby* JZ **2000** 135, 137.

169 OLG München 23.11.2006 MDR **2007** 1154, 1155; Baumbach/Lauterbach/Albers/*Hartmann* § 696 Rn. 25; Musielak/*Voit* § 696 Rn. 4; Stein/Jonas/*Schlosser* § 696 Rn. 7 und 9.

170 Langheid/Wandt/*Looschelders* § 215 Rn. 42; *Looschelders/Heinig* JR **2008** 265, 270; für 29c ZPO: Baumbach/Lauterbach/Albers/*Hartmann* § 29c Rn. 1; Zöller/*Vollkommer* § 29c Rn. 5a.

freilich – anders als derjenige des § 215 – auf Verbraucher-VN beschränkt. In einer anderen Gruppe von Rechtsordnungen, zu der etwa die Schweiz zählt, richten sich die Gerichtsstände für Klagen des VR und gegen den VR nach den allgemeinen Bestimmungen des Zivilverfahrensrechts (Schweiz: Gerichtsstandsgesetz).[171] Das hat zur Folge, dass die VN bei gegen sie gerichteten Klagen nicht in den Genuss eines ausschließlichen Gerichtsstands kommen, der sie begünstigt.

§ 216
Prozessstandschaft bei Versicherermehrheit

Ist ein Versicherungsvertrag mit den bei Lloyd's vereinigten Einzelversicherern nicht über eine Niederlassung im Geltungsbereich dieses Gesetzes abgeschlossen worden und ist ein inländischer Gerichtsstand gegeben, so können Ansprüche daraus gegen den bevollmächtigten Unterzeichner des im Versicherungsschein an erster Stelle aufgeführten Syndikats oder einen von diesem benannten Versicherer geltend gemacht werden; ein darüber erzielter Titel wirkt für und gegen alle an dem Versicherungsvertrag beteiligten Versicherer.

Schrifttum

Dreher/Lange Die Mitversicherung, VersR **2005** 717; *Enge* Transportversicherung, 3. Aufl. (1996); *Funk* Das Mitversicherungs-System der Londoner Lloyd's, Diss. Berlin 1935; *Hill/Thomas* Grundlegende Änderungen bei Lloyd's of London – Beteiligung von Kapitalgesellschaften (corporate capital) und Einführung einer beschränkten Haftung, VersRAI **1993** 35; *E. Lorenz* Die Umsetzung der internationalprivatrechtlichen Bestimmungen der Zweiten Schadenversicherungsrichtlinie (88/357/EWG) zur Regelung der Direktversicherung der in der EWG belegenen Risiken, in: Stoll (Hrsg.) Stellungnahmen und Gutachten zum Europäischen Internationalen Zivilverfahrens- und Versicherungsrecht (1991) 210 (zitiert: *E. Lorenz* in Stoll); *Martiny* Neues deutsches internationales Vertragsrecht, RIW **2009** 737; *Schaloske* Das Recht der so genannten offenen Mitversicherung (2007); *Stahl/Meyenberg* Englisches Rückversicherungsrecht and the London Market (2006); *von Siegfried* Lloyd's of London – Geschichte und Funktionsweise des etwas anderen Versicherers, in: Wagner (Hrsg.) Aktuelle Fragen in der Versicherungswirtschaft (2010) 153 (zit.: *von Siegfried*).

Übersicht

[171] AS **2000** 2355, **2004** 2617 Anhang Ziff. 3, **2005** 5685 Anhang Ziff. 14, **2006** 5379 Anhang Ziff. II 2. AS **2010** 1739 Anhang 1 Ziff. 1.

A. Einführung

I. Entstehungsgeschichte

1 Vorläufer von § 216 ist Art. 14 EGVVG a.F., welcher seinerseits Art. 13 EGVVG a.F. nachfolgte. Die Vorschrift wurde ursprünglich durch das Zweite Durchführungsgesetz/EWG zum VAG[1] im Rahmen der Schaffung des Zweiten Kapitels zum EGVVG („Europäisches Internationales Versicherungsvertragsrecht"; Art. 7 ff. EGVVG a.F.) als Art. 13 EGVVG a.F. eingeführt. Erstmals in Kraft getreten ist sie am 1. Juli 1990.[2] Das Dritte Durchführungsgesetz/EWG zum VAG[3] änderte die Bezifferung in Art. 14 EGVVG a.F.

2 Im Gegensatz zu den Übrigen der Artikel 7 bis 15 VVG a.F. diente Art. 14 a.F. nicht der Umsetzung einer Richtlinienbestimmung zum Internationalen Versicherungsprivatrecht[4] und ist daher auch nicht durch die Rom I-VO[5] überholt. Der Gesetzgeber hat sich daher folgerichtig für den Erhalt der Vorschrift entschieden und sie mit dem Anpassungsgesetz zur Rom I-VO[6] mit Wirkung zum 17. Dezember 2009, als neuer § 216 sachgerecht verortet,[7] in das VVG überführt.[8] Der eigentliche **Wortlaut** blieb bei allen Gesetzesände-

---

1 Art. 3 Nr. 2 des Gesetzes zur Durchführung versicherungsrechtlicher Richtlinien des Rates der Europäischen Gemeinschaften (Zweites Durchführungsgesetz/EWG zum VAG) vom 28. Juni 1990, BGBl. I 1249, 1259.

2 Art. 9 des Gesetzes (s. Fn. 1), BGBl. I 1249, 1261.

3 Art. 3 Nr. 6 des Dritten Gesetzes zur Durchführung versicherungsrechtlicher Richtlinien des Rates der Europäischen Gemeinschaften (Drittes Durchführungsgesetz/EWG zum VAG) vom 21. Juli 1994, BGBl. I 1630, 1663; Abdruck der Art. 7 bis 15 EGVVG i.d.F. dieses Gesetzes Bruck/Möller/*Dörner* Einf. Int. VersR vor Rn. 22.

4 *E. Lorenz* in Stoll, 210, 240; Berliner Kommentar/*Dörner* Art. 14 Rn. 1; Langheid/Wandt/*Looschelders* Art. 14 EGVVG Rn. 1; Looschelders/Pohlmann/*Schäfer* § 216 Rn. 2; **a.A.** offenbar *Martiny* RIW **2009** 737, 752, wonach § 216 auf Richtlinienrecht zurückgeht, wobei *Martiny* a.a.O., Fn. 199, auf Art. 10 lit. d) Satz 2 und 3 der RL 73/239/EWG (Erste RL Schadensversicherung) in der Fassung der Dritten RL Schadensversicherung, ABl. EG 1992 L 228/1, verweist, diese Vorschrift stand aber nicht im Zusammenhang mit dem § 216 betreffenden Dienstleistungsverkehr, vgl. dazu Rn. 6.

5 Zur Rom I-VO im Einzelnen Bruck/Möller/*Dörner* Int. VersR, 2. Abschnitt (in diesem Band).

6 Art. 2 Abs. 5 Nr. 4 i.V.m. Art. 3 des Gesetzes zur Anpassung der Vorschriften des Internationalen Privatrechts an die VO (EG) Nr. 593/2008 vom 25. Juni 2009, BGBl. I 1574, 1576.

7 **A.A.** Römer/Langheid/*Rixecker* § 216 Rn. 1, wonach dies systemwidrig sein soll.

8 Begr. zu § 216 BTDrucks. 16/12104 S. 11.

rungen **unverändert**. Mit der Überführung in das VVG wurde jedoch – ohne Erläuterung in der amtlichen Begründung[9] – die **Überschrift angepasst**, die nunmehr „Prozessstandschaft bei Versicher**mehrheit**" statt „Prozessstandschaft bei Versicherer**mehrzahl**" lautet. Eine inhaltliche Änderung dürfte damit nicht beabsichtigt worden sein.

II. Inhalt und Zweck der Regelung

3 § 216 begründet eine inländische **gesetzliche Prozessstandschaft** (Rn. 25 ff.) auf Beklagtenseite für die Geltendmachung von Ansprüchen aus Versicherungsverträgen, die bei Lloyd's (offizielle Bezeichnung seit dem Lloyd's Act 1871: „Society of Lloyd's"; teilweise auch als „Lloyd's of London" bezeichnet) abgeschlossen wurden. **Lloyd's ist kein VR**, sondern ein Versicherungsmarkt (zur Geschichte Rn. 8). Die Deckung des Risikos erfolgt hier in der Regel nicht durch einen, sondern durch eine Vielzahl von bei Lloyd's tätigen EinzelVR („Member"), die sich zu **Syndikaten** („Syndicates") zusammengeschlossen haben (Rn. 10). Die zu übernehmende Versicherungssumme wird innerhalb der beteiligten Syndikate bzw. EinzelVR nach Quoten aufgeteilt. Rechtlich liegt bei den über Lloyd's abgeschlossenen Verträgen (in der Regel, vgl. Rn. 12) eine **offene Mitversicherung** vor.[10] Der VN könnte – ohne abweichende Absprachen – die volle Versicherungssumme klageweise nur dann geltend machen, wenn er jeden der beteiligten EinzelVR auf seinen Anteil in Anspruch nimmt. Ein solches Vorgehen würde bereits hinsichtlich der Zustellung von Klageschriften einen unverhältnismäßigen Aufwand bedeuten. Die Bezeichnung der beteiligten Syndikate in dem Versicherungsschein bzw. den ausgestellten Dokumenten erfolgt regelmäßig nur über ein Chiffre-System. Aus diesen Chiffren müssten dann noch die EinzelVR ermittelt werden, die das jeweilige Syndikat bilden. Diese Situation möchte die Vorschrift für den VN entschärfen und ihm die prozessuale Geltendmachung seiner Ansprüche bei über Lloyd's abgeschlossenen Versicherungsverträgen erleichtern.[11]

4 Im Anwendungsbereich des § 216 können Klagen statt gegen alle bei Lloyd's betroffenen EinzelVR gegen den Unterzeichner („Underwriter", Rn. 30) des im Versicherungsschein an erster Stelle aufgeführten Syndikats oder einen von diesem benannten VR geltend gemacht werden; ein darüber erzielter Titel wirkt nach § 216 für und gegen alle an dem Versicherungsvertrag beteiligten VR (siehe aber Rn. 40).

III. Anwendungsbereich

5 Die Vorschrift ist mit § **110b Abs. 2 VAG** verzahnt und ergänzt diese Norm.[12] Während beide Normen den gleichen Schutzzweck verfolgen,[13] unterscheiden sie sich in

---

[9] Vgl. Begr. zu § 216 BTDrucks. 16/12104 S. 11.

[10] Zur offenen Mitversicherung im Einzelnen Bruck/Möller/*Schnepp* Anhang § 216 Rn. 9, 17 ff.

[11] Begr. zu Art. 13 EGVVG a.F. BTDrucks. 11/6341 S. 40.

[12] Der heutige § 110b Abs. 2 VAG wurde – mit etwas anderem Wortlaut – als damaliger § 109 Abs. 2 VAG durch Art. 1 Nr. 25 des Gesetzes zur Durchführung der Ersten Richtlinie des Rates der Europäischen Gemeinschaften zur Koordinierung der Rechts- und Verwaltungsvorschriften betreffend die Aufnahme und Ausübung der Tätigkeit der Direktversicherung (mit Ausnahme der Lebensversicherung) vom 23. Juli 1973 (Erstes Durchführungsgesetz/EWG zum

ihrem Anwendungsbereich. § 110b Abs. 2 VAG setzt den Vertragsschluss mit bei Lloyd's tätigen EinzelVR bzw. Syndikaten über deren Niederlassung im Inland, also in der Bundesrepublik Deutschland, voraus. Für den für die deutsche Niederlassung von Lloyd's bestellten Hauptbevollmächtigten besteht nach § 110b Abs. 2 VAG eine gesetzliche Prozessstandschaft.[14] § 110b Abs. 2 VAG findet demnach keine Anwendung, wenn Versicherungsverträge mit EinzelVR bzw. Syndikaten von Lloyd's nicht über eine Niederlassung im Inland abgeschlossen wurden, sondern im Rahmen des freien Dienstleistungsverkehrs, insbesondere bei Vertragsschlüssen auf dem Londoner Markt. Dabei steht die Rechtsfolge des § 110b Abs. 2 VAG einer entsprechenden Anwendung auf den Dienstleistungsverkehr entgegen, denn für den Dienstleistungsverkehr müssen ausländische VR keinen Hauptbevollmächtigten in Deutschland bestellen.[15] Diese Lücke schließt § 216, der sich durch die Formulierung „nicht über eine Niederlassung im Geltungsbereich dieses Gesetzes" negativ von § 110b Abs. 2 VAG abgrenzt.[16] § 216 ist nicht als lex specialis zu § 110b Abs. 2 VAG zu verstehen. Vielmehr bedeuten die unterschiedlichen Tatbestände ein **Ausschließlichkeitsverhältnis der beiden Vorschriften** zueinander. Dennoch darf die Auslegung von § 216 nicht völlig losgelöst von § 110b Abs. 2 VAG erfolgen, da die Regelung des § 216 (damaliger Art. 13 EGVVG) schon bei ihrer Einführung im Jahre 1990 als Ergänzung zu dem bereits zuvor im Jahre 1976 eingeführten § 110b Abs. 2 VAG (damaliger § 109 Abs. 2 VAG) verstanden wurde.[17]

IV. Europarechtlicher Hintergrund

6 § 216 beruht ebenso wie § 110b VAG (bzw. die jeweiligen deutschen Vorgängernormen) auf der im Wege der europäischen RL herbeigeführten schrittweisen Vereinheitlichung des Europäischen Versicherungsmarktes. Die Erste RL Schadensversicherung[18] sah erstmals europarechtlich vereinheitlichte Grundsätze für die Errichtung von Niederlassungen in einem anderen Mitgliedsstaat vor. Diese RL berücksichtigte bereits die Besonderheiten von Lloyd's und die für VN damit ggf. sich ergebenden Schwierigkeiten. Es wurde vorgeschrieben, dass den Versicherten bei eventuellen Rechtsstreitigkeiten im Aufnahmestaat der Niederlassung keine größeren Erschwernisse erwachsen dürfen als bei Rechtsstreitigkeiten, die klassische VR betreffen; zu diesem Zweck müssten die Befugnisse des Hauptbevollmächtigten insbesondere die Fähigkeit umfassen, in dieser seiner Eigenschaft mit der Befugnis verklagt zu werden, für die beteiligten EinzelVR von Lloyd's verbindlich aufzutreten (Art. 10 Abs. 1 lit. d) Unterabs. 2 Erste RL Schadensversicherung). Auf dieser Grundlage wurde die Vorgängernorm des heutigen § 110b Abs. 2 VAG in das deutsche Recht eingeführt.[19] Die Erste RL Schadensversicherung sah zum

---

VAG) vom 18. Dezember 1975, BGBl. I 3139, 3145, mit Wirkung zum 1. Februar 1976 (Art. 5 des vorgen. Gesetzes, BGBl. I 3139, 3145) eingeführt; vgl. dazu Bericht des Finanzausschusses BTDrucks. 7/4084 S. 5.

[13] *Schaloske* 297.

[14] Fahr/Kaulbach/Bähr/*Fahr* § 110b Rn. 2; Prölss/*Kollhosser* VAG § 110b Rn. 3.

[15] Fahr/Kaulbach/Bähr/*Fahr* § 110b Rn. 3.

[16] Diese Abgrenzung erfolgt nicht konsequent, da § 110b Abs. 2 VAG auf eine Niederlassung im „Inland" und § 216 auf eine Niederlassung im „Geltungsbereich des Gesetzes" abstellt.

[17] Vgl. Begr. zu Art. 13 EGVVG a.F. BTDrucks. 11/6341 S. 40.

[18] RL 73/239/EWG vom 24. Juli 1973, ABl. EG Nr. L 228 S. 3.

[19] Vgl. Bericht des Finanzausschusses BTDrucks. 7/4084 S. 5.

damaligen Zeitpunkt noch nicht die Möglichkeit des freien Dienstleistungsverkehrs vor. Dieser wurde erst auf der Grundlage der Zweiten RL Schadensversicherung[20] eingeführt. Besondere Bestimmungen für den Dienstleistungsverkehr von Lloyd's enthielt diese Zweite RL Schadensversicherung (ebenso wie die spätere Dritte RL Schadensversicherung, die dann erst zur Vereinheitlichung des Europäischen Binnenmarktes ab 1994 führte) allerdings nicht. Da die in Deutschland ansässigen VN, die im Wege des Dienstleistungsverkehrs mit Lloyd's-VR Versicherungsverträge abschließen, ebenso (und im Grunde genommen noch viel mehr) zu schützen sind wie bei Abschluss von Versicherungsverträgen im Niederlassungsverkehr, war es nur konsequent, dass der deutsche Gesetzgeber bei Umsetzung der Zweiten RL-Generation die Vorgängervorschrift des heutigen § 216 in das deutsche Recht einführte. Die Aussage von *Martiny*[21], § 216 gehe auf Richtlinienrecht zurück, ist daher zumindest irreführend. Jedenfalls bestand keine europarechtliche Pflicht des deutschen Gesetzgebers, eine entsprechende Regelung einzuführen. § 216 dient also nicht der Umsetzung einer RL-Bestimmung (vgl. bereits Rn. 2).[22] Die Solvency II-RL[23], die ab dem 1. Januar 2014 u.a. die drei RL Schadensversicherung und die RL Lebensversicherung ersetzt (Art. 310, 311 Abs. 1), enthält für das grenzüberscheitende Auftreten von Lloyd's (nur) im Abschnitt für die Niederlassung Bestimmungen, die denen der Ersten RL Schadensversicherung entsprechen (Art. 145 Abs. 2 Unterabs. 1 lit. c) sowie Unterabs. 2).

B. Tatbestandsmerkmale des § 216

I. Tatbestandsvoraussetzungen

1. Bei Lloyd's vereinigte Einzelversicherer

§ 216 gilt – entgegen der insoweit missverständlichen amtlichen Überschrift der Norm – nicht generell bei Versicherermehrheit, sondern setzt einen Vertragsschluss mit den bei Lloyd's vereinigten EinzelVR voraus. 7

Lloyd's geht zurück auf den Kaffeehausbesitzer Edward Lloyd, in dessen Kaffeehaus in London in der zweiten Hälfte des 17. Jahrhunderts sich Schiffseigentümer, Kaufleute, Schifffahrtsagenten und Vermittler trafen und Informationen über Schiffe und Transportladungen austauschten. Lloyd nahm dies zum Anlass, ein Korrespondentennetz in Hafenstädten aufzubauen, so dass Lloyd's ursprünglich eine Nachrichtenbörse war.[24] Diese mündete in die 1734 erstmals und auch aktuell noch erscheinende Lloyd's List, die sich ursprünglich nur auf maritime Nachrichtenquellen beschränkte, heute aber das gesamte Transportwesen erfasst.[25] Diese Nachrichtenquelle wurde, zunächst noch ohne feste Organisation, auch dazu genutzt, Seeversicherungen zu zeichnen. Ein erster organisierter Zusammenschluss unter der Bezeichnung Lloyd's erfolgte erst im Jahre 1760, jedoch 8

---

[20] RL 88/357/EWG vom 22. Juni 1988, ABl. EG Nr. L 172 S. 1; vgl. den dortigen Erwägungsgrund (1).

[21] *Martiny* RIW **2009** 737, 752.

[22] Vgl. Nachweise Fn. 4.

[23] RL 2009/138/EG vom 25. November 2009, ABl. EG Nr. L 335 S. 1; geändert durch die RL 2012/23/EU vom 12. September 2012, ABl. EG Nr. L 249 S. 1, diese RL verschob das Inkrafttreten der Solvency II-RL von dem 1. November 2012 auf den 1. Januar 2014.

[24] *von Siegfried* 153, 155; *Enge* 26.

[25] *Enge* 26.

nicht zu dem Zweck, Versicherungen abzuschließen, sondern im Interesse der Registrierung und Klassifizierung von Schiffen; hierauf beruht das auch heute noch bestehende Lloyd's Register of Shipping, das mit dem Versicherungsmarkt Lloyd's nur den historischen Ursprung gemeinsam hat, im Übrigen aber von diesem wirtschaftlich und organisatorisch getrennt ist.[26] Durch das Lloyd's Register wurde allerdings die Risikobeurteilung für die Schiffskaskoversicherung parallel zu dem Nachrichtenwesen der Lloyd's List wesentlich erleichtert. Der Versicherungsmarkt Lloyd's erhielt erst im Jahre 1771 eine erste institutionelle Form, als sich potentielle VN (Kaufleute, Banker, Schiffseigentümer) sowie Broker (Versicherungsmakler) und Underwriter (für dahinterstehende Risikozeichner) für den Erwerb eines eigenen Domizils zusammenschlossen.[27] Lloyd's als Versicherungsmarkt in der heutigen Rechtsform wurde erst durch das **Lloyd's Act 1871**, also einem formellen Parlamentsgesetz, begründet.[28]

9 Mit § 216 knüpft das deutsche Recht an die Rechtstatsache an, dass **Risikoträger** von bei Lloyd's versicherten Risiken (abgeschlossenen Versicherungsverträgen) nicht etwa Lloyd's selbst, sondern die **bei Lloyd's zugelassenen EinzelVR** („members") sind (Section 4 des Lloyd's Act 1911[29]). Bei den Members von Lloyd's handelte es sich ursprünglich ausschließlich um (entsprechend unbeschränkt haftende) natürliche Personen (auch „names" genannt). Seit 1994 sind auch juristische Personen als „members" zugelassen („corporate members").[30] Seit 2003 sind keine natürlichen Personen mehr als Member neu zugelassen worden.[31] Dies hat zu einer grundlegenden Änderung der wirtschaftlichen Ausgangsverhältnisse bei Lloyd's geführt. Inzwischen sind die meisten international tätigen Versicherungsgruppen mit eigenen Gesellschaften als Corporate Member bei Lloyd's vertreten und zeichnen dadurch bei Lloyd's Risiken, in der Regel parallel zu ihrer Tätigkeit auf dem Versicherungsmarkt außerhalb von Lloyd's („Company Market"). Im Geschäftsjahr 2011 präsentierten natürliche Personen (mit entsprechender unbeschränkter Haftung) nur noch 3 % des Zeichnungskapitals von Lloyd's. Weitere 9 % wurden zwar durch Privatpersonen gezeichnet, allerdings nicht unmittelbar, sondern über von ihnen beherrschte juristische Personen. Die restlichen 88 % wurden von durch Versicherungsunternehmen beherrschte juristische Personen gezeichnet (39 % mit Ursprung im Vereinigten Königreich, 17% in den USA, 10% aus Bermuda und 22% aus anderen Staaten).[32]

10 Aus der Zeit vor 1994, als sich nur natürliche Personen als Member bei Lloyd's betätigten, stammt die auch heute noch praktizierte Übung, dass sich die Members zu Syndikaten zusammenschließen; die Versicherungsverträge werden im Namen der Syndi-

---

26 *Enge* 26.

27 *von Siegfried* 153, 156.

28 *von Siegfried* 153, 156; *Enge* 26.

29 Section 4 des Lloyd's Act 1911 hat auszugsweise folgenden Wortlaut, wobei „Society" für Lloyd's steht: „The objects of the Society shall be: The carrying on by Members of the Society of the business of insurance of every description including guarantee business; ...". Section 4 des Lloyd's Act 1911 gilt nach wie vor; diese Vorschrift wird u.a. in dem aktuell geltenden Lloyd's Act 1982 in der Reformfassung von 2008 als fortgeltende Rechtsnorm bezeichnet, vgl. Section 15 Subsection (1) (a) i.V.m. Schedule 3 Lloyd's Act 1982.

30 *Stahl/Meyenburg* 5; zu den Hintergründen dieser Änderung *Hill/Thomas* VersRAI **1993** 35; *Enge* 28 f.

31 *Stahl/Meyenburg* 5; Lloyd's-Website http://www.lloyds.com/Common/Help/Glossary?Letter=N unter „Name", abgerufen am 19.4.2012.

32 Lloyd's Annual Report 2011 S. 9, abgerufen von http://www.lloyds.com/Lloyds/~/media/Files/Lloyds/Investor%20Relations/2011/Annual%20results/Documents/AR2011_Lloyds_2011_Annual_Report.pdf am 19.4.2012; vgl. Übersicht für den Zeitraum 1993 bis 2008 *von Siegfried* 153, 157.

kate, nicht der EinzelVR abgeschlossen. Ein Member konnte (und kann auch heute noch) mehreren Syndikaten gleichzeitig angehören.[33] Inzwischen gibt es aber auch Syndikate, die nur noch dem Namen nach als solche bezeichnet werden können, weil sie aus nur einem als juristische Person organisierten EinzelVR bestehen („corporate member syndicate").[34] Ende 2011 umfasste Lloyd's 88 Syndikate,[35] von denen mehr als die Hälfte aus nur einem EinzelVR bestehen.[36]

2. Abschluss eines Versicherungsvertrages

Der Wortlaut von § 216 knüpft daran an, dass „ein Versicherungsvertrag" mit den bei Lloyd's vereinigten EinzelVR abgeschlossen wird. Sofern man nicht in offener Mitversicherung abgeschlossene Verträge generell als einen einheitlichen Versicherungsvertrag auffassen wollte, ist diese Bezeichnung dogmatisch falsch. Nach ganz herrschender Meinung (der allerdings nur bedingt zu folgen ist) liegt bei der offenen Mitversicherung nicht ein einheitlicher, sondern eine Mehrzahl selbständiger Versicherungsverträge vor.[37] Dabei ergibt sich schon aus dem Lloyd's Act, dass **keine gesamtschuldnerische Haftung**, sondern immer nur eine **auf den jeweiligen Anteil des Risikos beschränkte Haftung des EinzelVR** vereinbart werden darf.[38] **11**

Obwohl § 216 an das „an erster Stelle" aufgeführte Syndikat anknüpft und damit der Wortlaut gedanklich voraussetzt, dass mehrere Syndikate beteiligt sind, greift die Norm auf Grund ihres Zwecks, den VN bei Vertragsschluss mit den bei Lloyd's vereinigten EinzelVR zu schützen (Rn. 3), auch dann, wenn **nur ein Syndikat beteiligt** ist. Dies gilt (im Hinblick darauf, den „bevollmächtigten Unterzeichner" zu verklagen; vgl. Rn. 30 ff.) (jedenfalls analog) selbst dann, wenn das Syndikat nur aus einem VR besteht (vgl. Rn. 10). In letzteren Fällen wird es allerdings zweckmäßig sein, die Klage unmittelbar gegen den VR zu richten; diese Möglichkeit bleibt unbenommen (vgl. Rn. 28). **12**

Aufgrund des Zwecks der Regelung, den VN bei Vertragsschluss mit den bei Lloyd's vereinigten EinzelVR zu schützen (Rn. 3), kommt es für die Anwendbarkeit von § 216 nicht darauf an, wie die Übernahme des Versicherungsschutzes durch die EinzelVR vertragstechnisch erfolgte, so lange bei wertungsmäßiger Betrachtung von einem einheitlichen Versicherungsschutz auszugehen ist.[39] Für eine analoge Anwendung von § 216 besteht in diesen Fällen kein Bedürfnis.[40] Ein wertungsmäßig einheitlicher Versicherungs- **13**

---

33 *von Siegfried* 153, 162.

34 HM Treasury, The Legislative Reform of (Lloyd's) Order 2008: explanatory document, Juli 2008, S. 7, abgerufen von http://www.hm-treasury.gov.uk am 1.12.2011.

35 Lloyd's Annual Report 2011 S. 6, Liste der Syndikate S. 137 f., abgerufen am 19.4.2012 (Fn. 32), ohne Angaben zur Anzahl der 2011 tätigen EinzelVR; Bruck/Möller/*Möller*[8] § 58 Anm. 55 verweist auf ca. 3.000 EinzelVR, die in damals annähernd 300 Syndikaten zusammengeschlossen waren; laut *Enge* 29 gab es 1986 noch 34.100 EinzelVR, Anfang 1996 nur noch 12.733.

36 Vgl. die Liste der Syndikate in dem Lloyd's Annual Report 2011 S. 137 f., abgerufen am 19.4.2012 (Fn. 32).

37 Im Einzelnen Bruck/Möller/*Schnepp* Anhang § 216 Rn. 18 ff.

38 Section 8 Subsection (1) Lloyd's Act 1982: „An underwriting Member shall be a party to a contract of insurance underwritten at Lloyd's only if it is underwritten with several liability, each underwriting member for his own part and not one for another, and if the liability of each underwriting member is accepted solely for his own account"; vgl. im Übrigen zur Rechtslage *Funk* 203 ff. (historischer Überblick); *Schaloske* 298.

39 Langheid/Wandt/*Looschelders* § 216 Rn. 5.

40 So aber *Schaloske* 289 f.; wie hier Langheid/Wandt/*Looschelders* § 216 Rn. 5.

vertrag liegt aber etwa dann nicht mehr vor, wenn ein Versicherungsschutz (wie insbesondere in der industriellen Sach- und Haftpflichtversicherung häufig vorkommend) in mehreren Layern gewährt wird; in diesen Fällen ist jeder Layer als ein gesonderter Versicherungsvertrag im Sinne des § 216 anzusehen.

14 Ein Versicherungsvertrag im Sinne von § 216 liegt auch vor, wenn der Versicherungsschutz für ein bestimmtes Risiko nicht nur bei bei Lloyd's zugelassenen EinzelVR, sondern teilweise auch bei sonstigen (inländischen oder ausländischen) VR genommen wurde. So ist es etwa denkbar und kommt insbesondere in der industriellen Sach- und Haftpflichtversicherung vor, dass ein gewisser Prozentsatz des Risikos bei einem oder mehreren Lloyd's-Syndikaten und ein anderer Teil des Risikos bei übrigen VR abgeschlossen wird. § 216 kommt in diesen Fällen dann zur Anwendung, wenn gegen die bei Lloyd's tätigen EinzelVR zu klagen ist. Ob sich eine Klage im konkreten Fall gegen bei Lloyd's zugelassene EinzelVR zu richten hat, hängt nicht von § 216, sondern davon ab, ob sich die Klage des VN gegen alle VR oder auf Grund der im Falle der Mitversicherung üblichen Prozessführungsklauseln nur gegen einzelne VR, insbesondere den führenden VR, zu richten hat.[41] Nur soweit demnach wiederum eine Klage gegen die bei Lloyd's tätigen EinzelVR zu richten ist, greift § 216 ein.[42]

15 § 216 ist auf sonstige ausländische VR, auch soweit diese in Deutschland im Rahmen des Dienstleistungsverkehrs tätig sind oder in Mitversicherung mit bei Lloyd's zugelassenen EinzelVR auftreten, nicht, auch nicht analog, anwendbar.[43] Der VN sowie sonstige Begünstigte werden bei derartigen Fällen mit Auslandsberührung ausreichend durch Art. 9 Abs. 1 lit. b) und c) EuGVVO geschützt, wonach der ausländische VR sowohl am Wohnsitz oder Geschäftssitz (Art. 60 Abs. 1 EuGVVO) des Klägers als auch bei Mitversicherung am Gerichtsstand des führenden VR verklagt werden kann.[44]

3. Vertragsschluss nicht über eine Niederlassung im Geltungsbereich des VVG

16 Die Anwendung von § 216 setzt als weiteres negatives Tatbestandsmerkmal voraus, dass der Versicherungsvertrag nicht über eine Niederlassung im Geltungsbereich des VVG abgeschlossen worden ist. Aufgrund des europarechtlichen Hintergrunds der Norm (Rn. 6) wird damit auf die aufsichtsrechtlich bedeutsame Abgrenzung zwischen dem Niederlassungsverkehr und dem Dienstleistungsverkehr nach den europäischen RL für den Versicherungssektor verwiesen.[45] Erfolgt der Vertragsschluss im Niederlassungsverkehr, kommt nicht § 216, sondern die korrespondierende Vorschrift des § 110b Abs. 2 VAG zur Anwendung, wonach eine Prozessstandschaft für den Hauptbevollmächtigten der bei Lloyd's vereinigten EinzelVR besteht (Rn. 5). Dabei ist der Gesetzeswortlaut von § 110b Abs. 2 VAG missverständlich, weil die bei Lloyd's vereinigten EinzelVR nur einen gemeinsamen Hauptbevollmächtigten in Deutschland haben.[46] § 216 ist demnach (vor

[41] Dazu im Einzelnen Bruck/Möller/*Schnepp* Anhang § 216 Rn. 35 f. sowie 84 ff.

[42] Langheid/Wandt/*Looschelders* § 216 Rn. 4; *Schaloske* 299 f.

[43] Langheid/Wandt/*Looschelders* § 216 Rn. 4.

[44] Vgl. dazu im Einzelnen Geimer/Schütze/*Geimer* Art. 9 EuGVVO Rn. 7 ff., 12 ff.; Bruck/Möller/*Dörner* Int. VersProzR Rn. 7 ff.

[45] Überblicke bei *Zeides* in: Bähr, Handbuch des Versicherungsaufsichtsrechts (2011) § 6 Rn. 13 ff.; *Präve* VW **1994** 416.

[46] So angeordnet durch Artikel 10 Abs. 1 lit. d) Unterabs. 2 der Ersten RL Schadensversicherung, ab Januar 2014 ersetzt durch Art. 145 Abs. 2 Unterabs. 1 lit. c) sowie Unterabs. 2 Solvency II-RL, vgl. Rn. 6; wie hier: Bruck/Möller/*Möller*[8] § 58 Anm. 55; Prölss/Martin/*Armbrüster* § 216 Rn. 3; Langheid/Wandt/*Looschelders* § 216 Rn. 6; unzutref-

allem) anwendbar, wenn der Vertragsschluss im Wege des **Dienstleistungsverkehrs** erfolgte. Hierbei sind verschiedene Ausgestaltungen denkbar.

Zum einen kann der VN unmittelbar oder über inländische Versicherungsmakler **17** (regelmäßig unter Zwischenschaltung eines bei Lloyd's zugelassenen Versicherungsmaklers, „Lloyd's Broker") den Vertrag in London abgeschlossen haben. Ferner ist denkbar, dass der Vertragsschluss nicht über die deutsche Niederlassung der bei Lloyd's zugelassenen EinzelVR erfolgt, wohl aber über deren Niederlassung in einem anderen Mitgliedsstaat der EU oder einem anderem Vertragsstaat des Europäischen Wirtschaftsraums. Schließlich kann § 216 auch eingreifen, wenn der Kläger seinen Wohn- oder Geschäftssitz bei Vertragsschluss noch im Ausland hatte und erst nach Vertragsschluss nach Deutschland verlegt (vgl. Rn. 20); in diesem Ausnahmefall kann es sich um einen Versicherungsvertrag handeln, der ursprünglich nicht im Dienstleistungsverkehr abgeschlossen wurde.

Ein Grenzfall liegt vor, wenn der Vertragsschluss durch einen sog. **Coverholder** im **18** Namen von Lloyd's-Syndikaten erfolgt. Bei Coverholdern handelt es sich um natürliche oder juristische Personen, die von einem oder mehreren Lloyd's-Syndikaten eine Vollmacht erhalten haben, in deren Namen Versicherungsverträge abzuschließen („binding authority").[47] Im April 2012 waren weltweit rund 5.100 Coverholder bei Lloyd's zugelassen, davon hatten 26 ihren Sitz oder eine Niederlassung in Deutschland (wobei es sich zum Teil um Tochterunternehmen von Lloyd's-VR handelt).[48] Obwohl die in Deutschland ansässigen Coverholder den Rechtsstatus eines Versicherungsvermittlers im Sinne von § 34d GewO haben, handelt es sich in den Fällen, in denen diese Coverholder von der Vollmacht eines Lloyd's-Syndikates Gebrauch machen, um Niederlassungsgeschäft, so dass in diesen Fällen § 216 nicht anwendbar ist, sondern der Hauptbevollmächtigte von Lloyd's gem. § 110b Abs. 2 VAG zu verklagen ist. Anders ist es dagegen, wenn der in Deutschland ansässige Coverholder von dieser Vollmacht keinen Gebrauch macht und den Versicherungsvertrag nur an das Syndikat vermittelt; in diesem Fall liegt Dienstleistungsverkehr vor, so dass § 216 anwendbar ist. Ebenso liegt Dienstleistungsverkehr vor, wenn der Versicherungsvertrag über einen Coverholder mit Sitz im Ausland abgeschlossen wird.

Sofern der Versicherungsvertrag hinsichtlich einiger bei Lloyd's zugelassener Einzel- **19** VR im Niederlassungsverkehr, hinsichtlich anderer EinzelVR im Dienstleistungsverkehr abgeschlossen wurde, sind § 216 und § 110b Abs. 2 VAG parallel anzuwenden. Ob eine Klage im konkreten Fall gegen den deutschen Hauptbevollmächtigten nach § 110b Abs. 2 VAG oder gegen die sich aus § 216 ergebende Person zu richten ist, beurteilt sich vorrangig danach, ob sich die Klage gegen alle VR oder aufgrund der üblichen Prozess-

---

fend (oder jedenfalls missverständlich, weil offenbar von mehreren Hauptbevollmächtigten ausgehend): Looschelders/Pohlmann/*Schäfer* § 216 Rn. 3; HK VVG/*Muschner* § 216 Rn. 2; Römer/Langheid/*Rixecker* § 216 Rn. 1.

[47] Vgl. Lloyd's Annual Report 2011 S. 19 und 139, abgerufen am 19.4.2012 (Fn. 32), vgl. im Übrigen die Definition des Coverholder in dem Definition Byelaw vom 7.12.2005: „coverholder means a company or partnership authorised by a *managing agent* to enter into a contract or contracts of insurance to be underwritten by the *members* of a *syndicate* managed by it in accordance with the terms of a *binding authority*.", abgerufen von http://www.lloyds.com/The-Market/Operating-at-Lloyds/Regulation/Acts-and-Byelaws/Lloyds-Byelaws am 24.4.2012.

[48] Angaben von Lloyd's unter http://www.lloyds.com/The-Market/Directories/Coverholders?location=Germany, abgerufen am 19.4.2012.

führungsklauseln nur gegen einzelne VR, insbesondere den führenden VR, zu richten hat.[49]

4. Inländischer Gerichtsstand

20 Der Tatbestand des § 216 setzt schließlich voraus, dass ein inländischer Gerichtsstand, also ein Gerichtsstand in Deutschland, gegeben ist.[50] Dieser ergibt sich aus den einschlägigen Bestimmungen des Internationalen Zivilprozessrechts. Im Rahmen von § 216 ist insbesondere Art. 9 Abs. 1 lit. b) EuGVVO von Bedeutung. Demnach kann jeder VR mit Sitz in der EU (dazu gehören auch die bei Lloyd's vereinigten EinzelVR) nicht nur am Sitz des VR (lit. a) der Norm), sondern auch vor den Gerichten am Wohnsitz oder Geschäftssitz (Art. 60 EuGVVO) des VN, des Versicherten oder des Begünstigten verklagt werden.[51] Soweit der Kläger einen Wohn- oder Geschäftssitz in Deutschland aufweist, ist damit regelmäßig der Anwendungsbereich von § 216 eröffnet. Dabei ist hervorzuheben, dass sich die internationale Zuständigkeit gem. Art. 9 Abs. 1 lit. b) EuGVVO nach dem Wohn- oder Geschäftssitz zum Zeitpunkt der Klageerhebung, nicht aber zum Zeitpunkt des Abschlusses des Versicherungsvertrages richtet.[52] Hieraus folgt, indirekt, eine Erweiterung des Anwendungsbereiches von § 216: Die Norm ist auch anwendbar, wenn der Kläger seinen Wohn- und Geschäftssitz erst nach Abschluss des Versicherungsvertrages nach Deutschland verlegt hat. Art. 9 Abs. 1 lit. c) EuGVVO hat im Rahmen von § 216 keine praktische Bedeutung.[53] Diese Norm, nach der gegen einen MitVR auch vor dem Gericht des Mitgliedsstaats geklagt werden kann, bei dem der führende VR verklagt wird, begründet allenfalls einen zusätzlichen Gerichtsstand,[54] so dass der sich aus lit. b) der Norm ergebende inländische Gerichtsstand im Sinne von § 216 auch dann besteht, wenn es sich bei dem führenden VR um einen ausländischen VR außerhalb Lloyd's handelt. Der Kläger hat in diesem Fall das Wahlrecht, ob er am Sitz des führenden VR im Ausland oder, soweit die bei Lloyd's vereinigten EinzelVR betroffen sind, auf der Grundlage von Art. 9 Abs. 1 lit. b) EuGVVO in Verbindung mit § 216 in Deutschland klagt.

21 Der sich aus der EuGVVO ergebende Gerichtsstand in Versicherungssachen kann grundsätzlich nur nach Entstehen der Streitigkeit abbedungen werden (Art. 13 Nr. 1 EuGVVO). Abweichende Vereinbarungen vor Entstehung einer Streitigkeit sind nur in dem begrenzten Umfang von Art. 13 Nr. 3 bis Nr. 5 EuGVVO zulässig. Hervorzuheben sind mögliche Gerichtsstandsvereinbarungen für bestimmte Transportrisiken sowie für Großrisiken (Art. 13 Nr. 5 i.V.m. Art. 14 EuGVVO). Der Begriff der Großrisiken im Sinne von Art. 14 Nr. 5 EuGVVO entspricht der Begriffsbestimmung von § 210 Abs. 2.[55]

---

[49] Dazu im Einzelnen Bruck/Möller/*Schnepp* Anhang § 216 Rn. 35 f. sowie 84 ff.

[50] Langheid/Wandt/*Looschelders* § 216 Rn. 7; Looschelders/Pohlmann/*Schäfer* § 216 Rn. 4; Berliner Kommentar/*Dörner* Art. 14 EGVVG Rn. 4.

[51] Weiterführend Geimer/Schütze/*Geimer* Art. 9 Rn. 7 ff.; Bruck/Möller/*Dörner* Int. VersProzR Rn. 8 ff.

[52] Geimer/Schütze/*Geimer* Art. 9 Rn. 9 mit Kritik an dieser Regelung in Rn. 10.

[53] Zutreffend Langheid/Wandt/*Looschelders* § 216 Rn. 7.

[54] Geimer/Schütze/*Geimer* Art. 9 Rn. 12 f.; Bruck/Möller/*Dörner* Int. VersProzR Rn. 11.

[55] § 210 Abs. 2 definiert die Großrisiken entsprechend der Richtlinien, auf die Art. 14 Nr. 5 EuGVVO verweist, vgl. Bruck/Möller/*Renger* § 210 Rn. 21 ff.

5. Ansprüche aus dem Versicherungsvertrag

Der sachliche Anwendungsbereich der Norm beschränkt sich auf Ansprüche aus dem Versicherungsvertrag. Dies ist entsprechend dem Zweck der Norm (Rn. 3) in einem weiten Sinne zu verstehen. Ausreichend ist, dass der geltend gemachte Anspruch in dem Versicherungsverhältnis begründet ist. Hierunter fallen also nicht nur Ansprüche, die auf Zahlung einer Versicherungsleistung gerichtet sind, sondern auch etwa Ansprüche auf Aufwendungs- oder Schadenersatz, Rückzahlung unverdienter Prämien oder vereinbarter Gewinn- oder Überschussbeteiligungen. 22

Der Anwendungsbereich von § 216 ist auf Versicherungsverträge beschränkt. § 216 gilt folglich (ebenso wie die parallele Vorschrift für den Niederlassungsverkehr, § 110b Abs. 2 VAG, vgl. Rn. 5) **nicht**, falls die bei Lloyd's tätigen EinzelVR aus **sonstigen Verträgen** in Anspruch genommen werden sollen, die diese EinzelVR im Zusammenhang mit ihrer Geschäftstätigkeit in Deutschland abschließen (etwa Verträge mit Versicherungsvermittlern).[56] 23

6. Persönlicher Anwendungsbereich

Die Vorschrift regelt nicht ausdrücklich, wer sich als Kläger auf ihre Rechtswirkungen berufen kann. Entsprechend dem Zweck der Norm (Rn. 3) ist von einem weiten Anwendungsbereich auszugehen. In Anlehnung an den Wortlaut von Art. 9 Abs. 1 lit. b) EuGVVO gilt die Vorschrift damit nicht nur für den VN, sondern **auch** für **Versicherte** und **Begünstigte**. Zwar wird in der Begründung zu Art. 13 EGVVG a.F. nur der VN angesprochen;[57] ob damit eine Beschränkung beabsichtigt war, ist nach dem Sinn der Norm zu bezweifeln und ergibt sich im Übrigen nicht aus deren Wortlaut. 24

II. Rechtsfolge

1. Prozessstandschaft

Liegen die tatbestandlichen Voraussetzungen von § 216 vor, so können (vgl. Rn. 28) Ansprüche aus dem Versicherungsvertrag gegen den in der Norm näher bezeichneten Unterzeichner oder den von ihm benannten VR (dazu nachstehend Rn. 29 ff.) geltend gemacht werden. Obwohl in der Norm nicht ausdrücklich angesprochen, ist damit nicht nur die vorgerichtliche, sondern vor allem die gerichtliche Geltendmachung gemeint. Für den Rechtsstreit begründet die Norm eine **gesetzliche Prozessstandschaft auf Beklagtenseite.**[58] Der Gesetzgeber wollte damit eine bei Lloyd's übliche englische Praxis in das deutsche Recht übernehmen.[59] Allerdings unterscheidet sich die durch § 216 geschaffene deutsche Rechtslage von der des englischen Rechts: Der jeweilige Beklagte repräsentiert nach englischem Recht nur das Syndikat bzw. die dahinterstehenden EinzelVR, für die er gehandelt hat. Im Falle der Mitversicherung durch EinzelVR mehrerer Syndikate bedarf es also (vorbehaltlich vereinbarter und üblicher Vertragsklauseln[60]) in England einer 25

---

[56] OLG Hamburg 1.11.2010 VersR **2011** 1139, 1140.

[57] BTDrucks. 11/6341 S. 40.

[58] Begr. zu Art. 13 EGVVG a.F. BTDrucks. 11/6341 S. 40; allg.M.: Langheid/Wandt/*Looschelders* § 216 Rn. 8; Prölss/Martin/*Armbrüster* § 216 Rn. 2; Berliner Kommentar/*Dörner* Art. 14 EGVVG Rn. 5; Looschelders/Pohlmann/*Schäfer* § 216 Rn. 5.

[59] Begr. zur Art. 13 EGVVG a.F. BTDrucks. 11/6341 S. 40.

[60] Zur englischen Leading Underwriter Clause *Stahl/Meyenburg* 18 ff.

zusätzlichen Klageerhebung gegen die betroffenen weiteren Syndikate bzw. die dahinterstehenden EinzelVR. Dies ist nach § 216 gerade nicht erforderlich.

26 Der nach § 216 bevollmächtigte Unterzeichner bzw. der von diesem benannte EinzelVR führt den Rechtsstreit nach den für die gesetzliche Prozessstandschaft allgemeinen Regeln in eigenem Namen.[61]

27 Die Prozessstandschaft nach § 216 gilt für das gesamte gerichtliche Verfahren einschließlich gerichtlicher Vergleiche und für Kostenfestsetzungsbeschlüsse.[62] Entsprechend dem gesetzgeberischen Willen[63] gilt die Prozessstandschaft des § 216 ferner für das Prozesskostenhilfe- und Schiedsverfahren.[64]

28 Nach dem ausdrücklichen Wortlaut („können") sowie dem Zweck der Norm bietet § 216 **nur eine Option.** Dem Kläger bzw. Anspruchsteller ist es (vorbehaltlich vertraglicher Vereinbarungen) unbenommen, sämtliche EinzelVR nach den allgemeinen Regeln in Anspruch zu nehmen.

2. Person des Prozessstandschafters

29 a) **Gesetzliche Anordnung.** Nach der Norm sind die Ansprüche gegen den bevollmächtigten Unterzeichner des im Versicherungsschein an erster Stelle aufgeführten Syndikats oder einen von diesem benannten VR geltend zu machen und ist damit eine Klage gegen diese Person zu richten. Dabei verweist die Gesetzesbegründung auf die bei Lloyd's in England übliche Praxis, dass sich im Konfliktfall der VN oder sein Makler an den ersten Underwriter (laut Gesetzesbegründung der Bevollmächtigte des ersten und führenden Syndikats, das die Versicherungspolice gezeichnet hat; vgl. aber Rn. 33 ff.) wendet. Dieser Underwriter benenne (so die Gesetzbegründung; vgl. aber Rn. 25) – in Absprache mit anderen Underwriters und Syndikaten – einen VR, gegen den eine etwaige Klage zu richten ist.[65] Damit besteht eine vorrangige Prozessstandschaft gegen diesen bevollmächtigten Unterzeichner (dazu Rn. 30 bis 37) und eine nachrangige Prozessstandschaft des von diesem Unterzeichner benannten VR (Rn. 38).

b) Vorrangige Prozessstandschaft des bevollmächtigten Unterzeichners

30 aa) **Begriff des Unterzeichners („Underwriter").** Die Regelung knüpft daran an, dass die EinzelVR bzw. die Syndikate nicht selbst, sondern nur durch bei Lloyd's zugelassene **„Underwriting Agents"** zeichnen können, wobei Underwriting Agents zugleich EinzelVR sein können, aber nicht notwendig sein müssen.[66] Unklar ist (und es wird soweit erkennbar bislang in Deutschland nicht thematisiert), ob diese Underwriting Agents des englischen Rechts die bevollmächtigten Unterzeichner im Sinne von § 216 sein sollen. Offenbar wollte der Gesetzgeber an die individuelle Person anknüpfen, die den „Versicherungsschein" (dazu Rn. 32) gezeichnet hat. Es gibt inzwischen jedoch nur noch Underwriting

---

61 Langheid/Wandt/*Looschelders* § 216 Rn. 8; allgemein zur gesetzlichen Prozessstandschaft Zöller/*Vollkommer* vor § 50 Rn. 18 ff., 21 sowie 33 ff. zu den Rechtsfolgen.

62 Vgl. Prölss/*Kollhosser* VAG § 110b Rn. 3 zur dortigen Norm.

63 Begr. zur Art. 13 EGVVG a.F. BTDrucks. 11/6341 S. 40.

64 Langheid/Wandt/*Looschelders* § 216 Rn. 8; Prölss/Martin/*Armbrüster* § 216 Rn. 2; Berliner Kommentar/*Dörner* Art. 14 EGVVG Rn. 6; Looschelders/Pohlmann/*Schäfer* § 216 Rn. 5; HK VVG/*Muschner* § 216 Rn. 2.

65 Begr. zu Art. 13 EGVVG a.F. BTDrucks. 11/6341 S. 40.

66 Section 8 Subsection (2) Lloyd's Act 1982: „An underwriting member (not being himself an underwriting agent) shall underwrite contracts of insurance at Lloyd's only through an underwriting agent".

Agents in Form der juristischen Person, die durch ihre Arbeitnehmer handeln. Hinzu kommt, dass Underwriting Agents nicht notwendig selbst mit eigenem Personal tätig werden, sondern einem Coverholder eine Vollmacht („binding authority") erteilen können, im Namen des vertretenen Syndikates Risiken zu zeichnen (vgl. Rn. 18). Schließlich ist der Begriff des Underwriters, auf den die Gesetzesbegründung zu Art. 13 EGVVG a.F. verweist, im englischen Recht und den Statuten („Byelaws") von Lloyd's nicht definiert und hängt vom Kontext ab. Im Zusammenhang mit Lloyd's ist hierunter eine natürliche Person zu verstehen, die Risiken zeichnet und Arbeitnehmer eines Underwriting Agent oder eines Coverholder ist.[67] Unter Berücksichtigung des Zwecks der Regelung (Rn. 3) sowie der englischen Praxis kann die Klage folglich sowohl gegen die natürliche Person, die als bevollmächtigter Unterzeichner gehandelt hat, als auch gegen den dahinter stehenden Underwriting Agent oder Coverholder gerichtet werden.

bb) Vollmacht des Unterzeichners. § 216 setzt voraus, dass der beklagte Unterzeichner bevollmächtigt war. Dies beurteilt sich – da weder in der Rom I-VO (Ausschluss dort gem. Art. 1 Abs. 2 lit. g)) noch in dem EGBGB geregelt – nach den ungeschriebenen Regeln des deutschen Internationalen Privatrechts. Nach der h.M. ist für die Vollmacht grundsätzlich das **Wirkungsstatut** maßgeblich, d.h. es gilt das Recht des Landes, in dem das Geschäft vorgenommen werden soll.[68] Da die betroffenen EinzelVR ihre Tätigkeit mit Geschäftssitz in London ausüben und von dort der Versicherungsschutz gewährt wird, ist demnach das englische Recht (einschließlich der entsprechenden „Byelaws" (Statuten) von Lloyd's) maßgeblich.[69] **31**

cc) Versicherungsschein. Aufgrund der Besonderheiten von Lloyd's ist der Begriff des Versicherungsscheins (insoweit über § 3 hinaus) **in einem weiten Sinne** zu verstehen. Versicherungsschein im Sinne von § 216 sind etwa der durch den Lloyd's Broker erstellte und entsprechend gegengezeichnete Signing Slip,[70] ein förmlich durch den Broker (regelmäßig auf der Grundlage des Signing Slips) erstellter Versicherungsschein („Policy"), ein von dem Broker erstellter und von den Beteiligten unterzeichneter ausgeschriebener Versicherungsvertrag oder ein auf Anforderung durch die Society of Lloyd's oder mit deren Zustimmung erstelltes förmliches „Insurance Certificate"[71]. **32**

dd) An erster Stelle aufgeführtes Syndikat. Die Regelung knüpft an die seit jeher übliche Praxis von Lloyd's an, dass die Konditionen des Versicherungsvertrages (in der **33**

67 Lloyd's-Website http://www.lloyds.com/Common/Help/Glossary?Letter=U unter „Underwriter", abgerufen am 23.4.2012.

68 BGH 3.2.2004 NJW **2004** 1315, 1316; 17.11.1994 BGHZ **128** 41, 47; 26.4.1990 NJW **1990** 3088; vgl. dazu Palandt/*Thorn* Anh zu Art 10 EGBGB Rn. 1 f. sowie Bruck/Möller/*Dörner* Art. 12 Rom I-VO Rn. 6

69 So im Ergebnis auch Berliner Kommentar/*Dörner* Art. 14 EGVVG Rn. 5; Langheid/Wandt/*Looschelders* § 216 Rn. 9; beide stellen allerdings ungenau auf das Syndikat, nicht aber die dahinterstehenden EinzelVR ab, wobei Letztere bei natürlichen Personen nicht in England ansässig sein müssen, bei juristischen Personen nicht zwingend solche nach englischem Recht sein müssen.

70 Lloyd's-Website http://www.lloyds.com/Common/Help/Glossary?Letter=S unter „Slip", abgerufen am 24.4.2012; zur – weitgehend vergleichbaren – Vorgehensweise bei der Rückversicherung *Stahl/Meyenburg* 9 ff., dort ein Beispiel für einen Slip 208 ff.

71 Geregelt durch das Insurance Certificates Byelaw vom 15.2.2006, abgerufen von http://www.lloyds.com/The-Market/Operating-at-Lloyds/Regulation/Acts-and-Byelaws/Lloyds-Byelaws am 24.4.2012.

Regel von dem Lloyd's Broker) mit nur einem Underwriter, dem Leader oder Leading Underwriter, verhandelt werden und dieser den Signing Slip (Rn. 32) mit seinen Initialen, der übernommenen Quote oder Summe sowie in der Regel mit Angabe der Nummer des Syndikats sowie dem Datum unterzeichnet. Erst danach wird der Signing Slip weiteren Underwritern vorgelegt, die andere Syndikate repräsentieren.[72] Aus der räumlich ersten Position auf dem Signing Slip ergibt sich im Zweifel, dass es sich bei dem dort bezeichneten Syndikat um das führende („leading") Syndikat handelt. Dies gilt nach englischem Recht jedoch nur im Zusammenhang mit einer (bei Lloyd's allerdings üblichen) Leading Underwriter Klausel.[73] Nach § 216 kann es aber auf die Vereinbarung einer solchen Klausel nicht ankommen, so dass (auch wenn dies in der Praxis die Ausnahme ist) selbst dann das an erster Stelle aufgeführte Syndikat maßgeblich ist, wenn keine Führungsklausel vereinbart wurde. Sofern ausdrücklich ein anderes Syndikat, das nicht an erster Stelle steht, als führendes Syndikat benannt wird, ist § 216 dahin auszulegen, dass dann gegen den Unterzeichner für dieses Syndikat Klage zu erheben ist. Sofern ausnahmsweise zwei führende Syndikate bezeichnet werden, dies ist nicht unüblich,[74] so wird eine Klageerhebung gegen die Unterzeichner beider Syndikate möglich sein. Allerdings kann hier die Auslegung ergeben, dass zwei getrennte Versicherungsverträge im Sinne von § 216 vorliegen (dazu Rn. 13), wenn eindeutig das eine Syndikat führend für eine Gruppe von Syndikaten und ein anderes Syndikat führend für eine andere Gruppe von Syndikaten ist.[75]

34 Regelmäßig wird in einer förmlichen, von einem Makler erstellten Versicherungspolice, in einem ausgeschriebenen Versicherungsvertrag oder in einem von Lloyd's herausgegebenen oder autorisierten Insurance Certificate (Rn. 32) die in dem originalen Slip enthaltene Abfolge der benannten Syndikate beibehalten. Sollte dieses versehentlich nicht geschehen sein, ist zu Gunsten eines Klägers, dem regelmäßig der originale Slip nicht vorliegt, davon auszugehen, dass gegen den Unterzeichner geklagt werden kann, dessen Syndikat in dem ihm bekannten Dokument (förmlicher Versicherungsschein, geschriebener Versicherungsvertrag oder förmliches Insurance Certificate) an erster Stelle steht.

35 Soweit ein im Auftrag des VN tätiger Makler aufgrund entsprechender Bevollmächtigung die Ausfertigung des Versicherungsscheins oder sonstiger Versicherungsdokumente übernommen hat, ist die Klage gegen den Unterzeichner (Rn. 30) des Syndikats zu richten, das in dieser Dokumentation als führendes Syndikat (o.ä.), hilfsweise an erster Stelle genannt wird. Dies gilt selbst dann, wenn dem Makler aufgrund Fahrlässigkeit ein Fehler bei der Ausfertigung des Dokuments unterlaufen ist und er ein falsches Syndikat (immer vorausgesetzt, es hat überhaupt gezeichnet) als führendes bezeichnet bzw. an erster Stelle benennt. In diesem Fall kann allerdings im Innenverhältnis zwischen dem betroffenen Unterzeichner, dem betroffenen Syndikat oder dem betroffenen EinzelVR ein Schadenersatzanspruch gegen den Makler bestehen.

36 Soweit in Ausnahmefällen mehrere Dokumente über den Versicherungsschutz (z.B. zwei verschiedene Signing Slips) ausgestellt wurden, kann dennoch ein einheitlicher Versicherungsvertrag vorliegen und damit § 216 anwendbar sein (Rn. 13). Falls aber keine spätere Zusammenführung in ein Dokument erfolgt (förmlicher Versicherungsschein

---

[72] *Funk* 169 ff., 201; zur – weitgehend vergleichbaren – Vorgehensweise bei der Rückversicherung und dort üblichen Klauseln *Stahl/Meyenburg* 18 ff.

[73] *Stahl/Meyenburg* 20, 23.

[74] Laut *Stahl/Meyenburg* 20 f.

[75] Dies kann insbesondere bei dem so genannten Line Slip der Fall sein, vgl. *Stahl/Meyenburg* 121 f.

oder Dokumentation des Versicherungsvertrages durch einen Makler, Insurance Certificate durch Lloyd's, Rn. 32), ist § 216 entsprechend seinem Zweck (Rn. 3) dahin auszulegen, dass im Zweifel die Unterzeichner der in dem jeweiligen Einzeldokument an erster Stelle aufgeführten Syndikate für sämtliche betroffenen EinzelVR in Anspruch genommen werden können, solange es sich um einen Versicherungsvertrag im Sinne von § 216 handelt.

Haben nur die EinzelVR eines einzigen Lloyd's Syndikats die Versicherungsdeckung übernommen, ergibt sich im Wege der Auslegung von § 216, dass eine Klage gegen den Unterzeichner (Rn. 30) des betreffenden Syndikats zu richten ist. Dies gilt auch dann, wenn das Syndikat nur aus einem VR besteht; in diesem Fall wird es allerdings zweckmäßig sein, die Klage unmittelbar gegen diesen VR zu richten (Rn. 12 i.V.m. 28). **37**

c) **Prozessstandschaft des benannten Versicherers**

Der Unterzeichner (Rn. 30) kann (muss aber nicht) einen VR (nicht etwa ein Syndikat) benennen, gegen den die Ansprüche geltend gemacht werden können und gegen den dann die Klage zu erheben ist. Es muss sich dabei um einen der **haftenden EinzelVR** handeln. Soweit der Unterzeichner vorprozessual einen VR benannt hat, ist die Klage gegen diesen benannten VR zu erheben. Eine dennoch gegen den Unterzeichner erhobene Klage ist als unzulässig abzuweisen. Stattdessen besteht nunmehr eine Prozessstandschaft des bezeichneten EinzelVR. Ist gegen den bevollmächtigten Unterzeichner jedoch einmal Klage erhoben, bleibt die dadurch nach § 216 begründeten Prozessstandschaft des Unterzeichners bestehen. Ein Austausch des Beklagten durch den erst dann benannten EinzelVR ist nach den allgemeinen Grundsätzen zum gewillkürten Parteiwechsel[76] nur mit Zustimmung des Klägers möglich. **38**

3. **Auswirkungen der Prozessstandschaft**

a) **Wirkung eines erzielten Titels.** Nach § 216 Halbs. 2 **wirkt** ein **gegen** den Prozessstandschafter gem. Halbsatz 1 erzielter Titel gegen **alle** an dem Versicherungsvertrag **beteiligten VR**. Diese Anordnung der Rechtskrafterstreckung war notwendig,[77] weil es keine allgemeine Rechtskrafterstreckung bei der gesetzlichen Prozessstandschaft gibt, diese vielmehr von den einzelnen Falllagen abhängig ist.[78] **39**

b) **Zwangsvollstreckung.** Die – letztlich – begrenzte Wirkung von § 216 zeigt sich, wenn die EinzelVR, gegen die der Titel nach § 216 Halbs. 2 wirkt, nicht zahlen und vollstreckt werden muss. Die Zwangsvollstreckung erfordert nach allgemeinen Regeln, dass die Person, gegen die sie stattfinden soll, in dem Urteil oder der beigefügten Vollstreckungsklausel namentlich bezeichnet ist und das Urteil bereits zugestellt ist oder gleichzeitig zugestellt wird (§ 750 Abs. 1 Satz 1 ZPO). Für eine Vollstreckung aus einem nach § 216 Halbs. 1 erzielten Titel gegen (weitere) EinzelVR ist also eine Klauselumschreibung erforderlich. Für den parallelen Fall, dass ein Versicherungsvertrag mit bei Lloyd's vereinigten EinzelVR im Niederlassungsverkehr zustande gekommen ist, ordnet § 110b Abs. 2 Satz 2 VAG nicht nur an, dass ein gegen den Hauptbevollmächtigten erwirkter Titel für und gegen die an dem Versicherungsgeschäft beteiligten EinzelVR gilt (§ 110b Abs. 2 Satz 2 VAG; diese Regelung entspricht § 216 Halbs. 2). Zusätzlich sieht § 110b **40**

[76] Zöller/*Greger* § 263 Rn. 3, 9 und 19.
[77] Langheid/Wandt/*Looschelders* § 216 Rn. 10.
[78] Zöller/*Vollkommer* Vor § 50 Rn. 33 ff.

Abs. 2 Satz 3 VAG für diesen Fall die entsprechende Anwendung von § 727 ZPO vor. Eine vergleichbare ausdrückliche Regelung gibt es bei § 216 nicht. Bei nach § 216 erzielten Titeln ist jedoch von einer **entsprechenden Anwendung von § 727 ZPO** auszugehen. Hierfür spricht nicht nur, dass die Wirkungserstreckung gem. § 216 Halbs. 2 ansonsten leer laufen würde, sondern auch, dass nach allgemeiner Meinung § 110b Abs. 1 VAG nicht nur für den Niederlassungs-, sondern auch für den Dienstleistungsverkehr gilt.[79] Nach dieser Norm dürfen die bei Lloyd's vereinigten EinzelVR ihre Geschäftstätigkeit in Deutschland nur ausüben, wenn Lloyd's unwiderruflich im Namen der EinzelVR darauf verzichtet, Rechte daraus herzuleiten, dass die Zwangsvollstreckung auch in Vermögenswerte von EinzelVR erfolgt, gegen die ein Titel nicht wirkt. Hieraus folgt, dass auch die EinzelVR, gegen die ein Titel im konkreten Fall nicht wirkt, darauf verzichtet haben, gegen eine erfolgte Zwangsvollstreckung Drittwiderspruchsklage nach § 771 ZPO zu erheben.[80] Erst recht muss ein Urteil dann aber auch eine Vollstreckung gegen haftende EinzelVR auf Grund eines entsprechend § 727 ZPO umgeschriebenen Titels ermöglichen. In der Praxis dürfte allerdings eine Umschreibung des Titels entsprechend § 727 ZPO auf erhebliche Schwierigkeiten stoßen, weil im Rahmen der Titelumschreibung nicht nur die an dem Versicherungsvertrag beteiligten EinzelVR sowie deren Deckungsanteil ermittelt werden müsste, sondern dieses nach der allgemeinen Systematik von § 727 Abs. 1 ZPO durch öffentliche oder öffentlich beglaubigte Urkunde[81] nachzuweisen ist.[82] Die Ermittlung der EinzelVR, die § 216 vermeiden will (Rn. 3), muss in diesem Stadium also doch erfolgen. Die Vollstreckung eines nach § 216 ergangenen Titels im Ausland richtet sich nach den allgemeinen Vorschriften, bei einer Vollstreckung in der EU und damit insbesondere in London nach dem Anerkennungsverfahren gem. Art. 33 ff. EuGVVO. So problematisch die Vollstreckung aus rein rechtlicher Sicht auch sein mag, so ist doch aus Sicht der Praxis darauf hinzuweisen, dass (allein schon aus Reputationsgründen gegenüber Lloyd's als Ganzem) auf ergangene rechtskräftige Titel in der Regel Zahlungen geleistet werden, so dass es einer Zwangsvollstreckung nicht bedarf.

C. Abdingbarkeit

41 Auch wenn dies ausdrücklich in dem VVG nicht geregelt ist, handelt es sich bei § 216 um **zwingendes Recht**, von dem nicht zu Lasten des VN und der sonstigen Begünstigten (Rn. 24) abgewichen werden kann.[83] Den Parteien ist es jedoch unbenommen, zusätzliche Erleichterungen für den VN oder die sonstigen Begünstigten zu schaffen.

---

79 Prölss/*Kollhosser* VAG § 110b Rn. 4; Fahr/Kaulbach/Bähr/*Fahr* § 110b Rn. 3.

80 Fahr/Kaulbach/Bähr/*Fahr* § 110b Rn. 3 i.V.m. Rn. 2; wohl ebenso, allerdings ohne ausdrückliche Bezugnahme auf § 771 ZPO Prölss/*Kollhosser* VAG § 110b Rn. 4; Prölss/Martin/*Armbrüster* § 216 Rn. 2; bezogen auf den Dienstleistungsverkehr unklar, aber wohl ebenso Langheid/Wandt/*Looschelders* § 216 Rn. 11.

81 Allgemein zu den Anforderungen Zöller/*Stöber* § 727 Rn. 20.

82 Zutreffend kritisch zum Parallelfall von § 110b Abs. 2 Satz 3 VAG Prölss/*Kollhosser* VAG § 110b Rn. 3.

83 Langheid/Wandt/*Looschelders* § 216 Rn. 2; *Schaloske* 279 f.

Anhang zu § 216: Mitversicherung

Schrifttum

Andrae Rücktritt von Konsortialmitgliedern bei einer Mitversicherung – jeder für sich oder alle zusammen? VersPrax **2003** 194; *Armbrust* Subsidiaritätsabreden in Versicherungsverträgen, Diss. Hamburg 1991; *Arnold* Zur Mitversicherung in der Lebens-Einzelversicherung, VerBAV **1955** 265; *Brinker/Schädle* Risikostreuung durch Mitversicherung (I), VW **2003** 1318; *dies.* Risikostreuung durch Mitversicherung (II), VW **2003** 1420; *Dreher/Baubkus* „Neuartige Risiken" bei der kartellrechtlichen Beurteilung der Mitversicherung, VersR **2010** 1389; *Dreher/Kling* Die Mitversicherung bei der Ausschreibung von Finanzdienstleistungen, VersR **2007** 1040; *Dreher/Lange* Die Mitversicherung, VersR **2005** 717; *Dreyer* Die Rechtsstellung des führenden Versicherers, FS Winter (2007) 159; *Enge* Transportversicherung: Recht und Praxis in Deutschland und England, 3. Aufl. (1996); *Esser-Wellié/Hohman* Die kartellrechtliche Beurteilung von Mitversicherungsgemeinschaften nach deutschem und europäischem Recht, VersR **2004** 1211; *Evers* Führungsprovisionen sind umsatzsteuerbar, VW **2011** 656; *Fehlmann* Der Versicherungspool, Diss. Zürich 1948; *Franz* Aktuelle Entwicklungen bei der umsatzsteuerlichen Behandlung von Finanz- und Versicherungsdienstleistungen, BB **2011** 2141; *Funk* Das Mitversicherungs-System der Londoner Lloyd's, Diss. Berlin 1935; *Gerathewohl* Rückversicherung – Grundlagen und Praxis, Bd. I (1976) und Bd. II (1979); *Honsel* Neue wettbewerbsrechtliche Rahmenbedingungen für die Versicherungswirtschaft, FS Kollhosser Bd. I (2004) 165; *Hübener* Die Führungsklausel in der Mitversicherung (1954); *Jenssen* Die europäische Mitversicherung – Ein Beitrag zur Dienstleistungsfreiheit in Europa (1990); *Kisch* Zur Lehre von der Mitversicherung, ZVersWiss **1922** 303; *ders.* Die mehrfache Versicherung desselben Interesses (1935) (zit.: *Kisch* Mehrfache Versicherung); *Kohleick* Die Doppelversicherung im deutschen Versicherungsvertragsrecht (1999); *Kretschmer* Reichweite und Wirksamkeit von Führungsklauseln in der D&O-Versicherung, VersR **2008** 33; *Lange/Dreher* Der Führende in der Mitversicherung, VersR **2008** 289; *Looschelders* Grundfragen des deutschen und internationalen Rückversicherungsvertragsrechts, VersR **2012** 1; *Lurie* Begriff, Wesen und Rechtsnatur des Versicherungspools, Diss. Hamburg 1934; *Meyer-Reim/Testorf* Wissenszurechnung im Versicherungsunternehmen, VersR **1994** 1137; *Naujoks/Heydorn* Anmerkung zum Urteil des OLG Hamm vom 03.11.2010, VersR 2011, 469, VersR **2011** 477; *Nebel* Rechtliche Aspekte der Mitversicherung, SVZ **63** (1995) 281; *Richter* Die Mitversicherung von Großrisiken, FS Winter (2007) 129; *Saller* Die neue Gruppenfreistellungsverordnung der Europäischen Kommission für den Versicherungssektor, VersR **2010** 417; *Säcker* Streitfragen zur D&O-Versicherung, VersR **2005** 10; *Schaloske* Das Recht der so genannten offenen Mitversicherung (2007) (zit.: *Schaloske* Mitversicherung); *ders.* Das Vertragsrecht der sogenannten offenen Mitversicherung, VersR **2007** 606; *ders.* Offene Mitversicherung und Kartellverbot, VersR **2008** 734; *ders.* Anmerkung zum Urteil des LG Hagen vom 16.12.2009, RuS 2010, 276, RuS **2010**, 279; *Schneider* Dokumentationsfehler in Maklerpolicen – Zu § 5 VVG und zum „Dornbracht"-Urteil des OLG Hamm –, RuS **2012** 417; *Schulze Schwienhorst* Die kartellrechtlichen Rahmenbedingungen der „Mitversicherung im Einzelfall", FS Kollhosser Bd. I (2004) 329; *Sieg* Versicherungsrechtliche Aspekte zur Deckung von Großrisiken, BB **1970** 853; *Sturm* Die Entwicklung der Mit- und Rückversicherung, Diss. Erlangen 1939; *Voigt* Grundlagen der Mitversicherung (I), VW **1972** 1514; *ders.* Grundlagen der Mitversicherung (II), VW **1972** 1583; *von Hülsen/Manderfeld* Neue Rahmenbedingungen des Versicherungskartellrechts – Die neue Gruppenfreistellungsverordnung für den Versicherungssektor, VersR **2010** 559.

Übersicht

A. Einführung

I. Überblick

Bei der Mitversicherung handelt sich um einen Unterfall der mehrfachen Versicherung, d.h. der Versicherung ein und desselben Interesses bei mehreren VR gegen dieselbe Gefahr.[1] Die Besonderheit der Mitversicherung in Abgrenzung zu anderen Formen der mehrfachen Versicherung besteht darin, dass bei Vereinbarung und Übernahme des Versicherungsschutzes mehrere VR (je nach Ausgestaltung mehr oder weniger) zusammenwirken. Fehlt es an einem solchen Zusammenwirken, liegt eine schlichte mehrfache Versicherung vor, die in der Literatur zumeist mit dem wenig prägnanten, unterschiedlich benutzten und damit abzulehnenden Begriff der Nebenversicherung bezeichnet wird.[2] Es wird in der Regel zwischen der offenen und der verdeckten Mitversicherung unterschieden (dazu im Einzelnen noch Rn. 9 ff.). Diese Unterscheidung bezieht sich auf die Erkennbarkeit der Mitversicherung für den betroffenen VN. Eine Mitversicherung im eigentlichen, engeren Sinne liegt nur bei der offenen Mitversicherung, nicht aber bei der verdeckten Mitversicherung vor, bei der es sich um eine besondere Art der Rückversicherung handelt (Rn. 12). Teilweise wird der Begriff der Mitversicherung in Rechtsprechung und Literatur auch für sonstige Sachverhalte verwendet, die mit der Mitversicherung im hier besprochenen Sinne nichts zu tun haben. Hinzuweisen ist etwa auf die Einbeziehung weiterer Personen in den Versicherungsvertrag (weitere VN, Einbeziehung der Interessen Dritter im Rahmen der Versicherung für fremde Rechnung oder von versicherten Personen in der Personenversicherung), die Einbeziehung mehrerer Gefahren in einen Sachversicherungsvertrag oder die Selbstbeteiligung des VN. 1

II. Geschichte der Mitversicherung

Die Geschichte der Mitversicherung ist eng mit den Anfängen des modernen Versicherungswesens verbunden, das sich im Anschluss an das kanonische Zinsverbot aus dem Jahre 1234 vor allem in Oberitalien für die Abdeckung von Risiken bei Transporten bzw. von Seeschiffen entwickelte. Da einerseits in der Regel Einzelkaufleute als VR auftraten und andererseits der Versicherungsschutz nur für besonders wertvolle Objekte genommen wurde, war es allgemein üblich, dass mehrere VR das Risiko anteilig übernahmen.[3] Auch nachdem sich einerseits die Versicherungspraxis auf andere Versicherungszweige (insbesondere die Sach- und Haftpflichtversicherung) ausdehnte und statt Einzelkaufleuten (ab dem 17. Jahrhundert und zunehmend im 19. Jahrhundert) als AG gegründete VR auftraten, blieb das Bedürfnis für die Mitversicherung angesichts des Umfangs der zu versichernden Risiken und der begrenzten Kapazität des einzelnen VR bestehen und wuchs insbesondere auf Grund der Industrialisierung im 19. Jahrhundert stetig.[4] 2

Eine besondere historische (und nach wie vor aktuelle) Bedeutung für die Mitversicherung hat Lloyd's in London. Die Geschichte von Lloyd's geht zurück auf das 17. Jahrhundert, in der heutigen institutionalisierten Form auf das Jahr 1871 (Lloyd's Act 3

---

[1] Zur Begrifflichkeit Bruck/Möller/*Schnepp* § 77 Rn. 12, 14.

[2] Zur Begrifflichkeit Bruck/Möller/*Schnepp* § 77 Rn. 11, 14.

[3] *Schaloske* Mitversicherung 2 f.; *Hübener* 19; *Voigt* VW **1972** 1514; Thume/De la Motte/Ehlers/*Thume/De la Motte* Teil 1 Rn. 33 ff.

[4] *Schaloske* Mitversicherung 3; *Hübener* 19 f.

1871).[5] Lloyd's ist kein VR, sondern ein Versicherungsmarkt. Risikoträger von bei Lloyd's versicherten Risiken ist deshalb nicht etwa Lloyd's selbst, sondern dies sind die bei Lloyd's zugelassenen EinzelVR, die sich zur Zeichnung von Risiken in Syndikaten zusammengeschlossen haben.[6] Die Zeichnung durch ein einzelnes Syndikat stellt bereits eine besondere Form der Mitversicherung dar (wenn nicht entsprechend der neueren Entwicklung das Syndikat nur aus einem einzelnen VR besteht).[7] Hinzu kommt, dass regelmäßig bei Lloyd's mehrere Syndikate ein Risiko zeichneten und auch heute noch zeichnen, sodass eine Mitversicherung im doppelten Sinne vorliegt.

III. Wirtschaftliche Bedeutung und Motive für die Mitversicherung

4 Hauptmotiv für die Mitversicherung ist die Risikodiversifizierung, die „Atomisierung“[8] des Risikos. Größere Risiken lassen sich (wie schon zu den historischen Anfängen der Mitversicherung, Rn. 3) angesichts begrenzter Kapazität des einzelnen VR oft nur im Wege der Mitversicherung abdecken.[9] Dabei beruht die Kapazitätsbegrenzung des einzelnen VR nicht nur auf der durch die Solvabilität begrenzten Leistungsfähigkeit des VR, sondern teilweise auch auf dessen bewusster risikopolitischer Entscheidung, einzelne Risiken nur bis zu einer bestimmten Grenze zu übernehmen. Diese Entwicklung dürfte im Rahmen von Solvency II zunehmen. Der Gesichtspunkt der Risikodiversifizierung kann allerdings auch aus VN-Sicht für größere Risiken maßgeblich sein, indem ganz bewusst (in der Regel beraten durch Versicherungsmakler oder fachkundige Versicherungsabteilungen) im Rahmen der industriellen Sach- und Haftpflichtversicherung das Risiko nicht nur bei einem VR, sondern bei mehreren VR im Wege der Mitversicherung platziert wird.[10]

5 Auch über den Gesichtspunkt der Risikodiversifizierung hinaus kann die Mitversicherung ein von dem VR bewusst eingesetztes Mittel der Geschäftspolitik sein. So ermöglicht diese insbesondere VR mit kleinerer und mittlerer Kapazität den Marktzugang für bestimmte Risiken, die anderenfalls ggf. nicht gezeichnet würden (wobei insoweit allerdings Solvency II und die dort für die Solvabilität zu berücksichtigenden versicherungstechnische Risiken und (bezogen auf die Rückversicherung) Kreditrisiken[11] zu einer größeren Zurückhaltung führen könnten). Insbesondere die Übernahme der Führungsrolle (führender VR) ermöglicht VR die Einflussnahme auf den Vertragsinhalt, die Schadensregulierung sowie einen engen Kundenkontakt, obwohl das Risiko nicht zu 100 % gezeichnet wird. Aus Sicht des VN ist oft nur der führende VR „sein VR“.[12] Aus Sicht der übrigen VR kann Motiv für die Beteiligung (statt Übernahme der Führungsrolle) sein, dass (vorbehaltlich einer zu zahlenden so genannten Führungsprovision, Rn. 129) Verträge mit einem geringeren Aufwand für die Vertragsverwaltung und Schadensregulierung abgeschlossen und unterhalten werden können.

---

5 Einzelheiten bei Bruck/Möller/*Schnepp* § 216 Rn. 8.

6 Bruck/Möller/*Schnepp* § 216 Rn. 9 f.

7 Bruck/Möller/*Schnepp* § 216 Rn. 10.

8 Bruck/Möller/*Möller*[8] § 58 Anm. 51.

9 *Richter* FS Winter, 129, 130 ff.

10 *Richter* FS Winter, 129, 133 f.; *Schulze Schwienhorst* FS Kollhosser, 329, 337 f.

11 Art. 101 Abs. 4 RL 2009/138/EG (Solvency II-RL) vom 25.11.2009, ABl. EG Nr. L 335 S. 1.

12 Zu den Motiven für die Übernahme der Rolle des Führenden vgl. *Nebel* SVZ 63 (1995) 281, 283.

IV. Typische Versicherungssparten

Die Mitversicherung ist (historisch bedingt, Rn. 3) vor allem in der See- und Transportversicherung[13], in der industriellen Sachversicherung, hier insbesondere in der Feuer- und Betriebsunterbrechungsversicherung, sowie in den verschiedenen Ausprägungen der industriellen Haftpflichtversicherung, hier insbesondere in den letzten Jahren in der D&O-Versicherung, von Bedeutung.[14] Weiteren Einsatz findet die Mitversicherung vor allem bei den technischen Versicherungszweigen (hier insbesondere bei objektbezogenen Versicherungen) und bei der Veranstaltungs-Ausfallversicherung. Darüber hinaus kommt die Mitversicherung auch in allen anderen Zweigen der Erstversicherung vor,[15] hat dort allerdings nur begrenzte Bedeutung. Eine Bedeutung hat die Mitversicherung auch für die Rückversicherung, für die die allgemeinen Grundsätze der Mitversicherung grundsätzlich entsprechend gelten.[16] Allerdings braucht bei einer Quotenrückversicherung durch mehrere VR nicht notwendig eine Mitversicherung vorliegen, d.h. es ist auch möglich, dass der Erst-VR eine Quotenrückversicherung bei mehreren RückVR abgeschlossen hat, ohne dass sich diese untereinander abgestimmt haben (vgl. zum Begriff der offenen Mitversicherung Rn. 9). 6

V. Gesetzliche Regelung

Ungeachtet ihrer Entwicklungsgeschichte und ihrer Bedeutung für die heutige Versicherungspraxis ist die Mitversicherung im VVG nicht geregelt. Dem Gesetzeswortlaut nach lässt sich die Mitversicherung zwar unter § 77 Abs. 1 Satz 1 subsumieren, gleichwohl besteht die Mitteilungsobliegenheit nicht, weil die MitVR voneinander wissen.[17] Ein spezieller Aspekt der Mitversicherung, die Prozessstandschaft bei Versicherermehrheit, wird durch § 216 geregelt, wobei sich dessen Anwendungsbereich, entgegen der insoweit missverständlichen amtlichen Überschrift der Norm, auf Versicherungsverträge mit den bei Lloyd's vereinigten EinzelVR beschränkt und auch nur gilt, soweit diese Versicherungsverträge nicht über eine Niederlassung in Deutschland geschlossen wurden.[18] 7

Außerhalb des Versicherungsvertragsrechts finden sich teils europarechtliche, teils nationale Regelungen zur Mitversicherung u.a. im Versicherungsaufsichtsrecht,[19] im Versicherungskartellrecht,[20] im Bilanzrecht[21] und – nach Plänen des Gesetzgebers – dem- 8

---

13 *Enge* 39 ff.

14 *Schaloske* Mitversicherung 4; Langheid/Wandt/*Halbach* § 77 Rn. 7; *Schulze Schwienhorst* FS Kollhosser, 329, 330 ff.

15 Zur Mitversicherung in der Lebensversicherung *Arnold* VerBAV **1955** 265 f.

16 *Looschelders* VersR **2012** 1, 4.

17 Bruck/Möller/*Schnepp* § 77 Rn. 22; Römer/Langheid/*Langheid* § 77 Rn. 8; Prölss/Martin/*Armbrüster* Vor § 77 Rn. 12 (die dortige Bezugnahme auf eine Informationspflicht nach § 79 dürfte irrtümlich und § 77 gemeint sein).

18 Einzelheiten bei Bruck/Möller/*Schnepp* § 216 Rn. 5.

19 RL 78/473/EWG (Mitversicherungs-RL) vom 30.5.1978, ABl. EG Nr. L 151 S. 25 (diese RL wird mit Inkrafttreten der Solvency II-RL ersetzt durch die dortigen Art. 190 ff.); deutsche bisherige Umsetzung u.a. durch §§ 87a, 111 Abs. 2 VAG.

20 VO (EU) Nr. 267/2010 der Kommission vom 24.3.2010 über die Anwendung von Art. 101 Abs. 3 des Vertrags über die Arbeitsweise der Europäischen Union auf Gruppen von Vereinbarungen, Beschlüssen und abgestimmten Verhaltensweisen im Versicherungssektor, ABl. EG Nr. L 83 S. 1; diese ersetzt die vorherige VO aus 2003, zu dieser Bruck/Möller/*Herrmann* Einf. B Rn. 65 ff., 71; zur VO (EU) Nr. 267/2010 und deren Bedeutung für die Mitversicherung *Saller* VersR **2010**

nächst im Versicherungsteuerrecht.[22] Den jeweiligen Regelungen außerhalb des VVG ist gemeinsam, dass diese entweder einen für die jeweiligen Bedürfnisse der Regelung besonderen Begriff der Mitversicherung definieren[23] oder unter Verzicht auf eine eigenständige Definition den Begriff der Mitversicherung voraussetzen.[24]

B. Einzelheiten

I. Erscheinungsformen der Mitversicherung und ihre Abgrenzung

1. Offene Mitversicherung

9 Die offene Mitversicherung (verwandt wird auch der Begriff Konsortialversicherung[25]) ist geprägt vom (jedenfalls konkludenten) Einvernehmen zwischen VN und den beteiligten VR hinsichtlich dieser Vertragsgestaltung.[26] Sie ist gleichzeitig geprägt vom Einvernehmen zwischen den VR selbst, was sie von sonstigen Fällen der mehrfachen Versicherung unterscheidet, wobei in der Literatur zumeist von dem wenig prägnanten, unterschiedlich benutzten und daher abzulehnenden Begriff der Nebenversicherung (vgl. Rn. 1) abgegrenzt wird.[27]

10 Teilweise wird die Ansicht vertreten, aus dem gegenseitigen Einvernehmen der VR folge, für die Mitversicherung seien die Dokumentation in einem einzigen Versicherungsschein sowie eine einheitliche Prämie und einheitliche Versicherungsbedingungen konstitutiv.[28] Dies ist in dieser absoluten Form als zu weitgehend und auch praxisfern abzulehnen. Ein einheitlicher Versicherungsschein sowie die einheitliche Prämienberechnung und einheitliche Versicherungsbedingungen dürften zwar in der Praxis für die Mitversicherung der Regelfall sein. Das erforderliche Einvernehmen zwischen den beteiligten VR liegt jedoch auch vor, wenn (noch) kein Versicherungsschein ausgestellt wurde und jeder VR seine Prämie gesondert kalkuliert. Allenfalls bei dem Umfang des Versicherungsschutzes und damit bei den Versicherungsbedingungen, die diesen Umfang im Wesentlichen (und ergänzend zu vorgehenden Individualvereinbarungen) festlegen, ist eine

417, 419 ff.; *von Hülsen/Manderfeld* VersR **2010** 559, 563 ff.; *Dreher/Baubkus* VersR **2010** 1389, 1389 ff.

[21] § 341 Abs. 3, 4 HGB; § 36 Abs. 1 Nr. 7 und 8 sowie Anlage 2 RechVersV.

[22] Entwurf zu §§ 7 Abs. 4 und 7 Nr. 3, 10 Abs. 1 Satz 3 VersStG, BTDrucks. 17/10039 S. 9, 11; vgl. aber die Beschlussempfehlung des BT-Finanzausschusses. BTDrucks. 17/11183 S. 14 f., 18, wonach der Entwurf nur teilweise umgesetzt werden soll.

[23] So Art. 2 Abs. 1 Mitversicherungs-RL und dementsprechend Art. 190 Abs. 1 Solvency II-RL; ursprünglicher Entwurf zu § 10 Abs. 1 Satz 3 VersStG, BTDrucks. 17/10039 S. 11, ähnlich der geänderte Entwurf zu § 7 Abs. 4 VersStG (zugleich soll der geplante § 10 Abs. 1 Satz 3 entfallen), BTDrucks. 17/11183 S. 14, 18, wo allerdings jeweils nicht die Mitversicherung an sich definiert wird, sondern nur der Fall, dass die Versicherung gemeinschaftlich übernommen wurde, jedoch eine Haftung gegenüber dem VN nur für den eigenen Anteil besteht.

[24] So § 36 Abs. 1 Nr. 7 und 8 RechVersV; §§ 87a, 111 Abs. 2 VAG, wobei hier im Wege der richtlinienkonformen Auslegung auf die Definition in Art. 2 Abs. 1 Mitversicherungs-RL bzw. nach dessen Inkrafttreten in Art. 190 Abs. 1 Solvency II-RL zurückzugreifen ist; Art. 1 Nr. 4 und 5 VO (EU) Nr. 267/2010.

[25] Prölss/Martin/*Armbrüster* Vor § 77 Rn. 1.

[26] Berliner Kommentar/*Schauer* § 58 Rn. 27.

[27] So etwa Prölss/Martin/*Armbrüster* Vor § 77 Rn. 1; *Dreher/Lange* VersR **2005** 717, 718.

[28] *Dreher/Lange* VersR **2005** 717, 718, 720 f.; in Bezug auf den Versicherungsschein HK VVG/*Brömmelmeyer* § 3 Rn. 22; ebenso wohl *Wandt* Rn. 751.

gewisse Vereinheitlichung notwendig. Aber auch hier müssen nicht zwingend sämtliche Bestimmungen für alle MitVR einheitlich gelten. Insbesondere können einzelne VR (dann aber nur für ihren Anteil) zusätzliche Ein- oder Ausschlüsse vereinbart haben, ohne dass dies einer Mitversicherung entgegensteht, solange der Kerngehalt des Versicherungsschutzes (z.B. Versicherung eines Gebäudes gegen die Gefahr Feuer) identisch ist.[29]

Im Hinblick auf das Verhältnis der beteiligten VR zueinander ist zwischen der Mit- **11** versicherung im **Einzelfall** und dauerhaften **Mitversicherungsgemeinschaften** (nicht zu verwechseln mit Versicherungspools, dazu Rn. 15) zu unterscheiden.[30] Während die Mitversicherung im Einzelfall in der Regel durch den VN initiiert ist (in der Regel vertreten durch einen Versicherungsmakler), beruhen Mitversicherungsgemeinschaften in der Praxis auf unterschiedlichen Ursachen. Hervorzuheben sind insbesondere die Fälle, in denen sich mehrere VR zusammenschließen, um durch einen gemeinsamen Marktauftritt, in der Regel nicht unter werbender Hervorhebung ihrer Firmen, sondern der Firma oder Geschäftsbezeichnung des Zusammenschlusses, der aber nicht selber Risikoträger ist, Versicherungsverträge abzuschließen.[31] Praxisrelevant sind daneben vor allem so genannte **Maklerkonzepte**, die dadurch geprägt werden, dass ein Versicherungsmakler für ein bestimmtes, von ihm (mehr oder weniger) selbst entwickeltes Versicherungsprodukt zunächst VR sucht, die bereit sind, dieses im Rahmen vordefinierter wirtschaftlicher Rahmendaten zu zeichnen, und dieses Produkt dann nicht nur an bereits bestehende Maklerkunden, sondern ggf. auch an neu zu bewerbende Kunden vertrieben wird.[32] Vor allem im Bereich der Transportversicherung kann die Mitversicherung auch über die so genannten **Assekuradeure** erfolgen, die vorwiegend im norddeutschen Raum tätig sind. Bei den Assekuradeuren handelt es sich um ungebundene Versicherungsvertreter, die im eigenen Namen, aber für fremde Rechnung für – in der Regel – mehrere VR Versicherungsverträge abschließen und Schäden abwickeln. Ihre Vollmachten sind – in der Regel – nach außen hin unbeschränkt, wobei sich Beschränkungen im Innenverhältnis aus dem Agenturvertrag ergeben können.[33] Sofern Versicherungsverträge über diese Assekuradeure abgeschlossen werden, erfolgt die Risikoübernahme nicht notwendig, aber regelmäßig für mehrere VR und damit in Form der Mitversicherung. Der VN (wenn er nicht nachfragt) erfährt oft gar nicht oder nur im Kleingedruckten, wer Risikoträger ist, oft wird auch nur der führende VR mitgeteilt (vgl. dazu Rn. 22). Für die Mitversicherung von Bedeutung sind schließlich **Versicherungsbörsen**, in Deutschland etwa die Hamburger Versicherungsbörse,[34] die Zeichnung von Risiken auf dem **Versicherungsmarkt Lloyd's** durch dortige Syndikate, diese wiederum handelnd für die dahinterstehenden EinzelVR (Rn. 3),[35] sowie die **öffentliche Auftragsvergabe**, die insbesondere bei Großprojekten in der Regel zur Zeichnung im Rahmen der Mitversicherung führt[36]. Im Bereich der durch den VR initiierten Mitversicherung ist schließlich noch auf die Fälle hinzuweisen, in denen ein VR bei bestimmten, über seine Zeichnungskapazitäten bzw. seine Risikopolitik hinausgehenden Risiken gegenüber „seinem" VN zwar nach wie vor auftreten möchte (er wird dann in der Regel der führende VR), er dann aber regelmäßig, ohne bestimmte

[29] Vgl. zur Vereinbarung eines Ausschlusses nur durch einen MitVR OLG Hamm 3.11.2010 VersR **2011** 469, 476 f.

[30] *Schaloske* VersR **2007** 606, 607; *ders.* Mitversicherung 8 ff., 40 ff.

[31] Beispiele bei *Schaloske* Mitversicherung 10 f.

[32] *Richter* FS Winter, 129, 136 f.; *Schulze Schwienhorst* FS Kollhosser, 329, 337 f.

[33] Einzelheiten bei Thume/de la Motte/Ehlers/*Thume* Teil 2 Rn. 214 f.; *Enge* 23 f.; Terbille/*Remé/Gercke* MAH § 11 Rn. 94 ff.

[34] *Schaloske* Mitversicherung 49.

[35] Bruck/Möller/*Schnepp* § 216 Rn. 7 ff.

[36] Weiterführend *Schaloske* Mitversicherung 50 ff.; *Dreher/Kling* VersR **2007** 1040.

verbindliche Absprachen über den konkreten Einzelfall hinaus, mit einzelnen VR kooperiert. Dabei besteht in allen Fällen, in denen die Initiative der Kooperation auf VR-Seite besteht, stets die Gefahr eines kartellrechtlichen Verstoßes, was hier aber nicht vertieft werden soll.

2. Verdeckte Mitversicherung

12 Im Gegensatz zur offenen Mitversicherung steht die verdeckte Mitversicherung (verwandt werden auch die Begriffe der stillen oder internen Mitversicherung oder der Kellerpolice[37]), bei der das Einvernehmen bezüglich der Deckung durch mehrere VR nur zwischen den VR besteht, nicht aber mit dem VN. Dieser muss noch nicht einmal davon erfahren (und erfährt in der Regel auch nicht), dass sein Vertragspartner das Risiko im wirtschaftlichen Ergebnis nicht alleine trägt. In diesen Fällen schließt der VN also nur einen Versicherungsvertrag mit dem ihm bekannten VR als allein haftender Risikoträger. Der VR seinerseits schließt dann mit anderen VR unter Aufteilung der Prämie und des Risikos Versicherungsverträge. Es handelt sich deshalb nicht um einen Fall der Mitversicherung (im hier verstandenen, engeren Sinne), sondern um eine besondere Ausgestaltung der Rückversicherung,[38] wobei teilweise auch vertreten wird, sie sei der Rückversicherung (nur) ähnlich.[39] Die bloße Ähnlichkeit zur Rückversicherung wird damit begründet, dass in diesen Fällen im Verhältnis zwischen dem VR und den übrigen VR das Interesse des ursprünglichen VN versichert bleibt, nicht aber, wie im Regelfall der Rückversicherung, das des ErstVR.[40] Begreift man als eines der beiden prägenden Elemente der offenen Mitversicherung das Einvernehmen des VN, einen Vertrag mit mehreren VR abzuschließen (Rn. 9), kommt es hierauf jedoch nicht an.

3. Rückversicherung

13 Zur „Atomisierung“ des Risikos dient neben der Mitversicherung auch die Rückversicherung, wobei sich die RückVR ihrerseits wieder rückversichern können (so genannte Retrozession), dies womöglich in mehrfacher Aufeinanderfolge.[41] Gemeinsam (und damit für die Abgrenzung zur Erstversicherung prägend) ist allen Ausgestaltungen, dass der VN des ErstVR keinen direkten Anspruch gegen den RückVR erwirbt.[42] Nur ausnahmsweise, d.h. aufgrund besonderer Verpflichtung, sei es durch Abtretung von Ansprüchen des ErstVR gegen den RückVR an den primären VN[43] oder durch Einzelzusage im Rahmen der Abwicklung eines Versicherungsfalles durch den RückVR für den ErstVR,[44] kann es zu unmittelbaren Vertragsbeziehungen zwischen dem VN des ErstVR und dem RückVR kommen.[45]

---

[37] Bruck/Möller/*Möller*[8] § 58 Anm. 54; Prölss/Martin/*Armbrüster* Vor § 77 Rn. 1.

[38] OLG Hamburg 19.2.2008 VersR **2008** 1249, 1250; Prölss/Martin/*Armbrüster* Vor § 77 Rn. 1; HK VVG/*Brambach* § 77 Rn. 20.

[39] Römer/Langheid/*Langheid* § 77 Rn. 6; unscharf Langheid/Wandt/*Halbach* § 77 Rn. 7.

[40] Römer/Langheid/*Langheid* § 77 Rn. 6.

[41] Zu den Einzelheiten vgl. Kommentierung zu § 209.

[42] BGH 15.10.1969 VersR **1970** 29; Bruck/Möller/*Echarti/Labes* § 209 Rn. 34 m.w.N.

[43] Verneint im Fall BGH 15.10.1969 VersR **1970** 29, 30.

[44] So im Fall OLG Köln 17.3.1952 VersR **1953** 131.

[45] Allgemein zum Durchgriff des VN auf den RückVR Bruck/Möller/*Echarti/Labes* § 209 Rn. 34.

Hiervon zu unterscheiden sind Fallgestaltungen, in denen die Rückversicherung im Verhältnis zum ErstVR von mehreren RückVR im Wege der Mitversicherung (Mit-Rückversicherung) übernommen wird. Soweit dem die Besonderheiten der Rückversicherung (auf die im Weiteren nicht eingegangen wird) nicht entgegenstehen, gelten für diese Fälle die nachfolgend vertieften Grundsätze der Mitversicherung zwischen primärem VN und ErstVR entsprechend.[46] **14**

4. Versicherungspool

Eine besondere Form der „Atomisierung" von Risiken ist ferner der Versicherungspool. **15** Der Begriff wird uneinheitlich verwendet.[47] Teilweise werden hierunter alle auf Dauer angelegten Mitversicherungsgemeinschaften auf Erst- oder Rückversicherungsebene verstanden.[48] Überwiegend werden unter dem Begriff Versicherungspool nur die Fälle verstanden, in denen dem VN nur ein einziger VR als Vertragspartner gegenübersteht und dieser VR das Risiko ganz oder teilweise in den Pool einbringt. Dem Pool gehören bei diesem Verständnis weitere ErstVR an, die ihrerseits Risiken aus Versicherungsverträgen in den Pool einbringen, sowie ggf. auch RückVR, die ihrerseits keine Risiken einbringen.[49] Bei dem Versicherungspool in dieser Form handelt es sich um eine atypische BGB-Gesellschaft.[50] Im Innenverhältnis haften alle Poolmitglieder für die eingebrachten Risiken anteilig. Dabei können die Haftungsverhältnisse so ausgestaltet sein, dass der einbringende VR Teilforderungen gegen die einzelnen Poolmitglieder erlangt (zweistufiger Pool) oder die übrigen Poolmitglieder gegenüber dem einbringenden VR als Gesamtschuldner haften und erst ab einer späteren Stufe die quotenmäßige Aufteilung der Haftung auf die einzelnen Poolmitglieder erfolgt (dreistufiger Pool).[51] Vertreter der überwiegenden Ansicht gehen folgerichtig davon aus, es liege kein Versicherungspool vor, wenn die beteiligten VR dem VN gegenüber als MitVR auftreten.[52] Soweit keine Rechtsbeziehungen der weiteren VR zu den jeweiligen VN bestehen, handelt es sich, ungeachtet der Unterschiede in der Begrifflichkeit, bei einem Versicherungspool gegenüber dem VN nicht um Mitversicherung, sondern um Rückversicherung in Form der Mit-Rückversicherung.[53] Zum Teil wird allerdings, letztlich nur dogmatisch relevant, der Versicherungspool (in diesem engeren Sinne) trotz fehlender unmittelbarer vertraglicher Verbindung zwischen dem primären VN und den übrigen VR als eine eigene Kategorie angesehen und von der (eigentlichen) Rückversicherung abgegrenzt.[54] Dies soll im Weiteren nicht vertieft werden.

[46] *Looschelders* VersR **2012** 1, 4.

[47] Zutreffende Kritik bei *Schaloske* Mitversicherung 14; vgl. zum Versicherungspool auch Bruck/Möller/*Echarti/Labes* § 209 Rn. 81 ff., 127.

[48] *Gerathewohl* Rückversicherung I, 134; *Nebel* SVZ **63** (1995) 281, 282.

[49] Prölss/Martin/*Armbrüster* Vor § 77 Rn. 2; Langheid/Wandt/*Halbach* § 77 Rn. 8; Bruck/Möller/*Möller*[8] § 58 Anm. 9; *Dreher/Lange* VersR **2005** 717, 718; *Hübener* 20, 29.

[50] Prölss/Martin/*Armbrüster* Vor § 77 Rn. 2; Langheid/Wandt/*Halbach* § 77 Rn. 8; Bruck/Möller/*Möller*[8] § 58 Anm. 9; *Fehlmann* 180 ff., 194 (zum Schweizer Recht, aber mit übertragbaren Erwägungen); Bruck/Möller/*Echarti/Labes* § 209 Rn. 127.

[51] Bruck/Möller/*Möller*[8] § 58 Anm. 9; *Fehlmann* 156 ff.; *Lurie* 49 f.; vgl. mit etwas anderer Differenzierung Langheid/Wandt/*Schwepcke* RückVersR Rn. 344 ff.

[52] So Bruck/Möller/*Möller*[8] § 58 Anm. 9; Bruck/Möller/*Echarti/Labes* § 209 Rn. 127; Langheid/Wandt/*Halbach* § 77 Rn. 8.

[53] *Schaloske* Mitversicherung 15 f.; *Schimikowski* Rn. 325; *Jenssen* 28.

[54] Bruck/Möller/*Möller*[8] § 58 Anm. 9; Bruck/Möller/*Echarti/Labes* § 209 Rn. 127; Langheid/Wandt/*Halbach* § 77 Rn. 8; wohl auch Prölss/Martin/*Armbrüster* Vor § 77 Rn. 2, wonach der Versicherungspool i.d.R. weder Mit-, Neben- noch Rückversicherung sein soll.

5. Versicherung in Layern

16 Eine besondere Form der offenen (und damit eigentlichen) Mitversicherung liegt auch bei der Versicherung in Layern vor. Hierunter werden Vertragsgestaltungen (vor allem) der industriellen Sach- und Haftpflichtversicherung verstanden, bei denen der VR des ersten Layers (teilweise Grunddeckung genannt) nur für einen erstrangigen Teil der Versicherungs- oder Deckungssumme haftet und der VR des weiteren Versicherungsvertrages (Excedentenversicherung, teilweise auch als Ergänzungsversicherung bezeichnet) erst haftet, wenn die Versicherungs- oder Deckungssumme des vorrangigen Versicherungsvertrages erschöpft ist. Versicherungstechnisch wird dies entweder dadurch erreicht, dass, wie bei der Mitversicherung möglich (Rn. 10), ein einheitlicher Abschluss mit einheitlicher Dokumentation des Versicherungsvertrages erfolgt oder, soweit der Excedentenvertrag selbständig abgeschlossen wird, in diesem ein entsprechender Selbstbehalt (mindestens) in Höhe der Grunddeckung vereinbart wird. Möglich und im Industriegeschäft üblich sind dabei mehrere Layer-Deckungen übereinander, wobei die einzelnen Layer auch von jeweils mehreren VR im Wege der Mitversicherung versichert sein können.[55] Im Verhältnis zwischen dem VR der Grunddeckung und einem oder mehreren ExcedentenVR sind die nachfolgend näher beschriebenen Grundsätze nur bedingt anwendbar. Im Regelfall ist hier auf die im Einzelvertrag gewählte Regelung zurückzugreifen. Soweit allerdings innerhalb eines einzelnen Layers (dies kann sowohl die Grunddeckung als auch jede Excedentendeckung betreffen) sich mehrere VR gegenüber dem VN verpflichtet haben, ist auf die nachfolgend vertieften Grundsätze der Mitversicherung zurückzugreifen. In der Praxis gibt es Gestaltungen, in denen ein VR in mehreren, ggf. nicht einmal unmittelbar aufeinanderfolgenden Layern die Deckung übernommen hat (z.B. Grunddeckung und dritter Excess-Layer); in diesen Fällen ist für die Haftung des VR, obwohl ein- und dieselbe juristische Person, streng zwischen den einzelnen Layern zu unterscheiden.

II. Vertragsrechtliche Ausgestaltung der offenen Mitversicherung

17 Bei der offenen Mitversicherung sind mehrere Rechtsbeziehungen zu unterscheiden: das Außenverhältnis zwischen VN und VR (nachfolgend unter 1, Rn. 18 bis 58), das Innenverhältnis der beteiligten MitVR untereinander (unter 2, Rn. 59 bis 66) und – für den Regelfall, dass einer der MitVR der führende VR ist – das Verhältnis dieses führenden VR sowohl gegenüber dem VN als auch gegenüber den weiteren MitVR (unter III, Rn. 67 bis 138).

1. Außenverhältnis zwischen Versicherungsnehmer und Mitversicherern

a) Rechtsnatur

18 aa) **Meinungsstand.** Obwohl die unmittelbare Vertragsbeziehung des VN zu allen MitVR unbestrittenes und auch prägendes (vgl. Rn. 9) Merkmal der offenen Mitversicherung ist, so besteht doch ein Meinungsstreit, wie die Rechtsnatur der Beziehungen zwischen dem VN und den einzelnen MitVR ist. Von dieser Frage hängt, jedenfalls mittelbar, die Beurteilung der Mitversicherung im Gesamtgefüge der sich aus VVG und BGB ergebenden Fragestellungen ab.

---

[55] *Armbrust* 8; *Kohleick* 154; vgl. zum systematischen Zusammenhang mit unselbständigen Subsidiaritätsabreden Bruck/Möller/*Schnepp* § 78 Rn. 171.

Vereinzelt wird in der älteren Rechtsprechung[56] sowie vor allem durch *Möller* in der Vorauflage die Ansicht vertreten, es handele sich bei der Mitversicherung um einen **einheitlichen Versicherungsvertrag.**[57] Für das Vorliegen eines einheitlichen Vertrages spricht nach *Möller* der Abschluss durch einen MitVR, der zugleich als Zeichnungsberechtigter der übrigen beteiligten MitVR auftritt, oder der Abschluss durch einen Versicherungsvermittler namens mehrerer VR oder die Verbriefung in einem einzigen Versicherungsschein oder die Vereinbarung einer Führungsklausel. Systematisch verweist *Möller* darauf, dass nur so die Mitversicherung von der mehrfachen Versicherung i.w.S. abgegrenzt werden könne. Das Kriterium des einheitlichen Versicherungsvertrages sei präziser als das Zusammenwirken mehrerer VR, das auch vorliegen könne, wenn der eine VR von dem anderen wisse, ohne dass eine Mitversicherung vorliegen müsse (wie im Falle des § 60 Abs. 2 Satz 2 a.F., der § 79 Abs. 2 Satz 2 Alt. 2 entspricht). Schließlich wird darauf hingewiesen, dass sich die VR meistens, aber nicht immer, als Teilschuldner verpflichten würden und bei Teilschuldverhältnissen (§ 420 BGB) von der Zivilrechtsdogmatik zumindest von einem einheitlichen Schuldverhältnis i.w.S. auszugehen sei.[58] 19

Demgegenüber geht die aktuelle Rechtsprechung und die ganz herrschende Literaturansicht davon aus, dass der VN mit jedem MitVR jeweils selbständige Verträge abschließt (so genannte „**Einzelvertragstheorie**"). Hierbei kann zwischen zwei Ausprägungen unterschieden werden. **Teilweise** wird die Selbständigkeit der Verträge vor allem in der Rechtsprechung,[59] aber auch in der Literatur[60] **ohne jedwede Einschränkung oder Differenzierung** angenommen und jede Abhängigkeit der Versicherungsverträge zueinander negiert (im weiteren „**strenge Einzelvertragstheorie**"). **Teilweise** wird dagegen in der Rechtsprechung[61] und in der Literatur[62] zwar ebenfalls von selbständigen Versicherungsverträgen ausgegangen, aber **betont**, dass diese **voneinander rechtlich abhängig** seien (im weiteren „**vermittelnde Einzelvertragstheorie**"). Der Unterschied zwischen der strengen und der vermittelnden Einzelvertragstheorie wirkt sich insbesondere bei der Frage aus, ob die MitVR ihre Gestaltungsrechte im Verhätnis zum VN unabhängig von einander ausüben können oder nicht (dazu im Einzelnen Rn. 46 ff.). Einige Vertreter der strengen Einzelvertragstheorie gestehen – in unterschiedlichen Ausprägungen – zu, dass die vertragliche Vereinbarung im konkreten Einzelfall zu einem einheitlichen Rechtsverhältnis oder zu einer rechtlichen Abhängigkeit der Verträge führen könne (im weiteren „**eingeschränkte strenge Einzelvertragstheorie**").[63] 20

---

[56] LG Hamburg 17.2.1932 HansRGZ **1932** (A) Sp. 277, 279; ebenso lässt sich BGH 12.5.1994 BGHZ **13** 259, 264 f. interpretieren (Hinweis auf einen einheitlichen Entstehungsgrund).

[57] Bruck/Möller/*Möller*[8] § 58 Anm. 52.

[58] Bruck/Möller/*Möller*[8] § 58 Anm. 52 i.V.m. 20.

[59] BGH 9.11.2011 VersR **2012** 178, 179; 24.3.1954 VersR **1954** 249; OLG Hamburg 19.2.2008 VersR **2008** 1249; 7.1.1949 VW **1949** 220; OLG Celle 18.12.2003 VergabeR **2004** 397, 401.

[60] Berliner Kommentar/*Schauer* § 58 Rn. 29; wohl ebenso Prölss/Martin/*Armbrüster* Vor § 77 Rn. 4 und 14 (wonach dies i.d.R. der Fall sein soll); *Schaloske* Mitversicherung 71 ff., 82 f. (z.T. anders i.S. der nachstehenden Ansicht 89 f. im Zusammenhang mit der Haftung der MitVR); *ders.* VersR **2007** 606, 608 f.; *Schimikowski* Rn. 330; *Jenssen* 28; *Hübener* 33 f.; *Schulze Schwienhorst* FS Kollhosser, 329, 332; *Honsel* FS Kollhosser, 165, 168; *Brinker/Schädle* VW **2003** 1318, 1320; *dies.* VW **2003** 1420, 1421; *Kisch* ZVersWiss **1922** 295, 298.

[61] OLG Bremen 13.1.1994 VersR **1994** 709, 710; OLG Hamm 10.6.1983 VersR **1984** 149.

[62] Langheid/Wandt/*Halbach* § 77 Rn. 7 und 10; Römer/Langheid/*Langheid* § 77 Rn. 7; *Dreher/Lange* VersR **2005** 717, 720; *Andrae* VersPrax **2003** 194, 196; *Wandt* Rn. 751; zu Einzelaspekten auch *Schaloske* Mitversicherung 89 f.

[63] So insbesondere Berliner Kommentar/*Schauer* § 58 Rn. 29; Prölss/Martin/*Arm-*

21 **bb) Stellungnahme.** Die von *Möller* in der Vorauflage vertretene Ansicht, es handele sich bei der Mitversicherung (stets) um einen einheitlichen Versicherungsvertrag, lässt sich mit den vielfältigen Ausgestaltungen und Einzelabreden, die für die Mitversicherung Anwendung finden, nicht vereinbaren. Dies gilt nicht nur für die Fälle, in denen die VR zwar bewusst zusammenwirken, aber auf jede einheitliche Ausgestaltung (insbesondere einheitlicher Versicherungsschein oder Benennung eines führenden VR) verzichten, sondern auch für den (bei der Mitversicherung) Regelfall, dass durch den führenden VR oder durch den Versicherungsmakler im Auftrag der (anderen) MitVR ein Versicherungsschein oder eine sonstige Dokumentation des Versicherungsvertrages erstellt wird. Andererseits ist zu berücksichtigen, dass die Mitversicherung gerade durch das gegenseitige Einvernehmen der MitVR und das (ggf. konkludente) Einverständnis des VN hiermit geprägt wird, was die Mitversicherung von sonstigen Fällen der mehrfachen Versicherung unterscheidet (Rn. 9). Die strenge Einzelvertragstheorie in ihrer Reinform, die jegliche Bündelung bzw. Verbindung der Rechtsbeziehungen des VN zu den einzelnen MitVR negiert, ist folglich ebenso abzulehnen. Vielmehr ist **richtigerweise auf den Inhalt der vertraglichen Vereinbarung(en) zwischen dem VN und den VR abzustellen.** Dieser ergibt sich vorrangig aus den schriftlichen Vereinbarungen (insbesondere dem Versicherungsschein oder gerade im Industriegeschäft dem geschriebenen Versicherungsvertrag) und ergänzend aus §§ 133, 157 BGB.

22 So liegt in der Regel insbesondere dann, wenn dem VN nur der führende VR oder sogar nur der Assekuradeur (vgl. Rn. 11) bekannt ist, regelmäßig nicht eine Bündelung, sondern ein einheitlicher Vertrag vor. Weitere Indizien für einen einheitlichen Vertrag sind etwa eine umfassende Vollmacht des führenden VR (dazu Rn. 79 ff.) oder jegliches Fehlen eines Hinweises auf eine nur anteilige Haftung der jeweiligen VR (dazu Rn. 32). Es kann von den Parteien ein einheitlicher Versicherungsvertrag auch bereits dann gewollt sein, wenn die Bedingungen im Verhältnis zwischen dem VN und den MitVR, abgesehen von deren Anteil, identisch sind und der Vertrag einheitlich abgeschlossen bzw. dokumentiert wird. Allerdings ist, insbesondere wenn nur eines der vorgenannten Indizien vorliegt, Zurückhaltung hinsichtlich der Annahme eines einheitlichen Vertrages geboten. **Im Zweifel** ist eher von **mehreren Verträgen** auszugehen.

23 Soweit demnach kein einheitlicher, sondern mehrere Verträge vorliegen, stellt sich die Frage einer möglichen Verknüpfung der Verträge im Sinne der eingeschränkten strengen oder der vermittelnden Einzelvertragstheorie. Haben die Parteien dazu keine Vereinbarung getroffen, dürfte das den MitVR erkennbare Interesse des VN darauf gerichtet sein, dass die Verträge miteinander verknüpft und in der Regel einheitlich zu behandeln sind. Umgekehrt sind jedoch auch die dem VN erkennbaren Interessen der MitVR von Bedeutung. Diesbezüglich ist jedoch die (konkludent oder ausdrücklich) vereinbarte Haftung des einzelnen VR auf seinen Anteil (dazu Rn. 32) kein Kriterium für eine mögliche Verknüpfung der Verträge. Allein schon die gesetzliche Regelung zur Teilschuld (§ 420 BGB) zeigt, dass die Regelung zur Haftung keine Aussage zur Verknüpfung der Vertrage ermöglicht.[64] Aus dieser anteiligen Haftung lässt sich – ohne Hinzutreten weiterer Aspekte – darüber hinaus auch nicht ein von dem VN akzeptiertes Indiz ableiten, der MitVR wolle auch im Übrigen von den anderen MitVR unabhängig sein.[65] Dem steht

---

brüster Vor § 77 Rn. 4 und 14; *Schaloske* Mitversicherung 71 ff., 82 f.; *ders.* VersR 2007 606, 608 f.

[64] So im Ansatz auch *Schaloske* Mitversicherung 75 f.; *ders.* VersR 2007 606, 608 f.

[65] So aber *Schaloske* Mitversicherung 80; *ders.* VersR 2007 606, 609.

entgegen, dass die Mitversicherung gerade durch das gegenseitige Einvernehmen der MitVR und dem Einverständnis des VN hiermit geprägt wird, sodass der VN (ggf. abgesehen von der Haftung) gerade eher deren Zusammenwirken und nicht deren getrenntes Auftreten erwarten wird, insbesondere in den Fällen, in denen er sich bewusst für die Risikodeckung durch Mitversicherung entschieden hat. Soweit schließlich angeführt wird, die rechtliche Selbständigkeit der Verträge ohne deren Verknüpfung miteinander entspreche der Verkehrssitte im Sinne von § 157 BGB bzw. einem Handelsbrauch nach § 346 HGB,[66] überzeugt dies nicht, stellt vielmehr einen Zirkelschluss da. Gerade der aufgezeigte Meinungsstreit über diese Frage zeigt, dass nicht von einer allgemein anerkannten Praxis ausgegangen werden kann. Soweit demnach weder ein einheitlicher Versicherungsvertrag vorliegt noch mit hinreichend Deutlichkeit die Unabhängigkeit rechtlich selbständiger Verträge vereinbart ist, liegen **im Zweifel miteinander verknüpfte Verträge im Sinne der vermittelnden Einzelvertragstheorie** vor.

Der Umfang der Verknüpfung und deren Auswirkungen lassen sich nicht abstrakt bestimmen, sondern nur bezogen auf die jeweiligen Einzelfragen, auf die nachstehend (soweit von Relevanz) eingegangen wird. **24**

b) Vertragsgestaltung im Außenverhältnis. Vorauszuschicken ist, dass die nachstehenden Ausführungen immer unter dem Vorbehalt stehen, dass nicht aufgrund der Existenz eines führenden VR und der dazu ggf. getroffenen Vereinbarungen abweichende Regelungen gelten. Die sich hieraus ergebenden Besonderheiten werden in Rn. 71 bis 114 erläutert. **25**

aa) Zustandekommen der Mitversicherung. Regelmäßig wird die Mitversicherung von dem VN mit den jeweiligen MitVR gleichzeitig (so etwa bei Mitwirkung eines Versicherungsvermittlers oder bei Auftreten eines MitVR in Vollmacht für andere MitVR) oder jedenfalls in einem engen zeitlichen Zusammenhang vereinbart. Möglich ist aber auch der nachträgliche Beitritt eines weiteren MitVR (vgl. auch Rn. 58).[67] Voraussetzung für das Zustandekommen einer Mitversicherung ist allerdings stets die Erkennbarkeit und das Einverständnis des VN mit dieser Vertragsgestaltung (prägendes Merkmal der offenen Mitversicherung, vgl. Rn. 9).[68] Nicht erforderlich ist die ausdrückliche Bestimmung, es solle im Wege der Mitversicherung versichert werden. Ausreichend ist es insbesondere bei schriftlicher Dokumentierung, wenn sich dies für den VN hinreichend deutlich, ggf. im Wege der Auslegung des Versicherungsvertrages, ergibt.[69] Anhaltspunkte sind hierfür etwa eine Beteiligungsklausel unter Angabe der prozentualen Beteiligung der einzelnen VR[70] oder die Angabe eines VR als führenden VR.[71] Ist dem VN das Vorliegen einer Mitversicherung, insbesondere auf Grund der Art und Weise der Dokumentation des Versicherungsschutzes im Versicherungsantrag oder sonstigen vorvertraglichen **26**

---

66 So aber *Schaloske* Mitversicherung 81 f.; *ders.* VersR **2007** 606, 609.

67 OLG Köln 2.9.2008 VersR **2008** 1673, 1674; Prölss/Martin/*Armbrüster* Vor § 77 Rn. 11.

68 Siehe etwa die – allerdings fragwürdig begründeten (die jeweils erfolgte Ablehnung einer Mitversicherung ist nach dem mitgeteilten Sachverhalt zweifelhaft) – Entscheidungen OLG Köln 14.11.1932 JRPV **1933** 174; 31.3.1933 JRPV **1934**, 26, 26 f.

69 Berliner Kommentar/*Schauer* § 58 Rn. 28; Prölss/Martin/*Armbrüster* Vor § 77 Rn. 10; Römer/Langheid/*Langheid* § 77 Rn. 8.

70 OLG Bremen 13.1.1994 VersR **1994**, 709, 710.

71 OLG Hamburg 17.5.1984 VersR **1984** 980; OLG Köln 14.7.1961 VersR **1962** 439, 439 f.

Schriftstücken sowie spätestens im Versicherungsschein (vgl. aber zur Dokumentation im Versicherungsschein Rn. 27), nicht erkennbar, kommt gemäß § 164 Abs. 2 BGB nur ein Versicherungsvertrag mit dem erklärenden VR zustande, auch wenn dieser namens und in Vollmacht anderer MitVR auftreten wollte.[72] Ist dagegen das Vorliegen einer Mitversicherung für den VN erkennbar und erfolgt diese mit seinem (ggf. konkludentem) Einverständnis, liegt eine Mitversicherung auch vor, wenn dem VN nicht alle VR bekannt sind, sondern z.B. nur der führende VR.[73] Durfte der VN aufgrund der Umstände des Vertragsschlusses von einem Versicherungsvertrag mit nur einem VR ausgehen und ergibt sich die Beteiligung anderer VR erst aus dem Versicherungsschein, beurteilt sich diese Veränderung nach § 5.[74] Erfolgt in einem solchen Fall kein Hinweis auf die Einbeziehung weiterer VR i.S.v. § 5 Abs. 2, so liegt keine Mitversicherung vor,[75] wobei ggf. die weiteren VR gegenüber dem dann allein im Außenverhältnis das Risiko tragenden VR im Sinne einer verdeckten Mitversicherung (Rn. 12) verpflichtet sein können.[76]

27 Auch bei der Mitversicherung hat der VN Anspruch auf einen **Versicherungsschein** im Sinne von § 3. Insoweit besteht Einigkeit. Teilweise wird dies mit der (allerdings zu weitgehenden, vgl. dazu Rn. 10) Ansicht begründet, die Ausstellung eines einheitlichen Versicherungsscheins sei konstitutiv für die Mitversicherung.[77] Richtigerweise ist jedoch zu differenzieren. Soweit die Parteien einen einheitlichen Vertrag vereinbart haben, besteht auch Anspruch auf einen einheitlichen Versicherungsschein. In diesem Versicherungsschein müssen dann alle VR mit ihrer Beteiligungsquote[78] und ggf. auch ihrem unterschiedlichen Deckungsumfang aufgeführt werden. Um überhaupt das Vorliegen einer MitVR (und nicht nur die Versicherung durch einen einzelnen VR) zu dokumentieren, reicht es allerdings auch aus, wenn dem VN das Vorliegen einer Mitversicherung erkennbar ist, diese mit seinem (ggf. konkludentem) Einverständnis erfolgt und nicht alle MitVR, sondern z.B. nur der führende VR aufgeführt wird (vgl. auch zum Zustandekommen der Mitversicherung in diesen Fällen Rn. 26).[79] Hiervon zu unterscheiden ist die Frage, ob der VN (auch in den vorgenannten Fällen) Anspruch auf einen (ggf. „vervollständigten") Versicherungsschein unter Nennung aller MitVR hat.[80] Liegt kein ein-

---

[72] RG 26.3.1935 JRPV **1935** 154; Prölss/Martin/*Armbrüster* Vor § 77 Rn. 10; Langheid/Wandt/*Halbach* § 77 Rn. 13; grundsätzlich zustimmend, jedoch zurückhaltend für den von dem RG entschiedenen Fall Bruck/Möller/*Möller*[8] § 58 Anm. 58.

[73] OLG Hamburg 17.5.1984 VersR **1984** 980; Bruck/Möller/*Knops* § 3 Rn. 9; Römer/Langheid/*Langheid* § 77 Rn. 8; Looschelders/Pohlmann/*Schneider* § 3 Rn. 18; Thume/de la Motte/Ehlers/*Ehlers* Teil 5 Rn. 638; einschränkend (nur nach Sachlage) Prölss/Martin/*Armbrüster* Vor § 77 Rn. 10; **a.A.** HK VVG/*Brömmelmeyer* § 3 Rn. 22.

[74] OLG Hamm 3.11.2010 VersR **2011** 469, 477; OLG Celle 21.6.1974 RuS **1975** 238, 241; Berliner Kommentar/*Schauer* § 58 Rn. 28; Prölss/Martin/*Armbrüster* Vor § 77 Rn. 10.

[75] OLG Celle 21.6.1974 RuS **1975** 238, 241; Berliner Kommentar/*Schauer* § 58 Rn. 28.

[76] OLG Köln 14.11.1932 JRPV **1933** 174; 31.3.1933 JRPV **1934**, 26, 26 f.; Bruck/Möller/*Möller*[8] § 58 Anm. 57.

[77] *Dreher/Lange* VersR **2005** 717, 718, 720 f.; HK VVG/*Brömmelmeyer* § 3 Rn. 22.

[78] Römer/Langheid/*Rixecker* § 3 Rn. 2; HK VVG/*Brömmelmeyer* § 3 Rn. 22 (der einen einheitlichen Versicherungsschein allerdings als konstitutives Merkmal einer Mitversicherung ansieht); **a.A.** wohl Bruck/Möller/*Knops* § 3 Rn. 9.

[79] OLG Hamburg 17.5.1984 VersR **1984** 980; Bruck/Möller/*Knops* § 3 Rn. 9; Römer/Langheid/*Langheid* § 77 Rn. 8; Schwintowski/Brömmelmeyer/*Ebers* § 3 Rn. 12; **a.A.** Langheid/Wandt/*Armbrüster* § 3 Rn. 22; Römer/Langheid/*Rixecker* § 3 Rn. 2; HK VVG/*Brömmelmeyer* § 3 Rn. 22.

[80] Looschelders/Pohlmann/*Schneider* § 3 Rn. 18; einen solchen Anspruch bejahen im Ergebnis auch die Vertreter der a.A. aus der vorhergehenden Fn.

heitlicher Versicherungsvertrag, sondern liegen (wie im Regelfall) selbständige Versicherungsverträge vor, so gelten die vorstehenden Grundsätze entsprechend, wenn (wie wiederum im Regelfall) diese miteinander verbunden sind. Lediglich in den Ausnahmefällen, in denen keine Verknüpfung der Verträge vorliegt, sondern diese ihre volle Selbständigkeit behalten haben, wird man dem VN keinen Anspruch auf Ausstellung eines einheitlichen Versicherungsscheines zugestehen können. In diesen Fällen hat er aber gegen jeden einzelnen MitVR den Anspruch auf Ausstellung eines eigenen Versicherungsscheins, der die Tatsache der Mitversicherung und des jeweiligen Anteils hieran ausweist. Einschränkend ist zu den vorstehenden Ausführungen darauf hinzuweisen, dass diese auf Grund der bestehenden Praxis, regelmäßig einheitliche Versicherungsscheine entweder durch den führenden MitVR oder den Versicherungsmakler auszustellen, weitgehend theoretischer Natur sind.

Ist ein **einheitlicher Versicherungsschein** ausgestellt, weicht dieser aber von den mit **28**
dem VN getroffenen Absprachen ab, gilt für diese Änderungen grundsätzlich § 5.[81] Problematisch kann dies in den Fällen werden, in denen nicht alle MitVR an der Ausfertigung des Versicherungsscheins mitwirken, sondern einen anderen MitVR, in der Regel den führenden MitVR, mit der Ausfertigung beauftragen und bevollmächtigen, und der von diesem führenden VR ausgestellte Versicherungsschein von vorherigen Absprachen abweicht, die nur von einzelnen MitVR mit dem VN getroffen wurden; vgl. dazu Rn. 70.

bb) Vorvertragliche Anzeigepflicht. Vorvertragliche Anzeigepflichten sind grundsätz- **29**
lich gegenüber jedem MitVR gesondert zu erfüllen.[82] Dies gilt unabhängig davon, ob es sich bei der später zu Stande gekommenen Mitversicherung um einen einheitlichen Vertrag oder um mehrere Verträge handelt. Der einheitliche Vertrag bzw. die im Zweifel eintretende Verknüpfung mehrerer selbständiger Verträge (Rn. 22 f.) kommt erst mit dem Vertragsabschluss zu Stande und kann daher für vorvertragliche Anzeigepflichten noch keine Wirkung entfalten. Allerdings können die übrigen VR einem (ggf. dem späteren führenden VR) oder einigen von ihnen – auch stillschweigend – eine Vollmacht für die Empfangnahme von vorvertraglichen Anzeigen erteilt haben, wobei diese Vollmachterteilung auch zu Gunsten eines Versicherungsmaklers bestehen kann.[83] Dafür gelten die allgemeinen Grundsätze der Anscheins- und Duldungsvollmacht, wobei allerdings höhere Anforderungen zu stellen sind, soweit nicht einem VR, sondern einem Versicherungsmakler die Vollmacht erteilt sein soll. Soweit der Versicherungsmakler handelt, muss es sich allerdings um Fragen des bzw. der VR im Sinne von § 19 handeln.[84] So genannte Maklerfragebögen, auch wenn sich die MitVR diese für ihre Risikoprüfung zu eigen machen, sind nicht automatisch solche eines jeden MitVR i.S.v. § 19.[85] Hinzu kommt, dass jeden einzelnen MitVR die Pflicht nach § 19 Abs. 5 Satz 1 trifft, durch gesonderte Mitteilung auf die Folgen einer Anzeigenpflichtverletzung hinzuweisen.[86] Diese Pflicht zur Belehrung kann auch bei der Mitversicherung grundsätzlich nicht abbedungen wer-

---

[81] OLG Celle 21.6.1974 RuS **1975** 238, 241; OLG Hamm 3.11.2010 VersR **2011** 469, 476 f.; Berliner Kommentar/*Schauer* § 58 Rn. 28; Prölss/Martin/*Armbrüster* Vor § 77 Rn. 10; *Naujoks/Heydorn* VersR **2011** 477, 480; einschränkend *Schneider* RuS **2012** 417, 418 ff.

[82] Prölss/Martin/*Prölss* § 19 Rn. 35; Römer/Langheid/*Langheid* § 19 Rn. 35; Bruck/Möller/*Möller*[8] § 58 Anm. 57; *Bruck* PRV, 543; *Kisch* Mehrfache Versicherung, 19.

[83] Bruck/Möller/*Möller*[8] § 58 Anm. 57.

[84] Dazu weiterführend Bruck/Möller/*Rolfs* § 19 Rn. 27 ff.

[85] OLG Hamm 3.11.2010 VersR **2011** 469, 470 f.

[86] OLG Hamm 3.11.2010 VersR **2011** 469, 471.

den (§ 32), es sei denn, es liegt ein Großrisiko i.S.v. § 210 vor.[87] Allerdings kann im Rahmen der vorgenannten besonderen Vollmachten ein VR oder ein Versicherungsmakler im Namen der, ggf. anderen, MitVR diesen Hinweis erteilen, wobei dies mit erforderlicher Klarheit erfolgen muss. Sind die vorstehenden Anforderungen von § 19 nicht gewahrt, stehen den davon betroffenen MitVR allenfalls im Falle der arglistigen Täuschung des VN Rechte zu (zu Anfechtungsrechten vgl. Rn. 51).[88] An der vorstehend geschilderten Rechtslage ändert sich nichts, wenn für den späteren Versicherungsvertrag eine Führungsklausel vereinbart ist, weil deren Wirksamkeit erst mit Abschluss des Versicherungsvertrages beginnt.[89]

30 Wird nachträglich ein MitVR ausgetauscht oder übernimmt nachträglich ein hinzukommender MitVR einen Teil der Beteiligung eines MitVR (vgl. zu Änderungen in der Person eines MitVR Rn. 58), so sind auch gegenüber diesem neuen MitVR die vorvertraglichen Anzeigepflichten gesondert zu erfüllen. Nach Sinn und Zweck der §§ 19 ff. kommt es dabei nicht darauf an, ob der VN mit dem den Anteil bisher versichernden MitVR den Vertrag aufhebt bzw. abändert oder die Aufhebung durch einseitige Ausübung von Gestaltungsrechten erfolgt und dann ein entsprechender neuer Vertrag von dem VN mit dem neuen MitVR abgeschlossen wird oder ob die Übernahme des Versicherungsschutzes im Wege einer Vertragsübernahme erfolgt, an der der VN sowie bisheriger und neuer MitVR mitwirken.[90]

31 cc) **Widerrufsrecht nach §§ 8, 9.** Das Widerrufsrecht des § 8 besteht grundsätzlich auch bei der Mitversicherung. Oft handelt es sich bei der Mitversicherung allerdings um Versicherungsverträge über ein Großrisiko im Sinne von § 210 Abs. 2 (vgl. auch zum Haupteinsatzgebiet der Mitversicherung Rn. 6), sodass der gesetzliche Ausschluss des Widerrufsrechts nach § 8 Abs. 3 Satz 1 Nr. 4 greift. Liegt kein Großrisiko vor, ist zu differenzieren. Soweit die Mitversicherung in Form eines einheitlichen Vertrages vorliegt, kann der VN die Mitversicherung nur einheitlich gegenüber allen MitVR (oder gegenüber dem Führenden bei entsprechender Führungsklausel) widerrufen. Auch soweit zwar getrennte, wenn aber miteinander verbundene Verträge vorliegen, ist nur ein einheitlicher Widerruf möglich. Hier wirkt sich das Grundprinzip aus, dass die Mitversicherung durch das Einverständnis der MitVR untereinander und die Zustimmung des VN dazu geprägt wird (Rn. 9). Liegt schon zu Beginn des Versicherungsschutzes dieses Einverständnis nicht (mehr) vor, entspricht es dem erkennbaren Interesse aller Beteiligten, dass der Vertrag insgesamt nicht fortgesetzt werden soll. Dies unterscheidet die Ausübung des Widerrufsrechts etwa von der Ausübung späterer Gestaltungsrechte oder möglicher Vertragsänderungen (dazu Rn. 46 bzw. 58). Ist hingegen ausnahmsweise mit hinreichender Deutlichkeit die Unabhängigkeit der jeweiligen in Mitversicherung stehenden Verträge vereinbart, ist dem VN zuzugestehen, dass er auch nur gegenüber einzelnen MitVR sein Widerrufsrecht ausüben kann. Hinsichtlich der übrigen MitVR besteht dann der Versicherungsschutz als Bruchteilsversicherung fort, ohne dass sich die übrigen MitVR auf Unterversicherung berufen können (vgl. dazu Rn. 44).

---

[87] OLG Hamm 3.11.2010 VersR **2011** 469, 471 f.

[88] OLG Hamm 3.11.2010 VersR **2011** 469, 473.

[89] Bruck/Möller/*Möller*[8] § 58 Anm. 57; *Bruck* PVR, 543; *Hübener* 42; *Schaloske* Mitversicherung 66; **a.A.** offenbar Prölss/Martin/*Prölss* § 19 Rn. 35; Römer/Langheid/*Langheid* § 19 Rn. 35.

[90] Anders RG 6.9.1935 VA **1935** 278, 279 f., wo unter Hinweis auf eine Vertragsübernahme die Anwendung von § 16 a.F. abgelehnt, aber eine Anzeigepflicht aus Treu und Glauben sowie culpa in contrahendo abgeleitet wird.

dd) Haftung gegenüber dem Versicherungsnehmer. Regelmäßig ergibt sich schon aus den dokumentierten Vereinbarungen des Versicherungsvertrages, dass die VR nur für den ausdrücklich dort bezeichneten Anteil haften.[91] Hierfür ist es nicht erforderlich, dass ausdrücklich eine beschränkte Haftung vereinbart wird, es reicht vielmehr aus, wenn der Versicherungsvertrag eine Beteiligungsliste enthält, bereits dadurch wird die Auslegungsregel des § 427 BGB ausgeschlossen.[92] Im Regelfall haften die VR damit als Teilschuldner i.S.v. § 420 BGB, dies jedoch nicht zu gleichen, sondern mit den vereinbarten Anteilen. Gleiche Haftungsteile ergeben sich nur dann, wenn (wie ggf. im Wege der Auslegung zu ermitteln ist) zwar eine anteilige Haftung gewollt ist, dazu jedoch keine Anteile festgelegt werden.[93] Umstritten ist die Rechtslage für den Fall, dass bei bestehender Mitversicherung dem Versicherungsvertrag (auch im Wege der Auslegung) keine eindeutige Regelung entnommen werden kann. Teilweise wird dazu vertreten, dass in diesen Fällen grundsätzlich gemäß § 427 BGB von einer gesamtschuldnerischen Haftung der MitVR auszugehen ist.[94] Teilweise wird dagegen angenommen, auch in diesen Fällen sei von der Vereinbarung einer teilschuldnerischen Haftung auszugehen und § 427 BGB nicht anwendbar. Ältere Stimmen begründeten dies mit einem entsprechenden Handelsbrauch i.S.v. § 346 HGB.[95] Dem ist entgegenzuhalten, dass das Fehlen von Regelungen zur anteiligen Haftung einzelner MitVR gerade eine in der Praxis eher seltene Ausnahme ist, sodass ein entsprechender Handelsbrauch, aus dem etwas abgeleitet werden könnte, gerade nicht besteht.[96] Teilweise wird diese Ansicht auch damit begründet, eine teilschuldnerische Haftung vertrage sich nicht mit dem Zweck der Risikoteilung als wesensmäßige Grundlage der Mitversicherung, sodass regelmäßig gem. §§ 153, 157 BGB (auch bei fehlenden Regelungen) von einer stillschweigend verabredeten Teilschuld auszugehen sein.[97] Dem ist jedoch entgegenzuhalten, dass, wenn jedwede Regelung fehlt, es zwar Absicht der MitVR gewesen sein mag, eine auf ihren Anteil nur beschränkte Haftung zu erreichen, sie diese jedoch nicht ausdrücklich zum Ausdruck gebracht haben. Dies führt nach allgemeinen Regeln aber dazu, dass diese nicht zum Ausdruck gebrachten Motive nicht Vertragsinhalt werden. Hinzu kommt, dass im Regelfall in diesen Fällen von einem einheitlichen Vertrag auszugehen sein wird (vgl. Rn. 22). Sofern also nicht einmal im Wege der Auslegung eine anteilige Haftungsbegrenzung erkennbar ist, kommt § 427 BGB zur Anwendung, sodass die MitVR als Gesamtschuldner haften. 32

Soweit die Haftung der VR als Teilschuldner feststeht, Selbstbehalte oder Entschädigungsgrenzen jedoch ohne Differenzierung auf einzelne Anteile vereinbart sind, sind sie anteilig im Verhältnis der Außenhaftung auf die einzelnen MitVR aufzuteilen.[98] 33

Hinsichtlich der Pflicht zur Prämienzahlung haftet der VN gegenüber den einzelnen MitVR nur auf den ihnen jeweils zustehenden Anteil an der (Gesamt-)Prämie, sofern, wie regelmäßig, die MitVR auch nur als Teilschuldner haften. Falls ausnahmsweise (entweder auf Grund ausdrücklicher Vereinbarung oder jeder fehlenden Vereinbarung, vgl. 34

---

91 Prölss/Martin/*Armbrüster* Vor § 77 Rn. 5; Berliner Kommentar/*Schauer* § 58 Rn. 30; Bruck/Möller/*Möller*[8] § 58 Anm. 59.

92 BGH 12.5.1994 BGHZ **13** 259, 262; OLG Bremen 13.1.1994 VersR **1994** 709, 710; OLG Düsseldorf 13.6.1995 VersR **1996** 957; ähnlich OLG Hamburg 17.5.1984 VersR **1984** 89; 7.1.1949 VW **1949** 230; OLG Oldenburg 24.6.1981 VersR **1982** 82; LG Köln 14.7.1961 VersR **1962** 439 f.

93 Bruck/Möller/*Möller*[8] § 58 Anm. 59.

94 Bruck/Möller/*Möller*[8] § 58 Anm. 59, *Ehrenzweig* 40; *Hübener* 28.

95 *Kisch* Mehrfache Versicherung, 17; *Raiser* § 10 Rn. 19.

96 *Schaloske* Mitversicherung 92.

97 *Dreher*/*Lange* VersR **2005** 717, 720; *Schaloske* Mitversicherung 92 f.

98 BGH 1.2.1974 VersR **1974** 281, 282; Prölss/Martin/*Armbrüster* Vor § 77 Rn. 5.

Rn. 32) die MitVR als Gesamtschuldner haften, sind sie im Zweifel Gesamtgläubiger i.S.v. § 428 (mit der Ausgleichspflicht im Innenverhältnis gemäß § 430 BGB).[99]

35 ee) **Geltendmachung von Ansprüchen.** Haben die Parteien nichts Besonderes vereinbart (insbesondere im Rahmen der Führungsabrede zu Gunsten des führenden VR, dazu Rn. 84 ff.), kommt es für die Durchsetzung von Ansprüchen sowohl auf VN-Seite als auch auf VR-Seite darauf an, ob ausnahmsweise eine Gesamtschuld bzw. eine Gesamtgläubigerschaft der MitVR vereinbart ist. In diesen seltenen Fällen kann der VN einen MitVR auf die vollständige Erbringung der Versicherungsleistung (mit entsprechender Ausgleichspflicht der übrigen MitVR im Innenverhältnis, § 426 BGB[100]) sowie jeder MitVR den VN auf Zahlung der Versicherungsprämie (§ 428 BGB[101]) in Anspruch nehmen. Für den Regelfall der Teilschuld ist dagegen der VN darauf angewiesen, sowohl vorprozessual als auch im Rahmen eines Rechtsstreits gegen jeden MitVR auf dessen Anteil einzeln vorzugehen. Umgekehrt muss jeder MitVR seine Ansprüche, insbesondere den Anspruch auf die Prämie, gesondert geltend machen, ohne dass ein Rechtsstreit zwischen dem VN und einzelnen MitVR zu einer Tatbestandswirkung für und gegen die anderen Rechtsverhältnisse führt.[102]

36 Für den Fall, dass Regressansprüche auf die MitVR übergehen, gelten die in Rn. 35 dargelegten Grundsätze entsprechend. Sind die MitVR ausnahmsweise Gesamtschuldner, erwerben sie die nach § 86 übergegangenen Ansprüche als Gesamtgläubiger. Für den Regelfall der Teilschuld geht auf jeden MitVR nur ein der jeweiligen Quote entsprechender Teil des Regressanspruches über.[103] Jeder MitVR kann folglich nur den auf ihn entfallenden Anteil geltend machen,[104] es sei denn, die Parteien haben etwas anderes vereinbart, insbesondere im Rahmen einer aktiven Prozessführungsklausel zu Gunsten des führenden VR, dazu Rn. 93 ff.

ff) Mitversicherung im Gefüge der §§ 74 ff.

37 (1) **Mitteilungsobliegenheit nach § 77 Abs. 1.** Der Gesetzeswortlaut von § 77 Abs. 1 greift auch dann ein, wenn es sich bei den mehreren VR um MitVR handelt. Diese MitVR wissen jedoch voneinander. Der Gesetzeszweck von § 77, über das Bestehen einer mehrfachen Versicherung zu informieren, greift hier nicht. Die **Mitteilungsobliegenheit** gemäß § 77 Abs. 1 **besteht** daher bei der Mitversicherung **nicht** (vgl. bereits Rn. 7).[105]

---

[99] Bruck/Möller/*Möller*[8] § 58 Anm. 59; *Schaloske* Mitversicherung 95 f.

[100] *Schaloske* Mitversicherung 96.

[101] *Schaloske* Mitversicherung 96.

[102] *Lange/Dreher* VersR **2008** 289, 292; *Schaloske* Mitversicherung 197; Berliner Kommentar/*Schauer* § 58 Rn. 32; dieses Verständnis liegt auch den Entscheidungen BGH 24.3.1954 VersR **1954** 249; 7.6.2001 VersR **2002** 117, 118 zu Grunde.

[103] BGH 24.3.1954 VersR **1954** 249; 7.5.1957 VersR **1957** 441; 7.6.2001 VersR **2002** 117, 118; LG Berlin 26.1.2000 VersR **2000** 1002, 1003; Bruck/Möller/*Voit* § 86 Rn. 135; Prölss/Martin/*Prölss* § 86 Rn. 29; Römer/Langheid/*Langheid* § 86 Rn. 31; *Schaloske* Mitversicherung 94.

[104] BGH 24.3.1954 VersR **1954** 249; 7.5.1957 VersR **1957** 441; 7.6.2001 VersR **2002** 117, 118; Bruck/Möller/*Voit* § 86 Rn. 135; Prölss/Martin/*Prölss* § 86 Rn. 29; Römer/Langheid/*Langheid* § 86 Rn. 31; *Schaloske* Mitversicherung 94.

[105] Einzelheiten, auch zur dogmatischen Begründung Bruck/Möller/*Schnepp* § 77 Rn. 22 m.w.N.; seitdem wie hier: Römer/Langheid/*Langheid* § 77 Rn. 8; wohl ebenso Prölss/Martin/*Armbrüster* Vor § 77 Rn. 12 (die dortige Bezugnahme auf eine Informationspflicht nach § 79 dürfte irrtümlich und § 77 gemeint sein).

(2) **Überversicherung.** Übersteigt die Summe der Versicherungssummen den Versicherungswert, liegt also aus Sicht des VN eine **Überversicherung** vor, so ist die Rechtslage umstritten. Teilweise wird, insbesondere unter Hinweis auf § 79 Abs. 2 Satz 2 Alt. 2, angenommen, es seien in diesen Fällen die Regeln der Mehrfachversicherung (also §§ 78, 79) anzuwenden.[106] Andere Stimmen folgen dem zwar, modifizieren allerdings die nach § 78 Abs. 1 im Schadensfall bestehende gesamtschuldnerische Haftung unter Berücksichtigung der regelmäßig anderweitigen Absprachen für die Mitversicherung dahin, dass unter Berücksichtigung der übernommenen Anteile nur eine teilschuldnerische Haftung bestehen soll.[107] Eine dritte Ansicht wendet schließlich die Regeln der Übersicherung gemäß § 74 an.[108] **38**

Stellungnahme: Der zuletzt genannten Ansicht ist zu folgen. Grundsätzlich ist also **§ 74 anzuwenden.** Dies gilt auf jeden Fall, wenn nach dem Vertragswillen nur ein einheitlicher Versicherungsvertrag vorliegt, weil § 74 dann schon unmittelbar anzuwenden ist.[109] § 74 gilt aufgrund der Verbundenheit der einzelnen Versicherungsverträge aber auch dann, wenn von den Parteien ein einheitlicher Versicherungsvertrag nicht gewollt ist.[110] Dem steht § 79 Abs. 2 Satz 2 Alt. 2 nicht entgegen, weil dieser Fall nicht auf die Mitversicherung beschränkt ist.[111] **39**

Bei der Anwendung von § 74 auf die Mitversicherung sind im Wesentlichen drei Konstellationen zu unterscheiden. Erstens kann es vorkommen, dass aufgrund einheitlicher Vertragsdokumentation (Versicherungsschein oder geschriebener Versicherungsvertrag) die dort ausgewiesene einheitliche Versicherungssumme den Versicherungswert übersteigt. In diesen Fällen findet § 74 unmittelbare Anwendung, unabhängig davon, ob nun ein einheitlicher Versicherungsvertrag vorliegt oder aufgrund der Abhängigkeit einzelner Versicherungsverträge diese jedenfalls wie ein einheitlicher zu behandeln sind. Zweitens sind Fälle denkbar, in denen, entweder auf Grundlage einheitlicher Vertragsdokumentation oder aufgrund jeweiliger Dokumentation der betroffenen MitVR, die Summe der Versicherungssummen den Versicherungswert übersteigt; in diesem Fall ist § 74 entsprechend anzuwenden. Drittens sind schließlich Fälle denkbar, in denen, in der Regel aufgrund einheitlicher Vertragsdokumentation, ggf. aber auch bei gesonderter Dokumentation, zwar zutreffend bezogen auf die (teil- oder gesamtschuldnerische) Haftung der MitVR eine Gesamtversicherungssumme ausgewiesen wird, die dem Versicherungswert entspricht, die Summe der für die einzelnen MitVR ausgewiesenen Anteile aber die ausgewiesene Gesamtversicherungssumme überschreitet. Dieses ist etwa der Fall, wenn die VR für ihren Haftungsanteil nur Prozentangaben in Relation zu einer Gesamtversicherungssumme machen, diese Prozentangaben aber 100 % übersteigen. Ähnlich sind die Fälle, in denen eine zutreffende Gesamtversicherungssumme ausgewiesen wird, jedoch die auf die einzelnen MitVR entfallenden betragsmäßig ausgewiesenen Versicherungs- **40**

---

106 Prölss/Martin/*Armbrüster* Vor § 77 Rn. 12; *Hübener* 25; *Hinz* 40; *Voigt* VW **1972** 1583.

107 *Kohleick* 53; *Raiser* § 10 Rn. 30; *Schaloske* Mitversicherung 103 f. (wobei *Schaloske* Mitversicherung 98 f. etwas anderes dann annimmt, wenn nur ein einheitlicher Versicherungsvertrag vorliegt).

108 Römer/Langheid/*Langheid* § 77 Rn. 9; Bruck/Möller/*Möller*[8] § 51 Anm. 8, § 58 Anm. 6, 75; Beckmann/Matusche-Beckmann/*Armbrüster* § 6 Rn. 43 (wobei *Armbrüster* allerdings später in Prölss/Martin/*Armbrüster* Vor § 77 Rn. 12 die genau entgegengesetzte Ansicht vertritt); *Dreher/Lange* VersR **2005** 717, 721; *Wandt* Rn. 751.

109 Zutreffend *Schaloske* Mitversicherung 109 f.

110 Hierauf stellen zutreffend insbesondere ab Römer/Langheid/*Langheid* § 77 Rn. 9; *Dreher/Lange* VersR **2005** 717, 721.

111 Bruck/Möller/*Schnepp* § 79 Rn. 56 m.w.N.

summen in ihrer Addition die Gesamtversicherungssumme übersteigen. In dieser dritten Fallgruppe ist vorrangig zu prüfen, ob nicht im Wege der Auslegung die Anteile der beteiligten MitVR verhältnismäßig zu reduzieren sind. Die Vorauflage nahm dies ohne Einschränkungen für diese Fallgruppe an.[112] Soweit diese Auslegung nicht greift, ist aber in diesen Fällen § 74 analog anzuwenden.

41 Der VN hat sein Herabsetzungsverlangen i.S.v. § 74 Abs. 1 grundsätzlich gegen alle MitVR zu richten, soweit in dem Versicherungsvertrag keine anderen Empfangszuständigkeiten vereinbart wurden (dazu Rn. 77). Umgekehrt hat vorbehaltlich anderer Vereinbarung grundsätzlich jeder MitVR das Gestaltungsrecht für seinen Anteil.[113]

42 Zu beachten ist, dass § 74 Abs. 1 nur bei einer erheblichen Überschreitung greift.[114] Dies gilt auch für die Mitversicherung.

43 (3) **Unterversicherung.** Ist die Gesamtversicherungssumme geringer als der Versicherungswert, liegt eine Unterversicherung vor, sodass § 75 Anwendung findet.[115] Dies gilt unabhängig davon, ob ein einheitlicher Versicherungsvertrag vorliegt oder mit jedem MitVR ein selbstständiger Versicherungsvertrag besteht.[116] Unbedeutend ist auch, ob sich die Diskrepanz zwischen Versicherungssumme und Versicherungswert aus einer ausdrücklich ausgewiesenen Gesamtversicherungssumme ergibt oder die Summe der für die einzelnen MitVR ausgewiesenen Prozentsätze, Bruchteile oder Teilversicherungssummen den Versicherungswert unterschreitet.[117] Bei einem Totalschaden erhält der VN in diesen Fällen also nur eine Entschädigung in Höhe der Gesamtversicherungssumme bzw. (bei anteiliger Haftung) in Höhe der auf die jeweiligen MitVR entfallenden Teilversicherungssummen.[118] Es erhöhen sich also nicht etwa die Anteile der einzelnen MitVR so, dass der VN vollen Ersatz in Höhe des Versicherungswertes erlangt.[119] Zweifelhaft kann dies in den Fällen sein, in denen für die MitVR Teilversicherungssummen ausgewiesen werden, die die gesondert ausgewiesene Gesamtversicherungssumme überschreiten (vgl. die dritte Fallgruppe in Rn. 40); in diesen Fällen wird man dem VN einen Anspruch (Teil- bzw. Gesamtforderung) auf die Summe der Teilversicherungssummen, nicht aber auf die Gesamtversicherungssumme zugestehen müssen, solange diese Summe den Versicherungswert nicht überschreitet. Auf vergleichbare Rechenfehler bei Zuordnung einer Gesamtversicherungssumme nach Prozentsätzen oder Bruchtteilen auf die einzelnen MitVR ist dies jedoch nicht übertragbar. Bei **Teilschäden** ist die dem VN zustehende Versicherungsleistung entsprechend der Proportionalitätsregel des § 75 anteilig zu kürzen,[120] sofern es sich um eine erheblich niedrigere Gesamtversicherungssumme handelt.[121] Dabei ist zur Berechnung zweistufig vorzugehen, in einem ersten Schritt ist die dem VN insgesamt zustehende Versicherungsleistung anteilig zu kürzen, in einem zweiten Schritt ist diese Kürzung auf die einzelnen MitVR aufzuteilen.[122]

---

112 Bruck/Möller/*Möller*[8] § 58 Anm. 59.

113 Bruck/Möller/*Schnepp* § 74 Rn. 46.

114 Bruck/Möller/*Schnepp* § 74 Rn. 34 f.

115 Bruck/Möller/*Möller*[8] § 58 Anm. 59 und 75; *Schaloske* Mitversicherung 106 f.; Berliner Kommentar/*Schauer* § 58 Rn. 29; *Schimikowski* Rn. 326; Prölss/Martin/*Armbrüster* Vor § 77 Rn. 12 (wohl nur irrtümlich wird auf § 74 statt auf § 75 verwiesen); *Wandt* Rn. 751; im Ergebnis auch BGH 1.2.1974 VersR **1974** 281, 282 mit Anm. *Martin* VersR **1974** 465, 466.

116 Ebenso *Schaloske* Mitversicherung 106 f.

117 Bruck/Möller/*Möller*[8] § 58 Anm. 59.

118 Vgl. allgemein zu Totalschäden bei Unterversicherung Bruck/Möller/*Schnepp* § 75 Rn. 36.

119 Bruck/Möller/*Möller*[8] § 58 Anm. 59.

120 Allgemein hierzu Bruck/Möller/*Schnepp* § 75 Rn. 35 ff.

121 Zum Merkmal der Erheblichkeit Bruck/Möller/*Schnepp* § 75 Rn. 34.

122 *Schaloske* Mitversicherung 106 f.

Hervorzuheben ist, dass die demnach grundsätzlich bestehende Anwendbarkeit von § 75 auf die Mitversicherung **einschränkend auszulegen** ist: Es kommt stets auf die Gesamtbetrachtung aller in Mitversicherung verbundener Versicherungsverträge an. Dass lediglich der einzelne MitVR also nur anteilig haftet, führt isoliert betrachtet nicht zur Unterversicherung.[123] Ebenso liegt keine Unterversicherung vor, wenn VN und MitVR ursprünglich die Gesamtversicherungssumme zutreffend ermittelt haben, dann aber später ein MitVR ausfällt.[124] Dies gilt unabhängig davon, worauf der Wegfall des einzelnen MitVR beruht, also etwa auf Vertragsänderungen (dazu Rn. 55 ff.), auf der Ausübung von Gestaltungsrechten (dazu Rn. 46 ff.) oder der Insolvenz[125] eines MitVR. In diesen Fällen besteht im Ergebnis die Mitversicherung als eine der Unterversicherung entgegenstehende Bruchteilsversicherung[126] hinsichtlich der Anteile der verbleibenden MitVR fort.[127] **44**

(4) **Anwendbarkeit von §§ 78, 79.** Die §§ 78, 79 sind auf die Mitversicherung nicht anwendbar.[128] Soweit der VN allerdings neben einer bestehenden Mitversicherung einen weiteren Versicherungsvertrag abschließt, sind im Verhältnis der MitVR zu diesem weiteren VR §§ 78, 79 anwendbar.[129] Sofern die MitVR ausnahmsweise als Gesamtschuldner haften, besteht demnach eine Gesamtschuld auch mit dem oder den weiteren VR gemäß § 78 Abs. 1. Sofern allerdings (wie im Regelfall) die MitVR nur teilschuldnerisch haften, besteht in diesen Fällen jeweils nur ein Gesamtschuldverhältnis zwischen dem einzelnen MitVR und dem oder den weiteren, außerhalb der Mitversicherung stehenden VR. Im Innenverhältnis stehen den einzelnen MitVR Ausgleichsansprüche im Sinne von § 78 Abs. 2 als Teilforderungen zu, und diese richten sich gegen die einzelnen MitVR als Teilschuldner.[130] **45**

gg) Ausübung von Gestaltungsrechten bei der Mitversicherung

(1) **Grundsätzliches.** Bei einer Mitversicherung stehen den MitVR einerseits und dem VN andererseits grundsätzlich die Gestaltungsrechte zu, die der Versicherungsvertrag mit sich bringt (insbesondere Rücktritts-, Anfechtungs- und Kündigungsrechte, aber etwa auch das Gestaltungsrecht bei der Überversicherung oder sonstige vertraglichen Gestaltungsrechte). Auf Grund der Besonderheiten der Mitversicherung ergibt sich allerdings stets die Fragestellung, ob diese Rechte seitens der MitVR gegenüber dem VN oder umgekehrt seitens des VN gegenüber allen MitVR einheitlich ausgeübt werden müssen und wie sich ein ggf. nicht einheitlich ausgeübtes Gestaltungsrecht auf das Verhältnis des VN zu den übrigen MitVR auswirkt. Insbesondere hier kann die umstrittene Rechtsnatur der Mitversicherung von Relevanz sein (einheitlicher Versicherungsvertrag oder Einzelvertragstheorie in ihren verschiedenen Ausprägungen, vgl. dazu Rn. 19 ff.). Richtiger- **46**

---

[123] Bruck/Möller/*Möller*[8] § 56 Anm. 9, § 58 Anm. 75; *Schaloske* Mitversicherung 107; Berliner Kommentar/*Schauer* § 58 Rn. 29; ebenso wohl Prölss/Martin/*Armbrüster* Vor § 77 Rn. 12.

[124] Bruck/Möller/*Möller*[8] § 58 Anm. 75; *Schaloske* Mitversicherung 112, 119, 123, 126.

[125] Bruck/Möller/*Möller*[8] § 58 Anm. 75; *Schaloske* Mitversicherung 126.

[126] Zur Bruchteilsversicherung Bruck/Möller/*Schnepp* § 75 Rn. 25.

[127] Vgl. Thume/de la Motte/Ehlers/*Ehlers* Teil 5 Rn. 639.

[128] Bruck/Möller/*Möller*[8] § 58 Anm. 75, § 59 Anm. 4; Römer/Langheid/*Langheid* § 77 Rn. 9; umstritten allerdings für Fälle der Überversicherung, vgl. Ausführungen zu Rn. 38 m.w.N.

[129] Bruck/Möller/*Möller*[8] § 58 Anm. 75, § 59 Anm. 4; Römer/Langheid/*Langheid* § 77 Rn. 79.

[130] Bruck/Möller/*Möller*[8] § 58 Anm. 75.

weise ist zur Rechtsnatur der jeweiligen Mitversicherung auf den Inhalt der konkreten vertraglichen Vereinbarungen zwischen dem VN und den VR abzustellen (Rn. 21).

47 (2) **Rücktritt.** Liegt die Mitversicherung in Form eines einheitlichen Vertrages vor (Rn. 22), kann das Rücktrittsrecht nach § 351 Satz 1 BGB nur für und gegenüber allen MitVR einheitlich ausgeübt werden.[131] Dies gilt auch dann, wenn der Rücktrittsgrund (z.B. die Verletzung der vorvertraglichen Anzeigepflicht, Rn. 29 f.) nur in Person eines MitVR vorliegt.[132] Fehlt es an einer einheitlichen (nicht zwingend gleichzeitigen) Ausübung des Rücktrittsrechts, wurde dieses nicht wirksam ausgeübt.[133]

48 Liegt kein einheitlicher Vertrag, sondern liegen mehrere Verträge vor, kommt es auf deren Verbindung zueinander an. Dabei ist zu § 351 BGB anerkannt, dass diese Norm nicht nur bei einem einheitlichen Vertrag Anwendung findet, sondern auch dann, wenn nach dem Parteiwillen mehrere Verträge miteinander verbunden sind.[134] Ob und unter welchen Voraussetzungen von einer solchen Bündelung im Sinne von §§ 351, 139 BGB bei der Mitversicherung auszugehen ist, ist umstritten, wobei der Meinungsstreit weitgehend parallel zur Frage der Rechtsnatur der Mitversicherung verläuft (Rn. 19 f.). Teilweise (vor allem von den Vertretern der vermittelnden Einzelvertragstheorie, vgl. Rn. 20) wird vertreten, das Rücktrittsrecht könne auf Grund der gegenseitigen Abhängigkeit der einzelnen Versicherungsverträge nur einheitlich im Sinne von § 351 BGB ausgeübt werden.[135] Die wohl herrschende Meinung (regelmäßig Vertreter der strengen Einzelvertragstheorie, Rn. 20) vertritt demgegenüber die Ansicht, jeder MitVR könne (wenn jedenfalls in seiner Person der Rücktrittsgrund vorliege) gesondert zurücktreten.[136]

49 **Stellungnahme:** Richtigerweise ist bei dem konkreten Parteiwillen anzusetzen.[137] Im Zweifel ist das für die MitVR erkennbare Interesse des VN darauf gerichtet, dass die Verträge miteinander verknüpft und in der Regel einheitlich zu behandeln sind. Hierfür sind vor allem die die Mitversicherung prägenden Merkmale des gegenseitigen Einvernehmens der MitVR und das Einverständnis des VN hiermit anzuführen. Dies spricht dafür, im Sinne der vermittelnden Einzelvertragstheorie im Zweifel von einer Verknüpfung der Verträge auch im Sinne von §§ 351, 139 BGB auszugehen. Dem lassen sich etwaige Schwierigkeiten der MitVR bei ihrer Abstimmung untereinander[138] nicht entgegenhalten, weil es die MitVR in der Hand haben, sich durch entweder diese Fälle vorbeugende Absprachen im Innenverhältnis oder durch eine entsprechend ausgestaltete Führungsklausel (dazu Rn. 79 ff.) die notwendige Handlungsfähigkeit zu verschaffen. Das Gegenargument, dies würde die Möglichkeit einschränken, Versicherungsschutz in

---

131 *Schaloske* Mitversicherung 113 f.; Bruck/Möller/*Möller*[8] § 58 Rn. 60 (zu § 356 BGB a.F.); ebenso wohl Prölss/Martin/*Armbrüster* Vor § 77 Rn. 13; im Ergebnis ebenso (als Vertreter der vermittelnden Einzelvertragstheorie) *Andrae* VersPrax **2003** 154, 156; *Dreher/Lange* VersR **2005** 717, 720.

132 *Schaloske* Mitversicherung 114; vgl. allgemein zu § 351 BGB: BGH 30.4.1976 NJW **1976** 1931, 1932; MüKo/*Gaier* § 351 Rn. 1 ff.

133 BGH 21.3.1986 NJW **1986** 2245, 2246 (zu einem Grundstückskaufvertrag); allgemein zu § 351 Staudinger/*Kaiser* (2011) § 351 Rn. 6.

134 BGH 30.4.1976 NJW **1976** 1931, 1932; Staudinger/*Kaiser* (2011) § 351 Rn. 5; MüKo/*Gaier* § 351 Rn. 2.

135 *Andrae* VersPrax **2003** 154, 156; *Dreher/Lange* VersR **2005** 717, 720.

136 *Schaloske* Mitversicherung 117 f.; *Brinker/Schädle* VW **2003** 1420; im Ergebnis vorbehaltlich eines anderen Parteiwillens auch Prölss/Martin/*Armbrüster* Vor § 77 Rn. 13 f.

137 So im Ansatz auch Prölss/Martin/*Armbrüster* Vor § 77 Rn. 14.

138 So wohl *Schaloske* Mitversicherung 117.

Form der Mitversicherung anzubieten, weil die VR ansonsten auf ausdrückliche Regelungen zur Einhaltung ihrer selbständigen Entscheidungsfreiheit bestehen würden,[139] überzeugt nicht, weil entsprechende Klauseln und Vertragsgestaltungen im Geschäftsverkehr vorkommen und auch eingesetzt werden. Soweit schließlich argumentiert wird, die mit der Bündelung verbundene Einschränkung des Rücktrittsrechts begünstige ausschließlich den VN, dessen Fehlverhalten regelmäßig Grund für ein Rücktrittsrecht sei (z.B. Verletzung der vorvertraglichen Anzeigepflicht oder Prämienverzug),[140] mag dieses Argument vom Ansatz her zutreffen. Es verfängt gleichwohl nicht, weil die einseitige Begünstigung einer Partei durch eine bestimmte Regelung nicht der Auslegung des Vertrages entgegenstehen muss, dass die Parteien gerade diese Begünstigung vereinbaren wollten. Bei der Mitversicherung besteht demnach ein für jeden MitVR eigenständiges Rücktrittsrecht nur dann, wenn die Parteien entweder eindeutig selbständig nebeneinander stehende Versicherungsverträge vereinbart haben oder jedenfalls die Wirkungen von § 351 BGB ausgeschlossen sein sollten.

(3) **Allgemeines zu sonstigen Gestaltungsrechten.** § 351 BGB ist auf andere Gestaltungsrechte, insbesondere auf die Anfechtung[141] und die Kündigung,[142] nicht entsprechend anwendbar.[143] Ob im Verhältnis zwischen den MitVR einerseits und dem VN andererseits eine getrennte Ausübung der Gestaltungsrechte möglich ist, ergibt sich vielmehr richtigerweise aus bzw. dem Rechtsgedanken von § 139 BGB.[144] Vorbehaltlich anders lautender Absprachen im (Mit-) Versicherungsvertrag gilt demnach: **50**

(4) **Anfechtung.** Die MitVR sind keine Schuldner einer unteilbaren Leistung.[145] Auch bei einem einheitlichen Versicherungsvertrag ist daher die Anfechtung grundsätzlich von und gegen jeden MitVR gesondert zu betrachten. Für eine Anfechtung muss (wie insbesondere bei Verletzung der vorvertraglichen Anzeigepflicht; vgl. Rn. 29 f.) in dem Verhältnis zwischen VN und dem jeweiligen MitVR ein Anfechtungsgrund vorliegen. Bei Anfechtung des Versicherungsvertrages nur durch einzelne oder gegenüber einzelnen MitVR ist jedenfalls dann stets von einer Gesamtnichtigkeit auszugehen, wenn die Parteien einen einheitlichen Vertrag vereinbart haben.[146] Liegen zwischen dem VN und jedem MitVR selbständige Verträge vor, wird die Vertragsauslegung im Sinne von § 139 BGB regelmäßig zu dem Ergebnis führen, dass die Anfechtung von oder gegenüber einem einzelnen MitVR nicht zu einer Gesamtnichtigkeit gegenüber allen MitVR führt.[147] **51**

(5) **Kündigungsrecht.** Zu dem Kündigungsrecht wird teilweise vertreten, dieses könne nur einheitlich ausgeübt werden.[148] In dieser allgemeinen Form ist dies abzulehnen. **52**

---

139 So wohl *Schaloske* Mitversicherung 118.

140 So wohl *Schaloske* Mitversicherung 117.

141 RG 26.3.1907 RGZ **65** 399, 405.

142 RG 19.6.1917 RGZ **90** 328, 330.

143 Ganz h.M., vgl. MüKo/*Gaier* § 351 Rn. 7; Palandt/*Grüneberg* § 351 Rn. 2; zwar grundsätzlich zustimmend, jedoch differenzierend Staudinger/*Kaiser* (2011) § 351 Rn. 3.

144 So im Ansatz auch *Schaloske* Mitversicherung 120 ff.

145 *Schaloske* Mitversicherung 120; vgl. allg. dazu Staudinger/*Kaiser* (2011) § 351 Rn. 3.

146 *Schaloske* Mitversicherung 121 f.

147 So im Ergebnis auch *Schaloske* Mitversicherung 123.

148 *Dreher/Lange* VersR **2005** 717, 720 und 725 (wo Kündigungs- und Rücktrittsrechte allerdings gleichgesetzt werden und offenbar unkritisch die Anwendbarkeit von § 351 BGB auch für das Kündigungsrecht unterstellt wird); ähnlich *Brinker/Schädle* VW **2003** 1318; *dies.* VW **2003** 1420, 1421 (wobei von der Wortwahl her teilweise unklar ist, ob wirklich auch das Kündigungsrecht oder nur ein Rücktrittsrecht gemeint ist).

Richtigerweise bedarf es vielmehr der **Differenzierung**, wobei erneut auf (den Rechtsgedanken von) § 139 BGB zurückzugreifen ist. Unter Berücksichtigung hierauf ist zwischen dem Vorliegen eines einheitlichen Vertrages und dem gesonderter Verträge sowie danach zu differenzieren, ob es um das ordentliche Kündigungsrecht oder um sonstige Kündigungsrechte einschließlich des außerordentlichen Kündigungsrechts geht. Soweit ein **einheitlicher Vertrag** vorliegt, ist **regelmäßig** davon auszugehen, dass nur eine **einheitliche** Ausübung des Kündigungsrechtes möglich ist. § 139 BGB wirkt hier schon auf der Ebene, ob überhaupt ein Kündigungsrecht ausgeübt werden kann, nicht erst auf der Folgeebene, ob das Kündigungsrecht im Verhältnis zum einzelnen MitVR zur Beendigung des Gesamtvertrages führt.[149] Dies gilt jedoch nicht für die **ordentlichen Kündigung**; es entspricht auch bei einem einheitlichen Versicherungsvertrag dem mutmaßlichen Willen des einzelnen MitVR, dass er sich im Rahmen der vertraglichen Bindungen vorbehalten wollte, sich zum Zeitpunkt des ordentlichen Kündigungsrechts **auch gegen den Willen und ohne Mitwirkung der MitVR** aus der Vertragsverbindung zu lösen.[150] Liegen (wie regelmäßig) im Verhältnis zu den einzelnen MitVR **getrennte, wenn auch miteinander verbundene Verträge** vor, so ist richtigerweise davon auszugehen, dass regelmäßig jedem MitVR bzw. dem VN gegenüber jedem MitVR die Kündigungsrechte gesondert zustehen, eine ausgesprochene Kündigung aber regelmäßig nur im Verhältnis VN und betroffenem MitVR wirkt und nicht zur Gesamtbeendigung der Vertragsverhältnisse zu den anderen MitVR führt.[151] Soweit demnach nur einzelne MitVR ausscheiden, führt dies nicht zur Unterversicherung, sondern zur Fortsetzung der Mitversicherung durch die verbleibenden MitVR als Bruchteilsversicherung (Rn. 44).

53 (6) **Sonstige Gestaltungsrechte.** Bei sonstigen Gestaltungsrechten ist keine allgemeine Aussage möglich. Bei einem einheitlichen Versicherungsvertrag ist jedoch regelmäßig davon auszugehen, dass die VR die Rechte nur gemeinsam geltend machen können. Bei dem Regelfall rechtlich selbständiger, regelmäßiger aber verbundener Versicherungsverträge ist danach zu differenzieren, ob die Verbindung der Versicherungsverträge einer getrennten Geltendmachung von Gestaltungsrechten entgegensteht.

Dies lässt sich insbesondere an dem Recht des VR verdeutlichen, im Falle der **Überversicherung** nach § 74 Abs. 1 die **Herabsetzung der Versicherungssumme** zu verlangen (vgl. dazu auch Rn. 39 f.). Bei § 74 Abs. 1 besteht ein beiderseitiges Gestaltungsrecht.[152] Es widerspricht aus diesem Grunde nicht den beiderseitigen Interessen, jedem MitVR für seinen Anteil ein eigenes Herabsetzungsrecht zuzugestehen.[153] Umgekehrt wird man jedoch davon ausgehen müssen, dass der VN bei dem ihm zustehenden Herabsetzungsrecht grundsätzlich nur gegenüber allen beteiligten MitVR eine Herabsetzung verlangen kann, es sei denn, die völlige Unabhängigkeit der einzelnen Vertragsbeziehungen zueinander ist vereinbart.

54 Im Falle einer **Gefahrerhöhung** spricht vieles dafür, dass im Falle selbständiger, aber verbundener Verträge die Prämienerhöhung bzw. Einschränkung des Versicherungsschutzes gemäß § 25 (nur) von jedem MitVR einzeln erklärt werden kann und dann auch nur für sein Vertragsverhältnis zum VN Wirkung entfaltet. Die wirtschaftliche Entscheidung, das erhöhte Risiko gegen Mehrprämie zu versichern oder nicht, kann von den ein-

---

149 So aber *Schaloske* Mitversicherung 124 f.

150 So im Ergebnis auch *Schaloske* Mitversicherung 125 f.

151 *Schaloske* Mitversicherung 126.

152 Bruck/Möller/*Schnepp* § 74 Rn. 37 m.w.N.

153 So bereits Bruck/Möller/*Schnepp* § 74 Rn. 46; **a.A.** *Schaloske* Mitversicherung 99 f. (allerdings nur für einen einheitlichen Vertrag, bei mehreren Verträgen wird § 60 a.F., also § 79 angewandt).

zelnen VR durchaus verschieden getroffen werden. Hiergegen spricht auch nicht das die offene Mitversicherung prägende Einverständnis zwischen dem VN und den MitVR auch untereinander, denn dieses bezog sich auf ein Risiko, das sich mit Eintritt der Gefahrerhöhung gerade geändert hat. Im Einzelfall – und erst Recht dann, wenn ein einheitlicher Vertrag vorliegt – kann aber auch hier die maßgebliche Vertragsauslegung zu einem anderen Ergebnis führen.

hh) Vertragsänderungen. Wie bei jedem anderen Versicherungsvertrag kann es auch bei der Mitversicherung spätere Vertragsänderungen geben. Systematisch kann dabei zwischen inhaltlichen Vertragsänderungen sowie Änderungen in der Person von MitVR unterschieden werden. 55

(1) Inhaltliche Vertragsänderungen. Bei einer inhaltlichen Vertragsänderung (einschließlich Vertragsverlängerungen sowie der Aufhebung des Vertrages) ist wiederum danach zu unterscheiden, ob ein einheitlicher Vertrag oder ob mehrere Verträge vorliegen. Liegt nur ein einheitlicher Vertrag vor, sind Vertragsänderungen nur mit Zustimmung des VN und aller MitVR möglich.[154] Nur mit einem oder einzelnen MitVR vereinbarte Deckungseinschränkungen sind etwa unwirksam. Bei Deckungserweiterungen kann ggf. mit dem hieran beteiligten MitVR ein zusätzlicher, diese Erweiterung abdeckender Versicherungsvertrag außerhalb der Mitversicherung vorliegen. Es hängt von der Ausgestaltung ab, ob dieser zu einer schlichten mehrfachen Versicherung[155] oder zu einer Mehrfachversicherung gemäß § 78 mit den hieraus erwachsenen Folgen führt.[156] Liegt nicht ein einheitlicher Vertrag, sondern liegen mehrere Verträge vor, besteht ein uneinheitliches Meinungsbild. Teilweise wird (von Vertretern der strengen Einzelvertragstheorie) angenommen, jeder MitVR könne mit dem VN den ihn betreffenden Vertrag ohne Einschränkungen ändern oder ggf. aufheben.[157] Nach anderer Ansicht soll die rechtliche Abhängigkeit der einzelnen Verträge zueinander (vermittelnde Einzelvertragstheorie) bewirken, dass Änderungen der vertraglichen Grundlagen durch einzelne MitVR ohne die ausdrückliche Einwilligung oder Genehmigung der übrigen MitVR keine rechtliche Wirkung entfalten.[158] Für letztere Ansicht lässt sich das gegenseitige Einvernehmen der MitVR anführen, den Versicherungsschutz gerade im Wege der Mitversicherung anzubieten. Allerdings ist dieses Einvernehmen der MitVR untereinander in dem Fall, in dem der VN mit Änderungen einverstanden ist, in erster Linie eine Frage des Innenverhältnis der MitVR und nicht eine Frage des rechtlichen Dürfens gegenüber dem VN. Richtigerweise ist deshalb davon auszugehen, dass jeder MitVR bei bestehender Selbständigkeit der einzelnen Verträge mit dem VN Vertragsänderungen einschließlich einer Aufhebung der Vertragsbeziehung vereinbaren kann. Etwas anderes gilt nur, wenn dieses vereinbart ist, wobei etwaige rein interne Absprachen der MitVR untereinander keine rechtliche Wirkung gegenüber dem VN entfalten, es sei denn, diese werden auch gegenüber dem VN vereinbart. 56

Soweit demnach vertragliche Änderungen im Verhältnis des VN zu nur einem MitVR möglich sind, ergibt sich die Frage der Folgewirkungen für die Mitversicherung im Übrigen. Sofern der Vertrag bei einem MitVR ersatzlos aufgehoben wird, ist im Zweifel 57

---

154 *Schaloske* Mitversicherung 108.

155 Zu diesem Begriff Bruck/Möller/*Schnepp* § 77 Rn. 14.

156 Im Ergebnis ebenso *Schaloske* Mitversicherung 108.

157 *Hübener* 32; *Kisch* ZVersWiss **1922** 295, 298; im Grundsatz auch *Schaloske* Mitversicherung 108.

158 *Dreher/Lange* VersR **2005** 717, 725.

davon auszugehen, dass die Mitversicherung nicht etwa endet, sondern mit den übrigen MitVR fortgesetzt wird.[159] Dies führt nicht etwa hinsichtlich der übrigen MitVR zur Unterversicherung (vgl. Rn. 44),[160] sondern die Mitversicherung wird zu einer Bruchteilsversicherung[161], bei der nicht das gesamte Interesse versichert wird, sondern nur ein ideeller Bruchteil (und zwar in dem Umfang des Anteiles, in dem die verbleibenden MitVR ursprünglich die Deckung übernommen haben) versichert ist.[162] Handelt es sich dagegen nicht um eine Aufhebung des einzelnen Vertrages, sondern nur um eine Vertragsänderung (z.B. Vereinbarung eines zusätzlichen Ausschlusses oder eine Deckungserweiterung), so ist regelmäßig von einer Fortdauer der Mitversicherung auch unter Beteiligung des betroffenen MitVR auszugehen, es sei denn, die Vertragsänderung kommt einer Novation gleich; in diesem Fall scheidet der betroffene MitVR aus der Mitversicherung aus mit der Folge, dass die mit den übrigen MitVR fortbestehende Mitversicherung ggf. als komplementäre Bruchteilsversicherung neben der nun isoliert fortgeführten Versicherung mit dem bisherigen MitVR fortbesteht.[163] Im Innenverhältnis der MitVR untereinander kann eine Vertragsänderung, die ohne Abstimmung mit den anderen MitVR erfolgt, eine Verletzung der gegenseitig eingegangenen Verpflichtungen bedeuten und damit zu Schadenersatzansprüchen führen (dazu Rn. 65).

58 (2) **Änderungen in der Person von Mitversicherern.** Jede Änderung in der Person eines MitVR bedarf sowohl der Zustimmung des VN als auch aller anderen MitVR.[164] Dabei ist denkbar, dass entweder im Sinne einer Vertragsübernahme unter Fortbestand der bisherigen Mitversicherung nur ein MitVR ausgetauscht wird oder die bisherige Mitversicherung (entweder der einheitliche Vertrag oder alle dazu bestehenden selbständigen Verträge) aufgehoben und durch die neue Mitversicherung ersetzt werden. Im Zweifel ist davon auszugehen, dass nur der einzelne MitVR ausgetauscht wird.[165] Fällt ein MitVR aus (durch Ausübung von Gestaltungsrechten oder Vertragsaufhebung), so wird der VR, der in Absprache mit dem VN den weggefallenen Risikoanteil versichert, nicht automatisch MitVR. Durch entsprechende Vereinbarung mit den übrigen MitVR und dem Einverständnis des VN kann allerdings ein VR jederzeit auch nachträglich im Sinne eines Beitritts MitVR werden.[166]

2. Innenverhältnis zwischen den Mitversicherern

59 a) **Regelmäßig fehlende Absprachen.** Im Regelfall gibt es zwischen den MitVR keine ausdrücklichen Absprachen über ihr Verhältnis untereinander. Allenfalls aus der Reflexwirkung von Absprachen im Außenverhältnis gegenüber dem VN lassen sich ggf. Absprachen für das Innenverhältnis schließen. Etwas anderes gilt in der Regel, sofern auf-

---

159 Im Ergebnis ebenso *Schaloske* Mitversicherung 111 f.; wohl auch Bruck/Möller/*Möller*[8] § 58 Anm. 75.

160 *Schaloske* Mitversicherung 112 f.

161 Zur Bruchteilsversicherung Bruck/Möller/*Schnepp* § 75 Rn. 25.

162 Anders offenbar *Schaloske* Mitversicherung 112 f.

163 **A.A.** *Schaloske* Mitversicherung 110 f., wonach Vertragsänderungen stets zum Ausscheiden des betroffenen MitVR aus der Mitversicherung führen.

164 OLG Hamm 10.6.1983 VersR **1984** 149; Prölss/Martin/*Armbrüster* Vor § 77 Rn. 11; *Schaloske* Mitversicherung 109.

165 Anders offenbar OLG Hamm 10.6.1983 VersR **1984** 149 (wo bei Austausch eines MitVR ohne Differenzierung von Vertragsaufhebungen und neuen Vertragsabschlüssen ausgegangen wird).

166 OLG Köln 2.9.2008 VersR **2008** 1673, 1674; Prölss/Martin/*Armbrüster* Vor § 77 Rn. 11.

grund der Existenz eines führenden VR Absprachen getroffen werden; die sich hieraus ergebenden Besonderheiten werden in Rn. 67 bis 138 erläutert.

b) **Rechtsnatur des Innenverhältnisses.** Liegen demnach keine ausdrücklichen Absprachen zwischen den einzelnen MitVR vor, ist die Rechtsnatur des Innenverhältnisses zwischen den MitVR umstritten. Relevanz hat dies vor allem für die Frage, ob die MitVR gegenseitige Treue- und Schutzpflichten haben, etwa für den Fall, dass ein MitVR von gefahrrelevanten Umständen Kenntnis erlangt (z.B. bei Gefahrerhöhungen oder im Falle von Obliegenheitsverletzungen oder arglistigen Täuschungen im Schadensfall) oder bei der Ausübung von Gestaltungsrechten. **60**

Meinungsstand: Teilweise wird von der Rechtsprechung[167] und dem Schrifttum[168] unter Verweis darauf, es handele sich um selbstständige Versicherungsverträge, davon ausgegangen, zwischen den MitVR untereinander gebe es keinerlei rechtlichen Beziehungen; damit wird die strenge Einzelvertragstheorie (Rn. 20) auch auf das Innenverhältnis übertragen. Dem steht die (in der neueren Literatur wohl überwiegende) Ansicht gegenüber, dass es Rechtsbeziehungen zwischen den einzelnen MitVR gibt, wobei die Begründungen unterschiedlich sind. Zum einen wird in der Rechtsprechung[169] sowie in der Literatur[170] die Ansicht vertreten, aufgrund des jedenfalls konkludenten Einvernehmens zwischen den beteiligten MitVR liege zwischen diesen eine Gesellschaft bürgerlichen Rechts mit der Folge entsprechender Pflichten untereinander vor. Nach anderer Ansicht liegt zwischen den MitVR ein Schuldverhältnis sui generis vor, ein sog. Begleitschuldverhältnis, aus dem sich Treue- und Schutzpflichten ableiten lassen.[171] Zum Teil wird ein Vertragsverhältnis sui generis nur bei der Mitversicherung im Einzelfall angenommen, bei Mitversicherungsgemeinschaften dagegen eine Gesellschaft bürgerlichen Rechts.[172] **61**

Stellungnahme: Die Ansicht, zwischen den MitVR bestünden keinerlei Rechtsbeziehungen, ist abzulehnen. Dies gilt nicht nur für den Fall, dass die Mitversicherung als einheitlicher Vertrag vereinbart wurde, sondern auch für alle übrigen Fälle. Die Ansicht fehlender Rechtsbeziehungen verträgt sich nicht mit der Tatsache, dass ein wesentliches Element der Mitversicherung gerade die Tatsache ist, dass die VR im gegenseitigen Einvernehmen handeln, was die Mitversicherung von sonstigen Fällen der mehrfachen Versicherung unterscheidet (Rn. 9). Vielmehr folgt aus der Tatsache, dass im Zweifel eigenständige, jedoch (auch im Außenverhältnis) von einander abhängige Versicherungsverträge vorliegen (Rn. 23), für das Innenverhältnis eine entsprechende Verbindung der MitVR zueinander. Es ist daher zwischen den MitVR von einem Rechtsbindungswillen auszugehen, parallel zur Rechtsbeziehung im Außenverhältnis gegenüber dem VN auch gegenüber den MitVR im Innenverhältnis gewisse Pflichten einzugehen und damit kor- **62**

---

167 KG 24.3.1928 JRPV **1928** 156, 157; LG Berlin 26.2.1929 JRPV **1929** 190, 190 f.; die Äußerungen BGH 9.11.2011 VersR **2012** 178, 179, die sich allerdings vorrangig auf das Außenverhältnis beziehen, deuten ebenfalls in diese Richtung; wohl auch OLG Hamburg 19.2.2008 VersR **2008** 1249, 1250 (Ablehnung einer Gesellschaft bürgerlichen Rechts).

168 *Bruck* PVR, 542; *Kisch* ZVersWiss **1922** 295, 304; *Hübener* 33; *Brinker/Schädle* VW **2003** 1318, 1321; *Schimikowski* Rn. 330; Berliner Kommentar/*Schauer* § 58 Rn. 29 (einschränkend, wonach dies nicht notwendig so sein soll).

169 LG Hamburg 17.2.1923 HansRGZ **1923** (A) Sp. 277, 279.

170 Prölss/Martin/*Armbrüster* Vor § 77 Rn. 7 f.; *Schaloske* Mitversicherung 133 ff., 147 ff.; *ders.* VersR **2007** 606, 610 ff.

171 Bruck/Möller/*Möller*[8] § 58 Anm. 60; *Dreher/Lange* VersR **2005** 717, 720 f.; *Dreyer* FS Winter 159, 163; ebenso wohl Römer/Langheid/*Langheid* § 77 Rn. 7.

172 *Dreher/Lange* VersR **2005** 717, 720 f.

respondierende Rechte zu erwerben. Dogmatisch dürfte es sich um eine – wenn auch atypische – Innengesellschaft bürgerlichen Rechts handeln. Hierfür spricht, dass die beiden konstitutiven Merkmale des § 705 BGB, Verfolgung eines gemeinsamen Zwecks (den, als MitVR ein Risiko zu versichern) und der Verpflichtung zur Förderung dieses Zweckes (Beteiligung an der Gesamtversicherungssumme) vorliegen.[173] Soweit dem entgegengehalten wird, die Risikoteilung und regelmäßig nur teilschuldnerische Haftung der MitVR sowie das Fehlen eines Gesellschaftsvermögens stehe einer Gesellschaft bürgerlichen Rechts entgegen,[174] geht dies fehl. Weder ist es tatbestandliche Voraussetzung der Gesellschaft bürgerlichen Rechts, dass die Gesellschafter zwingend im Außenverhältnis gesamtschuldnerisch haften,[175] noch setzt die Gesellschaft bürgerlichen Rechts ein Gesellschaftsvermögen voraus.[176]

63 c) **Rechte und Pflichten im Innenverhältnis.** Auch wenn demnach im Verhältnis der MitVR untereinander von einer Innengesellschaft des bürgerlichen Rechts auszugehen ist (Rn. 62), so sind auf Grund der besonderen Typizität dieser Innengesellschaft die **§§ 705 ff. BGB** insbesondere dort, wo Regelungen zum Außenverhältnis betroffen sind, nicht oder **nur modifiziert anwendbar**. So sind insbesondere die Regelungen zur gemeinschaftlichen Geschäftsführung (§§ 709 ff. BGB) sowie zur Vertretungsmacht (§§ 714 f. BGB) nicht anwendbar.[177] Die Hauptpflicht der MitVR untereinander ist es, im Rahmen der MitVR den Versicherungsschutz gegenüber dem VN zu erbringen (§ 706 BGB). Eine Nachschusspflicht (§ 707 BGB) besteht bei der im Regelfall vereinbarten teilschuldnerischen Haftung (dazu Rn. 32) nicht. Besteht ausnahmsweise eine gesamtschuldnerische Haftung, kann eine Nachschusspflicht in dem Sinne bestehen, dass alle anderen MitVR unbeschadet von Rückgriffsrechten gegen den nicht leistenden MitVR verpflichtet sind, im Außenverhältnis die Deckungslücke auszugleichen.[178]

64 Wesentlicher Ausfluss des Zusammenschlusses im Innenverhältnis sind jedoch die sich aus der Gesellschafterstellung ergebenden **gegenseitigen Treuepflichten**, die sich in **Aufklärungs-, Informations- und Rücksichtnahmepflichten** konkretisieren.[179] Insofern besteht weitgehende Übereinstimmung zu der Ansicht, die nicht von einer Innengesellschaft bürgerlichen Rechts, sondern von einem Rechtsverhältnis sui generis der MitVR untereinander ausgehen (vgl. Rn. 61 f.). So sind die MitVR untereinander grundsätzlich verpflichtet, die anderen MitVR unverzüglich zu informieren, wenn sie im laufenden Versicherungsvertrag Kenntnis über risikorelevante Umstände erlangen (z.B. Gefahrerhöhungen, Obliegenheitsverletzungen oder Täuschungen im Schadensfall).[180] Ebenso besteht grundsätzlich die Verpflichtung, alle MitVR unverzüglich über die beabsichtigte Ausübung von Gestaltungsrechten durch den jeweiligen MitVR, soweit diese eigenständig ausgeübt werden können (dazu Rn. 46 ff.), sowie über beabsichtigte Vertragsänderungen mit dem VN zu informieren. Übt der VN gegenüber einem MitVR ein Gestaltungsrecht aus, hat der betroffene MitVR auch darüber unverzüglich zu informieren. Problematisch kann im Einzelfall das **Spannungsverhältnis** zwischen dem **rechtlichen Dürfen** des einzelnen MitVR **im Außenverhältnis** und den gegenseitigen **Treuepflichten**

---

[173] Im Einzelnen dazu *Schaloske* Mitversicherung 134 ff.
[174] So *Dreher/Lange* VersR **2005** 717, 721.
[175] MüKo/*Ulmer/Schäfer* § 714 Rn. 8 ff.
[176] MüKo/*Ulmer* § 705 Rn. 2; *K. Schmidt*, Gesellschaftsrecht, 4. Aufl. (2002), § 58 II. 2. b).
[177] *Schaloske* Mitversicherung 139 f.
[178] So im Ergebnis auch *Schaloske* Mitversicherung 140.
[179] Im Ansatz ebenso *Schaloske* Mitversicherung 140 ff.; *ders.* VersR **2007** 606, 611 f.
[180] Bruck/Möller/*Möller*[8] § 58 Anm. 60.

im Innenverhältnis sein. Dies betrifft zum einen die Fälle, in denen ein MitVR im Außenverhältnis alleine vorgehen kann. Hier kann im Regelfall bei einem geäußerten entgegenstehenden Willen der übrigen MitVR die gesellschaftsrechtliche Pflicht bestehen, von der Ausübung des Gestaltungsrechtes abzusehen.[181] Etwas anderes gilt aber dann, wenn dem MitVR auf Grund der Besonderheiten des Falles eine Fortsetzung auch unter Berücksichtigung der entgegenstehenden Wünsche der übrigen MitVR nicht zumutbar ist. Dies gilt etwa bei einer nur gegenüber einem einzelnen MitVR ausgeübten arglistigen Täuschung oder in dem Fall, in dem ein einzelner MitVR den zwischen ihm und dem VN bestehenden Vertrag ordentlich kündigen möchte (zu diesen Fällen im Außenverhältnis Rn. 51 f.). Umgekehrt kann sich in den Fällen, in denen nur eine einheitliche Ausübung eines Gestaltungsrechtes im Außenverhältnis möglich ist (z.B. regelmäßig bei dem Rücktritt, Rn. 49), für einen einzelnen MitVR die Pflicht ergeben, an der Ausübung des Gestaltungsrechtes der übrigen MitVR mitzuwirken.[182]

Verletzt ein MitVR seine Verpflichtungen im Innenverhältnis, folgt aus dem Rechts- **65**
charakter der Innengesellschaft bürgerlichen Rechts, dass diese Pflichten ggf. rechtlich durchsetzbar sind (worin ein wesentlicher Unterschied zur Ansicht liegt, dass nur eine Rechtsbeziehung sui generis vorliegt).[183] Regelmäßig ist die Durchsetzung von solchen Ansprüchen jedoch kaum praktikabel, insbesondere weil gegenüber dem VN im Außenverhältnis gewisse Fristen zu beachten sind. Bei Verletzung der gegenseitigen Treuepflichten stehen daher praktisch Schadenersatzansprüche der MitVR untereinander im Vordergrund, je nach Falllage und dogmatischem Ansatz entweder primäre Schadenersatzansprüche nach § 280 BGB oder solche statt der Leistung nach §§ 281 f. BGB. Die MitVR haften untereinander nur für die Sorgfalt in eigenen Angelegenheiten (§ 708 BGB), was die Haftung für grobe Fahrlässigkeit nicht ausschließt (§ 277 BGB). Eine abweichende Regelung des Haftungsmaßstabs ist zwar möglich,[184] hiervon ist bei der Mitversicherung jedoch regelmäßig nicht auszugehen.[185]

Die Innengesellschaft endet grundsätzlich mit Erreichung des vereinbarten Zwecks **66**
(§ 721 Alt. 1 BGB). Bei (wie im Regelfall) gleichzeitiger Beendigung des Versicherungsschutzes in Person aller MitVR ist dies entweder das Ende der Vertragslaufzeit im Außenverhältnis oder, soweit späterliegend, die abschließende Abwicklung noch nicht erledigter Versicherungsfälle oder Verrechnung von Prämieneinnahmen. Die Gesellschaft endet vor Zweckerreichung ggf. im Falle der Ausübung von Anfechtungs-, Rücktritts- oder außerordentlichen Kündigungsrechten (Fälle von § 726 Alt. 2 BGB).[186] Eine Auseinandersetzung der Gesellschaft bedarf es mangels Gesellschaftsvermögens regelmäßig nicht, sodass die §§ 730 ff. BGB keine Anwendung finden.[187] Scheidet nur ein einzelner MitVR im Außenverhältnis aus der Mitversicherung aus, führt dies auch zum Ausscheiden dieses MitVR im Innenverhältnis. In diesen Fällen ist entsprechend § 736 BGB davon auszugehen, dass die verbleibenden Mitversicherer die Innengesellschaft fortführen.[188] Das ordentliche Kündigungsrecht des einzelnen MitVR ist während der Laufzeit der Mitversicherung grundsätzlich ausgeschlossen (§ 723 Abs. 1 Satz 1 BGB). Etwas anderes gilt jedoch zu dem Zeitpunkt, zu dem die Mitversicherung gegenüber dem VN ordentlich

---

[181] Grundsätzlich ebenso *Schaloske* Mitversicherung 141 f.; *ders.* VersR **2007** 606, 612.
[182] *Schaloske* Mitversicherung 144 f.; Bruck/Möller/*Möller*[8] § 58 Anm. 60.
[183] *Schaloske* Mitversicherung 142.
[184] MüKo/*Ulmer*/*Schäfer* § 708 Rn. 3; Staudinger/*Habermeier* (2003) § 708 Rn. 15.
[185] *Schaloske* Mitversicherung 146.
[186] *Schaloske* Mitversicherung 146.
[187] *Schaloske* Mitversicherung 146.
[188] *Schaloske* Mitversicherung 146 f.

gekündigt werden kann (dazu Rn. 52), parallel kann in einem solchen Fall auch die Innengesellschaft gekündigt werden. Im Übrigen besteht nur ein Kündigungsrecht aus wichtigem Grund (§ 723 Abs. 1 Satz 2 BGB).

III. Mitversicherung mit Führungsklausel

1. Einführung

67 Die offene Mitversicherung bedeutet für den VN einen erheblichen Mehraufwand bei der Einhaltung seiner versicherungsvertraglichen Pflichten. Er hat diese gegenüber jedem der MitVR zu erfüllen. Dies gilt sowohl für den Zeitraum der Anbahnung der Versicherungsverträge – also insbesondere die Erfüllung der Anzeigepflichten nach § 19 (vgl. Rn. 29 f.) –, aber auch für deren Durchführung – etwa bei Anzeigepflichten während des laufenden Vertrages im Falle von Gefahrerhöhungen oder der Ausübung von Gestaltungsrechten sowie, vor allem, bei der Geltendmachung der Versicherungsleistung nach Eintritt des Versicherungsfalls (dazu Rn. 35) – und zuletzt deren Beendigung. Im Rahmen der vorvertraglichen Anzeigepflichten helfen für den späteren Versicherungsvertrag vereinbarte Führungsklauseln nicht, weil deren Wirksamkeit erst mit Abschluss des Versicherungsvertrages beginnt; hier können aber gesonderte Vollmachtserteilungen vorliegen (vgl. im Einzelnen Rn. 29). Für den **Zeitraum ab Zustandekommen des Versicherungsvertrages** können die MitVR und der VN **Führungsklauseln** vereinbaren. Diese Führungsklauseln können einen unterschiedlichen Inhalt haben. Im Wesentlichen kann zwischen der Einräumung einer passiven Vollmacht zu Gunsten des führenden MitVR („Anzeigeklauseln"), der Einräumung aktiver Vertretungsmacht („Anschlussklauseln") sowie Regelungen für gerichtliche Verfahren, die im Ergebnis zu einer Prozessführung des führenden MitVR für die anderen MitVR führen („Prozessführungsklauseln"), unterschieden werden; vgl. zu Einzelheiten Rn. 75 ff. Die Bestimmung eines Führenden bedeutet also eine Vereinfachung des Geschäfts sowohl auf Seiten des VN als auch der MitVR,[189] sodass dies gewöhnlich im beiderseitigen Interesse liegt. Deshalb ist die Bestimmung eines führenden VR der Regelfall bei der Mitversicherung[190], keinesfalls aber eines ihrer konstitutiven Merkmale.[191]

2. Zustandekommen der Führungsklausel und Bestimmung des Führenden

68 Im **Regelfall** wird zwischen VN und den MitVR eine Führungsklausel **ausdrücklich** vereinbart und der führende MitVR ausdrücklich festgelegt. Führender ist häufig der auf dem Versicherungsschein erstgenannte VR. Für Hamburg[192] und München[193] haben die

---

[189] BGH 7.6.2001 VersR **2002** 117, 118; LG Köln 22.12.2003 VersR **2004** 636, 639; Bruck/Möller/*Möller*[8] § 58 Anm. 61; Langheid/Wandt/*Halbach* § 77 Rn. 12; Römer/Langheid/*Langheid* § 77 Rn. 10.

[190] Bruck/Möller/*Möller*[8] § 58 Anm. 61; Langheid/Wandt/*Halbach* § 77 Rn. 12; *Schaloske* VersR **2007** 606, 612; *Dreher/Lange* VersR **2005** 717, 723.

[191] Bruck/Möller/*Möller*[8] § 58 Anm. 53; *Schaloske* VersR **2007** 606, 612.

[192] OLG Hamburg 24.4.1975 VersR **1976** 37, 38 (nur für die Güterversicherung), insoweit bestätigt durch BGH 7.11.1977 VersR **1978** 177; OLG Köln 13.9.2005 VersR **2006** 1564, 1565; Bruck/Möller/*Möller*[8] § 58 Anm. 66; *Bruck* PVR, 542 (beschränkt auf die Seeversicherung); *Hübener* 40 (der auch die Geltung im Binnenland für möglich hält).

[193] Vgl. LG München I 29.6.1993 VersR **1994** 1375; zweifelnd Prölss/Martin/*Armbrüster* Vor § 77 Rn. 17.

Gerichte gar einen **Handelsbrauch** bejaht, nachdem der erstgenannte VR diese Rolle per se inne hat, **ohne** dass es einer gesonderten **Führungsabrede** bedarf. Die Ausdehnung dieses Handelsbrauchs im Sinne einer allgemeinen **Auslegungsregel**[194] für die Mitversicherung ist jedoch abzulehnen, weil die Vereinbarung einer Führungsabrede eine überragende Bedeutung hat und in der Praxis in unterschiedlichen Ausgestaltungen erfolgt.[195] Die Einigung über die Mitversicherung schließt eine Führungsabrede nicht automatisch mit ein, weil sie für diese Art der Versicherung zwar regelmäßig von erheblichem Vorteil bei ihrer Durchführung, nicht aber zwingend für ihre Begründung ist (Rn. 67). Mitversicherungsverträge sehen regelmäßig eine ausdrückliche Vereinbarung über die Führungsabrede vor. Fehlt eine solche, kann ihre konkludente Vereinbarung nicht ohne weiteres allein aufgrund des Vorhandenseins einer Beteiligungsliste bejaht werden. Führt die Vertragsauslegung jedoch zu dem Ergebnis, dass eine Führungsabrede vereinbart ist, können die Reihenfolge der Beteiligungsliste, die Beteiligungsquote oder die Rolle einzelner Versicherer bei der Vertragsanbahnung als Indizien für die Festlegung eines Führenden herangezogen werden.[196]

Ist ein **führender MitVR** bestimmt, wird regelmäßig durch diesen (oder in Abstim- **69**
mung mit ihm von einer Verwaltungsgesellschaft oder einem Versicherungsvermittler, dazu auch Rn. 111 ff.) ein **einheitlicher Versicherungsschein** i.S.v. § 3 VVG **ausgestellt** (vgl. allgemein zum Versicherungsschein bei der Mitversicherung Rn. 27 f). Da die Erstellung des Versicherungsscheins regelmäßig zu den Geschäftsführungsaufgaben des führenden VR gehört,[197] ist dieser **im Zweifel** jedenfalls stillschweigend von den übrigen MitVR hierzu **bevollmächtigt**.[198]

Weicht der Versicherungsschein von dem Antrag des VN oder dem zuvor mit den **70**
MitVR getroffenen Vereinbarungen ab, **gilt grundsätzlich** § 5, dazu allgemein Rn. 28. Hat der VN **mit nur einem MitVR** eine **besondere Vereinbarung** getroffen (z.B. ein Ausschluss für bestimmte Risiken) und wird dieser Ausschluss **in dem** von dem führenden MitVR erst später ausgestellten **Versicherungsschein nicht erwähnt**, so beurteilt sich auch die Geltung solcher Sonderabreden nach § 5.[199] Bei den VN begünstigenden Abweichungen (Beispielsfall: keine Aufführung eines mit nur einem MitVR zuvor vereinbarten Ausschlusses) kann dies dazu führen, dass diese Abweichung (also etwa der vereinbarte Ausschluss) nach § 5 Abs. 1 nicht vereinbart ist.[200] Wird der Versicherungsschein von einer Verwaltungsgesellschaft oder einem Versicherungsvermittler auf Grund entsprechender Bevollmächtigung ausgestellt, gelten diese Grundsätze entsprechend.[201] Bei Abweichungen zwischen mit einzelnen MitVR getroffenen Sondervereinbarungen und dem ausgestellten einheitlichen Versicherungsschein ist jedoch stets zu prüfen, ob wirklich eine

---

194 So aber *Hübener* 56, der von einem typischen Führungsverhältnis ausgeht.

195 *Dreher/Lange* VersR **2005** 717, 723; *Lange/Dreher* VersR **2008** 289, 290; *Schaloske* Mitversicherung 169.

196 Vgl. *Schaloske* Mitversicherung 169.

197 OLG Hamm 3.11.2010 VersR **2011** 469, 477; *Schaloske* RuS **2010** 279, 280; *ders.* VersR **2007** 606, 607; vgl. auch Rn. 121.

198 OLG Hamm 3.11.2010 VersR **2011** 469, 477 (wonach eine entsprechende Verkehrsauffassung bestehen soll); *Schaloske* RuS **2010** 279, 280; **a.A.** wohl *Schneider* RuS **2012** 417, 421 f.

199 OLG Hamm 3.11.2010 VersR **2011** 469, 477; *Naujoks/Heydorn* VersR **2011** 477, 480 f.; einschränkend *Schneider* RuS **2012** 417, 418 ff.

200 OLG Hamm 3.11.2010 VersR **2011** 469, 477; *Naujoks/Heydorn* VersR **2011** 477, 480 f.; **a.A.** *Schneider* RuS **2012** 417, 418 f. (wobei die Ablehnung auf einem anderen Verständnis von § 5, nicht aber auf Besonderheiten der Mitversicherung beruht).

201 **A.A.** *Schneider* RuS **2012**, 417, 420 ff., wonach § 5 auf Maklerpolicen keine Anwendung finden soll.

Abweichung im Sinne von § 5 vorliegt. In der Praxis oft vorkommende Klauseln in solchen Versicherungsscheinen, wonach Sondervereinbarungen mit einzelnen MitVR unberührt bleiben, gehen auf Grund der Besonderheiten der Mitversicherung vor und führen daher insbesondere bei den VN begünstigenden Abweichungen nicht dazu, dass ein solcher Ausschluss nicht mehr gilt.[202] Auch die grundsätzlich im Rahmen von § 5 anwendbaren Grundsätze der falsa demonstratio non nocet[203] können dazu führen, dass solche Sondervereinbarungen wirksam bleiben, solange dem betroffenen MitVR der Nachweis gelingt, dass der VN das wirklich Gewollte erkannt hat. Bei Großrisiken kann zudem (soweit dies vor Ausfertigung des Versicherungsscheins vereinbart wird) die Anwendbarkeit von § 5 ausgeschlossen werden (§ 210), sodass die vorstehenden Grundsätze nicht anwendbar sind.[204]

3. Vereinbarungen (Führungsklauseln) im Außenverhältnis zum Versicherungsnehmer

71 a) **Allgemeines.** Die Führungsklausel ist Teil des (bei einem einheitlichen Vertrag) oder der (bei mehreren selbständigen Verträgen wie im Regelfall) Mitversicherungsverträge und muss mit dem VN vereinbart werden.[205] Als Bestandteil des Versicherungsvertrages wird die Führungsklausel erst mit dem Vertragsschluss wirksam,[206] sodass der führende MitVR zum Vertragsabschluss im Namen der übrigen MitVR einer gesonderten Bevollmächtigung bedarf (vgl. auch zur Erfüllung vorvertraglicher Anzeigepflichten).[207] Bei der Mitversicherung im Einzelfall ist also jeweils eine entsprechende Einzelvollmacht erforderlich, bei Mitversicherungsgemeinschaften wird diese regelmäßig im Rahmen der dazu zwischen den MitVR getroffenen Absprachen erteilt worden sein.

72 In der Regel werden die Rechte und Pflichten des führenden VR gegenüber dem VN durch sogenannte Führungsklauseln im Rahmen des Versicherungsvertrages ausdrücklich vereinbart (dazu Rn. 75 ff.).

73 **Problematisch** sind die (in der Praxis eher seltenen) Fälle, in denen **zwar ein MitVR als Führender** bestimmt ist, jedoch dessen **Rechte und Pflichten nicht im Einzelnen geregelt** werden. Die Gerichte haben für Hamburg[208] und München[209] einen Handelsbrauch bejaht, wonach nicht nur der erstgenannte VR per se die Rolle des führenden VR hat (dazu bereits Rn. 68), sondern auch angenommen, dass der führende MitVR

---

[202] Möglicherweise a.A. OLG Hamm 3.11.2010 VersR **2011** 469, 477 (wobei der mitgeteilte Sachverhalt insoweit unklar ist).

[203] BGH 10.3.2004 VersR **2004** 893, 894; 22.2.1995 VersR **1995** 648, 649; 21.5.1959 VersR **1959** 497, 498; Prölss/Martin/*Prölss* § 5 Rn. 9; Langheid/Wandt/*Armbrüster* § 5 Rn. 33; Römer/Langheid/*Rixecker* § 5 Rn. 2.

[204] OLG Hamm 3.11.2010 VersR **2011** 469, 477; *Naujoks/Heydorn* VersR **2011** 477, 481.

[205] OLG Hamburg 19.2.2008 VersR **2008** 1249, 1250; Bruck/Möller/*Möller*[8] § 58 Anm. 66; Prölss/Martin/*Armbrüster* Vor § 77 Rn. 17; Berliner Kommentar/*Schauer* § 58 Rn. 31.

[206] OLG Hamburg 19.2.2008 VersR **2008** 1249, 1250; Bruck/Möller/*Möller*[8] § 58 Anm. 67; Berliner Kommentar/*Schauer* § 58 Rn. 31; wohl auch Prölss/Martin/*Armbrüster* Vor § 77 Rn. 17.

[207] Berliner Kommentar/*Schauer* § 58 Rn. 31; *Schaloske* RuS **2010** 279, 280.

[208] OLG Hamburg 24.04.1975 VersR **1976** 37, 38 (nur für die Güterversicherung, wobei der Fall einen Seetransport betraf), insoweit bestätigt durch BGH 7.11.1977 VersR **1978** 177; zustimmend OLG Köln 13.9.2005 VersR **2006** 1564, 1565; Prölss/Martin/*Armbrüster* Vor § 77 Rn, 18; Berliner Kommentar/*Schauer* § 58 Rn. 31.

[209] LG München I 29.6.1993 VersR **1994** 1375; Berliner Kommentar/*Schauer* § 58 Rn. 31; zweifelnd Prölss/Martin/*Armbrüster* Vor § 77 Rn. 18.

dadurch aktiv und passiv bevollmächtigt ist, für die übrigen MitVR zu handeln. Ob ein solcher Handelsbrauch außerhalb Hamburgs sowie auch dort außerhalb der See-Güterversicherung besteht, ist jedoch äußerst fraglich. Jedenfalls jede aktive Vollmacht (über die Ausstellung des Versicherungsscheins hinaus, dazu Rn. 69) oder Ermächtigung zur Prozessführungsbefugnis zu Gunsten des führenden MitVR ohne ausdrückliche Vereinbarung ist im Zweifel zu verneinen,[210] insbesondere hinsichtlich der Anerkennung und Ablehnung von Entschädigungsansprüchen für und gegen MitVR.[211] Zweifelhaft ist ferner, ob aus dem Zweck der Führungsklausel, die Vertragsabwicklung für alle Beteiligten zu vereinfachen (Rn. 67), zumindest eine passive Empfangsvertretungsmacht auch ohne ausdrückliche Vereinbarung abgeleitet werden kann.[212] Hiergegen spricht, dass auf Grund der vielfältigen Gestaltungsformen von Führungsklauseln nicht von einer typisierten Führungsklausel ausgegangen werden kann,[213] sowie die Praxis, in der Regel als Mindeststandard einer Führungsabrede, ausdrücklich Anzeigeklauseln zu vereinbaren. Von den Fällen fehlender Regelungen sind die Fälle **abzugrenzen**, in denen es eine **allgemeine Führungsabrede** gibt, die etwa – aber ohne weitergehende Konkretisierung – beinhaltet, dass die Vollmacht des führenden MitVR z.B. alle Geschäfte und Rechtshandlungen umfasst, welche die Abwicklung des Vertragsverhältnisses mit sich bringt, sowie alle Rechtsstreitigkeiten, die auf das Vertragsverhältnis Bezug haben.[214] In diesem Falle ist im Wege der Auslegung zu entnehmen, welchen Umfang die Rechte und Pflichten des führenden MitVR haben. Dies kann soweit gehen, dass dieser auch ermächtigt ist, nach § 86 übergegangene Schadenersatzansprüche im Wege der gewillkürten Prozessstandschaft auch für alle MitVR geltend zu machen (vgl. dazu Rn. 97).[215]

Ausdrückliche Führungsklauseln werden in der Praxis sowohl als AVB (ggf. aufgrund **74**
der Vorschläge des GDV) als auch individuell vereinbart. Soweit Führungsklauseln als AVB vereinbart werden, sind vereinzelt Bedenken an deren Wirksamkeit im Hinblick auf §§ 305 ff. BGB vor allem für Anschlussklauseln (dazu Rn. 79 ff.) und Prozessführungsklauseln (dazu Rn. 84 ff.) geäußert worden.[216] Grundsätzliche Bedenken gegen Führungsklauseln gibt es aus AGB-rechtlicher Sicht jedoch nicht. Weder sind solche Klauseln generell überraschend oder unklar im Sinne von § 305c BGB, noch führen diese im Hinblick auf den regelmäßig in beiderseitigem Interesse liegenden Zweck, das Geschäft zu vereinfachen, zu einer unangemessenen Benachteiligung des VN oder eines Versicherten.[217] Allerdings kann eine Klausel auf Grund ihrer besonderen Ausgestaltung im Einzelfall durchaus einer Inhaltskontrolle nicht standhalten, s. etwa Rn. 102.

b) Erscheinungsformen von Führungsklauseln. Üblicherweise kann zwischen so **75**
genannten Anzeigeklauseln, Anschlussklauseln sowie (passiven und aktiven) Prozessführungsklauseln unterschieden werden (vgl. bereits Rn. 67).[218]

---

210 Vgl. zur Geltendmachung von nach § 67 a.F., heute § 86, übergegangenen Forderungen BGH 24.3.1954 VersR **1954** 249.

211 Nach Prölss/Martin/*Armbrüster* Vor § 77 Rn. 18 ist dies Auslegungsfrage.

212 So aber Prölss/Martin/*Armbrüster* Vor § 77 Rn. 18; *Hübener* 76 (angeblicher Handelsbrauch); unklar Berliner Kommentar/*Schauer* § 58 Rn. 31; OLG Saarbrücken 27.2.2004 ZfS **2005** 91, 92.

213 *Dreher/Lange* VersR **2005** 717, 723; *Lange/Dreher* VersR **2008** 219, 290; **a.A.** *Hübener* 56.

214 So die Führungsklausel im Fall BGH 7.6.2001 VersR **2002** 117.

215 BGH 7.6.2001 VersR **2002** 117, 118 f.

216 *Säcker* VersR **2005** 10, 12 f.; *Kretschmer* **2008** 33, 36 ff.

217 OLG Köln 2.9.2008 VersR **2008** 1673, 1675; Langheid/Wandt/*Halbach* § 77 Rn. 28; Prölss/Martin/*Armbrüster* Vor § 77 Rn. 22.

218 So Bruck/Möller/*Möller*[8] § 58 Anm. 67 ff.; *Schaloske* Mitversicherung 176 ff.; *ders.* VersR **2007** 616, 613 ff.; *Brinker/Schädle* VW **2003** 1318, 1320 f.; *Lange/Dreher*

76 aa) **Anzeigeklauseln.** Eine typische Anzeigeklausel enthält etwa die gesondert zu vereinbarende GDV-Klausel SK 1801 (10) für die Einzelgefahrenversicherungen:[219]

„Der führende VR ist bevollmächtigt, Anzeigen und Willenserklärungen des VN für alle beteiligten VR entgegenzunehmen."

77 Eine solche Anzeigeklausel verleiht dem führenden VR als Außenvollmacht eine **passive Empfangsvollmacht** (§§ 167 Abs. 1 Alt. 2, 164 Abs. 3 BGB).[220] Eine Anzeige oder Willenserklärung, die dem Führenden zugegangen ist, ist damit auch allen mitbeteiligten VR zugegangen, wodurch der Führende nicht nur als Bote, sondern als echter Bevollmächtigter fungiert. Das Risiko der Weiterleitung einer Willenserklärung liegt somit bei den MitVR, § 120 BGB ist z.B. unanwendbar.[221] Aufgrund der Anzeigeklausel braucht der VN nicht ausdrücklich geltend zu machen, seine Erklärung sei nicht nur für den Führenden selbst, sondern auch für die übrigen Beteiligten MitVR bestimmt; der Führende handelt stets auch als Empfangsvertreter.[222] Infolge der Anzeigenklausel ist der Führende zugleich Wissensvertreter der übrigen MitVR, seine Kenntnis ist den übrigen MitVR zuzurechnen.[223] Auch wenn Anzeigeklauseln regelmäßig nach ihrem Wortlaut nur eine Bevollmächtigung des führenden VR für Anzeigen und Willenserklärungen des VN enthalten, sind diese in der Regel dahin auszulegen, dass sie bei Anzeigen eines Versicherten bei der Versicherung für fremde Rechnung sowie sonstiger Beteiligter (Bezugsberechtigter in der Personenversicherung, Drittgeschädigte bei der Haftpflichtversicherung, Realgläubiger im Rahmen der §§ 142 ff. oder außerhalb der Gebäudefeuerversicherung aufgrund vertraglich vereinbarter Regelungen zu anderen Gefahren, oder bei Veräußerung der versicherten Sachen bei Anzeigen oder Erklärungen des Erwerbers) entsprechend geltend.[224]

78 Die Anzeigeklausel ist jedoch regelmäßig nur auf die passive Empfangsvollmacht von Anzeigen und Willenserklärungen beschränkt. Die bloße Anzeigenklausel enthält daher weder eine Bevollmächtigung des führenden VR, für die anderen MitVR Prämien entgegen zu nehmen,[225] noch verleiht sie dem führenden VR eine aktive Vertretungsmacht für

VersR **2008** 289, 291 ff.; andere Unterteilung bei Prölss/Martin/*Armbrüster* Vor § 77 Rn. 20 ff.

[219] Weitere Klauselbeispiele bei Prölss/Martin/*Armbrüster* Vor § 77 Rn. 20; *Schaloske* Mitversicherung 177; vgl. auch – kombiniert mit einer Anschlussklasuel – die unter Rn. 80 zitierten Klauseln für die Technischen Versicherungen, dort jeweils unter Nr. 2 Halbs. 1.

[220] Bruck/Möller/*Möller*[8] § 58 Anm. 67; Prölss/Martin/*Armbrüster* Vor § 77 Rn. 20; *Schaloske* Mitversicherung 177; *ders.* VersR **2007** 606, 613; *Lange/Dreher* VersR **2008** 289, 291; *Brinker/Schädle* VW **2003** 1318, 1320.

[221] Bruck/Möller/*Möller*[8] § 58 Anm. 67; *Schaloske* Mitversicherung 177; *ders.* VersR **2007** 606, 613; *Lange/Dreher* VersR **2008** 289, 291.

[222] Bruck/Möller/*Möller*[8] § 58 Anm. 67; *Schaloske* Mitversicherung 178; so (wenn auch nur deklaratorisch, vgl. Thume/de la Motte/Ehlers/*Ehlers* Teil 5 Rn. 655) ausdrücklich Ziffer 25.5 DTV-Güter 2000/2011; vgl. auch Abdruck insoweit wortgleicher früherer Fassungen bei Thume/de la Motte/Ehlers/*Ehlers* Teil 5 Rn. 739.

[223] Bruck/Möller/*Möller*[8] § 58 Anm. 67; *Schaloske* Mitversicherung 177; *ders.* VersR **2007** 606, 613; *Lange/Dreher* VersR **2008** 289, 291; *Meyer-Reim/Testorf* VersR **1994** 1137, 1140; noch weitergehender OLG Hamm 3.11.2010 VersR **2011** 469, 472 zu einem Sonderfall der Überlassung eines Besichtigungsberichtes.

[224] Bruck/Möller/*Möller*[8] § 58 Anm. 67; *Schaloske* Mitversicherung 178 f.; *Lange/Dreher* VersR **2008** 289, 291.

[225] Bruck/Möller/*Möller*[8] § 58 Anm. 67; *Schaloske* Mitversicherung 179 f.

Willenserklärungen oder sonstige Erklärungen im Namen der übrigen MitVR.[226] Soll der führende VR die übrigen MitVR im Fall einer bloßen Anzeigeklausel dennoch vertreten, so bedarf es hierfür der Erteilung einer gesonderten, jedenfalls konkludenten Vollmacht. Ansonsten kann der führende VR allenfalls als Bote für die anderen MitVR auftreten.[227] Gibt der führende VR demnach Willenserklärungen im Namen der übrigen MitVR ab, handelt er als Vertreter ohne Vertretungsmacht und bindet die übrigen MitVR nicht (zu den Rechtsfolgen Rn. 106). Ohne Hinzutreten weiterer Gesichtspunkte kommt bei einer bloßen Empfangsvollmacht auch keine Bindung der übrigen MitVR nach den Grundsätzen der Duldungs- und Anscheinsvollmacht in Betracht.[228]

bb) Anschlussklauseln. Durch Anschlussklauseln wird dem führenden VR die Befugnis eingeräumt, Willenserklärungen im Namen der übrigen MitVR abzugeben und diese damit aktiv zu vertreten. Es handelt sich folglich um eine aktive Erklärungsvollmacht.[229] In der industriellen Einzelgefahrenversicherung kommen Anschlussklauseln eher seltener vor; entsprechend enthalten weder die früheren GDV-Klauselwerke[230] noch die aktuellen GDV-Klauselwerke für die Einzelgefahrenversicherung nach der VVG-Reform eine Anschlussklausel. Gleichwohl gibt es in der Praxis auch bei den Einzelgefahrenversicherungen solche Klauseln, insbesondere im Rahmen so genannter Geschriebener Bedingungen oder von Maklerbedingungen. **79**

Üblich sind Anschlussklauseln jedoch zum einen im Bereich der Technischen Versicherung und zum anderen bei der Transportversicherung. So lauten etwa die gesondert zu vereinbarenden GDV-Klauseln TK 2850 AMB 2011, 3850 ABMG 2011, 1850 ABE 2011, 7850 AMoB 2011, 5850 ABN 2011, 6850 ABU 2011, 9850 ABBV 2011 auszugsweise wie folgt: **80**

„2. *Der führende VR ist bevollmächtigt, Anzeigen und Willenserklärungen des VN für alle beteiligten VR entgegenzunehmen und in deren Namen im Rahmen von Abschnitt B § 8 Nr. 1*[231] *die Versicherungsverträge zu kündigen.*

3. *Die vom führenden VR abgegebenen Erklärungen oder mit dem VN getroffenen Vereinbarungen sind für die beteiligten VR verbindlich. Der führende VR ist jedoch ohne Zustimmung (Einwilligung oder Genehmigung) der beteiligten VR, von denen jeder einzeln zu entscheiden hat, nicht berechtigt.*
   a) zur Erhöhung von Versicherungssummen und/oder Entschädigungsgrenzen über die im Versicherungsschein genannten prozentualen Werte bzw. Maximalbeträge hinaus. Dies gilt nicht für Summenanpassungen im Rahmen der Bestimmungen für die vertraglich vorgesehenen Abrechnungsverfahren (Summe/Prämie);
   b) zur Änderung der Kündigungsbestimmungen oder der Versicherungsdauer. Dies gilt nicht für Verlängerungen der Versicherungsdauer, die aufgrund einer im Versicherungsvertrag getroffenen Regelung gewährt werden; ferner bleibt die Berechtigung des führenden VR zur Kündigung gemäß Abschnitt B § 8 Nr. 1 unberührt;

---

[226] OLG Bamberg 11.1.1990 VersR **1990** 894, 895; Bruck/Möller/*Möller*[8] § 58 Anm. 67; *Schaloske* Mitversicherung 180 f.; *Lange/Dreher* VersR **2008**, 289, 291.

[227] *Lange/Dreher* VersR **2008** 289, 291.

[228] OLG Bamberg 11.1.1990 VersR **1990** 894, 895 f.; *Schaloske* Mitversicherung 181.

[229] Bruck/Möller/*Möller*[8] § 58 Anm. 59; *Schaloske* Mitversicherung 181 f.; *ders.* VersR **2007** 606, 613; *Lange/Dreher* VersR **2008** 289, 291; *Brinker/Schädle* VW **2003** 1318, 1320.

[230] *Schaloske* Mitversicherung 182.

[231] Die zitierte AVB-Norm betrifft das Kündigungsrecht des VR bei Obliegenheitsverletzungen vor Eintritt des Versicherungsfall nach Maßgabe von § 28.

c) zur Erweiterung des Deckungsumfangs, zur Verminderung des Selbstbehaltes und/oder der Prämie.

4. Bei Schäden, die voraussichtlich __ EUR[232] *übersteigen oder für die MitVR von grundsätzlicher Bedeutung sind, ist auf Verlangen der beteiligten VR eine Abstimmung herbeizuführen.“*

81 In der Transportversicherung lautet die mit „Mitversicherung“ überschriebene Ziffer 25 DTV-Güter 2000/2011[233] auszugsweise wie folgt:

„25.2 Die vom führenden VR mit dem Versicherungsnehmer getroffenen Vereinbarungen sind für die MitVR verbindlich. Dies gilt insbesondere zugunsten des Versicherungsnehmers für die Schadenregulierung. Der führende VR ist jedoch ohne Zustimmung der MitVR, von denen jeder einzeln zu entscheiden hat, nicht berechtigt

- *zur Erhöhung des Policenmaximums;*
- *zum Einschluss der gemäß Ziffern 2.4.1.1 bis 2.4.1.3 ausgeschlossenen Gefahren (siehe Ziffer 2.4.2);*
- *zur Änderung der Policenwährung;*
- *zur Änderung der Kündigungsbestimmungen.*

Fehlt die Zustimmung der beteiligten VR, haftet der Führende aus einer ohne Einschränkungen abgegebenen Erklärung auch für die Anteile der MitVR.“

82 Wie sich an dem Vergleich beider Klauseln gut aufzeigen lässt, werden Anschlussklauseln teilweise isoliert (so bei Ziffer 25.2 DTV-Güter 2000/2011), teilweise aber auch in Ergänzung zu Anzeigeklauseln (so bei den Klauseln in der Technischen Versicherung) vereinbart.[234] Soweit die Anschlussklausel nicht mit einer Anzeigeklausel kombiniert ist, ist der Anschlussklausel gleichwohl a maiore ad minus eine passive Empfangsvollmacht für Erklärungen zu entnehmen, wie sie üblicherweise durch die Anzeigevollmacht erteilt wird.[235]

83 Soweit die Anschlussklauseln die Befugnisse des führenden VR von der Zustimmung der MitVR abhängig machen, kann zweifelhaft sein, ob dies nur das Innenverhältnis der MitVR untereinander oder auch die Vollmacht des führenden VR gegenüber dem VN betrifft. Für eine rein interne Regelung könnte sprechen, dass die Zustimmung ein interner Umstand ist, der sich dem VN nicht ohne Weiteres erschließt.[236] Dem ist jedoch entgegenzuhalten, dass die Regelungen unbeschadet ihrer Bedeutung im Innenverhältnis (dazu Rn. 115 und 122) gegenüber dem VN Verwendung finden und deshalb auch das Verhältnis zu ihm regeln.[237] Grundsätzlich beschränken die Regelungen daher auch die Vollmacht gegenüber dem VN.[238] Soweit der führende VR allerdings gegenüber dem VN behauptet, er handele bei zustimmungspflichtigen Geschäften mit Zustimmung der übri-

---

[232] Der GDV-Vorschlag für die Klausel sieht keine bestimmte Summe vor; diese ist in den verwendeten AVB zu ergänzen.

[233] Abdruck weitgehend identischer Vorfassungen bei Thume/de la Motte/Ehlers/*Ehlers* Teil 5 Rn. 739.

[234] Langheid/Wandt/*Halbach* § 77 Rn. 15.

[235] Bruck/Möller/*Möller*[8] § 58 Anm. 69; *Dreher/Lange* VersR **2005** 717, 724; *Lange/Dreher* VersR **2008** 289, 291; *Schaloske* Mitversicherung 188; im Ergebnis auch Thume/de la Motte/Ehlers/*Ehlers* Teil 5 Rn. 642.

[236] So Bruck/Möller/*Möller*[8] § 58 Anm. 69.

[237] So im Ergebnis auch *Schaloske* Mitversicherung 188 f.; *ders.* VersR **2007** 606, 613.

[238] Thume/de la Motte/Ehlers/*Ehlers* Teil 5 Rn. 643; *Schaloske* Mitversicherung 188 f.; *ders.* VersR **2007** 606, 613.

gen MitVR, so haftet der führende VR gegenüber dem VN nach § 179 Abs. 1 BGB (so auch ausdrücklich der letzte Satz von Ziffer 25.2 DTV-Güter 2000/2011). In diesen Fällen ist regelmäßig davon auszugehen, dass der VN den Mangel im Sinne von § 179 Abs. 3 Satz 1 BGB nicht kannte.

cc) **Prozessführungsklauseln.** Wenn der VN, insbesondere im Versicherungsfall, Ansprüche gegen die MitVR durchsetzen möchte, muss er grundsätzlich gegen jeden MitVR beschränkt auf dessen Anteil vorgehen, soweit nicht ausnahmsweise eine gesamtschuldnerische Haftung der MitVR vereinbart ist (Rn. 35). Umgekehrt muss jeder MitVR ihm zustehende Ansprüche, insbesondere den Prämienanspruch, grundsätzlich gesondert durchsetzen (Rn. 35). Auch die Bestimmung eines führenden VR oder die Vereinbarung von Anzeigen- und Ausschlussklauseln ändert für den Fall eines notwendig werdenden Rechtsstreites regelmäßig nichts hieran.[239] Um sowohl für den VN als auch für die MitVR damit verbundene Schwierigkeiten bei der Durchsetzung prozessualer Ansprüche zu vermeiden, werden bei Bestimmung eines führenden MitVR regelmäßig Prozessführungsklauseln vereinbart. Es kann zwischen passiven, aktiven sowie gleichzeitig aktiven und passiven Prozessführungsklauseln unterschieden werden. **84**

(1) **Passive Prozessführungsklauseln.** Eine passive Prozessführungsklausel enthält etwa die gesondert zu vereinbarende GDV-Klausel SK 1804 (10) für die Einzelgefahrenversicherungen:[240] **85**

„*Soweit die vertraglichen Grundlagen für die beteiligten VR die gleichen sind, ist folgendes vereinbart:*

1. *Der VN wird bei Streitfällen aus diesem Vertrag seine Ansprüche nur gegen den führenden VR und nur wegen dessen Anteil gerichtlich geltend machen.*
2. *Die beteiligten VR erkennen die gegen den führenden VR rechtskräftig gewordene Entscheidung sowie die von diesem mit dem VN nach Rechtshängigkeit geschlossenen Vergleiche als auch für sich verbindlich an.*
3. *Falls der Anteil des führenden VR den für die Zulässigkeit der Berufung notwendigen Wert des Beschwerdegegenstandes oder im Falle der Revision den Wert der mit der Revision geltend zu machenden Beschwer nicht erreicht, ist der VN berechtigt und auf Verlangen des führenden oder eines mitbeteiligten VR verpflichtet, die Klage auf einen zweiten, erforderlichenfalls auf weitere VR auszudehnen, bis diese Summe erreicht ist. Wird diesem Verlangen nicht entsprochen, so gilt Nr. 2 nicht.*“

Regelmäßiger Inhalt einer solchen (vgl. aber die in Rn. 100 f. zit. Klauseln) passiven Prozessführungsklausel ist, wie bei der vorstehend zitierten Klausel SK 1804 (10) Nr. 1, die Vereinbarung, dass der VN seine Ansprüche nur gegen den führenden VR und nur wegen dessen Anteil gerichtlich geltend macht. Eine solche Klausel gibt dem VN nicht nur das Recht, sondern auch die Pflicht, im Streitfall den Rechtsstreit auf den führenden MitVR und dessen Anteil zu beschränken.[241] Sofern eine Klage gegen den führenden **86**

---

[239] LG Köln 14.7.1961 VersR **1962** 439, 440; Römer/Langheid/*Langheid*, § 77 Rn. 10; *Schaloske* Mitversicherung 197; *ders.* VersR **2007**, 606, 614; vgl. auch die unterschiedliche Auslegung in den beiden Fällen BGH 24.3.1954 VersR **1954** 249; 7.6.2001 VersR **2007** 117, 118.

[240] Frühere Fassungen dieser Klausel werden abgedruckt etwa bei Bruck/Möller/*Möller*[8] § 58 Anm. 63; *Schaloske* Mitversicherung 200; ähnlich auch Klauseln bei der Film-Ausfallversicherung, vgl. Prölss/Martin/*Armbrüster* Vor § 77 Rn. 22.

[241] OLG Köln 2.9.2008 VersR **2008** 1673,

MitVR über dessen Anteil hinaus erhoben wird, ist diese insoweit unbegründet;[242] die Klausel führt also für die Anteile anderer MitVR nicht zu einer passiven Prozessstandschaft des führenden VR bzw. ermächtigt den führenden VR nicht, für die Anteile der übrigen MitVR einen Rechtsstreit zu führen (vgl. aber bei anderer Formulierung Rn. 101). Im Hinblick auf die übrigen MitVR wird ähnlich einem nach § 205 BGB[243] verjährungshemmenden Stillhalteabkommen vereinbart, dass diese MitVR vorübergehend berechtigt sind, die Leistung zu verweigern, und umgekehrt der VN als Gläubiger sich der Möglichkeit begeben hat, seine Ansprüche weiter zu verfolgen. Die Wirkung dieser Klausel gegenüber den anderen MitVR wird daher allgemein als ein **pactum de non petendo** bezeichnet.[244] Da es sich um ein vertraglich vereinbartes Leistungsverweigerungsrecht dieser MitVR handelt, ist eine entgegen dieser Vereinbarung erhobene Klage bei entsprechender Einrede des MitVR als unbegründet,[245] nicht aber als bereits unzulässig[246] abzuweisen. Darüber hinaus bewirkt die in dem pactum de non petendo enthaltene Stillhaltevereinbarung, dass die Verjährung des gegen weitere MitVR bestehenden Anspruchs gemäß § 205 BGB gehemmt ist, soweit die Abrede reicht.[247] Ferner folgt aus dieser Klausel, dass die übrigen MitVR nur berechtigt sind, die Einrede des pactum de non petendo im Prozess zu erheben, wenn sie selbst vorzeitig verklagt werden; sie sind dagegen nicht berechtigt, vorbeugend eine negative Feststellungsklage zu erheben, wenn der VN nur (unter Verkennung der Klausel) mit einer Klageerhebung zur Unzeit droht.[248] Verletzt der VN seine Verpflichtung, nur gegen den führenden MitVR Klage zu erheben, und verklagt er stattdessen zur Unzeit auch weitere MitVR, haben diese, abgesehen von dem prozessualen Kostenerstattungsanspruch (§ 91 ZPO), auch einen materiell-rechtlichen Schadenersatzanspruch auf eventuell entstandene Mehrkosten gegen den VN gemäß § 280 Abs. 1 BGB.[249]

87 Die Absprache des pactum de non petendo wird regelmäßig mit einer **Anerkenntnisvereinbarung** kombiniert, wie sie in der zitierten Klausel SK 1804 (10) Nr. 2 enthalten ist (vgl. auch Ziffer 25.3 Abs. 2 Satz 1 DTV-Güter 2000/2011, zit. Rn. 101). Es handelt sich um eine materiell-rechtliche (nicht nur prozessuale) Abrede[250] zwischen dem VN und den übrigen MitVR, wonach sich Letztere zu Gunsten des VN verpflichten, im Falle

---

1675; Bruck/Möller/*Möller*[8] § 58 Anm. 68; Langheid/Wandt/*Halbach* § 77 Rn. 71; Berliner Kommentar/*Schauer* § 58 Rn. 32.

242 OLG Düsseldorf 5.12.2000 NVersZ **2001** 177, 178; LG Köln 14.7.1961 VersR **1962** 439, 439 f.

243 Vgl. die ständige Rechtsprechung des BGH zu solchen verjährungshemmenden Stillhalteabkommen, etwa BGH 28.2.2002 NJW **2002** 1488, 1489; 6.7.2000 NJW **2000** 2661, 2662; 27.1.1999 NJW **1999** 1101, 1103.

244 OLG Köln 2.9.2008 VersR **2008** 1673, 1675; Bruck/Möller/*Möller*[8] § 58 Anm. 68; Prölss/Martin/*Armbrüster* Vor § 77 Rn. 22; *Lange/Dreher* VersR 2008, 289, 292 f.; kritisch zu dieser Bezeichnung aufgrund ihres verjährungsrechtlichen Hintergrunds Langheid/Wandt/*Halbach* § 77 Rn. 21.

245 OLG Köln 2.9.2008 VersR **2008** 1673, 1675; Langheid/Wandt/*Halbach* § 77 Rn. 21.

246 So aber *Schaloske* Mitversicherung 201; *Raiser* § 10 Rn. 23; ebenso offenbar Bruck/Möller/*Möller*[8] § 58 Anm. 68, der auf *Raiser* verweist und offenbar, aber nicht eindeutig, dessen Ansicht übernimmt.

247 Mit gleichem Ergebnis, jedoch dogmatisch anders *Schaloske* Mitversicherung 203, wonach durch die Vereinbarung die Fälligkeit des Versicherungsanspruches aufschiebend bedingt vereinbart wird.

248 Bruck/Möller/*Möller*[8] § 58 Anm. 68; *Schaloske* Mitversicherung 204 f.

249 Bruck/Möller/*Möller*[8] § 58 Anm. 68; *Schaloske* Mitversicherung 201.

250 Bruck/Möller/*Möller*[8] § 58 Anm. 68; Prölss/Martin/*Armbrüster* Vor § 77 Rn. 22; *Schaloske* Mitversicherung 202; *Hübener* 59.

einer rechtskräftigen Entscheidung (hierunter fällt auch, selbst wenn nicht ausdrücklich erwähnt, ein Schiedsspruch[251]) sowie eines nach Rechtshängigkeit geschlossenen Vergleichs (hierunter fällt im Zweifel auch ein außergerichtlicher Vergleich[252]), diese auch für sich verbindlich anzuerkennen. Die vorgeschilderte Bindung der MitVR an eine gegen den führenden VR ergangene rechtskräftige Entscheidung bzw. einen von diesem geschlossenen Vergleich bedarf einer entsprechenden ausdrücklichen Anerkenntnisvereinbarung,[253] sie ergibt sich nicht bereits aus dem Wesen der Mitversicherung.[254] Rechtsfolge einer rechtskräftigen Entscheidung oder eines Vergleiches nach Rechtshängigkeit ist, dass die weiteren MitVR verpflichtet sind, entsprechend der Entscheidung bzw. dem Vergleich die auf ihren Anteil entfallende Versicherungsleistung zu erbringen.[255] Falls die MitVR dennoch nicht zahlen, muss der VN diese zwar verklagen, genießt dabei jedoch prozessuale Erleichterungen. Zum einen ist eine Klage im Wege des Urkundenprozesses unter Verweis auf die Versicherungsdokumente einschließlich Prozessführungsklausel sowie das ergangene Urteil bzw. den vereinbarten Prozessvergleich möglich.[256] Zum anderen ergibt sich auf Grund der materiell-rechtlichen Abrede (nicht auf Grund prozessrechtlicher Grundsätze) sowohl eine Tatbestands- als auch eine Rechtskrafterstreckung der Entscheidung oder des Vergleiches. Im Folgeprozess ist daher der weitere MitVR sowohl mit dem Einwand abgeschnitten, der Sachverhalt sei im Vorprozess unzureichend ermittelt, noch damit, der Vorprozess sei falsch entschieden.[257] Entsprechend ist einem MitVR in der Regel der Einwand abgeschnitten, der führende VR habe den Vergleich nicht abschließen dürfen; begrenzte Ausnahmen mag es unter Berücksichtigung von Treu und Glauben geben, etwa mit dem Hinweis, der führende VR habe sich ungeachtet eindeutiger abweichender Prozessaussicht nur mit Rücksicht auf die weitere Geschäftsbeziehung zu dem VN verglichen. Fraglich ist, ob eine Ausnahme dann zu gelten hat, wenn Einwendungen und Einreden erst nach der letzten Tatsachenverhandlung entstanden sind (vergleichbar § 767 Abs. 2 ZPO).[258] Bei rechtskräftigen Entscheidungen spricht hierfür, dass auch der führende MitVR einer Vollstreckung des VN einen entsprechenden Einwand entgegenhalten könnte. Bei Vergleichen ist dagegen auf deren Inhalt abzustellen. Soweit diese üblicherweise mit einer umfassenden Abgeltungsklausel auch für unbekannte Tatsachen (ausdrücklich oder ggf. stillschweigend) vereinbart sind, können sich auch die übrigen MitVR nicht auf später entstandene oder bekannt gewordene Einwendungen oder Einreden berufen; begrenzte Ausnahmen sind nur nach Treu und Glauben wie vorstehend erläutert möglich.

Das pactum de non petendo und die Anerkenntnisvereinbarung gelten nur mit **Einschränkungen**. Bei der zitierten Klausel SK 1804 (10) ergibt sich schon aus deren Einleitung, dass diese nur gilt, soweit die vertraglichen Grundlagen für die beteiligten VR die gleichen sind. Aber auch ohne eine solche ausdrückliche Einschränkung gilt das pactum de non petendo und die Anerkenntnisvereinbarung nur dann, wenn ein Gleichlaufen möglicher Einwendungen der MitVR gegeben ist.[259] Sofern es also Sondervereinbarun- **88**

[251] *Schaloske* Mitversicherung 202.

[252] Bruck/Möller/*Möller*[8] § 58 Anm. 68.

[253] LG Köln 14.7.1961 VersR **1962** 439, 440; Prölss/Martin/*Armbrüster* Vor § 77 Rn. 22; Berliner Kommentar/*Schauer* § 58 Rn. 32; *Schaloske* Mitversicherung 206 f.

[254] So aber OLG Düsseldorf 13.6.1995 VersR **1996** 957.

[255] Für den Fall eines Vergleiches auch im Falle des Rechtsfolgenirrtums des handelnden Rechtsanwaltes OLG Hamm 13.6.1997 VersR **1998** 1440, 1441.

[256] *Schaloske* Mitversicherung 202.

[257] Bruck/Möller/*Möller*[8] § 58 Anm. 68; Prölss/Martin/*Armbrüster* Vor § 77 Rn. 22.

[258] So *Schaloske* Mitversicherung 202.

[259] Vgl. BGH 9.11.2011 VersR **2012** 178, 179; 9.11.2011 VersR **2012** 183, 184; *Schaloske* Mitversicherung 205.

gen mit nur einem MitVR gibt bzw. diese streitig behauptet werden, ist die Klage unbeschadet des pactum de non petendo gegen den betreffenden MitVR zu richten.[260] Darüber hinaus gilt die Abrede nicht im Falle der Anfechtung des Versicherungsvertrages durch den MitVR die Erhebung der Einrede des pactum de non petendo würde in diesem Fall ein nach § 242 BGB zu missbilligendes Verhalten darstellen, weil sich der MitVR in diesem Fall einerseits darauf berufen würde, der Vertrag sei von Anfang an als nichtig anzusehen (§ 142 Abs. 1 BGB), sich andererseits aber auf eine einzelne Klausel aus dem demnach nichtigen Vertrag zu seinen Gunsten berufen will.[261] Ebenso gilt die Anerkenntnisvereinbarung nicht, soweit es sich um Einreden oder Einwendungen handelt, die nur das Rechtsverhältnis des VN zu dem jeweiligen MitVR betreffen.[262] Dies betrifft zum einen eine abweichende Vereinbarung zum Umfang des Versicherungsschutzes (vgl. dazu schon Rn. 10 und 70), zum anderen aber Absprachen mit einem einzelnen MitVR nach Versicherungsbeginn, etwa Sonderabsprachen zur Regulierung des Versicherungsfalles nach dessen Eintritt.

89 Darüber hinaus werden pactum de non petendo und die Anerkenntnisvereinbarung regelmäßig (so auch in der zitierten Klausel SK 1804 (10) Nr. 3, vgl. auch Ziffer 25.3 Abs. 2 Satz 2 DTV-Güter 2000/2011, zit. Rn. 101, sowie Nr. 5 lit. c) der in Rn. 100 zit. Klausel der Technischen Versicherung) partiell für den Fall eingeschränkt, dass der **Anteil des führenden MitVR die Berufungs- oder Revisionssumme nicht** erreicht; in diesem Fall ist der VN berechtigt und auf Verlangen des führenden und jedes weiteren MitVR verpflichtet, die Klage auf weitere MitVR auszudehnen, bis diese Summe erreicht ist. Nach dem Inhalt dieser Klausel ist, sofern nicht ausdrücklich etwas anderes vereinbart wurde, der VN in der Wahl frei, welchen weiteren MitVR er verklagt.[263] Da in der Klausel SK 1804 (10) Nr. 3 auf „einen", nicht aber auf „den" zweiten VR verwiesen wird, besteht hier diese Wahlfreiheit.[264] Zweifelhaft ist die Rechtslage bei Ziffer 25.3 Abs. 2 Satz 2 DTV-Güter 2000/2011, wo auf „den" zweiten VR, erforderlichenfalls auch auf „einen" dritten und weitere VR verwiesen wird (vgl. Abdruck Rn. 101). Hier dürfte tatsächlich der an zweiter Stelle aufgeführte VR gemeint sein und nur bei ggf. erforderlicher Klage gegen weitere VR ein Wahlrecht bestehen, sodass das Wahlrecht insoweit eingeschränkt ist.[265]

90 Für den Fall, dass die Klage des VN gegen den führenden MitVR abgewiesen wurde, trifft die passive Prozessführungsklausel regelmäßig keine Aussage. Sie ist jedoch im Zweifel dahin auszulegen, dass eine Klage des VN gegen weitere MitVR nicht erhoben werden darf, was dazu führt, dass die Klage zwar nicht als unzulässig, wohl aber als unbegründet abzuweisen ist.[266] Eine Ausnahme gilt wiederum in den Fällen, in denen auch ein zu Gunsten des VN gegen den führenden MitVR erstrittenes Urteil gegenüber weiteren MitVR auf Grund der Besonderheiten in der unmittelbaren Beziehung zwischen dem VN und dem jeweiligen MitVR keine Ausschlusswirkung entfaltet (dazu Rn. 88).

---

260 OLG Hamm 3.11.2010 VersR **2011** 469 ging hiervon aus, ohne dies zu thematisieren.

261 BGH 9.11.2011 VersR **2012** 178, 179; 9.11.2011 VersR **2012** 183, 184.

262 *Schaloske* Mitversicherung 202 f.

263 Bruck/Möller/*Möller*[8] § 58 Anm. 68.

264 So auch *Schaloske* Mitversicherung 204 für die identische Formulierung in § 38 Nr. 3 Satz 1 ZFgA 81b.

265 **A.A.** *Schaloske* Mitversicherung 204 unter Verweis auf die Zufälligkeit, die die Reihenfolge der MitVR in einer Beteiligungsliste bestimmt, was bei dem insoweit eindeutigen Wortlaut der AVB aber zweifelhaft ist; vgl. auch die bei Bruck/Möller/*Möller*[8] § 58 Anm. 63 zit. Klausel.

266 Bruck/Möller/*Möller*[8] § 58 Anm. 68; *Raiser* § 10 Rn. 23; Prölss/Martin/*Armbrüster* Vor § 77 Rn. 22; *Schaloske* Mitversicherung 204 f.

Obwohl nicht ausdrücklich in der Regelung zum pactum de non petendo sowie der Anerkenntnisvereinbarung geregelt, gelten diese Bestimmungen gleichwohl auch für Versicherte und sonstige Drittbeteiligte des oder der Versicherungsverträge.[267] **91**

Alternativ zu dem vorstehend erörterten pactum de non petendo in Kombination mit der Anerkenntnisvereinbarung sind auch Klauseln gebräuchlich, nach denen dem führenden VR die „Vollmacht" bzw. Ermächtigung erteilt wird, Rechtsstreitigkeiten auch im Namen der übrigen MitVR für deren Anteil zu führen. Regelmäßig wird dies allerdings nicht begrenzt auf diese passive, sondern kombiniert damit auch für die aktive Prozessführung vereinbart, zu diesen Klauseln siehe Rn. 99 ff. **92**

(2) **Aktive Prozessführungsklauseln.** Eine aktive Prozessführungsklausel lautet etwa wie folgt:[268] **93**

> *„Der führende VR ist legitimiert, Prämienansprüche, Ansprüche auf Schadensbeteiligung und Regressansprüche zu Gunsten der MitVR gerichtlich zu verfolgen. Ein gegen den oder von dem führenden VR erstrittenes Urteil wird deshalb von den MitVR als auch für Sie verbindlich anerkannt."*

Bei einer solchen aktiven Prozessführungsklausel wird für den führenden VR eine aktive Prozessführungsbefugnis vereinbart, auf deren Grundlage er als gewillkürter Prozessstandschafter im eigenen Namen die Ansprüche der MitVR einklagen kann, hinsichtlich der Anteile dieser übrigen MitVR jedoch Leistung an diese beantragen muss.[269] Die von der Rechtsprechung entwickelten Voraussetzungen für die aktive gewillkürte Prozessstandschaft, ein schutzwürdiges rechtliches oder wirtschaftliches Interesse des Prozessstandschafters an der Prozessführung,[270] liegen vor; hierfür reicht aus, dass der von den MitVR mit der umfassenden Schadensabwicklung beauftragte führende VR im Umfang seiner eigenen Haftungsquote wirtschaftlich vom Ausgang des Rechtsstreits profitiert.[271] Soweit der führende VR als Prozessstandschafter klagt, hat dies verjährungshemmende Wirkung für die den MitVR zustehenden Ansprüchen im Sinne von § 204 Abs. 1 Nr. 1 oder 3 BGB, dies jedoch nur dann, wenn die Prozessstandschaft dem Beklagten bzw. Antragsgegner offen gelegt oder diese offensichtlich ist.[272] **94**

Wird die aktive Prozessführungsklausel mit einer Anerkenntnisvereinbarung (dazu Rn. 87) verbunden, wie bei Satz 2 der in Rn. 93 zit. Klausel, ist deren Relevanz zweifelhaft. Bereits aus dem Wesen der gewillkürten Prozessstandschaft ergibt sich, dass ein von dem Prozessstandschafter erwirktes Urteil für und gegen die Person gilt, für die es erstritten wurde.[273] Insoweit kann eine solche Klausel daher nur eine klarstellende, nicht aber eine konstitutive Funktion haben.[274] Allenfalls ist diskussionswürdig, ob die Anerkennt- **95**

---

[267] OLG Düsseldorf 5.12.2000 NVersZ **2001** 177, 178; **a.A.** und damit abzulehnen OLG Oldenburg 28.4.1999 VersR **2000** 617; wie hier *Schaloske* Mitversicherung 205 f.

[268] Entnommen OLG Düsseldorf 13.6.1995 VersR **1996** 957; vgl. auch die bei Prölss/Martin/*Armbrüster* Vor § 77 Rn. 24 zitierte Regelung in § 12 IV GKA AVB-Film 95.1.

[269] Prölss/Martin/*Armbrüster* Vor § 77 Rn. 24; Langheid/Wandt/*Halbach* § 77 Rn. 19; *Schaloske* Mitversicherung 209 ff., 211.

[270] Zu diesen Voraussetzungen Stein/Jonas/*Bork* vor § 50 Rn. 51.

[271] BGH 7.6.2001 VersR **2002** 117, 119; *Schaloske* Mitversicherung 209.

[272] BGH 29.10.2009 NJW **2010** 2270, 2271; 7.6.2001 VersR **2002** 117, 119; 16.9.1999 VersR **2000** 195, 196; 21.3.1985 BGHZ **94** 117, 122; 3.7.1980 BGHZ **78** 1, 6; Prölss/Martin/*Armbrüster* Vor § 77 Rn. 24; MüKo/*Grothe* § 204 Rn. 17; *Thume* VersR **2008** 455, 458.

[273] BGH 7.7.1993 BGHZ **123** 132, 135 f., 3.7.1980 BGHZ **78** 1, 7; Zöller/*Vollkommer* Vor § 50 Rn. 54.

[274] *Schaloske* Mitversicherung 210.

niswirkung auch für den Fall gilt, dass der führende VR vergleichbar den passiven Prozessführungsklauseln mit einem pactum de non petendo (dazu Rn. 86 f.) nicht als Prozessstandschafter auftritt, sondern nur Ansprüche für seinen eigenen Anteil klageweise geltend macht. Bei einem zusprechenden Urteil macht dies jedoch schon deshalb keinen Sinn, weil eine entsprechende Bindung nach dem Wortlaut nur die MitVR untereinander, nicht aber den beklagten VN oder sonstige beklagte Dritte erfassen würde. Allenfalls würde dies noch bei einem klageabweisenden Urteil Sinn machen, wonach die übrigen MitVR in diesem Fall daran gehindert wären, eigene Ansprüche auch für ihren Anteil geltend zu machen. Jedenfalls in der in Rn. 93 abgedruckten Fassung dürfte jedoch auch dieses nicht der Fall sein, weil mit dem Wort „deshalb" ausdrücklich auf den in Satz 1 geregelten Fall der gewillkürten aktiven Prozessstandschaft Bezug genommen wird.[275]

96 Klauseln wie in Rn. 93 sind im Zweifel (insbesondere, soweit als AVB vereinbart), dahin auszulegen, dass sie auf die aktive Prozessführung beschränkt ist. Sie ermächtigt den führenden VR damit nicht, auch Passivprozesse etwa auf Zahlung der Versicherungsleistung für die MitVR zu führen; eine von dem VN über den Haftungsanteil des jeweiligen MitVR hinausgehende Klage ist in diesem Fall abzuweisen.[276] Dem steht Satz 2 dieser Klausel nicht entgegen, wonach auch ein „gegen" den führenden VR erstrittenes Urteil erwähnt wird, weil „deshalb" in Satz 2 auf den vorhergehenden Satz 1 verweist.[277]

97 Der Umfang der aktiven Prozessführungsklausel und damit der eingeräumten Prozessführungsbefugnis ist in der Praxis unterschiedlich und im Zweifel im Wege der Auslegung zu ermitteln. Regelmäßiger Inhalt ist die Geltendmachung von Prämienansprüchen.[278] Die Geltendmachung von Regressansprüchen, die nach § 86 anteilig auf die einzelnen MitVR für ihre Anteile übergegangen sind (dazu Rn. 36), bedarf regelmäßig auch einer entsprechenden Ermächtigung, die allerdings in einer umfassenden aktiven Prozessführungsklausel für alle Rechtsstreitigkeiten, die auf das Versicherungsverhältnis Bezug haben, enthalten ist.[279]

98 Soweit aktive Prozessführungsklauseln den führenden MitVR ihrem Wortlaut nach nicht zur Prozessführung ermächtigen, sondern dem führenden VR nur eine Vollmacht zur Prozessführung für die übrigen MitVR einräumen,[280] so ist dies bei strenger Auslegung nach dem Wortlaut zwar dogmatisch falsch, weil die gewillkürte Prozessstandschaft auf einer entsprechenden Ermächtigung, nicht aber auf einer Vollmacht beruht. Da sich die Rechtsinstitute der Bevollmächtigung nach § 164 BGB und die Ermächtigung nach § 185 BGB jedoch insoweit überschneiden, dass sie es Dritten ermöglichen, durch rechtsgeschäftliches Handeln auf den Rechtkreis eines anderen einzuwirken, gebietet eine Auslegung gleichwohl, dass der rechtlich falsche Begriff „Vollmacht" unschädlich und die Ermächtigung zur Prozessführung mit entsprechender Möglichkeit der gewillkürten Prozessstandschaft gemeint ist.[281]

---

275 So im Ergebnis auch *Schaloske* Mitversicherung 211.

276 OLG Düsseldorf 13.6.1995 VersR **1996** 957, 957 f.; Prölss/Martin/*Armbrüster* Vor § 77 Rn. 26.

277 OLG Düsseldorf 13.6.1995 VersR **1996** 957, 957 f.; Prölss/Martin/*Armbrüster* Vor § 77 Rn. 26.

278 Vgl. auch die bei Prölss/Martin/*Armbrüster* Vor § 77 Rn. 24 zitierte Regelung in § 12 IV GKA AVB-Film 95.1.

279 BGH 7.6.2011 VersR **2002** 117, 118.

280 So die Klausel im Fall BGH 7.6.2001 VersR **2002** 117; ebenso die in Rn. 101 zit. Ziffer 25.3 Abs. 1 Satz 1 DTV-Güter 2000/2011.

281 BGH 7.6.2001 VersR **2002** 117, 118 f.; Prölss/Martin/*Armbrüster* Vor § 77 Rn. 27.

(3) **Aktive und gleichermaßen passive Prozessführungsklauseln.** Besonders umfassend sind Klauseln, die sowohl die aktive wie auch die passive Prozessführung durch den führenden VR ermöglichen. **99**

Eine solche umfassende Klausel findet etwa in der Technischen Versicherung Verwendung, und zwar bei den bereits in Rn. 80 genannten Klauseln, deren Nr. 5 wie folgt lautet: **100**

„5. Soweit die vertraglichen Grundlagen für die beteiligten Versicherer die gleichen sind, ist folgendes vereinbart:

a) Der VN wird bei Streitfällen aus diesem Vertrag seine Ansprüche nur gegen den führenden VR und nur wegen dessen Anteil gerichtlich geltend machen.

b) Der führende VR ist von den beteiligten VR ermächtigt, alle Rechtsstreitigkeiten aus oder im Zusammenhang mit diesem Vertrag (einschließlich der Verfolgung von Regressansprüchen) auch bezüglich ihrer Anteile als Kläger oder Beklagte zu führen. Ein gegen oder vom führenden VR erstrittenes, rechtskräftig gewordenes Urteil wird deshalb von den beteiligten VR als auch für sie verbindlich anerkannt. Das gilt ebenfalls für die mit dem VN nach Rechtshängigkeit geschlossenen Vergleiche.

c) Falls der Anteil des führenden VR die Berufungssumme oder Revisionsbeschwer nicht erreicht, ist der VN berechtigt und auf Verlangen des führenden VR verpflichtet, die Klage auf einen zweiten, erforderlichenfalls auf weitere VR auszudehnen, bis diese Summe erreicht ist. Wird diesem Verlangen nicht entsprochen, so gilt Nr. 5 b) (Satz 2) nicht.

In der Transportversicherung lautet die mit „Mitversicherung" überschriebene Ziffer 25 DTV-Güter 2000/2011[282] auszugsweise wie folgt: **101**

„25.3 *Der führende VR ist von den MitVR bevollmächtigt, Rechtsstreitigkeiten in ihrem Namen zu führen. Dies gilt gleichermaßen für Prozesse vor den ordentlichen Gerichten und für Schiedsgerichtsverfahren.*

Es wird jedoch auch ein nur gegen den führenden VR wegen dessen Anteils erstrittenes Urteil oder ein nach Rechtshängigkeit geschlossener Vergleich oder ein solcher Schiedsspruch von den MitVR als für sie verbindlich anerkannt. Sollte der Anteil des führenden VR die Berufungs- oder Revisionssumme nicht erreichen, so ist der VN auf Verlangen des führenden VR oder eines beteiligten VR verpflichtet, die Klage auf den zweiten, erforderlichenfalls auch auf einen dritten und weitere VR auszudehnen, bis diese Summe erreicht ist. Entspricht der VN diesem Verlangen nicht, so findet Satz 1 dieses Absatzes keine Anwendung."

Soweit derartige Klauseln für die Beklagtenstellung des führenden VR ein pactum de non petendo und eine Anerkenntnisvereinbarung enthalten, gelten die dazu gemachten Ausführungen bei rein passiven Prozessführungsklauseln entsprechend (Rn. 86 ff.). Dies gilt uneingeschränkt für die in Rn. 101 zit. Ziffer 25.3 Absatz 2 DTV-Güter 2000/2011. Fraglich und AGB-rechtlich nicht unbedenklich ist dies aber in der Ausgestaltung der in Rn. 100 zit. Nr. 5 der Mitversicherungs- und Prozessführungsklausel für die Technische Versicherung. Unter lit. a) enthält diese zwar die übliche Vereinbarung zum pactum de **102**

---

282 Abdruck der nahezu identischen Vorfassung bei Thume/de la Motte/Ehlers/*Ehlers* Teil 5 Rn. 739.

non petendo sowie unter lit. c) die Klausel, die die Inanspruchnahme weiterer MitVR bei unzureichender Berufungssumme oder Revisionsbeschwer vorsieht. Problematisch ist jedoch die Anerkenntnisvereinbarung unter lit. b) Sätze 2 und 3, da diese Regelung nur auf den vorangegangenen lit. b) Satz 1, nicht aber denknotwendig auf den unter lit. a) geregelten Fall des pactum de non petendo Bezug nimmt. Allenfalls auf Grund des weitergehenden Umfanges von lit. b) Satz 1 (dazu Rn. 104) könnte im Wege eines Erstrechtschlusses auch aus der Sicht des bei der Auslegung maßgeblichen verständigen VN[283] die Erkenntnis bestehen, dass lit. b) Satz 2 auch auf lit. a) Anwendung findet. Zweifel verbleiben gleichwohl, sodass trotz inhaltlicher Unbedenklichkeit solcher Klauseln (vgl. Rn. 74) diese konkrete Ausgestaltung auf Grund der Unklarheitenregel zu dem Ergebnis führen könnte, dass eine auf den Anteil beschränkte Klage gemäß lit. a) keine Bindungswirkung entfalten würde. Eine solche Regelung würde jedoch eine unangemessene Benachteiligung des VN im Sinne von § 307 BGB mit der Rechtsfolge der Unwirksamkeit der Klausel bedeuten.[284]

103 Soweit der führende VR durch solche Klauseln „ermächtigt" oder (wenn auch dogmatisch falsch, vgl. Rn. 98) „bevollmächtigt" wird, Rechtstreitigkeiten auch bezüglich der Anteile der übrigen MitVR als Kläger bzw. im Namen der MitVR zu führen, wird damit eine aktive Prozessführungsbefugnis eingeräumt, auf deren Grundlage der führende VR als gewillkürter Prozessstandschafter im eigenen Namen Ansprüche der MitVR einklagen kann. Diese Befugnis entspricht insoweit denen einer (isolierten) aktiven Prozessführungsklausel, auf Rn. 93 bis 98 wird verwiesen.

104 Die in Rn. 100 f. zitierten Klauseln enthalten neben der aktiven Prozessführungsbefugnis sowie dem pactum de non petendo auf Beklagtenseite zusätzlich auch die Regelung, dass der führende VR von den übrigen MitVR „ermächtigt" bzw. „bevollmächtigt" (dazu Rn. 98) wird, Rechtsstreite auf Beklagtenseite zu führen. Teilweise, insbesondere in der Speditions- und Lagerversicherung, finden sich solche Klauseln auch isoliert, d.h. ohne Verknüpfung mit einem pactum de non petendo.[285] Solche Klauseln sind dahin auszulegen, dass der führende VR nicht etwa nur auf seinen Anteil, sondern auf die gesamte Versicherungsleistung in Anspruch genommen werden kann.[286] Die rechtliche Begründung hierfür und ob eine solche Vereinbarung überhaupt rechtlich zulässig ist, ist allerdings umstritten. Teilweise wird eingewandt, es handele sich um eine passive gewillkürte Prozessstandschaft, die nach allgemeinem Prozessrecht unzulässig sei[287] und damit auch bei der Mitversicherung nicht rechtlich begründet werden könne.[288] Allgemein ist dem entgegen zu halten, dass die höchstrichterliche Rechtsprechung die Möglichkeit der passiven Prozessstandschaft nur vereinzelt ablehnt,[289] teilweise offen gelassen,[290] teil-

---

[283] St. Rspr., vgl. etwa BGH 25.7.2012 VersR **2012** 1149, 1153; 13.12.2006 VersR **2007** 388; vertiefend Bruck/Möller/*Beckmann* Einf. C Rn. 166 ff.

[284] Nur insofern zutreffend *Kretschmer* VersR **2008** 33, 39 f.

[285] So die Klausel im Fall OLG Bremen 13.1.1994 VersR **1994** 709; die dort vereinbarte Klausel entspricht der Regelung in den früheren §§ 18 bzw. 19 SVS/RVS, dort Absatz 2 Satz 1, sowie Ziffer 7.2 SLVS-Plus, Abdruck Thume/de la Motte/Ehlers/*Kollatz* Teil 7 Rn. 231.

[286] OLG Bremen 13.1.1994 VersR **1994** 709, 710; Langheid/Wandt/*Halbach* § 77 Rn. 20; Römer/Langheid/*Langheid* § 77 Rn. 13; wohl auch Prölss/Martin/*Armbrüster* Vor § 77 Rn. 23.

[287] So allgemein etwa OLG Celle 20.5.2009 MDR **2009** 989; Zöller/*Vollkommer*[29] Vor § 50 Rn. 43; Musielak/*Weth* § 51 Rn. 25; *Jauernig* Zivilprozessrecht, 29. Aufl. (2007) § 22 IV.

[288] *Schaloske* Mitversicherung 212 ff.; *ders.* VersR **2007** 606, 614 ff., 616.

[289] OLG Celle 20.5.2009 MDR **2009** 989.

[290] BGH 17.11.1994 NJW-RR **1995** 1873 (offen gelassen, im Ergebnis allerdings bejaht); 17.3.1982 NJW **1983** 684, 685; OLG Bremen 13.1.1994 VersR **1994** 709, 710 f.

weise aber sogar ausdrücklich zugelassen hat.[291] Ebenso findet diese Rechtsfigur nicht nur im allgemeinen zivilprozessualen Schriftum,[292] sondern auch in der versicherungsrechtlichen Literatur (dort überwiegend) Zustimmung.[293] Im Ergebnis kommt es allerdings richtigerweise auf diesen Meinungsstand nicht an. Ungeachtet der bei diesen Klauseln regelmäßig gleichzeitig vereinbarten teilschuldnerischen Haftung der MitVR sind derartige Klauseln dahin auszulegen, dass der führende VR im Außenverhältnis bedingt für den Fall der prozessualen Inanspruchnahme die materielle Außenhaftung auch für die Anteile der MitVR über seinen Anteil hinaus übernimmt; jedenfalls mit dieser Auslegung ist die Klausel wirksam und entsprechende Klagen gegen den führenden VR sind möglich.[294]

Zweifelhaft ist, ob das vorgefundene Ergebnis auch gilt, wenn (wie bei Ziffer 25.3 Abs. 1 Satz 1 DTV-Güter 2000/2011) der führende VR nur allgemein bevollmächtigt wird, Rechtsstreitigkeiten im Namen der MitVR zu führen, ohne ausdrücklich zu betonen, dies gelte auch für die Beklagtenseite. Im Zweifel ist diese Ermächtigung und damit die zu Gunsten des VN getroffene Vereinbarung, dass der führende VR im Außenverhältnis bei entsprechender Klage für den gesamten Anteil haftet, anzunehmen. Auch wenn, wie etwa bei Ziffer 25.3 Abs. 1 Satz 1 DTV-Güter 2000/2011, die Passage „bezüglich ihrer Anteile als Kläger oder Beklagte" fehlt, lässt sich im Wege der notwendigen Auslegung hieraus nicht ableiten, dass mit einer allgemeinen Ermächtigung zur Prozessführung nicht auch eine solche für die Anteile der übrigen MitVR vereinbart ist.[295] Das Fehlen dieser Passage macht die Klausel allenfalls unklar. Bei einer Formulierung wie bei der Ziffer 25.3 erschließt sich außerdem im Zusammenhang mit der einleitenden Formulierung des dortigen Absatzes 2 Satz 1 („Es wird jedoch auch ein ..."), dass der VN ein Wahlrecht hat, d.h. er kann den führenden VR wahlweise auf die volle Versicherungsleistung oder aber hinsichtlich nur dessen Anteils mit entsprechender Wirkung der Anerkenntnisvereinbarung in Anspruch nehmen. **105**

c) **Haftung des führenden Versicherers im Außenverhältnis.** Handelt der führende VR im Außenverhältnis für die übrigen MitVR ohne entsprechende Vollmacht, bindet er damit die übrigen MitVR nicht, es sei denn, diese genehmigen das rechtsgeschäftliche Handeln des führenden VR (§ 177 Abs. 1 BGB) oder müssen sich die Erklärung des führenden VR ausnahmsweise nach den Grundsätzen der Anscheins- und Duldungsvollmacht zurechnen lassen.[296] Ein vollmachtloses Handeln des führenden VR kommt etwa dann in Betracht, wenn er trotz ausschließlicher passiver Anzeigeklauseln aktiv Erklärungen abgibt (dazu Rn. 78), oder im Falle von Anschlussklauseln, wenn der führende VR deren Rahmen überschreitet (Rn. 83). Sind die übrigen MitVR durch das Handeln des führenden VR nicht gebunden, so ist sein Verhalten für den eigenen Anteil gleichwohl **106**

[291] BGH 15.12.1976 VersR **1977** 174 (zur Mitversicherung); OLG Frankfurt 27.4.1978 VersR **1982** 706.

[292] Stein/Jonas/*Bork* vor § 50 Rn. 56; ausführl. *van Zwoll* Die Prozesstandschaft auf der Beklagtenseite (1983) 158 ff.

[293] Berliner Kommentar/*Schauer* § 58 Rn. 32; *Lange/Dreher* VersR **2008** 289, 252; Dreyer FS Winter, 159, 168; *Brinker/Schädle* VW **2003** 1318, 1320; wohl auch Römer/Langheid/*Langheid* § 77 Rn. 13.

[294] OLG Bremen 13.1.1994; VersR **1994** 709, 711 f.; Prölss/Martin/*Armbrüster* Vor § 77 Rn. 25; Langheid/Wandt/*Halbach* § 77 Rn. 20; Römer/Langheid/*Langheid* § 77 Rn. 13.

[295] So aber Thume/de la Motte/Ehlers/*Ehlers* Teil 5 Rn. 647 f.; wohl ebenso OLG Köln 21.9.1989 RuS **1989** 374, 375 zu Ziffer 15.2 BZG-Bundespolice.

[296] *Schaloske,* Mitversicherung 226; *Lange/Dreher* VersR **2008** 289, 290; *Brinker/Schädle* VW **2003** 1420.

bindend.[297] Ist ausnahmsweise eine gesamtschuldnerische Haftung der MitVR vereinbart, kommt es auf die fehlende Bindung für die übrigen MitVR (im Außenverhältnis) nicht an. Im Regelfall der teilschuldnerischen Haftung kann der VN den führenden VR in Ansehung der Anteile der übrigen MitVR nach §§ 179, 180 BGB in Anspruch nehmen.[298] Demnach hat der führende VR den VN grundsätzlich so zu stellen, als habe der führende VR die übrigen MitVR wirksam vertreten (Anspruch auf Erfüllung oder Schadenersatz in Höhe des positiven Interesses, §§ 179 Abs. 1, 180 S. 2 BGB).[299] Kannte der führende VR den Mangel der Vertretungsmacht nicht, besteht nur ein Anspruch auf Ersatz des negativen Interesses (§ 179 Abs. 2 BGB).[300] Von einem solchen Fall wird man bei der Mitversicherung jedoch nur äußerst selten ausgehen können. Die Haftung des führenden VR ist ausgeschlossen, sofern der VN die fehlende Vertretungsmacht kannte oder kennen musste (§ 179 Abs. 3 S. 1 BGB). Insoweit besteht zwar grundsätzlich keine Nachforschungspflicht des VN.[301] Soweit der führende VR jedoch bei Anzeigen- oder Anschlussklauseln über deren Inhalt hinaus geht oder sich aus den Anschlussklauseln ausdrücklich Ausnahmen ergeben, bei denen eine Rücksprache des VR mit den übrigen MitVR vorgesehen ist (dazu bei den Anschlussklauseln Rn. 83), ist regelmäßig von einer solchen Kenntnis oder zumindest grob fahrlässigen Nichtkenntnis des VN auszugehen.[302] Grundsätzlich besteht in diesen Fällen eine Erkundigungspflicht des VN.[303] Behauptet allerdings der führende VR – ungefragt oder auf Nachfrage –, er sei von den übrigen MitVR trotz anderslautendem Klauselwortlaut bevollmächtigt, kann dieses – abhängig von den Umständen des Einzelfalles – eine nach § 179 Abs. 3 S. 1 BGB schädliche Kenntnis ausschließen.[304]

107 Eine Schadenersatzpflicht des führenden VR kommt auch dann in Betracht, wenn der führende VR zwar innerhalb seiner Vollmachten und Ermächtigungen handelt, jedoch Pflichten aus dem Versicherungsverhältnis verletzt. Insofern besteht eine Haftung nach den allgemeinen Grundsätzen, die auch dann gelten, wenn keine Mitversicherung besteht.[305] Die übrigen MitVR müssen sich das Fehlverhalten des führenden VR über § 278 S. 1 BGB zurechnen lassen; der führende VR ist Erfüllungsgehilfe der übrigen MitVR.[306] Auch bei einer solchen Schadenersatzpflicht ist der führende VR im Außenverhältnis jedoch nicht umfassend, sondern nur auf seinen Anteil zum Schadenersatz verpflichtet.[307] Die klageweise Durchsetzung der Schadenersatzforderung des VN richtet sich nach dem Inhalt etwaiger Prozessführungsklauseln. Enthalten diese ein pactum de non petendo in Kombination mit einer Anerkenntnisvereinbarung (Rn. 86 f.), muss der VN den Schadenersatzanspruch zunächst nur gegen den führenden VR begrenzt auf des-

---

297 *Schaloske* Mitversicherung 226.

298 *Schaloske* Mitversicherung 226 ff; *Lange/Dreher* VersR **2008** 289, 290; *Brinker/Schädle* VW **2003** 1420.

299 *Schaloske* Mitversicherung 226 f.; *Lange/Dreher* VersR **2008** 289, 290; *Brinker/Schädle* VW **2003** 1420.

300 *Schaloske* Mitversicherung 227; *Lange/Dreher* VersR **2008** 289, 290; *Brinker/Schädle* VW **2003** 1420.

301 *Schaloske* Mitversicherung 227; *Brinker/Schädle* VW **2003** 1420.

302 *Schaloske* Mitversicherung 227 f.; wohl auch *Brinker/Schädle* VW **2003** 1420.

303 *Schaloske* Mitversicherung 227; wohl auch *Brinker/Schädle* VW **2003** 1420.

304 **A.A.** offenbar *Schaloske* Mitversicherung 228.

305 LG Köln 22.12.2003 VersR **2004** 636, 638; *Schaloske* Mitversicherung 228 f.; vgl. allgemein zur Schadenersatzpflicht des VR Bruck/Möller/*Schwintowski* § 6 Rn. 41 ff.

306 Bruck/Möller/*Möller*[8] § 58 Anm. 70; Beckmann/Matusche-Beckmann/*Armbrüster* § 6 Rn. 44; *Schaloske* Mitversicherung 228.

307 LG Köln 22.12.2003 VersR **2004** 636, 638; *Schaloske* Mitversicherung 229.

sen Anteil einklagen und kann sich dann gegenüber den übrigen MitVR auf die Tatbestands- und Rechtskrafterstreckung der Anerkenntnisvereinbarung berufen.[308]

Der führende VR haftet gegenüber dem VN vorbehaltlich anderer Vereinbarungen grundsätzlich gem. § 276 Abs. 1 S. 1 BGB auf Vorsatz und Fahrlässigkeit und der Höhe nach unbeschränkt.[309] **108**

d) **Bedeutung von Führungsklauseln für das Verhältnis zwischen den übrigen Mitversicherern und dem Versicherungsnehmer.** Grundsätzlich berühren die Führungsklauseln die Rechte und Pflichten von VN einerseits und den übrigen MitVR andererseits nicht. Insbesondere bleiben die übrigen MitVR nach wie vor Schuldner der Versicherungsleistung (gesamtschuldnerisch oder regelmäßig für ihren Anteil) und Gläubiger der Prämienforderung (als Gesamtgläubiger oder regelmäßig für ihren Anteil). Ebenso stehen dem VN einerseits und den übrigen MitVR andererseits die Gestaltungs- und Abänderungsrechte aus den jeweiligen Rechtsbeziehungen zu (dazu Rn. 46 ff.). Soweit allerdings die Führungsklauseln reichen, ist diesen, auch wenn nicht ausdrücklich geregelt, die **wechselseitige Nebenpflicht** zu entnehmen, die Abwicklung des Vertragsverhältnisses in dem Umfang, in dem dies durch Führungsklauseln abgedeckt ist, **ausschließlich über den führenden VR** vorzunehmen.[310] **109**

Soweit Führungsklauseln greifen, ist demnach etwa auch ein übriger MitVR berechtigt, den VN auf die **Kontaktaufnahme** mit dem Führenden zu verweisen und sich eigener **Stellungnahmen zu enthalten**. Soweit allerdings Führungsklauseln nicht greifen oder aber Besonderheiten betroffen sind, die nur das jeweilige Rechtsverhältnis zu einem einzelnen MitVR betreffen, bleibt es bei den allgemeinen Regeln. **110**

e) **Besonderheiten bei Beauftragung Dritter mit Führungsaufgaben.** Statt einem der MitVR können die Führungsaufgaben auch auf eine verselbständigte **Verwaltungsgesellschaft** oder einen **Versicherungsvermittler** übertragen werden. Insbesondere bei auf Dauer angelegten Mitversicherungsgemeinschaften (vgl. dazu Rn. 11) wird die Führungsaufgabe oft durch eine Verwaltungsgesellschaft wahrgenommen. Dies kann entweder eine juristische Person oder eine Gesellschaft bürgerlichen Rechts sein. Gesellschafter der Verwaltungsgesellschaften sind in der Regel, nicht aber juristisch zwingend, die MitVR. Die Übertragung von Führungsaufgaben auf den Versicherungsvermittler betrifft vor allem die Tätigkeit von Versicherungsmaklern im Rahmen so genannter Maklerkonzepte (dazu Rn. 11) sowie von Versicherungsmaklern[311] und von Assekuradeuren (dazu Rn. 11) im Bereich der Transportversicherung.[312] Die Beauftragung einer Verwaltungsgesellschaft oder eines Versicherungsvermittlers mit Führungsaufgaben erfolgt zumeist ergänzend zur Benennung eines führenden MitVR. Möglich ist aber auch die ausschließliche Beauftragung eines Dritten, ohne dass einer der MitVR die Rolle des führenden VR übernimmt. **111**

Verwaltungsgesellschaften oder Versicherungsvermittler werden damit **nicht selbst** zum **Risikoträger** bzw. MitVR. Dies gilt auch dann, wenn sie in dem Versicherungsschein **112**

---

[308] LG Köln 22.12.2003 VersR **2004** 636, 638; *Schaloske* Mitversicherung 229.

[309] *Schaloske* Mitversicherung 228; *Hübener* 73 f.; *Brinker/Schädle* VW **2003** 1420.

[310] *Schaloske* Mitversicherung 172 f.; *Hübener* 43 f.; *Kisch* Mehrfache Versicherung, 28.

[311] So etwa die Tätigkeit des Maklers Oskar Schunck im Rahmen der Speditionsversicherung, vgl. Abdruck des Schutzes SLVS-Plus bei Thume/de la Motte/Ehlers/*Kollatz* Teil 7 Rn. 732, dort Ziffer 5 i.V.m. Ziffer 7.

[312] Allgemein zur Einschaltung von Versicherungsvermittlern *Schaloske* Mitversicherung 158 ff.

oder einer insbesondere gegenüber Versicherten herausgegebenen Versicherungsbestätigung als führender VR bezeichnet werden. Jedenfalls gegenüber geschäftserfahrenen VN oder Versicherten kann auf Grund der Beschränkungen der §§ 5 Abs. 1, 7 Abs. 1 VAG auch kein entsprechender Rechtsschein entstehen.[313] Etwas anderes mag dann gelten, wenn dem VN die Geschäftserfahrung fehlt. Hier mag aus Gründen der Rechtsscheinhaftung im Einzelfall eine Eintrittspflicht der Verwaltungsgesellschaft oder des Versicherungsvermittlers bestehen. Auch diese dürfte bei der regelmäßigen teilschuldnerischen Haftung der MitVR (dazu Rn. 32) allenfalls subsidiär sein, also dann nicht greifen, wenn im Übrigen zu 100 Prozent eintrittspflichtige MitVR vorhanden sind. Sofern in der Versicherungsdokumentation keine Quoten für die einzelnen MitVR genannt sind oder diese gesamtschuldnerisch haften, kann allerdings der Rechtsschein dahin gehen, dass eine von dem MitVR beauftragte Verwaltungsgesellschaft oder ein beauftragter Versicherungsvermittler neben den MitVR haftet.[314]

113 Die Übertragung von Rechten und Pflichten erfolgt zumeist in Form der Erteilung außergerichtlicher passiver und aktiver Vollmachten. Soweit einem Dritten solche außergerichtlichen Führungsaufgaben übertragen werden, gelten die Ausführungen zur Rolle des führenden VR grundsätzlich entsprechend (Rn. 76 ff.). Kommt es dagegen zu einem Rechtsstreit, ist regelmäßig nicht die Verwaltungsgesellschaft oder der Versicherungsvermittler zur Prozessführung ermächtigt, sondern – je nach Ausgestaltung und Vereinbarung – alle MitVR oder nur der führende MitVR.

114 Vor allem im Bereich der Transportversicherung wird allerdings oft auch einem Versicherungsvermittler, insbesondere einem Assekuradeur, die Ermächtigung zur aktiven Prozessführung erteilt, insbesondere für Prämienansprüche aller MitVR sowie für die Geltendmachung von nach § 86 übergegangenen Regressforderungen.[315] Sofern die übrigen MitVR den führenden VR auf Grund einer aktiven Prozessführungsklausel zu einem Rechtsstreit für ihren jeweiligen Anteil ermächtigt haben, kann der führende VR diese Ermächtigung jedenfalls im Falle eines Hamburger Assekuradeurs an diesen weitergeben, ohne dass es einer gesonderten unmittelbaren Ermächtigung seitens der übrigen MitVR an den Assekuradeur bedarf.[316] Dies wird man bei entsprechender Ermächtigung durch die MitVR oder – soweit dazu von den übrigen MitVR bevollmächtigt – durch den führenden VR allgemein auf Versicherungsvermittler und Verwaltungsgesellschaften übertragen können, die Führungsaufgaben wahrnehmen. Das für die aktive Prozessstandschaft erforderliche schutzwürdige rechtliche Interessen an der Geltendmachung von fremden Forderungen im eigenen Namen (zu diesem Erfordernis Rn. 94) folgt für den Versicherungsvermittler oder die Verwaltungsgesellschaft regelmäßig aus dem der Beauftragung mit der Führungsrolle zu Grunde liegenden Geschäftsbesorgungsvertrag.[317]

---

313 BGH 9.11.2011 VersR **2012** 566, 568.

314 ÖOGH 4.10.1979 VersR **1980** 883, 884; Prölss/Martin/*Armbrüster* Vor § 77 Rn. 10, wobei *Armbrüster* dies offenbar sogar allgemein gelten lassen will.

315 Zur Geltendmachung nach § 86 (§ 67 a.F.) übergegangener Ansprüche OLG Köln 13.9.2005 VersR **2006** 1564, 1565; KG 9.11.2004 VersR **2005** 829 (Prozessführungsbefugnis im konkreten Fall mangels ausreichender Vollmachten verneint); OLG Hamburg, 9.8.1984 VersR **1985** 158, 158 f.; 23.9.1982 VersR **1983** 827; Terbille/*Remé/Gercke* MAH § 11 Rn. 97 f.

316 OLG Köln 13.9.2005 VersR **2006** 1564, 1566.

317 **A.A.** Prölss/Martin/*Armbrüster* Vor § 77 Rn. 28, wonach regelmäßig das erforderliche eigene Interesse fehlen soll.

4. Das Innenverhältnis zwischen dem führenden Versicheres und den übrigen Mitversicherer

115 a) **Regelmäßig fehlende ausdrückliche Absprachen im Innenverhältnis.** Mit der Bestellung eines führenden VR im Außenverhältnis korrespondiert im Innenverhältnis der Abschluss von Führungsverträgen zwischen dem ausgewählten führenden MitVR und den sonstigen MitVR. Die Inhalte der Führungsabrede des Versicherungsvertrages und dieser Führungsverträge sind miteinander verzahnt. Dabei werden in der Praxis insbesondere bei der Mitversicherung im Einzelfall (anders in der Regel bei auf Dauer angelegten Mitversicherungsgemeinschaften) oft gar keine ausdrücklichen Absprachen im Innenverhältnis getroffen.[318] Vielmehr ergeben sich Regelungen oft nur als Reflexwirkung aus der mit dem VN vereinbarten Führungsabrede. Führungsklauseln können allerdings auch Bestimmungen enthalten, die ausdrücklich (etwa die Pflicht des führenden VR, Anzeigen des VN weiterzuleiten) oder jedenfalls vorrangig (etwa die in Ziffer 3 Satz 2 und Ziffer 4 der in Rn. 80 zit. Klausel für die Technischen Versicherungen) das Innenverhältnis betreffen. Umgekehrt erschöpft sich der Inhalt des Führungsvertrages aber nicht in den Regelungen der Führungsklausel, denn es gibt (wenn auch oft nur konkludent vereinbarte) Regeln für das Innenverhältnis, die für das Außenverhältnis irrelevant sind. Auf den Punkt gebracht, kann daher formuliert werden: „Alles was Inhalt der Klausel ist, ist auch Inhalt des Führungsvertrages, nicht aber umgekehrt."[319]

116 b) **Rechtsnatur des Führungsvertrages.** Wie die Vertragsverhältnisse zwischen dem führenden VR und den sonstigen MitVR zu qualifizieren sind, ist noch nicht abschließend geklärt. Klarheit besteht nur insofern, dass das Vertragsverhältnis zwischen dem führenden und den sonstigen MitVR von den (normalen) Rechtsbeziehungen der MitVR untereinander zu trennen ist, dies unabhängig davon, ob man diese als Begleitschuldverhältnis sui generis oder richtigerweise als Gesellschaft bürgerlichen Rechts qualifiziert (zu dieser Differenzierung Rn. 61 f.).[320]

117 **Meinungsstand:** Die Rechtsprechung[321] und die ganz herrschende Ansicht in der Literatur[322] qualifizieren die Rechtsbeziehung zwischen führendem VR und übrigen MitVR als Auftrags- bzw. Geschäftsbesorgungsverhältnis, abhängig davon, ob zwischen den Parteien eine Führungsprovision vereinbart ist oder nicht. Ist eine solche geschuldet, ist sie als Entgelt für die Tätigkeit des Führenden zu qualifizieren, sodass die Vorschriften des BGB über den Auftrag nur insoweit zur Anwendung gelangen, als sie von der Verweisung des § 675 BGB umfasst sind. Wird keine Führungsprovision gezahlt und handelt der Führende somit unentgeltlich, sind die §§ 662 ff. BGB nach der herrschenden Meinung grundsätzlich anwendbar. Dies führt für beide Fälle an sich zu dem Ergebnis, dass den beteiligten MitVR gegenüber dem Führenden gemäß § 665 BGB ein weitreichendes Weisungsrecht zusteht.[323] Die Vertreter der herrschenden Ansicht schränken dieses Wei-

---

318 *Lange/Dreher* VersR **2008** 289, 293.

319 So *Hübener* 43; zustimmend Bruck/Möller/*Möller*⁸ § 58 Anm. 66.

320 *Lange/Dreher* VersR **2008** 289, 293; *Schaloske* Mitversicherung 230 f.

321 OLG Hamburg 19.2.2008 VersR **2008** 1249, 1250.

322 Bruck/Möller/*Möller*⁸ § 58 Anm. 71 f.; Prölss/Martin/*Armbrüster* Vor § 77 Rn. 16; *Lange/Dreher* VersR **2008** 289, 293; *Dreher/Lange* VersR **2005** 717, 724; *Brinker/Schädle* VW **2003** 1318, 1321 f.; *Schaloske* Mitversicherung 233; *Dreyer* FS Winter (2007) 129, 163 f.; *Nebel* SVZ **63** (1995) 281, 287.

323 *Schaloske* Mitversicherung 231 f.; *ders.* VersR **2007** 606, 616; *Dreher/Lange* VersR **2005** 717, 724.

sungsrecht ein. Weisungen seien nicht bindend, wenn sie den wechselseitigen Rücksichtnahme- und Abstimmungspflichten zuwiderlaufen.[324]

118 Die Mindermeinung lehnt ein Weisungsrecht gegenüber dem Führenden ab und verneint in der Konsequenz auch das Vorliegen eines Auftrags- oder Geschäftsbesorgungsverhältnisses.[325] Vielmehr wird insbesondere aus den Anschlussklauseln (dazu Rn. 79 ff.) abgeleitet, dass kein Weisungsrecht der MitVR gegenüber dem führenden VR bestehen soll[326] und sogar umgekehrt eine beschränkte Führungspflicht der MitVR gegenüber dem führenden VR.[327] Bei dem Führungsvertrag soll es sich deshalb um einen gesetzlich nicht geregelten Vertrag sui generis handeln, der eine Geschäftsbesorgung zum Inhalt hat.[328]

119 **Stellungnahme:** Der Mindermeinung ist zuzugeben, dass es an der für ein Auftragsverhältnis typischen Interessenlage fehlt. In einem solchen handelt der Auftragnehmer interessewahrend für den Auftraggeber[329] und in aller Regel allein für diesen. In der Mitversicherung hat jedoch der führende VR häufig sogar den größten Anteil am Risiko zu tragen, sodass er in einem wesentlichen Bereich, zum Teil sogar überwiegend, im eigenen Interesse tätig wird. Allein aus der Tatsache, dass der führende VR (auch) im Interesse der beteiligten MitVR tätig wird, lässt sich seine Bindung an deren Weisungen nicht herleiten.[330] Der Führende ist am Erfolg seines Handelns unmittelbar beteiligt. Diese (teilweise) Interessengleichrichtung widerspricht dem klassischen Geschäftsbesorgungs- bzw. Auftragsverhältnis nach bürgerlichem Recht: In einem solchen Verhältnis ist der Gewinn des Geschäftsherrn nicht notwendig und stets ein Gewinn des Geschäftsbesorgers.[331] Die Interessenlage zwischen führendem und beteiligten VR bewirkt somit ein Spannungsverhältnis, das jedenfalls ein uneingeschränktes Weisungsrecht der beteiligten MitVR nicht zu rechtfertigen vermag. Hinzu tritt ein weiteres Spannungsverhältnis: Der Führende hätte den Weisungen mehrerer Auftraggeber (nämlich jedem einzelnen MitVR) Folge zu leisten, kann diesen Weisungen aber nur mit einer einzigen Handlung nachkommen, die abschließende Wirkung gegenüber all seinen Auftraggebern entfaltet. Denn es besteht eben nicht nur ein Führungsvertrag zwischen dem führenden VR und den MitVR, sondern parallele Verträge mit jedem MitVR.[332] Der (im Wege der Auslegung zu ermittelnde) Inhalt dieser Verträge ist jedoch in aller Regel deckungsgleich. Ein Weisungsrecht bewirkt also, dass die beteiligten MitVR sowohl untereinander als auch im Verhältnis zum Führenden schnell in Konflikt zueinander geraten können und so eine Blockade ausgelöst werden kann, was weder im Interesse der beteiligten VR noch des VN liegt. Gleichwohl steht dies der Annahme eines Auftrages oder eines Geschäftsbesorgungsvertrages nicht entgegen. Außerhalb des Versicherungsrechtes ist allgemein anerkannt, dass das Vorliegen eines Auftrages nicht dadurch ausgeschlossen ist, dass der Beauftragte zugleich eigene Interessen verfolgt.[333] Nicht überzeugend ist in diesem Zusammenhang der Hin-

---

324 Vgl. *Lange/Dreher* VersR **2008** 289, 295.
325 *Hübener* 71 f., 85 f.
326 So im Ergebnis auch von einem Auftragsverhältnis eigentümlicher Art ausgehend *Ritter/Abraham* Vor § 1 Anm. 47.
327 *Hübener* 72, 85.
328 *Hübener* 82 ff., 86.
329 Vgl. Staudinger/*Martinek* (2006) Vorbem. zu §§ 662 ff. Rn. 26.
330 So aber *Schaloske* Mitversicherung 232.
331 Vgl. Staudinger/*Martinek* (2006) Vorbem. zu §§ 662 ff. Rdn. 26.
332 Vgl. FG Hessen 10.12.2010 EFG **2011** 1101, 1102; *Brinker/Schädle* VW **2003**, 1318, 1321; **a.A.** wohl *Dreher/Lange* VersR **2005** 717, 724, die offenbar von nur einem Führungsvertrag ausgehen, aber jedem MitVR ein eigenes Weisungsrecht gemäß § 665 BGB in Bezug auf seinen Risikoanteil zugestehen.
333 BGH 17.5.1971 BGHZ **56** 204, 207; 20.6.1963 BGHZ **40** 28, 30; 9.2.1955 BGHZ **16** 265, 266; MüKo/*Seiler* § 662 Rn. 23; Staudinger/*Martinek* (2006) § 662 Rn. 27.

weis der Mindermeinung auf Anschlussklauseln. Zum einen werden diese gerade nicht bei jeder Mitversicherung vereinbart (Rn. 79). Zum anderen betreffen diese allein das Außenverhältnis zu dem VN, besagen jedoch (wie auch sonst bei Bevollmächtigungen im Außenverhältnis) nicht zwingend, dass im Innenverhältnis von einer Vollmacht umfassend Gebrauch gemacht werden darf (dazu noch Rn. 125).[334] Im Ergebnis ist daher der ganz herrschenden Meinung zu folgen, wonach abhängig von der Vereinbarung einer Führungsprovision entweder **von einem Auftrags- oder von einem Geschäftsführungsverhältnis auszugehen** ist. Allerdings sind die gesetzlichen Vorschriften der §§ 662 ff., 675 BGB im Einzelfall unter Berücksichtigung der gegenseitigen Treuepflichten aus dem Innenverhältnis und sich daraus insbesondere ergebenden Rücksichtnahmepflichten (dazu Rn. 64) teilweise zu modifizieren (dazu noch Rn. 121 ff.).

c) **Inhalt des Führungsvertrages.** Vorrangig bestimmt sich der Inhalt des Führungsvertrages nach entsprechenden ausdrücklichen Abreden zwischen dem führenden VR und den MitVR sowie – als Reflexwirkung – nach den für den Versicherungsvertrag vereinbarten Führungsklauseln (vgl. Rn. 115). Nur soweit die beteiligten MitVR keine Regelung getroffen haben, ist ergänzend auf die gesetzlichen Regelungen der §§ 662 ff. BGB bzw. – bei vereinbarter Führungsprovision – § 675 Abs. 1 BGB zurückzugreifen. Demnach gilt: **120**

aa) **Pflichten des führenden Versicherers.** Die **Hauptpflicht** des führenden MitVR ist gemäß § 662 BGB bzw. § 675 Abs. 1 i.V.m. § 611 BGB, die Führungsaufgabe auch tatsächlich zu übernehmen und auszufüllen. Im Hinblick auf die (auch) fremdnützige Tätigkeit hat sich der führende MitVR dabei so zu verhalten bzw. die Verträge so abzuwickeln, wie ein verständiger, billig denkender VR verfahren würde, wenn er allein ein eigenes, nicht rückversichertes Risiko versichert hätte.[335] So muss er also insbesondere, auch für die Anteile seiner MitVR, sämtliche Rechte und Pflichten wahrnehmen, die sich gegenüber dem VN aus dem Versicherungsvertrag (bei einem einheitlichen Vertrag) bzw. den Versicherungsverträgen (für den Regelfall, dass selbständige, aber gebündelte Verträge vorliegen) ergeben. Schließlich gehört die Abwicklung aller mit der Mitversicherung verbundenen Verwaltungsaufgaben zu den Hauptpflichten des führenden VR.[336] Teil dieser Verwaltungsaufgaben ist insbesondere auch der Entwurf des Versicherungsscheins, dessen Abstimmung mit den MitVR und die anschließende Ausfertigung des Versicherungsscheins (zur entsprechenden Bevollmächtigung des führenden VR im Außenverhältnis siehe Rn. 69) sowie die abschriftliche Information aller übrigen MitVR.[337] **121**

Der Umfang der Geschäftsführungspflicht und damit korrespondierend der Geschäftsführungsbefugnis bei der Abwicklung der Mitversicherung ergibt sich regelmäßig mittelbar auch aus den Führungsklauseln. Soweit insoweit keine besondere Absprache getroffen wurde, ist der führende MitVR zumindest in dem Umfang geschäftsführungsbefugt, in dem er im Außenverhältnis berechtigt ist, die MitVR zu vertreten oder auf Grund deren Ermächtigung zu handeln.[338] Allerdings geht die Geschäftsführungspflicht regelmäßig darüber hinaus.[339] So ist der führende VR nicht etwa nur verpflichtet, Willenser- **122**

[334] *Schaloske* Mitversicherung 232.
[335] *Schaloske* Mitversicherung 234; *Ritter/Abraham* Vor § 1 Anm. 47 i.V.m. § 1 Anm. 154; *Hübener* 70, 73; *Kisch* Mehrfache Versicherung, 26.
[336] *Schaloske* Mitversicherung 236.
[337] Bruck/Möller/*Möller*[8] § 58 Anm. 72; *Schaloske* Mitversicherung 236.
[338] *Lange/Dreher* VersR **2008** 289, 293; *Schaloske* Mitversicherung 234.
[339] *Lange/Dreher* VersR **2008** 289, 293; *Schaloske* Mitversicherung 234.

klärungen und Anzeigen, die er auf Grund einer Anzeigenklausel (Rn. 79 ff.) erhalten hat, unverzüglich an die übrigen MitVR weiterzuleiten, sondern er muss darüber hinaus jedwede erheblichen Tatsachen, von denen er auf sonstigem Wege Kenntnis erlangt, z.B. über Gefahrerhöhungen, Obliegenheitsverletzungen, Schäden usw., unaufgefordert den übrigen MitVR mitteilen (§ 666 Alt. 1. BGB).[340] Abgesehen davon ist der führende MitVR auf entsprechende Nachfrage der übrigen MitVR verpflichtet, über den Stand des Geschäfts Auskunft zu erteilen (§ 666 Alt. 2. BGB) sowie über die Ausführung seines Geschäfts Rechenschaft abzulegen (§ 666 Alt. 3. i.V.m. § 259 BGB).[341]

123 Soweit der führende MitVR mit dem Inkasso beauftragt ist, beinhaltet die Geschäftsführungsaufgabe die Pflicht, dieses Inkasso tatsächlich – einschließlich ggf. erforderlicher vorgerichtlicher Maßnahmen (§§ 37, 38) – durchzuführen und – soweit im Außenverhältnis dazu ermächtigt – die Prämienforderungen auch gerichtlich geltend zu machen.[342] Prämien, die der führende MitVR erlangt, sind an die übrigen MitVR für deren Anteil herauszugeben (§ 667 BGB).[343] Verwendungszinsen (§ 668 BGB) können theoretisch anfallen,[344] spielen jedoch in der Praxis regelmäßig keine Rolle; sie kommen allenfalls in Betracht, falls der führende VR die geschuldete Prämienverrechnung verzögert.[345]

124 Die Pflicht zur Herausgabe des Erlangten (§ 667 BGB) betrifft allerdings nicht nur eingenommene Prämien, sondern kann darüber hinaus auch von den MitVR zur Verfügung gestellte Unterlagen sowie, allerdings regelmäßig nur in Kopie, durch den führenden VR angelegte Akten, Dateien sowie den Schriftverkehr mit dem VN und Dritten umfassen (§ 667 Alt. 2 BGB).[346] In Originalurkunden hat der führende VR ggf. den übrigen MitVR Einsicht zu gewähren (§ 810 BGB).[347]

125 Auch soweit dem führenden MitVR demnach Geschäftsaufgaben zugewiesen sind, kann er regelmäßig nicht ohne Rücksprache mit den übrigen MitVR handeln. Dies gilt auch, soweit der führende VR im Außenverhältnis auf Grund der Führungsklauseln eine entsprechende Vollmacht bzw. Ermächtigung zur Prozessführung hat. So ist der führende VR, insbesondere wenn er auf Grund von Anschlussklauseln (Rn. 79 ff.) oder von Prozessführungsklauseln (Rn. 84 ff.) handelt, verpflichtet, nicht nur die übrigen MitVR zu informieren, sondern dies auch so rechtzeitig zu machen, damit diese Stellung nehmen bzw. zustimmen können.[348] Hierbei ist der führende MitVR in der Regel berechtigt, den übrigen MitVR eine angemessene Widerspruchsfrist zu setzen und bei deren Schweigen von einer Zustimmung zu der beabsichtigten Geschäftsführungsmaßnahme auszugehen.[349] Lediglich wenn Gefahr im Verzug ist und eine unverzügliche Entscheidung des führenden MitVR im Außenverhältnis gefordert ist, die keine vorherige Abstimmung mit den MitVR ermöglicht, kann davon abgesehen werden (§ 665 Satz 2 BGB).[350] Allerdings berechtigt auch ein solcher Notfall den führenden MitVR nicht, über die ihm im Außenverhältnis eingeräumten Vollmachten bzw. Ermächtigungen hinauszugehen. Eine Notgeschäftsführung, wie sie das Recht der Bruchteilsgemeinschaft vorsieht (§ 744 Abs. 2

---

[340] Bruck/Möller/*Möller*[8] § 58 Anm. 72; *Lange/Dreher* VersR **2008** 289, 293; *Schaloske* Mitversicherung 234 f., 237.
[341] *Schaloske* Mitversicherung 237 f.
[342] Bruck/Möller/*Möller*[8] § 58 Anm. 72.
[343] Bruck/Möller/*Möller*[8] § 58 Anm. 72; *Schaloske* Mitversicherung 238 f.
[344] *Schaloske* Mitversicherung 239.
[345] Bruck/Möller/*Möller*[8] § 58 Anm. 72.
[346] *Lange/Dreher* VersR **2008** 289, 293; *Schaloske* Mitversicherung 238 f.
[347] *Schaloske* Mitversicherung 238 f.; *Ritter/Abraham* Vor § 1 Anm. 47.
[348] Bruck/Möller/*Möller*[8] § 58 Anm. 72; *Dreher/Lange* VersR **2005** 717, 724; *Schaloske* Mitversicherung 237.
[349] *Schaloske* Mitversicherung 235.
[350] *Brinker/Schädle* VW **2003** 1420, 1422.

BGB), kennt das Auftragsrecht bzw. das Recht der Geschäftsbesorgung nicht; eine analoge Anwendung scheidet mangels Regelungslücke aus.[351] Handelt der führende MitVR gleichwohl, ist er bei außergerichtlicher Tätigkeit Vertreter ohne Vertretungsmacht, sodass im Verhältnis zum VN § 179 BGB Anwendung findet. Auf Grund der gegenseitigen Treuepflichten sind in einem solchen Fall allerdings die übrigen MitVR zur Genehmigung nach § 177 Abs. 1 BGB verpflichtet, wenn sie bei vorheriger Befragung redlicherweise ihre Zustimmung erklärt hätten.

Problematisch ist, in welchem Umfang entweder ungefragte oder bei entsprechender Konsultation (Rn. 125) eingeholte Weisungen der MitVR zu berücksichtigen sind (dazu schon Rn. 119). Solche Weisungen der MitVR können zum einen den eigenen berechtigten Interessen des führenden VR in Ansehung seines eigenen Anteils zuwiderlaufen, es können sich aber auch die Weisungen einzelner MitVR wiedersprechen. Grundsätzlich folgt aus der Rechtsnatur eines Auftrags- und Geschäftsbesorgungsverhältnisses, dass § 665 BGB Anwendung findet. Bereits aus dieser Norm selbst ergibt sich, dass der Beauftragte nicht schlechthin an vorliegende Weisungen gebunden ist, wenn er den Umständen nach annehmen darf, dass der Auftraggeber bei Kenntnis der Sachlage die Abweichung billigen würde, wobei allerdings wiederum vor der Abweichung die Pflicht besteht, dem Auftraggeber (hier den übrigen MitVR) Anzeige zu machen und deren Entschließung abzuwarten. Es ist jedoch zu weitgehend, hieraus abzuleiten, der führende MitVR sei überhaupt nicht an Weisungen gebunden.[352] Insoweit überlagert die generelle Rechtsbeziehung der MitVR untereinander (trotz grundsätzlich zu beachtender Trennung beider Ebenen, vgl. Rn. 116) auch die Beziehung innerhalb des Führungsvertrages. Aus den gegenseitigen Treue- und Schutzpflichten der MitVR folgt also, dass der führende MitVR ggf. berechtigt ist, von ausdrücklichen Weisungen abzuweichen.[353] Richtigerweise ist bei Widersprüchen der MitVR untereinander einschließlich des gewünschten Vorgehens des führenden MitVR für den eigenen Anteil auf den objektiven Maßstab eines verständigen, billig denkenden VR abzustellen, wenn er allein ein eigenes, nicht rückversichertes Risiko versichert hätte; diesen Maßstab hat der führende MitVR bei seiner Tätigkeit sowieso zu beachten (vgl. Rn. 121). Wenn er nach diesem Maßstab handeln bzw. von einem Handeln absehen darf, kann er auch ausdrückliche Weisungen der übrigen MitVR übergehen. Allerdings beinhaltet dies ein erhebliches Prognoserisiko. Beachtet der führende VR demnach maßgebliche Weisungen seiner MitVR nicht, macht er sich schadenersatzpflichtig (dazu Rn. 130).[354] 126

bb) Rechte des führenden Versicherers. Der führende MitVR hat vor allem einen **Aufwendungsersatzanspruch** (§ 670 BGB).[355] Ein entsprechender Anspruch besteht auch bei der entgeltlichen Geschäftsbesorgung; § 675 Abs. 1 BGB verweist auf § 670 BGB. Hier ist jedoch im Einzelfall zu prüfen, ob der Aufwendungsersatz bereits mit dem Entgelt (der Führungsprovision) abgegolten ist.[356] Schließlich kann ein Aufwendungsersatz 127

---

351 *Brinker/Schädle* VW **2003** 1420, 1422; **a.A.** ohne Begründung *Schaloske* Mitversicherung 234.

352 So aber *Ritter/Abraham* Vor § 1 Anm. 47; so im Ergebnis auch *Hübener* 72, der jedes Weisungsrecht ablehnt und auch die Anwendung der §§ 662 ff., vgl. Rn. 119.

353 So im Ergebnis auch *Lange/Dreher* VersR **2008** 289, 296.

354 *Lange/Dreher* VersR **2008** 289, 296; *Dreyer* FS Winter, 159, 280 f.

355 Bruck/Möller/*Möller*[8] § 58 Anm. 73; *Schaloske* Mitversicherung 244 ff.; *ders.* VersR **2007** 606, 617; *Dreher/Lange* VersR **2005** 717, 724; *Lange/Dreher* VersR **2008** 289, 293.

356 *Schaloske* Mitversicherung 244; allgemein Staudinger/*Martinek* (2006) § 670 Rn. 5.

auch aus Geschäftsführung ohne Auftrag gemäß §§ 677, 683 Satz 1 BGB i.V.m. § 670 BGB folgen. Hierunter können insbesondere Schadenverhütungsuntersuchungen fallen, die der führende MitVR auf Kundenwunsch durchführt.[357] Abzugrenzen sind solche Aufwendungen allerdings von dem Aufwendungsersatz zur Abwendung und Minderung des Schadens i.S.v. § 82 f. Solche Aufwendungen sind Teil des Versicherungsschadens i.w.S.[358] und können deshalb von dem führenden MitVR nur bei entsprechender Bevollmächtigung reguliert werden.

128 Auf Verlangen kann der führende MitVR einen Vorschuss für anstehende Aufwendungen verlangen (§ 669 BGB).[359] Bei einer entgeltlichen Geschäftsbesorgung wird allerdings der Anspruch auf Vorschuss allgemein zurückhaltend gewährt,[360] sodass der führende VR bei einer vereinbarten Führungsprovision nur bei höheren Beträgen Vorschuss fordern kann.

129 Nur bei ausdrücklicher Vereinbarung steht dem führenden MitVR ein Entgelt, die sog. **Führungsprovision,** zu.[361] Eine Führungsprovision kann also insbesondere nicht aus §§ 675 Abs. 1, 612 Abs. 1 BGB abgeleitet werden. Hiergegen spricht, dass die Führungsrolle in der Praxis oft unentgeltlich wahrgenommen wird und damit nicht den Umständen nach nur eine Tätigkeit gegen Vergütung im Sinne von § 612 Abs. 1 BGB erwartet wird.[362] Die Abreden zur Ausgestaltung der Führungsprovision sind in der Praxis uneinheitlich. Ihre Höhe hängt auch davon ab, ob sämtliche Tätigkeiten durch den führenden MitVR selbst erledigt werden oder dieser für Teile der Führungsaufgaben einen Versicherungsvermittler, insbesondere Versicherungsmakler, beauftragt (dazu auch Rn. 111). Sie liegt zumeist zwischen ein und drei Prozent der Nettoprämie.[363] Ist eine Führungsprovision zwar vereinbart, aber der Höhe nach nicht festgelegt, ist diese gemäß § 612 Abs. 2 BGB in diesem Rahmen unter Berücksichtigung der Sparte und des Ortes sowie dort ggf. abweichender üblicher Höhen festzulegen.[364] Ist der führende MitVR mit dem Prämieninkasso betraut, darf er regelmäßig diese Führungsprovision aus eingenommenen Prämien mit entsprechender Rechenschaftspflicht (§ 666 Alt. 3 BGB) einbehalten.[365] Ist ein Versicherungsvermittler oder eine Verwaltungsgesellschaft mit dem Prämieninkasso betraut, sind diese im Regelfall berechtigt, aus einbehaltenen Prämien direkt die Führungsprovision zu Gunsten des führenden MitVR einzubehalten und nur die verbleibende Prämie an die übrigen MitVR abzuführen.[366] Auf die Führungsprovision ist Umsatzsteuer zu berechnen. Es handelt sich nicht um eine gem. § 4 Nr. 10 UStG steuerbefreite Leistung.[367] Wird allerdings ein Versicherungsvermittler mit Führungsaufgaben

---

[357] Im Einzelnen *Schaloske* Mitversicherung 244 ff.; *Lange/Dreher* VersR **2008** 289, 293 f.

[358] Weiterführend Bruck/Möller/*Koch* § 82 Rn. 56 ff.

[359] *Schaloske* Mitversicherung 250; *ders.* VersR **2007** 606, 617; *Dreher/Lange* VersR **2005** 717, 724; *Lange/Dreher* VersR **2008** 289, 293.

[360] Staudinger/*Martinek* (2006) § 669 Rn. 1.

[361] *Schaloske* Mitversicherung 240.

[362] *Schaloske* Mitversicherung 240.

[363] *Franz* BB **2011** 2141, 2144; ähnlich: *Schaloske* Mitversicherung 240 f. (1,5 bis 2,5 Prozent); Bruck/Möller/*Möller*[8] § 58 Anm. 73 (3 Prozent); *Hübener* 74 (3 Prozent).

[364] *Schaloske* Mitversicherung 241.

[365] Bruck/Möller/*Möller*[8] § 58 Anm. 73; *Schaloske* Mitversicherung 241.

[366] Bruck/Möller/*Möller*[8] § 58 Anm. 73; *Schaloske* Mitversicherung 241.

[367] FG Hessen 10.12.2010 EFG **2011** 1101 (nicht rechtskräftig, Rev. unter dem Az. XI R 7/11 bei dem BFH anhängig); *Schaloske* Mitversicherung 242 f.; kritisch *Evers* VW **2011** 656; **a.A.** *Franz* BB **2011** 2141, 2145; anders auch RFH 21.12.1931 RFHE **30** 62, 63, wo jedoch unzureichend nicht zwischen dem Innen- und Außenverhältnis unterschieden wird.

betraut, unterliegt dessen Provision auch bei der Mitversicherung gem. § 4 Nr. 11 UStG nicht der Umsatzsteuer.[368]

d) Haftung des führenden Versicherers im Innenverhältnis. Verletzt der führende VR seine Pflichten aus den Führungsverträgen, so ist er nach den allgemeinen Regelungen der §§ 280 ff. BGB zum Schadenersatz verpflichtet.[369] Es gilt der allgemeine Verschuldensmaßstab von § 276 Abs. 1 Satz 1 BGB, d.h. es besteht eine Haftung für Vorsatz und Fahrlässigkeit einschließlich der leichten Fahrlässigkeit.[370] Auch soweit der führende MitVR unentgeltlich tätig wird und damit ausschließlich Auftragsrecht zur Anwendung kommt, kommt eine Haftungserleichterung in Analogie zu §§ 521, 599, 690 BGB, wie auch sonst im Auftragsrecht,[371] nicht in Betracht.[372] **130**

5. Veränderungen und Beendigung der Führung

Grundsätzlich endet die Geschäftsführung – zeitlich parallel zur Beendigung der Innengesellschaft (dazu Rn. 66) – entweder mit dem Ende des Versicherungsschutzes im Außenverhältnis oder, soweit später liegend, mit der abschließenden Abwicklung noch nicht erledigter Versicherungsfälle oder der Verrechnung von Prämieneinnahmen.[373] **131**

Die Führungsrolle endet vorzeitig, wenn der führende VR auf Grund der Ausübung von Gestaltungsrechten (Rn. 46 ff.) oder auf Grund einer vertraglichen Vereinbarung (Rn. 58) den Versicherungsvertrag für seinen Anteil beendet und damit aus der Mitversicherung ausscheidet, wodurch die Mitversicherung (jedenfalls zunächst, vgl. Rn. 58) zu einer solchen ohne Führungsklausel wird.[374] **132**

Bei sonstiger vorzeitiger Beendigung der Führungsrolle oder inhaltlichen Änderungen der Führungsklauseln ist zwischen drei Ebenen zu differenzieren: die vertragliche Vereinbarung im Außenverhältnis mit dem VN in dem oder in den Versicherungsverträgen, die Erteilung von Vollmachten und Ermächtigungen von den übrigen MitVR an den führenden VR und die Führungsverträge im Innenverhältnis. Grundsätzlich müssen Änderungen auf allen drei Ebenen vollzogen werden.[375] **133**

Im Regelfall besteht mit dem VN nicht nur eine vertragliche Vereinbarung über die Führung als solche, sondern auch über die Person des führenden VR und die diesem erteilten Vollmachten und Ermächtigungen. Diese Vereinbarungen werden damit Bestandteil des oder der Versicherungsverträge. Jede vertragliche Vereinbarung zur Veränderung oder Beendigung der Führungsrolle sowie der Austausch des führenden VR muss daher auf der Ebene des Außenverhältnisses mit dem VN vereinbart werden bzw. bedarf seiner Zustimmung.[376] **134**

---

368 BFH 12.11.1964 VersR **1965** 445.

369 *Schaloske* Mitversicherung 291 f.; *Brinker/Schädle* VW **2003** 1420; *Dreyer* FS Winter, 159, 166 f.

370 *Schaloske* Mitversicherung 252; *Brinker/Schädle* VW **2003** 1420; *Hübener* 73 f.

371 Staudinger/*Martinek* (2006) § 622 Rn. 42; MüKo/*Seiler* § 662 Rn. 55.

372 *Schaloske* Mitversicherung 252 f.; *Brinker/Schädle* VW **2003** 1420.

373 *Schaloske* Mitversicherung 260.

374 Bruck/Möller/*Möller*⁸ § 58 Anm. 74; *Hübener* 91 f.; abzulehnen *Ritter/Abraham* Vor § 1 Anm. 47, wonach der führende VR bei seinem Ausscheiden zwar das Recht zur Führung verliert, jedoch erteilte Vollmachten bestehen bleiben sollen.

375 *Schaloske* Mitversicherung 260; ähnlich Bruck/Möller/*Möller*⁸ § 58 Anm. 66, 74, der aber nur zwischen dem Außen- und dem Innenverhältnis differenziert.

376 Bruck/Möller/*Möller*⁸ § 58 Anm. 66, 74; Prölss/Martin/*Armbrüster* Vor § 77 Rn. 17; Berliner Kommentar/*Schauer* § 58 Rn. 31; *Schaloske* Mitversicherung 260; **a.A.** *Brinker/Schädle* VW **2003** 1420, 1422,

Aufgrund ihrer regelmäßigen Vereinbarung in dem oder den Versicherungsverträgen können auch die – zumeist im Rahmen der Führungsklauseln – durch die übrigen MitVR zugunsten des führenden VR im Außenverhältnis erteilten Vollmachten und Ermächtigungen nur mit Zustimmung des VN geändert oder widerrufen werden (§ 168 Satz 2 BGB).[377]

135 Ebenso wenig können solche Veränderungen ohne Mitwirkung der übrigen MitVR zwischen dem VN und dem führenden VR vereinbart werden. Dies gilt im Zweifel selbst dann, wenn an sich dem führenden VR Vollmachten zu Bedingungsänderungen eingeräumt worden sind.[378] Allerdings kann auch vereinbart sein, dass Änderungen oder ein Führungswechsel nur in Abstimmung zwischen den betroffenen MitVR und dem VN oder sogar einseitig durch den VN ohne Beteiligung der übrigen MitVR erfolgen können. Eine solche Bestimmung enthält etwa Ziffer 25.4 DTV-Güter 2000/2011, wobei den bisher führenden VR die Pflicht trifft, diese Pflicht aber auch von dem VN wahrgenommen werden kann, den übrigen MitVR den Führungswechsel unverzüglich schriftlich anzuzeigen. Diese haben in diesen Fällen innerhalb eines Monats nach Eingang der Mitteilung das Recht, den Versicherungsvertrag unter Einhaltung einer vierwöchigen Frist zu kündigen. Zweifelhaft kann bei unklarem Wortlaut sein, ob das Bestimmungsrecht dem VN allein oder nur gemeinsam mit dem führenden VR eingeräumt ist. Trotz unklarem Wortlaut dürfte bei Ziffer 25.4 DTV-Güter 2000/2011 das alleinige Bestimmungsrecht des VN gemeint sein.[379] Zweifelhaft kann in einem solchen Fall ferner sein, ob der kündigende MitVR in der Übergangszeit bis zum Wirksamwerden der Kündigung durch den neuen führenden VR getroffene Absprache gegen sich gelten lassen müssen; hiervon wird man jedenfalls bei der Ziffer 25.4 DTV-Güter 2000/2011 mangels abweichender Regelung ausgehen müssen.[380]

136 Die Führungsrolle kann grundsätzlich **nicht durch einseitige Erklärung**, insbesondere eine Kündigung, des VN, des führenden VR oder der übrigen MitVR **beendet** werden.[381] Dies gilt selbst dann, wenn im Innenverhältnis zwischen den MitVR eine Beendigung des Führungsvertrages durch einseitige Erklärung möglich ist; in diesem Fall wird im Außenverhältnis zum VN die Führungsrolle erst dann beendet, wenn dieser zustimmt.[382] Regelmäßig ist jede ordentliche vorzeitige Beendigung im Innenverhältnis jedoch ausgeschlossen. Dies gilt nicht nur bei entgeltlicher Geschäftsbesorgung, sondern entgegen § 671 Abs. 1 BGB auch bei unentgeltlicher Tätigkeit des führenden VR; insoweit ist die gesetzliche Regelung aufgrund der Besonderheiten der Mitversicherung zu modifizieren.[383]

---

wonach die Interessenlage im Einzelfall entscheiden soll, ob die Zustimmung des VN erforderlich ist.

377 Bruck/Möller/*Möller*[8] § 58 Anm. 66, 74; Prölss/Martin/*Armbrüster* Vor § 77 Rn. 17; Berliner Kommentar/*Schauer* § 58 Rn. 31; *Schaloske* Mitversicherung 263 f.; *Ritter/Abraham* Vor § 1 Anm. 47; *Hübener* 88 f.; *Kisch* Mehrfache Versicherung, 17, 27 f.; grundsätzlich zustimmend *Lange/Dreher* VersR **2008** 289, 294, aber **a.A.** für den Fall, dass der Widerruf der Vollmacht nach einvernehmlicher Aufhebung des Führungsvertrages im Innenverhältnis aus wichtigem Grund erfolgt.

378 So im Ergebnis OLG Köln 2.9.2008 VersR **2008** 1673, 1675, wo der führende VR zwar Vollmacht u.a. zu Bedingungsänderungen hatte, das OLG jedoch eine zwischen dem führenden VN und einem MitVR getroffene Abrede, eine in den AVB erfolgte Anerkenntnisvereinbarung nicht gelten zu lassen, nicht anerkannte.

379 *Schaloske* Mitversicherung 268.

380 **A.A.** ohne Begründung Thume/de la Motte/Ehlers/*Ehlers* Teil 5 Rn. 652; *Schaloske* Mitversicherung 268.

381 Bruck/Möller/*Möller*[8] § 58 Anm. 74; *Hübener* 88 ff.

382 *Bruck* PVR, 541.

383 Bruck/Möller/*Möller*[8] § 58 Anm. 74; *Hübener* 88 ff.; *Schaloske* Mitversicherung 260; *Lange/Dreher* VersR **2008** 289, 294.

Eine **Ausnahme** gilt jedoch dann, wenn ein **wichtiger Grund** für die Beendigung vorliegt, wobei wiederum zwischen den einzelnen Ebenen zu differenzieren ist. Auf der Ebene des Außenverhältnisses ist bei Vorliegen eines wichtigen Grundes grundsätzlich die gesonderte Kündigung der Führungsrolle möglich (§ 314 BGB), wodurch die Mitversicherung (jedenfalls zunächst, vgl. Rn. 138) zu einer solchen ohne Führungsklausel wird.[384] Handelt es sich allerdings allein um einen wichtigen Beendigungsgrund im Innenverhältnis zwischen den MitVR (§ 314 BGB bzw. § 626 BGB), so bleibt gleichwohl die Führungsrolle im Außenverhältnis zum VN unberührt und die Beendigung der Führungsrolle sowie der Widerruf von Vollmachten und Ermächtigungen bedarf auch in diesem Fall seiner Zustimmung.[385] In einem solchen Fall wird aber der VN nach Treu und Glauben verpflichtet sein, einem Wechsel in der Führungsrolle zuzustimmen, sofern dem nicht berechtigte eigene Interessen entgegenstehen.[386] Über die Fälle eines wichtigen Grundes hinaus wird man allen Beteiligten zugestehen müssen, zum Zeitpunkt des ordentlichen Kündigungsrechts statt einer Beendigung des Versicherungsvertrages insgesamt (dazu Rn. 52) eine Beendigung der Führungsrolle zu bewirken. **137**

Endet die Führungsaufgabe eines VR demnach vorzeitig, bedarf die erneute Benennung eines führenden VR (abgesehen von entsprechenden Absprachen im Innenverhältnis zwischen den MitVR) einer entsprechenden Einigung mit dem VN. Da eine Führungsabrede von den Parteien ursprünglich gewollt war und auch regelmäßig im beiderseitigen Interesse liegt (Rn. 67), besteht sowohl auf Seiten des VN als auch auf Seiten der MitVR bei einer entsprechenden Aufforderung der Gegenseite die Pflicht, an der Bestimmung eines neuen führenden VR mitzuwirken bzw. dieser zuzustimmen, wenn dem nicht im Einzelfall wichtige Gründe entgegenstehen.[387] **138**

---

384 Bruck/Möller/*Möller*[8] § 58 Anm. 74.

385 *Hübener* 89; *Bruck* PVR, 542; *Kisch* Mehrfache Versicherung, 27; **a.A.** *Lange/Dreher* VersR **2008** 289, 294; *Brinker*/Schädle VW **2003** 1420, 1422, wonach die Interessenlage im Einzelfall darüber entscheiden soll, ob die Zustimmung des VN erforderlich ist; *Schaloske* Mitversicherung, 265 f., der in diesen Fällen von einem Schadenersatzanspruch des VN sowie dessen Recht ausgeht, den Versicherungsvertrag insgesamt aus wichtigem Grund zu kündigen.

386 So im Ergebnis auch *Hübener* 89 f., wonach die demnach verweigerte Zustimmung des VN ein wichtiger Grund für die Kündigung im Außenverhältnis sein kann.

387 Noch anders *Brinker*/Schädle VW **2003** 1420, 1422, wonach die anderen VR im Interesse des VN verpflichtet sind, einen neuen Führenden zu bestimmen, was jedoch die Mitwirkungsrechte des VN nicht berücksichtigt.

Internationales Versicherungsvertragsrecht

Gesamtüberblick

1. Abschnitt: Einführung

Schrifttum

Zum Internationalen Versicherungsvertragsrecht des EGVVG siehe 1. Abschnitt Teil C.

Zum Internationalen Versicherungsvertragsrecht der VO Rom I siehe den 2. Abschnitt vor der Präambel.

Zum Internationalen Versicherungsprozessrecht siehe den 4. Abschnitt vor dem Text der EuGVVO.

1. Abschnitt: Einführung

Übersicht

A. Begriff, Funktion und Anwendung des Internationalen Versicherungsvertragsrechts

Das **Internationale Versicherungsvertragsrecht** ist Bestandteil des Internationalen Privatrechts (IPR) und enthält Regeln darüber, welche Rechtsordnung zur Anwendung kommen soll, wenn ein Versicherungsvertrag Berührungen zu den Rechten mehrerer Staaten aufweist.[1] Ein solcher Auslandsbezug kann sich beispielsweise daraus ergeben, dass zumindest eine der Vertragsparteien ihren gewöhnlichen Aufenthalt oder Sitz im Ausland hat, dass der Versicherungsnehmer oder eine andere an dem Versicherungsverhältnis beteiligte Person eine ausländische Staatsangehörigkeit besitzt, dass der Vertrag im Ausland zu lokalisierende Risiken abdecken soll oder die Parteien die Maßgeblichkeit ausländischen Rechts vereinbart haben. Die Normen des deutschen Internationalen Versicherungsvertragsrechts hatten – trotz des irreführenden Namens – zunächst rein nationalen Charakter. Erst in den neunziger Jahren des vergangenen Jahrhunderts erfuhr die Materie eine **Europäisierung** insbesondere durch **Richtlinienvorgaben**[2] (zur Entwicklung vgl. Rn. 5 ff.), die dann mit dem Inkrafttreten der „VO über das auf vertragliche Schuldverhältnisse anwendbare Recht"[3] (sog. VO „Rom I", dazu unter B.) durch Schaffung eines EU-weit einheitlichen und unmittelbar geltenden europäischen Regelwerks abgeschlossen wurde. Der unmittelbare Anwendungsbereich des in der VO enthaltenen Internationalen Vertragsrechts beschränkt sich aber auf die Staaten der EU (mit Ausnahme Dänemarks – vgl. aber Art. 1 Abs. 4 VO Rom I, dazu Art. 7 Rn. 3). Jeder Nichtmitgliedstaat wendet demgegenüber sein eigenes nationales „Internationales Privatrecht" und damit auch sein nationales „Internationales Versicherungsvertragsrecht" an. 1

Die Bestimmung der einschlägigen Rechtsordnung erfolgt im Internationalen Privatrecht durch **Kollisionsnormen**, die einen bestimmten Bereich des privatrechtlichen Systems (sog. „Anknüpfungsgegenstand") mit einem oder mehreren auf eine bestimmte Rechtsordnung hinweisenden Sachverhaltselementen (sog. „Anknüpfungspunkt") verbinden.[4] So verwendet die VO Rom I als **Anknüpfungsgegenstände** etwa die Begriffe (Schuld-)„Vertrag" (Art. 3, 4 VO Rom I), „Verbraucherverträge" (Art. 6 VO Rom I) oder „Versicherungsverträge" (Art. 7 VO Rom I). Als **Anknüpfungspunkte** fungieren z.B. die „Rechtswahl" (Art. 3 VO Rom I), der „gewöhnliche Aufenthalt" einer Person (Art. 4 Abs. 1 lit. b, Art. 6 Abs. 1 oder Art. 7 Abs. 2 Unterabs. 2 Satz VO Rom I) oder die „Belegenheit des Risikos" (Art. 7 Abs. 3 Unterabs. 3 VO Rom I). Dabei greift der Gesetzgeber aus der Fülle der Sachverhaltselemente dasjenige als Anknüpfungspunkt heraus, welches nach seiner Auffassung zu der „sachnächsten", d.h. sinnvoller Weise zur Beherrschung des Anknüpfungsgegenstandes berufenen Rechtsordnung führt. Im Ergebnis wird damit das durch den Anknüpfungspunkt bestimmte Recht für alle Rechtsfragen berufen, die von dem Anknüpfungsgegenstand der jeweiligen Kollisionsnorm umfasst werden. So richtet sich etwa die Beantwortung aller auf „Versicherungsverträge" bezogenen Rechtsfragen in erster Linie nach denjenigen Rechtsordnungen, die von den Kollisionsnormen des Art. 7 VO Rom I bezeichnet werden. Die Kollisionsnormen jedenfalls der VO Rom I 2

[1] Zum Folgenden vgl. bereits Berliner Kommentar/*Dörner* Vorbem. zu Art. 7 EGVVG Rn. 1.

[2] Vgl. dazu Looschelders/Pohlmann/*Loacker* Vorbem. C: „Einführung in das Europäische Versicherungsvertragsrecht".

[3] Verordnung (EG) Nr. 592/2008 des Europäischen Parlaments und des Rates über das auf vertragliche Schuldverhältnisse anzuwendende Recht („Rom I") v. 17.6.2008, ABl. EU **2008** Nr. L 177 S. 6.

[4] Vgl. zum Folgenden bereits Berliner Kommentar/*Dörner* Vorbem. zu Art. 7 EGVVG Rn. 2 f.

führen unmittelbar zu den „Sachnormen", d.h. zum materiellen Versicherungsvertragsrecht derjenigen Rechtsordnung, auf welche eine Kollisionsnorm verweist (vgl. dazu Art. 20 VO Rom I). Die Gesamtheit aller Sachnormen, die sich in der berufenen Rechtsordnung mit dem betreffenden Anknüpfungsgegenstand befassen, werden als „Statut" bezeichnet (daher: „Versicherungsvertragsstatut").

3 Für die **Anwendung von Kollisionsnormen** gelten keine Besonderheiten. Zunächst ist der Bedeutungsgehalt der in ihr verwandten Begriffe durch **Auslegung** zu ermitteln (dazu näher Rn. 4); dabei sind die herkömmlichen Auslegungsmethoden (grammatikalische, historische, systematische und teleologische Auslegung) zu beachten. Dies gilt insbesondere für den Anknüpfungsgegenstand und den Anknüpfungspunkt. Der Rechtsanwender wird also beispielsweise klären, welche Rechtsfragen der Verordnungsgeber vom Begriff der „Versicherungsverträge" umfasst wissen will und welche Merkmale einen „gewöhnlichen Aufenthalt" konstituieren. Im Anschluss daran erfolgt – wie üblich – eine Subsumtion des Sachverhalts unter die Normbegriffe; es muss also festgestellt werden, ob die in concreto aufgeworfene Rechtsfrage „Versicherungsverträge" betrifft oder ob die Lebensumstände etwa eines Versicherungsnehmers die Kriterien eines „gewöhnlichen Aufenthalts" in einer bestimmten Rechtsordnung erfüllen. Diesen allgemein geläufigen Vorgang der Rechtsanwendung bezeichnet man, insbesondere soweit es um die Bestimmung des Anknüpfungsgegenstandes geht, im IPR als „Qualifikation".

4 Während die Qualifikation unter deutsche (Kollisions-)Normen grundsätzlich nach der lex fori, d.h. nach Maßgabe des deutschen Rechts erfolgt, muss für die in den europäischen Verordnungen und damit auch in der VO Rom I verwandten Begriffe ein **europaweit einheitliches Verständnis** entwickelt werden („autonome" Interpretation).[5] Dies bringt für die Handhabung des auch hier praktizierten klassischen Auslegungskanons einige Besonderheiten mit sich. Bei der Wortlautauslegung stehen sämtliche Sprachfassungen der VO gleichberechtigt nebeneinander; durchaus mögliche Sinnabweichungen in den einzelnen Übersetzungen sind dann unter Rückgriff auf systematische und teleologische Überlegungen zu korrigieren. Im Zuge der systematischen Interpretation erfolgt ein Rückgriff einerseits auf Primärrecht (EGV/AEUV), andererseits auf die thematisch eng verwandten VO des europäischen IPR und Internationalen Zivilverfahrensrechts (Beispiel: Art. 6 Rn. 4). Anhaltspunkte für eine teleologische Interpretation lassen sich der Präambel und ihren Erwägungsgründen entnehmen. Die historische Interpretation wird auf ein etwa vorhandenes Grünbuch, Vorarbeiten der Kommission und der Endfassung vorausgehende Entwürfe zurückgreifen. Der EuGH hat darüber hinaus auch den spezifisch europarechtlichen Auslegungstopos des „effet utile" entwickelt: Gemeinschaftsrechtliche Normen sind so auszulegen, dass ihre praktische Wirksamkeit gewährleistet wird.[6] Die nationalen Gerichte sind zur Auslegung europarechtlicher Vorschriften befugt, soweit an der Auslegung keine vernünftigen Zweifel bestehen (sog. acte clair-Doktrin).[7] Andernfalls ist ein Vorabentscheidungsverfahren gemäß Art. 267 AEUV einzuleiten.

---

[5] Vgl. dazu etwa Riesenhuber/*Riesenhuber*, Europäische Methodenlehre, 2. Aufl. (2010) 315 ff.; *Gebauer*/Wiedemann, Zivilrecht unter europäischem Einfluss, 2. Aufl. (2010) 113 ff.: Langenbucher/*Langenbucher* Europarechtliche Bezüge des Privatrechts, 2. Aufl. (2008) 5 ff.

[6] EuGH 13.7.1993 IPRax **1997** 110; EuGH 9.1.1997 NJW **1997** 2668; EuGH 20.3.1997 IPRax **1998** 354, 355; EuGH 3.9.2009 NJW **2009**, 3015.

[7] EuGH 6.10.1982 NJW **1983** 1257, 1258; BGH 30.3.2006 BGHZ **167** 83, 90; BGH 8.11.2005 VersR **2006** 233.

B. Entwicklung des deutschen und europäischen Internationalen Versicherungsvertragsrechts und intertemporale Abgrenzung der Kollisionsnormen

Bis zum Geltungsbeginn der VO Rom I am 17.12.2009 (vgl. deren Art. 29 Abs. 2) war das deutsche Internationale Versicherungsvertragsrecht nicht nur im EGVVG geregelt, sondern wurde partiell auch von den schuldrechtlichen Kollisionsnormen des EGBGB erfasst. Das Verhältnis beider Normkomplexe und ihre Entwicklung lässt sich auf den ersten Blick nur schwer durchschauen. Es erschließt sich noch am ehesten durch einen historischen Abriss, bei dem fünf Zeiträume zu unterscheiden sind (vgl. Rn. 6 ff.).[8] Zur Anwendung des früheren Internationalen Vertragsrechts der **DDR** und zum **innerdeutschen Versicherungsvertragsrecht** vgl. ausführlich Berliner Kommentar/*Dörner* Vorbem. zu Art. 7 EGVVG Rn. 29 ff. 5

I. Rechtslage bis zum Inkrafttreten des IPR-Reformgesetzes am 1.9.1986[9]

Das Internationale Schuldvertragsrecht und damit auch das Internationale Versicherungsvertragsrecht waren **bis zum 1.9.1986 nicht kodifiziert**, so dass **gewohnheitsrechtlich geltende Kollisionsnormen** zur Anwendung gelangten. Das auf Direktversicherungsverträge anwendbare Recht wurde mit Hilfe einer Vier-Stufen-Regel festgelegt: In erster Linie kam das durch eine ausdrückliche, hilfsweise das durch eine konkludente Rechtswahl der Parteien bestimmte Recht zur Anwendung. In Ermangelung einer Rechtswahl wurde auf den hypothetischen Parteiwillen, hilfsweise auf den Erfüllungsort des Versicherungsvertrages abgestellt. Die Orientierung am hypothetischen Willen der Parteien führte zu dem Recht, welches die Parteien vermutlich gewählt hätten, wenn ihnen die Notwendigkeit einer Bestimmung des Vertragsstatuts bewusst gewesen wäre. Dabei ging es nicht um die Ermittlung subjektiver Parteivorstellungen, sondern um eine Abwägung objektiver Parteiinteressen mit dem Ziel, anhand der sich aus dem Sachverhalt ergebenden konkreten Umstände (wie Staatsangehörigkeit, Wohnsitz, Niederlassung, gewöhnlicher Aufenthaltsort, Abschluss- und Erfüllungsort, Vertragssprache, Währung und Gerichtsstand sowie Bezugnahme auf Vorschriften einer bestimmten Rechtsordnung) den Schwerpunkt des Vertrages zu ermitteln.[10] Für **Direktversicherungsverträge** – zwischen einem privaten Versicherungsnehmer und dem Versicherer – bedeutete dies praktisch, dass bei Fehlen einer Rechtswahl aufgrund des sog. hypothetischen Parteiwillens das Recht zum Zuge kam, welches am Sitz des Versicherers bzw. – bei Abschluss mit einer Zweigniederlassung – am Ort der Zweigniederlassung maßgebend war. Im Hinblick auf **Rückversicherungsverträge** bestand über die Möglichkeit einer Rechtswahl Einigkeit; über die (in der Praxis seltene) objektive Anknüpfung herrschte dagegen Streit. Nach wohl h.M. sollte auf den Sitz bzw. die Niederlassung des Erstversicherers abgestellt werden. 6

---

[8] Vgl. zum Folgenden bereits Berliner Kommentar/*Dörner* Vorbem. zu Art. 7 EGVVG Rn. 6 ff.

[9] Näher *Gross* Die Anknüpfung des Versicherungsvertrages im Internationalen Privatrecht in rechtsvergleichender Sicht (1987); *Richter* Internationales Versicherungsvertragsrecht (1980); *Roth, W. H.* Internationales Versicherungsvertragsrecht (1985).

[10] Vgl. dazu etwa allgemein BGH 9.3.1979 BGHZ 73 391, 393; BGH 4.7.1969 BGHZ 52 239, 241; BGH 6.2.1970 BGHZ 53 189, 191.

7 Dieser Rechtszustand wurde durch das Inkrafttreten des IPR-Reformgesetzes[11] am 1.9.1986 beendet. Die **intertemporale Abgrenzung** zwischen dem nicht kodifizierten alten und dem im reformierten EGBGB enthaltenen neuen Kollisionsrecht wurde durch Art. 220 Abs. 1 EGBGB vorgenommen, wonach auf „vor dem 1. September 1986 abgeschlossene Vorgänge" das „bisherige Internationale Privatrecht" anwendbar bleiben sollte. Im Hinblick auf die vor dem Stichtag geschlossenen Versicherungsverträge richtete sich – und richtet sich auch heute noch – die Frage der Wirksamkeit des Vertragsschlusses sowie die der formellen und materiellen Gültigkeitsvoraussetzungen nach demjenigen Versicherungsvertragsstatut, das durch die bis zum 1.9.1986 geltenden Kollisionsnormen berufen wurde. Dagegen sollten die sich aus dem Versicherungsverhältnis ergebenden und über den Stichtag hinausreichenden Dauerwirkungen und unvollendeten Tatbestände (etwa: Inhalt der Rechte und Pflichten, Auslegung, Leistungsstörungen, Erfüllung und Erlöschensgründe usw.) vom 1.9.1986 an dem neuen Kollisionsrecht unterworfen werden, obwohl damit möglicherweise ein Wechsel des in der Sache anwendbaren Statuts verbunden ist („Statutenwechsel"). Der Schutz des Vertrauens der Vertragsparteien auf die Fortgeltung des bis zum Stichtag maßgebenden Rechts muss hier dem staatlichen Interesse an der möglichst raschen Durchsetzung neuen (Kollisions-)Rechts weichen.[12]

II. Rechtslage vom 1.9.1986 bis zum 30.6.1990[13]

8 Das am 1.9.1986 in Kraft getretene IPR-Reformgesetz hatte die schuldvertraglichen Kollisionsnormen des **Römischen EWG-Übereinkommens** über das auf vertragliche Schuldverträge anzuwendende Recht vom 19.6.1980 (EVÜ)[14] in der Sache übernommen und als Art. 27 bis 36 in das EGBGB inkorporiert. Diese Bestimmungen sollten aber nicht gelten für „Versicherungsverträge, die in dem Geltungsbereich des Vertrages zur Gründung der Europäischen Wirtschaftsgemeinschaft belegene Risiken decken, mit Ausnahme von Rückversicherungsverträgen" (Art. 37 Satz 1 Nr. 4 Satz 1 EGBGB). Diese Ausnahmeregelung wurde im Hinblick auf die seinerzeit geplanten EG-Versicherungsrichtlinien (vgl. Rn. 12) getroffen. Für Direktversicherungsverträge über ein innerhalb der EWG belegenes Risiko blieb es also zunächst bei den gewohnheitsrechtlichen Kollisionsnormen des früheren Rechts (Rn. 6). Im Umkehrschluss galten die aus dem EVÜ stammenden schuldrechtlichen Kollisionsnormen des EGBGB ab dem 1.9.1986 jedoch für Direktversicherungsverträge, soweit sie außerhalb der EWG belegene Risiken deckten, und außerdem für Rückversicherungsverträge.[15]

9 Insoweit wurde das maßgebende Versicherungsvertragsstatut in erster Linie durch eine **Rechtswahl** der Parteien (Art. 27 EGBGB) bestimmt. Hatten die Parteien keine Rechtswahl vorgenommen, erfolgte die Anknüpfung nach Maßgabe von Art. 28 Abs. 1 S. 1 EGBGB, welcher dasjenige Recht für anwendbar erklärte, zu dem der Vertrag die **engste Beziehung** aufwies. Dabei handelte es sich vermutungsweise um das Recht des Staates, in welchem sich der gewöhnliche Aufenthalt oder (bei Gesellschaften und juristischen Personen) die Hauptverwaltung derjenigen Partei befand, welche die für den Vertrag charakteristische Leistung zu erbringen hatte (Art. 28 Abs. 2 S. 1 EGBGB). Diese Anknüpfung führte für Versicherungsverträge zu dem am Sitz der Hauptverwaltung des

---

[11] BGBl. **1986** I 1142.

[12] Sehr str., vgl. näher Staudinger/*Dörner* EGBGB (2003) Art. 220 Rn. 66 ff. m.w.N.

[13] Vgl. dazu etwa *E. Lorenz*, Zum internationalen Vertragsrecht aus versicherungsvertraglicher Sicht, FS Kegel (1987) 303.

[14] BGBl. **1986** II 810.

[15] Dazu *Mankowski* VersR **2002** 1177.

Versicherers geltenden Recht, da dieser nicht nur im Versicherungsfall die Versicherungsleistungen erbringen, sondern auch bereits vorher die Bereitstellung des Versicherungsschutzes organisieren muss.

Daneben existierten allerdings in Art. 29 EGBGB Sonderregeln für **Verbraucherverträge**, zu denen auch Versicherungsverträge im Bereich der Massenversicherung gehören. In Art. 29 Abs. 1 EGBGB wurde die Rechtswahlmöglichkeit bei Verbraucherverträgen eingeschränkt: Bei Bestehen enger Beziehungen zum Verbraucheraufenthaltsstaat (Angebot und Werbung des Versicherers und Vornahme der Vertragsabschlusshandlungen durch den Verbraucher in diesem Staat; Entgegennahme des Verbraucherantrags durch den Versicherer oder seinen Vertreter in diesem Staat) blieben die dort geltenden zwingenden Verbraucherschutzvorschriften ungeachtet einer Rechtswahl weiterhin anwendbar. Parallel dazu führte die objektive Anknüpfung, falls entsprechende Beziehungen zum Verbraucheraufenthaltsstaat vorlagen, gemäß Art. 29 Abs. 2 EGBGB zum Recht dieses Staates und nicht zum Sitzrecht des die vertragscharakteristische Leistung erbringenden Versicherers (vgl. Rn. 9). **10**

In **intertemporaler Hinsicht** galten die Art. 27 ff. EGBGB innerhalb ihres Anwendungsbereichs (vgl. Rn. 8) für alle Versicherungsverträge, die ab dem 1.9.1986 geschlossen wurden (Art. 220 Abs. 1 EGBGB e contrario). **11**

III. Rechtslage vom 1.7.1990 bis zum 28.7.1994

Die Kodifikation des Internationalen Versicherungsvertragsrechts wurde im Hinblick auf die durch Art. 37 S. 1 Nr. 4 S. 1 EGBGB vom Anwendungsbereich des EGBGB ausgenommenen Verträge (Rn. 8) mit der **Umsetzung europäischen Richtlinienrechts** fortgeführt. In einem ersten Schritt wurden dazu durch das am 1.7.1990 in Kraft getretene „Gesetz zur Durchführung versicherungsrechtlicher Richtlinien des Rates der Europäischen Gemeinschaft“[16] die kollisionsrechtlichen Vorgaben aus der „Zweiten Richtlinie des Rates vom 22.6.1988 zur Koordinierung der Rechts- und Verwaltungsvorschriften für die Direktversicherung (mit Ausnahme der Lebensversicherung) etc.“ [17] übernommen und in einem neuen Kapitel „Europäisches Internationales Versicherungsvertragsrecht“ in das EGVVG (Art. 7 bis 15) eingefügt (dazu näher Rn. 22 ff.). Diese Bestimmungen galten nach Art. 7 Abs. 1 EGVVG für „Direktversicherungsverträge mit Ausnahme der Lebensversicherung, wenn sie in einem Mitgliedstaat der Europäischen Wirtschaftsgemeinschaft belegene Risiken decken“. Damit wurden die bis dahin geltenden gewohnheitsrechtlichen Anknüpfungsregeln (vgl. Rn. 6) also auch für die innerhalb der EG belegenen Risiken weitgehend von geschriebenem Recht abgelöst. Eine Ausnahme galt im Hinblick auf Lebensversicherungsverträge; dafür bestand zunächst das alte Gewohnheitsrecht fort. **12**

Die Anknüpfung von Direktversicherungsverträgen über **außerhalb der EG belegene Risiken** sowie Rückversicherungsverträge blieb am 1.7.1990 unverändert. Zur Anwendung kamen insoweit also weiterhin die Art. 27 ff. EGBGB (Rn. 9 f.). **13**

Da die EGVVG-Vorschriften keine eigenen Übergangsvorschriften enthielten, war insoweit eine **analoge Anwendung von Art. 220 Abs. 1 EGBGB** angezeigt, der eine für das deutsche IPR allgemeingültige intertemporale Kollisionsnorm formuliert. Auch für **14**

---

[16] Zweites Durchführungsgesetz/EWG zum VAG v. 28.6.1990 BGBl. **1990** I 1249.

[17] Sog. „Zweite Schadensversicherungsrichtlinie“ ABl. EG **1988** Nr. L 172 S. 1 = VerBAV **1988** 355.

die Ablösung der ungeschriebenen schuldrechtlichen Kollisionsnormen durch die Bestimmungen des EGVVG galt daher entsprechend dem in Rn. 7 Gesagten, dass sich die kollisionsrechtliche Behandlung im Hinblick auf Zustandekommen und Gültigkeit der vor dem Stichtag am 1.7.1990 geschlossenen Versicherungsverträge nach dem IPR-Gewohnheitsrecht richtete; die von solchen Verträgen über den Stichtag ausgehenden Dauerwirkungen aber mit dem Inkrafttreten der neuen EGVVG-Regeln ebendiesen unterlagen. Für die nach dem Stichtag geschlossenen Verträge, galt – soweit sie in den Anwendungsbereich von Art. 7 Abs. 1 EGVVG fielen (Rn. 12) – von vornherein das Kollisionsrecht des EGVVG.

IV. Rechtslage vom 29.7.1994 bis zum 16.12.2009

15 Die Europäisierung des Internationalen Versicherungsvertragsrechts im Wege der Richtlinientransformation fand ihren Abschluss mit dem Inkrafttreten des „Dritten Gesetzes zur Durchführung versicherungsrechtlicher EG-Richtlinien“ am 29.7.1994,[18] das den kollisionsrechtlichen Vorgaben der „Zweiten Lebensversicherungsrichtlinie“[19] sowie der „Dritten Schadensversicherungsrichtlinie“[20] Rechnung trug. Abgesehen von einigen redaktionellen Änderungen wurden die Bestimmungen des **EGVVG** durch dieses Gesetz **in mehrfacher Hinsicht ergänzt:**

16 Erstens wurde der Anwendungsbereich der Art. 7 ff. EGVVG erweitert. Diese Bestimmungen sollten nicht mehr nur bei einer Risikobelegenheit innerhalb der (seinerzeit 12, später 27) EG-Staaten, sondern auch dann Anwendung finden, wenn ein Versicherungsvertrag ein in den nicht zur EG gehörenden Staaten des **Europäischen Wirtschaftsraums** (EWR)[21], also in Island, Norwegen und Liechtenstein belegenes Risiko deckte. Bis zum 28.7.1994 unterlagen Verträge dieser Art den Art. 27 ff. EGBGB (Rn. 9). Dementsprechend hatte der Gesetzgeber gleichzeitig den Anwendungsbereich dieser Vorschriften durch eine Erweiterung des Art. 37 Satz 1 Nr. 4 Satz 1 EGBGB (vgl. Rn. 8) eingeschränkt (keine Anwendung auf Verträge, die in dem Geltungsbereich des Abkommens über den Europäischen Wirtschaftsraum belegene Risiken decken).

17 Zweitens erstreckte das Gesetz den Anwendungsbereich des Europäischen Kollisionsrechts nunmehr auch auf **Lebensversicherungsverträge,** soweit sich das Risiko innerhalb des EWR befand, und gestattete, falls der Versicherungsnehmer die Staatsangehörigkeit

---

[18] BGBl. **1994** I 1630. – Das Gesetz sollte nach seinem Art. 18 am Tag nach der Verkündung in Kraft treten; dies ist – da die Ausgabe des einschlägigen Bundesgesetzblatts am 28.7.1994 erfolgte – der 29.7.1994.

[19] Zweite Richtlinie des Rates zur Koordinierung der Rechts- und Verwaltungsvorschriften für die Direktversicherung (Lebensversicherung) und zur Erleichterung der tatsächlichen Ausübung des freien Dienstleistungsverkehrs sowie zur Änderung der Richtlinie 79/267/EWG v. 8.11.1990 (90/619/EWG) ABl. EG **1990** Nr. L 330 S. 50. – Durch die Richtlinie des Europäischen Parlaments und des Rates über Lebensversicherungen v. 5.11.2002 (2002/83/EG) ABl. EG **2002** Nr. L 345 S. 1 wurden die vorangehenden Lebensversicherungsrichtlinien aufgehoben und konsolidiert; die früheren Kollisionsnormen finden sich in Art. 32 dieser Richtlinie zusammengefasst.

[20] Richtlinie 92/49/EWG des Rates v. 18.6.1992 zur Koordinierung der Rechts- und Verwaltungsvorschriften für die Direktversicherung (mit Ausnahme der Lebensversicherung) sowie zur Änderung der Richtlinien 72/239/EWG und 88/357/EWG ABl. EG **1992** Nr. L 228 S. 1.

[21] Abkommen über den Europäischen Wirtschaftsraum v. 2.5.1992 BGBl. **1993** I 2436, BGBl. **1993** II 266, 1294.

eines Mitgliedstaates besaß, für solche Verträge eine Wahl des Heimatrechts des Versicherungsnehmers für den Fall, dass sich der gewöhnliche Aufenthaltsort des Versicherungsnehmers zum Zeitpunkt des Vertragsschlusses in einem anderen Mitgliedstaat befand (vgl. auch Rn. 39). Bis zu diesem Zeitpunkt wurden Lebensversicherungsverträge, soweit sie Risiken innerhalb der EWG betrafen, nach Maßgabe der gewohnheitsrechtlichen Kollisionsnormen des Internationalen Schuldrechts angeknüpft (Rn. 6).

Drittens wurde für **substituierende Krankenversicherungen** die Anwendung deutschen Rechts vorgeschrieben, sofern sich der gewöhnliche Aufenthaltsort der versicherten Person im Inland befand (vgl. Art. 13 EGVVG). Bis zu diesem Zeitpunkt galten die allgemeinen Bestimmungen des Zweiten Kapitels des EGVVG, die über Art. 7 Abs. 2 Nr. 4 lit. a und Art. 8 EGVVG (vgl. Rn. 42 ff.) dann ebenfalls zur Geltung deutschen Rechts führten, wenn der (mit dem Versicherten regelmäßig identische) Versicherungsnehmer seinen gewöhnlichen Aufenthalt in der Bundesrepublik hatte. **18**

In dieser Fassung galt das EGVVG bis zum **Inkrafttreten der VO Rom I** am 17.12.2009 fort. Das Zweite Kapitel zum Europäischen Internationalen Versicherungsvertragsrecht wurde mit Wirkung zu diesem Zeitpunkt durch Art. 4 Abs. 4 des Gesetzes zur Anpassung des Internationalen Privatrechts an die VO (EG) 593/2008 v. 25.6.2009[22] aufgehoben. Die **intertemporale Abgrenzung** der Kollisionsnormen des EGVVG und der VO ergibt sich aus Art. 28 VO Rom I.[23] Danach wird die VO auf Verträge angewandt, die ab dem Geltungsbeginn am 17.12.2009 geschlossen wurden. Demzufolge unterliegen die vor dem 17.12.2009 geschlossenen Versicherungsverträge weiterhin den Anknüpfungsvorschriften des EGVVG. In Ermangelung präzisierender intertemporaler Sonderregeln gilt dies auch dann, wenn die Dauerwirkungen eines vor dem Stichtag geschlossenen Vertrages über den 17.12.2009 hinaus fortbestehen (näher Art. 28 VO Rom I Rn. 1). **19**

Gleichzeitig hat der deutsche Gesetzgeber durch Art. 1 Nr. 4 dieses Anpassungsgesetzes[24] auch die **Art. 27 bis 37 EGBGB** zum 17.12.2009 (mit Wirkung für die Zukunft) aufgehoben (vgl. auch Art. 28 VO Rom I Rn. 1). Die Anknüpfung der bis dahin von diesen Bestimmungen erfassten Versicherungsverträge (Rn. 9 f., 13, 16) wird jetzt durch Art. 3, 4 und 6 VO Rom I geregelt. Für die intertemporale Abgrenzung gilt das zu Rn. 19 Gesagte entsprechend. **20**

V. Rechtslage vom 17.12.2009 bis heute

Mit dem Geltungsbeginn der **VO Rom I** am **17.12.2009** (vgl. deren Art. 29) wurde das Internationale Versicherungsvertragsrecht endgültig und vollständig europäisiert. Die einschlägigen Kollisionsnormen finden sich jetzt in erster Linie in Art. 7 VO Rom I, partiell aber auch im allgemeinen Anknüpfungsregime der Art. 3 ff. VO Rom I. Während die Sonderregel des Art. 7 VO sich auf Versicherungsverträge über Großrisiken sowie auf sonstige Versicherungsverträge bezieht, die innerhalb eines Mitgliedstaates belegene Risiken decken (Art. 7 Abs. 1 Satz 1 VO), und damit das Richtlinienkollisionsrecht kodifiziert bzw. die Art. 7 ff. EGVVG ablöst, gilt das allgemeine Anknüpfungsregime wie zuvor die Art. 27 ff. EGBGB für Rückversicherungsverträge sowie Direktversicherungsverträge (außer über Großrisiken), durch welche außerhalb eines Mitgliedstaates belegene **21**

---

22 BGBl. **2009** I 1574.

23 In der Fassung der Berichtigung durch ABl EU **2009** Nr. L 309 S. 87.

24 BGBl. **2009** I 1574.

Risiken gedeckt werden (Art. 7 Abs. 1 Satz 1 und 2 VO). Die für den bisherigen Rechtszustand charakteristische **Zweiteilung** (vgl. Rn. 8, 12 f.) hat die VO daher **nicht überwinden** können (vgl. auch Art. 7 VO Rom I Rn. 6).

C. Das Internationale Versicherungsvertragsrecht im Zweiten Kapitel des EGVVG

Schrifttum (Auswahl)

Armbrüster Aktuelle Streitfragen des Internationalen Privatversicherungsrechts, ZVersWiss **1995** 139; *ders.* Geltung ausländischen zwingenden Rechts für deutschem Recht unterliegende Versicherungsverträge, VersR **2006** 1; *Basedow/Drasch* Das neue Internationale Versicherungsvertragsrecht, NJW **1991** 785; *Dörner* Internationales Versicherungsvertragsrecht (1997); *ders.* Nachträgliche Wahl des Versicherungsvertragsstatuts und Anknüpfung vorvertraglicher Informationspflichten, IPRax **2005** 26; *Fricke* Die Neuregelung des IPR der Versicherungsverträge im EGVVG durch das Gesetz zur Durchführung versicherungsrechtlicher Richtlinien des Rates der Europäischen Gemeinschaften, IPRax **1990** 361; *ders.* Das IPR der Versicherungsverträge außerhalb des Anwendungsbereichs des EGVVG, VersR **1994** 773; *ders.* Kollisionsrecht im Umbruch – Perspektiven für die Versicherungswirtschaft, VersR **2005** 726; *Gruber* Internationales Versicherungsvertragsrecht (1999); *ders.* Der Direktanspruch gegen den Versicherer im neuen deutschen Kollisionsrecht, VersR **2001** 16; *ders.* International zwingende „Eingriffsnormen" im VVG, NVersZ **2001** 442; *Hahn* Die „europäischen" Kollisionsnormen für Versicherungsverträge (1992); *Hübner* Internationales Privatrecht des Versicherungsvertrages und EG-Recht, ZVersWiss **1983** 21; *Imbusch* Das IPR der Versicherungsverträge über innerhalb der EG belegene Risiken, VersR **1993** 1059; *Kramer* Das IPR der Versicherungsverträge (1995); *Lorenz E.* Zum neuen internationalen Vertragsrecht aus versicherungsvertraglicher Sicht, Festschrift Kegel (1987) 303; *ders.* Das auf grenzüberschreitende Lebensversicherungsverträge anwendbare Recht – eine Übersicht über die kollisionsrechtlichen Rechtsgrundlagen, ZVersWiss **1991** 121; *ders.* Zur Kontrolle grenzüberschreitender Versicherungsverträge anhand der „Rechtsvorschriften des Allgemeininteresses" im freien Dienstleistungsverkehr innerhalb der EU, VersRdsch **1995** 8; *Lübbert/Vogel* Grenzüberschreitende Versicherungsverträge, RuS **2000** 265, 311, *Mankowski* Nationale Erweiterungen der Rechtswahl im neuen Internationalen Versicherungsvertragsrecht – Konzept, Methodik und Inhalt des Art. 10 Abs. 3 EGVVG, VersR **1993** 154; *ders.* Versicherungsverträge zu Gunsten Dritter, Internationales Privatrecht und Art. 17 EuGVÜ, IPRax **1996** 427; *ders.* Internationales Versicherungsvertragsrecht und Internet, VersR **1999** 923; *Mewes* Internationales Versicherungsvertragsrecht unter besonderer Berücksichtigung der europäischen Dienstleistungsfreiheit im Gemeinsamen Markt (1995); *Reichert-Facilides* Auswirkungen des AGB-Gesetzes auf das deutsche Internationale Versicherungsvertragsrecht, VersR **1978** 481; *ders.* Versicherungsverbraucherschutz und Internationales Privatrecht, FS Reimer Schmidt (1983) 1023; *ders.* Zur Kodifikation des deutschen internationalen Versicherungsvertragsrechts, IPRax **1990** 1; *ders.*, Gesetzesvorschlag zur Neuregelung des deutschen Internationalen Versicherungsvertragsrechts, VersR **1993** 1177; *Richter* Internationales Versicherungsvertragsrecht (1980); *Roth, W.-H.* Internationales Versicherungsvertragsrecht (1985); *ders.* Internationales Versicherungsvertragsrecht in der Europäischen Union – Ein Vorschlag zu seiner Neuordnung, in: Festschrift E. Lorenz (2004) 631; *ders,* Internationales Versicherungsvertragsrecht, in: *Beckmann/Matusche-Beckmann,* (Hrsg.) Versicherungsrechtshandbuch, 2. Aufl. (2009) 177; *Staudinger* Die Kontrolle grenzüberschreitender Versicherungsverträge anhand des AGBG, VersR **1999** 401; *Stehl* Die Überwindung der Inkohärenz des IPR der Bank- und Versicherungsverträge (2008); *Uebel* Die deutschen Kollisionsnormen für (Erst-)Versicherungsverträge mit Ausnahme der Lebensversicherung über in der Europäischen Wirtschaftsgemeinschaft belegene Risiken (1994); *Windmöller* Die Vertragsspaltung im Internationalen Privatrecht des EGBGB und EGVVG (2000); *Wandt* Internationales Privatrecht der Versicherungsverträge, in: Reichert-Facilides/Schnyder (Hrsg.), Versicherungsrecht in Europa – Kernperspektiven am Ende des 20. Jahrhunderts (2000) 85; *Winter* Internationale Online-Versicherung als Korrespondenzversicherung – Aufsichtsrechtliche und international-privatrechtliche Konsequenzen, VersR **2001** 1461; *Wördemann* International zwingende Normen im Internationalen Privatrecht des Europäischen Versicherungsvertrages (1997).

Text des Einführungsgesetzes zu dem Gesetz über den Versicherungsvertrag v. 30. Mai 1908 in der Fassung des Gesetzes vom 28.8.1990[25] und des Gesetzes vom 21.7.1994[26]

(Auszüge)

Art. 7. Anwendungsbereich.

(1) Auf Versicherungsverträge mit Ausnahme der Rückversicherung sind, wenn sie in einem Mitgliedstaat der Europäischen Gemeinschaft oder in einem anderen Vertragsstaat des Abkommens über den Europäischen Wirtschaftsraum belegene Risiken decken, die folgenden Vorschriften mit der Maßgabe anzuwenden, daß Vertragsstaaten des Europäischen Wirtschaftsraumes wie Mitgliedstaaten der Europäischen Gemeinschaft zu behandeln sind.

(2) Mitgliedstaat, in dem das Risiko belegen ist, ist

1. *bei der Versicherung von Risiken mit Bezug auf unbewegliche Sachen, insbesondere Bauwerke und Anlagen, und den darin befindlichen, durch den gleichen Vertrag gedeckten Sachen der Mitgliedstaat, in dem diese Gegenstände belegen sind,*
2. *bei der Versicherung von Risiken mit Bezug auf Fahrzeuge aller Art, die in einem Mitgliedstaat in ein amtliches oder amtlich anerkanntes Register einzutragen sind und ein Unterscheidungskennzeichen erhalten, dieser Mitgliedstaat; abweichend hiervon ist bei einem Fahrzeug, das von einem Mitgliedstaat in einen anderen überführt wird, während eines Zeitraums von 30 Tagen nach Abnahme des Fahrzeugs durch den Käufer der Bestimmungsmitgliedstaat als der Mitgliedstaat anzusehen, in dem das Risiko belegen ist,*[27]
3. *bei der Versicherung von Reise- und Ferienrisiken in Versicherungsverträgen über eine Laufzeit von höchstens vier Monaten der Mitgliedstaat, in dem der Versicherungsnehmer die zum Abschluß des Vertrages erforderlichen Rechtshandlungen vorgenommen hat,*
4. *in allen anderen Fällen,*
   a) *wenn der Versicherungsnehmer eine natürliche Person ist, der Mitgliedstaat, in dem er seinen gewöhnlichen Aufenthalt hat,*
   b) *wenn der Versicherungsnehmer keine natürliche Person ist, der Mitgliedstaat, in dem sich das Unternehmen, die Betriebsstätte oder die entsprechende Einrichtung befindet, auf die sich der Vertrag bezieht.*

Art. 8. Gesetzliche Anknüpfung.

Hat der Versicherungsnehmer bei Schließung des Vertrages seinen gewöhnlichen Aufenthalt oder seine Hauptverwaltung im Gebiet des Mitgliedstaates, in dem das Risiko belegen ist, so ist das Recht dieses Staates anzuwenden.

Art. 9. Wählbare Rechtsordnungen.

(1) Hat der Versicherungsnehmer seinen gewöhnlichen Aufenthalt oder seine Hauptverwaltung nicht in dem Mitgliedstaat, in dem das Risiko belegen ist, können die Parteien

---

[25] BGBl. **1990** I 1249.
[26] BGBl. **1994** I 1630.
[27] Der zweite Halbsatz wurde eingefügt durch Art. 3 des Zweiten Gesetzes zur Änderung des Pflichtversicherungsgesetzes und anderer versicherungsrechtlicher Vorschriften v. 10.12.2007, BGBl. **2007** I 2833.

des Versicherungsvertrages für den Vertrag das Recht des Mitgliedstaates, in dem das Risiko belegen ist, oder das Recht des Staates, in dem der Versicherungsnehmer seinen gewöhnlichen Aufenthalt oder seine Hauptverwaltung hat, wählen.

(2) Übt der Versicherungsnehmer eine gewerbliche, bergbauliche oder freiberufliche Tätigkeit aus und deckt der Vertrag zwei oder mehrere in verschiedenen Mitgliedstaaten belegene Risiken in Verbindung mit dieser Tätigkeit, so können die Parteien des Versicherungsvertrags das Recht jedes dieser Mitgliedstaaten oder das Recht des Staates, in dem der Versicherungsnehmer seinen gewöhnlichen Aufenthalt oder seine Hauptverwaltung hat, wählen.

(3) Beschränken sich die durch den Vertrag gedeckten Risiken auf Schadensfälle, die in einem anderen Mitgliedstaat als demjenigen, in dem das Risiko belegen ist, eintreten können, können die Parteien das Recht des anderen Staates wählen.

(4) Schließt ein Versicherungsnehmer mit gewöhnlichem Aufenthalt oder mit Hauptverwaltung im Geltungsbereich dieses Gesetzes einen Versicherungsvertrag mit einem Versicherungsunternehmen, das im Geltungsbereich dieses Gesetzes weder selbst noch durch Mittelspersonen das Versicherungsgeschäft betreibt, so können die Parteien für den Vertrag jedes beliebige Recht wählen.

(5) Hat ein Versicherungsnehmer die Staatsangehörigkeit eines anderen Mitgliedstaates als desjenigen, in dem er bei Schließung des Vertrages seinen gewöhnlichen Aufenthalt hat, so können die Parteien bei der Lebensversicherung auch das Recht des Mitgliedstaates wählen, dessen Staatsangehörigkeit der Versicherungsnehmer besitzt.

Art. 10. Erweiterungen der Rechtswahl.[28]

(1) Für einen Versicherungsvertrag über ein Großrisiko können die Parteien das Recht eines anderen Staates wählen. Ein Versicherungsvertrag über ein Großrisiko im Sinne dieser Bestimmung liegt vor, wenn sich der Versicherungsvertrag bezieht

1. *auf Risiken der unter den Nummern 4 bis 7, 10 Buchstabe b, 11 und 12 der Anlage Teil A zum Versicherungsaufsichtsgesetz erfaßten Transport- und Haftpflichtversicherungen,*
2. *auf Risiken der unter den Nummern 14 und 15 der Anlage Teil A zum Versicherungsaufsichtsgesetz erfaßten Kredit- und Kautionsversicherungen bei Versicherungsnehmern, die eine gewerbliche, bergbauliche oder freiberufliche Tätigkeit ausüben, wenn die Risiken damit in Zusammenhang stehen, oder*
3. *auf Risiken der unter den Nummern 3, 8, 9, 10, 13 und 16 der Anlage A zum Versicherungsaufsichtsgesetz erfaßten Sach-, Haftpflicht- und sonstigen Schadensversicherungen bei Versicherungsnehmern, die mindestens zwei der folgenden drei Merkmale überschreiten:*
   a) sechs Millionen zweihunderttausend EURO Bilanzsumme,
   b) zwölf Millionen achthunderttausend EURO Nettoumsatzerlöse,
   c) im Durchschnitt des Wirtschaftsjahres 250 Arbeitnehmer.

Gehört der Versicherungsnehmer zu einem Konzern, der nach § 290 des Handelsgesetzbuches, nach § 11 des Gesetzes über die Rechnungslegung von bestimmten Unternehmen und Konzernen vom 15. August 1969 (BGBl. I S. 1189), das zuletzt geändert worden ist durch Artikel 21 § 5 Abs. 4 des Gesetzes vom 25. Juli 1988 (BGBl. I S. 1093), oder nach

[28] Neu gefasst durch Art. 2 Nr. 3 des Gesetzes zur Reform des Versicherungsvertragsrechts v. 23.11.2007, BGBl. **2007** I 2631.

dem mit den Anforderungen der Richtlinie 83/349/EWG des Rates vom 13. Juni 1983 über den konsolidierten Abschluß (ABl. EG Nr. L 193 S. 1) übereinstimmenden Recht eines anderen Mitgliedstaats der Europäischen Gemeinschaft oder eines anderen Vertragsstaats des Abkommens über den Europäischen Wirtschaftsraum einen Konzernabschluß aufzustellen hat, so sind für die Feststellung der Unternehmensgröße die Zahlen des Konzernabschlusses maßgebend.

(2) Schließt ein Versicherungsnehmer in Verbindung mit einer von ihm ausgeübten gewerblichen, bergbaulichen oder freiberuflichen Tätigkeit einen Versicherungsvertrag, der Risiken deckt, die sowohl in einem oder mehreren Mitgliedstaten als auch in einem anderen Staat belegen sind, können die Parteien das Recht jedes dieser Staaten wählen.

(3) Läßt das nach Artikel 8 anzuwendende Recht die Wahl des Rechts eines anderen Staates oder lassen die nach Artikel 9 Abs. 1 und 2 wählbaren Rechte eine weitergehende Rechtswahl zu, können die Parteien davon Gebrauch machen.

Art. 11. Mangels Rechtswahl anzuwendendes Recht.

(1) Soweit das anzuwendende Recht nicht vereinbart worden ist, unterliegt der Vertrag unter den Rechten, die nach den Artikeln 9 und 10 gewählt werden können, demjenigen des Staates, mit dem er die engsten Verbindungen aufweist. Auf einen selbständigen Vertragsteil, der eine engere Verbindung mit einem anderen Staat aufweist, dessen Recht gewählt werden kann, kann ausnahmsweise das Recht dieses Staates angewandt werden.

(2) Es wird vermutet, daß der Vertrag die engsten Verbindungen mit dem Mitgliedstaat aufweist, in dem das Risiko belegen ist.

Art. 12. Pflichtversicherung.

(1) Ein Versicherungsvertrag, für den ein Mitgliedstaat eine Versicherungspflicht vorschreibt, unterliegt dem Recht dieses Staates, sofern dieser dessen Anwendung vorschreibt.

(2) Ein über eine Pflichtversicherung abgeschlossener Vertrag unterliegt deutschem Recht, wenn die gesetzliche Verpflichtung zu seinem Abschluß auf deutschem Recht beruht. Dies gilt nicht, wenn durch Gesetz oder aufgrund eines Gesetzes etwas anderes bestimmt ist.

(3) Stellt der Versicherungsvertrag die Deckung für Risiken sicher, die in mehreren Mitgliedstaaten belegen sind, von denen mindestens einer eine Versicherungspflicht vorschreibt, so ist der Vertrag so zu behandeln, als bestünde er aus mehreren Verträgen, von denen sich jeder auf jeweils einen Mitgliedstaat bezieht.

Art. 13. [Substituierende Krankenversicherung].

(1) Ein über eine Krankenversicherung abgeschlossener Vertrag, der ganz oder teilweise den im gesetzlichen Sozialversicherungssystem vorgesehenen Kranken- oder Pflegeversicherungsschutz ersetzen kann, unterliegt deutschem Recht, wenn die versicherte Person ihren gewöhnlichen Aufenthalt in Deutschland hat.

(2) Gewährt ein Krankenversicherungsvertrag Versicherungsschutz für mehrere Personen, von denen einzelne ihren gewöhnlichen Aufenthalt in Deutschland haben, so unterliegt der Vertrag bezüglich dieser Personen deutschem Recht.

Art. 14. Prozeßstandschaft bei Versicherermehrzahl.

Ist ein Versicherungsvertrag mit den bei Lloyd's vereinigten Einzelversicherern nicht über eine Niederlassung im Geltungsbereich dieses Gesetzes abgeschlossen worden und ist ein inländischer Gerichtsstand gegeben, so können Ansprüche daraus gegen den be-

vollmächtigten Unterzeichner des im Versicherungsschein an erster Stelle aufgeführten Syndikats oder einen von diesem benannten Versicherer geltend gemacht werden; ein darüber erzielter Titel wirkt für und gegen alle an dem Versicherungsvertrag beteiligten Versicherer.

Art. 15. Verweisung auf das EGBGB.

Die Vorschriften der Artikel 27 bis 36 des Einführungsgesetzes zum Bürgerlichen Gesetzbuch sind im übrigen entsprechend anzuwenden.

Überblick

22 Da die am 17.12.2009 außer Kraft getretenen Kollisionsnormen des EGVVG (vgl. Rn. 19) gleichwohl **weiterhin** auf die vor diesem Zeitpunkt geschlossenen Versicherungsverträge **Anwendung finden** und damit noch Jahre oder gar Jahrzehnte von Bedeutung sein werden, erscheint ein zumindest knapper Überblick über System und Inhalt der Bestimmungen angezeigt. Zur Entwicklungsgeschichte der Normen vgl. Rn. 6 ff. Eine ausführliche Kommentierung des EGVVG findet sich bei Berliner Kommentar/*Dörner* (1999), Zweites Kapitel. Europäisches Internationales Privatrecht S. 2255 ff.; Prölss/Martin/*Armbrüster*, EGVVG S. 1143 ff.; Langheid/Wand/*Looschelders,* IntVersR Rn. 25 ff.; Staudinger/*Armbrüster*, EGBGB/IPR (2011) Anhang zu Art. 7 Rom I-VO Rn. 9 ff.; Looschelders/Pohlmann/*Schäfer,* Int. Versicherungsvertragsrecht Rn. 209 ff.

I. Anwendbarkeit der Art. 8 bis 15 EGVVG

23 Ob nach intertemporaler Vorprüfung (vgl. Rn. 6–21) die besonderen versicherungsvertraglichen Kollisionsnormen des EGVVG oder aber die allgemeinen vertragsrechtlichen Kollisionsnormen der Art. 27 ff. EGBGB einschlägig sind, richtet sich nach Art. 7 EGVVG. Diese Norm hat eine **Doppelfunktion.** Sie entscheidet zum einen als „Metakollisionsnorm" darüber, welcher der beiden Kollisionsnormkomplexe zur Anwendung auf internationale Versicherungsverträge berufen sein soll (Abs. 1), und legt zum andern fest, wie die für die Beantwortung dieser Frage entscheidende „Risikobelegenheit" zu bestimmen ist (Abs. 2).[29]

24 Gemäß Art. 7 Abs. 1 EGVVG wird das Versicherungsvertragsstatut dann nach Maßgabe der Art. 8 bis 15 EGVVG bestimmt, wenn Direktversicherungsverträge (Verträge mit Ausnahme von Rückversicherungsverträgen) ein Risiko decken, das **in einem Mitgliedstaat** der Europäischen Gemeinschaft oder in einem anderen Vertragstaat des Abkommens über den Europäischen Wirtschaftsraums (vgl. Rn. 16) **belegen ist.** Bei einer Risikobelegenheit in einem **Nichtmitgliedstaat** von EG und EWR sollen nicht die Art. 8 ff. EGVVG, sondern die Kollisionsnormen der Art. 27 ff. EGBGB zum Zuge kommen. Eine korrespondierende Regelung fand sich in dem ebenfalls zum 17.12.2009 aufgehobenen Art. 37 Satz 1 Nr. 4 EGBGB (Rn. 8, 16).

25 Der auf Art. 2 lit. d der Zweiten Schadensversicherungsrichtlinie vom 22.6.1988[30] zurückgehende und in Art. 7 Abs. 2 EGVVG aufgenommene Begriff der **„Risikobelegenheit"** ist für sich genommen wenig aussagekräftig.[31] In Wirklichkeit fasst er eine Reihe

[29] Vgl. *Basedow/Drasch* NJW **1991** 785, 787.
[30] ABl. EG **1988** Nr. L 172 S. 1.
[31] Vgl. bereits Berliner Kommentar/*Dörner* Art. 7 EGVVG Rn. 13 f.

verschiedenartiger Anknüpfungspunkte zusammen und trägt damit dem Umstand Rechnung, dass der kollisionsrechtliche Schwerpunkt von Versicherungsverträgen je nach Untertyp und versicherter Gefahr unterschiedlich zu bestimmen ist. Sonderregeln gelten zunächst für die Versicherung unbeweglicher Sachen sowie für Fahrzeug- und Reiseversicherungen (Art. 7 Abs. 2 lit. a bis c EGVVG). In allen anderen Fällen richtet sich die Risikobelegenheit, wenn der Versicherungsnehmer eine natürliche Person ist, nach dem Recht des Mitgliedstaates, in dem er seinen gewöhnlichen Aufenthalt hat (Abs. 2 lit. d (i)). Ist der Versicherungsnehmer keine natürliche Person, kommt es auf den Mitgliedstaat an, in dem sich der Sitz des Unternehmens[32] oder diejenige Teilorganisation befindet, auf welche sich der Vertrag bezieht (Abs. 2 lit. d (ii)). Auf die genannte Richtlinienbestimmung verweist auch Art. 7 Abs. 6 VO Rom I (zur Anwendung von Art. 13 Nr. 13 und 14 der Solvabilität II-Richtlinie ab dem 1.11.2012 vgl. Art. 7 VO Rom I Rn. 27), so dass das Differenzierungskriterium der Risikobelegenheit in ungebrochener Tradition nunmehr auch im Verordnungs-IPR fortgilt und im Hinblick auf Einzelfragen auf die Ausführungen zur VO (Art. 7 VO Rom I Rn. 29 ff.) verwiesen werden kann.

II. Anknüpfungsgegenstand

Mit dem Begriff „Versicherungsvertrag" meint das EGVVG sämtliche Rechtsfragen, welche die Entstehung, materielle Wirksamkeit, Auslegung, Abwicklung und Beendigung von Verträgen über Versicherungsleistungen und die daraus entspringenden Ansprüche sowie etwaige gesetzliche Vermutungen und die Beweislast betreffen (vgl. näher Art. 15 EGVVG i.V. mit den – inzwischen aufgehobenen, dazu Rn. 20 – Art. 31 und 32 Abs. 1 und 2 EGBGB, vgl. ferner die Parallelvorschriften in Art. 10, 12 und 18 VO Rom I). **26**

III. Möglichkeiten der Rechtswahl

Im allgemeinen Anknüpfungssystem des EGVVG (zu den Sonderregeln vgl. Rn. 47 ff.) kann das Versicherungsvertragsstatut entweder durch Rechtswahl (sog. „subjektive Anknüpfung", vgl. Rn. 28 ff.) oder nach gesetzlich festgelegten Anknüpfungspunkten (sog. „objektive Anknüpfung", vgl. Rn 42 ff.) bestimmt werden. Im Rahmen der subjektiven Anknüpfung ist danach zu unterscheiden, ob die maßgebende Rechtsordnung völlig frei gewählt werden kann (Rn. 28 ff.) oder ob den Wahlmöglichkeiten der Parteien Grenzen gesetzt sind (Rn. 33 ff.). **27**

1. Freie Rechtswahl

a) **Korrespondenzversicherung (Art. 9 Abs. 4 EGVVG).** Eine völlig freie Rechtswahl wird durch **Art. 9 Abs. 4 EGVVG** zunächst jedermann für alle Typen von Versicherungsverträgen gestattet, sofern der Vertrag von einem Versicherungsnehmer mit gewöhnlichem Aufenthalt oder Hauptverwaltung im Inland im Wege der **Korrespondenzversicherung**, d.h. brieflich oder durch andere Kommunikationsmittel – telefonisch, per Fax oder per E-Mail[33] – oder anlässlich eines Auslandsaufenthalts bei einem ausländischen Ver- **28**

[32] Vgl. zu dieser Abweichung vom Richtlinienwortlaut näher Berliner Kommentar/*Dörner* Art. 7 EGVVG Rn. 29.

[33] Dazu *Winter* VersR **2001** 1461.

sicherer abgeschlossen wird. Das Versicherungsunternehmen darf in diesem Fall allerdings im Geltungsbereich des EGVVG weder selbst noch durch Mittelspersonen das Versicherungsgeschäft betreiben. Hinter dieser Rechtswahlmöglichkeit steht die Überlegung, dass ein Versicherungsnehmer mit Sitz im Inland dann **keinen Schutz** vor einem fremden Versicherungsvertragsrecht **benötigt**, wenn er auf der Suche nach einem ihm zusagenden Versicherungsschutz aus eigener Initiative den Geltungsbereich der deutschen Versicherungsaufsicht und des deutschen Versicherungsrechts verlässt.

29 Die Rechtswahl des Art. 9 Abs. 4 EGVVG beruhte auf einer vom europäischen Richtliniengeber zugestandenen Möglichkeit, die Rechtswahltatbestände der Richtlinie auf nationaler Ebene zu erweitern.[34] In Art. 7 VO Rom I findet die Vorschrift keine Entsprechung mehr.

30 b) **Großrisiken (Art. 10 Abs. 1 EGVVG). Art. 10 Abs. 1 EGVVG** betrifft Versicherungsverträge über **Großrisiken.** Die Voraussetzungen eines Großrisikos werden in Abs. 1 Satz 2 sehr detailliert in der Weise bestimmt, dass das Gesetz zunächst nach einzelnen Versicherungssparten differenziert und dann – in Art. 10 Abs. 1 Satz 2 Nr. 2 und 3 EGVVG – einzelne qualitative oder quantitative Kriterien hinzufügt. Die Vorschrift setzt im Wesentlichen die Vorgaben von Art. 5 der Zweiten Schadensversicherungsrichtlinie vom 22.6.1988[35] um, auf welche sich auch Art. 7 Abs. 2 VO Rom I bei der Bestimmung von Großrisiken bezieht. Auch der Begriff des Großrisikos ist daher aus dem Richtlinienrecht in die VO übernommen worden; wegen der Einzelheiten vgl. Art. 7 VO Rom I Rn. 8 ff.

31 Der Grund für die freie Wahl eines Versicherungsvertragsstatuts liegt wiederum in der **mangelnden Schutzbedürftigkeit** des Versicherungsnehmers. Wer Deckung für Großrisiken sucht, wird sich vermutungsweise professionell beraten lassen. Die Wahl eines fremden Rechts birgt daher für den Betreffenden keine besonderen Risiken. Es mag im Gegenteil gerade im Interesse des Großversicherungsnehmers liegen, auf die Lösungen einer ausländischen, seinen Bedürfnissen eher entsprechenden Rechtsordnung auszuweichen.

32 In seiner ursprünglichen Fassung setzte Art. 10 Abs. 1 EGVVG seinem Wortlaut nach voraus, dass der Versicherungsnehmer seinen Aufenthalt bzw. seine Hauptverwaltung im Inland hatte und das Risiko auch hier belegen war. Nach einhelliger Auffassung[36] galt die Bestimmung aber z.B. dann analog, wenn sich der Ort der Risikobelegenheit und/oder der Aufenthalt bzw. die Hauptverwaltung des Versicherungsnehmers in einem anderen Mitgliedstaat befanden, weil auch in diesem Fall ein Schutzbedürfnis nicht ersichtlich war. Der deutsche Gesetzgeber hatte die 2. Schadensrichtlinie in diesem Punkt **nicht korrekt umgesetzt.** Mit Inkrafttreten des Gesetzes zur Reform des Versicherungsvertragsrechts am 1.1.2008[37] ist diese **Einschränkung weggefallen**; die Vertragsparteien konnten daher bereits nach dem Wortlaut des Gesetzes das auf ihren Vertrag anwendbare Recht ohne jeglichen Inlandsbezug frei wählen. Eine dem entsprechende Rechtswahlmöglichkeit für Großrisiken findet sich heute in Art. 7 Abs. 2 VO Rom I (vgl. ebda Rn. 21).

---

[34] Vgl. Berliner Kommentar/*Dörner* Art. 9 EGVVG Rn. 37.

[35] ABl. EG **1988** Nr. L 172 S. 1.

[36] Vgl. nur Berliner Kommentar/*Dörner* Art. 10 EGVVG Rn. 21 ff. m. umfangr. N.

[37] BGBl. **2007** I 2631.

2. Beschränkte Rechtswahl

Neben einer solchen im Ergebnis freien Rechtswahl sieht das EGVVG verschiedentlich auch die Möglichkeit vor, unter gewissen Voraussetzungen unter bestimmten Rechten auszuwählen. Die Zulässigkeit der **Rechtswahl** ist in diesen Fällen also **beschränkt**. Es handelt sich dabei um sehr heterogene Tatbestände; ein gemeinsames Prinzip liegt ihnen nicht zugrunde. **33**

a) Divergenz von Versicherungsnehmeraufenthalt und Risikobelegenheit (Art. 9 Abs. 1 EGVVG). Art. 9 Abs. 1 EGVVG gestattet eine Rechtswahl bei **Divergenz von Versicherungsnehmeraufenthalt** und **Risikobelegenheit.** Es muss sich also der gewöhnliche Aufenthalt des Versicherungsnehmers bzw. der Sitz seiner Hauptverwaltung in einem anderen Staat als demjenigen befinden, in welchem das Risiko nach Maßgabe von Art. 7 Abs. 2 EGVVG belegen ist. In einem solchen Fall soll der Parteiwille entscheiden können, weil gleichzeitig signifikante Beziehungen zu zwei Rechtsordnungen bestehen. **34**

Auf den ersten Blick gelten diese Wahlmöglichkeiten für alle Arten von Versicherungsverträgen. Sieht man aber von Immobiliarversicherungen, Fahrzeugversicherungen und Reiseversicherungen i.S. des Art. 7 Abs. 2 Nr. 1–3 VVG ab, ist nach Art. 7 Abs. 2 Nr. 4 lit. a EGVVG das Risiko dort belegen, wo der Versicherungsnehmer seinen gewöhnlichen Aufenthalt hat. Damit fallen beide Anknüpfungspunkte – jedenfalls beim Vertragsabschluss durch natürliche Personen – regelmäßig zusammen. Die gewährte **Wahlfreiheit** wird damit bei näherem Zusehen **stark eingeschränkt.** Juristische Personen und Personenvereinigungen können von der Wahlmöglichkeit immerhin nach Art. 7 Abs. 2 Nr. 4 lit. b dann profitieren, wenn sich ihre Hauptverwaltung nicht innerhalb desselben Mitgliedstaates befindet wie die Betriebsstätte oder „entsprechende Einrichtung", auf die sich der Vertrag bezieht. In der Sache setzt sich diese Wahlmöglichkeit nach dem Inkrafttreten der VO Rom I in deren Art. 7 Abs. 3 Unterabs. 1 lit. a und b fort (vgl. ebda Rn. 51 ff.). **35**

b) Gewerbliche oder freiberufliche Tätigkeit des Versicherungsnehmers (Art. 9 Abs. 2 und Art. 10 Abs. 2 EGVVG). Übt der Versicherungsnehmer eine **gewerbliche** oder **freiberufliche Tätigkeit** aus, stehen die in Deckung genommenen Risiken mit dieser Berufsunfähigkeit in Zusammenhang und deckt ein Versicherungsvertrag Risiken, die in mehr als einem Staat belegen sind, so können die Parteien nach **Art. 9 Abs. 2 EGVVG** und **Art. 10 Abs. 2 EGVVG** ihren Vertrag nicht nur dem Recht des gewöhnlichen Aufenthalts bzw. der Hauptverwaltung des Versicherungsnehmers, sondern **insgesamt** auch dem Recht einer jeden **Teilrisikobelegenheit** unterstellen. Dies gilt nach der letztgenannten Vorschrift auch dann, wenn ein Teilrisiko in einem Drittstaat belegen ist. **36**

Diese Wahlmöglichkeit beruht offenbar auf der Überlegung, dass der betreffende Personenkreis aufgrund seiner **Geschäftstätigkeit** an einer erweiterten Rechtswahl interessiert sein könnte und – weil **erfahrener** oder besser beraten als ein zu privaten Zwecken handelnder Versicherungsnehmer – nach einer entsprechenden Rechtswahl auch mit Verträgen umzugehen weiß, die ein auf mehrere Staaten verteiltes Risiko einheitlich einem einzigen Recht unterstellen. Eine dem Art. 9 Abs. 2 EGVVG entsprechende Wahlmöglichkeit findet sich im geltenden Recht in Art. 7 Abs. 3 Unterabs. 1 lit. e VO Rom I (vgl. ebda. Rn. 65 ff.). **37**

c) Schadensfälle in anderem Mitgliedstaat (Art. 9 Abs. 3 EGVVG). Art. 9 Abs. 3 EGVVG erlaubt, wenn das durch einen Versicherungsvertrag gedeckte **Risiko nur** in einem **anderen Mitgliedstaat** als dem der Risikobelegenheit eintreten kann, die Wahl des **38**

Rechts, das an dem möglichen Schadensort gilt. Auf diese Weise können im Interesse einer erleichterten Schadensabwicklung **Haftungs-** und **Versicherungsvertragsstatut koordiniert** werden. Eine entsprechende Wahlmöglichkeit ist heute in Art. 7 Abs. 3 Unterabs. 1 lit. d VO Rom I vorgesehen (vgl. Art. 7 VO Rom I Rn. 63 f.).

39 d) **Lebensversicherungen (Art. 9 Abs. 5 EGVVG).** Nach **Art. 9 Abs. 5 EGVVG** kann ein Versicherungsnehmer, der seinen gewöhnlichen Aufenthalt in dem einen Mitgliedstaat hat, aber die Staatsangehörigkeit eines anderen Mitgliedstaates besitzt, beim Abschluss von **Lebensversicherungsverträgen** die Geltung seines **Heimatrechts** vereinbaren und damit die Geltung eines Rechts sicherstellen, dem er sich enger verbunden fühlt als dem Aufenthaltsrecht und in dessen Geltungsbereich er möglicherweise zu einem späteren Zeitpunkt wieder zurückkehren wird. Diese Regelung wurde in Art. 7 Abs. 3 Unterabs. 1 lit. c VO Rom I (vgl. ebda Rn. 58 ff.) übernommen.

3. „Rechtswahl kraft Verweisung"

40 Eine ungewöhnliche Regelung enthält **Art. 10 Abs. 3 EGVVG:** Die Vorschrift gestattet eine Rechtswahl, wenn entweder das durch objektive Anknüpfung gemäß Art. 8 EGVVG berufene Recht (vgl. Rn. 43) oder eines der Rechte, welches die Parteien nach Maßgabe der Art. 9 Abs. 1 und 2 EGVVG hätten wählen können, den Parteien ihrerseits aufgrund nationaler Kollisionsnormen **weitergehende Rechtswahlmöglichkeiten** einräumen.[38] Damit werden großzügigere Rechtswahloptionen anderer Rechte in das deutsche Recht übernommen. Eine ähnliche, freilich auf die subjektiven Anknüpfungen des Art. 7 Abs. 3 Unterabs. 1 lit. a, b und e VO Rom I beschränkte zusätzliche Wahlmöglichkeit enthält heute Art. 7 Abs. 3 Unterabs. 2 VO Rom I (vgl. ebda. Rn. 71 ff.).

41 Wird **beispielsweise** ein Korrespondenzvertrag über ein innerhalb der EG oder des EWR belegenes Risiko zwischen einem inländischen Versicherer und einem Versicherungsnehmer mit gewöhnlichem Aufenthalt oder Hauptverwaltung in einem anderen Mitgliedstaat geschlossen, so findet Art. 9 Abs. 4 EGVVG seinem Wortlaut nach keine Anwendung. Sofern aber das Kollisionsrecht der aufgrund objektiver Anknüpfung (Art. 8 EGVVG) ermittelten oder einer nach Art. 9 Abs. 1 und 2 EGVVG wählbaren Rechtsordnung eine Rechtswahl auch für solche Korrespondenzverträge gestattet, steht den Parteien diese Möglichkeit gemäß Art. 10 Abs. 3 EGVVG auch aus der Sicht des deutschen Rechts offen.

IV. Objektive Anknüpfung (Art. 8 und 11 EGVVG)

42 Wenn das EGVVG keine Wahlmöglichkeit eröffnet oder die Parteien von einer vorhandenen Wahlmöglichkeit keinen Gebrauch machen, muss objektiv angeknüpft werden. Dazu stehen mit Art. 8 EGVVG und Art. 11 EGVVG zwei Kollisionsnormen zur Verfügung.

43 Art. 8 EGVVG gilt, wenn der Sitz des Versicherungsnehmers (gewöhnlicher Aufenthalt oder Hauptverwaltung) und der Ort der Risikobelegenheit in **ein und demselben Mitgliedstaat** liegen (was ja bei der Mehrzahl der Versicherungsverträge bereits wegen der Definition der Risikobelegenheit in Art. 7 Abs. 2 Nr. 4 lit. a EGVVG der Fall ist).

[38] Dazu *Mankowski* VersR **1993** 154.

Man spricht hier von einer **„Konvergenz"** der maßgeblichen Anknüpfungselemente. Es gilt das Recht des Staates, auf den beide Elemente verweisen.

Art. 11 EGVVG greift danach ein bei einer **Divergenz** dieser beiden Anknüpfungselemente, wenn also die Parteien das Vertragsstatut nicht gewählt haben und die maßgeblichen Anknüpfungselemente – gewöhnlicher Aufenthalt bzw. Hauptverwaltung des Versicherungsnehmers und Risikobelegenheit – zum Zeitpunkt des Vertragsschlusses nicht auf ein und dieselbe Rechtsordnung verweisen. In diesem Fall ist das Recht maßgebend, zu dem der Vertrag die **engsten Verbindungen** aufweist, wobei nur solche Rechtsordnungen zur Wahl stehen, die von den Parteien nach Art. 9 und 10 EGVVG hätten gewählt werden können. Die Generalklausel der „engsten Verbindung" wird durch Abs. 2 konkretisiert; vermutungsweise bestehen danach die engsten Verbindungen nicht zum Recht des Versicherungsnehmersitzes, sondern zum Recht des Staates, in dem nach Maßgabe von Art. 7 Abs. 2 EGVVG das Risiko belegen ist. **44**

Bei dieser Betrachtung enthält Art. 11 EGVVG also die Grundregel der objektiven Anknüpfung und beruft das Recht der engsten Verbindung. **Art. 8 EGVVG** ist als **lex specialis** zu Art. 11 EGVVG anzusehen; die Vorschrift konkretisiert die „engste Verbindung" unwiderlegbar für den Fall, dass die beiden wichtigsten Anknüpfungsfaktoren zu derselben Rechtsordnung führen. Diese Deutung des Verhältnisses von Art. 8 EGVVG und Art. 11 EGVVG ist allerdings **umstritten.**[39] Nach anderer Auffassung soll Art. 8 EGVVG die objektive Anknüpfung für den Fall enthalten, dass keinerlei Rechtswahlmöglichkeit zugelassen ist. Dagegen komme Art. 11 Abs. 1 EGVVG dann zum Zuge, wenn zwar eine Rechtswahlmöglichkeit nach Art. 9 und 10 EGVVG bestehe, von ihr jedoch kein Gebrauch gemacht worden sei.[40] Danach lässt bereits die *Möglichkeit* einer Rechtswahl die Anwendung des Art. 8 EGVVG entfallen. Die praktischen Unterschiede zu der oben dargestellten Ansicht dürften allerdings marginal sein, weil bei Vorliegen einer nicht ausgenutzten Rechtswahlmöglichkeit und Konvergenz der maßgeblichen Anknüpfungselemente ebenfalls eine Anwendung des Art. 11 Abs. 1 und 2 EGVVG fast immer zu derjenigen Rechtsordnung führt, in welcher Risikobelegenheit und gewöhnlicher Aufenthalt bzw. Sitz des Versicherungsnehmers zusammenfallen. **45**

In der VO Rom I ist die **objektive Anknüpfung** von Versicherungsverträgen demgegenüber **vereinfacht** worden. Für Großrisiken wird, vorbehaltlich einer zum Recht der engsten Verbindung führenden Ausweichklausel, in deren Art. 7 Abs. 2 Satz 2 und 3 das Aufenthaltsrecht des Versicherers berufen. Für Versicherungsverträge über Massenrisiken kommt das Recht der Risikobelegenheit zur Anwendung (Art. 7 Abs. 3 Unterabs. 3 VO Rom I). **46**

V. Sonderregeln

1. Pflichtversicherungen (Art. 12 EGVVG)

Art. 12 EGVVG betrifft die Anknüpfung von **Pflichtversicherungen** und enthält in seinem **Abs. 1** eine „bedingte Verweisung": Wenn ein Mitgliedstaat eine Versicherungspflicht anordnet, also den Abschluss von Versicherungsverträgen für den Betrieb von Anlagen oder die Vornahme bestimmter Handlungen vorschreibt, dann findet nach Abs. 1 **47**

[39] Vgl. etwa Berliner Kommentar/*Dörner* Art. 8 Rn. 7 EGVVG m.w.N. zum Streitstand.

[40] Vgl. etwa *Armbrüster* ZVersWiss **1995**, 144; Prölss/Martin/*Armbrüster* Art. 11 EGVVG Rn. 1.

auch aus deutscher Sicht das Recht dieses Mitgliedstaates Anwendung, sofern es selbst auch ohne Rücksicht auf das Vertragsstatut angewandt werden will.

48 **Abs. 2** des Art. 12 EGVVG zieht daraus die Konsequenzen für den Anwendungsbereich des deutschen Rechts, indem er den in Abs. 1 vorausgesetzten **Anwendungswillen** für die nach deutschem Recht bestehenden Pflichtversicherungen generell zum Ausdruck bringt. **Abs.** 3 enthält eine Sonderregel für den Fall einer **Risikobelegenheit** in **mehreren Mitgliedstaaten**, von denen mindestens einer eine Versicherungspflicht vorschreibt.

49 Die Regelungen des Art. 12 Abs. 1 und 2 EGVVG sind durch **Art. 46c Abs. 1 und 2 EGBGB** (i.V. mit Art. 7 Abs. 4 lit. b VO Rom I, vgl. Art. 46c EGBGB Rn. 8 ff., 19 ff.) übernommen worden. Das Problem der mehrfachen Risikobelegenheit wird (partiell) von **Art. 7 Abs. 5 VO Rom I** aufgegriffen.

2. Substituierende Krankenversicherungsverträge (Art. 13 EGVVG)

50 **Art. 13 EGVVG** beruft einseitig deutsches Recht für **Krankenversicherungsverträge,** die den gesetzlichen Kranken- oder Pflegeversicherungsschutz ersetzen sollen, wenn die versicherte Person ihren gewöhnlichen Aufenthalt im Inland hat. Damit soll gewährleistet werden, dass die Schutzvorschriften des Krankenversicherungsrechts – z.B. über die Begrenzung von Wartezeiten oder über den Ausschluss von Kündigungen – nicht durch Vereinbarung eines fremden Versicherungsvertragsstatuts ausgehebelt werden können und der durch die Privatversicherung bewirkte den von der gesetzlichen Krankenversicherung gewährten Schutz auch tatsächlich zu substituieren vermag. Hat die versicherte Person dagegen ihren gewöhnlichen Aufenthalt im Ausland, gilt Art. 13 EGVVG nicht. Die Anknüpfung erfolgt dann nach den allgemeinen Regeln des EGVVG. In der VO Rom I hat die Bestimmung keine Entsprechung gefunden, weil – so die Gesetzesbegründung – inzwischen nach § 193 Abs. 3 VVG eine Krankenversicherungspflicht bestehe und daher Art. 7 Abs. 4 VO Rom I eingreife.[41]

3. Prozessstandschaft bei Versicherermehrheit (Art. 14 EGVVG)

51 Die in Art. 14 EGVVG enthaltene **Sonderregelung** des **Internationalen Zivilverfahrensrechts** ist unverändert in Art. 216 VVG übernommen worden.

---

[41] Vgl. BTDrucks. 16/12104 S. 11; dazu aber kritisch Ferrari/*Staudinger* Art. 7 VO Rom I Rn. 55.

2. Abschnitt: Verordnung (EG) Nr. 593/2008 des Europäischen Parlaments und des Rates vom 17. Juni 2008 über das auf vertragliche Schuldverhältnisse anzuwendende Recht (Rom I)[1]

(Auszug)

Schrifttum zum Internationalen Versicherungsvertragsrecht

Armbrüster Geltung ausländischen zwingenden Rechts für deutschem Recht unterliegende Versicherungsverträge, VersR **2006** 1; *ders.* Das IPR der Versicherungsverträge in der Rom I-Verordnung, Festschrift von Hoffmann (2011) 23; *Basedow/Scherpe* Das internationale Versicherungsvertragsrecht und „Rom I", Festschrift Heldrich (2005) 511; *Böttger* Verbraucherversicherungsverträge – Vergleich der beiden Anknüpfungsregime nach Art. 6 und Art. 7 Rom-I-Verordnung und Vorschlag für eine zukünftig einheitliche Anknüpfung, VersR **2012** 156; *Ferrari* u.a. Internationales Vertragsrecht, 2. Aufl. (2012); *Ferrari/Leible* (Eds.) Rome I Regulation (2009); *Fricke* Das Versicherungs-IPR im Entwurf der Rom-I-Verordnung – ein kurzer Überblick über die Änderungen, VersR **2006** 745; *ders.* Das Internationale Privatrecht der Versicherungsverträge nach Inkrafttreten der Rom-I-Verordnung, VersR 2008 443; *Ganzer* Internationale Versicherungsprogramme. Strukturen, privatrechtliche Beurteilung und aufsichtsrechtliche Zulässigkeit (2012); *Gruber*, Insurance Contracts, in: Ferarri/Leible, Rome I Regulation (2009) 109; *Heinze* Insurance Contracts under the Rome I Regulation, NIPR **2009** 445; *Heiss* Das Kollisionsrecht der Versicherungsverträge nach Rom I und Rom II, VersR **2006** 185; *ders.* Reform des internationalen Versicherungsvertragsrechts, ZVersWiss **2007** 503; *ders.* Insurance contracts in Rome I: Another recent failure of the European legislature, Yearbook of Private International Law (2008) 261; *ders.* Versicherungsverträge in „Rom I": Neuerliches Versagen des europäischen Gesetzgebers, in: Festschrift Kropholler (2008) 459; *Hübner* Das Kollisionsrecht nach Rom I – ein Sonderweg für Versicherungsverträge? EuZW **2006** 446; *Katschthaler/Leichsenring* Neues internationales Versicherungsvertragsrecht nach der Rom-I-VO, RuS **2010** 45; *Koch* Kollisions- und versicherungsvertragsrechtliche Probleme bei internationalen D&O-Haftungsfällen, VersR **2009** 141; *Lagarde/Tenenbaum* De la convention de Rome au règlement Rome I, Revue critique de droit international privé **2008** 727; *Looschelders* Grundfragen des deutschen und internationalen Rückversicherungsvertragsrechts, VersR **2012** 1; *Looschelders/Smarowos* Das Internationale Versicherungsvertragsrecht nach Inkrafttreten der Rom-I-VO, VersR **2010** 1; *Mankowski* Nationale Erweiterungen der Rechtswahl im neuen Internationalen Versicherungsvertragsrecht – Konzept, Methodik und Inhalt des Art. 10 Abs. 3 EGVVG, VersR **1993** 154; *ders.* Internationales Rückversicherungsvertragsrecht, VersR **2002** 1777; *Max Planck Institute for Foreign Private and Private International Law* Comments on the European Commission's Green Paper on the conversion of the Rome Convention of 1980 on the law applicable to contracts of obligations into a Community instrument and its modernization, RabelsZ 68 (2004) 1; *Merkin* The Rome I Regulation and Reinsurance, Journal of Private International Law **2009** 69; *Merret* Choice of Law in Insurance Contracts under the Rome I Regulation, Journal of Private International Law **2009** 49; *Perner* Das Internationale Versicherungsvertragsrecht nach Rom I, IPRax **2009** 218; *Reithmann/Martiny* Internationales Vertragsrecht, 7. Aufl. (2010); *Richters* Dienstleistungsfreiheit als Schranke des Inter-

[1] ABl. **2008** Nr. L 177 v. 4.7.2008 S. 6, berichtigt in ABl. **2009** Nr. L 309 S. 87.

nationalen Privatversicherungsrechts (2012); *Staudinger* Internationales Versicherungsvertragsrecht – (k)ein Thema für Rom I? in: Ferrari/Leible, Ein neues Internationales Vertragsrecht für Europa (2007) 225; *Staudinger/Czaplinski* Verkehrsopferschutz im Lichte der Rom I-, Rom II- sowie Brüssel I-Verordnung, NJW **2009** 2249; *Stehl* Die Überwindung der Inkohärenz des IPR der Bank- und Versicherungsverträge (2008); *Thume* Fehler im Anpassungsgesetz zur Rom-I-Verordnung, VersR **2009** 1342.

DAS EUROPÄISCHE PARLAMENT UND DER RAT DER EUROPÄISCHEN UNION –

gestützt auf den Vertrag zur Gründung der Europäischen Gemeinschaft, insbesondere auf Artikel 61 Buchstabe c und Artikel 67 Absatz 5, zweiter Gedankenstrich,
auf Vorschlag der Kommission
nach Stellungnahme des Europäischen Wirtschafts- und Sozialausschusses,
gemäß dem Verfahren des Artikels 251 des Vertrags;
in Erwägung nachstehender Gründe:

(1) Die Gemeinschaft hat sich zum Ziel gesetzt, einen Raum der Freiheit, der Sicherheit und des Rechts zu erhalten und weiterzuentwickeln. Zur schrittweisen Schaffung dieses Raums muss die Gemeinschaft im Bereich der justiziellen Zusammenarbeit in Zivilsachen, die einen grenzüberschreitenden Bezug aufweisen, Maßnahmen erlassen, soweit sie für das reibungslose Funktionieren des Binnenmarkts erforderlich sind.

(2) Nach Artikel 65 Buchstabe b des Vertrags schließen diese Maßnahmen solche ein, die die Vereinbarkeit der in den Mitgliedstaaten geltenden Kollisionsnormen und Vorschriften zur Vermeidung von Kompetenzkonflikten fördern.

…

(6) Um den Ausgang von Rechtsstreitigkeiten vorhersehbarer zu machen und die Sicherheit in Bezug auf das anzuwendende Recht sowie den freien Verkehr gerichtlicher Entscheidungen zu fördern, müssen die in den Mitgliedstaaten geltenden Kollisionsnormen im Interesse eines reibungslos funktionierenden Binnenmarkts unabhängig von dem Staat, in dem sich das Gericht befindet, bei dem der Anspruch geltend gemacht wird, dasselbe Recht bestimmen.

(7) Der materielle Anwendungsbereich und die Bestimmungen dieser Verordnung sollten mit der Verordnung (EG) Nr. 44/2001 des Rates vom 22. Dezember 2000 über die gerichtliche Zuständigkeit und die Anerkennung und Vollstreckung von Entscheidungen in Zivil- und Handelssachen („Brüssel I")[2] *und der Verordnung (EG) Nr. 864/2007 des Europäischen Parlaments und des Rates vom 11. Juli 2007 über das auf außervertragliche Schuldverhältnisse anzuwendende Recht („Rom II")*[3] *im Einklang stehen.*

…

(10) Schuldverhältnisse, die aus Verhandlungen vor Abschluss eines Vertrags entstehen, fallen unter Artikel 12 der Verordnung (EG) Nr. 864/2007. Sie sollten daher vom Anwendungsbereich dieser Verordnung ausgenommen werden.

[2] ABl. EG **2001** Nr. L 12 S. 1, zuletzt geändert durch die Verordnung (EG) Nr. 416/2010 v. 12.5.2010 (ABl. 2010 Nr. L 119 S. 7).

[3] ABl. **2007** Nr. L 199 S. 40.

(11) Die freie Rechtswahl der Parteien sollte einer der Ecksteine des Systems der Kollisionsnormen im Bereich der vertraglichen Schuldverhältnisse sein.

(12) Eine Vereinbarung zwischen den Parteien, dass ausschließlich ein Gericht oder mehrere Gerichte eines Mitgliedstaats für Streitigkeiten aus einem Vertrag zuständig sein sollen, sollte bei der Feststellung, ob eine Rechtswahl eindeutig getroffen wurde, einer der zu berücksichtigenden Faktoren sein.

(13) Diese Verordnung hindert die Parteien nicht daran, in ihrem Vertrag auf ein nichtstaatliches Regelwerk oder ein internationales Übereinkommen Bezug zu nehmen.

...

(14) Sollte die Gemeinschaft in einem geeigneten Rechtsakt Regeln des materiellen Vertragsrechts, einschließlich vertragsrechtlicher Standardbestimmungen, festlegen, so kann in einem solchen Rechtsakt vorgesehen werden, dass die Parteien entscheiden können, diese Regeln anzuwenden.

(15) Wurde eine Rechtswahl getroffen und sind alle anderen Elemente des Sachverhalts in einem anderen als demjenigen Staat belegen, dessen Recht gewählt wurde, so sollte die Rechtswahl nicht die Anwendung derjenigen Bestimmungen des Rechts dieses anderen Staates berühren, von denen nicht durch Vereinbarung abgewichen werden kann. Diese Regel sollte unabhängig davon angewandt werden, ob die Rechtswahl zusammen mit einer Gerichtsstandsvereinbarung getroffen wurde oder nicht. Obwohl keine inhaltliche Änderung gegenüber Artikel 3 Absatz 3 des Übereinkommens von 1980 über das auf vertragliche Schuldverhältnisse anzuwendende Recht („Übereinkommen von Rom")[4] *beabsichtigt ist, ist der Wortlaut der vorliegenden Verordnung so weit wie möglich an Artikel 14 der Verordnung (EG) Nr. 864/2007 angeglichen.*

(16) Die Kollisionsnormen sollten ein hohes Maß an Berechenbarkeit aufweisen, um zum allgemeinen Ziel dieser Verordnung, nämlich zur Rechtssicherheit im europäischen Rechtsraum, beizutragen. Dennoch sollten die Gerichte über ein gewisses Ermessen verfügen, um das Recht bestimmen zu können, das zu dem Sachverhalt die engste Verbindung aufweist.

(17) Soweit es das mangels einer Rechtswahl anzuwendende Recht betrifft, sollten die Begriffe „Erbringung von Dienstleistungen" und „Verkauf beweglicher Sachen" so ausgelegt werden wie bei der Anwendung von Artikel 5 der Verordnung (EG) Nr. 44/2001, soweit der Verkauf beweglicher Sachen und die Erbringung von Dienstleistungen unter jene Verordnung fallen. Franchiseverträge und Vertriebsverträge sind zwar Dienstleistungsverträge, unterliegen jedoch besonderen Regeln.

...

(19) Wurde keine Rechtswahl getroffen, so sollte das anzuwendende Recht nach der für die Vertragsart spezifizierten Regel bestimmt werden. Kann der Vertrag nicht einer der spezifizierten Vertragsarten zugeordnet werden oder sind die Bestandteile des Vertrags durch mehr als eine der spezifizierten Vertragsarten abgedeckt, so sollte der Vertrag dem Recht des Staates unterliegen, in dem die Partei, welche die für den Vertrag charakteristische Leistung zu erbringen hat, ihren gewöhnlichen Aufenthalt hat. Besteht ein Vertrag aus einem Bündel von Rechten und Verpflichtungen, die mehr als einer der spezifizierten Vertragsarten zugeordnet werden können, so sollte die charakteristische Leistung des Vertrags nach ihrem Schwerpunkt bestimmt werden.

---

[4] ABl. C 334 vom 30.12.2005 S. 1.

(20) Weist ein Vertrag eine offensichtlich engere Verbindung zu einem anderen als dem in Artikel 4 Absätze 1 und 2 genannten Staat auf, so sollte eine Ausweichklausel vorsehen, dass das Recht dieses anderen Staats anzuwenden ist. Zur Bestimmung dieses Staates sollte unter anderem berücksichtigt werden, ob der betreffende Vertrag in einer sehr engen Verbindung zu einem oder mehreren anderen Verträgen steht.

(21) Kann das bei Fehlen einer Rechtswahl anzuwendende Recht weder aufgrund der Zuordnung des Vertrags zu einer der spezifizierten Vertragsarten noch als das Recht des Staates bestimmt werden, in dem die Partei, die die für den Vertrag charakteristische Leistung zu erbringen hat, ihren gewöhnlichen Aufenthalt hat, so sollte der Vertrag dem Recht des Staates unterliegen, zu dem er die engste Verbindung aufweist. Bei der Bestimmung dieses Staates sollte unter anderem berücksichtigt werden, ob der betreffende Vertrag in einer sehr engen Verbindung zu einem oder mehreren anderen Verträgen steht.

…

(23) Bei Verträgen, bei denen die eine Partei als schwächer angesehen wird, sollte die schwächere Partei durch Kollisionsnormen geschützt werden, die für sie günstiger sind als die allgemeinen Regeln.

(24) Insbesondere bei Verbraucherverträgen sollte die Kollisionsnorm es ermöglichen, die Kosten für die Beilegung von Rechtsstreitigkeiten zu senken, die häufig einen geringen Streitwert haben, und der Entwicklung des Fernabsatzes Rechnung zu tragen. Um die Übereinstimmung mit der Verordnung (EG) Nr. 44/2001 zu wahren, ist zum einen als Voraussetzung für die Anwendung der Verbraucherschutznorm auf das Kriterium der ausgerichteten Tätigkeit zu verweisen und zum anderen auf die Notwendigkeit, dass dieses Kriterium in der Verordnung (EG) Nr. 44/2001 und der vorliegenden Verordnung einheitlich ausgelegt wird, wobei zu beachten ist, dass eine gemeinsame Erklärung des Rates und der Kommission zu Artikel 15 der Verordnung (EG) Nr. 44/2001 ausführt, „dass es für die Anwendung von Artikel 15 Absatz 1 Buchstabe c nicht ausreicht, dass ein Unternehmen seine Tätigkeiten auf den Mitgliedstaat, in dem der Verbraucher seinen Wohnsitz hat, oder auf mehrere Staaten – einschließlich des betreffenden Mitgliedstaats –, ausrichtet, sondern dass im Rahmen dieser Tätigkeiten auch ein Vertrag geschlossen worden sein muss." Des Weiteren heißt es in dieser Erklärung, „dass die Zugänglichkeit einer Website allein nicht ausreicht, um die Anwendbarkeit von Artikel 15 zu begründen; vielmehr ist erforderlich, dass diese Website auch den Vertragsabschluss im Fernabsatz anbietet und dass tatsächlich ein Vertragsabschluss im Fernabsatz erfolgt ist, mit welchem Mittel auch immer. Dabei sind auf einer Website die benutzte Sprache oder die Währung nicht von Bedeutung.

(25) Die Verbraucher sollten dann durch Regelungen des Staates ihres gewöhnlichen Aufenthalts geschützt werden, von denen nicht durch Vereinbarung abgewichen werden kann, wenn der Vertragsschluss darauf zurückzuführen ist, dass der Unternehmer in diesem bestimmten Staat eine berufliche oder gewerbliche Tätigkeit ausübt. Der gleiche Schutz sollte gewährleistet sein, wenn ein Unternehmer zwar keine beruflichen oder gewerblichen Tätigkeiten in dem Staat, in dem der Verbraucher seinen gewöhnlichen Aufenthalt hat, ausübt, seine Tätigkeiten aber – unabhängig von der Art und Weise, in der dies geschieht – auf diesen Staat oder auf mehrere Staaten, einschließlich dieses Staates, ausrichtet und der Vertragsschluss auf solche Tätigkeiten zurückzuführen ist.

…

(32) Wegen der Besonderheit von Beförderungsverträgen und Versicherungsverträgen sollten besondere Vorschriften ein angemessenes Schutzniveau für zu befördernde Personen und Versicherungsnehmer gewährleisten. Deshalb sollte Artikel 6 nicht im Zusammenhang mit diesen besonderen Verträgen gelten.

(33) Deckt ein Versicherungsvertrag, der kein Großrisiko deckt, mehr als ein Risiko, von denen mindestens eines in einem Mitgliedstaat und mindestens eines in einem dritten Staat belegen ist, so sollten die besonderen Regelungen für Versicherungsverträge in dieser Verordnung nur für die Risiken gelten, die in dem betreffenden Mitgliedstaat bzw. den betreffenden Mitgliedstaaten belegen sind.

...

(37) Gründe des öffentlichen Interesses rechtfertigen es, dass die Gerichte der Mitgliedstaaten unter außergewöhnlichen Umständen die Vorbehaltsklausel („ordre public") und Eingriffsnormen anwenden können. Der Begriff „Eingriffsnormen" sollte von dem Begriff „Bestimmungen, von denen nicht durch Vereinbarung abgewichen werden kann", unterschieden und enger ausgelegt werden.

(38) Im Zusammenhang mit der Übertragung der Forderung sollte mit dem Begriff „Verhältnis" klargestellt werden, dass Artikel 14 Absatz 1 auch auf die dinglichen Aspekte des Vertrags zwischen Zedent und Zessionar anwendbar ist, wenn eine Rechtsordnung dingliche und schuldrechtliche Aspekte trennt. Allerdings sollte mit dem Begriff „Verhältnis" nicht jedes beliebige möglicherweise zwischen dem Zedenten und dem Zessionar bestehende Verhältnis gemeint sein. Insbesondere sollte sich der Begriff nicht auf die der Übertragung einer Forderung vorgelagerten Fragen erstrecken. Vielmehr sollte er sich ausschließlich auf die Aspekte beschränken, die für die betreffende Übertragung einer Forderung unmittelbar von Bedeutung sind.

(39) Aus Gründen der Rechtssicherheit sollte der Begriff „gewöhnlicher Aufenthalt", insbesondere im Hinblick auf Gesellschaften, Vereine und juristische Personen, eindeutig definiert werden. Im Unterschied zu Artikel 60 Absatz 1 der Verordnung (EG) Nr. 44/2001, der drei Kriterien zur Wahl stellt, sollte sich die Kollisionsnorm auf ein einziges Kriterium beschränken, da es für die Parteien andernfalls nicht möglich wäre, vorherzusehen, welches Recht auf ihren Fall anwendbar ist.

(40) Die Aufteilung der Kollisionsnormen auf zahlreiche Rechtsakte sowie Unterschiede zwischen diesen Normen sollten vermieden werden.

Diese Verordnung sollte jedoch die Möglichkeit der Aufnahme von Kollisionsnormen für vertragliche Schuldverhältnisse in Vorschriften des Gemeinschaftsrechts über besondere Gegenstände nicht ausschließen.

Diese Verordnung sollte die Anwendung anderer Rechtsakte nicht ausschließen, die Bestimmungen enthalten, die zum reibungslosen Funktionieren des Binnenmarkts beitragen sollen, soweit sie nicht in Verbindung mit dem Recht angewendet werden können, auf das die Regeln dieser Verordnung verweisen. Die Anwendung der Vorschriften im anzuwendenden Recht, die durch die Bestimmungen dieser Verordnung berufen wurden, sollte nicht die Freiheit des Waren- und Dienstleistungsverkehrs, wie sie in den Rechtsinstrumenten der Gemeinschaft wie der Richtlinie 2000/31/EG des Europäischen Parlaments und des Rates vom 8. Juni 2000 über bestimmte rechtliche Aspekte der Dienste der Informationsgesellschaft, insbesondere des elektronischen Geschäftsverkehrs, im Binnenmarkt („Richtlinie über den elektronischen Geschäftsverkehr")[5] *ausgestaltet ist, beschränken.*

(41) Um die internationalen Verpflichtungen, die die Mitgliedstaaten eingegangen sind, zu wahren, darf sich die Verordnung nicht auf internationale Übereinkommen auswirken, denen ein oder mehrere Mitgliedstaaten zum Zeitpunkt der Annahme dieser Ver-

[5] ABl. EG 2007 Nr. L 178 S. 1.

ordnung angehören. Um den Zugang zu den Rechtsakten zu erleichtern, sollte die Kommission anhand der Angaben der Mitgliedstaaten ein Verzeichnis der betreffenden Übereinkommen im Amtsblatt der Europäischen Union veröffentlichen.

(42) Die Kommission wird dem Europäischen Parlament und dem Rat einen Vorschlag unterbreiten, nach welchen Verfahren und unter welchen Bedingungen die Mitgliedstaaten in Einzel- und Ausnahmefällen in eigenem Namen Übereinkünfte mit Drittländern über sektorspezifische Fragen aushandeln und abschließen dürfen, die Bestimmungen über das auf vertragliche Schuldverhältnisse anzuwendende Recht enthalten.

(43) Da das Ziel dieser Verordnung auf Ebene der Mitgliedstaaten nicht ausreichend verwirklicht werden kann und daher wegen des Umfangs und der Wirkungen der Verordnung besser auf Gemeinschaftsebene zu verwirklichen ist, kann die Gemeinschaft im Einklang mit dem in Artikel 5 des Vertrags niedergelegten Subsidiaritätsprinzip tätig werden. Entsprechend dem ebenfalls in diesem Artikel festgelegten Grundsatz der Verhältnismäßigkeit geht diese Verordnung nicht über das zur Erreichung ihres Ziels erforderliche Maß hinaus.

(44) Gemäß Artikel 3 des Protokolls über die Position des Vereinigten Königreichs und Irlands im Anhang zum Vertrag über die Europäische Union und im Anhang zum Vertrag zur Gründung der Europäischen Gemeinschaft beteiligt sich Irland an der Annahme und Anwendung dieser Verordnung.

(45) Gemäß den Artikeln 1 und 2 und unbeschadet des Artikels 4 des Protokolls über die Position des Vereinigten Königreichs und Irlands im Anhang zum Vertrag über die Europäische Union und zum Vertrag zur Gründung der Europäischen Gemeinschaft beteiligt sich das Vereinigte Königreich nicht an der Annahme dieser Verordnung, die für das Vereinigte Königreich nicht bindend oder anwendbar ist.

(46) Gemäß den Artikeln 1 und 2 des Protokolls über die Position Dänemarks im Anhang zum Vertrag über die Europäische Union und dem Vertrag zur Gründung der Europäischen Gemeinschaft beteiligt sich Dänemark nicht an der Annahme dieser Verordnung, die für Dänemark nicht bindend oder anwendbar ist –

HABEN FOLGENDE VERORDNUNG ERLASSEN:

Vorbemerkung vor Art. 1

1 Die VO Rom I gehört zu den **„Maßnahmen im Bereich der justitiellen Zusammenarbeit in Zivilsachen“**, zu denen die Organe der EG durch Art. 61 lit. c, 65 lit. b des Vertrages von Amsterdam[6] (heute Art. 81 I u. II lit. c AEUV[7]) ermächtigt worden sind. Das Vereinigte Königreich, Irland und Dänemark haben in Protokollen zum Amsterdamer Vertrag einen Vorbehalt auf derart auf Art. 61 EGV gestützte Maßnahmen eingelegt (vgl. Art. 69 EGV), was allerdings eine Anwendung der VO oder zumindest des für das internationale Versicherungsvertragsrecht in erster Linie einschlägigen Art. 7 der VO nicht ausschließt (vgl. Art. 1 VO Rom I Rn. 1, Art. 7 VO Rom I Rn. 3).

2 Die VO Rom I ist in **vier Kapitel** gegliedert. Das erste Kapitel (Art. 1 und 2) betrifft Fragen des Anwendungsbereichs. Das zweite Kapitel (Art. 3–17) enthält allgemeine und besondere Anknüpfungsregeln und befasst sich mit der Reichweite des Anknüpfungs-

6 ABl. EG **1997** Nr. C 340 S. 1.

7 Konsolidierte Fassung des Vertrages über die Arbeitsweise der Europäischen Union ABl. EU **2010** Nr. C 83 S. 47.

gegenstandes „Vertrag". Das dritte Kapitel („Sonstige Vorschriften", vgl. Art. 18–23) hat einen sehr heterogenen Charakter; hier finden sich eine (unvollständige) Bestimmung des Anknüpfungspunktes „gewöhnlicher Aufenthalt" (Art. 19), Hilfsnormen zur Anknüpfung (Art. 20–22) sowie Konkurrenzregeln (Art. 23–26) und eine intertemporale Kollisionsnorm (Art. 28). Die „Schlussbestimmungen" im vierten Kapitel (Art. 29) regeln das Inkrafttreten. Zur **Auslegung** der VO vgl. Einführung Rn. 4.

Zur **Bestimmung des Versicherungsvertragsstatuts** (vgl. Einführung Rn. 2 a.E.) geht **3**
man von **Art. 7 VO Rom I** als **lex specialis** aus. Im Rahmen ihres Anwendungsbereichs (Abs. 1 und 6) verdrängt diese Vorschrift das **allgemeine Anknüpfungsregime** der Art. 3 ff. der VO, welches somit für **Rückversicherungsverträge** (Art. 3 und 4 VO Rom I) und Massenrisiken mit **Risikobelegenheit in Nichtmitgliedstaaten** (Art. 3, 4 und 6 VO Rom I) zu beachten bleibt (vgl. Art. 7 VO Rom I Rn. 5). Hier wie dort lässt sich der jeweilige Anknüpfungsgegenstand (vgl. Einführung Rn. 2) der Kollisionsnormen mit Hilfe der Art. 10, 12 und 18 der VO näher bestimmen. Zu beachten sind jeweils zusätzliche Anknüpfungsregeln für Eingriffsnormen (Art. 9), Formfragen (Art. 11), Geschäftsfähigkeit (Art. 13), Zession und gesetzlichen Forderungsübergang (Art. 14, 15) sowie Aufrechnung (Art. 17). Die Kollisionsnormen der VO werden ergänzt durch **Sonderregeln im EGBGB**, die auf Verbraucherverträge (Art. 46b EGBGB) und Pflichtversicherungsverträge (Art. 46c EGBGB) Anwendung finden (vgl. dazu den 3. Abschnitt).

Kapitel I. Anwendungsbereich

Artikel 1. Anwendungsbereich

(1) Diese Verordnung gilt für vertragliche Schuldverhältnisse in Zivil- und Handelssachen, die eine Verbindung zum Recht verschiedener Staaten aufweisen.
Sie gilt insbesondere nicht für Steuer- und Zollsachen sowie verwaltungsrechtliche Angelegenheiten.

(2) Vom Anwendungsbereich dieser Verordnung ausgenommen sind:

a) der Personenstand sowie die Rechts-, Geschäfts- und Handlungsfähigkeit von natürlichen Personen, unbeschadet des Artikels 13;

...

e) Schieds- und Gerichtsstandsvereinbarungen;

f) Fragen betreffend das Gesellschaftsrecht, das Vereinsrecht und das Recht der juristischen Personen, wie die Errichtung durch Eintragung oder auf andere Weise, die Rechts- und Handlungsfähigkeit, die innere Verfassung und die Auflösung von Gesellschaften, Vereinen und juristischen Personen sowie die persönliche Haftung der Gesellschafter und der Organe für die Verbindlichkeiten einer Gesellschaft, eines Vereins oder einer juristischen Person;

g) die Frage, ob ein Vertreter die Person, für deren Rechnung er zu handeln vorgibt, Dritten gegenüber verpflichten kann, oder ob ein Organ einer Gesellschaft, eines Vereins oder einer anderen juristischen Person diese Gesellschaft, diesen Verein oder diese juristische Person gegenüber Dritten verpflichten kann;

...

i) Schuldverhältnisse aus Verhandlungen vor Abschluss eines Vertrags;

j) Versicherungsverträge aus von anderen Einrichtungen als den in Artikel 2 der Richtlinie 2002/83/EG des Europäischen Parlaments und des Rates vom 5. November

2002 über Lebensversicherungen[1] genannten Unternehmen durchgeführten Geschäften, deren Zweck darin besteht, den unselbstständig oder selbstständig tätigen Arbeitskräften eines Unternehmens oder einer Unternehmensgruppe oder den Angehörigen eines Berufes oder einer Berufsgruppe im Todes- oder Erlebensfall oder bei Arbeitseinstellung oder bei Minderung der Erwerbstätigkeit oder bei arbeitsbedingter Krankheit oder Arbeitsunfällen Leistungen zu gewähren.

(3) Diese Verordnung gilt unbeschadet des Artikels 18 nicht für den Beweis und das Verfahren.

(4) Im Sinne dieser Verordnung bezeichnet der Begriff „Mitgliedstaat“ die Mitgliedstaaten, auf die diese Verordnung anwendbar ist. In Artikel 3 Absatz 4 und Artikel 7 bezeichnet der Begriff jedoch alle Mitgliedstaaten.

Übersicht

A. Anwendungsbereich und Abgrenzung

1 Die VO **vereinheitlicht das IPR** (Einführung Rn. 1) für **vertragliche Schuldverhältnisse** in **Zivil- und Handelssachen** in den **Mitgliedstaaten der EU** mit Ausnahme Dänemarks (**Abs. 4 Satz 1** i.V. mit Erwägungsgrund Nr. 46). Allerdings sind die Art. 3 Abs. 4 VO Rom I (Einschränkung der Abwahl zwingenden Gemeinschaftsrechts) sowie gerade die spezielle Anknüpfung der Versicherungsverträge in Art. 7 VO Rom I aufgrund der Gegenausnahme in **Abs. 4 Satz 2** auch für Dänemark verbindlich. Der räumliche Anwendungsbereich der VO erstreckt sich im Übrigen auch auf Irland (vgl. Erwägungsgrund Nr. 44) und (entgegen Erwägungsgrund Nr. 45) aufgrund eines opt-in auch auf das Vereinigte Königreich.[2] Für die (übrigen) Staaten des Europäischen Wirtschaftsraumes (EWR[3]) Island, Liechtenstein und Norwegen gilt die VO nicht (vgl. aber auch Art. 7 VO Rom I Rn. 3). Mit der (bis zum 31.10.2012 vorzunehmenden) Umsetzung der Solvabilität II-Richtlinie[4] sollen nach deren Art. 178 jedoch auch Mitgliedstaaten des EWR, für welche die VO Rom I nicht gilt, die Kollisionsregeln des Art. 7 der VO übernehmen.[5]

---

1 ABl. **2002** L 345 S. 1, zuletzt geändert durch die Richtlinie 2008/19/EG ABl. **2008** Nr. L 76 S. 44.

2 Entscheidung der Kommission v. 22.12.2008 ABl. EU **2009** Nr. L 10 S. 22.

3 Abkommen über den Europäischen Wirtschaftsraum BGBl. **1993** I 2436; BGBl **1993** II 266, 1294.

4 Richtlinie 2009/138/EG des Europäischen Parlaments und des Rates vom 25.11.2009 betreffend die Aufnahme und Ausübung der Versicherungs- und der Rückversicherungstätigkeit (Solvabilität II) ABl. EU **2009** Nr. L 335 S. 1.

5 Vgl. dazu Looschelders/Pohlmann/*Schäfer* Int. Versicherungsvertragsrecht Rn. 56.

Die Anwendung der VO setzt nach ihrem Art. 1 Abs. 1 Unterabs. 1 voraus, dass das in Rede stehende Rechtsverhältnis eine Verbindung zum **Recht verschiedener Staaten** (nicht unbedingt: Mitgliedstaaten, vgl Art. 2 VO Rom I) aufweist. Der Begriff der **Zivil- und Handelssache** ist zu verstehen wie in Art. 1 EuGVVO (vgl. Erwägungsgrund Nr. 7). Es handelt sich dabei um einen autonomen Begriff, bei dessen (weiter) Auslegung die Zielsetzung und Systematik der VO sowie die allgemeinen Rechtsgrundsätze, die sich aus der Gesamtheit der innerstaatlichen Rechtsordnungen ergeben, berücksichtigt werden müssen (vgl. auch Einführung Rn. 4).[6] Zu den Schuldverhältnissen in Zivil- und Handelssachen gehören ohne Frage auch **Versicherungsverträge.** Abs. 1 Unterabs. 2 stellt (nicht abschließend: „insbesondere") klar, dass bestimmte Materien des öffentlichen Rechts nicht zu den Zivil- und Handelssachen gehören. Dazu gehört (in Übereinstimmung mit Art. 1 Abs. 2 lit. c EuGVVO) insbesondere nicht das **Sozialversicherungsrecht.** In den Anwendungsbereich der VO fallen hingegen privatrechtliche Versicherungsverträge auch dann, wenn sie mit einem **öffentlichrechtlichen Monopolversicherer** abgeschlossen werden. **2**

Abs. 2 bestimmt, dass verschiedene **Randfragen** vertraglicher Schuldverhältnisse **nicht** vom Anwendungsbereich der VO **erfasst** werden. Dies gilt u.a. für die Frage der Rechts- und Geschäftsfähigkeit (Abs. 2 lit. a, vgl. aber Art. 13 VO Rom I), des Abschlusses von Schieds- und Gerichtsstandsvereinbarungen (Abs. 2 lit. e), der Organisation juristischer Personen (Abs. 2 lit. f, dazu Rn. 5 ff. und Art. 12 Rn. 5) sowie der Vertretungsmacht (Abs. 2 lit. g, dazu Art. 12 VO Rom I Rn. 6). **3**

Abs. 3 stellt klar, dass **Beweis- und Verfahrensfragen** – abgesehen von den in Art. 18 der VO angesprochenen Aspekten der Vermutungswirkungen und der Beweislast – ebenfalls nicht in den Anwendungsbereich der VO fallen. Diese Fragen werden nach den Regeln des Internationalen Zivilverfahrensrechts angeknüpft. **4**

B. Rechtsfragen betreffend juristische Personen und Mitgliedschaft in einem VVaG (Abs. 2 lit. f)

Nach Art. 1 Abs. 2 lit. f VO Rom I sind Rechtsfragen auf dem Gebiet des Gesellschafts- und Vereinsrechts und des Rechts juristischer Personen vom Anwendungsbereich des Rechtsinstruments ausgenommen. Angesprochen sind damit Fragen, welche die Errichtung und Auflösung solcher Organisationen, ihre innere Struktur und das Verhältnis ihrer Organe untereinander betreffen. Streitig ist, ob bzw. inwieweit dieser Ausschluss auch das **Verhältnis** der **Versicherungsvereine auf Gegenseitigkeit (VVaG,** vgl. §§ 15–53b VAG) zu ihren **Mitgliedern** betrifft, das sowohl durch die Vereinsmitgliedschaft wie auch durch das Bestehen einer Versicherung charakterisiert wird. Dazu wird einerseits vorgeschlagen, die Anwendung der schuld- bzw. versicherungsrechtlichen Kollisionsnormen auf die versicherungsrechtlichen Aspekte der Mitgliedschaft zu beschränken,[7] andererseits aber auch, die Beziehung zwischen VVaG und Mitgliedern aus Praktikabilitätsgründen allein vereinsrechtlich zu qualifizieren und somit vollständig aus dem Anwendungsbereich der VO herauszunehmen.[8] **5**

Auf aufsichts- bzw. unternehmensrechtlicher Ebene wird der Streit um die dogmatisch sachgerechte Erfassung dieser Rechtsbeziehung bereits seit Jahrzehnten unter den Stich- **6**

---

[6] Vgl EuGH 21.4.1993 NJW **1993** 2091, 2092.

[7] Vgl. bereits Berliner Kommentar/*Dörner* Art. 7 EGVVG Rn. 7.

[8] Vgl. Ferrari/*Staudinger* Art. 7 Rom I-VO Rn. 17.

worten **„Einheitstheorie“** und **„Trennungstheorie“** geführt, wobei jene die Vereinsmitgliedschaft in den Vordergrund stellt und daraus ein einheitliches Verständnis des Rechtsverhältnisses entwickelt, während diese die Begründung der Mitgliedschaft und den Abschluss des Versicherungsvertrages als getrennte Rechtsgeschäfte begreift, auf welche dann die jeweils dafür einschlägigen Vorschriften Anwendung finden müssen.[9] Da die Unterscheidung zwischen Vereinsmitgliedschaft und Versicherungsverhältnis im Gesetz angelegt ist (vgl. § 20 Satz 2 und 3 VAG) und auch von der Rechtsprechung beachtet wird,[10] scheint in der neueren Literatur die „Trennungstheorie“ an Boden zu gewinnen.[11]

7 Freilich ist diese sachrechtliche Differenzierung für die **kollisionsrechtliche Qualifikationsentscheidung** allenfalls von mittelbarer Bedeutung. Auf dem Boden einer europäisch-autonomen Auslegung (vgl. Einführung Rn. 4) des Art. 1 Abs. 2 lit. f VO Rom I gibt es jedenfalls keinerlei Anhaltspunkte dafür, dass Versicherungsverträge vom Anwendungsbereich der VO deswegen ausgenommen sein sollten, weil sie mit der Mitgliedschaft in einer juristischen Person rechtlich verbunden sind, dies insbesondere angesichts des Umstands, dass in der Praxis die Vereinsmitgliedschaft zumindest in großen VVaG de facto in den Hintergrund zu treten scheint und den Versicherungsnehmern offenbar häufig gar nicht bewusst ist, dass sie mit Eingehung eines Versicherungsvertrages auch die Vereinsmitgliedschaft erwerben.[12] Im Ergebnis ist daher eine **differenzierende Betrachtung**[13] angezeigt: Während die versicherungsrechtlichen Beziehungen zwischen VVaG und Versicherungsnehmer von den Kollisionsnormen der VO erfasst werden, richtet sich die Rechtsstellung als Vereinsmitglied jedenfalls im Rahmen der durch Art. 49 und 54 AEUV gewährten Niederlassungsfreiheit nach dem Gründungsrecht.[14] Zu den versicherungsrechtlichen Fragen gehören insbesondere die in Art. 12 VO Rom I Rn. 3 genannten Aspekte; versicherungsrechtlich zu qualifizieren sind im Prinzip auch Rechtsfragen der Prämienzahlung selbst dann, wenn die Prämien etwa als „Beiträge“ ausgewiesen sein sollten. Zum Gesellschaftsstatut gehören alle Fragen, welche die organisationsrechtliche Stellung des Versicherungsnehmers innerhalb des Vereins und seine Rechtsbeziehungen zu den Organen betreffen. Abgrenzungsprobleme, die sich durchaus im Einzelfall ergeben mögen, sind – wie auch sonst – mit den Mitteln einer „funktionalen“, d.h. sich an der Funktion der betreffenden Normen und Rechtsinstitute orientierenden Qualifikation[15] ohne weiteres zu überwinden.

C. Schuldverhältnisse aus Verhandlungen vor Abschluss eines Vertrages (Abs. 2 lit. i VO Rom I und Art. 12 VO Rom II)

8 Schuldverhältnisse aus **Verhandlungen vor Abschluss eines Vertrages** (culpa in contrahendo) sind nach Art. 1 Abs. 2 lit. i der VO Rom I vom Anwendungsbereich der VO ausgenommen. Dem Erwägungsgrund Nr. 10 lässt sich entnehmen, dass Ansprüche aus

---

[9] Vgl. dazu Prölss/*Weigel* § 20 VAG Rn. 10 f.; Bähr/*Wilm* § 20 Rn. 34 ff.; auch Fahr/*Kaulbach*/Bähr/Pohlmann § 15 VAG Rn. 6.

[10] Vgl. BVerwG 21.12.1993 BVerwGE 95, 8 = VersR **1994** 797.

[11] Vgl. die in Rn. 16 genannten Autoren.

[12] Vgl. Bähr/*Wilm* § 20 Rn. 31.

[13] Vgl. auch Rauscher/*Fricke* Art. 7 VO Rom I Rn. 2, 6. Spiegelstrich; Prölss/Martin/*Armbrüster* Nach Art. 15 EGVVG Rn. 6; Staudinger/*Armbrüster* Vorbem. zu Art. 7 Rom I-VO Rn. 11; Langheid/Wandt/*Looschelders* IntVersR Rn. 6.

[14] Zu den Einzelheiten des im Fluss befindlichen nationalen und europäischen Internationalen Gesellschaftsrechts vgl. statt aller Palandt/*Thorn* Anh. zu Art. 12 EGBGB Rn. 2 ff., 6 ff.

[15] Vgl. etwa HK BGB/*Dörner* Vor Art. 3–6 EGBGB Rn. 15.

einem solchen Schuldverhältnis stattdessen von Art. 12 der VO Rom II[16] erfasst werden sollen und von dieser Vorschrift eindeutig als Ansprüche aus einem gesetzlichen Schuldverhältnis qualifiziert werden. Art. 12 VO Rom II lautet folgendermaßen:

Art. 12 VO Rom II. Verschulden bei Vertragsverhandlungen

(1) Auf außervertragliche Schuldverhältnisse aus Verhandlungen vor Abschluss eines Vertrags, unabhängig davon, ob der Vertrag tatsächlich geschlossen wurde oder nicht, ist das Recht anzuwenden, das auf den Vertrag anzuwenden ist oder anzuwenden gewesen wäre, wenn er geschlossen worden wäre.

(2) Kann das anzuwendende Recht nicht nach Absatz 1 bestimmt werden, so ist das anzuwendende Recht
a) das Recht des Staates, in dem der Schaden eingetreten ist, unabhängig davon, in welchem Staat das schadensbegründende Ereignis oder indirekte Schadensfolgen eingetreten sind, oder,
b) wenn die Parteien zum Zeitpunkt des Eintritts des schadensbegründenden Ereignisses ihren gewöhnlichen Aufenthalt in demselben Staat haben, das Recht dieses Staates, oder,
c) wenn sich aus der Gesamtheit der Umstände ergibt, dass das außervertragliche Schuldverhältnis aus Verhandlungen vor Abschluss eines Vertrags eine offensichtlich engere Verbindung mit einem anderen als dem in den Buchstaben a oder b bezeichneten Staat aufweist, das Recht dieses anderen Staates.

Der Verordnungsgeber weist in Erwägungsgrund Nr. 30 Satz 1 zur VO Rom II ausdrücklich darauf hin, dass der Begriff der culpa in contrahendo autonom interpretiert werden muss. Er soll nach Satz 2 dieses Erwägungsgrundes insbesondere die Verletzung vorvertraglicher Informationspflichten sowie den illoyalen Abbruch von Vertragsverhandlungen umfassen. Die Vorschrift sollte auch auf die sich aus Vertragsverhandlungen ergebende Haftung vertragsfremder Dritter (Sachwalter, Vertreter, Verhandlungsgehilfen) Anwendung finden, soweit diese für sich selbst Vertrauen eines anderen in Anspruch nehmen.[17] **9**

Sofern die Parteien keine Rechtswahl nach Art. 14 VO Rom II getroffen haben, sieht die in Abs. 1 vorgesehen Regelanknüpfung eine **akzessorische Verweisung** auf die Rechtsordnung vor, welche (bei Vertragsabschluss) auf den **Vertrag anzuwenden** ist oder (falls es nicht zu einem Vertragsschluss kommt) darauf anzuwenden gewesen wäre. Zu den Hilfsanknüpfungen vgl. Art. 12 Abs. 2 lit. a und b VO Rom II, die nach dessen Abs. 2 lit. c mit Hilfe einer Ausweichklausel korrigiert werden können. **10**

Während sich die **Rechtsfolgen** einer culpa in contrahendo (Schadensersatz, Täuschungsanfechtung, Widerruf etc.) im **Verhältnis** der präsumtiven **Vertragsparteien** in aller Regel nach dem Statut des intendierten Vertrages richten, auf den Abs. 1 verweist, wird man auf die Haftung vertragsfremder Dritter aus cic den Abs. 2 anwenden und – trotz missverständlicher Formulierung der Anknüpfungsregeln („oder") – in erster Linie das Recht des gemeinsamen gewöhnlichen Aufenthalts der Beteiligten zum Zeitpunkt des schädigenden Verhaltens (lit. b) und hilfsweise das Recht des Erfolgsorts (lit. a) heranziehen.[18] **11**

---

[16] Verordnung (EG) Nr. 864/2007 des Europäischen Parlaments und des Rates v. 11.7.2007 über das auf außervertragliche Schuldverhältnisse anzuwendende Recht („Rom II") ABl. **2007** Nr. L 199 S. 40.

[17] Vgl. HK BGB/*Dörner*, Art. 12 VO Rom II Rn. 2; vgl. auch MüKo/*Spellenberg* Art. 12 VO Rom II Rn. 13 ff.; **a.A.** aber die h.M., vgl. nur Palandt/*Thorn* Art. 12 VO Rom II Rn. 5 m.w.N.

[18] HK BGB/*Dörner* aaO Rn. 4 f.

12 Für versicherungsrechtliche Sachverhalte bedeutet dies zunächst, dass vorvertragliche **Informationspflichtverletzungen** durch den **Versicherer** oder **Versicherungsnehmer** und die sich daran knüpfenden Sanktionen als Verschulden bei Vertragsverhandlungen zu qualifizieren sind und demzufolge über Art. 12 Abs. 1 VO Rom II dem entweder nach Art. 7 VO Rom I oder dem nach Art. 3, 4 oder 6 VO Rom I bestimmten Versicherungsvertragsstatut unterliegen.[19] Darüber hinaus kann auch die **selbstständige Haftung des Versicherungsvertreters** im Verhältnis zu dem mit ihm in keinerlei Vertragsbeziehung stehenden Versicherungsnehmer unter Art. 12 Abs. 2 VO Rom II subsumiert werden.[20] Soweit die Verweisung des Art. 12 VO Rom II zum deutschen Vertragsstatut führt, werden daher von ihr beispielsweise die Haftung des Versicherungsnehmers für Anzeigepflichtverletzungen nach § 19 VVG, ferner die des Versicherers für fehlerhafte Beratung nach § 6 Abs. 5 VVG oder Informationspflichtverletzungen nach § 280 Abs. 1 BGB i.V. mit § 7 VVG, aber auch die persönliche Haftung eines Versicherungsvertreters nach § 63 VVG erfasst (zur Haftung des Versicherungsmaklers vgl. sogleich Anhang Rn. 1).[21]

D. Nichtanwendbarkeit der VO auf bestimmte Versicherungsverträge (Abs. 2 lit. j)

13 Durch **Abs. 2 lit. j** werden **bestimmte Versicherungsverträge** vom **Anwendungsbereich** der VO **ausgenommen**. Es handelt sich um Verträge, die aus Geschäften von „anderen Einrichtungen“ als den in Art. 2 der „Richtlinie 2002/83/EG v. 5.11.2002 über Lebensversicherungen“[22] genannten Unternehmen hervorgehen und die den Zweck haben, Arbeitnehmern oder Angehörigen eines Berufes oder einer Berufsgruppe Leistungen im Todes- oder Erlebensfall, bei Arbeitseinstellung, Minderung der Erwerbstätigkeit, arbeitsbedingter Krankheit oder Arbeitsunfällen zu erbringen. Diese – offenbar auf einen Vorschlag der schwedischen Delegation zurückgehende[23] – Regelung nimmt wörtlich auf Art. 3 Nr. 3 der Richtlinie 2002/83/EG Bezug, wonach diese Richtlinie Geschäfte mit einer entsprechenden Zwecksetzung, die von „anderen Einrichtungen“ als den i.S. von Art. 2 der Richtlinie durchgeführt werden, ebenfalls nicht betreffen soll.[24] Da die Lebensversicherungsrichtlinie nun aber nach ihrem Art. 2 die Aufnahme und Ausübung der selbstständigen Tätigkeit der Direktversicherung durch Unternehmen regelt, „die in einem Mitgliedstaat niedergelassen sind oder sich dort niederzulassen wünschen“, werden infolgedessen Versicherungsverträge mit entsprechender Zielsetzung, die von Unternehmen mit Niederlassung in Drittstaaten geschlossen werden, sowohl von den aufsichtsrechtlichen Vorschriften der Lebensversicherungsrichtlinie als auch jetzt von den

---

[19] Zum früheren Recht vgl. bereits *Dörner* IPRax **2005** 26, 27; zu Art. 12 VO Rom II *Katschthaler/Leichsenring* RuS **2010** 45, 47.

[20] *Katschthaler/Leichsenring* RuS **2010** 45, 47.

[21] *Katschthaler/Leichsenring* a.a.O.; Ferrari/*Staudinger* Art. 7 Rom I-VO Rn. 19.

[22] ABl. **2002** Nr. L 345 S. 1; zuletzt geändert durch die Richtlinie 2008/19/EG ABl. **2008** Nr. L 76 S. 44. – Diese Richtlinie ist nach Art. 310 Abs. 1 der Richtlinie 2009/138/EG des Europäischen Parlaments und des Rates v. 25.11.2009 betreffend die Aufnahme und Ausübung der Versicherungs- und der Rückversicherungstätigkeit (Solvabilität II) ABl. EU **2009** Nr. L 335 S. 1, zum 1.11.2012 außer Kraft getreten. Die Verweisung bezieht sich seitdem auf Art. 9 Nr. 2 der neuen Solvabilitätsrichtlinie.

[23] Vgl. die Regierungsbegründung zum Rom I-Anpassungsgesetz BTDrucks. 16/12104 S. 10.

[24] Näher Rauscher/*Fricke* Art. 7 VO Rom I Rn. 3, 2. Spiegelstrich.

kollisionsrechtlichen Bestimmungen der VO Rom I nicht erfasst. Während sich aber die aufsichtsrechtliche Richtlinie darauf beschränken kann, Unternehmen ohne Niederlassung in einem Mitgliedstaat von der intendierten Regulierung auszunehmen, muss kollisionsrechtlich sehr wohl geklärt werden, welches Recht bei Auslandsberührung des Sachverhalts für die Beurteilung von Lebens-, Berufsunfähigkeits-. Kranken- und Unfallversicherungen, die von einem solchen Unternehmen abgeschlossen werden, denn nun maßgebend sein soll.

Die Antwort darauf fällt schwer, weil einerseits die VO Rom I nach ihrem Art. 1 Abs. 1 lit. j ja keine Anwendung findet, andererseits der Gesetzgeber aber sowohl die Art. 7 ff. EGVVG wie auch Art. 27 bis 37 EGBGB durch das Gesetz zur Anpassung der Vorschriften des IPR an die VO Rom I[25] aufgehoben hat. Durch eine analoge Anwendung von Art. 7 VO Rom I[26] würde die Intention des europäischen Gesetzgebers jedenfalls durchkreuzt. Wenn die Ausnahmevorschrift aber darauf abzielt, die genannten privaten Versicherungen mit den für die betriebliche Altersvorsorge jeweils geltenden arbeits- und sozialversicherungsrechtlichen Regelungen zu koordinieren,[27] sollte im Wege einer **akzessorischen Anknüpfung** dasjenige Recht zur Anwendung gelangen, dem die Regelung der betrieblichen Altersvorsorge in dem betreffenden Staat untersteht. **14**

E. Direktansprüche des Geschädigten gegen den Haftpflichtversicherer (Art. 18 VO Rom II)

Direktansprüche eines Geschädigten gegen den Haftpflichtversicherer des Schädigers werden von vornherein nicht versicherungsvertraglich qualifiziert, sondern als **primär außervertragliches Schuldverhältnis** verstanden und von Art. 18 VO Rom II[28] geregelt. **15**

Artikel 18 VO Rom II. Direktklage gegen den Versicherer des Haftenden

Der Geschädigte kann seinen Anspruch direkt gegen den Versicherer des Haftenden geltend machen, wenn dies nach dem auf das außervertragliche Schuldverhältnis oder nach dem auf den Versicherungsvertrag anzuwendenden Recht vorgesehen ist.

Ein etwaiger Direktanspruch wird hier im Interesse des Geschädigten **alternativ angeknüpft.** Ein solcher Anspruch besteht nämlich dann, wenn entweder das (nach Art. 14 und 4 der VO Rom II ermittelte) Deliktsstatut oder das Statut des Versicherungsvertrages, wie es nach Maßgabe von Art. 7 VO Rom I oder der Art. 3, 4 und 6 VO Rom I (vgl. Art. 7 VO Rom I Rn. 4 ff.) bestimmt wurde, ein unmittelbares Vorgehen gegen den Versicherer gestattet. Bei Straßenverkehrsunfällen innerhalb der EU ist die praktische Bedeutung dieser Vorschrift gering, weil Art. 3 der 4. Kfz-RL[29] alle Mitgliedstaaten verpflichtet, einen Direktanspruch einzuführen. Wenn der Versicherer als Dritter den Geschädig- **16**

25 BGBl. **2009** I 1574.

26 Dafür Rauscher/*von Hein* Art. 1 Rom I-VO Rn. 62.

27 Vgl. *Fricke* VersR **2008** 443, 444; *Perner* IPRax **2009** 218, 219.

28 Verordnung (EG) Nr. 864/2007 des Europäischen Parlaments und des Rates v. 11.7.2007 über das auf außervertragliche Schuldverhältnisse anzuwendende Recht („Rom II") ABl. **2007** Nr. L 199, S. 40.

29 Richtlinie 2000/26/EG des Europäischen Parlaments und des Rates v. 16. Mai 2000 zur Angleichung der Rechtsvorschriften der Mitgliedstaaten über die Kraftfahrzeug-Haftpflichtversicherung und zur Änderung der Richtlinien 73/239/EWG und 88/357/EWG des Rates (Vierte Kraftfahrzeughaftpflicht-Richtlinie) ABl. **2000** Nr. L 181 S. 65.

ten befriedigt, untersteht die Frage einer eventuellen Legalzession gemäß Art. 19 VO Rom I dem Recht, aus welchem sich die Verpflichtung des Versicherers zur Leistung ergibt. Das ist das entsprechend den oben genannten Bestimmungen zu ermittelnde Versicherungsvertragsstatut (vgl. dazu auch Art. 15 VO Rom I Rn. 6).

Anhang

Verträge zwischen Versicherungsmakler und Versicherungsnehmer

1 Verträge zwischen **Versicherungsmaklern**[1] und (zukünftigen) Versicherungsnehmern unterliegen – natürlich – nicht dem allein Versicherungsverträge betreffenden Art. 7 VO Rom I, sondern den für **Schuldverträge im Allgemeinen** geltenden Anknüpfungsregeln.[2] Die Vertragsparteien können also das für den Maklervertrag maßgebende Statut nach **Art. 3 Abs. 1 VO Rom I** in den Grenzen der Abs. 3 und 4 dieser Bestimmung **frei wählen.** Dabei sind bei Wahl eines Drittstaatenrechts insbesondere unter den Voraussetzungen des Abs. 4 die zwingenden Bestimmungen der Vermittlerrichtlinie[3] zu beachten. Allerdings gelten die in Umsetzung der Richtlinie durch §§ 60, 61 VVG bzw. § 11 der Versicherungsvermittlerrichtlinie[4] statuierten vorvertraglichen Beratungs- und Informationspflichten als Erscheinungsformen eines Verschuldens bei Vertragsschluss nur über Art. 12 Abs. I der VO Rom II (vgl. Art. 1 VO Rom I Rn. 8 ff.).

2 Haben die Parteien **keine Rechtswahl** getroffen, erfolgt die Anknüpfung nach Art. 4 Abs. 1 lit. b VO Rom I, da es sich bei Maklerverträgen in Anbetracht der autonomen Auslegung dieser Bestimmung (vgl. Art. 4 VO Rom I Rn. 4 f.) um Dienstleistungsverträge handelt.[5] Zur Anwendung kommt damit das Recht des Staates, in dem der **Makler** seinen **gewöhnlichen Aufenthalt** (vgl. Art. 19 VO Rom I) hat. Es liegt auf der Hand, dass das für den Makler- und das für den Versicherungsvertrag maßgebende Statut keineswegs identisch sein müssen. Eine rechtliche Koordination beider Verträge über Art. 4 Abs. 3 VO Rom I etwa in der Weise, dass das Maklervertragsstatut im Wege einer akzessorischen Anknüpfung dem Recht des Versicherungsvertrages unterstellt wird, ist jedenfalls im Regelfall selbst dann nicht veranlasst, wenn dem Makler ein Provisionsanspruch gegen den Versicherungsnehmer zustehen sollte (vgl. aber Rn. 4) und dieser Anspruch in seiner Wirksamkeit vom Zustandekommen des Versicherungsvertrages abhängt.[6]

3 Beauftragt ein **Verbraucher** einen Versicherungsmakler mit der Vermittlung eines Versicherungsvertrages, der zwecks Deckung nicht beruflicher oder gewerblicher Risiken abgeschlossen werden soll, so findet **Art. 6 VO Rom I** Anwendung, sofern die in Abs. 1 dieser Vorschrift angeführten Voraussetzungen vorliegen. Der Maklervertrag richtet sich

---

[1] Die nachfolgenden Überlegungen gelten (abgesehen von Rn. 4) auch für Verträge zwischen Versicherungsnehmern und Versicherungsberatern (vgl. § 59 Abs. 3 VVG).

[2] Zur Anknüpfung von Maklerverträgen im Allgemeinen vgl. *Klingmann*, Maklerverträge im Internationalen Privatrecht (1999) 5 ff., 31 ff.; Reithmann/*Martiny*, Internationales Vertragsrecht Rn. 1391 ff.; Staudinger/*Magnus* Art. 4 Rom I-VO Rn. 317 ff.

[3] Richtlinie 2002/92/EG des Europäischen Parlaments und des Rates über Versicherungsvermittlung ABl. **2003** Nr. L 9 S. 3.

[4] VO über die Versicherungsvermittlung und -beratung v. 15.5.2007 BGBl. **2007** I 733.

[5] Vgl. Reithmann/*Martiny* a.a.O. Rn. 1392.

[6] Vgl dazu auch *Klingmann* a.a.O. 65 ff., 87; Reithmann/*Martiny* a.a.O. Rn. 1394.

dann nach dem Recht des Verbraucheraufenthalts (Abs. 1). Durch eine Rechtswahl dürfen die zwingenden Bestimmungen dieses Rechts in einem solchen Fall nicht ausgeschaltet werden (Abs. 2). Hat der Makler seine Tätigkeit weder im Aufenthaltsstaat des Verbrauchers ausgeübt noch auf diesen Staat ausgerichtet, bleibt es nach Abs. 3 bei der Anwendung der Art. 3 und 4 der VO. Dies gilt auch dann, wenn die Vermittlerleistung des Maklers vollständig in einem anderen Staat als dem des Verbraucheraufenthalts erbracht werden soll (Abs. 4 lit. a), so z.B., wenn der Verbraucher während eines Auslandsurlaubs einen ortsansässigen Makler mit der Vermittlung eines Versicherungsvertrages zwecks Abdeckung bestimmter Urlaubsrisiken betreut.

Jedenfalls nach deutschem Recht bestehen auch eigene **Rechtsbeziehungen** zwischen **4**
Versicherungsmakler und **Versicherer**, aus denen im Falle einer erfolgreichen Vermittlung dem Makler in der Regel der Courtageanspruch gegen den Versicherer erwächst. Der Versicherungsmakler ist also dem Versicherungsnehmer wie dem Versicherer gleichzeitig in einem sog. „Doppelrechtsverhältnis" verbunden; die Rechtsnatur des Verhältnisses zum Versicherer (vertragsähnliches oder vertragliches Rechtsverhältnis?) und dessen Pflichtengehalt ist auch auf der Ebene des materiellen Rechts im Grunde noch weitgehend ungeklärt.[7] Dementsprechend wird auch bisher die kollisionsrechtliche Behandlung dieses Verhältnisses zum Versicherer, soweit ersichtlich, noch nicht diskutiert. Es erscheint aber sinnvoll, die Rechtsbeziehung des Maklers zum Versicherer dem Recht des zwischen Makler und Versicherungsnehmer geschlossenen Maklervertrages zu unterstellen, weil bei einer solchen Anknüpfung die in materieller Hinsicht aufeinander bezogenen Rechte und Pflichten des Maklers aus dem „Doppelrechtsverhältnis" ein und derselben Rechtsordnung unterstehen und damit schwierige Qualifikations- und ggf. Anpassungsfragen vermieden werden.

Artikel 2. Universelle Anwendung

Das nach dieser Verordnung bezeichnete Recht ist auch dann anzuwenden, wenn es nicht das Recht eines Mitgliedstaats ist.

Die VO enthält allseitige Kollisionsnormen („lois uniformes"), die sowohl zur Anwendung eines Mitgliedstaatenrechts wie auch zum Recht eines Drittstaates führen können. **1**

Kapitel II. Einheitliche Kollisionsnormen

Artikel 3. Freie Rechtswahl

(1) Der Vertrag unterliegt dem von den Parteien gewählten Recht. Die Rechtswahl muss ausdrücklich erfolgen oder sich eindeutig aus den Bestimmungen des Vertrags oder aus den Umständen des Falles ergeben. Die Parteien können die Rechtswahl für ihren ganzen Vertrag oder nur für einen Teil desselben treffen.

[7] Vgl. nur Prölss/Martin/*Dörner* § 59 VVG Rn. 65 ff., 68.

(2) Die Parteien können jederzeit vereinbaren, dass der Vertrag nach einem anderen Recht zu beurteilen ist als dem, das zuvor entweder aufgrund einer früheren Rechtswahl nach diesem Artikel oder aufgrund anderer Vorschriften dieser Verordnung für ihn maßgebend war. Die Formgültigkeit des Vertrags im Sinne des Artikels 11 und Rechte Dritter werden durch eine nach Vertragsschluss erfolgende Änderung der Bestimmung des anzuwendenden Rechts nicht berührt.

(3) Sind alle anderen Elemente des Sachverhalts zum Zeitpunkt der Rechtswahl in einem anderen als demjenigen Staat belegen, dessen Recht gewählt wurde, so berührt die Rechtswahl der Parteien nicht die Anwendung derjenigen Bestimmungen des Rechts dieses anderen Staates, von denen nicht durch Vereinbarung abgewichen werden kann.

(4) Sind alle anderen Elemente des Sachverhalts zum Zeitpunkt der Rechtswahl in einem oder mehreren Mitgliedstaaten belegen, so berührt die Wahl des Rechts eines Drittstaats durch die Parteien nicht die Anwendung der Bestimmungen des Gemeinschaftsrechts – gegebenenfalls in der von dem Mitgliedstaat des angerufenen Gerichts umgesetzten Form –, von denen nicht durch Vereinbarung abgewichen werden kann.

(5) Auf das Zustandekommen und die Wirksamkeit der Einigung der Parteien über das anzuwendende Recht finden die Artikel 10, 11 und 13 Anwendung.

Übersicht

A. Rechtswahlvertrag und Grenzen der Rechtswahlfreiheit

1 Durch einen **Rechtswahlvertrag** können die Parteien selbst festlegen, welches Recht auf den zwischen ihnen zu schließenden oder geschlossenen Schuldvertrag Anwendung finden soll (**Abs. 1 Satz 1**). Wählbar ist grundsätzlich jedes beliebige Recht. Nicht en bloc wählbar sind dagegen nichtstaatliche Regelwerke wie etwa die „Principles of European Insurance Contract Law“, welche infolgedessen nur auf materiellrechtlicher Ebene – soweit dispositives Recht dies zulässt – Bedeutung gewinnen können.[1]

2 Die Rechtswahl muss **ausdrücklich** erfolgen oder sich **eindeutig** aus den Vertragsbestimmungen oder den Umständen des Falles ergeben (**Abs. 1 Satz 2**), so beispielsweise daraus, dass die Parteien einen Gerichtsstand vereinbaren oder sich im Vertrag auf die Vorschriften oder Rechtsinstitute einer bestimmten Rechtsordnung beziehen. Gerade im Bereich der Versicherungsverträge dürfte die Bezugnahme auf die in einer bestimmten Rechtsordnung verwandten Muster-AVB oder die dort verbreiteten Vertragsbausteine eine deutliche Indizwirkung entfalten.[2] Eine Zuständigkeitsvereinbarung zugunsten eines Schiedsgerichts mit Sitz in einem bestimmten Staat kann als Wahl des betreffenden Sitzrechts verstanden werden, wenn das Schiedsgericht nach Satzung, Verfahrensordnung oder Übung üblicherweise das Recht dieses Staates anwendet.[3]

---

[1] Langheid/Wandt/*Looschelders* IntVersR Rn. 117.

[2] Vgl. Rauscher/*Fricke* Art. 7 VO Rom I Rn. 11.

[3] Vgl. *Mankowski* VersR 2002 1777, 1180.

Die Rechtswahl kann den **ganzen Vertrag** betreffen oder aber nur einen – sachlich abgrenzbaren – **Teil** davon (**Abs. 1 Satz 3**). Die Parteien können daher bestimmte Rechtsfragen (etwa: Zustandekommen des Vertrages) einem besonderen Statut oder aber ihre Rechtsbeziehungen im Hinblick auf bestimmte Vertragsgegenstände unterschiedlichen Rechtsordnungen unterstellen.[4] Für den Abschluss von Versicherungsverträgen bedeutet dies, dass bei einer Belegenheit des Risikos in mehreren Staaten (vgl. Art. 7 Abs. 5 VO Rom I u. ebda Rn. 86) entweder eine einzige Rechtsordnung für den Vertrag insgesamt berufen werden kann oder aber die Parteien die Möglichkeit haben, jedes Teilrisiko einem anderen Recht zu unterwerfen. In diesem letzten Fall tritt eine **Vertragsspaltung** ein (vgl. Art. 7 VO Rom I Rn. 95). **3**

Das einmal durch Rechtswahl oder aufgrund objektiver Anknüpfung bestimmte **Vertragsstatut** kann später wieder **geändert** werden (**Abs. 2 Satz 1**). Ob eine nachträgliche Rechtswahl von Vertragsbeginn an oder nur ex nunc Wirkung entfalten soll, entscheidet der Wille der Parteien. Allerdings können durch eine nachträgliche Rechtswahl weder die einmal festgestellte **Formgültigkeit** des Vertrages aufgehoben noch **Rechte Dritter** (so des Versicherten, Bezugsberechtigten, Rückversicherers, Inhabers eines Direktanspruchs) beeinträchtigt werden (**Abs. 2 Satz 2**). Dementsprechend ist es beispielsweise unzulässig, nach Abschluss einer Versicherung für fremde Rechnung (vgl. im deutschen Recht §§ 43 ff. VVG) dem Versicherten im Verhältnis zum Versicherungsnehmer ein bereits erworbenes Recht durch nachträgliche Wahl eines neuen Vertragsstatuts wieder zu entziehen **4**

Die Rechtswahlfreiheit besteht allerdings **nicht unbeschränkt.** Abgesehen von der Sonderanknüpfung so genannter Eingriffsnormen in Art. 9 VO Rom I (vgl. ebda Rn. 1) können die Parteien Sachverhalte, die – abgesehen von der Wahl eines anderen Rechts – zum Zeitpunkt der Rechtswahl **keinerlei Bezug** zu einer **anderen Rechtsordnung** aufweisen, durch eine Rechtwahl nicht den zwingenden Bestimmungen derjenigen Rechtsordnung entziehen, auf welche sämtliche objektiven Sachverhaltselemente verweisen (**Abs. 3**). Im Ergebnis können damit nur die dispositiven Vorschriften des ohne Rechtswahl anwendbaren Rechts derogiert werden. Die Wahl eines ausländischen Versicherungsvertragsstatuts lässt beispielsweise die Geltung der zwingenden und halbzwingenden Vorschriften des VVG unberührt. Dies gilt auch dann, wenn die Rechtswahlvereinbarung mit einer Gerichtsstandsklausel verbunden wurde (vgl. Erwägungsgrund Nr. 15 Satz 2). Eine Parallelregelung findet sich in **Abs. 4** für **Binnenmarktsachverhalte.** Hier können die Parteien durch Wahl eines Drittstaatenrechts nicht **zwingende Bestimmungen** des **Gemeinschaftsrechts** (ggf. in der vom Gerichtsstaat gewählten Umsetzung) abwählen, wenn sämtliche Sachverhaltselemente in einem oder mehreren Mitgliedstaaten belegen sind (zur Geltung dieser Regelung auch im Verhältnis zu Dänemark vgl. Art. 1 Abs. 4 Satz 2 VO Rom I). **5**

Zustandekommen und **Wirksamkeit eines Rechtswahlvertrages** richten sich gemäß Abs. 5 und Art. 10 der VO nach dem von den Parteien gewählten Recht. Eine Rechtswahlklausel kann auch in AVB enthalten sein, entfaltet ihre Wirkungen aber nur dann, wenn die Klausel nach Maßgabe des in ihr gewählten Vertragsstatuts wirksam zum Vertragsbestandteil gemacht worden ist. Die Frage der Formgültigkeit des Rechtswahlvertrages wird nach Art. 11 VO Rom I angeknüpft, so dass sich die Frage der Formgültigkeit einer Rechtswahlvereinbarung, wenn sie zwischen Personen geschlossen wird, die sich zum Zeitpunkt des Vertragsschlusses in ein und demselben Staat befinden, entweder **6**

[4] Vgl. nur Palandt/*Thorn* Art. 3 Rom I-VO Rn. 10 m.w.N.

nach dem in der Sache berufenen oder nach dem Recht des Abschlussortes richtet (zur Formgültigkeit bei Verbraucherverträgen vgl. Art. 6 VO Rom I Rn. 9). Befinden sich die Parteien in ein und demselben Staat, kann sich eine natürliche Person nur dann auf die sich aus dem Recht eines anderen Staates (vgl. Art. 7 EGBGB: Heimatrecht) ergebenden Beschränkungen ihrer Geschäftsfähigkeit berufen, wenn die andere Vertragspartei die Beschränkung kannte oder fahrlässig nicht kannte (Art. 13 VO Rom I).

7 Durch eine Rechtswahl werden die **Sachnormen** der gewählten Rechtsordnung berufen (vgl. Art. 20 VO Rom I).

B. Freie Rechtswahl für Versicherungsverträge

8 Eine freie **Rechtwahl für Versicherungsverträge** (zum Anknüpfungsgegenstand vgl. Art. 7 VO Rom I Rn. 1 u. Art. 12 VO Rom I Rn. 3) ist nach diesen Regeln zunächst nur möglich, soweit der Vertrag nicht in den Anwendungsbereich des spezielleren Art. 7 Abs. 1 VO fällt. Dies gilt für **Rückversicherungsverträge** (Art. 7 Abs. 1 Satz 2) sowie für Verträge über **Massenrisiken**, die ein **nicht** in einem **Mitgliedstaat** (Art. 1 VO Rom 1 Rn. 1) **belegenes** Risiko decken (arg. Art. 7 Abs. 1 Satz 1, vgl. ebda Rn. 5). Verträge zur Deckung von **Großrisiken** i.S. des Art. 7 Abs. 2 Unterabs. 1 VO Rom I werden hingegen von der Spezialnorm erfasst; allerdings enthält diese Vorschrift für die subjektive Anknüpfung eine Verweisung auf Art. 3 (Art. 7 VO Rom I Rn. 22). Sonderregeln für die Anknüpfung von Pflichtversicherungen, welche die Wahlfreiheit der Parteien einschränken können, existieren für Rückversicherungsverträge sowie für Verträge über Risiken mit Belegenheit in einem Nichtmitgliedstaat dagegen nicht (vgl. aber dazu auch Art 46c EGBGB Rn. 6).

I. Rückversicherungsverträge

9 **Rückversicherungsverträge** – in denen also ein Rückversicherer eine vom Erstversicherer übernommene Gefahr in Deckung nimmt[5] – können gemäß Art. 3 Abs. 1 VO Rom I jedem beliebigen, also auch einem neutralen Recht unterstellt werden.[6] Eine ausdrückliche Rechtswahl kann in „construction clauses" zu finden sein (in denen die Parteien die Auslegung nach einem bestimmten Recht vereinbaren), im Zweifel nicht dagegen in einer bloßen Bezugnahme auf den Erstversicherungsvertrag und die etwa darin enthaltene Rechtswahlklausel („back-to-back-clause").[7] Eine konkludente Rechtswahl kann sich ferner aus der Verwendung von Standardpolicen oder Formularen ergeben, die sich auf eine bestimmte Rechtsordnung beziehen,[8] oder – wie auch sonst – aus der Vereinbarung eines bestimmten Gerichtsstandes[9] oder in der Vereinbarung eines bestimmten Schiedsgerichts, sofern feststeht, welches Recht dieses Schiedsgericht anwenden wird.[10] Die Einschränkungen des Art. 3 Abs. 3 und 4 VO Rom I sind allerdings zu beachten.

---

[5] Vgl. Fahr/Kaulbach/*Bähr*/Pohlmann § 119 VAG Rn. 1; *Looschelders* VersR **2012** 1, 3.
[6] Näher *Mankowski* VersR **2002** 1177.
[7] Vgl. *Mankowski* VersR **2002** 1177, 1178; ferner *Merkin* JPIL **2009** 69, 73, 78 f. zu „Full Reinsurance clauses", welche auf die Bedingungen der Erstpolice Bezug nehmen.
[8] *Looschelders* VersR **2012** 1, 8.
[9] *Mankowski* VersR **2002** 1177, 1180.
[10] Aus der Sicht des englischen Rechts vgl. *Merkin* JPIL **2009** 69, 75 ff.

II. Verträge über Massenrisiken mit Risikobelegenheit in einem Nichtmitgliedstaat

Die **Belegenheit** des versicherten Risikos ist nach **Art. 7 Abs. 6 VO Rom I** i.V. mit den dort genannten Richtlinien zu bestimmen (vgl. ebda Rn. 27 ff.). Bei Belegenheit in einem Nichtmitgliedstaat finden die auf Richtlinienrecht zurückzuführenden Sonderegeln des Art. 7 VO Rom I keine Anwendung; vielmehr setzt sich hier die Geltung des auf das Römische Schuldvertragsübereinkommen zurückgehenden Internationalen Versicherungsvertragsrecht mit Anwendung der allgemeinen Kollisionsnormen der VO fort (vgl. Einführung Rn. 8 ff.). Da in Art. 7 VO Rom I der Begriff des „Mitgliedstaates" nach Art. 1 Abs. 4 VO Rom I auch Dänemark umfasst (weil die einschlägigen Richtlinien der EG auch für Dänemark gelten), findet im Umkehrschluss bei einer Risikobelegenheit in Dänemark Art. 3 keine Anwendung. **10**

Die Rechtswahlfreiheit unterliegt in diesen Fällen der von Art. 3 Abs. 3 VO Rom I vorgegebenen **Beschränkung**. Dagegen findet Abs. 4 keine Anwendung, weil ein wichtiges Sachverhaltselement – eben die Risikobelegenheit – per definitionem nicht innerhalb eines Mitgliedstaates zu lokalisieren ist. Beim Abschluss von Versicherungsverträgen mit **Verbrauchern** ist Art. 6 Abs. 2 VO Rom I zu beachten. **11**

Artikel 4. Mangels Rechtswahl anzuwendendes Recht

(1) Soweit die Parteien keine Rechtswahl gemäß Artikel 3 getroffen haben, bestimmt sich das auf den Vertrag anzuwendende Recht unbeschadet der Artikel 5 bis 8 wie folgt:

a) …

b) Dienstleistungsverträge unterliegen dem Recht des Staates, in dem der Dienstleister seinen gewöhnlichen Aufenthalt hat.

c) …

(2) Fällt der Vertrag nicht unter Absatz 1 oder sind die Bestandteile des Vertrags durch mehr als einen der Buchstaben a bis h des Absatzes 1 abgedeckt, so unterliegt der Vertrag dem Recht des Staates, in dem die Partei, welche die für den Vertrag charakteristische Leistung zu erbringen hat, ihren gewöhnlichen Aufenthalt hat.

(3) Ergibt sich aus der Gesamtheit der Umstände, dass der Vertrag eine offensichtlich engere Verbindung zu einem anderen als dem nach Absatz 1 oder 2 bestimmten Staat aufweist, so ist das Recht dieses anderen Staates anzuwenden.

(4) Kann das anzuwendende Recht nicht nach Absatz 1 oder 2 bestimmt werden, so unterliegt der Vertrag dem Recht des Staates, zu dem er die engste Verbindung aufweist.

Übersicht

A. Bestimmung des Vertragsstatuts durch objektive Anknüpfung

1 Haben die Parteien das auf den Vertrag anwendbare Recht nicht nach Art. 3 VO Rom I einvernehmlich festgelegt und handelt es sich nicht um einen Verbrauchervertrag (dann Art. 6 VO Rom I), so kommen die in Art. 4 VO Rom I enthaltenen Regeln der objektiven Anknüpfung zum Zuge. In **Abs. 1** wird vorab das Vertragsstatut für **ausgewählte Vertragstypen** (Kauf, Dienstleistung, Miete etc.) bestimmt. Fällt ein Vertragstyp nicht unter Abs. 1 oder lässt sich das maßgebende Recht danach nicht bestimmen, soll nach **Abs. 2** der Vertrag dem Recht des Staates unterliegen, in dem die Partei, welche die für den Vertrag **charakteristische Leistung** erbringt, ihren gewöhnlichen Aufenthalt hat. Vertragscharakteristisch ist die Leistung, welche den Vertrag von anderen Vertragstypen unterscheidet; das ist in der Regel diejenige Leistung, welche nicht in der Zahlung eines Geldbetrages besteht. Wo sich der gewöhnliche Aufenthalt einer Partei befindet, regelt (höchst unvollkommen) Art. 19 VO Rom I (vgl. ebda Rn. 2 ff.).

2 Ergibt sich aus der Gesamtheit der Umstände, dass der Vertrag eine offensichtlich engere Verbindung zu einem anderen Staat als dem durch Abs. 1 oder 2 bezeichneten aufweist, ist nach der **„Ausweichklausel"** des **Abs. 3** das Recht dieses Staates anzuwenden, zu dem die engere Verbindung besteht. Wenn die Anknüpfungen der Abs. 1 oder 2 versagen sollten, ist das Recht des Staates, zu dem der Vertrag die engste Verbindung aufweist, von vornherein heranzuziehen (**Abs. 4**). Eingriffsnormen i.S. von Art. 9 VO Rom I sind neben dem von Art. 4 VO Rom I bestimmten Vertragsstatut zu beachten, eine Sonderanknüpfung von Pflichtversicherungen existiert dagegen (anders als nach Art. 7 Abs. 4 VO) nicht (vgl. aber auch Art. 46c EGBGB Rn. 6).

B. Objektive Bestimmung des Versicherungsvertragsstatuts

3 Eine **objektive Bestimmung** des Versicherungsvertragsstatut nach Art. 4 VO Rom I kann nur erfolgen, soweit nicht die Spezialregelung des Art. 7 Abs. 1 VO Rom I eingreift, mithin bei der Anknüpfung von Rückversicherungsverträgen (Art. 7 Abs. 1 Satz 2 VO Rom I) sowie von Verträgen über Massenrisiken, die ein nicht in einem Mitgliedstaat belegenes Risiko decken (vgl. Art. 7 Abs. 6 VO Rom I, dazu Art. 7 VO Rom I Rn. 4 f.). Im Hinblick auf **Großrisiken** enthält Art. 7 Abs. 2 Unterabs. 1 VO Rom I zwar eine Verweisung auf die allgemeine Rechtswahlmöglichkeit in Art. 3 der VO, jedoch ist Art. 4 VO Rom I für die objektive Anknüpfung von Großrisikoverträgen nicht einschlägig. Stattdessen sieht Art. 7 Abs. 2 Unterabs. 2 VO Rom I eine Anknüpfung an den gewöhnlichen Aufenthalt des Versicherers vor, sofern der Vertrag keine offensichtlich engere Verbindung zu einem anderen Staat aufweist (vgl. Art. 7 VO Rom I Rn. 23 ff.).

I. Dienstleistungsvertrag (Abs. 1 lit. b)

4 Unsicherheiten bestehen im Schrifttum darüber, ob ein Versicherungsvertrag als **Dienstleistungsvertrag** i.S. des **Art. 4 Abs. 1 lit. b VO Rom I** qualifiziert werden kann. Die Antwort ist durch eine **autonome Auslegung** (Einführung Rn. 4) des Begriffs zu gewinnen, so dass der in der deutschen Dogmatik geführte und ohnehin nur akademische Streit über die „Rechtsnatur" von Versicherungsverträgen („Gefahrtragungstheorie", „Geldleistungstheorie", „Geschäftsbesorgungstheorie") in diesem Zusammenhang keine Rolle spielt.[1]

---

[1] Vgl. aber Rauscher/*Thorn* Art. 4 Rom I-VO Rn. 132.

Der Begriff des Dienstleistungsvertrages ist sodann **weit auszulegen** und geht über die Kategorie des Dienstvertrages i.S. des deutschen Rechts deutlich hinaus. Insbesondere aufgrund einer systematischen Interpretation (vgl. Art. 57 Abs. 1 AEUV und Art. 4 Nr. 1 der Dienstleistungsrichtlinie[2]) fallen darunter alle Vereinbarungen, in denen sich eine Partei verpflichtet, der anderen eine **tätigkeitsbezogene Leistung** zu erbringen.[3] Dazu gehören auch Finanzdienstleistungen jedenfalls insoweit, als sie Beratungs- und Verwaltungstätigkeiten umfassen.[4] Auch Versicherungsverträge lassen sich nicht auf die Überweisung einer Geldsumme im Versicherungsfall reduzieren. Abgesehen davon, dass sich die Leistung des Versicherers keineswegs nur in einer Geldzahlung erschöpfen muss, sondern darüber hinaus je nach Sparte auch spezifische Dienstleistungen wie z.B. Beratung, Abwehr von Drittansprüchen, Veranlassung von Naturalleistungen oder Wahrnehmung rechtlicher Interessen umfassen kann, sind diese konkreten Leistungsinhalte in eine umfassende Organisationstätigkeit des Versicherers (Kalkulation, Prämieneinzug, Geldanlage, Rückversicherung, Mittelbereitstellung) eingebettet.[5] Bei näherer Betrachtung wird das Vertragsverhältnis vom Dienstleistungscharakter der Versichererleistungen geprägt, so dass Art. 4 Abs. 1 lit. b VO Rom I einschlägig ist.[6] 5

Danach gelangt das Recht des Staates zur Anwendung, in dem der Dienstleister – hier also der **Versicherer** – nach Art. 19 Abs. 1 Unterabs. 1 und Abs. 2 VO Rom I seinen **gewöhnlichen Aufenthalt** (dazu ebda Rn. 3 f.), d.h. den Sitz seiner Hauptverwaltung oder seine Zweigniederlassung hat. Maßgeblicher Anknüpfungszeitpunkt ist jeweils der Zeitpunkt des Vertragsschlusses. Dies gilt nicht nur für Direktversicherer, soweit der Vertrag sich etwa auf die in einem Drittstaat belegenen Risiken bezieht (vgl. Rn. 3), sondern auch für **Rückversicherer** (vgl. aber auch Rn. 8 und 10 f.).[7] Die Verweisung bezieht sich auf die Sachnormen der berufenen Rechtsordnung; eine Rück- oder Weiterverweisung findet gemäß Art. 20 VO Rom I nicht statt. Handelt es sich bei dem Versicherungsvertrag um einen Verbrauchervertrag i.S. von Art. 6 VO Rom I, tritt Art. 4 VO Rom I hinter Art. 6 Abs. 1, 3 und 4 VO Rom I zurück. 6

II. Gewöhnlicher Aufenthalt der die vertragscharakteristische Leistung erbringenden Partei (Abs. 2)

Wendet man mit der hier vertretenen Meinung Art. 1 Abs. 1 lit. b VO Rom I auch auf Versicherungsverträge an (Rn. 4 f.), so tritt Abs. 2 bereits nach seinem Wortlaut hinter diese Regelung zurück. Wer den Dienstleistungscharakter des Versicherungsvertrages verneint, wird freilich über Abs. 2 ebenfalls zum **Recht des gewöhnlichen Aufenthalts des Versicherers** (Art. 19 Abs. 1 Unterabs. 1, Abs. 2 VO Rom I) gelangen, da ungeachtet der wechselseitigen Geldzahlungen angesichts des vom Versicherer zu erbringenden Organi- 7

---

2 Richtlinie 2006/123/EG des Europäischen Parlaments und des Rates v. 12.12.2006 über Dienstleistungen im Binnenmarkt ABl. EU **2006** Nr. L 376 S. 36.

3 Grundlegend MüKo/*Martiny* Art. 4 Rom I-VO Rn. 16 ff., 22.

4 Vgl. MüKo/*Martiny* a.a.O. Rn. 27 (zu Bankgeschäften); Palandt/*Thorn* Art. 4 Rom I-VO Rn. 8.

5 Vgl. nur *Wandt* Versicherungsrecht, 5. Aufl. (2010) Rn. 645 ff.

6 Prölss/Martin/*Armbrüster* Nach Art. 15 EGVVG Rn. 27; MüKo/*Martiny* a.a.O. Art. 4 Rom I-VO Rn. 28; Langheid/Wandt/*Looschelders* IntVersR Rn. 143.

7 Völlig h.M., vgl. nur Langheid/Wandt/*Looschelders* IntVersR Rn. 143; Palandt/*Thorn* Art. 7 Rom I-VO Rn. 3; Looschelders/Pohlmann/*Schäfer* Int. Versicherungsvertragsrecht Rn. 169; *Perner* IPRax **2009** 218, 230; *Looschelders* VersR **2012** 1, 8.

sationsaufwandes (vgl. Rn. 5) dieser die wirtschaftlich komplexere Leistung erbringt und demzufolge von der Anknüpfungsentscheidung stärker betroffen ist.

8 Für die **Rückversicherung** wird dieses Ergebnis **in Zweifel gezogen.**[8] In der Tat lässt sich nicht leugnen, dass sich die Tätigkeit des Erstversicherers nicht auf die Prämienzahlung beschränkt, er vielmehr mit Risikoauswahl, Abrechnung und Weiterleitung von Prämienanteilen auch Geschäftsführungsleistungen erbringt. Angesichts ihres bloßen Vorbereitungs- und Abwicklungscharakters dürften sie allerdings hinter dem wirtschaftlichen Schwerpunkt des Leistungsaustausches – Organisation der Risikotragung durch den Rückversicherer – zurücktreten, so dass es auf der Grundlage des hier zugrunde gelegten Verständnisses von „vertragscharakteristisch" auch im Verhältnis von Rück- zu Erstversicherer bei dem gefundenen Ergebnis bleiben muss (vgl. aber Rn. 9).

III. Ausweichklausel: offensichtlich engere Verbindung (Abs. 3)

9 Die Anknüpfungen der Abs. 1 und 2 werden überspielt, wenn sich bei wertender Gesamtschau aller Anknüpfungselemente im Einzelfall zeigt, dass der Versicherungsvertrag eine **offensichtlich engere Verbindung** zu einem anderen Staat und somit einen anderen räumlichen Schwerpunkt als den Staat des Versicherersitzes aufweist. Dann soll nach **Abs. 3** das Versicherungsrecht des Staates maßgebend sein, zu dem diese engere Verbindung besteht. Dies könnte beispielsweise der Fall sein, wenn sich die Risikobelegenheit *nicht nach dem* gewöhnlichen Aufenthaltsort des Versicherungsnehmers richtet (vgl. Art. 7 VO Rom Rn. 29–37), gleichwohl aber Risikobelegenheit und gewöhnlicher Aufenthalt des Versicherungsnehmers in einem Nichtmitgliedstaat zusammenfallen und der Versicherungsvertrag mit einem in einem EU-Staat ansässigen Versicherer geschlossen werden soll, insbesondere dann, wenn der Versicherer beim Vertragsschluss einen im Aufenthaltsstaat des Versicherungsnehmers ansässigen selbstständigen Agenten einschaltet.[9] **Beispiel:** Unternehmer mit gewöhnlichem Aufenthalt in der Schweiz will für seine in der Schweiz belegenen (Risikobelegenheit in Nichtmitgliedstaat, vgl. Art. 7 VO Rom I Rn. 29) und gewerblich vermieteten (kein Verbrauchervertrag i.S. des Art. 6 VO Rom I) Ferienhäuser eine Gebäudeversicherung bei einem Versicherer mit Hauptverwaltungssitz in Deutschland abschließen. Hier ist zu erwägen, ob die zum deutschen Recht führende Regelanknüpfung des Art. 4 Abs. 1 lit. b VO Rom I nicht hinter eine auf Abs. 3 gestützte Anwendung des schweizerischen Rechts zurücktreten muss.

10 Auf die Ausweichklausel des Abs. 3 wird im Schrifttum insbesondere gern zurückgegriffen, um für **Rückversicherungsverträge** ohne Rechtswahlklausel zu dem am **Sitz des Erstversicherers** geltenden Rechts zu gelangen. Zur Begründung wird auf die Geschäftsführungsleistungen des Erstversicherers (Rn. 7) sowie darauf verwiesen, dass die Anknüpfung an den Sitz der Hauptverwaltung des Erstversicherers zweckmäßig erscheine, wenn Rückversicherer aus mehreren Staaten an der Rückdeckung beteiligt seien.[10] Dem

---

[8] Vgl. Prölss/Martin/*Armbrüster*, Nach Art. 15 EGBGB Rn. 32 (Versicherungsvertrag kennt keine vertragscharakteristische Leistung); anders aber *Katschthaler/Leichsenring* RuS 2010 45, 48.

[9] Für eine zurückhaltende Anwendung plädiert Langheid/Wandt/*Looschelders* IntVersR Rn. 145.

[10] Vgl. im Ergebnis MüKo/*Martiny* Art. 7 Rom I-VO Rn. 18, Rauscher/*Fricke* Art. 7 Rom I-VO Rn. 7; unter Berufung auf Art. 4 Abs. 2 VO Rom I auch Prölss/Martin/*Armbrüster* Nach Art. 15 EGVVG Rn. 32. Diese Auffassung hat eine lange Tradition, vgl. nur *W. H. Roth* Internationales Versicherungsvertragsrecht (1985) 584 ff., *E. Lorenz*

ersten Argument lässt sich aber entgegenhalten, dass auch ein Rückversicherer im internationalen Geschäft ein Interesse daran haben muss, die Verträge mit Erstversicherern aus unterschiedlichen Rechtsordnungen ein und derselben Rechtsordnung – im Zweifel der eigenen – zu unterstellen.[11] Angesichts der wechselseitigen Interessenverflechtung und des professionellen Zusammenwirkens beider Parteien wird sich jedenfalls im Regelfall nicht feststellen lassen, dass die Gesamtheit der Umstände eine „offensichtlich engere Verbindung" zum Sitzrecht des Erstversicherers herstellen können. Infolgedessen wird es auch beim objektiv angeknüpften Rückversicherungsvertrag in aller Regel bei der Anwendung von Abs. 1 lit. b und damit des am Sitz des Rückversicherers geltenden Rechts bleiben.[12]

Allerdings soll bei der Anwendung der Ausweichklausel auch berücksichtigt werden, ob der anzuknüpfender Vertrag in einer „sehr engen Verbindung" zu einem oder mehreren anderen Verträgen steht (vgl. Erwägungsgrund Nr. 20 Satz 2). Denkbar erscheint daher in der Tat – je nach Ausgestaltung der Verträge – eine über Abs. 3 vorzunehmende **akzessorische Anknüpfung** an das den Erstversicherungsvertrag beherrschende Recht, wenn mehrere Rückversicherer mit Sitz in unterschiedlichen Staaten ein einheitliches Risiko rückversichern und der Erstversicherungsvertrag einem einzigen Recht untersteht.[13] Ob dies auch dann gilt, wenn die Rückversicherer einen von ihnen zum führenden Versicherer bestimmt haben, erscheint aber wiederum zweifelhaft. Dagegen dürfte der Umstand, dass der Rückversicherer die Risiken eines einzigen Erstversicherungsvertrag deckt und dessen Statut im Voraus kennt,[14] keine akzessorische Anknüpfung rechtfertigen, zumal bei Anknüpfung des Erstversicherungsvertrages an den Ort der Risikobelegenheit das maßgebende Statut möglicherweise weder dem Rück- noch dem Erstversicherer vertraut ist.[15] Die **praktische Bedeutung** dieser Fragen ist freilich nur **gering,** weil die Parteien regelmäßig Rechtswahlvereinbarungen treffen werden (vgl. Art. 3 Rn. 8). **11**

Die für die Leistung des Rückversicherers entscheidende **Vorfrage**, ob im Rahmen des Erstversicherungsvertrages ein Versicherungsfall eingetreten ist, richtet sich nach dem Recht des Staates, welches den Erstversicherungsvertrag beherrscht. **12**

IV. Subsidiäre Anknüpfung an die engste Verbindung (Abs. 4)

Der in Abs. 4 vorgesehenen **subsidiären Anknüpfung** an die engste Verbindung dürfte beim Abschluss von Versicherungsverträgen keine praktische Bedeutung zukommen, weil das Versicherungsstatut sich ohne weiteres nach Abs. 1 und ggf. Abs. 3 bestimmen lässt. **13**

Artikel 5. Beförderungsverträge

(nicht abgedruckt)

FS Kegel 303, 327 f.; *Reichert-Facilides* IPRax **1990** 1, 2.

[11] Langheid/Wandt/*Looschelders* IntVersR Rn. 146.

[12] Vgl. Looschelders/Pohlmann/*Schäfer* Int. Versicherungsvertragsrecht Rn. 175; Langheid/Wandt/*Looschelders* IntVersR Rn. 146; auch *Looschelders* VersR **2012** 1. 8 (Interessenabwägung im Einzelfall).

[13] Langheid/Wandt/*Looschelders* IntVersR Rn. 146; *Heinze* NIPR **2009** 452 mit Fn. 131; Merkin JPIL **2009** 69, 74 f.; krit. aber *Mankowski* VersR **2002** 1177, 1185 f.

[14] Vgl. aber *Heinze* NIPR **2009** 452.

[15] Vgl. *Mankowski* VersR **2002** 1177, 1184; Langheid/Wandt/*Looschelders* IntVersR Rn. 147.

Artikel 6. Verbraucherverträge

(1) Unbeschadet der Artikel 5 und 7 unterliegt ein Vertrag, den eine natürliche Person zu einem Zweck, der nicht ihrer beruflichen oder gewerblichen Tätigkeit zugerechnet werden kann („Verbraucher"), mit einer anderen Person geschlossen hat, die in Ausübung ihrer beruflichen oder gewerblichen Tätigkeit handelt („Unternehmer"), dem Recht des Staates, in dem der Verbraucher seinen gewöhnlichen Aufenthalt hat, sofern der Unternehmer

a) seine berufliche oder gewerbliche Tätigkeit in dem Staat ausübt, in dem der Verbraucher seinen gewöhnlichen Aufenthalt hat, oder

b) eine solche Tätigkeit auf irgendeiner Weise auf diesen Staat oder auf mehrere Staaten, einschließlich dieses Staates, ausrichtet

und der Vertrag in den Bereich dieser Tätigkeit fällt.

(2) Ungeachtet des Absatzes 1 können die Parteien das auf einen Vertrag, der die Anforderungen des Absatzes 1 erfüllt, anzuwendende Recht nach Artikel 3 wählen. Die Rechtswahl darf jedoch nicht dazu führen, dass dem Verbraucher der Schutz entzogen wird, der ihm durch diejenigen Bestimmungen gewährt wird, von denen nach dem Recht, das nach Absatz 1 mangels einer Rechtswahl anzuwenden wäre, nicht durch Vereinbarung abgewichen werden darf.

(3) Sind die Anforderungen des Absatzes 1 Buchstabe a oder b nicht erfüllt, so gelten für die Bestimmung des auf einen Vertrag zwischen einem Verbraucher und einem Unternehmer anzuwendenden Rechts die Artikel 3 und 4.

(4) Die Absätze 1 und 2 gelten nicht für:

a) Verträge über die Erbringung von Dienstleistungen, wenn die dem Verbraucher geschuldeten Dienstleistungen ausschließlich in einem anderen als dem Staat erbracht werden müssen, in dem der Verbraucher seinen gewöhnlichen Aufenthalt hat;

...

Übersicht

A. Anknüpfung von Verbraucherverträgen

1 Die Vorschrift enthält spezielle Anknüpfungen für **Verbraucherverträge**, die den Art. 3 und 4 VO Rom I in der Anwendung vorgehen. Eine den Art. 6 VO Rom I ergänzende Regelung für den Fall, dass durch Rechtswahl das Recht eines Nichtmitgliedstaates berufen wird, findet sich an versteckter Stelle in **Art. 46b EGBGB** (vgl. ebda Rn. 2).

I. Begriff des Verbrauchervertrages und Bezug zum Verbraucheraufenthaltsstaat

2 Unter einem **Verbrauchervertrag** versteht Abs. 1 einen Vertrag zwischen einer „in Ausübung ihrer beruflichen oder gewerblichen Tätigkeit" handelnden Vertragspartei („Unternehmer") und einer natürlichen Person, die damit einen „nicht ihrer beruflichen

oder gewerblichen Tätigkeit" zuzurechnenden Zweck verfolgt („Verbraucher"). Dabei differenziert Art. 6 VO Rom I danach, ob der Vertrag einen spezifischen **Bezug zum Verbraucheraufenthaltsstaat** aufweist (**Abs. 1 und 2**, Rn. 8 ff.) oder nicht (**Abs. 3**, Rn. 11).

Ein solcher Bezug liegt nach Abs. 1 vor, wenn der Unternehmer entweder im Staat des gewöhnlichen Aufenthalts des Verbrauchers eine berufliche oder gewerbliche **Tätigkeit ausübt** (Abs. 1 lit. a) oder eine solche Tätigkeit „auf irgendeine Weise" auf den Staat des Verbraucheraufenthalts oder auf mehrere Staaten einschließlich des Staates des Verbraucheraufenthalts **„ausrichtet"** und der Vertrag in den Bereich dieser Tätigkeit fällt (Abs. 1 lit. b). 3

Diese Formulierungen orientieren sich an **Art. 15 Abs. 1 lit. c EuGVVO**[1], der einen Verbrauchergerichtsstand u.a. dann gewährt, wenn „... der andere Vertragspartner in dem Mitgliedstaat, in dessen Hoheitsgebiet der Verbraucher seinen Wohnsitz hat, eine berufliche oder gewerbliche Tätigkeit ausübt oder eine solche auf irgend einem Wege auf diesen Mitgliedstaat oder auf mehrere Staaten, einschließlich dieses Mitgliedstaats, ausrichtet und der Vertrag in den Bereich dieser Tätigkeit fällt." Eine Übernahme[2] der gängigen Interpretation dieser EuGVVO-Vorschrift[3] führt zu dem Ergebnis, dass nach Abs. 1 lit. a der Unternehmer sich im Aufenthaltsstaat des Verbrauchers – selbst oder durch Vertreter – aktiv am Wirtschaftsverkehr beteiligen muss. Dabei kommt es nicht darauf an, ob er in diesem Staat eine Niederlassung hat oder dort grenzüberschreitend tätig wird. 4

Entfaltet der Unternehmer im Aufenthaltsstaat des Verbrauchers selbst keinerlei berufliche oder gewerbliche Tätigkeit, kann sich eine räumliche Verknüpfung mit diesem Staat gleichwohl daraus ergeben, dass er seine **unternehmerischen Aktivitäten** zumindest (auch) auf den Aufenthaltsstaat des Verbrauchers **„ausrichtet"**, indem er zum Ausdruck bringt, dass er zum Abschluss von Verträgen mit Verbrauchern in diesem Mitgliedstaat bereit ist.[4] Diese Bereitschaft kann etwa darin zum Ausdruck kommen, dass der Unternehmer seine Produkte im Verbraucheraufenthaltsstaat systematisch in Presse, Fernsehen, Radio usw. bewirbt. Eine gelegentliche Individualwerbung reicht freilich nicht aus. Der Verbraucher muss in seinem Aufenthaltsstaat durch die unternehmerischen Aktivitäten zu dem konkreten Vertragsschluss motiviert worden sein (vgl. auch Erwägungsgrund Nr. 25);[5] dies ist nicht der Fall, wenn er von diesen nichts weiß und (insbesondere anlässlich eines Auslandsaufenthalts) von sich aus einen Kontakt zu dem ausländischen Unternehmer herstellt[6] oder wenn der Unternehmer erst aufgrund des Vertragsschlusses eine berufliche oder gewerbliche Tätigkeit im Verbraucheraufenthaltsstaat entfaltet.[7] Dass der Vertrag dann in dem Verbraucheraufenthaltsstaat auch tatsächlich abgeschlossen wird, ist dagegen nicht erforderlich.[8] 5

Mit dem diffusen Begriff des „Ausrichtens" soll insbesondere der **Internetvertrieb** erfasst werden. Bei einem Vertrieb via Internet soll sich nach Auffassung des EuGH eine „Ausrichtung" auf den Verbraucheraufenthaltsstaat auf der Website des Unternehmers aus der 6

---

1 VO (EG) Nr. 44/2001 über die gerichtliche Zuständigkeit und die Anerkennung und Vollstreckung von Entscheidungen in Zivil- und Handelssachen („Brüssel I") v. 22.12.2000 ABl. EG **2001** Nr. L 12 S. 1.

2 Vgl. Erwägungsgrund Nr. 7 zur VO Rom I.

3 Vgl. etwa *Kropholler/ v. Hein* Art. 15 EuGVO Rn. 23 ff., HK ZPO/*Dörner* Art. 15 EuGVVO Rn. 14 ff.

4 EuGH 7.11.2010 NJW **2011** 505, 508; BGH 29.11.2011 NJW **2012** 455, 458 (jeweils zu Art. 15 Abs. 1 lit. c EuGVVO).

5 BGH 17.9.2008 NJW **2009** 298; vgl. auch Langheid/Wandt/*Looschelders* IntVersR Rn. 133.

6 Vgl. *Mankowski* IPRax **2009** 238, 242; Langheid/Wandt/*Looschelders* IntVersR Rn. 133.

7 BGH 30.3.2006 BGHZ **167** 83, 88 f. = VersR **2007** 129.

8 BGH 17.9.2008 NJW **2009** 298.

Verwendung von Telefonnummern mit Auslandsvorwahl, aus Hinweisen auf die Internationalität des Angebots oder daraus ergeben können, dass auf der Website die Sprache des Verbraucheraufenthaltslandes verwandt oder auf dessen rechtliche oder gesellschaftliche Charakteristika eingegangen wird.[9] Dies gilt nach allgemeiner Auffassung jedenfalls dann, wenn der Unternehmer seine Bereitschaft zum Vertragsabschluss mit ausländischen Verbrauchern dadurch zum Ausdruck bringt, dass er seine Produkte auf einer „interaktiven", also einen Dialog mit Verbrauchern erlaubenden Website anbietet.[10] Der Vertragsschluss selbst kann in diesem Fall entweder im Internet oder auf andere Weise erfolgen.

7 Fraglich ist, ob ein „Ausrichten" darüber hinaus auch dann schon vorliegen kann, wenn der Unternehmer eine für den Aufenthaltsstaat des Verbrauchers konzipierte, wenn auch rein **informatorisch wirkende** („passive") **Website** unterhält und dabei einen Vertragsschluss nicht ausdrücklich ausschließt.[11] Zwar hat der EuGH klar gestellt, dass in der „bloßen Zugänglichkeit" einer Website kein „Ausrichten" liegt.[12] Das freilich ist selbstverständlich, bedeutet aber nicht, dass nicht auch eine solche „passive" Website – ebenso wie eine Zeitungsannonce oder Fernsehwerbung – die Bereitschaft zum Vertragsabschluss mit einem ausländischen Verbraucher und somit eine Ausrichtung auf dessen Aufenthaltsstaat zum Ausdruck bringen kann.[13]

II. Verbrauchervertrag mit Bezug zum Aufenthaltsstaat des Verbrauchers

8 Weist der Vertrag einen solchen Bezug zum Verbraucheraufenthaltsstaat auf und haben die Parteien **keine Rechtswahl** vorgenommen, wird nach Abs. 1 das Recht des Staates berufen, in dem der Verbraucher seinen **gewöhnlichen Aufenthalt** (vgl. Art. 19 Rn. 5 ff.) hat.

9 Im Übrigen können die Parteien zwar das für ihren Vertrag maßgebende Recht grundsätzlich **frei bestimmen** (Abs. 2 Satz 1); die Einzelheiten der Rechtswahl sind dann der allgemeinen Kollisionsnorm des Art. 3 VO Rom I zu entnehmen (vgl. ebda Rn. 4 ff.). Die Formgültigkeit einer Rechtswahlabrede richtet sich nach dem Recht des Staates, in dem der Verbraucher seinen gewöhnlichen Aufenthalt hat (vgl. Art. 6 Abs. 2 Satz 1, Art. 3 Abs. 5 und Art. 11 Abs. 4 VO Rom I). Eine solche Rechtswahl kann aber nicht dazu führen, dass die **zwingenden** sachrechtlichen **Bestimmungen** des bei objektiver Anknüpfung maßgebenden Rechts ausgeschaltet, der vom Verbraucheraufenthaltsstaat verwirklichte Schutzstandard also unterlaufen wird (Abs. 2 Satz 2). Dies bedeutet praktisch, dass die einschlägigen verbraucherschutzrechtlichen Bestimmungen des gewählten und die des Aufenthaltsrechts von Amts wegen einem **„Günstigkeitsvergleich"** zu unterziehen sind mit der Folge, dass die Schutzvorschriften des gewählten Statuts nur zur Anwendung gelangen, wenn sie für den Verbraucher im konkreten Fall günstiger sind. Andernfalls kommt es zu einer parallelen Anwendung des gewählten Vertragsrechts und der zwingen-

---

9 Vgl. EuGH 7.12.2010 NJW **2011** 505, 510. Die geringe Aussagekraft einzelner Indizien bemängelt zu Recht Looschelders/Pohlmann/*Schäfer* Int. Versicherungsvertragsrecht Rn. 187; vgl. aber auch die positive Stellungnahme von *Mankowski* IPRax **2012** 144.

10 BGH 30.3.2006 BGHZ **167** 83, 90 = VersR 2007 129; BGH 17.9.2008 NJW **2009** 298; vgl. ferner Langheid/Wandt/*Looschelders* IntVersR Rn. 132.

11 Bejahend etwa HK ZPO/*Dörner* aaO Art. 15 EuGVVO Rn. 16 m.w.N.; enger BGH 17.9.2008 NJW **2009** 298.

12 EuGH 7.12.2010 NJW **2011** 505, 510.

13 Vgl. Palandt/*Thorn* Art. 6 Rom I-VO Rn. 6; *Leible/Müller* NJW **2011** 495, 497; *Mankowski* IPRax 2012, 144, 147; anders *Böttger* VersR **2012** 156, 158.

den Vorschriften des Verbraucheraufenthaltsstaates. Im Ergebnis reichen die Wirkungen der Rechtswahl also allenfalls so weit, wie das bei objektiver Anknüpfung maßgebende Recht dispositive Vorschriften enthält.

Abs. 4 enthält für eine Reihe von Vertragstypen bestimmte Ausnahmesituationen, in denen der Verordnungsgeber für den durch die Abs. 1 und 2 gewährten kollisionsrechtlichen Verbraucherschutz keine Notwendigkeit sah. Das ist etwa der Fall nach **Abs. 4 lit. a,** wenn die dem Verbraucher geschuldeten **Dienstleistungen** ausschließlich in einem anderen als dem Staat erbracht werden müssen, in dem der Verbraucher seinen gewöhnlichen Aufenthalt hat. **10**

III. Verbrauchervertrag ohne Bezug zum Aufenthaltsstaat des Verbrauchers

Sind beim Abschluss eines Verbrauchervertrages i.S. des Abs. 1 die Voraussetzungen des Abs. 1 lit. a oder b nicht erfüllt, weist also der Vertrag **nicht** den dort geforderten **Bezug zum Verbraucheraufenthaltsstaat** auf, so wird das Vertragsstatut gemäß Abs. 3 nach den allgemeinen Regeln der Art. 3 und 4 VO bestimmt. **11**

B. Versicherungsverträge zwischen Versicherer (Unternehmer) und Verbraucher

Da Art. 6 VO Rom I nach seinem Abs. 1 („unbeschadet") im Anwendungsbereich des Art. 7 VO Rom I nicht zur Anwendung kommt, beschränkt sich seine praktische Bedeutung von vornherein auf **Direktversicherungsverträge** über andere als Großrisiken, deren Risiko in einem Nichtmitgliedstaat belegen ist (Art. 7 VO Rom I Rn. 4 f., 27 ff.). Das ist beispielsweise der Fall, wenn ein Versicherungsnehmer mit gewöhnlichem Aufenthalt in der EU eine in einem Nichtmitgliedstaat belegene Immobilie versichert (vgl. Art. 7 VO Rom I Rn. 29) oder – da sich die Risikobelegenheit der meisten Versicherungsverträge nach dem gewöhnlichen Aufenthalt des Versicherungsnehmers richtet (vgl. Art. 7 VO Rom I Rn. 38) – wenn der Vertrag von einem Versicherungsnehmer mit gewöhnlichem Aufenthalt außerhalb der EU z.B. mit einem inländischen Versicherer geschlossen wird. **12**

Da ein Versicherer stets „in Ausübung" seiner „beruflichen Tätigkeit" und somit als Unternehmer beteiligt ist, handelt es sich bei einem Versicherungsvertrag dann um einen Verbrauchervertrag, wenn es sich bei dem Versicherungsnehmer um eine natürliche Person handelt und diese i.S. des Abs. 1 den Vertrag zur **Deckung privater** und nicht etwa solcher **Risiken** abschließt, die mit ihrer beruflichen oder gewerblichen Tätigkeit zusammenhängen. Entscheidend ist, welche Zweckbestimmung dem Versicherer erkennbar war. Der nach außen nicht hervorgetretene innere Wille des Versicherungsnehmers bleibt ohne Bedeutung. Bezieht sich der konkrete Vertrag sowohl auf private wie auch auf berufliche Risiken (etwa: Feuerversicherung für ein Gebäude, in dem sich sowohl die Büro- wie auch die Wohnräume des Versicherungsnehmers befinden), soll nach Auffassung des EuGH kein Verbrauchergeschäft vorliegen, sofern nicht der beruflich-gewerbliche Zweck von derart geringer Bedeutung ist, dass er im Gesamtzusammenhang des betreffenden Geschäfts nur eine untergeordnete Rolle spielt.[14] Damit wird freilich der **13**

[14] Vgl. EuGH 20.1.2005 NJW **2005** 653 (zu Art. 13 Abs. 1 EuGVÜ); Langheid/Wandt/*Looschelders* IntVersR Rn. 129; zu Recht kritisch *Mankowski* IPRax 2005, 503.

Anwendungsbereich (des Art. 15 EuGVVO wie auch) des Art. 6 VO Rom I zu Lasten der Verbraucherseite unangemessen zurückgedrängt. Vorzugswürdig erscheint es daher, nach einer Abwägung aller Umstände die überwiegende Zweckbestimmung entscheiden zu lassen. Unter einer beruflichen Tätigkeit ist im Übrigen nur eine selbstständige oder freiberufliche Tätigkeit zu verstehen.[15] Eine Versicherung von Risiken, die mit einer unselbstständigen Tätigkeit des Versicherungsnehmers zusammenhängen, wird dagegen von Abs. 1 erfasst.

14 Haben die Vertragsparteien **keine Rechtswahl** vorgenommen und ist der Vertrag nach Art. 6 Abs. 1 lit. a oder b mit dem Verbraucheraufenthaltsstaat verknüpft (Rn. 3 ff.), so unterliegen Verbraucher-Versicherungsverträge entgegen Art. 4 Abs. 1 lit. b VO Rom I nicht dem Recht des Staates, in welchem der Versicherer, sondern nach Art. 6 Abs. 1 dem Recht des Staates, in welchem der **Versicherungsnehmer** seinen **gewöhnlichen Aufenthalt** hat (vgl. Art. 19 Rn. 7).

15 Auch bei Vornahme einer **Rechtswahl** (nach Art. 6 Abs. 2 Satz 1 VO Rom I) bleiben die **zwingenden Bestimmungen** des Verbraucheraufenthaltsrechts anwendbar, soweit sie für den Versicherungsnehmer günstiger sind als die einschlägigen Vorschriften des gewählten Statuts (Art. 6 Abs. 2 Satz 2 VO Rom I). Hat also der Versicherungsnehmer z.B. seinen gewöhnlichen Aufenthalt in Deutschland, setzen sich die zwingenden Bestimmungen des VVG ggf. auch neben einem ausländischen, durch Rechtswahl bestimmten Versicherungsvertragsstatut durch. In Anbetracht des Umstands, dass gerade die Versicherungsvertragsrechte mit zwingenden oder halbzwingenden Vorschriften zum Schutze der Versicherungsnehmer durchsetzt sind, stellen sowohl der Günstigkeitsvergleich (Rn. 9) als auch die sich daran anschließende Kombination der Vorschriften von gewähltem und Verbraucheraufenthaltsrecht den Rechtsanwender vor beträchtliche Herausforderungen.

16 Der durch Art. 6 Abs. 1 und 2 VO gewährte kollisionsrechtliche Verbraucherschutz kommt nach **Abs. 4 lit. a** der Vorschrift nicht zum Tragen, wenn „die dem Verbraucher geschuldeten Dienstleistungen" – also die Leistungen des Versicherers (vgl. Art. 4 VO Rom I Rn. 4 f.) – **ausschließlich** in einem **anderen Staat** als dem des Verbraucheraufenthalts erbracht werden müssen. Diese Vorschrift findet aber bei einem grenzüberschreitenden Abschluss von Versicherungsverträgen in aller Regel keine Anwendung, weil der Versicherer seine Leistungen (etwa: Erfüllung von Informationspflichten, Überweisung auf ein inländisches Konto im Versicherungsfall) nicht ausschließlich in seinem Sitzstaat, sondern zumindest teilweise auch immer im Staat des Verbraucheraufenthalts erbringt.[16]

17 Schließt ein Verbraucher einen Versicherungsvertrag mit einem Versicherer, der in dem Staat des gewöhnlichen Verbraucheraufenthalts **weder Geschäftsaktivitäten** entfaltet **noch** seine **Werbetätigkeit** auf diesen Staat ausrichtet – beispielsweise im Wege einer Korrespondenzversicherung oder persönlich vor Ort in einer ausländischen Agentur –, so unterliegt der Vertrag den allgemeinen Regeln der Art. 3 und 4 VO Rom I (**Abs. 3**). Hier verlässt der „aktive" Verbraucher den Schutzraum seines Aufenthaltsrechts aus freien Stücken. Dann erscheint er aus der Sicht des Gesetzgebers auch nicht als schutzbedürftig.

---

[15] *Böttger* VersR **2012** 156, 157.

[16] Vgl. bereits Berliner Kommentar/*Dörner* Art. 15 EGVVG Rn. 9; zum geltenden Recht ebenso *Heinze* NIPR **2009** 445, 450; Langheid/Wandt/*Looschelders* IntVersR Rn. 130.

Artikel 7. Versicherungsverträge

(1) Dieser Artikel gilt für Verträge nach Absatz 2, unabhängig davon, ob das gedeckte Risiko in einem Mitgliedstaat belegen ist, und für alle anderen Versicherungsverträge, durch die Risiken gedeckt werden, die im Gebiet der Mitgliedstaaten belegen sind. Er gilt nicht für Rückversicherungsverträge.

(2) Versicherungsverträge, die Großrisiken im Sinne von Artikel 5 Buchstabe d der Ersten Richtlinie 73/239/EWG des Rates vom 24. Juli 1973 zur Koordinierung der Rechts- und Verwaltungsvorschriften betreffend die Aufnahme und Ausübung der Tätigkeit der Direktversicherung (mit Ausnahme der Lebensversicherung)[1] decken, unterliegen dem von den Parteien nach Artikel 3 der vorliegenden Verordnung gewählten Recht.

Soweit die Parteien keine Rechtswahl getroffen haben, unterliegt der Versicherungsvertrag dem Recht des Staats, in dem der Versicherer seinen gewöhnlichen Aufenthalt hat. Ergibt sich aus der Gesamtheit der Umstände, dass der Vertrag eine offensichtlich engere Verbindung zu einem anderen Staat aufweist, ist das Recht dieses anderen Staates anzuwenden

(3) Für Versicherungsverträge, die nicht unter Absatz 2 fallen, dürfen die Parteien nur die folgenden Rechte im Einklang mit Artikel 3 wählen:
a) das Recht eines jeden Mitgliedstaats, in dem zum Zeitpunkt des Vertragsschlusses das Risiko belegen ist;
b) das Recht des Staates, in dem der Versicherungsnehmer seinen gewöhnlichen Aufenthalt hat;
c) bei Lebensversicherungen das Recht des Mitgliedstaats, dessen Staatsangehörigkeit der Versicherungsnehmer besitzt;
d) für Versicherungsverträge, bei denen sich die gedeckten Risiken auf Schadensfälle beschränken, die in einem anderen Mitgliedstaat als dem Mitgliedstaat, in dem das Risiko belegen ist, eintreten können, das Recht jenes Mitgliedstaats;
e) wenn der Versicherungsnehmer eines Vertrags im Sinne dieses Absatzes eine gewerbliche oder industrielle Tätigkeit ausübt oder freiberuflich tätig ist und der Versicherungsvertrag zwei oder mehr Risiken abdeckt, die mit dieser Tätigkeit in Zusammenhang stehen und in unterschiedlichen Mitgliedstaaten belegen sind, das Recht eines betroffenen Mitgliedstaats oder das Recht des Staates des gewöhnlichen Aufenthalts des Versicherungsnehmers.

Räumen in den Fällen nach den Buchstaben a, b oder e die betreffenden Mitgliedstaaten eine größere Wahlfreiheit bezüglich des auf den Versicherungsvertrag anwendbaren Rechts ein, so können die Parteien hiervon Gebrauch machen.

Soweit die Parteien keine Rechtswahl gemäß diesem Absatz getroffen haben unterliegt der Vertrag dem Recht des Mitgliedstaats, in dem zum Zeitpunkt des Vertragsschlusses das Risiko belegen ist.

(4) Die folgenden zusätzlichen Regelungen gelten für Versicherungsverträge über Risiken, für die ein Mitgliedstaat eine Versicherungspflicht vorschreibt:
a) Der Versicherungsvertrag genügt der Versicherungspflicht nur, wenn er den von dem die Versicherungspflicht auferlegenden Mitgliedstaat vorgeschriebenen besonderen Bestimmungen für diese Versicherung entspricht. Widerspricht sich das Recht des Mitgliedstaats, in dem das Risiko belegen ist, und dasjenige des Mitgliedstaats, der die Versicherungspflicht vorschreibt, so hat das letztere Vorrang.

---

[1] ABl. L 228 vom 16.8.1973 S. 3, zuletzt geändert durch die Richtlinie 2005/68/EG des Europäischen Parlaments und des Rates ABl. 2005 Nr. L 323 S. 1.

b) Ein Mitgliedstaat kann abweichend von den Absätzen 2 und 3 vorschreiben, dass auf den Versicherungsvertrag das Recht des Mitgliedstaats anzuwenden ist, der die Versicherungspflicht vorschreibt.

(5) Deckt der Vertrag in mehr als einem Mitgliedstaat belegene Risiken, so ist für die Zwecke von Absatz 3 Unterabsatz 3 und Absatz 4 der Vertrag als aus mehreren Verträgen bestehend anzusehen, von denen sich jeder auf jeweils nur einen Mitgliedstaat bezieht.

(6) Für die Zwecke dieses Artikels bestimmt sich der Staat, in dem das Risiko belegen ist, nach Artikel 2 Buchstabe d der Zweiten Richtlinie 88/357/EWG des Rates vom 22. Juni 1988 zur Koordinierung der Rechts- und Verwaltungsvorschriften für die Direktversicherung (mit Ausnahme der Lebensversicherung) und zur Erleichterung der tatsächlichen Ausübung des freien Dienstleistungsverkehrs[2], und bei Lebensversicherungen ist der Staat, in dem das Risiko belegen ist, der Staat der Verpflichtung im Sinne von Artikel 1 Absatz 1 Buchstabe g der Richtlinie 2002/83/EG.

Übersicht

[2] ABl. EG **1988** Nr. L 172 S. 1, zuletzt geändert durch die Richtlinie 2005/14/EG des Europäischen Parlaments und des Rates ABl. EG **2005** Nr. L 149 S. 14.

A. Sachlicher, zeitlicher und räumlicher Anwendungsbereich der Vorschrift

Die am Ende einer wechselvollen Gesetzgebungsgeschichte[3] stehende Vorschrift enthält spezielle Kollisionsnormen für **Versicherungsverträge.** Der Begriff des Versicherungsvertrages kann aus dem europäischen Richtlinienrecht und dort insbesondere aus Art. 1 Abs. 1 und 2, Art. 2 und 9 der Ersten Schadensversicherungsrichtlinie (vgl. Abs. 2)[4] entwickelt werden. Darunter ist jede rechtlich verbindliche Vereinbarung zu verstehen, in der sich ein Partner gegenüber dem anderen gegen Zahlung einer Prämie zur Deckung eines bestimmten Risikos verpflichtet, wobei die Schadensbelastung der Gesamtheit aller durch gleichartige Verträge geschützter Personen von den Beiträgen dieses Risikokollektivs getragen wird.[5] Die Anknüpfung erfasst ebenso wie die vorangehende Regelung des EGVVG (vgl. Einführung Rn. 26) alle Rechtsfragen zur Entstehung, materiellen Wirksamkeit, Auslegung, Abwicklung und Beendigung von Verträgen über Versicherungsleistungen und zu den sich daraus ergebenden Ansprüchen (vgl. dazu auch die Präzisierungen in Art. 10, 12 und 18 der VO). Versicherungsverträge i.S. von Art. 1 Abs. 2 lit. j VO Rom I – es geht dabei um die Gewährleistung betrieblichen Versicherungsschutzes – sind von der Anwendung ausgenommen (vgl. Art. 1 VO Rom I Rn. 13 f.). Für die Formgültigkeit der Versicherungsverträge gilt Art. 11 VO Rom I. **1**

Der **intertemporale Geltungsbereich** der Bestimmung ergibt sich – wie für alle Verträge im Anwendungsbereich der VO – aus ihrem Art. 28. Die VO gilt danach für Verträge, die ab dem 17.12.2009 abgeschlossen worden sind (zu den Einzelheiten vgl. Art. 28 VO Rom I Rn. 1 f.). **2**

Zu den **„Mitgliedstaaten“** i.S. des Art. 7 VO Rom I gehört – abweichend von dem in der VO sonst herrschenden Sprachgebrauch (vgl. Art. 1 VO Rom I Rn. 1) – auch **Dänemark** (Art. 1 Abs. 4 Satz 2 VO Rom I). Dies beruht auf dem Umstand, dass Art. 7 VO Rom I das europäische Richtlinienkollisionsrecht für Versicherungsverträge kodifiziert **3**

---

[3] Vgl. dazu Max Planck Institute for Foreign Private and Private International Law RabelsZ 68 (2004) 1 ff., 25 ff.; *Basedow/Scherpe* FS Kropholler 511; *Hübner* EuZW **2006** 446; *Fricke* VersR **2006** 745; *Mankowski* IPRax **2006** 101; Ferrari/Leible/*Staudinger* 225; *Heiss* ZVersWiss **2007** 503; *ders.* Yearbook of Private International Law 261; *Merret* JPIL **2009** 49, 52; *Perner* IPRax **2009** 218; Ferrari/*Staudinger* Art. 7 Rom I-VO Rn. 2.

[4] Vgl. Fn. 1.

[5] Vgl. bereits Berliner Kommentar/*Dörner* Art. 7 EGVVG Rn. 5.

(vgl. Einführung Rn. 21, dazu auch sogleich Rn. 4) und die einschlägigen Richtlinien auch für Dänemark verbindlich sind. Für die **EWR-Staaten** Island, Norwegen und Liechtenstein gilt die VO dagegen **nicht**, obschon das „Dritte Gesetz zur Durchführung versicherungsrechtlicher EG-Richtlinien“[6] vom 21.7.1994 den Anwendungsbereich der Art. 7 ff. EGVVG auf diese Staaten erweitert hatte (vgl. Einführung Rn. 16). Der darin möglicherweise zu sehende, weil indirekt die Staatsangehörigen dieser Staaten diskriminierende Verstoß gegen Art. 4 des Abkommens vom 2.5.1992 über den Europäischen Wirtschaftsraum[7] lässt sich angesichts des Wortlauts und Ausnahmecharakters von Art. 1 Abs. 4 Satz 2 VO Rom I nicht durch eine Erstreckung des Anwendungsbereichs der VO und insbesondere ihres Abs. 3 auf Verträge mit Risikobelegenheit in einem der genannten Staaten korrigieren.[8] Diese Problematik dürfte aber praktisch dadurch entschärft werden, dass der Gemeinsame EWR-Ausschuss – wie vorgesehen – die Solvabilität II-Richtlinie[9] in das EWR-Abkommen aufnimmt. Nach Art. 178 dieser Richtlinie sind nämlich auch Mitgliedstaaten, für welche die VO Rom I nicht gilt, angehalten, die in der VO vorgesehenen Kollisionsregeln für Versicherungsverträge zu übernehmen. Am Ende dieses Verfahrens werden dann die in Art. 7 VO Rom I zusammengefassten Anknüpfungsregeln auch für die genannten EWR-Staaten Geltung besitzen.[10]

B. Systematischer Standort der Vorschrift innerhalb der VO (Abs. 1)

4 Nach seinem **Abs. 1 Satz 1** findet Art. 7 der VO Anwendung auf die in **Abs. 2** angesprochenen **Großrisiken** sowie auf die nicht unter Abs. 2 fallenden Verträge über andere als Großrisiken, soweit sie ein im **Gebiet der Mitgliedstaaten belegenes Risiko** decken (vgl. Abs. 3). Beiden Absätzen in der Anwendung vorgehende Sonderregeln für Pflichtversicherungen enthält **Abs. 4** (Rn. 78 ff.). Dagegen gilt Art. 7 VO Rom I **nicht** für **Rückversicherungsverträge** (Abs. 1 Satz 2) sowie für Verträge zur Deckung von Massenrisiken, deren **Risiko außerhalb der Mitgliedstaaten** belegen ist (arg. Abs. 1 Satz 1 e contrario). Insoweit ist jeweils das allgemeine Anknüpfungsregime der Art. 3, 4 und 6 VO Rom I maßgeblich. Die für die systematische Aufschlüsselung der Vorschrift bedeutsame Kategorie der **„Risikobelegenheit“** wird in **Abs. 6** durch einen Verweis auf die in einschlägigen Richtlinien enthaltenen Begriffsfestlegungen bestimmt (Rn. 27 ff.). Wie das Versicherungsvertragsstatut ermittelt werden soll, wenn die von einem Vertrag gedeckten Risiken in mehr als einem Mitgliedstaat belegen sind, regelt **Abs. 5** (Rn. 85 ff.).

5 Im **Ergebnis** ist Art. 7 nach seinem **Abs. 1 S. 1** daher **einschlägig** für die Anknüpfung von

- Direktversicherungsverträgen über Großrisiken, unabhängig davon, ob das gedeckte Risiko in einem Mitgliedstaat oder in einem Nichtmitgliedstaat belegen ist (Rn. 7 ff.), sowie
- von Direktversicherungsverträgen über andere als Großrisiken („Massenrisiken“), wenn sie *innerhalb* eines Mitgliedstaates belegene Risiken decken (Rn. 26 ff.).

---

[6] BGBl. **1994** I 1630.

[7] BGBl. **1993** II 266.

[8] Vgl. näher Ferrari/*Staudinger* Art. 7 Rom I-VO Rn. 32; anders aber *Heiss* FS Kropholler 459, 462 f.; Langheid/Wandt/*Looschelders* IntVersR Rn. 35; Staudinger/*Armbrüster* Art. 7 Rom I-VO Rn. 3.

[9] Richtlinie 2009/138/EG des Europäischen Parlaments und des Rates vom 25. November 2009 betreffend die Aufnahme und Ausübung der Versicherungs- und der Rückversicherungstätigkeit (Solvabilität II), ABl. EU **2009** Nr. L 335 S. 1.

[10] Vgl. dazu Looschelders/Pohlmann/*Schäfer* Int. Versicherungsvertragsrecht Rn. 56.

Nach den allgemeinen Kollisionsnormen der Art. 3, 4 und 6 VO Rom I richtet sich demgegenüber die Anknüpfung von

- Rückversicherungsverträgen (Abs. 1 Satz 2, dazu Art. 3 VO Rom I Rn. 8 f. und Art. 4 VO Rom I Rn. 8, 10 f.) sowie
- von Direktversicherungsverträgen über Massenrisiken, wenn sie *außerhalb* eines Mitgliedstaates belegene Risiken decken (dazu Art. 3 VO Rom I Rn. 10 f.; Art. 4 VO Rom I Rn. 3 ff. und Art. 6 VO Rom I Rn. 8 ff.).

Mit dieser in einem einzigen Rechtsinstrument enthaltenen Gesamtregelung überwindet die VO Rom I damit zwar formal die bisher bestehende Zweiteilung in ein **„römisches“**, auf eine staatsvertragliche Grundlage zurückgehendes (zum Römischen Schuldvertragsübereinkommenden vgl. Einführung Rn. 8) und ein **„europäisches“** (d.h. das Richtlinienkollisionsrecht aufnehmendes) **IPR der Versicherungsverträge**, führt diese Unterscheidung aber in der Sache dadurch fort, dass sie in ihrem Art. 7 eine lex specialis nur für bestimmte Versicherungsverträge enthält. Während das jetzt in Art 7 Abs. 2 bis 6 VO Rom I kodifizierte Richtlinien-IPR durch eine nur eingeschränkte Rechtswahl für alle Verträge mit Ausnahme von solchen über „Großrisiken“ und im Rahmen der objektiven Anknüpfung durch den spezifischen Anknüpfungspunkt der Risikobelegenheit gekennzeichnet ist, gewähren die für die Vertragsanknüpfung im allgemeinen geltenden Kollisionsnormen eine größere Rechtswahlfreiheit und stellen im Bereich der objektiven Anknüpfung in erster Linie auf den gewöhnlichen Aufenthalt der Beteiligten ab, halten allerdings als Korrektiv in Art. 6 der VO eine Sonderregelung für Verbraucherverträge bereit.[11] Diese konzeptionellen Unterschiede sind historisch bedingt und sachlich keineswegs gerechtfertigt,[12] lassen sich aber nicht durch die pure Unterstellung eines „Redaktionsversehens“ aus der Welt schaffen.[13] Dementsprechend ist die früher in Art. 7 Abs. 1 EGVVG enthaltene, nicht unmittelbar auf Rechtsordnungen verweisende, sondern zunächst nur die Anwendbarkeit einzelner Kollisionsnormkomplexe festlegende **„Metakollisionsnorm“**[14] (dazu Einführung Rn. 23) keineswegs entfallen,[15] sondern feiert in Art. 7 Abs. 1 i.V. mit Abs. 6 der VO (dazu Rn. 27 ff.) fröhliche Urständ. Diese – missliche – Rechtslage soll nach Art. 27 Abs. 1 lit. a VO Rom I bis zum 17.6.2013 Gegenstand einer Überprüfung durch die Europäische Kommission sein. 6

C. Direktversicherungsverträge über Großrisiken (Abs. 2)

Bei der Anknüpfung von Direktversicherungsverträgen über **Großrisiken** gemäß **Abs. 2** kommt es – anders als in der ursprünglichen Fassung des Art. 10 Abs. 1 Satz 1 EGVVG (vgl. Einführung Rn. 32) – weder auf den Sitz des Versicherungsnehmers noch auf die Belegenheit des Risikos in einem Mitgliedstaat an (vgl. Abs. 1 Satz 1, 1. Fall). Daher ist es auch ohne Belang, ob der Großrisikovertrag Risiken deckt, die nach Maßgabe der in Art. 7 Abs. 6 VO Rom I in Bezug genommenen Richtlinien (Rn. 27 ff.) in 7

[11] Vgl. etwa Staudinger/*Armbrüster* Vorbem. zu Art. 7 Rom I-VO Rn. 4.

[12] Zu Recht kritisch insbes. *Heiss* FS Kropholler 461 f., 477.

[13] Vgl. aber den „Versuchsballon“ von *Fricke* VersR **2008** 442, 448.

[14] Vgl. *Basedow/Drasch* NJW **1991** 785, 787, dazu Einführung Rn. 23.

[15] So aber MüKo/*Martiny* Art. 7 Rom I-VO Rn. 1; vgl. auch Langheid/Wandt/*Looschelders* IntVersR Rn. 36; wie hier aber z.B. *Heinze* NIPR **2009** 445, 447; Staudinger/*Armbrüster* Vorbem. zu Art. 7 Rom I-VO Rn. 13; *Armbrüster* FS v. Hoffmann 23, 24.

mehreren Staaten belegen sind. Das Problem der in Abs. 5 angesprochenen Mehrfachbelegenheit von Risiken wird bei Großrisikoverträgen nur insoweit relevant, als eine Risikobelegenheit in verschiedenen Rechtsordnungen insbesondere zur Folge haben kann, dass die Teilrisiken unterschiedlichen Pflichtversicherungsbestimmungen unterliegen (vgl. Rn. 97).

I. Definition des Großrisikos

8 Für die **Definition eines „Großrisikos"** verweist **Abs. 2 Unterabs. 1** auf Art. 5 lit. d der Ersten Schadensversicherungsrichtlinie 73/239/EWG v. 24.7.1973.[16] Diese Verweisung ist insofern ungenau, als die in Bezug genommene Definition in der ursprünglichen Richtlinie überhaupt nicht enthalten war, sondern erst durch Art. 5 der Zweiten Schadenversicherungsrichtlinie 88/357/EWG v. 22.6.1988[17] eingefügt wurde. Beide Richtlinien sind durch Art. 310 Unterabs. 1 der Richtlinie Solvabilität II[18] zum 1.11.2012 aufgehoben worden mit der Folge, dass Verweisungen auf die früheren Richtlinien nach Art. 310 Unterabs. 2 der genannten Richtlinie als Verweisungen auf die neue Richtlinie zu lesen sind. Die Definition des Großrisikos findet sich nunmehr in Art. 13 Nr. 27 der Solvabilität II-Richtlinie.

Art. 13. Begriffsbestimmungen.

Für die Zwecke dieser Richtlinie bezeichnet der Ausdruck
...
27. „Großrisiken"
a) *die unter den Zweigen 4, 5, 6, 7, 11 und 12 von Anhang I Teil A eingestuften Risiken:*
b) die unter den Zweigen 14 und 15 von Anhang I Teil A eingestuften Risiken, wenn der Versicherungsnehmer eine Erwerbstätigkeit im industriellen oder gewerblichen Sektor oder eine freiberufliche Tätigkeit ausübt und das Risiko damit im Zusammenhang steht,
c) die unter den Zweigen 3, 8, 9, 10, 13 und 16 von Anhang I Teil A eingestuften Risiken, sofern der Versicherungsnehmer bei mindestens zwei der folgenden Kriterien die Obergrenzen überschreitet:
i) eine Bilanzsumme von 6,2 Mio. EUR;
ii) ein Nettoumsatz im Sinne der Vierten Richtlinie 78/660/EWG des Rates vom 25. Juli 1978 aufgrund von Artikel 54 Absatz 3 Buchstabe g des Vertrags über den Jahresabschluss von Gesellschaften bestimmter Rechtsformen[19] *von 12,8 Mio. EUR;*
iii) eine durchschnittliche Beschäftigtenzahl von 250 Beschäftigten im Verlauf des Geschäftsjahres.

---

[16] Erste Richtlinie 73/239/EWG des Rates v. 24.7.1973 zur Koordinierung der Rechts- und Verwaltungsvorschriften betreffend die Aufnahme und Ausübung der Tätigkeit der Direktversicherung (mit Ausnahme der Lebensversicherung), ABl. **1973** Nr. L 228 S. 3.

[17] Zweite Richtlinie 88/357/EWG des Rates v. 22.6.1988 zur Koordinierung der Rechts- und Verwaltungsvorschriften für die Direktversicherung (mit Ausnahme der Lebensversicherung) und zur Erleichterung der tatsächlichen Ausübung des freien Dienstleistungsverkehrs sowie zur Änderung der Richtlinie 73/239/EWG, ABl. EG **1988** Nr. L 172 S. 1.

[18] Richtlinie 2009/138/EG des Europäischen Parlaments und des Rates v. 25.11.2009 betreffend die Aufnahme und Ausübung der Versicherungs- und der Rückversicherungstätigkeit (Solvabilität II) ABl. EU **2009** Nr. L 335 S. 1.

[19] ABl. EG **1978** Nr. L 222 S. 11.

Gehört der Versicherungsnehmer zu einer Unternehmensgruppe, für die der konsolidierte Abschluss nach Maßgabe der Richtlinie 83/349/EWG[20] erstellt wird, so werden die in Unterabsatz 1 Buchstabe c genannten Kriterien auf den konsolidierten Abschluss angewandt.

Die Mitgliedstaaten können zu der in Unterabsatz 1 Buchstabe c genannten Kategorie die Risiken hinzufügen, die von Berufsverbänden, „Joint ventures" oder vorübergehenden Vereinigungen versichert werden;

Die von Art. 13 Nr. 27 der Solvabilität-II Richtlinie als Großrisiko eingestuften Risiken **9**
finden sich im **Anhang I** zu dieser Richtlinie. Dort wird folgende Einteilung der Risiken nach Versicherungszweigen vorgenommen:

Anhang I. Versicherungszweige der Nichtlebensversicherung

A. Einteilung der Risiken nach Versicherungszweigen

...

3. Landfahrzeug-Kasko (ohne Schienenfahrzeuge)
Sämtliche Schäden an
– Landkraftfahrzeugen:
– Landfahrzeugen ohne eigenen Antrieb.
4. Schienenfahrzeug-Kasko
Sämtliche Schäden an Schienenfahrzeugen.
5. Luftfahrzeug-Kasko
Sämtliche Schäden an Luftfahrzeugen.
6. See-, Binnensee- und Flussschifffahrts-Kasko
Sämtliche Schäden an
– Flussschiffen;
– Binnenseeschiffen:
– Seeschiffen.
7. Transportgüter (einschließlich Waren, Gepäckstücke und aller sonstigen Güter)
Sämtliche Schäden an transportierten Gütern, unabhängig von dem jeweils verwendeten Transportmittel.
8. Feuer- und Elementarschäden
Sämtliche Sachschäden (soweit sie nicht unter die Zweige 3, 4, 5, 6 oder 7 fallen), die verursacht werden durch:
– Feuer:
– Explosion:
– Sturm:
– andere Elementarschäden außer Sturm;
– Kernenergie;
– Bodensenkungen und Erdrutsch.
9. Sonstige Sachschäden
Sämtliche Sachschäden (soweit sie nicht unter die Zweige 3, 4, 5, 6 und 7 fallen), die durch Hagel oder Frost sowie durch Ursachen aller Art (wie beispielsweise Diebstahl) hervorgerufen werden, soweit diese Ursachen nicht unter Zweig 8 erfasst sind.
10. Haftpflicht für Luftfahrzeuge mit eigenem Antrieb
Haftpflicht aller Art (einschließlich derjenigen des Frachtführers), die sich aus der Verwendung von Luftfahrzeugen mit eigenem Antrieb ergibt.

---

20 ABl. EG **1983** Nr. L 193 S. 1

11. Luftfahrzeughaftpflicht
Haftpflicht aller Art (einschließlich derjenigen des Frachtführers), die sich aus der Verwendung von Luftfahrzeugen ergibt.
12. See-, Binnensee- und Flussschifffahrtshaftpflicht
Haftpflicht aller Art (einschließlich derjenigen des Frachtführers), die sich aus der Verwendung von Flussschiffen, Binnenseeschiffen und Seeschiffen ergibt.
13. Allgemeine Haftpflicht
Alle sonstigen Haftpflichtfälle, die nicht unter die Nummern 10, 11 und 12 fallen
14. Kredit
– *allgemeine Zahlungsunfähigkeit;*
– *Ausfuhrkredit;*
– *Abzahlungsgeschäfte;*
– *Hypotheken;*
– *landwirtschaftliche Darlehen.*
15. Kaution
– *direkte Kaution:*
– *indirekte Kaution.*
16. Verschiedene finanzielle Verluste
– *Berufsrisiken;*
– *ungenügende Einkommen (allgemein);*
– *Schlechtwetter;*
– *Gewinnausfall;*
– *laufende Unkosten allgemeiner Art;*
– *unvorhergesehene Geschäftsunkosten;*
– *Wertverluste;*
– *Miet- oder Einkommensausfall;*
– *indirekte kommerzielle Verluste außer den bereits erwähnten;*
– *nichtkommerzielle Geldverluste;*
– *sonstige finanzielle Verluste.*
...

10 Die Richtlinien gehen also in der Weise vor, dass sie zwecks Bestimmung eines Großrisikos zunächst nach einzelnen **Versicherungszweigen** differenzieren und dann in Art. lit. b und c weitere **qualitative** und **quantitative Kriterien** aufstellen. Zu anderen, hier nicht aufgeführten Sparten gehörende Versicherungen (wie etwa eine Gruppenlebensversicherung[21]) sind auch dann nicht als „Großrisiko" anzusehen, wenn sie mit einer Erwerbstätigkeit in Zusammenhang stehen oder der Versicherungsnehmer die für die Betriebsgröße geforderten Kriterien erfüllt. Gehört der Versicherungsnehmer zu einem Konzern, der nach Maßgabe des Art. 13 Nr. 27 Satz 2 der Richtlinie einen Konzernabschluss aufstellen muss, so sind die genannten Kriterien auf den Konzernabschluss zu beziehen (vgl. auch § 210 Abs. 2 S. 2 VVG).[22]

11 Bei den **Kasko-, Transport-** und **Haftpflichtversicherungen** der Nr. 3 bis 7, 11 und 12 der Anlage A liegt ein Großrisiko ohne weiteres vor.

12 Bei den **Kredit-** und **Kautionsversicherungen** der Nr. 14 und 15 der Anlage A wird von Nr. 27 Satz 1 lit. b zusätzlich vorausgesetzt, dass der Versicherungsnehmer im indu-

[21] Vgl. etwa Beckmann/Matusche-Beckmann/W.-*H. Roth* Versicherungsrechtshandbuch § 4 Rn. 108; Langheid/Wandt/*Looschelders* IntVersR Rn. 61; Rauscher/*Fricke* Art. 7 Rom I-VO Rn. 9.

[22] Vgl. MüKo/*Martiny* Art. 7 Rom I-VO Rn. 19.

striellen oder gewerblichen Bereich oder aber freiberuflich tätig ist und zwischen dieser Erwerbstätigkeit und dem versicherten Risiko ein Zusammenhang besteht. Diese Zusatzvoraussetzungen sind europäisch-autonom zu definieren; zu den Begriffen im Einzelnen vgl. Rn. 66.

Bei den in Nr. 3, 8, 9, 10, 13 und 16 der Anlage A genannten **Sach-**, **Haftpflicht-** und **sonstigen Schadensversicherungen** liegt ein Großrisiko nur vor, wenn der Versicherungsnehmer eine bestimmte Betriebsgröße aufweist, nämlich im Hinblick auf Bilanzsumme (6,2 Mio. €), Nettoumsatzerlöse (12,8 Mio €) und Anzahl der Arbeitnehmer (250 im Verlauf des Geschäftsjahres) jeweils zwei der drei genannten Kriterien überschreitet. **13**

Eine entsprechende Definition des Großrisikos war in Art. 10 Abs. 1 S. 2 EGVVG (vgl. Einführung Rn. 30) und ist heute für den Bereich des **materiellen Versicherungsvertragsrechts** in Art. 210 Abs. 2 VVG enthalten.[23] Für die dort aufgeführten Risiken gelten die im VVG enthaltenen **Beschränkungen** der **Vertragsfreiheit nicht** (§ 210 Abs. 1 VVG); diese Autonomie der Parteien setzt sich in den Grenzen des Art. 7 Abs. 2 Unterabs. 1 VO auf kollisionsrechtlicher Ebene in der Rechtswahlfreiheit (vgl. Rn. 21) fort. **14**

Die Voraussetzungen für das Vorliegen eines Großrisikos, nämlich insbesondere der in Art. 13 Nr. 27 lit. b der Solvabilität II-Richtlinie geforderte Zusammenhang von Erwerbstätigkeit und versichertem Risiko und die ebendort in lit. c im Hinblick auf die Betriebsgröße aufgestellten Kriterien müssen grds. zum **Zeitpunkt des Vertragsabschlusses** vorliegen, weil sich zu diesem Zeitpunkt die Frage der (mangelnden) Schutzbedürftigkeit des Versicherungsnehmers stellt.[24] Sind die Großrisiko-Voraussetzungen zu diesem Zeitpunkt erfüllt und entfallen sie später, weil etwa der Umsatz oder die Anzahl der beschäftigten Arbeitnehmer zurückgeht, so bleibt es jedoch auch für die Zukunft bei dem einmal gewählten oder durch objektive Anknüpfung bestimmten Recht, weil beide Vertragsparteien sich vermutungsweise auf dieses Recht eingestellt haben.[25] Haben die Parteien keine (oder eine unwirksame) Rechtswahlabrede getroffen, weil deren Bedingungen bei Abschluss des Versicherungsvertrages nicht vorlagen, sind diese Bedingungen aber zu einem späteren Zeitpunkt erfüllt, so kann gemäß Art. 3 Abs. 2 S. 1 VO Rom I eine nachträgliche Rechtswahlabrede getroffen werden.[26] **15**

II. Anknüpfung der Verträge zur Deckung von Großrisiken

Bei der Anknüpfung von Versicherungsverträgen, die zur Deckung von Großrisiken geschlossen werden, sind **drei** im Verhältnis der **Subsidiarität** zueinander stehende **Kollisionsnormen** zu beachten. **16**

---

[23] Art. 210 Abs. 2 Nr. 1 VVG definiert allerdings auch noch die Landtransport-Haftpflichtversicherung (§ 210 Abs. 2 Nr. 1 VVG i.V. mit Nr. 10b der Anlage A zum Versicherungsaufsichtsgesetz) ohne Weiteres als Großrisiko, während Versicherungen dieser Art nach den Richtlinienbestimmungen nur dann zu den Großrisiken gehören, wenn der Versicherungsnehmer zwei der drei in Art. 13 Nr. 27 lit. c der Solvabilität II-Richtlinie definierten Kriterien erfüllt.

[24] Vgl. bereits Berliner Kommentar/*Dörner* Art. 10 Rn. 25; Rauscher/*Fricke* Art. 7 Rom I-VO Rn. 8; *Fricke* VersR **2008** 443, 446.

[25] Vgl. auch Rauscher/*Fricke* Art. 7 Rom I-VO Rn. 8.

[26] Vgl. bereits Berliner Kommentar/*Dörner* Art. 10 EGVVG Rn. 25.

1. Versicherungsverträge aufgrund einer Versicherungspflicht: Recht des die Versicherungspflicht anordnenden Staates (Abs. 4 lit. b i.V. mit Art. 46c EGBGB)

17 Art. 7 Abs. 4 lit. b VO Rom I eröffnet den Mitgliedstaaten die Möglichkeit, Versicherungsverträge, die in Erfüllung einer von einem Mitgliedstaat vorgeschriebenen Versicherungspflicht abgeschlossen werden, dem **Recht** des die **Versicherungspflicht anordnenden Mitgliedstaates** zu unterstellen. Dies betrifft auch die Versicherung von Großrisiken.[27] Damit wird dem Interesse des die Versicherungspflicht anordnenden Staates an der Anwendung seines eigenen Rechts Rechnung getragen und der internationalen Entscheidungseinklang beim Abschluss von Pflichtversicherungen gefördert (vgl. Rn. 78 u. im 3. Abschnitt bei Art. 46c EGBGB Rn. 2). Von dieser Möglichkeit hat der deutsche Gesetzgeber in Art. 46c Abs. 1 EGBGB Gebrauch gemacht, allerdings unter dem Vorbehalt, dass der die Versicherungspflicht anordnende Staat sein eigenes Recht auf den Versicherungsvertrag auch tatsächlich angewandt wissen will (näher Art. 46c EGBGB Rn. 10). Dass Versicherungsverträge dem deutschen Recht unterliegen sollen, wenn die Pflicht zum Abschluss eines solchen Vertrages auf deutschem Recht beruht, wird in Art. 46c Abs. 2 EGBGB klargestellt. Findet das Recht des die Versicherungspflicht anordnenden Staates daher auf Versicherungsverträge über Großrisiken Anwendung, tritt gemäß Art. 7 Abs. 4 lit b VO Rom I dessen Abs. 2 zurück.

18 Deswegen unterliegen dem deutschen Recht beispielsweise zwingend Transporthaftpflichtversicherungen, für die eine Versicherungspflicht nach § 7a GüKG besteht (Großrisiko i.S. von Art. 13 Nr. 27 lit. a i.V. mit Anhang I, Teil A Nr. 7 der Richtlinie Solvabilität II), oder Luftverkehrshaftpflichtversicherungen, die nach § 101 LuftVZO vorgeschrieben sind (Großrisiko i.S. von Art. 13 Nr. 27 lit. a i.V. mit Anhang I, Teil A Nr. 11 der Richtlinie Solvabilität II, vgl. jeweils Rn. 8 f.). In Fällen dieser Art geht deutsches Recht einem etwa nach Art. 7 Abs. 2 Unterabs. 1 gewählten oder einem durch objektive Anknüpfung nach Art. 7 Abs. 2 Unterabs. 2 VO Rom I bestimmten Recht vor.

19 Ist die Versicherungspflicht für ein Großrisiko von einem **anderen Mitgliedstaat der EU** (vgl. Rn 3) oder von einem anderen Vertragsstaat des Abkommens über den Europäischen Wirtschaftsraum (vgl. Art. 46c Abs. 1 EGBGB Rn. 1) angeordnet worden *und* findet sich im Recht des jeweils anordnenden Staates eine dem Art. 46c Abs. 2 EGBGB entsprechende Regelung oder zumindest eine einseitige Kollisionsnorm, welche die eine Pflichtversicherung anordnenden Vorschriften unabhängig vom maßgebenden Vertragsstatut beruft (vgl. Art. 46c Rn. 10), so wird dies gemäß Art. 46 Abs. 1 EGBGB auch aus deutscher Sicht respektiert mit der Folge, dass der Versicherungsvertrag nach dem Recht des Anordnungsstaates zu beurteilen ist. Dieses setzt sich dann ebenfalls gegenüber der in Art. 7 Abs. 2 VO Rom I vorgesehenen subjektiven und objektiven Anknüpfung durch. Dagegen bleibt es grundsätzlich bei den in Art. 7 Abs. 2 VO Rom I vorgesehenen Anknüpfungen, wenn der die Versicherungspflicht anordnenden Staat nicht auch gleichzeitig auf der Anwendung des eigenen Versicherungsvertragsrechts besteht. Das über Art. 7 Abs. 2 VO Rom I bestimmte Recht muss nicht mit dem des Anordnungsstaates identisch sein. Auf die Frage der Risikobelegenheit kommt es bei Großrisiken ausweislich des Art. 7 Abs. 1, 1. Fall VO Rom I nicht an; zur Anknüpfung von Pflichtversicherungen über Großrisiken bei mehrfacher Risikobelegenheit vgl. aber auch Rn. 97 und Art. 46c EGBGB Rn. 17.

---

[27] Vgl. *Perner* IPRax **2009** 218, 221; MüKo/*Martiny* Art. 7 Rom I-VO Rn. 37.

Wird eine **Versicherungspflicht** für ein Großrisiko von einem **Nichtmitgliedstaat** (der EU bzw. des EWR) angeordnet, so sollten aus Gründen der Rechtssicherheit und des internationalen Entscheidungseinklangs die Art. 7 Abs. 4 lit. b VO Rom I und Art. 46c Abs. 1 EGBGB analoge Anwendung finden (vgl. näher Art. 46c EGBGB Rn. 5). **20**

2. Rechtswahl der Parteien (Abs. 2 Unterabs. 1)

Handelt es sich nicht um eine Pflichtversicherung oder wird für eine Pflichtversicherung von dem diese Versicherung anordnenden Staat nicht die Anwendung des eigenen Rechts vorgeschrieben (vgl. Art. 46c Abs. 1 EGBGB), so können die Parteien bei Versicherungen über Großrisiken gemäß **Abs. 2 Unterabs. 1** das darauf anwendbare **Recht wählen.** Die VO geht davon aus, dass ein Versicherungsnehmer in einem solchen Fall beim Abschluss eines Versicherungsvertrages über ein Großrisiko keines Schutzes bedarf. Gewählt werden kann nicht nur das Recht eines Mitglied-, sondern auch das eines Nichtmitgliedstaates. Die Wahl nicht-staatlicher Regelwerke (wie etwa der „Principles of European Insurance Law" – PEICL) stellt eine materiellrechtliche Verweisung dar, so dass die darin enthaltenen Regeln nur das dispositive Recht des (subjektiv oder objektiv bestimmten) Vertragsstatuts ersetzen können.[28] **21**

Voraussetzungen, Durchführung und **Reichweite eines Rechtswahlvertrages** richten sich nach den in Art. 3 VO Rom I bestimmten Regeln (vgl. Art. 3 VO Rom I Rn. 2 ff.), insbesondere unterliegen dessen Zustandekommen und die erforderliche Einigung gemäß Art. 3 Abs. 5 i.V. mit Art. 10 Abs. 1 VO Rom I dem von den Parteien gewählten Recht. Die Kriterien eines Großrisikos müssen zum Zeitpunkt von Vertragsschluss und Rechtswahl (vgl. auch Rn. 15), bei einem zunächst objektiv angeknüpften Großrisiko, für das später eine Rechtswahl getroffen werden soll (vgl. Art. 3 Abs. 2 Satz 1 VO Rom I), zum Zeitpunkt der Rechtswahl erfüllt sein. Die Parteien können nach Art. 3 Abs. 1 S. 3 VO Rom I von den Möglichkeiten einer **partiellen Rechtswahl** Gebrauch machen (vgl. ebda Rn. 3 und unten Rn. 87). Es steht ihnen frei, in den Grenzen des Art. 3 Abs. 3 und 4 der VO (vgl. Art. 3 VO Rom I Rn. 5) jedes beliebige Recht zu wählen. Die Wahl bezieht sich, da die VO Rom I nach ihrem Art. 20 jede Renvoi-Prüfung ausschließt, von vornherein auf das materielle Versicherungsvertragsrecht der gewählten Rechtsordnung. **22**

3. Objektive Anknüpfung (Abs. 2 Unterabs. 2)

Haben die Parteien keine Rechtswahl getroffen, so unterliegt der Versicherungsvertrag gemäß Abs. 2 Unterabs. 2 Satz 1 kraft objektiver Anknüpfung grundsätzlich (vgl. aber Rn. 25) dem Recht des Staates, in dem der Versicherer (zum Zeitpunkt des Vertragsschlusses) seinen **gewöhnlichen Aufenthalt** hat. Diese Anknüpfung korrespondiert mit der für Dienstleistungsverträge nach Art. 4 Abs. 1 lit. b VO Rom I sowie für Verträge im Allgemeinen nach Art. 4 Abs. 2 VO Rom I geltenden Regel, wonach die nicht in Art. 4 Abs. 1 der VO speziell aufgeführten Verträge dem Recht des gewöhnlichen Aufenthalts derjenigen Partei unterwerfen sein sollen, welche – wie der Versicherer – die vertragscharakteristische Leistung erbringt (vgl. Art. 4 VO Rom I Rn. 7). Auf die Belegenheit des versicherten Risikos kommt es in diesem Zusammenhang nicht an. Haben die Parteien eine nach Art. 7 Abs. 2 Unterabs. 1 i.V. mit Art. 3 Abs. 1 Satz 3 VO Rom I zulässige **23**

---

[28] Vgl. auch *Heiss* FS Kropholler 459, 470 f.; Ferrari/*Staudinger* Art. 7 Rom I-VO Rn. 27.

Teilrechtswahl vorgenommen, bleibt Art. 7 Abs. 2 Unterabs. 2 Satz 1 VO Rom I für den Vertragsrest einschlägig. In diesem Fall tritt eine Vertragsspaltung (vgl. Rn. 95) ein.

24 Da sich der **gewöhnliche Aufenthalt** von Gesellschaften und juristischen Personen nach Art. 19 Abs. 1 Unterabs. 1 VO Rom I am **Ort ihrer Hauptverwaltung** befindet, gilt dies auch für den in aller Regel auf diese Weise organisierten Versicherer. Maßgebender Zeitpunkt für die Bestimmung des gewöhnlichen Aufenthalts ist der Zeitpunkt des Vertragsschlusses (Art. 19 Abs. 3 VO Rom I). Der Ort der Hauptverwaltung befindet sich dort, wo die unternehmerischen Grundsatzentscheidungen getroffen werden, d.h. in der Regel am Sitz des Vorstandes (vgl. auch Art. 60 Abs. 1 lit. b EuGVVO).[29] Bei Abschluss des Versicherungsvertrages im Rahmen des Betriebs einer Zweigniederlassung oder Agentur ist nach Art. 19 Abs. 2, 1. Fall VO Rom I auf den Ort der Zweigniederlassung oder Agentur abzustellen. Dagegen kommt der Ort der Zweigniederlassung oder Agentur, die für die vertragsgemäße Erfüllung des Vertrages verantwortlich zeichnet (Art. 19 Abs. 2, 2. Fall VO Rom I), als Anknüpfungspunkt nur dann in Betracht, wenn bei Vertragsschluss bereits eine Betreuung durch diese Niederlassung festgelegt wurde. Wird der betreffenden Niederlassung die Betreuung erst zu einem späteren Zeitpunkt übertragen, bleibt in Anbetracht des von Abs. 3 fixierten Zeitpunkts der Ort der Hauptverwaltung (Abs. 1) oder der Ort der den Vertrag abschließenden Niederlassung (Art. 19 Abs. 2, 1. Fall VO Rom I) entscheidend.

25 Dieses Resultat kann allerdings durch die **Ausweichklausel des Abs. 2 Unterabs. 2 Satz 2** korrigiert werden: Ergibt sich nämlich aus der Gesamtheit der Umstände, dass der Vertrag eine offensichtlich engere Verbindung zu einem anderen Staat als demjenigen aufweist, in dem der Versicherer seinen gewöhnlichen Aufenthalt hat, so ist das Recht des Staates anzuwenden, mit dem eine offensichtlich engere Verbindung besteht. Dadurch wird dann die Anknüpfung an den Sitz des Versicherers überwunden. Denkbar ist dies je nach den Umständen des konkreten Falles beispielsweise dann, wenn sich der Ort des gewöhnlichen Aufenthalts des Versicherungsnehmers in einem anderen Staat befindet und auch das versicherte Risiko in diesem Staat belegen ist.[30] Dagegen sollte eine auf Teilrisiken bezogene Vertragsspaltung mit Hilfe der Ausweichklausel wegen der damit verbundenen Rechtsanwendungsprobleme (vgl. Rn. 96) vermieden werden.[31]

D. Direktversicherungsverträge über Massenrisiken mit Risikobelegenheit in den Mitgliedstaaten (Abs. 1, 3)

26 Bei Direktversicherungsverträgen über andere als Großrisiken differenziert die VO zwischen solchen, die ein **in einem Mitgliedstaat**, und solchen, die ein in einem Nichtmitgliedstaat **belegenes Risiko** decken (Abs. 1). Nur für die erstgenannten Risiken gelten die Sonderregeln in Art. 7 Abs. 3 bis 5 VO Rom I. Dagegen werden Verträge über außerhalb eines Mitgliedstaates belegene Risiken nach den allgemeinen Anknüpfungsregeln der Art. 3, 4 und 6 VO Rom I angeknüpft (vgl. Rn. 5). Entscheidend ist die Risiko-

---

[29] Vgl. etwa HK ZPO/*Dörner* Art. 60 EuGVVO Rn. 6.

[30] Vgl. Rauscher/*Fricke* Art. 7 Rom I-VO Rn. 12; *Heinze* NIPR **2009** 445, 448; zurückhaltend aber MüchKomm/*Looschelders* IntVersR Rn. 67; Ferrari/*Staudinger* Art. 7 Rom I-VO Rn. 30; Looschelders/Pohlmann/*Schäfer* Int. Versicherungsvertragsrecht Rn. 70; Staudinger/*Armbrüster* Art. 7 Rom I-VO Rn. 9.

[31] Langheid/Wandt/*Looschelders* IntVersR Rn. 68; vgl. aber auch Looschelders/Pohlmann/*Schäfer* Int. Versicherungsvertragsrecht Rn. 71 (Frage des Einzelfalls).

belegenheit zum Zeitpunkt des Vertragsschlusses, so dass eine spätere Risikoverlagerung aus einem Mitgliedstaat in einen Nichtmitgliedstaat (oder umgekehrt) nichts an der Anwendung der zunächst berufenen Kollisionsnormen ändert. Soweit allerdings eine Veränderung der Anknüpfungstatsachen (z.B. eine Verlegung des für die Bestimmung der Risikobelegenheit maßgeblichen gewöhnlichen Aufenthalts, vgl. Rn. 38) dazu führt, dass sich innerhalb des mit dem Vertragsschluss fixierten kollisionsrechtlichen Teilsystems eine neue Rechtswahloption (vgl. etwa Art. 7 Abs. 3 Unterabs. 1 lit. b VO Rom I) auftut, können die Vertragsparteien davon Gebrauch machen.

I. Staat der Risikobelegenheit (Abs. 6)

Wo ein **Risiko belegen** ist, ergibt sich gemäß **Abs. 6** aus Art. 2 lit. d der Zweiten Scha- **27**
densversicherungsrichtlinie 88/357/EG v. 22.6.1988[32] und aus Art. 1 Abs. 1 lit. g der Richtlinie 2002/83/EG über Lebensversicherungen.[33] Beide Richtlinien sind mit Wirkung vom 1.11.2012 durch Art. 310 Unterabs. 1 der Solvabilität II-Richtlinie[34] aufgehoben worden. Verweisungen auf die aufgehobenen Richtlinien sind nach Unterabs. 2 des Art. 310 nunmehr auf die Solvabilitätsrichtlinie zu verstehen. Deren Art. 13 Nr. 13 und 14 bestimmen die Risikobelegenheit in sachlicher Übereinstimmung mit den Vorgängerrichtlinien folgendermaßen:

Art. 13 Begriffsbestimmungen

Für die Zwecke dieser Richtlinie bezeichnet der Ausdruck

...

13. „Mitgliedstaat, in dem das Risiko belegen ist“ einen nachfolgende genannten Mitgliedstaaten:
a) bei der Versicherung entweder von Gebäuden oder von Gebäuden und den darin befindlichen Sachen, sofern diese durch den gleichen Versicherungsvertrag gedeckt sind, den Mitgliedstaat, in dem die Immobilien belegen sind,
b) bei der Versicherung von zugelassenen Fahrzeugen aller Art den Zulassungsmitgliedstaat,
c) bei einem höchstens viermonatigen Vertrag zur Versicherung von Reise- und Ferienrisiken, ungeachtet des betreffenden Zweigs den Mitgliedstaat, in dem der Versicherungsnehmer den Vertrag geschlossen hat,
d) in allen nicht ausdrücklich in Buchstabe a, b oder c genannten Fällen den Mitgliedstaat, in dem Folgendes belegen ist:
(i) der gewöhnliche Aufenthaltsort des Versicherungsnehmers; oder
(ii) wenn der Versicherungsnehmer eine juristische Person ist, die Niederlassung dieses Versicherungsnehmers, auf die sich der Vertrag bezieht;

Nr. 14. „Mitgliedstaat der Verpflichtung“ den Mitgliedstaat, in dem Folgendes belegen ist:

a) der gewöhnliche Aufenthaltsort des Versicherungsnehmers; oder
b) wenn der Versicherungsnehmer eine juristische Person ist, die Niederlassung dieses Versicherungsnehmers, auf die sich der Vertrag bezieht.

---

32 ABl. EG **1988** Nr. L 172, S. 1.
33 ABl. EG **2002** Nr. L 345 S. 1.
34 Richtlinie 2009/138/EG des Europäischen Parlaments und des Rates vom 25. November 2009 betreffend die Aufnahme und Ausübung der Versicherungs- und der Rückversicherungstätigkeit (Solvabilität II), ABl. EU **2009** Nr. L 335 S. 1.

28 Hier gibt Art. 13 Nr. 13 der neuen Richtlinie die früher in Art. 2 lit. d der zweiten Schadensversicherungsrichtlinie und Nr. 14 die in Art. 1 Abs. 1 lit. g der Lebensversicherungsrichtlinie enthaltenen Begriffsfestlegungen wieder. In der Sache bleibt damit die Regelung des ebenfalls auf diese Richtlinienbestimmungen zurückgehenden Art. 7 Abs. 1 EGVVG (Einführung Rn. 24 f.) erhalten. Der Begriff der Risikobelegenheit hat somit nach wie vor eine **Doppelfunktion** (vgl. Einführung Rn. 23)[35], weil er zunächst über die Anwendbarkeit der in Art. 7 Abs. 3 bis 5 VO Rom I enthaltenen Sonderregeln entscheidet und mit seiner Hilfe sodann (nach Abs. 3 Unterabs. 1, lit. a, d und e sowie nach Unterabs. 3) die Anknüpfungspunkte einzelner Kollisionsnormen festgelegt werden. Es handelt sich hier um einen **kollisionsrechtlichen Terminus**, der die für verschiedene Untertypen von Versicherungsverträgen maßgebenden Anknüpfungspunkte wenig aussagekräftig zusammenfasst und dadurch den Umstand verdeckt, dass der kollisionsrechtliche Schwerpunkt bei Versicherungsverträgen je nach versicherter Gefahr unterschiedlich bestimmt werden muss. Der Begriff meint also keinesfalls – in einem materiellrechtlichen Sinne – den Ort, an dem sich beispielsweise die versicherte Person oder Sache befindet und daher das Risiko verwirklicht bzw. der Schaden eintritt.[36]

1. Immobiliarversicherungen (Art. 13 Nr. 13 lit. a der Richtlinie Solvabilität II)

29 Bei der **Versicherung von Gebäuden** ist das Risiko in dem Staat belegen, in welchem sich das Gebäude befindet. Der Begriff des „Gebäudes“ ist autonom (vgl. Einführung Rn. 4) und nicht etwa nach dem jeweiligen Recht des Lageortes zu bestimmen[37] und bezieht auch Grundstücke im Allgemeinen mit ein.[38] Art. 13 lit. a der Solvabilitätsrichtlinie gilt auch für etwa in den Gebäuden befindliche bewegliche Sachen (Inventar), soweit diese durch dieselbe Versicherungspolice gedeckt sind. Dagegen werden separate Verträge über die Versicherung beweglicher Sachen wie insbesondere Hausratversicherungen nicht erfasst; insoweit ist die allgemeine Anknüpfungsregel des Art. 13 Nr. 13 lit. d der Solvabilitätsrichtlinie (Rn. 27) einschlägig.

30 Im Einzelnen bezieht sich die Vorschrift sowohl auf **Gebäudesachversicherungen** (Feuer, Wasser, Sturm, Glas usw.) wie auch auf **Gebäudehaftpflichtversicherungen**. Zur Problematik einer Vertragsspaltung vgl. Rn. 96.

2. Fahrzeugversicherungen (Art. 13 Nr. 13 lit. b Richtlinie Solvabilität II)

31 Beim Abschluss eines Vertrages, der sich auf ein **zugelassenes Fahrzeug** bezieht, ist das Risiko in dem **Zulassungsstaat** belegen, praktisch also in demjenigen Staat, in welchem die Registereintragung erfolgt.[39] Die Vorschrift gilt für Fahrzeuge aller Art, also gleichermaßen für Land-, Wasser- und Luftfahrzeuge. Die Zulassung wird in der Regel durch eine amtliche oder amtlich anerkannte Stelle erfolgen und durch Vergabe einer Nummer

---

35 Vgl. auch *Basedow/Drasch* NJW **1991** 787; zu Recht kritisch gegenüber einem Anknüpfungspunkt „Risikobelegenheit“ *Heiss* FS Kropholler **459**, 474.

36 Vgl. bereits Berliner Kommentar/*Dörner* Art. 7 EGVVG Rn. 2, 13 f.

37 Langheid/Wandt/*Looschelders* IntVersR Rn. 38; Ferrari/*Staudinger* Art. 7 Rom I-VO Rn. 61.

38 Näher Looschelders/Pohlmann/*Schäfer* Int. Versicherungsvertragsrecht Rn. 130. – Vgl auch den aufgehobenen Art. 7 Abs. 2 lit a EGVVG: „Bauwerke und Anlagen“.

39 Vgl. auch Looschelders/Pohlmann/*Schäfer* Int. Versicherungsvertragsrecht Rn. 133.

oder eines Kennzeichens dokumentiert werden.[40] Demgegenüber ist ohne Belang, wo das Fahrzeug dauerhaft „stationiert" ist oder es sich gar gerade befindet.[41]

In der Sache bezieht sich diese Regelung auf fahrzeugbezogene Risiken aller Art, so etwa auf **Kasko-, Haftpflicht-, Unfall- und Rechtsschutzversicherungen** für Fahrzeuge. Soweit Risiken versichert werden, die mit nicht „zugelassenen" (weil nicht registrierungspflichtigen) Fahrzeugen verbunden sind, gilt die Auffangregelung nach Art. 13 Nr. 13 lit. d der Richtlinie (Rn. 27).[42] Zur Sonderanknüpfung bei Bestehen einer Versicherungspflicht vgl. Abs. 4 und Rn. 78 ff. **32**

In Abs. 6 wird lediglich auf „Artikel 2 Buchstabe d" der Zweiten Schadensversicherungsrichtlinie 88/357/EWG (bzw. Art. 13 Nr. 13 lit. b der Richtlinie Solvabilität II, vgl. Rn. 27) verwiesen. Diese Verweisung berücksichtigt nicht, dass Art. 4 Nr. 4 der Richtlinie 2005/14/EG über die Haftpflichtversicherung[43] die Richtlinie 88/357/EWG um einen neuen Art. 4a erweitert hatte, der bei der **Überführung von Kraftfahrzeugen** aus dem einen in den anderen Mitgliedstaat für die Dauer von 30 Tagen nach Auslieferung die Risikobelegenheit auch ohne offizielle Zulassung im Bestimmungsstaat in diesem Staat lokalisiert. Die Vorschrift hat folgenden Wortlaut: **33**

Art. 4a

(1) Abweichend von Artikel 2 Buchstabe d zweiter Gedankenstrich der Richtlinie 88/357/EWG … ist bei einem Fahrzeug, das von einem Mitgliedstaat in einen anderen versandt wird, während eines Zeitraums von dreißig Tagen unmittelbar nach der Annahme der Lieferung durch den Käufer der Bestimmungsmitgliedstaat als der Mitgliedstaat anzusehen, in dem das Risiko belegen ist, selbst wenn das Fahrzeug im Bestimmungsmitgliedstaat nicht offiziell zugelassen wurde

…

Der **deutsche Gesetzgeber** hatte diesen Zusatz durch Gesetz v. 10.12.2007[44] in den Art. 7 Abs. 1 Nr. 2, 2. Halbsatz EGVVG aufgenommen (vgl. den Textabdruck unter III. der Einführung mit Fn. 27). Es erscheint zweifelhaft, ob diese kollisionsrechtliche Regelung auch unter der Herrschaft der VO Rom I angesichts des eingeschränkten Verweises in Abs. 6 Bestand haben kann.[45] Da die Richtlinienergänzung aber äußerst sinnvoll ist – für den in der Regel neu abzuschließenden Versicherungsvertrag ist unter diesen Umständen das Recht der Risikobelegenheit (Abs. 3 Unterabs. 3) mit dem Recht des Staates identisch, der für den inländischen Halter eine Pflichtversicherung anordnen wird (vgl. **34**

---

[40] Vgl. dazu auch den aufgehobenen Art. 7 Abs. 2 lit. b EGVVG: „Fahrzeuge aller Art, die in einem Mitgliedstaat in ein amtliches oder amtlich anerkanntes Register einzutragen sind und ein Unterscheidungskennzeichen erhalten …"

[41] Vgl. dazu bereits Berliner Kommentar/*Dörner* Art. 7 Rn. 17.

[42] Langheid/Wandt/*Looschelders* IntVersR Rn. 41; Rauscher/*Fricke* Art. 7 Rom I-VO Rn. 53; anders für Fälle freiwilliger Registrierung Looschelders/Pohlmann/*Schäfer* Int. Versicherungsvertragsrecht Rn. 134.

[43] Richtlinie 2005/14/EG des Europäischen Parlaments und des Rates v. 11.5.2005 zur Änderung der Richtlinien 72/166/EWG, 84/5/EWG, 88/357/EWG und 90/232/EWG des Rates sowie der Richtlinie 2000/26/EG des Europäischen Parlaments und des Rates über die Kraftfahrzeug-Haftpflichtversicherung, ABl. **2005** Nr. L 149 S. 14.

[44] Art. 3 des Zweiten Gesetzes zur Änderung des Pflichtversicherungsgesetzes und anderer versicherungsrechtlicher Vorschriften v. 10.12.2007, BGBl. **2007** I 2833.

[45] Wohl bejahend MüKo/*Martiny* Art. 7 Rom I-VO En. 48 mit Fn. 16; Heinze NIPR **2009** 445, 448 mit Fn. 64; ablehnend Looschelders/Pohlmann/*Schäfer* Int. Versicherungsvertragsrecht Rn. 137 (Frage der Überprüfung nach Art. 27 VO Rom I).

Abs. 4 lit. a) – kann man annehmen, dass die Nichterwähnung des Art. 4a der Richtlinie 88/357/EWG auf einem Redaktionsversehen beruht, so dass im Wege einer **teleologischen Extension** auch weiterhin die Zusatzregelung herangezogen werden kann.

3. Reise- und Ferienversicherungen (Art. 13 Nr. 13 lit. c Richtlinie Solvabilität II)

35 Das Risiko von Versicherungsverträgen über **Reise- und Ferienrisiken** mit einer Laufzeit von höchstens vier Monaten ist in dem Staat belegen, in dem der Versicherungsnehmer den Vertrag geschlossen hat. Die Dauer der Reise ist unerheblich. Bei der Bestimmung der Risikobelegenheit kommt es darauf an, wo der Versicherungsnehmer die zum Vertragsschluss erforderlichen Rechtshandlungen vorgenommen, also ein Angebot auf Abschluss eines solchen Vertrages abgegeben oder ein entsprechendes Angebot des Versicherers angenommen hat.[46] Die Art und Weise des Vertragsschlusses (bei persönlicher Anwesenheit, brieflich, telefonisch, per Fax oder eMail) ist ohne Belang. In der Regel wird diese Anknüpfung zum Recht des gewöhnlichen Versicherungsnehmeraufenthalts führen. Hat der Versicherungsnehmer den Vertrag durch einen Vertreter geschlossen, sollte an den Ort angeknüpft werden, an dem dieser tätig geworden ist.[47]

36 Zweifelhaft erscheint, ob diese Bestimmung der Risikobelegenheit auch dann gilt, wenn der Versicherungsnehmer seine Erklärung nur **zufällig** – etwa auf der Durchreise – in einem bestimmten Staat **abgegeben** hat. In Anbetracht des klaren Wortlauts der Richtlinienbestimmung ist dies zu bejahen.[48] Es liegt auf der Hand, dass die Bestimmung des Vertragsabschlussortes bei etwa telefonisch oder per eMail getätigten Abschlüssen nicht immer leicht fallen wird. Den Abschlussort und damit den Ort der Risikobelegenheit muss beweisen, wer sich auf ein daraus abgeleitetes Versicherungsvertragsstatut beruft. Auf den Abreiseort oder den Ort des Ferienaufenthaltes kommt es demgegenüber von vornherein nicht an. Die Risikobelegenheit bei Reiseversicherungsverträgen mit einer Laufzeit von mehr als vier Monaten wird nach der Auffangregel des Art. 13 Nr. 13 lit. d der Solvabilitätsrichtlinie bestimmt (Rn. 27).

37 Die Vorschrift betrifft Versicherungsverträge über Reise- und Ferienrisiken ohne Rücksicht darauf, in welchem Versicherungszweig sie vertrieben werden. Sie umfasst daher sowohl z.B. **Reisegepäck-, Reisehaftpflicht-** und **Reiserücktrittskostenversicherungen** wie auch etwa **Reisebeistands-** und **Rücktransport-** oder **Reiseunfall-** und **-krankenversicherungen.** Nicht erfasst wird dagegen, wenn der Versicherungsnehmer eine bevorstehende Reise zum Anlass nimmt, eine „allgemeine" Kranken- oder Unfallversicherung abzuschließen.[49]. In einem solchen Fall gilt die allgemeine Anknüpfungsregel des Art. 13 Nr. 13 lit. d (dazu sogleich Rn. 38).

4. Sonstige Versicherungen (Art. 13 Nr. 13 lit. d Richtlinie Solvabilität II)

38 Für alle nicht in Rn. 29 f., 31 ff. und 35 ff. angeführten Versicherungen mit Ausnahme derjenigen, die als Lebensversicherungen usw. unter Art. 13 Nr. 14 der Solvabilitätsrichtlinie (Rn. 45 f.) fallen, wird die Risikobelegenheit durch Art. 13 Nr. 13 lit. d der

---

[46] Vgl. *Basedow/Drasch* NJW **1991** 787; MüKo/*Martiny* Rom I-VO Rn. 49.

[47] Langheid/Wandt/*Looschelders*, IntVersR Rn. 44; Rauscher/*Fricke* Art. 7 Rom I-VO Rn. 54.

[48] Langheid/Wandt/*Looschelders* IntVersR Rn. 45; Staudinger/*Armbrüster* Vorbem. zu Art. 7 Rom I-VO Rn. 21 (mit Nachw. zum früheren Diskussionsstand), vgl. auch *Armbrüster* FS v. Hoffmann 23, 28.

[49] Vgl. bereits Berliner Kommentar/*Dörner* Art. 7 EGVVG Rn. 21; Rauscher/*Fricke* Art. 7 Rom I-VO Rn. 54.

Solvabilitätsrichtlinie (Rn. 27) bestimmt. Diese Bestimmung gilt etwa für Kranken- und Unfallversicherungen, aber auch für Rechtsschutzversicherungen, für die Versicherung beweglicher Sachen sowie für Haftpflichtversicherungen, soweit nicht jeweils die vorhergehenden lit. a bis c des Art. 13 Nr. 13 der Richtlinie einschlägig sind. Art. 13 Nr. 13 lit. d der Richtlinie unterscheidet danach, ob der Versicherungsnehmer eine natürliche (Rn. 39 ff.) oder juristische Person (Rn. 43 ff.) ist. Im ersten Fall kommt es auf den **gewöhnlichen Aufenthalt der Person** (i), im zweiten auf diejenige **Niederlassung** des Versicherungsnehmers an, **auf welche sich der Vertrag bezieht** (ii). Da Art. 7 Abs. 6 VO Rom I in der Frage der Risikobelegenheit ohne Weiteres auf die einschlägigen **Richtlinienbestimmungen Bezug nimmt,** wird man andererseits zur näheren Bestimmung der von der Richtlinie verwandten Begriffe im Interesse einer einheitlichen Terminologie und auf der Grundlage einer systematischen Interpretation auf die der **VO zugrunde liegenden Konzepte** zurückgreifen können.[50]

a) Gewöhnlicher Aufenthalt nicht in Ausübung ihrer Berufstätigkeit handelnder natürlicher Personen. Wo sich der gewöhnliche Aufenthaltsort einer **natürlichen Person** (vgl. Art. 13 Nr. 13 lit d (i) der Richtlinie) befindet, die **nicht im Rahmen der Ausübung ihrer beruflichen Tätigkeiten** handelt, ist im europäischen Verordnungsrecht derzeit noch nicht festgelegt. Auch der EuGH hat noch keine allgemeingültige Definition entwickelt. In jedem Fall ist der Begriff europäisch-autonom zu bestimmen (vgl. Einführung Rn. 4); er dürfte sich aber in der Sache wohl kaum von dem Begriff des gewöhnlichen Aufenthalts unterscheiden, wie er in den verschiedenen Haager Übereinkommen verwandt wird und von dort in die nationalen Rechtsordnungen eingedrungen ist. Im Recht der Haager Konventionen bezeichnet der gewöhnliche Aufenthalt den **„Mittelpunkt der Lebensverhältnisse“** einer Person, d.h. den Ort, an dem sich der Schwerpunkt ihrer familiären, beruflichen und gesellschaftlichen Beziehungen befindet.[51] Dabei kommt den privaten Beziehungen gegenüber den beruflichen eine größere Bedeutung zu. Ein rechtsgeschäftlicher Wille, den Aufenthaltsort zum Mittelpunkt oder Schwerpunkt der Lebensverhältnisse zu machen, ist demnach nicht erforderlich.[52] Eine Mindestdauer für die Begründung eines gewöhnlichen Aufenthalts wird von der VO nicht verlangt. Ein gewöhnlicher Aufenthalt an mehreren Orten gleichzeitig ist nicht möglich, da jede Person nur an einem Ort den Schwerpunkt ihrer Lebensverhältnisse haben kann.[53] **39**

Schließt eine natürliche Person daher **nicht berufsbezogene**, vielmehr „private“ **Versicherungen** ab (etwa: Unfall-, Krankheitskostenversicherungen, aber auch z.B. Versicherungen beweglicher Sachen oder private Haftpflichtversicherungen), so ist das Risiko für derartige Versicherungen in dem Staat belegen, in welchem der **Lebensmittelpunkt des Versicherungsnehmers** liegt. Dagegen spielt seine Staatsangehörigkeit keine Rolle. Besitzt der Versicherungsnehmer nirgendwo einen gewöhnlichen Aufenthalt, ist diese Lücke im Richtlinienrecht durch eine analoge Anwendung des Art. 13 Nr. 13 lit. d der Richtlinie in der Weise zu füllen, dass der Ort der Risikobelegenheit dort anzunehmen ist, wo sich zum Zeitpunkt des Vertragsschlusses der schlichte Aufenthalt des Versicherungsnehmers **40**

---

[50] Vgl. auch Ferrari/*Staudinger* Art. 7 Rom I-VO Rn. 69; Langheid/Wandt/*Looschelders* IntVersR Rn. 51.

[51] Vgl. etwa BGH 29.10.1980 BGHZ **78** 295 = NJW **1981** 520; BGH 5.2.1975 NJW **1975** 1068; BGH 3.2.1993 NJW **1993** 2047, 2048.

[52] Vgl. BGH 29.10.1980 BGHZ **78** 295 = NJW **1981** 520; Langheid/Wandt/*Looschelders* IntVersR Rn. 47.

[53] Näher HK BGB/*Dörner* Art. 5 EGBGB Rn. 10.

befindet.[54] Bei diesen Anknüpfungen bleibt es auch, wenn der Versicherungsnehmer – etwa im Rahmen einer Gruppenversicherung – eine Versicherung für fremde Rechnung geschlossen hat; es ist dann also nicht etwa auf den gewöhnlichen Aufenthalt des Versicherten abzustellen.[55]

41 b) **Gewöhnlicher Aufenthalt in Ausübung ihrer Berufstätigkeit handelnder natürlicher Personen.** Handelt es sich dagegen um eine **natürliche Person**, die im Rahmen der **Ausübung** ihrer **beruflichen Tätigkeiten** handelt, so ist unter dem „gewöhnlichen Aufenthaltsort" i.S. des Art. 13 Nr. 13 lit. d (i) der Solvabilitätsrichtlinie gemäß Art. 19 Abs. 1 Unterabs. 2 VO Rom I der **Ort ihrer Hauptniederlassung** zu verstehen.[56] Damit ist der tatsächliche Geschäftsschwerpunkt gemeint, wie er durch die Konzentration bedeutender Personal- und Sachmittel gekennzeichnet ist.[57] Dort ist also das Risiko dann belegen, wenn der Versicherungsnehmer eine berufsbezogene Versicherung (etwa: Berufshaftpflichtversicherung, Kraftfahrzeugpflichtversicherung für beruflich genutzte Kraftfahrzeuge) abschließt.

42 Bei dieser Bestimmung der Risikobelegenheit durch die Hauptniederlassung des Versicherungsnehmers bleibt es auch dann, wenn dieser etwa als Einzelkaufmann oder Freiberufler den Vertrag im Zusammenhang mit der Tätigkeit einer **Zweigniederlassung** oder Agentur (vgl. Art. 19 Abs. 2 VO Rom I) geschlossen hat.[58] Zum einen lässt nämlich die Definition der Risikobelegenheit in Art. 13 Nr. 13 lit. d (ii) der Solvabilitätsrichtlinie (Rn. 27), auf welche Art. 7 Abs. 6 VO Rom I verweist, nicht erkennen, dass der dort in Bezug genommene „gewöhnliche Aufenthalt" des Versicherungsnehmers auch durch eine Sondervorschrift über die auf Zweigniederlassungen bezogenen Verträge sollte ausdifferenziert werden können; die Bestimmung der Risikobelegenheit bei juristischen Personen in lit. d (ii) dieser Vorschrift, welche eben gerade auf das Vorhandensein von (Zweig-) Niederlassungen abstellt, spricht e contrario eher für das Gegenteil. Zum andern ist es außerordentlich zweifelhaft, ob Abs. 2 des Art. 19 VO Rom I auch für natürliche Personen gilt und in seiner Anwendbarkeit nicht auf juristische Personen i.S. von Abs. 1 Unterabs. 1 der Vorschrift beschränkt bleibt. Für ein derart eingeschränktes Verständnis spricht nämlich ein Vergleich mit Art. 23 der VO Rom II, dem die Parallelvorschrift in Art. 19 VO Rom I offenbar nachgebildet werden sollte und der ein derart eingeschränktes Verständnis nahe legt (vgl. auch Art. 19 VO Rom I Rn. 6).

43 c) **Juristische Personen.** Handelt es sich bei dem Versicherungsnehmer um eine **juristische Person**, so liegt das Risiko in dem Staat, in dem sich die Niederlassung befindet, auf welche sich der Vertrag bezieht (vgl. Art. 13 Nr. 13 lit. d (ii) der Solvabilitätsrichtlinie, dazu Rn. 27). Ebenso wie bei Art. 7 Abs. 2 lit. d (ii) EGVVG gilt dies auf der Grundlage

[54] Vgl. bereits Berliner Kommentar/*Dörner* Art. 7 EGVVG Rn. 26; Rauscher/*Fricke* Art. 7 Rom I-VO Rn. 55; Langheid/Wandt/*Looschelders* IntVersR Rn. 48.

[55] Vgl. bereits Berliner Kommentar/*Dörner* Art. 7 EGVVG Rn. 24; Langheid/Wandt/*Looschelders* IntVersR Rn. 46; anders aber Ferrari/*Staudinger* Art. 7 Rom I-VO Rn. 70.

[56] Vorbehalt gegen diese Bezugnahme auf Art. 19 VO Rom I bei Rauscher/*Fricke* Art. 7 Rom I-VO Rn. 55.

[57] HK ZPO/*Dörner* Art. 60 EuGVVO Rn. 6; vgl. auch Rauscher/*Staudinger* Art. 60 Brüssel I-VO Rn. 1 („Schwerpunkt des unternehmensexternen Geschäftsverkehrs").

[58] Anders aber Langheid/Wandt/*Looschelders* IntVersR Rn. 51; vgl. auch Looschelders/Pohlmann/*Schäfer* Int. Versicherungsvertragsrecht Rn. 143.

einer europäisch-autonomen Auslegung auch, wenn der Versicherungsvertrag von einer rechtsfähigen oder nicht rechtsfähigen Personenmehrheit (im deutschen Recht etwa: KG, OHG, BGB-Gesellschaft, nichtrechtsfähiger Verein usw.) geschlossen wird.[59] In allen Fällen hat der Richtliniengeber den kollisionsrechtlichen Schwerpunkt des Vertrages nicht am zentralen Sitz der jeweiligen Organisation, sondern innerhalb derjenigen Rechtsordnung gesehen, in welcher sich die **risikoträchtige Teilorganisation** der juristischen Person oder Personenmehrheit befindet.[60] Unter der Niederlassung i.S. des europäischen Verordnungsrechts ist dabei die dauerhafte Außenstelle eines Stammhauses zu verstehen, welche einen eigenen Mittelpunkt geschäftlicher Tätigkeit mit hinreichender personeller und materieller Ausstattung darstellt,[61] so etwa Zweigniederlassungen und Geschäftsstellen.

Der Versicherungsvertrag bezieht sich dann auf die jeweilige **Teilniederlassung**, wenn **44**
er ihr eindeutig zugeordnet werden kann, so etwa, wenn eine versicherte Sache (allein) in der betreffenden Teilniederlassung genutzt wird, eine versicherte Person (allein) in der betreffende Teilniederlassung beschäftigt ist oder ein spezifisches Haftpflichtrisiko oder ein Unterbrechungsschaden gerade dieser Betriebsstätte versichert wurde.[62] Lässt sich der Vertrag auf diese Weise eindeutig mehreren Teilniederlassungen zuordnen und befinden sich diese innerhalb ein- und derselben Rechtsordnung, so ist das Risiko auch in dieser Rechtsordnung belegen. Deckt der Versicherungsvertrag dagegen die Risiken mehrerer Niederlassungen ab, die in unterschiedlichen Rechtsordnungen belegen sind, so kommt es zu einer Vertragsspaltung (vgl. Rn. 95). Lässt sich eine derart **eindeutige Zuordnung** zu einer oder mehreren Niederlassungen **nicht vornehmen,** insbesondere, weil der Versicherungsvertrag sich in der Sache auf die juristische Person oder Personenmehrheit insgesamt (d.h. auf das Unternehmen als solches unter Einschluss mehrerer oder einzelner Teilniederlassungen) bezieht, sollte unter „Niederlassung" i.S. des Art. 13 Nr. 13 lit. d (ii) der Richtlinie (Rn. 27) diejenige Teilorganisation verstanden werden, zu welcher der Vertrag die engste Verbindung aufweist.[63] Das wird häufig diejenige Rechtsordnung sein, in welcher sich nicht nur eine risikoträchtige Teilorganisation, sondern auch die tatsächliche Hauptverwaltung befindet.

5. Lebensversicherungen (Art. 13 Nr. 14 Richtlinie Solvabilität II)

Eine dem Art. 13 Nr. 13 lit. d (i) der Solvabilitätsrichtlinie entsprechende Bestimmung **45**
der Risikobelegenheit für **Lebensversicherungen** enthält Art. 1 Abs. 1 lit. g der Richtlinie 2002/83/EG[64] bzw. jetzt Art. 13 Nr. 14 der Solvabilitätsrichtlinie (vgl. Rn. 27), auf welche ebenfalls in Abs. 6 verwiesen wird. **„Staat der Verpflichtung"** ist nach den Richtlinienbestimmungen ebenfalls der Staat des gewöhnlichen Aufenthalts, wenn es sich bei dem Versicherungsnehmer um eine natürliche, und der Staat der im Vertrag in Bezug genommenen Niederlassung, wenn es sich dabei um eine juristische Person handelt. Im ersten Fall kann auf die Ausführungen zu Rn. 39 ff., im zweiten auf die zu Rn. 43 f. verwiesen werden.

---

[59] Langheid/Wandt/*Looschelders* IntVersR Rn. 50; Looschelders/Pohlmann/*Schäfer* Int. Versicherungsvertragsrecht Rn. 144.

[60] Berliner Kommentar/*Dörner* Art. 7 EGVVG Rn. 28.

[61] Vgl. HK ZPO/*Dörner* a.a.O. Art. 5 EuGVVO Rn. 46, dazu auch EuGH 22.11.1978 RIW **1979** 56.

[62] Vgl. bereits Berliner Kommentar/*Dörner* Art. 7 EGVVG Rn. 28.

[63] Ähnlich bereits Berliner Kommentar/*Dörner* Art. 7 EGVVG Rn. 29; vgl. auch Langheid/Wandt/*Looschelders* IntVersR Rn. 49; Rauscher/*Fricke* Art. 7 Rom I-VO Rn. 55.

[64] ABl. EG **2002** Nr. L 345 S. 1.

46 Unter **„Lebensversicherungen"** i.S. von Abs. 6 sind die in Art. 2 Abs. 1 Nr. 1 und 2 der Richtlinie 2002/83/EG bzw. Art. 2 Abs. 3 der Richtlinie Solvabilität II (Rn. 27) beschriebenen Direktversicherungen zu verstehen. Dabei handelt es sich nicht nur um Lebensversicherungen im engeren Sinne (Versicherungen auf den Erlebens- und den Todesfall, gemischte Versicherungen, Lebensversicherungen mit Prämienrückgewähr sowie Heirats- und Geburtsversicherungen), sondern auch um Rentenversicherungen, Zusatzversicherungen zu Lebensversicherungen (etwa Berufsunfähigkeits-, Invaliditäts- und Unfallversicherungen, sowie die „permanent health insurance") und darüber hinaus auch Sonderformen wie Tontinen, Kapitalisierungsgeschäfte, Pensionsfonds usw. bzw. gewisse von privaten Anbietern angebotene Sozialversicherungsgeschäfte.

II. Anknüpfung der Verträge zur Deckung von Massenrisiken

47 Bei der Anknüpfung von Versicherungsverträgen, die zur Deckung von Massenrisiken mit Risikobelegenheit in einem Mitgliedstaat abgeschlossen werden, sind wiederum (vgl. bereits Rn. 16) **drei** auch hier im Verhältnis der **Subsidiarität** zueinander stehende **Kollisionsnormen** anzuwenden.

1. Versicherungsverträge aufgrund einer Versicherungspflicht: Recht des die Versicherungspflicht anordnenden Staates (Abs. 4 lit. b i.V. mit Art. 46c EGBGB)

48 Im Hinblick auf Versicherungsverträge zur Deckung von Risiken, für welche ein Mitgliedstaat eine Versicherungspflicht vorschreibt, gilt das oben zu Rn. 17 ff. Gesagte. Der Versicherungsvertrag unterliegt **zwingend deutschem Recht**, wenn sein Abschluss auf einer dem deutschen Recht zu entnehmenden Verpflichtung beruht (Abs. 4 lit. b i.V. mit Art. 46c Abs. 1 und 2 EGBGB). Selbst eine gemäß Abs. 3 Unterabs. 1 und 2 eingeschränkte Rechtswahl ist in einem solchen Fall nicht zulässig. Das deutsche Recht geht einem etwa nach Abs. 2 Unterabs. 1 oder 2 gewählten oder einem durch objektive Anknüpfung nach Abs. 2 Unterabs. 3 bestimmten Recht vor.

49 Ergibt sich die Versicherungspflicht aus dem **Recht eines anderen Mitgliedstaates** der EU (oder eines anderen Vertragsstaates des EWR) *und* beruft der betreffende Staat für eine solche Pflichtversicherung das eigene Versicherungsrecht (vgl. Art. 46c EGBGB Rn. 10), so richtet sich der Vertrag gemäß Abs. 4 lit. b i.V. mit Art. 46c Abs. 1 EGBGB nach dem Recht des Staates, der diese Pflichtversicherung sowie die Anwendung des eigenen Rechts vorschreibt. Eine Anwendung des Abs. 3 ist in diesem Fall ausgeschlossen. Ist die zweite Voraussetzung (Berufung des eigenen Versicherungsrechts) nicht erfüllt, wird das maßgebende Statut durch Rechtswahl nach Abs. 3 Unterabs. 1 und 2 (vgl. Rn. 51 ff.) oder durch objektive Anknüpfung nach Abs. 3 Unterabs. 3 (vgl. Rn. 77) bestimmt.

50 Wird für ein innerhalb der EU (oder des EWR) belegenes Risiko eine **Versicherungspflicht** durch einen **Nichtmitgliedstaat** angeordnet, sollten die Art. 7 Abs. 4 lit. b VO Rom I sowie Art. 46c Abs. 1 EGBGB entsprechende Anwendung finden (vgl. bereits Rn. 20 und Art. 46c EGBGB Rn. 5); zur gleichfalls analogen Anwendung des Art. 46c Abs. 1 EGBGB bei Risikobelegenheit in einem Nichtmitgliedstaat und Anordnung der Versicherungspflicht durch einen Mitgliedstaat vgl. Art. 46c EGBGB Rn. 6. Zur Rechtslage, wenn das Risiko in einem Nichtmitgliedstaat belegen ist und die Versicherungspflicht gleichfalls durch einen Nichtmitgliedstaat angeordnet wird, vgl. Art. 46c EGBGB Rn. 7.

2. Beschränkte Rechtswahl der Parteien (Abs. 3 Unterabs. 1 und 2)

Handelt es sich nicht um eine Pflichtversicherung oder schreibt der die Versicherungspflicht anordnende Mitgliedstaat keine Anwendung seines eigenen Rechts auf die Pflichtversicherung vor, so unterliegt der Vertrag wiederum dem von den Parteien **gewählten Recht**. Anders als bei Großrisiken (Rn. 8 ff.) gibt es aber keine freie Rechtswahl; die Parteien können das anwendbare Recht nur innerhalb der von Abs. 3 Unterabs. 1 und 2 gezogenen Grenzen bestimmen. Im Ergebnis wird damit unterhalb der Großrisikogrenze die Parteiautonomie nicht nur – wie in Art. 6 VO Rom I – für Verbraucher, sondern auch für Kleinunternehmer und Freiberufler eingeschränkt. Andererseits können aber auch Verbraucher von den Möglichkeiten des Abs. 3 Gebrauch machen, ohne dass ihre Parteiautonomie etwa durch Art. 6 VO Rom I eingeschränkt würde; das wird in Abs. 1 dieser Vorschrift noch einmal ausdrücklich klargestellt („unbeschadet der Art. 5 und 7"). Die Rechtswahlmöglichkeiten entsprechen weitgehend denen der Art. 9 und 10 EGVVG (vgl. Einführung Rn. 33 ff.); darüber hinaus bringt die Neuregelung aber auch eine gewisse Vereinfachung. Die wählbaren Rechte werden von der VO vorgegeben. Die Wahlmöglichkeiten sind teilweise auf bestimmte Vertragstypen beschränkten oder mit bestimmten Vertragsinhalten verknüpft; sie bestehen aber alternativ nebeneinander, sofern nur die Voraussetzungen des jeweiligen Rechtswahltatbestandes erfüllt sind. Zu den Wahlmöglichkeiten bei Mehrfachbelegenheit des Risikos vgl. Rn. 88 ff. **51**

Eine Rechtswahl kann nach Abs. 3 nur **„im Einklang mit Artikel 3"** erfolgen. Damit werden die in Art. 3 Abs. 1 Satz 2 und 3 sowie Abs. 2 und 5 VO Rom I enthaltenen Regeln über die **Vornahme einer Rechtswahl** für anwendbar erklärt (näher Art. 3 VO Rom I Rn. 3 ff.). Dies bedeutet insbesondere, dass eine Rechtswahl nicht unbedingt ausdrücklich erfolgen muss, sondern sich auch (eindeutig!) aus den Vertragsbestimmungen oder den Umständen des Falles ergeben kann (Art. 3 Abs. 1 Satz 2 VO Rom I, vgl. ebda Rn. 2). Zustandekommen und Wirksamkeit der Rechtswahl beurteilen sich nach dem Recht, das bei Wirksamkeit der Rechtswahl maßgebend sein würde (Art. 3 Abs. 5 i.V. mit Art. 10 Abs. 1 VO Rom I). Dagegen entfallen die Einschränkungen des Art. 3 Abs. 3 und 4 VO Rom I, weil im vorliegenden Zusammenhang stets jeweils ein spezifisches Sachverhaltselement mit der zur Wahl stehenden Rechtsordnung verbunden ist, so dass die Voraussetzungen dieser Rechtswahlbeschränkungen gar nicht vorliegen können.[65] Auch Art. 6 Abs. 2 VO Rom I ist nicht etwa zusätzlich zu beachten.[66] Dies kann – ganz abgesehen von Erwägungsgrund Nr. 32 Satz 2 – zum einen aus Art. 7 Abs. 3 Unterabs. 1 VO Rom I, der sich eben nur auf Art. 3 VO Rom I bezieht, und zum anderen aus dem Eingangssatz des Art. 6 Abs. 1 VO Rom I („unbeschadet der Artikel 5 und 7") abgeleitet werden. Zur Anwendung einzelner Verbraucherschutzrichtlinien vgl. Art. 46b EGBGB Rn. 4 ff. **52**

Dem Verweis auf Art. 3 VO Rom I lässt sich auch entnehmen, dass die Vertragsparteien auch gemäß Art. 3 Abs. 1 Satz 3 VO Rom I eine **partielle Rechtswahl** vornehmen können. Insoweit gelten dann – zumindest im Ausgangspunkt – die Ausführungen in Rn. 3 zu Art. 3 VO Rom I.[67] Allerdings erfährt dieses Wahlrecht im vorliegenden Zusammenhang eine doppelte Beschränkung. Zum einen stehen – natürlich – auch inso- **53**

---

[65] So auch *Heiss* FS Kropholler 459, 473; übersehen von Langheid/Wandt/*Looschelders* IntVersR Rn. 97; Looschelders/Pohlmann/*Schäfer* Int. Versicherungsvertragsrecht Rn. 105.

[66] Vgl. nur Langheid/Wandt/*Looschelders* IntVersR Rn. 98; Looschelders/Pohlmann/*Schäfer* Int. Versicherungsvertragsrecht Rn. 106 ff.

[67] Vgl. *Lagarde/Tenenbaum* RCDIP **2008** 771.

weit nur die jeweils in Abs. 3 Unterabs. 1 genannten Rechte zur Wahl. Zum andern werden die Wahlmöglichkeiten im Falle einer Mehrfachbelegenheit des Risikos durch gesetzliche Vorgaben beeinflusst (vgl. dazu Rn. 89).

54 Grundsätzlich kommt es für die Feststellung der Rechtswahlvoraussetzungen auf den **Zeitpunkt des Vertragsschlusses** bzw. der Rechtswahl an. Wann der Versicherungsvertrag geschlossen wurde, richtet sich nach dem von den Parteien gewählten Recht (vgl. Art. 10 Abs. 1 VO Rom I). Die Parteien können aber **jederzeit** nach Maßgabe von Art. 3 Abs. 2 Satz 1 VO Rom I **vereinbaren,** dass der Vertrag **nach einem anderen Recht** als demjenigen zu **beurteilen** sein soll, welches sie zuvor gewählt hatten bzw. das kraft objektiver Anknüpfung zur Anwendung gelangt war.[68] Verlegt beispielsweise ein Versicherungsnehmer nach Vertragsschluss seinen gewöhnlichen Aufenthalt in einen anderen Staat, können die Parteien das zunächst gewählte Aufenthaltsrecht oder das durch objektive Anknüpfung nach Abs. 3 Unterabs. 3 bestimmte Recht gemäß Abs. 3 Unterabs. 1 lit. b durch das Recht des neuen gewöhnlichen Aufenthalts ersetzen. Bei Erwerb einer neuen Mitgliedstaatsangehörigkeit kann das Vertragsstatut auf das neue Heimatrecht umgestellt werden (Abs. 3 Unterabs. 1 lit. c). Nach einer zunächst erfolgten Wahl des Schadenseintrittsortes gemäß Abs. 3 Unterabs. 1 lit. d können die Parteien später etwa vereinbaren, dass ihr Vertrag dem Recht der Risikobelegenheit (lit. a) oder dem Recht des gewöhnlichen Aufenthalts des Versicherungsnehmers (lit. b) unterliegen soll, usw. Ob das neue Statut dann ex tunc oder ex nunc gelten soll, ist jeweils durch Auslegung zu ermitteln. – Zur Wahl nach Abs. 3 Unterabs. 1 stehen folgende Rechte:

55 a) **Risikobelegenheit (Abs. 3 Unterabs. 1 lit. a).** Nach **Abs. 3 Unterabs. 1 lit. a** kann von den Parteien zunächst das Recht eines jeden Mitgliedstaates gewählt werden, in welchem zum Zeitpunkt des Vertragsschlusses das **Risiko belegen** ist. Dieses Recht würde allerdings gemäß Abs. 3 Unterabs. 3 auch bereits aufgrund objektiver Anknüpfung zur Anwendung gelangen, so dass der Wahlmöglichkeit, sieht man von der Bezugnahme in Abs. 3 Unterabs. 2 ab (Rn. 71 ff.),[69] lediglich ein klarstellender Charakter zukommt. Zur Rechtslage bei Mehrfachbelegenheit vgl. Rn. 88.

56 b) **Gewöhnlicher Aufenthalt des Versicherungsnehmers (Abs. 3 Unterabs. 1 lit. b).** Nach **Abs. 3 Unterabs. 1 lit. b** kann ferner das Recht des Staates gewählt werden, in dem der **Versicherungsnehmer** (ergänze: zum Zeitpunkt des Vertragsschlusses) seinen **gewöhnlichen Aufenthalt** hat. Dieser Wahlmöglichkeit kommt Bedeutung zu, wenn die Risikobelegenheit nicht mit dem Ort des gewöhnlichen Aufenthalts des Versicherungsnehmers zusammenfällt, also etwa bei Immobiliar-, Fahrzeug- und Reiseversicherungen (vgl. Art. 7 Abs. 6 VO i.V. mit Art. 13 Nr. 13 lit. a, b und c der Solvabilitätsrichtlinie, dazu Rn. 29 ff.) oder in den Fällen, in denen der Versicherungsvertrag von einer juristischen Person geschlossen wird und sich auf eine Niederlassung in einem anderen Staat als dem des Hauptverwaltungssitzes (vgl. Art. 19 Abs. 1 Unterabs. 1 VO Rom I) bezieht (vgl Art. 13 Nr. Rn. 13 lit. d (ii) der Richtlinie, dazu Rn. 27). Fallen Ort der Risikobelegenheit und gewöhnlicher Aufenthaltsort des Versicherungsnehmers auseinander, sollen die Parteien angesichts dieser beiden gleichermaßen signifikanten Berührungspunkte zu zwei Rechtsordnungen die Möglichkeit einer Auswahl haben. Wenn sich der gewöhnliche Aufenthalt des Versicherungsnehmers in einem Nichtmitgliedstaat befindet, ist auch das Recht dieses Staates wählbar.

---

[68] Vgl. etwa Langheid/Wandt/*Looschelders* IntVersR Rn. 96.

[69] Vgl. *Heinze* NIPR 2009 445, 449; *Armbrüster* FS v. Hoffmann 23, 30.

Wo sich der **gewöhnliche Aufenthalt** des Versicherungsnehmers befindet, ist nach den Kriterien des Art. 19 VO Rom I zu entscheiden. Für natürliche Personen gelten hier die Ausführungen zu Art. 19 Rn. 5 ff. Der gewöhnliche Aufenthalt juristischer Personen und Personengesellschaften befindet sich am Ort ihrer Hauptverwaltung (Art. 19 Abs. 1 Unterabs. 1 VO Rom I, vgl. ebda Rn. 3 f.). **57**

c) **Lebensversicherungsverträge (Abs. 3 Unterabs. 1 lit. c).** In Bezug auf Lebensversicherungsverträge (vgl. Rn. 46) kann gemäß **Abs. 3 Unterabs. 1 lit. c** das Recht des Staates gewählt werden, dessen **Staatsangehörigkeit** der **Versicherungsnehmer** (zum Zeitpunkt des Vertragsschlusses) hat, sofern es sich dabei um das Recht eines Mitgliedstaates handelt. Die öffentlichrechtliche Vorfrage, welche Staatsangehörigkeit der Versicherungsnehmer den besitzt, entscheidet jeder in Frage kommende Staat selbstständig nach seinem eigenen Staatsangehörigkeitsrecht.[70] Der Versicherungsnehmer kann auf diese Weise die Geltung eines Rechts sicherstellen, dem er sich enger verbunden fühlt als dem Aufenthaltsrecht und in dessen Geltungsbereich er möglicherweise zu einem späteren Zeitpunkt wieder zurückkehren wird. Häufig wird er seinen Vertrag auch mit einem in seinem Heimatstaat ansässigen Versicherer schließen.[71] Der spätere Erwerb der Staatsangehörigkeit eines Nichtmitgliedstaates lässt die einmal vorgenommene Rechtswahl unberührt.[72] **58**

Die Wahl eines **Nichtmitgliedstaatenrechts** (etwa: Versicherungsnehmer ist türkischer Staatsangehöriger) ist **unzulässig**, auch wenn der Versicherungsnehmer seinen gewöhnlichen Aufenthalt in einem Mitgliedstaat hat und somit das versicherte Risiko dort belegen ist (vgl. Rn. 45). Dahinter steht offenbar der Gedanke, dass in einem solchen Fall der Schutz des Versicherungsnehmers nach Maßgabe des gewählten Vertragsstatuts nicht unbedingt gewährleistet erscheint.[73] Andererseits ist auch dem Angehörigen eines Mitgliedstaates eine Rechtswahl nach lit. c versperrt, wenn er zum Zeitpunkt des Vertragsschlusses seinen gewöhnlichen Aufenthalt in einem Nichtmitgliedstaat hat, weil in diesem Fall das Risiko nach Abs. 6 i.V. mit Art. 1 Abs. 1 lit. g der Richtlinie 2002/83/EG bzw. i.V. mit Art. 13 Nr. 14 lit. a der Richtlinie Solvabilität II von vornherein gar nicht – wie aber von Art. 7 Abs. 1, 2. Fall VO Rom I vorausgesetzt – in einem Mitgliedstaat belegen ist (vgl. Rn. 27). Allerdings kommen in diesem Fall die Art. 3 und 6 Abs. 2 VO Rom I zum Zuge (vgl. Rn. 5). Die Wahl eines anderen Rechts – etwa des Heimatrechts des Bezugsberechtigten oder der Gefahrsperson – ist unwirksam.[74] **59**

Besitzt der Versicherungsnehmer **zwei oder mehr Staatsangehörigkeiten**, mag man sich fragen, ob in diesem Fall jedes der beiden Heimatrechte oder aber nur dasjenige soll gewählt werden können, mit welchem der Versicherungsnehmer am engsten verbunden ist (vgl. dazu Art. 5 Abs. 1 S. 2 EGBGB: „effektive Staatsangehörigkeit"). Im Hinblick auf die Ratio der Vorschrift (vgl. Rn. 58: Ausrichtung an der subjektiven Lebensplanung) und in Anbetracht der Tatsache, dass der Versicherungsnehmer mit doppelter Staatsangehörigkeit (falls juristischer Laie) häufig gar kein Problembewusstsein besitzen wird, dass sich die effektive Staatsangehörigkeit zu einem bestimmten Zeitpunkt oftmals nur schwer feststellen lässt und der Versicherungsnehmer das Risiko einer Fehleinschätzung nicht sollte tragen müssen, erscheint es vorzugswürdig, den Parteien die Wahl auch eines **60**

[70] Vgl. bereits Berliner Kommentar/*Dörner* Art. 9 EGVVG Rn. 51.

[71] Vgl. auch *Heiss* FS Kropholler 459, 470.

[72] Langheid/Wandt/*Looschelders* IntVersR Rn. 76; Rauscher/*Fricke* Art. 7 Rom I-VO Rn. 18.

[73] Kritik de lege ferenda bei Looschelders/Pohlmann/*Schäfer* Int. Versicherungsvertragsrecht Rn. 88.

[74] Vgl. Berliner Kommentar/*Dörner* Art. 9 EGVVG Rn. 51.

nicht-effektiven Heimatrechts zu gestatten.[75] Auch in diesem Fall ist freilich nur die Wahl eines Mitgliedstaatenrechts möglich (vgl. Rn. 58), so dass die Wahlmöglichkeit des Versicherungsnehmers eingeschränkt ist, wenn er gleichzeitig auch die Staatsangehörigkeit eines Nichtmitgliedstaates besitzt.[76]

61 Haben beim Abschluss einer **Lebensversicherung auf verbundene Leben** die beiden Versicherungsnehmer nicht dieselbe Staatsangehörigkeit, kann der Vertrag dem Heimatrecht eines jeden Partners unterstellt werden.

62 Die Wahlmöglichkeit ist nach ihrer Ratio (Rn. 58) auf **natürliche Personen** beschränkt. Ist also Versicherungsnehmer eine juristische Person (etwa ein Unternehmen, das Gruppenlebensversicherungsverträge für seine Betriebsangehörigen abschließt), bleibt es bei der objektiven Anknüpfung des Abs. 3 Unterabs. 3.[77]

63 d) **Schadensfälle in anderem Mitgliedstaat (Abs. 3 Unterabs. 1 lit. d).** Für Versicherungsverträge, bei denen sich die gedeckten Risiken auf Schadensfälle beschränken, die in einem anderen Mitgliedstaat als dem der Risikobelegenheit eintreten können, kann nach **Abs. 3 Unterabs. 1 lit. d** das **Recht des Schadenseintrittsstaates** gewählt werden. **Beispiel:** Haftpflichtversicherung für grenzüberschreitenden Umweltschäden oder zur Abdeckung einer Produzentenhaftung, soweit die Versicherung sich jeweils nicht auf diejenigen Schäden bezieht, welche im Staat der maßgebenden Niederlassung (d.h. im Staat der Risikobelegenheit, vgl. Rn. 43 f.) auftreten. Die Parteien können also, wenn sie dies wollen, das (typische) Haftungs-[78] und das Versicherungsvertragsstatut koordinieren. Dagegen ist eine Rechtswahl nicht möglich, wenn die Versicherung – wie oft – Schadensfälle sowohl im Staat der Risikobelegenheit als auch in einem anderen Staat deckt, da sich in diesem Fall die von der Vorschrift ermöglichte Koordinierung nicht realisieren lässt. Gleiches gilt – aus demselben Grund – auch dann, wenn Schäden versichert werden sollen, die zwar nicht im Staat der Risikobelegenheit, wohl aber potentiell in mehreren anderen Mitgliedstaaten eintreten können.[79] **Beispiel:** Ein Unternehmen mit Sitz in Deutschland schließt eine Produkthaftpflichtversicherung für seinen Export in die BeNeLux-Staaten ab. Hier kann der Vertrag nicht etwa insgesamt dem niederländischen, belgischen oder luxemburgischen Recht unterstellt werden, so dass es bei den Wahlmöglichkeit des Abs. 3 Unterabs. 1 lit. a oder b bzw. bei der objektiven Anknüpfung nach Abs. 3 Unterabs. 3 verbleiben muss.

64 Die Vorschrift findet von vornherein **keine Anwendung**, wenn ein **Großrisiko** versichert werden soll, da in diesem Fall bereits Abs. 2 Unterabs. 1 eine freie Rechtswahl

---

[75] Vgl. bereits Berliner Kommentar/Dörner Art. 9 EGVVG Rn. 51; Langheid/Wandt/*Looschelders* IntVersR Rn. 77.

[76] Vgl. auch Staudinger/*Armbrüster* Art. 7 Rom I-VO Rn. 13.

[77] Vgl. bereits Berliner Kommentar/*Dörner* Art. 9 EGVVG Rn. 46 f. zum geltenden Recht Langheid/Wandt/*Looschelders* IntVersR Rn. 77; a.A. *Rauscher/Fricke* Art. 7 Rom I-VO Rn. 18 (Ort der Hauptverwaltung). – Das Fehlen einer besonderen Anknüpfungsregel für Gruppenversicherungen bemängelt etwa *Heiss* FS Kropholler 459, 475 f.

[78] Vgl. Art. 4 Abs. 1 der VO (EG) Nr. 864/2007 v. 11.7.2007 („VO Rom II") ABl. EU **2007** Nr. L 199 S. 40.

[79] Vgl. bereits Berliner Kommentar/*Dörner* Art. 9 EGVVG Rn. 36; zustimmend Looschelders/Pohlmann/Schäfer Int. Versicherungsvertragsrecht Rn. 93; a.A. Langheid/Wandt/*Looschelders* IntVersR Rn. 81; Rauscher/*Fricke* Art. 7 Rom I-VO Rn. 20 (Wahl des Rechts der Teilstatute möglich).

gestattet. Sie kommt nach ihrem Wortlaut auch dann nicht zum Zuge, wenn die Schadensfälle nur in einem **Nichtmitgliedstaat** eintreten können.[80]

e) **Mehrfache Risikobelegenheit bei gewerblicher und freiberuflicher Tätigkeit** (**Abs.** 3 **Unterabs. 1 lit.** e). Wird zwar kein Großrisiko versichert, übt aber der Versicherungsnehmer eine **gewerbliche, industrielle** oder **freiberufliche Tätigkeit** aus und deckt der Versicherungsvertrag zwei oder mehr Risiken ab, die in unterschiedlichen Mitgliedstaaten belegen sind und in Zusammenhang mit der beruflichen Tätigkeit des Versicherungsnehmers stehen, kann für den **Vertrag insgesamt** entweder das Recht eines jeden Mitgliedstaates, in dem sich ein **Teilrisiko** befindet, oder das Recht des Staates gewählt werden, in dem der **gewöhnlichen Aufenthaltsort** des Versicherungsnehmers liegt (**lit.** e). Diese Wahlmöglichkeit beruht offenbar auf der Überlegung, dass der angesprochene Personenkreis einerseits aufgrund seiner Geschäftstätigkeit an einer erweiterten Rechtswahl interessiert sein könnte und andererseits aufgrund seiner größeren Geschäftsgewandtheit oder besseren Beratung mit dem Resultat – einheitliches Statut für sämtliche Teilrisiken – umzugehen weiß.[81] Sie besteht auch beim Abschluss von Lebensversicherungsverträgen, was für den Unternehmer oder Freiberufler im Zusammenhang mit seiner betrieblichen Alterversorgung von Bedeutung sein kann.[82] 65

Die zur Beschreibung der Versicherungsnehmertätigkeiten verwandten Begriffe sind europäisch-autonom (vgl. Einführung Rn. 4) zu bestimmen.[83] Unter einer **gewerblichen (insbesondere industriellen) Tätigkeit** sollte man jede dauerhafte selbständige Tätigkeit, also insbesondere den Betrieb eines Handelsgeschäfts oder die selbständige Ausübung eines Handwerks, aber auch die Führung eines land- oder forstwirtschaftlichen Betriebs verstehen. Die Absicht einer Gewinnerzielung ist dabei nicht erforderlich.[84] Mit **freiberuflicher Tätigkeit** ist beispielsweise die Berufsausübung der Ärzte, Architekten, Rechtsanwälte, Patentanwälte, Steuerberater, Wirtschaftsprüfer und Künstler gemeint.[85] Es handelt sich um Tätigkeiten, die durch ihren intellektuellen Charakter, eine hohe Qualifikation, persönliche Ausübung und große Selbstständigkeit geprägt sind und gewöhnlich einer berufsständischen Regelung unterliegen.[86] 66

Das versicherte Risiko muss mit **einer dieser Tätigkeiten in Verbindung stehen**, der Versicherungsvertrag sich also objektiv auf die gewerblich-berufliche Sphäre beziehen. Soll der Vertrag sowohl private wie auch berufliche Risiken abdecken – etwa: Abschluss einer Gebäudehaftpflichtversicherung für ein privat wie beruflich genutztes Haus – besteht eine Wahlmöglichkeit dann, wenn die Deckung beruflicher Risiken überwiegt.[87] 67

---

80 Zu Recht kritisch Rauscher/*Fricke* Art. 7 Rom I-VO Rn. 20.

81 Vgl. bereits Berliner Kommentar/*Dörner* Art. 9 EGVVG Rn. 23.

82 Vgl. schon Berliner Kommentar/*Dörner* Art. 9 Rn. 23; Langheid/Wandt/*Looschelders* IntVersR Rn. 83; Staudinger/*Armbrüster* Art. 7 Rom I-VO Rn. 15.

83 Näher Langheid/Wandt/*Looschelders* IntVersR Rn. 84.

84 Vgl. BGH 29.3.2006 BGHZ **167** 40 ff. = NJW **2006** 2250, 2251; Langheid/Wandt/*Looschelders* IntVersR Rn. 84 Fn. 172.

85 Vgl. bereits Berliner Kommentar/*Dörner* Art. 9 EGVVG Rn. 24.

86 EuGH 11.10.2001 RIW **2001** 956.

87 Vgl. Berliner Kommentar/*Dörner* Art. 9 EGVVG Rn. 25; enger z.B. Ferrari/*Staudinger* Art. 7 Rom I-VO Rn. 43; Langheid/Wandt/*Looschelders* IntVersR Rn. 89 unter Bezugnahme auf die Entscheidung des EuGH 20.1.2005 NJW **2005** 653 zu Art. 13 EuGVÜ (bzw. Art. 15 Abs. 1 EuGVVO): Nur dann keine Rechtswahloption, wenn der Vertrag lediglich einen ganz untergeordneten Zusammenhang mit der beruflichen Tätigkeit aufweist.

Weist eines der abgedeckten Teilrisiken keinen Zusammenhang mit der Berufstätigkeit des Versicherungsnehmers auf, kann sich die Rechtswahl darauf nicht beziehen; insoweit erfolgt dann eine objektive Anknüpfung.[88]

68 Wählen die Parteien das Recht des Staates, in dem sich ein **Teilrisiko** befindet, gilt das gewählte Recht auch für das in einem anderen Mitgliedstaat belegene andere Teilrisiko. Auf diese Weise kann eine Vertragsspaltung (vgl. Rn. 95 f.) vermieden werden. Da bei einer Risikobelegenheit in mehreren Staaten aber ohne Rechtswahl eine solche Vertragsspaltung nach Abs. 5 einträte (vgl. Rn. 95), kann die Herbeiführung ebendieses Ergebnisses durch eine (dann lediglich konfirmativ wirkende) Rechtswahl nicht ausgeschlossen sein, so dass die Parteien auch jedes Teilrisiko seinem eigenen Belegenheitsrecht unterstellen können. Die Risikobelegenheit bestimmt sich nach den in Rn. 27 ff. dargestellten Regeln. Sämtliche Teilrisiken müssen in Mitgliedstaaten belegen sein. Ist dies bei einem oder bei sämtlichen Teilrisiken nicht der Fall, ergibt sich eine Wahlmöglichkeit im Hinblick auf die nicht in einem Mitgliedstaat belegenen Risiken nach den Art. 4 und 6 Abs. 2 VO Rom I (vgl. Rn. 5).

69 Die Wahl des **Aufenthaltsrechts** des Versicherungsnehmers (zur Bestimmung des gewöhnlichen Aufenthaltes vgl. Art. 19 Rn. 5 ff.) wäre bereits nach lit. b möglich gewesen. Befindet sich der gewöhnliche Aufenthalt des Versicherungsnehmers (zum Zeitpunkt des Vertragsschlusses) in einem **Nichtmitgliedstaat**, kann auch dieses Recht gewählt werden.

70 **Beispiele:** (1) Ein Unternehmen mit Hauptverwaltungssitz in Deutschland schließt bei einem deutschen Versicherer eine Maschinenversicherung ab, die sich auf Industrieanlagen in belgischen und französischen Zweigwerken bezieht. (In concreto soll es sich nicht um ein Großrisiko i.S. von Abs. 2 handeln). Hier liegen Teilrisiken in Belgien und Frankreich (vgl. Rn. 43 f.). Es kann daher sowohl belgisches, französisches wie deutsches Versicherungsrecht (dieses als Recht des gewöhnlichen Aufenthalts des Versicherungsnehmers, vgl. Art. 19 Abs. 1 Unterabs. 1 VO Rom I) für den *gesamten Vertrag* gewählt werden. (2) Ein Unternehmen mit Hauptverwaltungssitz in der Schweiz schließt bei einem deutschen Versicherer eine Maschinenversicherung ab, die sich auf Industrieanlagen in belgischen wie französischen Zweigwerken bezieht. Wegen der Belegenheit der Teilrisiken in Belgien und Frankreich kann auch in diesem Fall wiederum das belgische oder französische Versicherungsvertragsstatut gewählt werden, daneben aber auch – obschon das Recht eines Nicht-Mitgliedstaates der EU – schweizerisches Recht, weil der Versicherungsnehmer seinen gewöhnlichen Aufenthalt in der Schweiz hat.

71 **f) „Rechtswahl kraft Verweisung" (Abs. 3 Unterabs. 2).** Eine ungewöhnliche Regelung in Gestalt einer „Rechtswahl kraft Verweisung" enthält **Abs. 3 Unterabs. 2.** Sieht nämlich das von den Parteien nach Abs. 3 Unterabs. 1 lit. a, b oder e **wählbare Recht** des Staates der Risikobelegenheit oder des Staates, in dem der Versicherungsnehmer seinen gewöhnlichen Aufenthalt hat, in seinem nationalen Kollisionsrecht (zum Zeitpunkt des Vertragsschlusses) eine weitergehende Rechtswahlfreiheit für Versicherungsverträge vor, wird dieses Mehr an Rechtswahlfreiheit in die Verordnung „implantiert". Die Parteien können dann auch von einem in der VO nicht vorgesehenen Rechtswahltatbestand Gebrauch machen.

---

[88] Vgl. Berliner Kommentar/Dörner Art. 9 EGVVG Rn. 30; Langheid/Wandt/*Looschelders* IntVersR Rn. 90.

Damit wird hier – in Übereinstimmung mit Art. 10 Abs. 3 EGVVG (vgl. Einführung Rn. 40 f.) und mit der vorangehenden Richtlinienbestimmung des Art. 7 Abs. 1 lit. d der Zweiten Schadensversicherungsrichtlinie[89] – den Mitgliedstaaten gleichzeitig unausgesprochen die **Option eingeräumt**, über die Wahlmöglichkeiten des Art. 7 Abs. 3 Unterabs. 1 VO Rom I hinaus in ihrem **nationalen Recht weitere Rechtswahltatbestände** vorzusehen. Das ist nicht unbedenklich, weil damit einerseits die zum Schutze des Versicherungsnehmers in Abs. 3 Unterabs. 1 vorgesehenen Beschränkungen der Parteiautonomie ausgehebelt werden könnten und andererseits die Vereinheitlichung des Internationalen Versicherungsvertragsrechts in den Mitgliedstaaten auf Spiel gesetzt wird.[90] Immerhin stellt Abs. 3 Unterabs. 2 die in einem Mitgliedstaat geschaffenen zusätzlichen Wahlmöglichkeiten allen Vertragsparteien zur Verfügung, wenn entweder der gewöhnliche Aufenthalt des Versicherungsnehmers oder eine (Teil-)Risikobelegenheit auf diesen Staat verweist. **72**

Führen die **Verweisungen des Unterabs. 2** zu **unterschiedlichen Rechtsordnungen**, können die Parteien in jeder Rechtsordnung etwa vorhandene Zusatzoptionen nutzen (alternative Verweisung[91]) und für ihren Vertrag beispielsweise von derjenigen Wahlmöglichkeit Gebrauch machen, die ihnen weitestgehende Parteiautonomie gewährt.[92] Befindet sich allerdings der gewöhnliche Aufenthalt des Versicherungsnehmers (bzw. der Sitz seiner Hauptverwaltung, vgl. Art. 19 Abs. 1 VO Rom I) in einem Nichtmitgliedstaat, können die Parteien nicht auf die Wahlmöglichkeiten des Aufenthaltsrechts zurückgreifen, weil es nach dem Wortlaut des Unterabs. 2 eben ein Mitgliedstaat sein muss, der die Wahloption einräumt. Sofern in den Fällen der lit. a (in Verbindung mit Abs. 5, vgl. Rn. 85 ff.) und lit. e das Risiko in mehreren Mitgliedstaaten belegen ist, bezieht sich eine weitergehende Wahlmöglichkeit, die einer dieser Staaten gewährt, zunächst nur auf das in diesem Staat belegene Teilrisiko, es sei denn, dass das nationale Kollisionsrecht dieses Staates seinerseits eine teilstatutübergreifende Rechtswahl zulässt. In diesem Fall steht den Parteien auch eine solche weitergehende Gestaltungsmöglichkeit offen. **73**

Die zusätzlichen Wahlmöglichkeiten des betreffenden Mitgliedstaates stehen aber nur insoweit zur Verfügung, als sie sich auf **Risiken** beziehen, die **innerhalb eines Mitgliedstaates belegen** sind. Wahlmöglichkeiten, die (wie Art. 3 oder Art. 6 Abs. 2 VO Rom I) für außerhalb der Mitgliedstaaten belegene Risiken eröffnet werden, erfasst die Verweisung in Unterabs. 2 dagegen nicht. Diese Beschränkung erschließt sich einerseits aus einer systematischen Interpretation, weil die Wahlmöglichkeiten des Abs. 3 für Versicherungsverträge gelten, die „nicht unter Absatz 2 fallen", also in einem Mitgliedstaat belegene Massenrisiken decken sollen (arg. Abs. 1 Satz 1, 2. Fall), und andererseits auch aus historischer Perspektive, weil der zugrunde liegende Art. 7 Abs. 1 lit. d der Zweiten Schadensversicherungsrichtlinie seine Ermächtigung auf innerhalb der Mitgliedstaaten belegene Risiken beschränkte.[93] In diesen Grenzen können die Mitgliedstaaten allerdings Parteiautonomie bis hin zur freien Rechtswahl gewähren, ohne dass der Wahlfreiheit etwa durch eine (analoge) Anwendung des Art. 6 Abs. 2 VO Rom I Grenzen gezogen würden.[94] Allerdings sind in diesem Fall Art. 46b EGBGB und damit die in Abs. 3 Nr. 1 **74**

---

89 ABl. EG **1988** Nr. L 172 S.1.

90 Vgl. auch *Heiss* FS Kropholler 459, 471; Rauscher/*Fricke* Art. 7 Rom I-VO Rn. 22.

91 Zu Art. 10 Abs. 3 EGVVG vgl. bereits Berliner Kommentar/*Dörner* Art. 10 EGVVG Rn. 41 m.w.N.

92 Dazu auch *Heiss* FS Kropholler 459, 471.

93 Vgl. *Mankowski* VersR **1993** 159 f.; Berliner Kommentar/*Dörner* Art. 10 EGVVG Rn. 42

94 Vgl. *Heinze* NIPR **2009** 445, 449; anders *Heiss* FS Kropholler 459, 472.

und 4 der Vorschrift genannte Klauselrichtlinie bzw. die Richtlinie über den Fernabsatz von Finanzdienstleistung zu beachten (vgl. Art. 46b EGBGB Rn. 4).[95]

75 Von der Möglichkeit, in Bezug auf internationale Versicherungsverträge weitere Wahlmöglichkeiten zu schaffen, haben die **Mitgliedstaaten** in **unterschiedlichem Umfang** Gebrauch gemacht.[96] Der deutsche Gesetzgeber hatte in Art. 9 Abs. 4 EGVVG (Korrespondenzversicherungen, vgl. Einführung Rn. 28) und in Art. 10 Abs. 2 EGVVG (Rechtwahl durch gewerblich und freiberuflich tätige Versicherungsnehmer, vgl. Einführung Rn. 36) zusätzliche Wahlmöglichkeiten geschaffen, die aber mit dem Außerkrafttreten des EGVVG am 17.12.2009 wieder entfallen sind.

76 Unterabs. 2 nimmt zwar auf ein fremdes Kollisionsrecht Bezug, stellt aber **keine Gesamtverweisung** (vgl. Art. 4 Abs. 1 Satz 1 EGBGB) dar[97] mit der Folge, dass die Kollisionsnormen der konkret zur Anwendung gelangenden Rechtsordnungen zu prüfen wären. Denn die Rechtswahlmöglichkeit besteht nicht erst dann, wenn die Parteien eines der nach lit. a, b oder e wählbaren Rechte gewählt *haben*, sondern bereits dann, wenn die angesprochenen Mitgliedstaaten eine solche Wahlmöglichkeit **„einräumen"**, die Parteien also ein bestimmtes Recht *wählen könnten*.[98] Außerdem ist den von Unterabs. 2 in Bezug genommenen Rechtsordnungen nach Unterabs. 1 lit. a, b und e nur die **Zulässigkeit** einer weitergehenden Rechtswahl zu entnehmen. Die Voraussetzungen der Rechtswahl selbst unterliegen dann analog Art. 3 Abs. 5 i.V. mit Art. 10 Abs. 1 VO Rom I dem gewählten Recht. Sollte dieses Recht etwa eine Wahlmöglichkeit nur für bestimmte Versicherungsvertragstypen oder Risiken vorsehen oder das Vorliegen zusätzlicher Anknüpfungselemente (etwa: inländischer gewöhnlicher Aufenthalt des Versicherungsnehmers) verlangen oder den Kreis der wählbaren Rechte einengen, so müssen die Parteien diesen Einschränkungen Rechnung tragen. [99]

3. Objektive Anknüpfung (Abs. 3 Unterabs. 3)

77 In Ermangelung einer Rechtswahl wird von Abs. 3 Unterabs. 3 für Versicherungsverträge zur Deckung von Massenrisiken das Recht des Mitgliedstaates berufen, in dem das **Risiko belegen** ist. Der Ort der Risikobelegenheit wird nach Abs. 6 i.V. mit den Richtlinienvorgaben bestimmt (vgl. Rn. 27 ff.). Dabei kommt es auf die Risikobelegenheit zum Zeitpunkt des Vertragsschlusses an; ein späterer Wechsel der Anknüpfungstatsachen führt somit nicht zur Maßgeblichkeit eines anderen Vertragsstatuts, so dass insbesondere die dem Vertrag ursprünglich zugrunde liegenden AVB weiterhin ihre Bedeutung behalten.[100] Da Art. 7 Abs. 3 Unterabs. 1 allerdings auf Art. 3 der VO verweist, steht es den Parteien frei, zu einem späteren Zeitpunkt nach Maßgabe von Art. 3 Abs. 2 Satz 1 VO Rom I ein anderes (in Abs. 3 Unterabs. 1 vorgesehenes) Vertragsstatut zu wählen. Eine Ausweichklausel sieht die VO in diesem Zusammenhang nicht vor. Zur Rechtslage bei Mehrfachbelegenheit von Risiken vgl. Rn. 93.

---

[95] Ebenso im Ergebnis *Heiss* FS Kropholler 459, 473.

[96] Vgl. näher die rechtsvergleichende Darstellung bei *Stehl* 41 ff.; insbesondere zum englischen Recht *Merret* JPIL **2009** 49, 60,

[97] Vgl. aber *Heinze* NIPR **2009** 44, 449; Ferrari/*Staudinger* Art. 7 Rom I-VO Rn. 44; wie hier Looschelders/Pohlmann/*Schäfer* Int. Versicherungsvertragsrecht Rn. 102.

[98] Vgl. *Mankowski* VersR **1993** 154, 157; Langheid/Wandt/*Looschelders* IntVersR Rn. 91; Rauscher/*Fricke* Art. 7 Rom I-VO Rn. 22

[99] Vgl. bereits Berliner Kommentar/*Dörner* Art. 10 EGVVG Rn. 40.

[100] Vgl. Langheid/Wandt/*Looschelders* IntVersR Rn. 101.

E. Anknüpfung von Pflichtversicherungen (Abs. 4)

Pflichtversicherungen (zum Begriff vgl. Art. 46c EGBGB Rn. 8 f.) sperren sich gegen eine Subsumtion unter allseitige, also in- wie ausländisches Recht gleichermaßen berufende Kollisionsnormen, weil der die Versicherung vorschreibende Staat mit seiner Anordnung in der Regel **öffentliche Interessen** verfolgen und demzufolge bestrebt sein wird, die Beachtung der Versicherungspflicht auch bei Geltung eines fremden Versicherungsvertragsstatuts durchzusetzen – dadurch etwa, dass er seiner eigenen, eine Versicherungspflicht statuierenden Vorschrift aufgrund einer einseitigen Kollisionsnorm (vgl. auch Art. 9 VO Rom I mit Rn. 1) zur Anwendung verhilft. Dadurch kann der internationale Entscheidungseinklang empfindlich gestört werden, wenn der Versicherungspflichtige den Abschluss einer Versicherung unterlässt und infolgedessen nach dem Recht des Anordnungsstaates mit zivil-, gewerbe- oder strafrechtlichen Sanktionen rechnen muss, obwohl das aus der Sicht eines anderen Staates maßgebende Versicherungsvertragsstatut keinerlei Versicherungspflicht vorsieht. Um Rechtsanwendungsschwierigkeiten dieser Art zu vermeiden, enthält Abs. 4 Sonderregeln für den Fall, dass ein Mitgliedstaat für bestimmte Risiken eine Versicherungspflicht vorsieht. **78**

I. Öffnungsklausel zur Schaffung einer nationalen Kollisionsnorm (Abs. 4 lit. b)

Abs. 4 lit. b enthält eine sog. **„Öffnungsklausel"**. Sie gestattet den Mitgliedstaaten die Schaffung einer nationalen Sonderkollisionsnorm, welche die Rechtsordnung desjenigen Mitgliedstaates als Versicherungsvertragsstatut beruft, der eine Verpflichtung zum Abschluss einer bestimmten Versicherung angeordnet hat. Das so berufene Recht des Anordnungsstaates geht dann den Abs. 2 und Abs. 3 in der Anwendung vor. **79**

Der deutsche Gesetzgeber hat von dieser Möglichkeit Gebrauch gemacht und in **Art. 46c Abs. 1 EGBGB** vorgesehen, dass bei Anordnung einer Versicherungspflicht durch einen Mitgliedstaat das Recht des Anordnungsstaates zur Anwendung berufen sein soll (und damit sowohl die für Groß- wie auch die für Massenrisiken geltenden Anknüpfungsregeln verdrängt). Damit wird der internationale Entscheidungseinklang (vgl. Rn. 78) gesichert. Die Verweisung auf das Recht des Anordnungsstaates steht aber unter dem Vorbehalt, dass der betreffende Mitgliedstaat sein Recht auch **selbst angewandt wissen** will (näher Art. 46c EGBGB Rn. 10). Eine entsprechende Geltungsanordnung für die von deutschen Rechtsnormen statuierten Versicherungspflichten enthält Art. 46c Abs. 2 EGBGB (vgl. ebda Rn. 19 ff.). Zur Rechtslage, wenn eine Versicherungspflicht von mehreren Mitgliedstaaten angeordnet wird, vgl. Art. 46c EGBGB Rn. 14. **80**

II. Berücksichtigung der von einem Mitgliedstaat angeordneten Versicherungspflicht (Abs. 4 lit. a)

Hat ein Mitgliedstaat von der **Öffnungsklausel** des Abs. 2 (noch) **keinen Gebrauch** gemacht, so wird **aus der Sicht dieses Staates** das maßgebende Sachrecht **weiterhin** nach den **Anknüpfungsregeln der Abs. 2 und 3** bestimmt. Das so bestimmte Vertragsstatut entscheidet dann darüber, ob eine Versicherungspflicht besteht und welche Voraussetzungen der Vertrag erfüllen muss, um dieser Pflicht zu genügen. Das wird von Abs. 4 lit. a als selbstverständlich vorausgesetzt. **81**

82 Wie aber ist zu verfahren, wenn ein Mitgliedstaat, der *nicht* das Vertragsstatut stellt, eine Versicherungspflicht angeordnet hat? Dies mag der eingangs in Rn. 81 genannte Mitgliedstaat, aus dessen Sicht die Rechtslage zu beurteilen ist, aber auch ein dritter Mitgliedstaat sein. Aus dem nicht sonderlich klaren (auf Art. 8 Abs. 2 und 3 der Zweiten Schadensversicherungsrichtlinie[101] zurückgehenden) Abs. 4 lit. a ergibt sich jedenfalls, dass die Anordnung einer Versicherungspflicht auch in einer solchen Konstellation nicht folgenlos bleiben soll. Der Vertrag muss nämlich gleichwohl der von dem Anordnungsstaat vorgeschriebenen Versicherungspflicht genügen, obwohl das zur Anwendung berufene Statut eine solche Pflicht möglicherweise gar nicht vorsieht. Andernfalls werden – durch Abs. 4 lit. a Satz 1 unausgesprochen legitimiert – die von dem Anordnungsstaat für diesen Fall vorgesehenen zivil- und öffentlich-rechtlichen Sanktionen ausgelöst. Nach h.M. soll es sich dabei um eine Sonderanknüpfung der in dem Anordnungsstaat geltenden Regeln über die Versicherungspflicht handeln mit der Folge, dass diese Vorschriften neben den Bestimmungen des Vertragsstatuts parallel zur Anwendung kommen.[102] Richtig daran ist, dass jedenfalls **der Anordnungsstaat** diese seine Vorschriften als Eingriffsnormen ansehen und ihnen aufgrund einer einseitigen Kollisionsnorm zur Anwendung verhelfen wird. Der Wortlaut des Abs. 4 lit. a und die in Art. 9 Abs. 3 VO Rom I zum Ausdruck kommende Zurückhaltung gegenüber ausländischen Eingriffsnormen sprechen jedoch eher dafür, dass Abs. 4 lit. a keine, in den anderen Mitgliedstaaten zu beachtende und neben die Abs. 2 und 3 tretende kollisionsrechtliche Verweisung auf das Recht des Anordnungsstaates ausspricht – dazu hätte der Staat, aus dessen Perspektive zu entscheiden ist, von der Öffnungsklausel der lit. b Gebrauch machen müssen –, sondern lediglich eine **faktische Berücksichtigung** der in dem Anordnungsstaat bestehenden Versicherungspflicht und der dort bei Nichtbeachtung vorgesehenen Rechtsfolgen auferlegt.[103]

83 **Im Verhältnis zum Anordnungsstaat** kann der Versicherungspflichtige nach **Abs. 4 lit. a Satz 2** nicht geltend machen, dass der Staat der Risikobelegenheit keine Versicherungspflicht vorschreibt oder dass der Vertrag den Kriterien der im Belegenheitsstaat angeordneten Versicherungspflicht sehr wohl genügt. Im Konflikt beider Rechte setzt sich das Recht des Anordnungsstaates durch, und zwar nicht nur im Hinblick auf das nach Abs. 3 Unterabs. 3 bei Verträgen über Massenrisiken als Vertragsstatut objektiv bestimmte Recht der Risikobelegenheit, wie Satz 2 dies zum Ausdruck bringt, sondern auch gegenüber den für Großrisiken geltenden Anknüpfungen des Abs. 2 sowie gegenüber einem von den Parteien nach Abs. 3 Unterabs. 1 und 2 gewählten Recht (Redaktionsversehen![104]).

84 Aus der **Sicht des deutschen Rechts** kommt dem Abs. 4 lit. a angesichts der in Art. 46c Abs. 1 EGBGB enthaltenen Verweisung keine Bedeutung mehr zu.

---

[101] Richtlinie 88/357/EWG v. 22.6.1988 ABl. EG **1988** Nr. L 172 S. 1.

[102] *Martiny* RIW **2009** 737, 759; *Heinze* NIPR **2009** 445, 451; *Perner* IPRax **2009** 218, 222; Rauscher/*Fricke* Art. 7 Rom I-VO Rn. 24; Ferrari/*Staudinger* Art. 7 Rom I-VO Rn. 51; wohl auch Looschelders/Pohlmann/*Schäfer* Int. Versicherungsvertragsrecht Rn. 117.

[103] Ebenso möglicherweise Staudinger/*Armbrüster* Art. 7 Rom I-VO Rn. 24.

[104] Anders *Lagarde/Tenenbaum* RCDIP **2008** 727, 768 f.

F. Risikobelegenheit in mehreren Staaten (Abs. 5)

Ein **Risiko** kann in **mehreren Staaten belegen** sein, wenn sich ein und dieselbe Police 85
auf Grundstücke oder Gebäude in mehreren Staaten, auf Fahrzeuge mit Zulassung in mehreren Staaten oder – wenn es sich bei dem Versicherungsnehmer um eine juristische Person handelt – auf Niederlassungen des Unternehmens bezieht, die sich in mehreren Staaten befinden (Abs. 6 i.V. mit Art. 13 Nr. 13 lit. a, b und d (ii) der Richtlinie Solvabilität II, vgl. dazu Rn. 27 ff.). Dagegen kann Art. 13 Nr. 13 lit. d (i), wenn der Versicherungsnehmer eine natürliche Person ist, nicht zu einer mehrfachen Risikobelegenheit führen, wenn man – wie hier – davon ausgeht (vgl. Rn. 39), dass jede natürlich Person nur einen einzigen gewöhnlichen Aufenthalt haben kann. Die rechtliche Behandlung einer solchen Mehrfachbelegenheit hängt davon ab, ob das Risiko in mehreren **Mitgliedstaaten** zu lokalisieren ist (Rn. 86 ff.), ob es sich in (mindestens) einem Mitgliedstaat und (mindestens) einem **Nichtmitgliedstaat** (Rn. 98 ff.) oder aber in mehreren Nichtmitgliedstaaten befindet (Rn. 102).

I. Risikobelegenheit in mehreren Mitgliedstaaten (Abs. 5)

Eine gesetzliche Regelung für den Fall, dass der Versicherungsvertrag in mehr als 86
einem Mitgliedstaat belegene Risiken abdeckt, enthält **Abs. 5**. Diese Vorschrift ist aber unvollständig, weil sie sich nur mit der objektiven Anknüpfung der **Verträge über Massenrisiken** (Abs. 3 Unterabs. 3) sowie mit **Pflichtversicherungen** (Abs. 4) befasst. Offen bleibt einerseits, wie Verträge über **Großrisiken** bei Mehrfachbelegenheit zu behandeln sind, und andererseits auch, welche **Rechtswahlmöglichkeiten** den Parteien bei mehrfacher Risikobelegenheit offen stehen.[105] Lösungen sind auf der Grundlage von Art. 7 VO Rom I zu entwickeln, weil diese Vorschrift nach ihrem Abs. 1 in diesen Fällen ohne weiteres zur Anwendung kommt.

1. Mehrfachbelegenheit und Rechtswahl (Abs. 2 Unterabs. 1 und Abs. 3 Unterabs. 1 und 2)

a) **Großrisiken.** Bei Belegenheit eines **Großrisikos in mehreren Mitgliedstaaten** – ein 87
Großunternehmen schließt etwa für seine in verschiedenen Staaten befindlichen Produktionsstätten eine einheitliche Produkthaftpflichtversicherung ab (vgl. Rn. 43) – steht es den Vertragsparteien frei, nach Art. 7 Abs. 2 Unterabs. 1 i.V. mit Art. 3 Abs. 1 Satz 1 VO Rom I entweder den Vertrag insgesamt einem einheitlichen Statut zu unterstellen oder aber gemäß Art. 3 Abs. 1 Satz 3 VO Rom I das maßgebende Recht für jedes Teilrisiko separat festzulegen. In diesem letzten Fall tritt eine Vertragsspaltung (Rn. 95) ein. Haben die Parteien nach Art. 3 Abs. 1 Satz 3 VO Rom I eine Rechtswahl nur bezüglich eines Teilrisikos getroffen, so wird der Vertragsrest objektiv angeknüpft.[106]

b) **Massenrisiken.** Beim Abschluss eines Vertrages über **Massenrisiken** und Belegen- 88
heit des Risikos in mehreren Mitgliedstaaten stellt sich im Hinblick auf die Anwendung von **Abs. 3 Unterabs. 1 lit. a (Wahl des Rechts des Belegenheitsstaates)** die Frage, ob die Parteien das Recht eines jeden Staates, in welchem ein Teilrisiko belegen ist, für das

---

[105] Vgl. auch *Heinze* NIPR **2009** 445, 450.

[106] Vgl. bereits Berliner Kommentar/*Dörner* Art. 11 EGVVG Rn. 8; Langheid/Wandt/*Looschelders* IntVersR Rn. 65.

jeweilige Risiko zum Vertragsstatut bestimmen und damit eine Vertragsspaltung (Rn. 95) herbeiführen können, oder ob es ihnen auch gestattet sein sollte, das Recht des Staates, in welchem ein Teilrisiko belegen ist, in Bezug auf den Vertrag insgesamt zum Vertragsstatut zu erheben. Die erste Option steht außer Frage: Da Abs. 5 für Versicherungsverträge ohne Rechtswahl eine solche **Vertragsspaltung** anordnet, besteht schlechterdings keine Veranlassung, den Parteien eine zu demselben Ergebnis führende (affirmative) Rechtswahl zu versagen.

89 Ob die Parteien dagegen das Statut eines Teilrisikos auf den **Vertrag insgesamt erstrecken** können, war für die Vorgängernorm des Art. 9 Abs. 1 EGVVG heftig umstritten.[107] Für eine solche Erstreckung spricht, dass sich damit eine Vertragsspaltung und die sich daraus ergebenden Unzuträglichkeiten (vgl. Rn. 96) vermeiden ließen. Dagegen lässt sich aber ins Feld führen, dass ein solches Vorgehen von Abs. 3 Unterabs. 1 lit. e ausdrücklich nur beruflich gewandten Versicherungsnehmern für den Abschluss berufsbezogener Verträge gestattet wird, woraus dann im Umkehrschluss die Unzulässigkeit einer entsprechenden teilstatutübergreifenden Rechtswahl für den privat tätigen Versicherungsnehmer zu folgern wäre.[108] Dieses systematische Argument erscheint überzeugend, so dass eine sich darüber hinwegsetzende Rechtswahl nicht zulässig ist.

90 Vor dem Hintergrund der in Abs. 3 Unterabs. 1 erfolgten Bezugnahme auf Art. 3 Abs. 1 Satz 3 VO Rom I (vgl. Rn. 52) erscheint es allerdings auch zulässig, dass die Parteien das eine Teilrisiko dem **Belegenheitsrecht** und das andere dem nach Abs. 3 Unterabs. 1 lit. b ebenfalls wählbaren **Aufenthaltsrecht** unterstellen.[109]

91 Nach **Abs. 3 Unterabs. 1 lit. d** kann das Recht eines anderen Mitgliedstaates als das des Risikobelegenheitsstaates gewählt werden, wenn die durch den Vertrag gedeckten **Schadensfälle** nur in jenem Staat und nicht in dem Staat der Risikobelegenheit eintreten können (vgl. Rn. 63). Diese Wahlmöglichkeit besteht auch bei einer Risikobelegenheit in mehreren Mitgliedstaaten, sofern nur der Staat des potentiellen Schadenseintritts ein anderer ist. **Beispiel**: Eine einheitliche Produkthaftpflichtversicherung für mehrere Betriebsstätten in verschiedenen Mitgliedstaaten (Mehrfachbelegenheit des Risikos, vgl. Rn. 43) deckt nur Schäden ab, die sich in einem bestimmen Staat X realisieren. Eine Wahlmöglichkeit besteht dagegen dann nicht, wenn die Schadensfälle in mehreren Mitgliedstaaten eintreten können (vgl. Rn. 63).

92 Eine ausdrückliche Regelung erfährt die Rechtslage bei Risikobelegenheit in mehreren Mitgliedstaaten in **Abs. 3 lit. e.** Bei einer gewerblichen, industriellen oder freiberuflichen **Tätigkeit des Versicherungsnehmers** und einer Berufsbezogenheit des versicherten Risikos können die Parteien entweder den **Vertrag insgesamt** entweder dem Recht des Versicherungsnehmeraufenthalts oder dem Recht eines jeden Staates unterstellen, in welchem ein **Teilrisiko** belegen ist. Daneben erscheint auch die Wahl des jeweiligen Teilstatuts nur für das in dem betreffenden Staat belegene Risiko möglich, so dass es zu einer Vertragsspaltung kommt (vgl. Rn. 68).

93 Die in **Abs. 3 Unterabs. 2** vorgesehene **Rechtswahl kraft Verweisung** gestattet bei mehrfacher Risikobelegenheit den Parteien eine **zusätzliche Wahl** derjenigen Statute, die

---

[107] Vgl. nur die Nachw. zum Streitstand bei Berliner Kommentar/*Dörner* Art. 9 Rn. 18.

[108] Vgl. bereits Berliner Kommentar/*Dörner* Art. 9 EGVVG Rn. 19; zum geltenden Recht *Heiss* FS Kropholler 459, 460; *Heinze* NIPR 2009 445, 450; Langheid/Wandt/*Looschelders* IntVersR Rn. 73; wohl auch Ferrari/*Staudinger*, Art. 7 Rom I-VO Rn. 35.

[109] Vgl. bereits Berliner Kommentar/*Dörner* Art. 9 EGVVG Rn. 17; Looschelders/Pohlmann/*Schäfer* Int. Versicherungsvertragsrecht Rn. 79.

nach dem Kollisionsrecht des Aufenthaltsstaates des Versicherungsnehmers (Abs. 3 Unterabs. 1 lit. b) oder nach dem Kollisionsrecht des Staates, in welchem ein Teilrisiko belegen ist (lit. a und e) gewählt werden können. Ein nach Abs. 3 Unterabs. 2 in Bezug genommenes Kollisionsrecht entscheidet dann auch darüber, ob es nur eine auf das jeweilige Teilrisiko bezogene Rechtwahl (Folge: Vertragsspaltung, vgl. Rn. 95) oder aber eine teilstatutübergreifende und somit den gesamten Vertrag erfassende Wahl zulassen will (vgl. Rn. 73).

1. Mehrfachbelegenheit bei objektiver Anknüpfung (Abs. 2 Unterabs. 2 und Abs. 3 Unterabs. 3)

a) **Großrisiken.** Haben die Parteien bei der Versicherung eines **Großrisikos** keine **94**
Rechtwahl vorgenommen, kommt in erster Linie nach Abs. 2 Unterabs. 2 Satz 1 das Recht des Staates zur Anwendung, in dem der Versicherer seinen gewöhnlichen Aufenthalt, d.h. den Sitz seiner Hauptverwaltung (Art. 19 Abs. 1 Unterabs. 1 VO Rom I) hat. Ob das Risiko hier in einem oder mehreren Staaten belegen ist, bleibt in diesem Zusammenhang ohne Belang.[110]

b) **Massenrisiken.** Deckt der Versicherungsvertrag **Massenrisiken**, die **in mehreren** **95**
Mitgliedstaaten belegen sind, und haben die Parteien kein Vertragsstatut bestimmt, wird die in **Abs. 3 Unterabs. 3** vorgesehene Belegenheitsanknüpfung durch **Abs. 5** in der Weise präzisiert, dass der Vertrag als aus mehreren, sich jeweils nur auf ein Teilrisiko beziehenden Verträgen bestehend angesehen werden soll (**Vertragsspaltung**), die dann jeweils dem Recht der jeweiligen Teilrisikobelegenheit unterstehen (**Statutenspaltung**). Der Vertrag wird damit im Hinblick auf jedes Teilrisiko als eigene rechtliche Einheit behandelt und abgewickelt. Das jeweilige Teilstatut entscheidet also z.B. darüber, ob ein Vertrag materiell wirksam zustande gekommen bzw. (durch Aufhebung, Kündigung, Rücktritt usw.) wieder beendet wurde, welche Risiken er deckt, wie seine Vereinbarungen und Klauseln auszulegen sind, welche Rechte den Parteien zustehen und welche Leistungs- und Nebenpflichten sie treffen. Über die vertragsakzessorische Anknüpfung der culpa in contrahendo nach Art. 12 VO Rom II können auch vorvertragliche Informationspflichtverletzungen der einen oder anderen Partei (vgl. Art. 1 VO Rom I Rn. 8 ff.) teilstatutspezifische Rechtsfolgen auslösen.[111] Diese separate Behandlung der einzelnen Teilrisiken ist unpraktikabel, behindert die Ausstellung länderübergreifender Policen, führt zu einer unübersichtlichen Rechtslage und sollte – soweit möglich – durch eine Rechtswahl vermieden werden.[112]

---

[110] Um einen Fall der Mehrfachbelegenheit handelt es sich nicht, wenn Verträge im Wege einer (offenen) Mehrfachversicherung (vgl. im deutschen Recht §§ 77 ff. VVG) mit mehreren Versicherern als Teilschuldnern geschlossen werden, die ihren Sitz in unterschiedlichen Staaten haben. In einem solchen Fall sollte (ggf. über die Ausweichklausel des Art. 4 Abs. 3 VO Rom I) auf den Sitz des führenden Versicherers abgestellt, hilfsweise das Recht des Versichererstaates herangezogen werden, zu dem der Vertrag die engste Beziehung aufweist. Entsprechendes gilt auch, wenn die in mehreren Staaten ansässigen Versicherer (ausnahmsweise) als Gesamtschuldner haften, vgl. dazu auch Rauscher/*Fricke* Art. 7 Rom I-VO Rn. 46).

[111] Vgl. *Heinze* NIPR **2009** 445, 448.

[112] Zutreffend Rauscher/*Fricke* Art. 7 Rom I-VO Rn. 44 f.; vgl. auch Ferrari/*Staudinger* Art. 7 Rom I-VO Rn. 56.

96 Allerdings bedeutet eine solche Vertragsspaltung nicht, dass die sich unter der Herrschaft des einen Teilstatuts ergebenden **Rechtsfolgen** nicht auch für die **rechtliche Behandlung** des einem **anderen Statut unterliegenden Teilrisikos bedeutsam** werden könnten.[113] Da die Parteien beim Abschluss ihres Vertrages häufig nicht an die Möglichkeit einer solchen Vertragsspaltung gedacht und ihren Vertrag im Zweifel als sinnvoll aufeinander bezogene einheitliche Regelung begriffen haben, werden materielle Wertungen daher häufig **teilstatutübergreifende Lösungen** erforderlich machen. Ist beispielsweise der Vertrag nach dem einen Teilstatut wirksam und nach dem anderen Teilstatut nichtig, angefochten, gekündigt oder durch Rücktritt oder Widerruf aufgehoben, muss das erstgenannte Statut darüber entscheiden, ob die auf das andere Teilrisiko bezogene Unwirksamkeit den gesamten Vertrag erfasst (vgl. dazu im deutschem Recht § 139 BGB: mutmaßlicher Parteiwille). Wenn der Versicherungsnehmer bei oder nach Vertragsschluss Umstände verschweigt, welche die Gefahr der Verwirklichung nur eines Teilrisikos erhöhen, kann dieses Verhalten unter der Herrschaft des anderen Statuts immerhin noch als vertragsgefährlicher Umstand relevant werden. Liegt im Hinblick auf das eine Teilrisiko eine Über- oder Unterversicherung vor, so lassen sich die dafür angeordneten Rechtsfolgen möglicherweise vermeiden, wenn das Missverhältnis zwischen Versicherungswert und -summe durch die in Bezug auf das andere Teilrisiko getroffenen Absprachen kompensiert wird.

3. Mehrfachbelegenheit und Pflichtversicherungen (Abs. 5)

97 Auch bei einer Mehrfachbelegenheit des Risikos beim Abschluss von Pflichtversicherungen tritt nach Abs. 5 eine Vertragsspaltung (Rn. 95) ein; sie betrifft nach dem Wortlaut der Vorschrift ohne weiteres auch Großrisiken.[114] Im Anwendungsbereich von Abs. 4 lit. a muss dann die Versicherung eines jeden **Teilrisikos** den Vorgaben des jeweiligen Belegenheitsstaates genügen. Aus deutscher Sicht ist für die Anknüpfung von Pflichtversicherungen Art. 46c Abs. 1 EGBGB einschlägig, der auf der Grundlage der in Abs. 4 lit. b enthaltenen Öffnungsklausel ergangen ist (vgl. Rn. 79 f.). Die sich aus der mehrfachen Risikobelegenheit bei der Anwendung von Art. 46c Abs. 1 EGBGB ergebende Rechtslage wird daher ebda in Rn. 15 ff. dargestellt.

II. Risikobelegenheit in Mitgliedstaat und Nichtmitgliedstaat

98 Die kollisionsrechtliche Behandlung von Verträgen, die gleichzeitig **innerhalb** und **außerhalb der EU belegene Risiken** decken, wird von der VO nicht geregelt. Während für die Versicherung von Großrisiken das zu Rn. 87, 94 Gesagte auch hier gilt, stellt sich bei Verträgen über Massenrisiken die Frage, ob Art. 7 VO Rom I im Hinblick auf dessen Abs. 1 S. 1, 2. Fall überhaupt zur Anwendung kommt. **Beispiel**: Ein Versicherungsnehmer mit gewöhnlichem Aufenthalt in Frankreich schließt bei einem deutschen Versicherer eine einheitliche Gebäudehaftpflichtversicherung für seine beiden Ferienhäuser in Schweden und in der Schweiz ab (zur Risikobelegenheit in Schweden und in der Schweiz

[113] Vgl. dazu bereits Berliner Kommentar/*Dörner* Art. 7 EGVVG Rn. 36; zustimmend *Perner* IPRax **2009** 218, 219; vgl. auch den Hinweis bei *Lagarde/Tenenbaum* RCDIP 2008 727, 771.

[114] Anders Ferrari/*Staudinger* Art. 7 VO Rom I Rn. 58; Staudinger/*Armbrüster* Vorbem. zu Art. 7 Rom I-VO Rn. 28.

vgl. Rn. 29). Einen Fingerzeig zur Lösung dieses Problems enthält Erwägungsgrund Nr. 33 zur VO, der zur Lückenfüllung heranzuziehen ist.

(33) Deckt ein Versicherungsvertrag, der kein Großrisiko deckt, mehr als ein Risiko, von denen mindestens eines in einem Mitgliedstaat und mindestens eines in einem Drittstaat belegen ist, so sollten die besonderen Regelungen für Versicherungsverträge in dieser Verordnung nur für Risiken gelten, die in dem betreffenden Mitgliedstaat bzw. den betreffenden Mitgliedstaaten belegen sind.

Dieser Lösungsvorschlag (der eigentlich als Norm in den Text der VO gehört hätte!) **99** läuft mithin ebenfalls auf eine **„Vertragsspaltung"** (Rn. 95) hinaus, und zwar in der Weise, dass auf die einzelnen Teilrisiken unterschiedliche Kollisionsnormkomplexe zur Anwendung gelangen. Das maßgebende Vertragsstatut ist, soweit sich der Vertrag auf ein in einem Mitgliedstaat (vgl. Art. 1 Abs. 4 Satz 2 VO Rom I) belegenes Risiko bezieht, nach den speziellen Kollisionsnormen der Abs. 2 und 3 der VO, und soweit er die in Nichtmitgliedstaaten belegene Risiken betrifft, nach den allgemeinen Anknüpfungsregeln der Art. 3, 4 und 6 VO Rom I zu ermitteln. Auch dieses Verfahren kann zur Folge haben, dass auf ein und denselben Vertrag – je nach versichertem Risiko – unterschiedliche Rechte zur Anwendung gelangen (Statutenspaltung).

Wird somit jeder Vertragsteil grundsätzlich als selbstständige Einheit angesehen, so **100** muss der Vertrag für jedes Teilrisiko mit den oben (Rn. 96) dargestellten missliebigen Folgen separat beurteilt und abgewickelt werden. Die Parteien können dies vermeiden, wenn sie für jedes Teilrisiko nach Maßgabe der darauf anwendbaren Kollisionsnormen eine selbstständige, im Ergebnis aber **aufeinander abgestimmte Rechtswahl** zugunsten ein und derselben Rechtsordnung treffen. Dies setzt freilich voraus, dass das in Abs. 3 Unterabs. 1 vorgesehene, von vornherein sehr eingeschränkte und bei Risikobelegenheit in einem Mitgliedstaat zum Zuge kommende und das bei Risikobelegenheit in Nichtmitgliedstaaten nach Art. 3 VO Rom I geltende, im Prinzip weite, aber möglicherweise bei Verbraucherverträgen durch Art. 6 Abs. 2 VO Rom I beschränkte modifizierte Konzept der Parteiautonomie eine solche koordinierte Rechtswahl überhaupt zulassen.[115] Abgesehen davon bleibt es den Parteien natürlich unbenommen, die durch eine Vertragsspaltung hervorgerufenen praktischen Probleme ganz pragmatisch durch den Abschluss zweier separater Versicherungsverträge zu vermeiden.[116]

Sind die Teilrisiken in einem Nichtmitgliedstaat und *mehreren Mitgliedstaaten* be- **101** legen, gelten für die letztgenannten die Ausführungen zu Rn. 85 ff. Befinden sich die Teilrisiken umgekehrt in einem Mitgliedstaat und daneben in **mehreren Nichtmitgliedstaaten**, gelten für diese die Ausführungen unten zu Rn. 102. Zur Mehrfachbelegenheit bei **Pflichtversicherungen** vgl. Art. 46c EGBGB Rn. 15 ff.

III. Risikobelegenheit in mehreren Nichtmitgliedstaaten

Auf Verträge über Massenrisiken mit Risikobelegenheit in mehreren Nichtmitglied- **102** staaten kommt Art. 7 Abs. 5 VO Rom I nicht zur Anwendung. Hier steht es den Parteien zunächst frei, unter den Voraussetzungen der Art. 3 Abs. 1 Satz 1 und 3 sowie Art. 6 Abs. 2 VO Rom I das **Vertragsstatut** zu **wählen** und insbesondere einzelne Teilrisiken

---

115 Dazu näher Berliner Kommentar/*Dörner* Art. 7 EGVVG Rn. 34.

116 Vgl. *E. Lorenz* FS Kegel (1987) 308.

separat dem Statut der jeweiligen Risikobelegenheit zu unterstellen. Im letzten Fall kommt es wiederum zu einer Vertragsspaltung (Rn. 95). Ohne Rechtswahl wird das Recht des gewöhnlichen Aufenthalts von Versicherer (Art. 4 Abs. 1 lit. b VO Rom I) oder Versicherungsnehmer (Art. 6 Abs. 1 VO Rom I) berufen, ohne dass es auf die Mehrfachbelegenheit des Risikos ankäme.[117] Für die Anknüpfung von **Großrisiken** gilt das zu Rn. 87 u. 94 Gesagte. Zur Mehrfachbelegenheit von **Pflichtversicherungen** vgl. Art. 46c EGBGB Rn. 15 ff.

Artikel 8. Individualarbeitsverträge

(nicht abgedruckt)

Artikel 9. Eingriffsnormen

(1) Eine Eingriffsnorm ist eine zwingende Vorschrift, deren Einhaltung von einem Staat als so entscheidend für die Wahrung seines öffentlichen Interesses, insbesondere seiner politischen, sozialen oder wirtschaftlichen Organisation, angesehen wird, dass sie ungeachtet des nach Maßgabe dieser Verordnung auf den Vertrag anzuwendenden Rechts auf alle Sachverhalte anzuwenden ist, die in ihren Anwendungsbereich fallen.

(2) Diese Verordnung berührt nicht die Anwendung der Eingriffsnormen des Rechts des angerufenen Gerichts.

(3) Den Eingriffsnormen des Staates, in dem die durch den Vertrag begründeten Verpflichtungen erfüllt werden sollen oder erfüllt worden sind, kann Wirkung verliehen werden, soweit diese Eingriffsnormen die Erfüllung des Vertrags unrechtmäßig werden lassen. Bei der Entscheidung, ob diesen Eingriffsnormen Wirkung zu verleihen ist, werden Art und Zweck dieser Normen sowie die Folgen berücksichtigt, die sich aus ihrer Anwendung oder Nichtanwendung ergeben würden.

Übersicht

A. Anknüpfung von Eingriffsnormen

1 **Eingriffsnormen der lex fori** (zu der auf die Rechtsprechung des EuGH[1] zurückzuführenden Definition vgl. **Abs. 1**) können nach der **Öffnungsklausel** des **Abs. 2** auch neben einem fremden Vertragsstatut zur Anwendung gelangen, und zwar sowohl bei objektiver Bestimmung des Vertragsstatuts wie auch im Falle einer Rechtswahl. In der

[117] Anders Rauscher/*Fricke* Art. 7 Rom I-VO Rn. 49: Bei objektiver Anknüpfung nach Art. 4 Abs. 3 Rom I-VO Anwendung des Rechts, in dessen Geltungsbereich die Mehrzahl der oder die wirtschaftlich bedeutsamsten Risiken belegen sind.

[1] Vgl. EuGH 23.11.1999 NJW **2000** 1553 (Arblade), vgl. auch EuGH 9.11.2000 VersR **2001** 617 (Ingmar), dazu *Jayme* IPRax **2001** 190; *Freitag/Leible* RIW **2001** 287.

Sache geht es dabei um Sachvorschriften, die öffentliche Interessen verfolgen und jeweils durch eine **vorgeschaltete** – in der Regel ungeschriebene – **einseitige Kollisionsnorm** zur Anwendung berufen werden (vgl. auch Erwägungsgrund Nr. 37 Satz 2). Auf diese Weise wird die Einhaltung für unverzichtbar angesehener inländischer Standards nicht erst – wie bei einem Rückgriff auf den ordre public des Art. 21 VO Rom I – im Wege einer nachträglichen Vereinbarkeitsprüfung, sondern bereits durch eine von vornherein neben die allgemeinen Kollisionsnormen tretende **Sonderanknüpfung** sichergestellt. Dabei ist allerdings – ebenso wie bei der Anwendung des Art. 21 VO Rom I (vgl. ebda Rn. 1) – ein hinreichender Inlandsbezug erforderlich.[2] Ob eine Sachnorm oder ein Komplex von Sachnormen der lex fori durch eine vorgeschaltete Kollisionsnorm zur Anwendung berufen werden soll, ist in den meisten Fällen durch Auslegung der betreffenden Sachnormen zu ermitteln.[3] Wird der Eingriffscharakter einer Norm bejaht, sind auch die Rechtsfolgen einer Verletzung der lex fori zu entnehmen. Führt ein Verstoß gegen eine Eingriffsnorm zur Nichtigkeit eines Rechtsgeschäfts, erfolgt die bereicherungsrechtliche Rückabwicklung gemäß Art. 12 Abs. 1 lit. e VO Rom I nach den Vorschriften des Vertragsstatuts.

Die Anwendung der **Eingriffsnormen eines ausländischen Vertragsstatuts** wird bereits **2** von den allgemeinen Verweisungsregeln der Art. 3, 4, 6 und 7 VO Rom I erfasst und bleibt daher von Art. 9 VO Rom I unberührt.[4]

Neben einem deutschen oder ausländischen Vertragsstatut kann der Rechtsanwender **3** aber auch den Eingriffsnormen eines **anderen ausländischen Staates** nach **Abs. 3 Satz 1 „Wirkung verleihen"**, wenn in diesem die Erfüllung des Vertrages erfolgen soll oder bereits erfolgt ist und diese Normen die **Erfüllung verbieten.** Die Frage, ob es sich in der Tat um Eingriffsnormen mit internationalem Geltungsanspruch handelt, entscheidet der betreffende ausländische Staat.[5] Als Erfüllungsort ist bei **Dienstleistungen** in erster Linie in Übereinstimmung mit Art. 5 Nr. 1 lit. b, zweiter Spiegelstrich der EuGVVO[6] der Ort in einem (Mitglied-)Staat anzusehen, an dem diese de facto erbracht worden sind oder hätten erbracht werden müssen.[7] Hier kommen bei Versichererleistungen (vgl. Art. 4 VO Rom I Rn. 5) vor allem der Versicherersitz oder der gewöhnliche Aufenthaltsort des Versicherungsnehmers in Betracht. Ob die Eingriffsnormen des Erfüllungsstaatlandes – im Wege einer Sonderanknüpfung – wirksam werden sollen, bleibt dem Gericht überlassen und scheint in das richterliche Ermessen gestellt zu sein, das allerdings bewusst ausgeübt werden muss.[8] Bei der Entscheidung darüber sollen „Art und Zweck der Normen" sowie die sich aus einer Anwendung oder Nichtanwendung ergebenden Rechtsfolgen in Betracht gezogen werden (**Abs. 3 Satz 2**). Zur Berücksichtigung auf der Ebene des materiellen Rechts vgl. Rn. 4.

---

2 Vgl. Ferrari/*Staudinger* Art. 9 Rom I-VO Rn. 11.

3 Ferrari/*Staudinger* Art. 9 Rom I-VO Rn. 7.

4 Ferrari/*Staudinger* Art. 9 Rom I-VO Rn. 44; Palandt/*Thorn* Art. 9 Rom I-VO Rn. 15.

5 *Armbrüster* VersR **2006** 1, 6; *Koch* VersR **2009** 141, 145.

6 VO (EG) Nr. 44/2001 des Rates über die gerichtliche Zuständigkeit und die Anerkennung und Vollstreckung von Entscheidungen in Zivil- und Handelssachen ABl. EG **2001** Nr. L 12 S. 1.

7 Vgl. näher HK ZPO/*Dörner* ZPO, 4. Aufl. (2011) Art. 5 EuGVVO Rn. 20 f.; Thomas/Putzo/*Hüßtege* ZPO, 33. Aufl. (2012) Art. 5 EuGVVO Rn. 8 ff.; a.A. *Freitag* IPRax **2009** 109, 113 f. (faktische Betrachtung: Ort, an dem die Leistung tatsächlich erbracht wurde), ebenso Palandt/Thorn Art. 9 Rom I-VO Rn. 12. Zu den Konsequenzen beider Ansätze vgl. etwa *Koch* VersR **2009** 141, 146.

8 Vgl. auch Ferrari/*Staudinger* Art. 9 VO Rom I Rn. 48.

4 Eine **Berücksichtigung** der Wertungshintergründe ausländischer Eingriffsnormen oder der praktischen Folgen ihrer Anwendung auf der Ebene des **materiellen Rechts** wird durch Abs. 3 nicht ausgeschlossen.[9] Diese Umstände können als **relevante Fakten bei der** Auslegung von Sachnormen oder bei der Konkretisierung von Generalklauseln (im deutschen Recht etwa § 138 BGB) und unbestimmten Rechtsbegriffen Beachtung finden.[10] Dies gilt über den Anwendungsbereich von Abs. 3 hinaus für ausländische Eingriffsnormen generell, also ohne Rücksicht darauf, ob es sich um die Normen des Erfüllungsstaates oder eines anderen Mitglied- oder Drittstaates handelt, und ohne Beschränkung auf solche Normen, die eine Erfüllung untersagen.

B. Eingriffsnormen im Versicherungsvertragsrecht

5 Nachdem zunächst nach dem Inkrafttreten von EGBGB und EGVVG (vgl. Einführung Rn. 8 ff., 12 ff.) der Eingriffsnormcharakter zahlreicher versicherungsvertragsrechtlicher Bestimmungen diskutiert worden war,[11] setzte sich später insbesondere vor dem Hintergrund der im EG-Vertrag gewährleisteten Dienstleistungsfreiheit eine eher **zurückhaltende Betrachtungsweise** durch.[12] In der Tat spricht gegen die „Ausflaggung" versicherungsvertraglicher (auf materiell-rechtlicher Ebene zwingender oder halbzwingender) Sachnormen als „international zwingend" zum einen, dass deren Anwendung neben den Bestimmungen des durch die allgemeinen Kollisionsnormen berufenen Vertragsstatuts leicht zu Anpassungsproblemen führen könnte, und zum andern, dass mit der ordre public-Kontrolle des Art. 21 VO Rom I ein deutlich flexibleres Kontrollinstrument zur Verfügung steht.[13]

6 Außerdem zielen diese Vorschriften jedenfalls in der Regel nicht primär auf den Schutz öffentlicher, sondern **individueller** (nämlich vor allem: Versicherungsnehmer-)**Interessen** ab, so dass bereits der Charakter als Eingriffsnormen i.S. des Abs. 1 als fraglich erscheint.[14] Dies gilt nicht nur für die zahlreichen Bestimmungen zum Schutze von Versicherungsnehmern (etwa: §§ 7, 8 VVG[15]), sondern beispielsweise auch für Vorschriften wie die §§ 150 Abs. 2, 179 Abs. 2 VVG, welche den Abschluss einer Lebens- und Unfallversicherung von der Zustimmung der Gefahrsperson abhängig machen,[16] oder für die auf den Schutz von Versichererinteressen abzielenden §§ 74 Abs. 2, 78 Abs. 3 VVG,

---

9 Vgl. etwa Palandt/*Thorn* Art. 9 Rom I-VO Rn. 13.

10 Looschelders/Pohlmann/*Schäfer* Int. Versicherungsvertragsrecht Rn. 205, wohl auch Palandt/*Thorn* Art. 9 Rom I-VO Rn. 14; einschränkend *Freitag* IPRax **2009** 109, 115.

11 Vgl. nur die Übersicht bei Berliner Kommentar/*Dörner* Art. 15 EGVVG Rn. 29 ff.

12 Vgl. dazu Berliner Kommentar/*Dörner* Art. 15 EGVVG Rn. 25 ff., 29 ff.; *Gruber* NVersZ **2001** 442 ff.; *Armbrüster* VersR **2006** 1 ff.; Langheid/Wandt/*Looschelders* IntVersR Rn. 152 m.w.N.

13 Vgl. bereits Berliner Kommentar/*Dörner* Art. 15 EGVVG Rn. 39; in der Sache ebenso Langheid/Wandt/*Looschelders* IntVersR Rn. 152.

14 Vgl. auch Langheid/Wandt/*Looschelders* IntVersR Rn. 152.

15 Anders Ferrari/*Staudinger* Art. 9 VO Rom-I Rn. 35. – Weitere – nach hier vertretener Auffassung unzutreffende – Beispiele bei Reithmann/Martiny/*Freitag* Rn. 615; Rauscher/*Thorn* Art. 9 Rom I-VO Rn. 57: § 28 Abs. 1–3 (Kausalitäts- und Verschuldenserfordernis bei Obliegenheitsverletzungen) und Abs. 5 VVG (Unwirksamkeit der Vereinbarung eines Rücktrittsrechts für Versicherer bei Obliegenheitsverletzungen).

16 Vgl. bereits Berliner Kommentar/*Dörner* Art. 15 EGVVG Rn. 34; Langheid/Wandt/*Looschelders* IntVersR Rn. 154 (unter Hinweis auf Art. 21 VO Rom I – ordre public).

wonach eine betrügerische Über- und Mehrfachversicherung zur Vertragsnichtigkeit führt (vgl. aber Art. 21 Rn. 4).[17] Dagegen liegt die Annahme einer Eingriffsnorm nahe, wenn einzelne Staaten ihre **versicherungsaufsichtsrechtlichen Regelungen** mit zivilrechtlich konzipierten Sanktionen (etwa: Nichtigkeit des Vertrages) auch gegen fremde Versicherungsvertragsstatute durchsetzen.[18] Das gilt beispielsweise für Vorschriften des schweizerischen Versicherungsaufsichtsrechts, die Verträge für nichtig erklären, welche ohne Erlaubnis der Eidgenössischen Versicherungsaufsicht zustande gekommen sind.[19]

Die Durchsetzung der einschlägigen Vorschriften über **Pflichtversicherungen** wird weitgehend bereits (vgl. aber Art. 46c EGBGB Rn. 7) durch eine (unmittelbare oder analoge) Anwendung der Art. 7 Abs. 4 VO Rom I bzw. Art. 46c EGBGB (vgl. dort Rn. 4 ff.) gewährleistet. Zu den Vorschriften zur Umsetzung verbraucherschutzrechtlicher Richtlinien vgl. Art. 46b EGBGB Rn. 4 ff. **7**

Bestimmte Rechtsfragen des Versicherungshypothekenrechts (etwa §§ 94, 145 VVG) sollten nicht als Eingriffsnormen angesehen, sondern von vornherein durch eine **sachenrechtliche Qualifikation** dem Belegenheitsrecht (vgl. Art. 43 Abs. 1 EGBGB) unterstellt werden.[20] **8**

Aufgrund der **doppelten Beschränkung des Abs. 3** – Wirkungsverleihung für Eingriffsnormen allein des **Erfüllungsortstaates**, und zwar nur insoweit, als ein Verstoß eine **Erfüllung** in diesem Staat **rechtswidrig** macht – dürfte diese Bestimmung im Internationalen Versicherungsvertragsrecht nur von geringer praktischer Bedeutung sein, weil die zwingenden Vorschriften in diesem Rechtsgebiet nicht die Zahlung von Prämien oder die Erbringung der Versichererleistung *untersagen*, sondern typischerweise die korrekte *Erfüllung* von Haupt- und Nebenpflichten *erzwingen* wollen. Immerhin werden ausländische (insbesondere aus dem Aufsichtsrecht stammende) Verbotsnormen, die bereits einen Vertragsabschluss deswegen für unwirksam erklären, weil sie eine Leistungserbringung verhindern wollen, von Abs. 3 erfasst.[21] **9**

Daher kommt entsprechend dem zu Rn. 4 Gesagten im Versicherungsrecht eher eine **faktische Berücksichtigung** der Wertungshintergründe und Anwendungsfolgen ausländischer Eingriffsnormen auf **materiellrechtlicher Ebene** in Betracht. Die deutsche Rechtsprechung ist auch früher schon in dieser Weise verfahren und hat z.B. einen dem deutschen Recht unterstehenden Versicherungsvertrag wegen Nichteinhaltung ausländischer Exportkontrollvorschriften nach § 138 BGB für nichtig erklärt.[22] Praktische Bedeutung könnte dieser Ansatz auch erlangen, wenn bei Massenversicherungen mit Risikobelegenheit in einem Nichtmitgliedstaat dieser oder ein anderer Nichtmitgliedstaat eine Versicherungspflicht anordnet (vgl. Art. 46c EGBGB Rn. 7). Der inländische Rechtsanwender kann diesen Umstand bzw. etwa sich daraus ergebende Nichtigkeits- oder Schadensersatzsanktionen als Faktum berücksichtigen. **10**

---

[17] Vgl. Langheid/Wandt/*Looschelders* IntVersR Rn. 153.

[18] Vgl. Ferrari/*Staudinger* Art. 7 Rom I-VO Rn. 9; ferner MüKo/*Martiny* Art. 7 Rom I-VO Rn. 54.

[19] Vgl. *Ganzer* 269 ff.

[20] Langheid/Wandt/*Looschelders* IntVersR Rn. 154; anders Reithmann/Martiny/*Freitag* Rn. 615; Rauscher/*Thorn* Art. 9 Rom I-VO Rn. 57.

[21] Vgl. auch *Koch* VersR **2009** 141, 146.

[22] BGH 22.6.1972 BGHZ **59** 82, 85 = VersR **1972** 849 = NJW **1972** 1575 m. Anm. *Mann* NJW **1972** 2179; BGH 24.5.1962 NJW **1962** 1436.

Artikel 10. Einigung und materielle Wirksamkeit

(1) Das Zustandekommen und die Wirksamkeit des Vertrags oder einer seiner Bestimmungen beurteilen sich nach dem Recht, das nach dieser Verordnung anzuwenden wäre, wenn der Vertrag oder die Bestimmung wirksam wäre.

(2) Ergibt sich jedoch aus den Umständen, dass es nicht gerechtfertigt wäre, die Wirkung des Verhaltens einer Partei nach dem in Absatz 1 bezeichneten Recht zu bestimmen, so kann sich diese Partei für die Behauptung, sie habe dem Vertrag nicht zugestimmt, auf das Recht des Staates ihres gewöhnlichen Aufenthalts berufen.

1 Das **Zustandekommen** und die **materielle Wirksamkeit** (zur Formwirksamkeit vgl. Art. 11 VO Rom I) von Versicherungsverträgen oder einzelner Bestimmungen (etwa AVB-Klauseln) wird „im Vorgriff" dem Statut unterstellt, das bei Wirksamkeit des Vertrages (nach Maßgabe des von Art. 3, 4, 6 und 7 VO Rom I bestimmten Statuts) ebendiesen Vertrag beherrschen würde (**Abs. 1**).

2 Allerdings kann eine Vertragspartei geltend machen, dass nach dem Recht ihres gewöhnlichen Aufenthalts **kein wirksamer Konsens** vorliegt, wenn es ungerechtfertigt wäre, die Wirkung ihres Verhaltens nach dem durch Abs. 1 bestimmten (und vom Aufenthaltsrecht abweichenden) Vertragsstatut zu beurteilen (**Abs. 2**). Dies mag bei Distanzverträgen der Fall sein oder dann, wenn frühere Vertragsabschlüsse der Parteien stets einem anderen Recht unterstanden. Praktische Bedeutung kommt dem Abs. 2 insbesondere dann zu, wenn Versicherungsverträge in atypischen Konstellationen – etwa durch Schweigen – zustande kommen oder AVB stillschweigend in den Vertrag einbezogen werden sollen.

Artikel 11. Form

(1) Ein Vertrag, der zwischen Personen geschlossen wird, die oder deren Vertreter sich zum Zeitpunkt des Vertragsschlusses in demselben Staat befinden, ist formgültig, wenn er die Formerfordernisse des auf ihn nach dieser Verordnung anzuwendenden materiellen Rechts oder die Formerfordernisse des Rechts des Staates, in dem er geschlossen wird, erfüllt.

(2) Ein Vertrag, der zwischen Personen geschlossen wird, die oder deren Vertreter sich zum Zeitpunkt des Vertragsschlusses in verschiedenen Staaten befinden, ist formgültig, wenn er die Formerfordernisse des auf ihn nach dieser Verordnung anzuwendenden materiellen Rechts oder die Formerfordernisse des Rechts eines der Staaten, in denen sich eine der Vertragsparteien oder ihr Vertreter zum Zeitpunkt des Vertragsschlusses befindet, oder die Formerfordernisse des Rechts des Staates, in dem eine der Vertragsparteien zu diesem Zeitpunkt ihren gewöhnlichen Aufenthalt hatte, erfüllt.

(3) Ein einseitiges Rechtsgeschäft, das sich auf einen geschlossenen oder zu schließenden Vertrag bezieht, ist formgültig, wenn es die Formerfordernisse des materiellen Rechts, das nach dieser Verordnung auf den Vertrag anzuwenden ist oder anzuwenden wäre, oder die Formerfordernisse des Rechts des Staates erfüllt, in dem dieses Rechtsgeschäft vorgenommen worden ist oder in dem die Person, die das Rechtsgeschäft vorgenommen hat, zu diesem Zeitpunkt ihren gewöhnlichen Aufenthalt hatte.

(4) Die Absätze 1, 2 und 3 des vorliegenden Artikels gelten nicht für Verträge, die in den Anwendungsbereich von Artikel 6 fallen. Für die Form dieser Verträge ist das Recht des Staates maßgebend, in dem der Verbraucher seinen gewöhnlichen Aufenthalt hat.

(5) … (betrifft Schuldverträge über Grundstücke)

Die Vorschrift regelt die Anknüpfung der Formgültigkeit von Schuldverträgen. Nach der Grundregel des **Art. 11 Abs. 1 VO Rom I** ist ein Vertrag bei Anwesenheit der Vertragschließenden im Regelfall dann formgültig, wenn er entweder die Formerfordernisse des Staates, in dem er geschlossen wird („**Ortsrecht**"), oder die Formerfordernisse des Staates einhält, dessen Recht nach den vertraglichen Kollisionsnormen der Art. 3 ff. VO in der Sache zur Anwendung kommen („**Geschäftsrecht**"). Bei **grenzüberschreitenden Verträgen** reicht neben dem Geschäftsrecht die Einhaltung der Formvorschriften des Staates aus, in dem sich eine Vertragspartei oder ihr Vertreter bei Vertragsabschluss befindet oder in dem eine der Vertragsparteien zu diesem Zeitpunkt ihren gewöhnlichen Aufenthalt (vgl. Art. 19 VO Rom I) hat (**Abs. 2**). Entsprechende Regeln gelten auch für einseitige Rechtsgeschäfte, die sich – wie etwa die Ausübung von Gestaltungsrechten – auf einen geschlossenen oder zu schließenden Vertrag beziehen (**Abs. 3**). **Verbraucherverträge** i.S. des Art. 6 VO Rom I unterliegen demgegenüber hinsichtlich ihrer Formgültigkeit dem Recht des Staates, in dem der Verbraucher seinen gewöhnlichen Aufenthalt hat (**Abs. 4**). 1

Da **Versicherungsverträge** häufig **formfrei** abgeschlossen werden können, spielt die Formanknüpfung in diesem Bereich keine sehr große Rolle. Immerhin entscheiden die alternativ nach Abs. 1 bis 3 berufenen Rechtsordnungen ebenfalls darüber, ob möglicherweise einseitige Rechtsgeschäfte oder einzelne Erklärungen – wie etwa im deutschen Recht die Einwilligung versicherter Personen beim Abschluss von Lebens- und Unfallversicherungen nach §§ 150 Abs. 2, 179 Abs. 2 VVG – einer bestimmten Form bedürfen. Das Formstatut bestimmt darüber hinaus auch, ob und unter welchen Voraussetzungen die Parteien die Einhaltung bestimmter Formen durch **Rechtsgeschäft wirksam vereinbaren** können und welche Rechtsfolgen sich aus der Nichteinhaltung gesetzlicher oder gewillkürter Formerfordernisse ergeben. 2

Artikel 12. Geltungsbereich des anzuwendenden Rechts

(1) Das nach dieser Verordnung auf einen Vertrag anzuwendende Recht ist insbesondere maßgebend für

a) seine Auslegung,

b) die Erfüllung der durch ihn begründeten Verpflichtungen,

c) die Folgen der vollständigen oder teilweisen Nichterfüllung dieser Verpflichtungen, in den Grenzen der dem angerufenen Gericht durch sein Prozessrecht eingeräumten Befugnisse, einschließlich der Schadensbemessung, soweit diese nach Rechtsnormen erfolgt,

d) die verschiedenen Arten des Erlöschens der Verpflichtungen sowie die Verjährung und die Rechtsverluste, die sich aus dem Ablauf einer Frist ergeben,

e) die Folgen der Nichtigkeit des Vertrags.

(2) In Bezug auf die Art und Weise der Erfüllung und die vom Gläubiger im Falle mangelhafter Erfüllung zu treffenden Maßnahmen ist das Recht des Staates, in dem die Erfüllung erfolgt, zu berücksichtigen.

Die Vorschrift umschreibt in ihrem **Abs. 1** nicht abschließend („insbesondere") die **Reichweite des Vertragsstatuts**. Die gemäß Art. 3, 4, 6 oder 7 VO Rom I berufene Rechtsordnung entscheidet also über die Auslegung eines Versicherungsvertrages (**lit. a**) und Art und Umfang der sich daraus für beide Parteien ergebenden Verpflichtungen (Prämien- 1 zahlung, Obliegenheiten, Erbringung der Versichererleistung), über die Voraussetzungen und Wirkungen einer Erfüllung (**lit. b**), über die Folgen von Leistungsstörungen (**lit. c**), über die Beendigung und das Erlöschen von Vertragspflichten (**lit. d**, etwa durch Kündigung, Rücktritt, Erlass usw.), über Einreden wie die der Verjährung (**lit. d**) sowie über die bereicherungsrechtliche Rückabwicklung unwirksamer Verträge (**lit. e**).

2 Im Hinblick auf den Erfüllungseintritt (etwa bei Leistung zur Unzeit) sowie auf die im Falle mangelhafter Erfüllung vom Gläubiger einzuleitenden Maßnahmen (etwa: Anzeigeobliegenheit) können die **lokalen Umstände** am Ort der de facto erfolgenden Erfüllung berücksichtigt werden (**Abs. 2**).

3 Nach dem **Versicherungsvertragsstatut** bestimmt sich beispielsweise auch, zu welchem **Vertragstyp** ein konkreter Versicherungsvertrag gehört und in welchem Umfang er **Deckungsschutz** bietet, und zwar sowohl im Hinblick auf die Versicherungsdauer (Beginn und Ende der Deckung) wie auch auf den Umfang des übernommenen Deckungsschutzes (Risikobeschreibung, Risikoausschlüsse). Dem Versicherungsvertragsstatut ist zu entnehmen, ob bei der **Policierung** Besonderheiten berücksichtigt werden müssen. Es regelt auch, unter welchen Voraussetzungen das **Verhalten Dritter** sowohl dem Versicherer (Sachbearbeiter, Außendienst, Vertreter, Makler) oder dem Versicherungsnehmer (Makler, Repräsentanten) zuzurechnen ist. Ebenfalls dem Versicherungsstatut unterliegen die Rechtsstellung des **Versicherten** beim Abschluss einer Versicherung für fremde Rechnung sowie diejenige des **Bezugsberechtigten** in der Lebens- und Unfallversicherung. Gleiches gilt für das Verhältnis von Versicherer und Versicherungsnehmern beim Abschluss einer **Gruppenversicherung.** Dagegen sind die Rechtsbeziehungen zwischen dem Versicherungsnehmer und Versicherten bzw. zwischen Versicherungsnehmer und Bezugsberechtigtem jeweils ihrem eigenen (in der Regel: Vertrags-)Statut unterworfen.[1] Zu dem Systembegriff „Versicherungsvertrag" gehören auch Rechtsfragen zu solchen Rechtsinstituten eines ausländischen Rechts, die dem deutschen Recht unbekannt, aber versicherungsrechtlichen Instituten des deutschen Rechts funktionell vergleichbar sind.

4 Über **Art. 10 Abs. 1 VO Rom I** entscheidet das Statut des Versicherungsvertrages auch über das **Zustandekommen des Vertrages** einschließlich etwaiger Widerrufsrechte sowie über die materielle Vertragswirksamkeit. Zur Formgültigkeit von Rechtsgeschäften vgl. dagegen Art. 11 VO Rom I, zur Geschäftsfähigkeit Art. 13 VO Rom I, zu Zession und cessio legis vgl. Art. 14 und 15 VO Rom I, zur Anknüpfung des Gesamtschuldnerausgleichs vgl. Art. 16 VO Rom I, zur Aufrechung vgl. Art. 17 VO Rom I, zu Beweislast und Beweisvermutungen vgl. Art. 18 Abs. I VO Rom I. Zur Anknüpfung eines Direktanspruchs gegen den Haftpflichtversicherer vgl. Art. 18 VO Rom II und Rn. 15 f. zu Art. 1 VO Rom I.

5 **Andere**, auch in versicherungsrechtlichen Zusammenhängen auftauchenden **Rechtsfragen** werden dagegen von der **VO Rom I nicht erfasst**. So richten sich die Rechtsverhältnisse **juristischer Personen** oder nicht rechtsfähiger Personenvereinigungen – gleich ob Versicherer oder Versicherungsnehmer – nicht mehr durchgängig nach dem Recht, das am tatsächlichen Sitz der Hauptverwaltung gilt, sondern jedenfalls, soweit sie in einem EU-Staat gegründet wurden und daher der europäischen Niederlassungsfreiheit unterliegen, nach dem Recht ihres Gründungsstaates.[2]

---

[1] Vgl. Langheid/Wandt/*Looschelders* IntVersR Rn. 57; Rauscher/*Fricke* Art. 7 Rom I-VO Rn. 3, letzter Spiegelstrich.

[2] Einzelheiten statt aller bei Palandt/*Thorn* Anh. zu Art. 12 EGBGB Rn. 2 f., 6 ff.

Welches Recht über Rechtsfragen zur **rechtsgeschäftlichen Vertretung** entscheidet, ist streitig. Nach wohl h.M. sind die Gültigkeit einer Vollmacht und die Zurechnung des Vertreterhandels kraft Rechtsscheins nach dem Recht des Staates zu beurteilen, in dem das von dem Vertreter zu tätigende Rechtsgeschäft tatsächlich abgeschlossen wurde (Recht des Wirkungslandes); abweichend davon gilt für die Bevollmächtigung eines kaufmännischen Vertreters mit fester Niederlassung das Recht dieser Niederlassung.[3] 6

Rechtsfragen der **Todeserklärung,** Todesfeststellung sowie der Lebens- und Todesvermutungen richten sich nach dem Heimatrecht des Verstorbenen zum Zeitpunkt seines Todes oder seiner Verschollenheit (Art. 9 EGBGB). Für die **Vererbung** von Versicherungsansprüchen wird das nach Art. 25 EGBGB zu bestimmende Erbstatut berufen. Dagegen entscheidet das Versicherungsstatut darüber, ob anlässlich des Todes z.B. eine Versicherungsforderung (etwa aus einem Lebensversicherungsvertrag) entsteht und ob sie ggf. einem Dritten zusteht oder in den Nachlass fällt.[4] 7

Artikel 13. Rechts-, Geschäfts- und Handlungsunfähigkeit

Bei einem zwischen Personen, die sich in demselben Staat befinden, geschlossenen Vertrag kann sich eine natürliche Person, die nach dem Recht dieses Staates rechts-, geschäfts- und handlungsfähig wäre, nur dann auf ihre sich nach dem Recht eines anderen Staates ergebende Rechts-, Geschäfts- und Handlungsunfähigkeit berufen, wenn die andere Vertragspartei bei Vertragsschluss diese Rechts-, Geschäfts- und Handlungsunfähigkeit kannte oder infolge von Fahrlässigkeit nicht kannte.

Ist der Versicherungsnehmer eine natürliche Person, befindet er sich bei Vertragsschluss in demselben Staat wie der Versicherer (oder dessen Agent) und ist der Versicherungsnehmer nach dem Recht dieses Staates geschäftsfähig, so wird der Versicherer in seinem **Vertrauen auf diese Geschäftsfähigkeit** auch dann geschützt, wenn der Versicherungsnehmer nach seinem (gemäß Art. 7 EGBGB grundsätzlich maßgebenden) Heimatrecht noch keine Geschäftsfähigkeit erlangt oder sie wieder verloren hat. Der Versicherungsnehmer kann sich daher nur dann auf die sich aus seinem Heimatrecht ergebende Geschäftsunfähigkeit oder beschränkte Geschäftsfähigkeit berufen, wenn der Versicherer diese Einschränkungen kannte oder infolge von Fahrlässigkeit nicht kannte. 1

Artikel 14. Übertragung der Forderung

(1) Das Verhältnis zwischen Zedent und Zessionar aus der Übertragung einer Forderung gegen eine andere Person („Schuldner") unterliegt dem Recht, das nach dieser Verordnung auf den Vertrag zwischen Zedent und Zessionar anzuwenden ist.

(2) Das Recht, dem die übertragene Forderung unterliegt, bestimmt ihre Übertragbarkeit, das Verhältnis zwischen Zessionar und Schuldner, die Voraussetzungen, unter

---

[3] Näher statt aller Palandt/*Thorn* Anh. zu Art. 10 EGBGB Rn. 1 ff.

[4] Vgl. dazu bereits Berliner Kommentar/*Dörner* Art. 8 EGVVG Rn. 17 ff., 25.

denen die Übertragung dem Schuldner entgegengehalten werden kann, und die befreiende Wirkung einer Leistung durch den Schuldner.

(3) Der Begriff „Übertragung" in diesem Artikel umfasst die vollkommene Übertragung von Forderungen, die Übertragung von Forderungen zu Sicherungszwecken sowie von Pfandrechten oder anderen Sicherungsrechten an Forderungen.

1 Die Vorschrift regelt die kollisionsrechtliche Behandlung sowohl der translativen wie auch der sicherungshalber erfolgenden (vgl. **Abs.** 3) Übertragung von Forderungen aus einem Versicherungsvertrag. Wenn die Partei eines Versicherungsvertrages einen solchen **Anspruch** (etwa auf Prämienzahlung oder Auszahlung der Versicherungssumme) **abtritt,** sind die Fragen nach der **Übertragbarkeit der Forderung** (Bestehen von Abtretungsausschlüssen oder Abtretungsverboten), nach der **Rechtsstellung des Zessionars** gegenüber dem Schuldner (Umfang des Forderungserwerbs, Bestehen etwaiger Einreden), nach etwaigen Publizitäts- oder Benachrichtigungsvoraussetzungen, unter denen die Übertragung „dem Schuldner entgegengehalten" werden kann, sowie die **Befreiungswirkung einer Schuldnerleistung** nach dem über Art. 3, 4, 6 oder 7 VO Rom I bestimmten **Versicherungsvertragsstatut** zu beurteilen (**Abs.** 2). Wird als Versicherungsvertragsstatut deutsches Recht berufen, ist beispielsweise der beschränkte Abtretungsausschluss des § 17 VVG für Forderungen aus Versicherungen zu berücksichtigen, die sich auf eine unpfändbare Sache beziehen.

2 Das **Verhältnis** zwischen **Zedent** und **Zessionar** richtet sich dagegen gemäß **Abs. 1** nach dem zwischen diesen beiden geschlossenen **Grundverhältnis** (etwa: Forderungskauf, Sicherungsabrede), das seinerseits nach Art. 3, 4 und 6 VO Rom I zu bestimmen ist. Dieses „Übertragungsstatut" betrifft nicht allein die Verpflichtung des Zedenten zur Übertragung der Forderung und sich daraus etwa ergebenden Haftungsfolgen bei nicht ordnungsgemäßer Erfüllung, sondern umfasst auch die Frage, ob der Forderungsübergang selbst – wie im deutschen Recht – eines eigenständigen Abtretungsvertrages bedarf und ob ggf. das Verhältnis zwischen dem Übertragungs- und dem Grundgeschäft kausal oder abstrakt ausgestaltet ist (vgl. dazu Erwägungsgrund Nr. 38 Satz 1).

Artikel 15. Gesetzlicher Forderungsübergang

Hat eine Person („Gläubiger") eine vertragliche Forderung gegen eine andere Person („Schuldner") und ist ein Dritter verpflichtet, den Gläubiger zu befriedigen, oder hat er den Gläubiger aufgrund dieser Verpflichtung befriedigt, so bestimmt das für die Verpflichtung des Dritten gegenüber dem Gläubiger maßgebende Recht, ob und in welchem Umfang der Dritte die Forderung des Gläubigers gegen den Schuldner nach dem für deren Beziehung maßgebenden Recht geltend zu machen berechtigt ist.

Übersicht

A. Anknüpfung des gesetzlichen Forderungsübergangs

Die Vorschrift regelt die kollisionsrechtliche Behandlung des **gesetzlichen Forderungsübergangs** und ist in ihrer deutschen Version **fehlerhaft formuliert.**[1] Hat ein Gläubiger eine vertragliche Forderung gegen einen Schuldner und ist ein Dritter zur Befriedigung des Gläubigers verpflichtet oder ist er dieser Verpflichtung schon nachgekommen, so stellt sich die Frage, nach welchem Recht 1. die Forderung des Gläubigers gegen den Schuldner möglicherweise kraft Gesetzes auf den leistenden Dritten übergeht und dieser 2. die übergegangene Forderung in diesem Fall gegen den Schuldner geltend machen kann. Dabei wird vorausgesetzt, dass der Dritte nur zu einer nachrangigen Befriedigung des Gläubigers verpflichtet ist; bei gleichstufiger Haftung gilt Art. 16 VO Rom I.[2] 1

Ob, unter welchen Voraussetzungen und in welchem Umfang bei Leistung des Dritten die vertragliche Forderung durch **cessio legis** vom Gläubiger auf einen Dritten **übergeht**, bestimmt die Rechtsordnung, welche die **Verpflichtung des Dritten** zur Erbringung der Leistung an den Gläubiger beherrscht. Dieses Recht entscheidet auch über die Frage der Gleich- oder Nachrangigkeit (Rn. 1).[3] Dabei zeigt ein Blick auf andere Sprachfassungen, dass die Verpflichtung des Dritten – anders als der deutsche Text Glauben machen will – keineswegs gegenüber dem Gläubiger bestehen muss;[4] eine Leistungsverpflichtung des Dritten kann sich sehr wohl auch aus einer Rechtsbeziehung zum Schuldner ergeben. 2

Das **Statut der übergegangenen Vertragsforderung** ändert sich durch die cessio legis – natürlich – nicht. Nach der Legalzession stehen dem Dritten gegen den Schuldner also nach Inhalt und Umfang diejenigen Rechte zu, welche der Gläubiger nach dem für die Beziehung zwischen ihm und dem Schuldner maßgebenden Recht geltend machen konnte. Dieses Vertragsstatut entscheidet insbesondere darüber, welche Einwendungen und Einreden der Schuldner jetzt dem Dritten entgegenhalten kann. 3

B. Gesetzlicher Forderungsübergang im Versicherungsrecht

Da sich in versicherungsrechtlichen Zusammenhängen die Verpflichtung des Versicherers zur Befriedigung des Gläubigers stets aus dem **Versicherungsvertrag** ergibt, entscheidet das nach den Art. 3, 4, 6 oder 7 VO Rom I ermittelte Vertragsstatut dann auch über die Voraussetzungen einer cessio legis. Wird beispielsweise ein Versicherungsnehmer von einem Kunden auf Schadensersatz aus Gewährleistung in Anspruch genommenen, hat der Produkthaftpflichtversicherer des Versicherungsnehmers den Schaden ersetzt und steht diesem nunmehr seinerseits ein **vertraglicher Schadensersatzanspruch** gegen einen Zulieferer zu, so entscheidet über einen möglichen gesetzlichen Übergang der Forderung gegen den Zulieferer auf den Versicherer das gemäß Art. 3, 4, 6 oder 7 VO Rom I ermittelte Versicherungsvertragsstatut, bei Anwendung deutschen Rechts gilt also § 86 VVG. 4

---

[1] Vgl. etwa Rauscher/*Freitag* Art. 15 Rom I-VO Rn. 7, 22.

[2] Vgl. nur Palandt/*Thorn* Art. 15 Rom I-VO Rn. 2.

[3] Palandt/*Thorn* Art. 15 Rom I-VO Rn. 2 m.w.N.

[4] Englische Fassung: „the law which governs the third person's duty to satisfy the creditor shall determine …"; französische Fassung: „la loi applicable à cette obligation du tiers détermine …"; niederländische Fassung: „bepaalt het recht dat op de verplichting van de derde van toepassing is …"

Ob und in welcher Höhe der Ersatzanspruch gegen den Schuldner (im Beispiel: gegen den Zulieferer) dann tatsächlich besteht und ob der Versicherer die auf ihn übergegangene Forderung des Gläubigers ohne Gegenrechte gegen den Schuldner durchsetzen kann, richtet sich allerdings nach dem Recht, das für den Zuliefervertrag gilt („nach dem für deren Beziehung maßgebenden Recht").

5 Eine (in gleicher Weise in der deutschen Fassung fehlerhaft formulierte) **Parallelvorschrift** für die Legalzession von Forderungen aus **außervertraglichen**, insbesondere deliktischen **Schuldverhältnissen** findet sich in Art. 19 der VO Rom II.[5] Diese Bestimmung lautet:

Artikel 19. Gesetzlicher Forderungsübergang

Hat eine Person („der Gläubiger") aufgrund eines außervertraglichen Schuldverhältnisses eine Forderung gegen eine andere Person („den Schuldner") und hat ein Dritter die Verpflichtung, den Gläubiger zu befriedigen, oder befriedigt er den Gläubiger aufgrund dieser Verpflichtung, so bestimmt das für die Verpflichtung des Dritten gegenüber dem Gläubiger maßgebende Recht, ob und in welchem Umfang der Dritte die Forderung des Gläubigers gegen den Schuldner nach dem für deren Beziehungen maßgebenden Recht geltend zu machen berechtigt ist.

6 Wenn danach der unfallgeschädigte **Versicherungsnehmer** von seinem Versicherer **Leistungen** aus einer Kasko- oder Unfallversicherung **erhält**, wird die Frage nach einer möglichen Legalzession des gegen den Schädiger bestehenden Anspruchs auch hier wiederum durch das Versicherungsvertragsstatut beantwortet. Gleiches gilt, wenn der Haftpflichtversicherer des Versicherungsnehmers einen Geschädigten befriedigt, im Hinblick auf einen möglichen Übergang der Forderung des Geschädigten gegen den Versicherungsnehmer (vgl. im deutschen Recht etwa § 117 Abs. 5 VVG). In diesem Fall ergibt sich die Verpflichtung des Versicherers allerding nicht – wie auch der Wortlaut des Art. 19 VO Rom II voraussetzt – aus seiner Rechtsbeziehung zum Gläubiger, sondern zum Schuldner der zu befriedigenden Forderung.

Artikel 16. Mehrfache Haftung

Hat ein Gläubiger eine Forderung gegen mehrere für dieselbe Forderung haftende Schuldner und ist er von einem der Schuldner ganz oder teilweise befriedigt worden, so ist für das Recht dieses Schuldners, von den übrigen Schuldnern Ausgleich zu verlangen, das Recht maßgebend, das auf die Verpflichtung dieses Schuldners gegenüber dem Gläubiger anzuwenden ist. Die übrigen Schuldner sind berechtigt, diesem Schuldner diejenigen Verteidigungsmittel entgegenzuhalten, die ihnen gegenüber dem Gläubiger zugestanden haben, soweit dies gemäß dem auf ihre Verpflichtung gegenüber dem Gläubiger anzuwendenden Recht zulässig wäre.

1 Die Vorschrift legt fest, welches Recht den **Gesamtschuldnerausgleich** beherrscht, wenn ein Gläubiger mit einer Forderung gegen mehrere gleichrangig haftende Schuldner (vgl. Art. 15 Rn. 1) von einem der Schuldner ganz oder teilweise befriedigt worden ist. Maß-

[5] VO (EG) Nr. 864/2007 v. 11.7.2007 über das auf außervertragliche Schuldverhältnisse anzuwendende Recht („Rom II") ABl. 2007 Nr. L 199 S. 40.

gebend für die Zulässigkeit und den Umfang eines solchen Regresses ist dann das Recht, dem die Verpflichtung des Ausgleich fordernden Schuldners gegenüber dem Gläubiger unterliegt (**Satz 1**).

Die in Anspruch genommenen Gesamtschuldner können sich gegen ihre Inanspruchnahme mit den **Einwendungen** und **Einreden** wehren, die ihnen nach dem Recht zugestanden haben, das wiederum für *ihre* Verpflichtungen im Verhältnis zum Gläubiger maßgebend war (**Satz 2**). **2**

Stehen etwa im Falle einer **Mehrfachversicherung** dem Versicherungsnehmer Entschädigungsansprüche gegen zwei Versicherer zu, deren einer (nach Art. 3, 4, 6 oder 7 VO Rom I) nach deutschem und der andere nach ausländischem Recht einstehen muss, so kann sich der nach deutschem Recht haftende Versicherer nach Zahlung auf § 78 Abs. 2 Satz 1 VVG stützen, der eine Sonderregelung zu § 426 BGB darstellt (**Satz 1**). Gegenüber dem nach dieser Bestimmung geltend gemachten Ausgleichsanspruch kann sich der zweite Versicherer aber auf diejenigen Gegenrechte berufen, die sich aus dem für *sein* Verhältnis zum Schuldner maßgebenden (ausländischen) Versicherungsvertragsstatut ergeben (**Satz 2**). **3**

Im **umgekehrten Fall** – der dem Versicherungsnehmer nach ausländischem Versicherungsvertragsrecht haftende Versicherer nimmt den nach deutschem Recht haftenden Versicherer in Regress – gelten die gleichen Grundsätze vice versa, so dass der Rückgriff des ausländischen Versicherers dem für ihn maßgebenden Versicherungsvertragsstatut und die Gegenrechte des Regressschuldners dem deutschen Recht unterliegen. **4**

Der **Reziprozitätseinwand** des **§ 78 Abs. 2 Satz 2 VVG,** wonach einem nach ausländischem Recht haftenden Versicherer ein Regressanspruch gegen einen nach deutschem Recht haftenden Versicherer nur dann zusteht, wenn er nach dem für ihn maßgebenden Recht ebenfalls ausgleichspflichtig wäre,[1] wird von dieser **Verweisung des Art. 16 Satz 2 VO Rom I nicht erfasst**, weil dem nach deutschem Recht haftenden Versicherer dieser Reziprozitätseinwand nicht „gegenüber dem Gläubiger" (d.h. dem Versicherungsnehmer) zugestanden hat, es sich vielmehr um einen Einwand handelt, der sich unmittelbar aus dem Innenverhältnis der Gesamtschuldner untereinander ergibt. Abgesehen davon, dass § 78 Abs. 2 Satz 2 VVG in seiner jetzigen Fassung de facto häufig den deutschen Versicherer bevorzugt, weil für ihn (zumindest im Großrisikobereich gemäß Art. 7 Abs. 2 Unterabs. 2 VO Rom I) eher deutsches Recht gilt und damit ein ausländischer Versicherer (für den häufiger ausländisches Versicherungsvertragsrecht gilt) zumindest indirekt in unzulässiger Weise (vgl. Art. 18 Abs. 1 AEUV) diskriminiert wird, wird man Art. 16 Satz 2 VO Rom I in der Weise als abschließende Regelung verstehen müssen, dass dem Regressschuldner *nur* die sich aus seinem Rechtsverhältnis zum Gläubiger ergebenden *und* bereits im Verhältnis zum Gläubiger existierenden Gegenrechte zustehen sollen. Die im Gesamtschuldnerverhältnis selbst wurzelnde Einwendung aus § 78 Abs. 2 Satz 2 VVG bleibt damit ausgeschlossen (wobei es dahingestellt bleiben kann, durch welche Kollisionsnorm diese Bestimmung des deutschen VVG zur Anwendung berufen sein sollte). Man könnte zwar erwägen, in dieser Bestimmung – in einer allseitigen, für jedweden grenzüberschreitenden Regress maßgebender Erweiterung – eine Eingriffsnorm i.S. des Art. 9 Abs. 1 VO Rom I sehen. Die Vorschrift genügt aber den dort angegebenen Kriterien von Eingriffsnormen nicht, weil sie nicht auf den Schutz öffentlicher, sondern allein von Versichererinteressen ausgerichtet ist (vgl. Art. 9 VO Rom I Rn. 6). Auch ist § 78 **5**

---

[1] Zur Rechtslage vor Inkrafttreten der VO Rom I vgl. *Kohleick*, Die Doppelversicherung im deutschen Versicherungsvertragsrecht (1999) 109 ff.

Abs. 2 Satz 2 VVG nicht zum Bestandteil des inländischen ordre public zu rechnen, weil die Nichtanwendung dieser Bestimmung nicht zu untragbaren Ergebnissen (vgl. näher Art. 21 VO Rom I Rn. 1) führt. Folgt man diesen Überlegungen, kommt dem § 78 Abs. 2 Satz 2 VVG keine Bedeutung mehr zu.[2]

Artikel 17. Aufrechnung

Ist das Recht zur Aufrechnung nicht vertraglich vereinbart, so gilt für die Aufrechnung das Recht, dem die Forderung unterliegt, gegen die aufgerechnet wird.

1 Die Vorschrift findet Anwendung auch im Verhältnis von Versicherer und Versicherungsnehmer. Sie gilt sowohl für **Aufrechnungen**, die durch Vertrag oder einseitige Erklärung, wie auch für solche, die automatisch kraft Gesetzes eintreten.[1]

2 Haben die Parteien vor Eintritt der Aufrechnungslage über Voraussetzungen und Reichweite einer möglichen Aufrechnung eine **besondere Vereinbarung** getroffen, untersteht diese im Hinblick auf materielle Gültigkeit und Auslegung in erster Linie dem von den Parteien nach Art. 3 VO Rom I für diese Absprache gewählten Recht, in Ermangelung einer Rechtswahl gemäß Art. 4 Abs. 4 VO Rom I (Prinzip der engsten Verbindung) dem Recht der Forderung, gegen die aufgerechnet wird.

3 Ohne Abschluss eines Aufrechnungsvertrages entscheidet über **Zulässigkeit, Voraussetzungen** (z.B. Gleichartigkeit, Gegenseitigkeit) und **Wirkungen** einer Aufrechnung das (nach Art. 3, 4, 6 oder 7 VO Rom I bestimmte) Recht der **Forderung, gegen welche aufgerechnet** wird. Wirksamkeit und Umfang einer Forderung, **mit der** eine Partei **aufrechnet**, ist als Vorfrage selbstständig nach dem für diese Forderung maßgebenden Recht anzuknüpfen, das ebenfalls mit Hilfe der genannten Bestimmungen zu ermitteln ist.[2]

Artikel 18. Beweis

(1) Das nach dieser Verordnung für das vertragliche Schuldverhältnis maßgebende Recht ist insoweit anzuwenden, als es für vertragliche Schuldverhältnisse gesetzliche Vermutungen aufstellt oder die Beweislast verteilt.

(2) Zum Beweis eines Rechtsgeschäfts sind alle Beweisarten des Rechts des angerufenen Gerichts oder eines der in Artikel 11 bezeichneten Rechte, nach denen das Rechtsgeschäft formgültig ist, zulässig, sofern der Beweis in dieser Art vor dem angerufenen Gericht erbracht werden kann.

---

[2] Bereits *W.H. Roth*, Internationales Versicherungsvertragsrecht (1985) 642 m.w.N. wollte die Vorschrift umdeutend so verstanden wissen, dass ein Regress zwischen Versicherern dem Recht unterliegt, nach welchem der Rückgriffsgläubiger den Versicherungsnehmer befriedigt hat. Bei diesem Verständnis würde § 78 Abs. 2 Satz 2 VVG eine Kollisionsregel enthalten, die heute inhaltlich dem Art. 16 Satz 1 VO Rom I entspricht.

[1] Vgl. nur Palandt/*Thorn* Art. 17 Rom I-VO Rn. 1.

[2] MüKo/*Martiny* Art. 17 Rom I-VO Rn. 20 a.E.; HK BGB/*Staudinger* Art. 17 VO Rom I Rn. 3.

Die Vorschrift enthält zwei **Ausnahmen** von der ungeschriebenen Regel des Internationalen Zivilverfahrensrechts, dass **Beweisfragen** (Beweisverfahren, Beweismittel) grundsätzlich der jeweiligen **lex fori** unterliegen (vgl. Art. 1 Abs. 3 VO Rom I). Nach **Abs. 1** soll über **gesetzliche Vermutungen** und **Beweislastregeln** wegen deren enger Verbindung zu Fragen des materiellen Rechts das jeweilige Vertragsstatut entscheiden. Dies gilt auch für die Frage des Anscheinsbeweises.[1] **1**

Nach **Abs. 2** kann der **Beweis der Formgültigkeit** eines Rechtsgeschäfts nicht nur unter Einsatz der Beweismittel der lex fori, sondern auch mit den Beweismitteln des nach Maßgabe von Art. 11 VO Rom I ermittelten Formstatuts (Orts- oder Geschäftsrecht) erbracht werden, sofern das Rechtsgeschäft nach dem jeweiligen Formstatut wirksam und das Beweismittel im Verfahren vor dem angerufenen Gericht zulässig ist. **2**

Bei **Geltung deutschen Versicherungsvertragsstatuts** sind also auch in einem Verfahren vor ausländischen Gerichten die gesetzlichen Vermutungen der §§ 43 Abs. 3 oder 178 Abs. 2 Satz 2 VVG zu beachten. Ferner gilt nicht nur die allgemeine Beweislastregel, dass derjenige, welcher sich auf die ihm günstigen Rechtsfolgen einer Norm beruft, deren Voraussetzungen zu beweisen hat, sondern auch eine gesetzliche Beweislastverteilung, wie sie etwa in den §§ 24 Abs. 1 Satz 1, 63 Satz 2 oder 69 Abs. 3 VVG enthalten ist. Zu berücksichtigen sind darüber hinaus auch von der Rechtsprechung geschaffene Beweiserleichterungen, die dem Versicherungsnehmer beim Nachweis des Versicherungsfalles deswegen zugute kommen, weil Beweisschwierigkeiten einen Teil des vom Versicherer übernommenen Risikos darstellen.[2] **3**

Kapitel III. Sonstige Vorschriften

Artikel 19. Gewöhnlicher Aufenthalt

(1) Für die Zwecke dieser Verordnung ist der Ort des gewöhnlichen Aufenthalts von Gesellschaften, Vereinen und juristischen Personen der Ort ihrer Hauptverwaltung.

Der gewöhnliche Aufenthalt einer natürlichen Person, die im Rahmen der Ausübung ihrer beruflichen Tätigkeit handelt, ist der Ort ihrer Hauptniederlassung.

(2) Wird der Vertrag im Rahmen des Betriebs einer Zweigniederlassung, Agentur oder sonstigen Niederlassung geschlossen oder ist für die Erfüllung gemäß dem Vertrag eine solche Zweigniederlassung, Agentur oder sonstigen Niederlassung verantwortlich, so steht der Ort des gewöhnlichen Aufenthalts dem Ort gleich, an dem sich die Zweigniederlassung, Agentur oder sonstige Niederlassung befindet.

(3) Für die Bestimmung des gewöhnlichen Aufenthalts ist der Zeitpunkt des Vertragsschlusses maßgebend.

Übersicht

[1] Vgl. HK BGB/*Staudinger* Art. 18 Rom I-VO Rn. 1 m.w.N.

[2] Vgl. dazu im deutschen Recht etwa BGH 17.5.1005 BGHZ **130** 1 = VersR **1995** 909.

A. Bedeutung des gewöhnlichen Aufenthalts im Internationalen Versicherungsvertragsrecht

1 Dem **gewöhnlichen Aufenthalt einer Vertragspartei** kommen im Internationalen Versicherungsvertragsrecht **verschiedene Funktionen** zu. Als Anknüpfungspunkt (vgl. Einführung Rn. 2) zwecks objektiver Bestimmung des Vertragsstatut dient diese Kategorie sowohl bei Anwendung des speziellen Art. 7 VO Rom I (Abs. 2 Unterabs. 2 Satz 1, ebda Rn. 23 ff.) als auch nach allgemeinen Regeln (Art. 4 Abs. 1 lit. b und Abs. 2, ebda Rn. 6, 7). Das Recht des gewöhnlichen Aufenthalts des Versicherungsnehmers kann auch im Rahmen einer beschränkten Rechtswahl nach Art. 7 Abs. 3 lit. a und e VO Rom I zum Versicherungsvertragstatut bestimmt werden (ebda Rn. 56, 69). Schließlich richtet sich auch die „Risikobelegenheit" und damit das nach der „Metakollisionsnorm" des Art. 7 Abs. 1 Satz 1 VO Rom I entscheidende Differenzierungskriterium bei den weitaus meisten Vertragstypen nach dem gewöhnlichen Aufenthaltsort des Versicherungsnehmers in einem Mitgliedstaat (vgl. Art. 7 VO Rom I Rn. 38 ff.).

B. Bestimmung des gewöhnlichen Aufenthalts

2 **Art. 19 VO Rom I** enthält eine unvollständige Bestimmung des gewöhnlichen Aufenthalts von Versicherer und Versicherungsnehmer. Es ist zwischen dem gewöhnlichen Aufenthalt juristischer (Rn. 3 f.) und natürlicher Personen (Rn. 5 ff.) zu unterscheiden. Dabei kommt es jeweils darauf an, wo sich der gewöhnliche Aufenthalt der maßgebenden Person zum **Zeitpunkt des Vertragsschlusses** befindet (**Abs. 3**).

I. Gesellschaften, Vereine, juristische Personen

3 Der gewöhnliche Aufenthalt von **Gesellschaften, Vereinen** und **juristischen Personen** liegt nach **Abs. 1 Unterabs. 1** am Sitz ihrer Hauptverwaltung (vgl. auch Art. 60 Abs. 1 lit. b EuGVVO und dazu Erwägungsgrund Nr. 7) und damit an dem Ort, an welchem die unternehmerischen Grundsatzentscheidungen getroffen werden (in der Regel am Sitz des Vorstandes). Dies gilt für jede Vereinigung oder Vermögensmasse, die nach der lex fori des Gerichtsstaats Partei eines vertraglichen Schuldverhältnisses sein kann. Dabei ist ohne Belang, ob die Organisation rechtsfähig ist oder nicht.[1]

4 Wird allerdings der Versicherungsvertrag **im Betrieb einer Niederlassung** (Unterfälle: Zweigniederlassung, Agentur, vgl auch Art. 5 Nr. 5 EuGVVO) geschlossen oder in der Verantwortung einer solchen Niederlassung erfüllt, so ist an den Ort anzuknüpfen, an dem sich diese Niederlassung befindet (**Abs. 2**). Unter einer „Niederlassung" ist eine dauerhafte Außenstelle eines Stammhauses zu verstehen, die einen eigenen Mittelpunkt geschäftlicher Tätigkeit bildet und über eine hinreichende personelle und materielle Ausstattung verfügt, um mit Dritten Geschäfte zu tätigen, wobei diese wissen, dass sie Geschäfte mit dem Stammhaus auch über diese Außenstelle tätigen können.[2]

---

[1] Vgl. nur Palandt/*Thorn* Art. 19 Rom I-VO Rn. 2.

[2] EuGH 22.1.1978 RIW **1979** 56.

II. Natürliche Personen

Den gewöhnlichen Aufenthaltsort **natürlicher Personen** bestimmt **Abs. 1 Unterabs. 2** nur insoweit, als diese im Rahmen der **Ausübung ihrer beruflichen Tätigkeit** handeln. Als gewöhnlicher Aufenthalt einer solchen Person (Versicherungsnehmer) ist der Ort ihrer Hauptniederlassung anzusehen. Die Hauptniederlassung (vgl. Art 60 Abs. 1 lit. c EuGVVO) liegt dort, wo sich der tatsächliche, durch Konzentration von Personal- und Sachmittel gekennzeichnete Geschäftsschwerpunkt einer Person befindet.[3] **5**

Der Ort der Hauptniederlassung bleibt auch dann maßgeblich, wenn eine natürliche Person etwa als Einzelkaufmann oder Freiberufler den Vertrag im Zusammenhang mit der Tätigkeit einer **Zweigniederlassung** oder Agentur schließt. Zwar sieht **Abs. 2** vor, dass bei einem solchen Vertragsschluss im Rahmen des Betriebs einer Zweigniederlassung als gewöhnlicher Aufenthaltsort eben der Ort der Zweigniederlassung anzusehen sein soll, und bei systematischer Interpretation scheint sich dieser Abs. 2 auf beide Unterabsätze des Abs. 1 (d.h. sowohl auf juristische Personen wie auch auf natürliche Personen in Ausübung ihrer Berufstätigkeit zu beziehen). Es ist aber nicht anzunehmen, dass Abs. 2 des Art. 19 VO Rom I auch für natürliche Personen gelten soll. Dafür spricht ein Vergleich mit Art. 23 der VO Rom II[4], dem die Parallelvorschrift in Art. 19 VO Rom I offenbar nachgebildet werden sollte und dessen Aufbau ein derart eingeschränktes Verständnis nahe legt (vgl. dazu auch Art. 7 VO Rom I Rn. 42).[5] **6**

Die VO legt nicht fest, wo sich der gewöhnliche Aufenthalt von **natürlichen Personen** befindet, die einen **nicht** mit einer **beruflichen Tätigkeit** in Zusammenhang stehenden Versicherungsvertrag geschlossen, also allein oder vorwiegend private Risiken versichert haben. Ungeachtet dessen ist auch der gewöhnliche Aufenthalt solcher Versicherungsnehmer verordnungsautonom und auf der Grundlage einer systematischen Interpretation in Übereinstimmung mit den EU-Prozessverordnungen (EuGVVO, EheGVVO[6]) sowie der VO Rom II zu bestimmen. In Übereinstimmung mit dem aus den Haager Übereinkommen stammenden Verständnis dieses Begriffs sollte darunter der „Mittelpunkt der Lebensverhältnisse" einer Person und damit der Ort verstanden werden, an dem sich der Schwerpunkt ihrer familiären, beruflichen u gesellschaftlichen Beziehungen befindet.[7] Ein rechtsgeschäftlicher Wille, den Aufenthaltsort zum Mittelpunkt oder Schwerpunkt der Lebensverhältnisse zu machen, ist nicht erforderlich. Jede natürliche Person kann auf der Grundlage dieser Definition nur einen einzigen gewöhnlichen Aufenthalt haben.[8] **7**

---

[3] Vgl. nur *Geimer*/Schütze Art. 60 EuGVVO Rn. 7; HK ZPO/*Dörner* Art. 60 EuGVVO Rn. 6 m.w.N.

[4] VO (EG) Nr. 864/2007 v. 11.7.2007 über das auf außervertragliche Schuldverhältnisse anzuwendende Recht („Rom II") ABl. **2007** Nr. L 199 S. 40.

[5] Wie hier offenbar Palandt/*Thorn* Art. 19 Rom I-VO Rn. 4 u. 5; anders aber Staudinger/*Magnus* Art. 19 VO Rom I Rn. 21; im versicherungsrechtlichen Kontext auch Langheid/Wandt/*Looschelders* IntVersR Rn. 51; vgl. ebenfalls Looschelders/Pohlmann/*Schäfer* Int. Versicherungsvertragsrecht Rn. 143.

[6] Zum Kindesaufenthalt vgl. etwa EuGH 2.4.2009 FamRZ **2009** 843.

[7] Vgl. etwa BGH 29.10.1980 BGHZ **78** 295; BGH 5.2.1975 NJW **1975** 1068; **1993** 2047, 2048.

[8] Vgl. auch *Heiss* FS Kropholler 459, 466; näher zu dieser Problematik *Baetge* FS Kropholler 77, 87.

Artikel 20. Ausschluss der Rück- und Weiterverweisung

Unter dem nach dieser Verordnung anzuwendenden Recht eines Staates sind die in diesem Staat geltenden Rechtsnormen unter Ausschluss derjenigen des Internationalen Privatrechts zu verstehen, soweit in dieser Verordnung nichts anderes bestimmt ist.

1 Sowohl die allgemeinen Kollisionsnormen der Art. 3, 4 und 6 VO Rom I wie auch die der versicherungsrechtlichen Sonderregelung in Art. 7 VO Rom I verweisen unmittelbar auf das materielle Versicherungsrecht der berufenen Rechtsordnung (**Sachnormverweisung**) und lassen die jeweiligen Kollisionsrechte (Gesamtverweisung) unbeachtet. Praktische Bedeutung hat diese Regelung nur im Verhältnis zu Nichtmitgliedstaaten, weil die Internationalen Schuldrechte der Mitgliedstaaten (vgl. Art. 1 Abs. 4 VO Rom I) durch die VO ja ohnehin vereinheitlicht worden sind. Der Ausschluss des „Internationalen Privatrechts" bedeutet nicht, dass etwaige Interlokale Versicherungsvertragsrechte der Staaten zur Anwendung gelangen; insoweit ist eine Sonderregelung in Art. 22 VO Rom I vorgesehen.

2 Die im letzten Halbsatz der Norm angesprochene „anderweitige Bestimmung" wird teilweise in Art. 7 Abs. 3 Unterabs. 2 VO Rom I gesehen, wonach die Parteien auf eine von einem **anderen Mitgliedstaatenrecht eingeräumte** Möglichkeit zur **Wahl des Versicherungsvertragsstatuts** Gebrauch machen können (näher Art. 7 VO Rom I Rn. 76). Eine Gesamtverweisung liegt darin aber nicht. Mit dieser Vorstellung verträgt sich nicht, dass die betreffenden Rechte nicht konkret berufen sein müssen, sondern bereits die in einem der Rechte bestehende *Möglichkeit* einer Rechtswahl den parteiautonomen Spielraum der Beteiligten erweitert. Außerdem wird nicht die eine Rechtswahl ermöglichende fremde Kollisionsnorm vollständig in Bezug genommen, sondern lediglich die Zulässigkeit einer Rechtswahl in das eigene Recht „transplantiert", während die Gültigkeit der Rechtswahlvereinbarung dem gewählten Recht unterliegt (vgl. auch Art. 7 VO Rom I Rn. 76).[1]

Artikel 21. Öffentliche Ordnung im Staat des angerufenen Gerichts

Die Anwendung einer Vorschrift des nach dieser Verordnung bezeichneten Rechts kann nur versagt werden, wenn ihre Anwendung mit der öffentlichen Ordnung („ordre public") des Staates des angerufenen Gerichts offensichtlich unvereinbar ist.

Übersicht

A. Verstoß gegen den inländischen ordre public

1 Verstößt die Anwendung ausländischer Rechtvorschriften offensichtlich gegen die **öffentliche Ordnung** des Gerichtsstaates, so lässt auch die VO bei einem hinreichenden Inlandsbezug des Sachverhalts sowohl im Verhältnis zu Dritt- wie auch im Verhältnis zu

---

[1] Vgl. dazu bereits Berliner Kommentar/*Dörner* Art. 10 EGVVG Rn. 35, 40.

Mitgliedstaaten eine Berufung auf den inländischen „ordre public“ zu, wobei allerdings eine solche Abwehr fremden Rechts nach der Präambel nur „unter außergewöhnlichen Umständen“ (vgl. Erwägungsgrund Nr. 37) möglich sein soll. Der Begriff des „ordre public“ wird dabei zunächst verordnungsautonom definiert und insoweit einer Kontrolle durch den EuGH unterstellt. Ein Verstoß setzt danach voraus, dass die Anwendung des ausländischen Rechts zu einer offensichtlichen Verletzung eines im Inland als wesentlich geltenden Rechtsgrundsatzes führt und damit in einem nicht hinnehmbaren Widerspruch zu der Rechtsordnung des Gerichtsstaates steht.[1] Im Rahmen dieser Definition legen die Mitgliedstaaten die Kriterien eines ordre public-Verstoßes nach Maßgabe ihrer innerstaatlichen Anschauungen jeweils selbst fest.[2]

Der Vorbehalt ist **von Amts wegen** zu berücksichtigen.[3] Die **Auswirkungen** einer **2**
Nichtanwendung ausländischen Rechts sind zunächst – wenn möglich – der betreffenden Rechtsordnung selbst zu entnehmen, sei es, dass einfach die Vorschriften dieser Rechtsordnung ohne die inkriminierte Norm Anwendung finden, sei es, dass zur Ausfüllung der entstandenen Lücke dieser Rechtsordnung eine Ersatzregelung entnommen werden kann. Lassen sich beide Möglichkeiten nicht verwirklichen, sind zwecks Lückenfüllung die Vorschriften der lex fori heranzuziehen.

B. Verstoß gegen den ordre public im Internationalen Versicherungsvertragsrecht

In Anbetracht des Umstands, dass einerseits Art. 21 VO Rom I insbesondere im Ver- **3**
hältnis zu anderen Mitgliedstaaten sehr restriktiv zu handhaben ist und andererseits die Rechtsprechung im Bereich des Internationalen Schuldvertragsrecht ohnehin nur selten die Voraussetzungen der Vorschrift bejaht, lassen sich Beispiele für einen ordre public-Verstoß auch im Versicherungsvertragsrecht nur schwer finden. Unvereinbar mit inländischen Rechtsvorstellungen sind Verträge, die eine Versicherung gegen **Führerscheinverlust** oder **Geldstrafen**- oder **Bußgeldversicherungen** enthalten, weil der Versicherungsnehmer sich damit letztlich von den Sanktionen rechtswidrigen Verhaltens freikaufen könnte.[4] Gegen die Zulässigkeit von Krebs- oder Dread desease-Versicherungen dürften heute keine Bedenken mehr bestehen. Auch Produkterpressungs- und Lösegeldversicherungen haben sich inzwischen mit dem Segen der Versicherungsaufsicht im Inland etabliert.[5]

Entgegen einer früher verbreiteten Auffassung[6] werden auch die zwingenden Bestim- **4**
mungen des Versicherungsvertragsrecht nicht durch den ordre public abgesichert. Allenfalls könnte man die §§ 74 Abs. 2, 78 Abs. 3 VVG (Vertragsnichtigkeit bei betrügerischer Doppel- und Mehrfachversicherung) als Bestandteil des deutschen ordre public ansehen,[7] wobei man die Rechtsfolgen eines solchen Verhaltens entsprechend dem zu Rn. 1 Gesagten allerdings in erster Linie dem anwendbaren Recht entnehmen müsste.[8]

---

[1] Vgl EuGH 28.3.2000 NJW **2000** 1853, 1854 u. EuGH 11.5.2000 NJW **2000** 2185, 2186.

[2] EuGH a.a.O.

[3] *Leible* RIW **2008** 263.

[4] Vgl. Berliner Kommentar/*Dörner* Art. 15 Rn. 48; Langheid/Wandt/*Looschelders*, VVG (2010) IntVersR Rn. 159.

[5] Prölss/Martin/*Armbrüster*, Nach Art. 15 EGVVG 9; Langheid/Wandt/*Looschelders*, VVG (2010) IntVersR Rn. 159.

[6] Vgl. Berliner Kommentar/*Dörner* Art. 15 EGVVG Rn. 49 m.w.N.

[7] Vgl. Berliner Kommentar/*Dörner* a.a.O. Rn. 50.

[8] Vgl. dazu Langheid/Wandt/*Looschelders* IntVersR Rn. 158.

Artikel 22. Staaten ohne einheitliche Rechtsordnung

(1) Umfasst ein Staat mehrere Gebietseinheiten, von denen jede eigene Rechtsnormen für vertragliche Schuldverhältnisse hat, so gilt für die Bestimmung des nach dieser Verordnung anzuwendenden Rechts jede Gebietseinheit als Staat.

(2) Ein Mitgliedstaat, in dem verschiedene Gebietseinheiten ihre eigenen Rechtsnormen für vertragliche Schuldverhältnisse haben, ist nicht verpflichtet, diese Verordnung auf Kollisionen zwischen den Rechtsordnungen dieser Gebietseinheiten anzuwenden.

1 **Verweisungen auf Mehrrechtsstaaten** sind nach Abs. 1 der Vorschrift als Verweisungen auf die jeweilige Teilrechtsordnung aufzufassen, so dass eine Anknüpfung etwa an den gewöhnlichen Aufenthalt einer Person oder an die Risikobelegenheit nicht zum Recht des Gesamtstaates (und etwa zu dessen Interlokalen Privatrecht, vgl. auch Abs. 2), sondern unmittelbar zu dem lokalen Recht des Aufenthalts- oder Belegenheitsortes führen würde. Im Internationalen Versicherungsvertragsrecht setzt die Anwendbarkeit dieser Vorschrift voraus, dass in dem betreffenden Mehrrechtsstaat – wie etwa in den USA – regional unterschiedliche Versicherungsvertragsrechte existieren.

2 Nach **Abs. 2** ist ein Mehrrechtsstaat nicht verpflichtet, die Anknüpfungsregeln der VO auch auf sein internes **Interlokales Privatrecht** zu übertragen.

Artikel 23. Verhältnis zu anderen Gemeinschaftsrechtsakten

Mit Ausnahme von Artikel 7 berührt diese Verordnung nicht die Anwendung von Vorschriften des Gemeinschaftsrechts, die in besonderen Bereichen Kollisionsnormen für vertragliche Schuldverhältnisse enthalten.

1 Die Vorschrift regelt das **Verhältnis** der VO Rom I zu **anderen Rechtsakten** der **Europäischen Union** (Richtlinien und VO), welche ebenfalls vertragsrechtliche Kollisionsnormen enthalten. Sie stellt klar, dass die VO die Anwendung dieser Kollisionsnormen – mit „Ausnahme von Artikel 7" – nicht verhindern will. Für das Internationale Versicherungsvertragsrecht ist danach zu differenzieren:

2 Soweit die **allgemeinen Kollisionsnormen** der Art. 3, 4 und 6 VO Rom I auf Versicherungsverträge Anwendung finden, werden sie durch die kollisionsrechtlichen Sonderbestimmungen anderer Gemeinschaftsrechtsakte ergänzt. Dies gilt insbesondere für die in verbraucherschutzrechtlichen Richtlinien enthaltenen Kollisionsnormen, die der deutsche Gesetzgeber in Art. 46b EGBGB gesammelt und in das deutsche IPR umgesetzt hat (vgl. näher Art. 46b EGBGB Rn. 4).

3 Dagegen ist die Heranziehung von Richtlinienkollisionsrecht im Anwendungsbereich von **Art. 7 VO Rom I** ausgeschlossen. Dies betrifft unbestritten die in den spezifisch versicherungsrechtlichen Richtlinien enthaltenen Anknüpfungsregeln, da diese ja – via EGVVG – in die genannte Vorschrift überführt worden sind (vgl. Art. 7 VO Rom I Rn. 6). Ob durch die Eingangsworte des Art. 23 VO Rom I daneben auch das allgemeine Verbraucherschutzkollisionsrecht der Richtlinien ausgeblendet werden sollte, erscheint aber äußerst zweifelhaft (vgl. dazu Art. 46b EGBGB Rn. 5 ff.).[1]

---

[1] Vgl. MüKo/*Martiny* Art. 23 VO Rom I Rn. 11; vgl. auch HK BGB/*Staudinger* Art. 23 VO Rom I Rn. 1.

Artikel 24. Beziehung zum Übereinkommen von Rom

(1) Diese Verordnung tritt in den Mitgliedstaaten an die Stelle des Übereinkommens von Rom, außer hinsichtlich der Hoheitsgebiete der Mitgliedstaaten, die in den territorialen Anwendungsbereich dieses Übereinkommens fallen und für die aufgrund der Anwendung von Artikel 299 des Vertrags diese Verordnung nicht gilt.

(2) Soweit diese Verordnung die Bestimmungen des Übereinkommens von Rom ersetzt, gelten Bezugnahmen auf dieses Übereinkommen als Bezugnahmen auf diese Verordnung.

In den Mitgliedstaaten (vgl. Art. 1 Abs. 4 Satz 1 VO Rom I) treten ab dem 1
17.12.2009 (vgl. Art. 29 Abs. 1) die Vorschriften der VO an die Stelle des **Römischen Schuldvertragsübereinkommens**[1] vom 19.6.1980. Die Bundesrepublik Deutschland hatte diesem Übereinkommen zwar völkerrechtlich verbindlich zugestimmt, dessen Bestimmungen aber keine innerstaatliche Wirkung verliehen, sondern sie als Art. 27 bis 37 in das EGBGB eingestellt. Diese Vorschriften wiederum sind durch Art. 1 Nr. 4 des Gesetzes zur Anpassung der Vorschriften des Internationalen Privatrechts an die Verordnung (EG) Nr. 593/2008[2] aufgehoben worden.

Artikel 25. Verhältnis zu bestehenden internationalen Übereinkommen

(nicht abgedruckt)

Artikel 26. Verzeichnis der Übereinkommen

(nicht abgedruckt)

Während Art. 25 VO Rom I vorsieht, dass einschlägige **bilaterale Staatsverträge** der 1
Mitgliedstaaten unberührt bleiben, hält Art. 26 VO Rom I die Mitgliedstaaten an, entsprechende Verträge bis zum 17.6.2009 der Kommission zu übermitteln. Die eingegangenen Mitteilungen sind von der Kommission veröffentlicht worden.[1] Zwischenstaatliche Übereinkommen auf dem Gebiet des Internationalen Versicherungsvertragsrechts sind nicht darunter.

Artikel 27. Überprüfungsklausel

(1) Die Kommission legt dem Europäischen Parlament, dem Rat und dem Europäischen Wirtschafts- und Sozialausschuss bis spätestens 17. Juni 2013 einen Bericht über die Anwendung dieser Verordnung vor. Diesem Bericht werden gegebenenfalls Vorschläge zur Änderung der Verordnung beigefügt. Der Bericht umfasst:

[1] Römisches EWG-Übereinkommen über das auf vertragliche Schuldverhältnisse anzuwendende Recht BGBl. **1986** II 810.

[2] BGBl. I **2009** 1574.

[1] ABl. **2010** Nr. C 343 S. 3.

a) eine Untersuchung über das auf Versicherungsverträge anzuwendende Recht und eine Abschätzung der Folgen etwaiger einzuführender Bestimmungen und

b) eine Bewertung der Anwendung von Artikel 6, insbesondere hinsichtlich der Kohärenz des Gemeinschaftsrechts im Bereich des Verbraucherschutzes.

...

1 Dass der Unionsgesetzgeber der Kommission in dieser Bestimmung einen **Prüfauftrag** zum Internationalen Versicherungs- und Verbrauchervertragsrecht erteilt, ist zu begrüßen. Das fortbestehende Nebeneinander von Kollisionsnormen „römischer" und „richtlinienrechtlicher" Provenienz (Art. 7 VO Rom I Rn. 6) ist ein dogmatisches Ärgernis, das die wissenschaftliche Durchdringung der Materie verkompliziert, die praktische Handhabung der einschlägigen Kollisionsnormen erschwert und damit die Gefahr von Beratungsfehlern heraufbeschwört. Eine Vereinheitlichung der divergierenden Teilsysteme ist dringend geboten,[1] zumal im Schrifttum erste (und ernst zu nehmende) Zweifel an der Primärrechtskonformität insbesondere des Art. 7 VO Rom I (Verstoß gegen die Dienstleistungsfreiheit des Art. 56 Abs. 1 AEUV) erhoben werden.[2]

Artikel 28. Zeitliche Anwendbarkeit

Diese Verordnung wird auf Verträge angewandt, die ab dem 17. Dezember 2009 geschlossen werden.[1]

1 Die Vorschrift regelt den **intertemporalen Anwendungsbereich** der VO. Nach ihrem Inkrafttreten am 24.7.2008 (Art. 29 Abs. 1 VO Rom I) gilt sie prinzipiell ab dem 17.12.2009 (Art. 29 Abs. 2 VO Rom I) und wird dementsprechend auf Versicherungsverträge angewandt, die an diesem Tag oder später geschlossen worden sind bzw. geschlossen werden. Auf die zuvor geschlossenen Versicherungsverträge gelangen weiterhin die (erst) mit dem 17.12.2009 (bei zutreffendem Verständnis: mit Wirkung für die Zukunft) außer Kraft gesetzten[2] Kollisionsnormen der Art. 7–15 EGVVG oder Art. 27–36 EGBGB zur Anwendung.[3] Dies gilt auch, soweit die Dauerwirkungen vor dem Stichtag geschlossener Verträge über den 17.12.2009 fortdauern oder Verträge aufgrund von Verlängerungsklauseln über den Stichtag hinaus fortgesetzt werden[4], so dass langjährige Verträge u.U. noch Jahre und Jahrzehnte nach dem aufgehobenen Kollisionsrecht zu beurteilen sind (vgl. dazu auch Einführung Rn. 22 ff.).[5]

---

[1] Dazu zuletzt *Böttger* VersR **2012** 156 ff., 160 ff.

[2] Vgl. *Richters* 81 ff. u. passim.

[1] Berichtigung der ursprünglichen Fassung („nach dem 17. Dezember 2009") in ABl. EU **2009** Nr. L 309 S. 87.

[2] Art. 1 Nr. 4 des Gesetzes zur Anpassung der Vorschriften des Internationalen Privatrechts an die Verordnung (EG) Nr. 593/2008 vom 25.6.2009 BGBl. **2009** I 1574.

[3] Ferrari/*Staudinger* Art. 7 Rom I-VO Rn. 13; Staudinger/*Armbrüster* Vorbem. zu Art. 7 Rom I-VO Rn. 8; vgl. auch *Rauscher/Pabst* NJW **2009** 3614, 3619; unzutreffend *Thume* VersR **2009** 1342, 1343.

[4] Vgl. *Katschthaler/Leichsenring* RuS **2010** 45, 46.

[5] Vgl. HK BGB/*Staudinger* Art. 23 Rom I-VO Rn. 1.

Ob ein Versicherungsvertrag bereits **vor dem 17.12.2009 geschlossen** wurde, ist nicht durch autonome Auslegung der Vorschrift[6], sondern aus Gründen des Vertrauensschutzes nach Maßgabe desjenigen Versicherungsvertragsstatuts zu beurteilen, das die bis zum Stichtag einschlägigen Kollisionsnormen berufen.[7] Gleiches gilt für die Frage, ob ein derart zuvor zustande gekommener Vertrag nach dem Inkrafttreten der VO Rom I etwa aufgehoben worden ist.[8] 2

Kapitel IV. Schlussbestimmungen

Artikel 29. Inkrafttreten und Anwendbarkeit

Diese Verordnung tritt am zwanzigsten Tag nach ihrer Veröffentlichung im Amtsblatt der Europäischen Union in Kraft.

Sie gilt ab 17. Dezember 2009, mit Ausnahme des Artikels 26, der ab dem 17. Juni 2009 gilt.

6 So Palandt/*Thorn* Art. 28 Rom I-VO Rn. 2.

7 Wie hier MüKo/*Martiny* Art. 28 Rom I-VO Rn. 3.

8 Anders wohl Ferrari/*Staudinger* Art. 7 Rom I-VO Rn. 13.

3. Abschnitt: Einführungsgesetz zum Bürgerlichen Gesetzbuche (Auszüge)

Zweiter Unterabschnitt. Durchführung der Verordnung (EG) Nr. 593/2008

Art 46b. Verbraucherschutz für besondere Gebiete

(1) Unterliegt ein Vertrag auf Grund einer Rechtswahl nicht dem Recht eines Mitgliedstaats der Europäischen Union oder eines anderen Vertragsstaats des Abkommens über den Europäischen Wirtschaftsraum, weist der Vertrag jedoch einen engen Zusammenhang mit dem Gebiet eines dieser Staaten auf, so sind die im Gebiet dieses Staates geltenden Bestimmungen zur Umsetzung der Verbraucherschutzrichtlinien gleichwohl anzuwenden.

(2) Ein enger Zusammenhang ist insbesondere anzunehmen, wenn der Unternehmer

1. in dem Mitgliedstaat der Europäischen Union oder einem anderen Vertragsstaat des Abkommens über den Europäischen Wirtschaftsraum, in dem der Verbraucher seinen gewöhnlichen Aufenthalt hat, eine berufliche oder gewerbliche Tätigkeit ausübt oder
2. eine solche Tätigkeit auf irgendeinem Wege auf diesen Mitgliedstaat der Europäischen Union oder einen anderen Vertragsstaat des Abkommens über den Europäischen Wirtschaftsraum oder auf mehrere Staaten, einschließlich dieses Staates, ausrichtet

und der Vertrag in den Bereich dieser Tätigkeit fällt.

(3) Verbraucherschutzrichtlinien im Sinne dieser Vorschrift sind in ihrer jeweils geltenden Fassung:

1. die Richtlinie 93/13/EWG des Rates vom 5. April 1993 über missbräuchliche Klauseln in Verbraucherverträgen (ABl. L 95 vom 21.4.1993, S. 29);
2. ... *(betrifft die Fernabsatzrichtlinie 97/7/EG v. 4.6.1997)*;
3. ... *(betrifft die Verbrauchsgüterkaufrichtlinie 1999/44/EG v. 25.5.1999);*
4. die Richtlinie 2002/65/EG des Europäischen Parlaments und des Rates vom 23. September 2002 über den Fernabsatz von Finanzdienstleistungen an Verbraucher und zur Änderung der Richtlinie 90/619/EWG des Rates und der Richtlinien 97/7/EG und 98/27/EG (ABl. L 271 vom 9.10.2002, S. 16);
5. ... *(betrifft die Verbraucherkreditrichtlinie 2008/*122/EG v. 14.1.2009)

Übersicht

A. Sonderanknüpfung des Richtlinienkollisionsrechts für Verbraucherverträge

Die Vorschrift ist durch Art. 1 Nr. 8 des Gesetzes zur Anpassung der IPR-Vorschriften an die VO Rom I[1] mit Wirkung vom 17.12.2009 in das EGBGB eingefügt worden. Sie tritt an die Stelle des gleichzeitig (vgl. Art. 1 Nr. 4 des Gesetzes) aufgehobenen Art. 29a EGBGB und trägt dem Umstand Rechnung, dass nach Art. 23 VO Rom I grundsätzlich (vgl. aber unten Rn. 5 und Art. 23 VO Rom I Rn. 3) die **Anwendung gemeinschaftsrechtlicher Sonderkollisionsnormen** zum **Internationalen Vertragsrecht** und damit insbesondere das verbraucherschutzrechtlich ausgerichtete Richtlinienkollisionsrecht von der VO nicht berührt wird. Von Art. 46b EGBGB werden einzelne, näher bestimmte und zwischen **Unternehmern und Verbrauchern** abgeschlossene Verträge erfasst. **1**

Die Vorschrift setzt nach ihrem Abs. 1 voraus, dass ein Schuldvertrag aufgrund einer Rechtswahl (z.B. nach Art. 3 oder 6 Abs. 2 VO Rom I) **nicht** dem **Recht eines Mitgliedstaates der EU** oder eines anderen Mitgliedstaates **des EWR** untersteht, gleichwohl aber einen engen Zusammenhang zum Recht eines dieser Staaten aufweist. Für diese Situation – etwa bei Anwendung des schweizerischen oder des US-amerikanischen Rechts – beruft Abs. 1 die jeweiligen nationalen **Umsetzungsvorschriften** der in Abs. 3 und 4 aufgeführten Verbraucherschutzrichtlinien in ihrer jeweiligen Fassung. Diese beanspruchen dann Geltung neben dem Recht des betreffenden Nichtmitgliedstaates. Die Vorschrift findet hingegen keine Anwendung, wenn auf das Nichtmitgliedstaatsrecht kraft objektiver Anknüpfung (Art. 3 oder 6 Abs. 1 VO Rom I) verwiesen wurde. **2**

Der geforderte **„enge Zusammenhang"** ist **insbesondere** dann zu bejahen, wenn der Verbraucher seinen gewöhnlichen Aufenthalt (vgl. Art. 19 VO Rom I Rn. 6) in einem der in Abs. 1 angesprochenen Mitgliedstaaten hat und der Unternehmer in diesem Staat entweder eine berufliche oder gewerbliche Tätigkeit ausübt (Abs. 2 Nr. 1) oder eine solche Tätigkeit auf „irgendeinem Wege" auf diesen Mitgliedstaat ausrichtet (Abs. 2 Nr. 2) und der Vertrag in den Bereich dieser Tätigkeit fällt. Der erforderliche Zusammenhang kann sich aber auch aus anderen Umständen (Aufenthaltsort der Parteien, Vertragsabschluss- oder Erfüllungsort, Belegenheit des Vertragsgegenstandes) ergeben.[2] Zu der erforderlichen räumlichen Verknüpfung mit dem Staat des Verbraucheraufenthalts durch Ausübung oder Ausrichtung einer gewerblichen Tätigkeit vgl. auch Art. 6 VO Rom I Rn. 3 ff. **3**

B. Sonderkollisionsrecht für Verbraucherverträge und Internationales Versicherungsvertragsrecht

Bei der Anknüpfung von Versicherungsverträgen kommt eine gleichzeitige Heranziehung gemeinschaftsrechtlicher Sonderkollisionsnormen **in der Sache** von vornherein nur in Bezug auf die in Abs. 3 Nr. 1 aufgeführte **Klauselrichtlinie** sowie die in Nr. 4 genannte Richtlinie über den **Fernabsatz von Finanzdienstleistungen** in Betracht. Die Fernabsatzrichtlinie (Nr. 2) findet nach ihrem Art. 3 Abs. 1 i.V. mit Anhang II, 2. Spiegelstrich keine Anwendung auf Versicherungs- und Rückversicherungsgeschäfte. Die übrigen in Abs. 3 Nr. 3 und 5 sowie Abs. 4 angeführten Rechtsinstrumente beziehen sich auf andere Vertrags- **4**

---

[1] Gesetz zur Anpassung der Vorschriften des Internationalen Privatrechts an die VO 593/2008 vom 25.6.2009 BGBl. **2009** I 1574.

[2] Vgl. nur Palandt/*Thorn* Art. 46b EGBGB Rn. 3.

typen. Soweit somit der in Abs. 2 umschriebene „enge Zusammenhang“ zum deutschen Staatsgebiet besteht und daher zum deutschen Recht führt, sind unter den Voraussetzungen des Abs. 1 die §§ 305–310 BGB (Recht der Allgemeinen Geschäftsbedingungen) sowie die §§ 312b bis 312e BGB (Recht der Fernabsatzverträge) heranzuziehen.

5 Allerdings steht zur Diskussion, ob nicht aus dem Wortlaut des **Art. 23 VO Rom I** im Hinblick auf Art. 46b EGBGB eine **weitere Einschränkung** des Anwendungsbereichs von Art. 46b EGBGB abgeleitet werden muss. Da Art. 23 VO Rom I einen Rückgriff auf gemeinschaftsrechtliche, insbesondere in Richtlinien enthaltene Kollisionsnormen zwar allgemein zulässt, jedoch gerade für das Internationale Versicherungsvertragsrecht des **Art. 7 VO Rom I** versagt, folgert daraus die h.M.[3], dass im Anwendungsbereich dieser Vorschrift nicht nur die Heranziehung des speziellen Richtlinienkollisionsrechts für Versicherungsverträge ausgeschlossen wird, sondern darüber hinaus auch die Kollisionsnormen der in Abs. 3 aufgeführten Verbraucherschutzrichtlinien unberücksichtigt bleiben müssen. Dadurch würde infolgedessen auch einer Anwendung des Art. 46b EGBGB der Boden entzogen.

6 Gegen diese Auslegung spricht aber zum einen, dass damit bei der Wahl eines Drittstaatenrechts die **europäischen Verbraucherschutzstandards** im Hinblick auf Versicherungsverträge **aufgegeben** werden, obwohl die betreffenden Richtlinien diese Standards gerade ohne eine solche sachliche Einschränkung erhalten wollen (vgl. Art. 6 Abs. 2 der Klauselrichtlinie bzw. Art. 12 Abs. 2 der Fernabsatzfinanzdienstleistungsrichtlinie, dazu Rn. 4). Auch durch die Gesetzgebungsgeschichte der VO[4] lässt sich diese Überlegung stützen: Der Kommissionsentwurf hatte nämlich zunächst eine Rechtswahlmöglichkeit bei Verbraucherverträgen völlig ausgeschlossen. Nachdem jedoch die endgültige Fassung eine solche Rechtswahl wieder gestattet, wurde in der geltenden Fassung des Art. 23 VO Rom I zumindest ein Rückgriff auf das verbraucherschutzrechtliche Richtlinienkollisionsrecht eröffnet – der jetzt aber tunlichst ohne sachliche Einschränkungen praktiziert werden sollte.

7 Zum andern lässt sich für eine restriktive Handhabung der auf Art 7 VO Rom I bezogenen Ausnahme anführen, dass diese Vorschrift eben nur die **spezifisch versicherungsrechtlichen Kollisionsnormen** der Richtlinien in sich aufgenommen hat, **nicht** aber die sich aus den allgemeinen Verbraucherschutzkollisionsnormen ergebende kollisionsrechtliche Absicherung des EU-Standards bei der Wahl eines Drittstaatenrechts, für welche daher nach wie vor ein Bedürfnis besteht. Dieser Position wird freilich – in Fortführung eines schon vor Inkrafttreten der VO geführten heftigen Meinungsstreits[5] – entgegengehalten werden, dass die (bislang im EGVVG umgesetzten) Anknüpfungsregeln der Versicherungsrichtlinien den kollisionsrechtlichen Verbraucherschutz eben auf der Grundlage eines ganz anderen Konzepts realisieren als das allgemeine, früher in Art. 29 bzw. 29a EGBGB verwirklichte europäische Verbraucherkollisionsrecht, so dass für die Heranziehung dieser allgemeinen Bestimmungen von vornherein gar keine Bedürfnis bestehe.

8 Auch wenn man davon ausgeht, dass die verbraucherschutzrechtlich motivierten Beschränkungen der Rechtswahlfreiheit in den in Art. 46b Abs. 3 Nr. 1 und 4 EGBGB genannten Richtlinien auch neben den Anknüpfungsregeln des Art. 7 VO Rom I zur Anwendung gelangen, bleibt die **praktische Bedeutung** der hier vertretenen Auffassung

---

[3] Vgl. *Heiss* FS Kropholler 459, 472; Langheid/Wandt/*Looschelders* IntVersR Rn. 9; HK BGB/*Staudinger* Art. 46b EGBGB Rn. 9 u. Art. 23 Rom I-VO Rn. 1.

[4] Zur Gesetzgebungsgeschichte Staudinger/*Magnus* Art 23 Rom I-VO Art. 23 Rn. 8 ff.

[5] Vgl. nur (jeweils m.w.N.) Berliner Kommentar/*Dörner* Art. 15 EGVVG Rn. 5 ff. einer- und Prölss/Martin/*Armbrüster* Art. 15 EGVVG Rn. 7 andererseits.

sehr gering. Die von Art. 46b Abs. 1 EGBGB vorausgesetzte Wahl eines Drittstaatenrechts ist im Anwendungsbereich des Art. 7 VO Rom I nach dessen Abs. 2 nämlich insbesondere möglich in Verträgen über Großrisiken, bei denen es sich dann aber in der Regel[6] nicht um Verbraucherverträge i.S. des Art. 46b Abs. 1 EGBGB handelt. Dies gilt ebenfalls für Versicherungsverträge unterhalb der Großrisikoschwelle (vgl. Art. 7 VO Rom I Rn. 8 ff.), in denen gewerblich, industriell oder freiberuflich tätige Versicherungsnehmer mit dem Versicherer eine Rechtswahl nach Maßgabe von Art. 7 Abs. 3 lit. e VO Rom I vereinbaren. Von den übrigen Rechtswahltatbeständen des Art. 7 Abs. 3 VO Rom I lassen die lit. a, c und d von vornherein die Wahl eine Nichtmitgliedstaatenrechts überhaupt nicht zu. Nach Abs. 3 lit. b ist zwar die Wahl eines Drittstaatenrechts möglich, wenn der Versicherungsnehmer- bzw. Verbraucheraufenthaltsort in einem Drittstaat liegt. In diesem Fall dürfte es aber in aller Regel an dem von Art. 46b Abs. 2 EGBGB geforderten „engen Zusammenhang" zwischen dem Vertrag und einem Mitgliedstaat von EU bzw. EWR fehlen, da dieser Zusammenhang sich in erster Linie durch wirtschaftliche Aktivitäten eines Unternehmers in dem – *innerhalb* der EU bzw. dem EWR gelegenen – Verbraucheraufenthaltsstaat manifestiert.

Denkbar ist immerhin, dass ein nach Art. 7 Abs. 3 lit a oder b VO Rom I gewähltes Mitgliedstaatenrecht in seinen Kollisionsnormen auch bei einem gewöhnlichen Aufenthalt des Versicherungsnehmers innerhalb von EU oder EWR eine weitergehende Rechtswahl zugunsten eines Drittstaatenrechts zulässt und die Parteien in dieser Situation von der Möglichkeit einer **„Rechtswahl kraft Verweisung"** nach Art. 7 Abs. 3 Unterabs. 2 VO (vgl. ebda Rn. 71 ff.) Gebrauch machen. In einem solchen Fall würden die Verbraucherschutzvorschriften der Klausel- und Finanzdienstleistungs-Fernabsatzrichtlinie (wie sie in dem betreffenden Mitgliedstaat des „engen Zusammenhangs" umgesetzt wurden) neben dem gewählten Versicherungsvertragsstatut Beachtung finden. **9**

Art 46c. Pflichtversicherungsverträge

(1) Ein Versicherungsvertrag über Risiken, für die ein Mitgliedstaat der Europäischen Union oder ein anderer Vertragsstaat des Abkommens über den Europäischen Wirtschaftsraum eine Versicherungspflicht vorschreibt, unterliegt dem Recht dieses Staates, sofern dieser dessen Anwendung vorschreibt.

(2) Ein über eine Pflichtversicherung abgeschlossener Vertrag unterliegt deutschem Recht, wenn die gesetzliche Verpflichtung zu seinem Abschluss auf deutschem Recht beruht.

Übersicht

[6] Nicht stets! Vgl. Ferrari/*Staudinger* Art. 7 Rom I-VO Rn. 8: Abschluss einer Schiffskaskoversicherung für privat genutzte Yacht, vgl. dazu Art. 5 lit. d (i) der Ersten Schadensversicherungsrichtlinie und Art. 7 VO Rom I Rn. 8.

A. Art. 7 Abs. 4 lit. b VO Rom I und Art. 46c EGBGB

1 Die mit der VO Rom I am 17.12.2009 in Kraft getretene[1] und den Art. 12 EGVVG fortführende (vgl. Einführung Rn. 47 ff.) Vorschrift bezieht sich auf Versicherungsverträge über Risiken, für welche ein **Mitgliedstaat** der EU oder ein anderer Mitgliedstaat des EWR eine **Versicherungspflicht** vorschreibt, und muss in erster Linie in Zusammenhang mit **Art. 7 Abs. 4 lit. b VO Rom I** gesehen werden. Nach dieser Vorschrift kann ein Mitgliedstaat der EU (näher Art. 7 VO Rom I Rn. 3) anordnen, dass auf solche Verträge nicht die allgemeinen Regeln der subjektiven und objektiven Anknüpfung von Versicherungsverträgen über Groß- (Art. 7 Abs. 2 VO Rom I) oder Massenrisiken (Art. 7 Abs. 3 VO Rom I) Anwendung finden sollen, sondern im Wege einer Sonderanknüpfung das Recht desjenigen Mitgliedstaates, der die Versicherungspflicht statuiert. Von dieser **Öffnungsklausel** hat der deutsche Gesetzgeber Gebrauch gemacht und in **Art. 46c Abs. 1 EGBGB** eine entsprechende Anordnung vorgenommen, und zwar nicht nur im Hinblick auf die von einem EU-Mitgliedstaat, sondern – über den von der Öffnungsklausel gesetzten Rahmen hinaus – auch hinsichtlich der von einem anderen Mitgliedstaat des EWR angeordneten Versicherungspflicht (vgl. dazu Art. 7 VO Rom I Rn. 3). Die Verweisung steht allerdings unter dem Vorbehalt, dass der betreffende Mitgliedstaat sein eigenes Recht auch angewandt wissen will (Rn. 10). Im Hinblick auf etwaige sich aus dem **deutschen Sachrecht** ergebenden Versicherungspflichten wird dieser Wille in **Abs. 2** zum Ausdruck gebracht (Rn. 19).

2 Dieses in Art. 7 Abs. 4 lit. b VO Rom I und Art. 46c EGBGB angelegte **Zusammenspiel** von **europäischer Öffnungsklausel** und **nationaler Sonderanknüpfung** trägt dem Umstand Rechnung, dass der die Versicherungspflicht anordnende Staat mit einer solchen Regelung regelmäßig **öffentliche Interessen** verfolgt und demzufolge auf die in Erfüllung einer solchen Pflicht abgeschlossenen Verträge im Zweifel ohne Rücksicht auf das maßgebende Vertragsstatut sein eigenes Recht angewandt sehen will (vgl. auch Art. 7 VO Rom I Rn. 78).[2] Diesem Interesse gibt Abs. 1 nach. Gleichzeitig bewirken Sonderanknüpfungen dieser Art in dem Maße, wie von der Öffnungsklausel Gebrauch gemacht wird, in den Rechtsordnungen der Mitgliedstaaten einen **internationalen Entscheidungseinklang** bei der Anknüpfung von Pflichtversicherungen und reduzieren dadurch die Möglichkeiten, durch Wahl eines bestimmten Versicherungsvertragsstatuts (vgl. Art. 7 Abs. 2 und Abs. 3 Unterabs. 1 u. 2 VO Rom I) die Anwendung eines Rechts zu vermeiden, das eine Versicherungspflicht vorschreibt. Schließlich dient diese Regelung auch der **Rechtssicherheit,** weil eine im Vorhinein vorgenommene Sonderanknüpfung spätere Diskussionen darüber abschneidet, ob die Anordnung der einen oder anderen Versicherungspflicht im Recht einzelner Mitgliedstaaten nicht über Art. 21 VO Rom I durch einen Rückgriff auf den ordre public dieses Mitgliedstaates durchzusetzen ist.

3 Aus **systematischer Sicht** handelt es sich bei den Art. 7 Abs. 4 lit. b VO Rom I und Art. 46c Abs. 1 EGBGB um eine auf Pflichtversicherungen beschränkte **Spezialregelung zu Art. 9 VO Rom I,** der ja ebenfalls die Möglichkeit eröffnet, ungeachtet des nach den allgemeinen Kollisionsregeln berufenen Vertragsstatuts durch Beiziehung in der Regel einseitiger nationaler Kollisionsnormen die Eingriffsnormen (vgl. Art. 9 Abs. 1 VO Rom I und ebda Rn. 1) der betreffenden Rechtsordnung zur Anwendung zu bringen.

---

[1] Gesetz zur Anpassung der Vorschriften des Internationalen Privatrechts an die VO 593/2008 vom 25.6.2009 BGBl. **2009** I 1574.

[2] Vgl. bereits Berliner Kommentar/*Dörner* Art. 12 EGVVG Rn. 1; *Heinze* NIPR **2009** 445, 450; MüKo-BGB/*Martiny* Art. 46c EGBGB Rn. 2; Rauscher/*Fricke* Art. 7 Rom I-VO Rn. 24.

In der inhaltlichen Bezugnahme auf Art. 7 Abs. 4 lit. b VO Rom I kommt zum Ausdruck, dass Art. 46c Abs. 1 EGBGB bei der Versicherung von **Großrisiken uneingeschränkt** (vgl. Art. 7 Abs. 1 Satz 1, 1. Fall VO Rom I) und bei der Versicherung von Massenrisiken dann gelten soll, wenn das durch den Vertrag gedeckte **Risiko** in einem **Mitgliedstaat belegen** ist (vgl. Art. 7 Abs. 1 Satz 1, 2. Fall und Abs. 6 VO Rom I). Dieser Mitgliedstaat der Risikobelegenheit muss mit dem die Versicherungspflicht anordnenden Mitgliedstaat nicht identisch sein. 4

Wird bei der Versicherung von **Großrisiken** allgemein (Art. 7 Abs. 2 VO Rom I) oder aber von **Massenrisiken** mit **Risikobelegenheit** in einem **Mitgliedstaat** (Art. 7 Abs. 3 VO Rom I) eine **Versicherungspflicht von** einem **Nichtmitgliedstaat angeordnet**, so unterliegt die Anknüpfung der Verträge zwar der Sonderregel des Art. 7 VO Rom I (vgl. dessen Abs. 1 Satz 1, 2. Fall), jedoch findet dessen Abs. 4 nach seinem Wortlaut hier keine Anwendung, weil dieser sich allein auf die Anordnung einer Versicherungspflicht durch Mitgliedstaaten bezieht. Damit steht insbesondere die Öffnungsklausel des Abs. 4 lit. b nicht zur Verfügung, auf welcher wiederum Art. 46c Abs. 1 EGBGB beruht. **Beispiel**: Ein in einem Mitgliedstaat lebender Versicherungsnehmer (Risikobelegenheit in einem Mitgliedstaat nach Art. 7 Abs. 6 VO Rom I i.V. mit Art. 13 Nr. 13 lit. d (i) der Richtlinie Solvabilität II, dazu Art. 7 VO Rom I Rn. 38) geht einer Berufstätigkeit in einem Nichtmitgliedstaat nach, die nach dem Recht dieses Staates den Abschluss einer Berufshaftpflichtversicherung voraussetzt. In einem solchen Fall drängt die Interessenlage – wie allseits zugestanden[3] – zu einer analogen Anwendung der für Mitgliedstaaten geltenden Regelung: Auch die in der Anordnung einer Pflichtversicherung zum Ausdruck kommenden öffentlichen Belange eines Nichtmitgliedstaates verdienen Respekt, und internationaler Entscheidungseinklang und Rechtssicherheit (vgl. Rn. 2) sind Gesichtspunkte, die bei Bildung von Kollisionsnormen allgemein und stets abzuwägen sind. Dies spricht dafür, in **analoger Anwendung** sowohl des Art. 7 Abs. 4 lit. b VO Rom I wie auch des Art. 46c Abs. 1 EGBGB den Versicherungsvertrag dem Recht des die Versicherungspflicht anordnenden Nichtmitgliedstaates zu unterstellen,[4] natürlich unter der Voraussetzung, dass das Recht dieses Staates auch selbst angewandt werden will. Die Überlegung, in Fällen dieser Art über Ausweichklauseln wie etwa Art. 4 Abs. 3 oder Art. 7 Abs. 2 Unterabs. 2 Satz 2 VO zur Anwendung des die Versicherungspflicht anordnenden Staates zu gelangen, führt nur begrenzt, nämlich dann nicht weiter, wenn die Parteien das Vertragsstatut gewählt haben oder wenn es sich um Massenrisiken mit Belegenheit in einem Mitgliedstaat handelt;[5] eine Qualifikation der die Versicherungspflicht anordnenden ausländischen Vorschriften als Eingriffsnormen i.S. des Art. 9 VO Rom I[6] wird dagegen an der zu engen Fassung des Abs. 3 dieser Vorschrift scheitern (vgl. Art. 9 VO Rom I Rn. 9).[7] Dass durch eine solche Analogie die einheitliche Anwendung der VO in allen 5

---

3 Vgl. nur *Heinze* NIPR **2009** 445, 450; Rauscher/*Fricke* Art. 7 Rom I-VO Rn. 24; Langheid/Wandt/*Looschelders* IntVersR Rn. 105; ferner P/W/W/*Ehling* Rom I Art. 7 Rn. 15.

4 Zum früheren Recht vgl. bereits Berliner Kommentar/*Dörner* Art. 12 EGVVG Rn. 7 m.w.N.; zum geltenden Recht Prölss/Martin/*Armbrüster* Nach Art. 15 EGVVG Rn. 36; Staudinger/*Armbrüster* Art. 7 Rom I-VO Rn. 22; **a.A.** aber Langheid/Wandt/*Looschelders* IntVersR Rn. 106 (Ausnahme: Anordnung durch EWR-Staat); Looschelders/Pohlmann/*Schäfer* Int. Versicherungsvertragsrecht Rn. 113; MüKo-BGB/*Martiny* Art. 46c EGBGB Rn. 7.

5 Vgl. *Heinze* NIPR **2009** 445, 450, insbes. mit Fn. 102.

6 Vgl. *Heinze* NIPR **2009** 445, 451.

7 Vgl. auch Ferrari/*Staudinger* Art. 7 Rom I-VO Rn. 50.

Mitgliedstaaten auf Spiel gesetzt werden könnte,[8] ist kein durchschlagendes Argument: Der Vorschlag versteht sich als Plädoyer für eine sachgerechte Anwendung europäischer Kollisionsnormen, das selbstverständlich in der Rechtsprechung des EuGH und der Mitgliedstaatengerichte und in der europäischen Fachliteratur Gefolgschaft finden müsste. Der deutsche Gesetzgeber hat jedenfalls keine Bedenken gehabt, in Art. 46c Abs. 1 EGBGB über die Grenzen der Öffnungsklausel des Art. 7 Abs. 4 lit. b VO Rom I hinaus auch die Beachtung der von den (anderen) EWR-Staaten angeordneten Versicherungspflichten vorzuschreiben.

6 Während die von einem **Mitgliedstaat** für **Großrisiken** vorgeschriebenen Versicherungspflichten nach Art. 7 Abs. 4 lit. b i.V. mit Abs. 1 Satz 1, 1. Fall VO Rom I ohne Rücksicht auf die Belegenheit des Risikos zu beachten sind, ist die Frage ungeregelt geblieben, was gelten soll, wenn zwar ein **Mitgliedstaat** für bestimmte Massenrisiken eine **Versicherungspflicht** vorschreibt, die **Risikobelegenheit** im kollisionsrechtlichen Sinne jedoch in einem **Nichtmitgliedstaat** zu lokalisieren ist. Zu denken ist etwa an den Fall, dass der Mitgliedstaat für bestimmte auf seinem Territorium vorzunehmende Handlungen eine Pflichthaftpflichtversicherung anordnet, obwohl sich der Ort des gewöhnlichen Aufenthalts des Versicherungsnehmers in einem Nichtmitgliedstaat befindet (vgl. Art. 7 Abs. 6 VO Rom I i.V. mit Art. 13 Nr. 13 lit. d (i) der Richtlinie Solvabilität II, dazu Art. 7 VO Rom I Rn. 38). In einem solchen Fall richtet sich die Anknüpfung des Versicherungsvertrages nach dem allgemeinen Regime der Art. 3, 4 und 6 VO Rom I, sodass Art. 7 VO Rom I mit seiner in Abs. 4 lit. b vorgesehenen Öffnungsklausel keine Anwendung findet. Doch abgesehen davon, dass nach dem **Wortlaut des Art. 46c Abs. 1 EGBGB** die dort vorgesehene Sonderanknüpfung auch bei einer Risikobelegenheit in einem Nichtmitgliedstaat ohne weiteres Platz greifen würde, ließe sich die Anwendung dieser Vorschrift in der Sache mit dem Gedanken des **Art. 7 Abs. 4 lit. a Satz 2** VO Rom I rechtfertigen: Wenn sich schon im Konflikt zwischen dem die Versicherungspflicht anordnenden Mitgliedstaat und dem Mitgliedstaat der Risikobelegenheit das Recht des erstgenannten Staates durchsetzt (vgl. Art. 7 VO Rom I Rn. 83), dann sollte im Lichte des Normzwecks (Rn. 2) erst recht nicht anders verfahren werden, wenn es sich bei dem Staat der Risikobelegenheit um einen Nichtmitgliedstaat handelt. Auch in dieser Konstellation erscheint es sachgerecht, den öffentlichen Interessen des die Pflichtversicherung anordnenden Mitgliedstaates den Vorrang einzuräumen (vgl. dazu auch das Beispiel unten in Rn. 24). Methodisch lässt sich dies am einfachsten in der Weise begründen, dass man die in Art. 7 Abs. 4 lit. a Satz 2 VO Rom I enthaltene Lösung in analoger Anwendung auch dann gelten lässt, wenn es sich bei dem Staat der Risikobelegenheit um einen Nichtmitgliedstaat handelt.[9]

7 Ist – bei der Versicherung von Massenrisiken – das **Risiko** in einem **Nichtmitgliedstaat belegen** und wird auch die **Versicherungspflicht** von einem **Nichtmitgliedstaat angeordnet**, so ist sowohl der Weg zu einer analogen Anwendung des Art. 7 Abs. 4 lit. b VO Rom I (es gelten die Art. 3, 4 und 6 VO Rom I) als auch zu einer analogen Anwendung

[8] Vgl. dazu etwa Ferrari/*Staudinger* Art. 7 Rom I-VO Rn. 50 mit Fn. 170.

[9] Vgl. bereits Berliner Kommentar/*Dörner* Art. 12 EGVVG Rn. 2; P/W/W/*Ehling* Art. 7 VO Rom I Rn. 16 und Art. 46c EGBGB Rn. 2; HK BGB/*Staudinger* Art. 46c EGBGB Rn. 1; Staudinger/*Armbrüster* Art. 7 Rom I-VO Rn. 21; im Ergebnis auch *Perner* IPRax **2009** 218, 222; Rauscher/*Fricke* Art. 7 Rom I-VO Rn. 26 („korrigierende Auslegung“); **a.A.** aber Looschelders/Pohlmann/*Schäfer* Int. Versicherungsvertragsrecht Rn. 114.

des Art. 7 Abs. 4 lit. a Satz 1 versperrt.[10] In einem solchen Fall ist zu prüfen, ob die eine Versicherungspflicht anordnenden Vorschriften des betreffenden Nichtmitgliedstaates nicht als Eingriffsnormen i.S. des Art. 9 Abs. 1 VO Rom I anzusehen sind, denen über Abs. 3 dieser Vorschrift zur Anwendung verholfen werden kann (vgl. Art. 9 VO Rom I Rn. 3). Angesichts der restriktiven Formulierung dieser Vorschrift wird dies auf Schwierigkeiten stoßen. Es bleibt dann nur eine etwaige Berücksichtigung der Versicherungspflicht und der bei ihrer Nichtbeachtung angeordneten Sanktionen auf sachrechtlicher Ebene (vgl. Art. 9 VO Rom I Rn. 4, 10).

B. Sonderanknüpfung von Pflichtversicherungsverträgen (Abs. 1)

Art. 46c Abs. 1 enthält eine allseitige „bedingte Verweisung“ für die **Anknüpfung** von **8**
Pflichtversicherungen. Wenn ein Mitgliedstaat in seinem Versicherungsrecht eine Versicherungspflicht anordnet, also z.B. für den Betrieb von Anlagen oder die Vornahme bestimmter Handlungen den Abschluss von Versicherungsverträgen vorschreibt, dann findet aus deutscher Sicht das Recht dieses Mitgliedstaates Anwendung, wenn der Mitgliedstaat sein eigenes Recht auch selbst angewandt wissen will. Das ist der Fall, wenn der Staat einen Normadressaten zum Abschluss einer Versicherung unter bestimmten Voraussetzungen und nach bestimmten Vorgaben verpflichtet und gleichzeitig nicht zulässt, dass ein solcher Versicherungsvertrag bei objektiver Anknüpfung oder durch eine Rechtswahlabrede einem fremden Recht unterstellt werden kann.

Die Bestimmung bezieht sich auf **Versicherungen aller Art,** deren Abschluss durch die **9**
Rechtsvorschrift eines Mitgliedstaates (Gesetz, Verordnung, Gewohnheitsrecht) **verbindlich angeordnet** wird (etwa: Pflichthaftpflicht-, Pflichtunfall-, Pflichtfeuer- oder Pflichtlebensversicherungen). Sie findet dagegen keine Anwendung, wenn der Vertragsabschluss lediglich auf einer vertraglichen Verpflichtung des Versicherungsnehmers beruht.[11] Ob der Abschluss eines konkreten Vertrages mit internationalem Geltungsanspruch verbindlich vorgeschrieben ist oder nicht, muss durch Auslegung der die Versicherungspflicht anordnenden Sachnormen ermittelt werden. Diese werden häufig ihren eigenen Anwendungsbereich etwa auf „im Inland“ vorgenommene Handlungen oder „im Inland“ belegene Anlagen beschränken.

Abs. 1 beruft das Recht des die Versicherung anordnenden Staates unter dem Vor- **10**
behalt, dass dieser Staat auch **sein eigenes Recht** angewandt sehen will. Da Art. 7 Abs. 4 lit. b VO Rom I es den Mitgliedstaaten ohnehin freistellt, das Recht des die Versicherungspflicht anordnenden Mitgliedstaates anstelle der Art. 7 Abs. 2 und 3 VO Rom I zu berufen, erscheint auch die unter diesem Vorbehalt stehende Verweisung als verordnungskonform.[12] Für das deutsche Recht wird ein entsprechender gesetzgeberischer Wille in Art. 46c Abs. 2 EGBGB ausdrücklich erklärt (Rn. 19 ff.). Lassen sich derart geschriebene, allseitig formulierte Kollisionsnormen in anderen Rechtsordnungen nicht ermitteln, ist aber stets zu prüfen, ob der betreffende Staat seinen Geltungswillen nicht

---

10 Anders P/W/W/*Ebeling* Art. 7 VO Rom I Rn. 16.

11 Vgl. dazu bereits Berliner Kommentar/Dörner Art. 12 EGVVG Rn. 4; Langheid/Wandt/*Looschelders* IntVersR Rn. 103; Rauscher/*Fricke* Art. 7 VO Rom I Rn. 24.

12 Ebenso im Ergebnis MüKo-BGB/*Martiny* Art. 46c EGBGB Rn. 5; Rauscher/*Fricke* Art. 7 VO Rom I Rn. 25; Langheid/Wandt/*Looschelders* IntVersR Rn. 110; vgl. auch BTDrucks. 16/12104 S. 10: Uneingeschränkte Verweisung „würde dem Sinn der Ermächtigung ... widersprechen“.

durch eine ungeschriebene einseitige Kollisionsnorm zum Ausdruck bringt, die häufig durch eine teleologische Auslegung der die Versicherungspflicht enthaltenden Sachnormen selbst erschlossen werden muss.[13]

11 Kann ein entsprechender **Geltungswille** des die Versicherungspflicht anordnenden Staates **festgestellt** werden, verweist Abs. 1 in Übereinstimmung damit – und der Ratio der Norm entsprechend (Rn. 2) – **zwingend** auf das **Sachrecht** dieses Staates; eine abweichende Rechtswahl ist also nicht möglich.[14] Die in Art. 7 Abs. 2 und 3 VO Rom I enthaltenen Kollisionsnormen werden verdrängt (vgl. auch Art. 7 Abs. 4 lit. b VO Rom I). Der Versicherungsvertrag muss, um der Versicherungspflicht zu genügen, den vom Anordnungsstaat aufgestellten Kriterien (z.B. im Hinblick auf Deckungsumfang und Versicherungssumme) genügen. Ist das nicht der Fall, werden die im Recht dieses Staates vorgesehenen Sanktionen ausgelöst.

12 Wenn dagegen der Anordnungsstaat **nicht** auf der **Anwendung seines eigenen Rechts besteht,** wird das Versicherungsvertragstatut mit Hilfe der für Versicherungsverträge im allgemeinen geltenden Anknüpfungsregeln, d.h. bei Großrisiken gemäß Art. 7 Abs. 2 VO Rom I und bei Massenrisiken je nach Risikobelegenheit (vgl. Art. 7 Abs. 1 Satz 1, 2. Fall VO Rom I) entweder nach Maßgabe des Art. 7 VO Rom I oder – soweit Art. 46c Abs. 1 EGBGB analoge Anwendung findet (Rn. 6) – nach Maßgabe der Art. 3, 4 und 6 VO Rom I bestimmt.[15]

13 Maßgebend für das Bestehen einer Versicherungspflichtigkeit ist der **Zeitpunkt des Vertragsschlusses**; es kommt also darauf an, ob bei Abschluss des Versicherungsvertrages das Recht eines Mitgliedstaates eine Versicherungspflicht anordnet. Ist das nicht der Fall, wird aber ein bestimmtes, bereits früher versichertes Risiko zu einem späteren Zeitpunkt nach dem Recht eines Mitgliedstaates einer Versicherungspflicht unterworfen, entscheidet das Recht dieses Staates, ob die Regeln über die Versicherungspflichtigkeit auch früher entstandene und noch fortbestehende Versicherungsverträge erfassen soll. Bejahendenfalls wird nach der Ratio des Abs. 1 auch das deutsche Recht diese Entwicklung nachvollziehen und fortan das Recht des die Versicherungspflicht jetzt anordnenden Staates zur Anwendung bringen. Damit werden die bis dahin geltenden Kollisionsnormen der Art. 7 bzw. 3, 4 und 6 der VO Rom I (vgl. Rn. 12) verdrängt; es kommt also u.U. zu einem Statutenwechsel.[16] Im umgekehrten Fall – die zunächst bestehende Versicherungspflichtigkeit entfällt während der Dauer des Vertrages – wird man den zunächst dem Recht des Anordnungsstaates unterstellten Vertrag weiterhin nach diesem Statut behandeln können. Es wird in diesem Fall dem Versicherungsnehmer in der Regel freistehen, den bestehenden Vertrag über kurz oder lang zu beenden und mit demselben oder einem

---

[13] Vgl. bereits Berliner Kommentar/*Dörner* Art. 12 EGVVG Rn. 9.

[14] Martiny RIW **2009** 737, 751; Rauscher/*Fricke* Art. 7 VO Rom I Rn. 25.

[15] Deswegen erscheint es auch als zumindest missverständlich, die in Art. 46c Abs. 1 EGBGB ausgesprochene „bedingte Verweisung" als eine Gesamtverweisung zu begreifen, vgl. aber Ferrari/*Staudinger* Art. 7 Rom I-VO Rn. 52. Denn lässt sich in dem die Versicherungspflicht anordnenden Staat eine solche einseitige, das eigene Pflichtversicherungsrecht berufende Kollisionsnorm nicht feststellen, kommen keineswegs die (anderen) Kollisionsnormen dieses Staates zum Zuge; vielmehr ist aus der Sicht des jeweiligen Rechtsanwenders auf die eigenen, sich aus der VO Rom I ergebenden Anknüpfungsregeln zurückzugreifen, die sich im Anwendungsbereich des Art. 7 Abs. 3 Unterabs. 2 VO Rom I (vgl. ebda Rn. 72, 75) durchaus von denen des Anordnungsstaates unterscheiden können.

[16] Vgl. insoweit bereits Berliner Kommentar/*Dörner* Art. 12 EGVVG Rn. 8.

anderen Versicherer einen neuen Vertrag zu schließen, der dann den allgemeinen Kollisionsnormen der VO unterliegt.

Wird eine **Versicherungspflicht** für ein und dasselbe Risiko parallel von **mehreren Mitglied-** oder **Nichtmitgliedstaaten** (vgl. Rn. 5) **vorgeschrieben** und wollen sämtliche Anordnungsstaaten ihr eigenes Recht angewandt sehen, so ist zu unterscheiden: Bezieht sich der Vertrag – wie in dem in Rn. 16 angeführten Beispiel – auf Risiken, die in mehreren Rechtsordnungen belegen sind, oder lässt er sich auf andere Weise in mehrere sachlich-räumliche Komplexe zerlegen, so sollte jedes Teilrisiko die Anforderungen desjenigen Staates erfüllen, in dessen Geltungsbereich es sich befindet. Es kommt dann zu einer Spaltung des Vertragsstatuts (Vgl. Art. 7 VO Rom I Rn. 95).[17] Ist eine derart sachlich-räumliche Zuordnung nicht möglich (so wenn beispielsweise sowohl der Aufenthaltsstaat wie auch der Tätigkeitsstaat des Versicherungsnehmers den Abschluss einer dem eigenen Recht unterliegenden Berufshaftpflichtversicherung vorschreibt), muss der Versicherungspflichtige den Vorgaben beider Rechtsordnungen genügen, sofern er die in jedem Recht für den Fall der Nichteinhaltung vorgesehenen Sanktionen vermeiden will. Auf den betreffenden Versicherungsvertrag kommen also kumulativ beide Rechtsordnungen zur Anwendung.[18] **14**

C. Mehrfache Risikobelegenheit bei Pflichtversicherungen

Art. 46c Abs. 1 EGBGB geht davon aus, dass das pflichtversicherte Risiko nur in einem einzigen Mitgliedstaat belegen ist (der aber nicht mit dem die Versicherungspflicht anordnenden Staat identisch sein muss). Deckt ein und derselbe Vertrag jedoch Risiken ab, die **in mehreren Mitgliedstaaten belegen** sind (vgl. Art. 7 VO Rom I Rn. 85 ff.), so ist bei der Versicherung von **Massenrisiken** ergänzend **Art. 7 Abs. 5 VO Rom I** zu beachten. Danach ist der Gesamtvertrag in Bezug auf jedes Teilrisiko als eigener Vertrag zu behandeln; es tritt also eine **Vertragsspaltung** ein mit der Folge, dass für jedes Teilrisiko das maßgebende Recht separat zu bestimmen ist (näher Art. 7 VO Rom I Rn. 95 f.). Ausweislich des Wortlauts von Abs. 5 gilt dies insbesondere im Hinblick auf die in Abs. 4 enthaltenen Sonderregeln für Pflichtversicherungen. Zur parallelen Anordnung von Versicherungspflichten für ein und dasselbe Risiko durch mehrere Vertragsstaaten vgl. oben Rn. 14. **15**

Wenn **ein und derselbe Mitgliedstaat** für zwei oder mehr Teilrisiken gleichermaßen eine in der Sache **identische Versicherungspflicht** vorschreibt, hat die Vertragsspaltung keinerlei praktische Folgen. In diesem Fall wird gemäß Art. 46c Abs. 1 EGBGB zur Anwendung auf den Vertrag insgesamt das Recht des Staates berufen, der eben die Versicherungspflicht anordnet. Denkbar ist aber auch, dass von einem Mitgliedstaat nur für **eines der Teilrisiken** eine Versicherungspflicht angeordnet oder dass in Bezug auf das eine oder andere Teilrisiko von **unterschiedlichen Mitgliedstaaten** eine Versicherungspflicht vorgeschrieben wird, wobei sich die für die einzelnen Teilrisiken vorgesehenen Pflichtversicherungen durchaus in ihren Voraussetzungen (Reichweite, Deckungsumfang) oder in ihren Rechtsfolgen bei Nichtbeachtung unterscheiden können. In einem solchen Fall wird jedes Teilrisiko nach einem anderem Versicherungsvertragsrecht beurteilt (Statutenspaltung, vgl. Art. 7 VO Rom I Rn. 95). **Beispiel:** Der Versicherungsnehmer hat eine einzige Feuerversicherungspolice für zwei in unterschiedlichen Mitgliedstaaten belegene Ferienhäuser **16**

---

[17] Vgl. bereits Berliner Kommentar/*Dörner* Art. 12 EGVVG Rn. 11.

[18] Anders noch Berliner Kommentar/*Dörner* Art. 12 EGVVG Rn. 11 zum früheren Rechtszustand (engste Verbindung); ebenso zum geltenden Recht Langheid/Wandt/*Looschelders* IntVersR Rn. 113; Ferrari/*Staudinger* Art. 7 Rom I-VO Rn. 54.

abgeschlossen (Mehrfachbelegenheit des Risikos, vgl. Art. 7 VO Rom I Abs. 5 und dazu ebd. Rn. 29), so dass es zu einer Vertragsspaltung kommt. Wenn nun nach dem Recht des einen Risikobelegenheitsstaates eine Versicherungspflicht besteht und nach dem Recht des anderen nicht, so wird, soweit sich der Vertrag auf das Ferienhaus im Mitgliedstaat mit Versicherungspflicht bezieht, gemäß Art 7 Abs. 4 lit. b VO Rom I und Art. 46c Abs. 1 EGBGB das Recht dieses Mitgliedstaates berufen und damit sichergestellt, dass der die Versicherungspflicht anordnende Staat darüber befinden kann, ob der konkrete Vertrag dieser Verpflichtung nachkommt. Im Hinblick auf das zweite Ferienhaus wird das maßgebende Recht dagegen nicht durch Art. 46c Abs. 1 EGBGB, sondern von Art. 7 Abs. 3 VO Rom I berufen.

17 Die gleiche Situation kann – unabhängig von der Belegenheit in einem Mitglied- oder Nichtmitgliedstaat – aber auch bei **Großrisiken** auftreten, so etwa, wenn ein als juristische Person organisiertes Unternehmen einen Großrisikovertrag (Art. 7 VO Rom I Rn. 8 ff.) abschließt, der sich auf Niederlassungen in unterschiedlichen Rechtsordnungen bezieht (vgl. Art. 7 Abs. 6 VO Rom I mit Art. 13 Nr. 13 lit. d (ii) der Richtlinie Solvabilität II, dazu ebda Rn. 43). Zwar spielt die Risikobelegenheit bei der Anknüpfung von Großrisikoverträgen nach Art. 7 Abs. 2 VO Rom I grundsätzlich keine Rolle, weil das Vertragsstatut entweder einvernehmlich von den Parteien oder durch Anknüpfung an den Hauptverwaltungssitz als gewöhnlichen Aufenthalt des Versicherers bestimmt wird. Im Anwendungsbereich der ebenfalls auf Großversicherungen anzuwendenden Art. 7 Abs. 4 lit. b und Art. 46c Abs. 1 EGBGB kann eine Mehrfachbelegenheit aber Bedeutung gewinnen, weil die einzelnen Teilrisiken von den Pflichtversicherungen unterschiedlicher Mitgliedstaaten erfasst sein könnten. Auch insoweit findet Art. 7 Abs. 5 VO Rom I seinem Wortlaut nach („für die Zwecke von ... Absatz 4") problemlos Anwendung. Wird eine Versicherungspflicht für einzelne Teilrisiken von einem Nichtmitgliedstaat angeordnet, gilt – ebenso wie bei einfacher Risikobelegenheit (vgl. Rn. 5) – Art. 7 Abs. 5 in analoger Anwendung.

18 Deckt ein und derselbe Versicherungsvertrag **verschiedene Massenrisiken**, die **teils** in einem oder mehreren **Mitglied-** und **teils** in einem oder mehreren **Nichtmitgliedstaaten** belegen sind (vgl. Art. 7 VO Rom I Rn. 98 ff, 102), und wird eine Versicherungspflicht von einem Mitglied- oder einem Nichtmitgliedstaat nur für ein einziges Teilrisiko angeordnet bzw. werden einzelne Teilrisiken von unterschiedlichen Versicherungspflichten erfasst, so sollen nach dem (zur Ausfüllung der Verordnungslücke heranzuziehenden) Erwägungsgrund Nr. 33 der Präambel zur VO Rom I die Sonderregeln des Art. 7 VO Rom I (und damit auch die Öffnungsklausel des Abs. 4 lit. b und auf dessen Grundlage Art. 46c Abs. 1 EGBGB) nur für die in Mitgliedstaaten belegenen Risiken herangezogen werden (vgl. Art. 7 VO Rom I Rn. 98). Für die in einem Nichtmitgliedstaat belegenen Risiken gelten dagegen die Art. 3, 4 und 6 der VO. Insoweit kommt unter den oben in Rn. 6 genannten Voraussetzungen eine analoge Anwendung von Art. 46c Abs. 1 EGBGB in Betracht, wenn immerhin die Versicherungspflicht von einem Mitgliedstaat angeordnet wurde. Andernfalls ist zu prüfen, ob die eine Versicherungspflicht anordnenden Bestimmungen nicht als Eingriffsnormen i.S. des Art. 9 Abs. 1 VO Rom I durchgesetzt werden können (vgl. Rn. 7).

D. Anwendung deutschen Rechts auf die nach deutschem Recht begründeten Pflichtversicherungen (Abs. 2)

19 **Abs. 2** schreibt die **Anwendung deutschen Rechts** auf die vom **deutschen Recht vorgeschriebenen Pflichtversicherungen** vor und trifft damit die im letzten Halbsatz von Abs. 1 vorgesehene Festlegung. Die Funktion des Abs. 2 ist allerdings nicht so sehr, in einem solchen Fall die Anwendung deutschen Rechts sicherzustellen, weil sich dies auch ohne den Abs. 2 wohl stets unter Berufung auf eine der jeweiligen deutschen Sachnorm vorgeschaltete einseitige ungeschriebene Kollisionsnorm begründen ließe. Die Vorschrift erleichtert aber die Anwendung deutschen Rechts auf die im Inland vorgeschriebenen Pflichtversicherungen aus der Sicht anderer Mitgliedstaaten, die ihrerseits eine dem Abs. 1 entsprechende Regelung getroffen haben.

Die einschlägigen deutschen Vorschriften können allerdings auf **sachrechtlicher Ebene** vorsehen, dass der Versicherungspflichtige dieser Verpflichtung auch durch Abschluss oder Nachweis einer ausländischem Recht unterliegende Versicherung nachkommen darf. So kann der zum Abschluss einer Haftpflichtversicherung verpflichtete Führer eines Kraftfahrzeugs ohne regelmäßigen Standort im Inland gemäß §§ 1, 2 Abs. 1 lit. b AuslPflichtVersG[19] eine ausländischem Recht unterstehende Versicherung dann bei einem ausländischen Versicherer schließen, wenn neben diesem ein im Inland zum Geschäftsbetrieb befugter Versicherer oder ein Verband solcher Versicherer eine Garantie nach deutschem Recht übernimmt (System der Grünen Karte). Auch ein Luftfahrzeughalter kann unter bestimmten Voraussetzungen gemäß § 99 Abs. 5 LuftVZO[20] nachweisen, dass er seine Versicherungspflicht durch eine den deutschen Vorschriften (und insbesondere dem § 103 LuftVZO) entsprechende ausländische Versicherung erfüllt hat. **20**

Dem **deutschen Versicherungsvertragsrecht** unterliegen demzufolge etwa[21] Versicherungsverträge, die im Hinblick auf die Pflichthaftpflichtversicherung für Autohalter (§ 1 PflichtversG[22]) oder Luftverkehrsunternehmer (§ 2 Abs. 1 Satz 2 Nr. 3 und §§ 43, 50 LuftVG[23]), die Pflichthaftpflichtversicherung für Wirtschaftsprüfer (§ 54 WiPrO), Steuerberater (§ 67 StBerG), Rechtsanwälte (§ 51 BRAO), Notare (§ 19a BNotO), Rechtsdienstleister (§ 12 Abs. 1 Nr. 3 RDG) oder Versicherungsvermittler (§ 34d Abs. 2 Nr. 3 GewO i.V. mit §§ 8 ff. VersVermVO[24]), aber etwa auch für Jäger (§ 17 Abs. 1 Nr. 4 BJG[25]), Schausteller (§ 55 f. GewO[26] i.V. mit der VO über die Schaustellerhaftpflicht[27]) oder das Bewachungsgewerbe (34a Abs. 2 Nr. 3 lit. c GewO[28]) geschlossen werden. Damit kommen auch die Vorschriften des VVG über die **Pflichthaftpflichtversicherung** in den §§ 113–124 VVG zur Anwendung. Der Direktanspruch des geschädigten Dritten nach § 115 VVG ist nach Art. 18 VO Rom II[29] nicht nur dann beachtlich, wenn deutsches Recht als Versicherungsvertragsstatut, sondern auch dann, wenn es als Deliktsstatut zur Anwendung berufen ist. Auch die **Pflichtversicherung** der Pfandleiher gegen Feuer-, Wasser- oder Einbruchsschäden (§ 34 Abs. 2 Satz 1 Nr. 3 GewO[30]) unterliegt dem deutschen Recht. **21**

---

[19] Gesetz über die Haftpflichtversicherung für ausländische Kraftfahrzeug und Kraftfahrzeuganhänger v. 24.7.1956, bereinigte Fassung in BGBl. **2006** I 2497.

[20] Luftverkehrszulassungsordnung v. 10.7.2008 BGBl. **2008** I 1229.

[21] Vgl. nur Prölss/Martin/*Prölss* Vorbem. V vor § 1 VVG.

[22] Pflichtversicherungsgesetz v. 5.4.1965 BGBl. **1965** I 213; vgl. dazu näher Rauscher/*Fricke* Art. 7 VO Rom I Rn. 25.

[23] Luftverkehrsgesetz v. 10.5.2007 BGBl. **2007** I 698.

[24] Versicherungsvermittlungsverordnung v. 15.5.2007 BGBl. **2007** I 733.

[25] Bundesjagdgesetz idF vom 29.9.1976 BGBl. **1976** I 2849.

[26] Gewerbeordnung idF v. 22.2.1999 BGBl. **1999** I 202.

[27] SchauHV v. 17.12.1984 BGBl. **1984** I 1598.

[28] Gewerbeordnung idF v. 22.2.1999 BGBl. **1999** I 202.

[29] ABl. EU **2007** Nr. L 199 S. 40.

[30] Gewerbeordnung idF v. 22.2.1999 BGBl. **1999** I 202.

22 Deutsches Versicherungsrecht findet Anwendung auf **Pflichtunfallversicherungen,** die z.B. für die klinische Prüfung von Arzneimitteln (§ 40 Abs. 1 Nr. 8, Abs. 3 AMG[31]) oder für den Betrieb einer Schießstätte (§ 27 Abs. 1 Satz 1 und 2 WaffG[32]) abgeschlossen werden; es gilt ebenso z.B. für die **Pflichtkrankenversicherung** nach § 193 Abs. 3 VVG[33] oder die **Pflegepflichtversicherung** für Privatversicherte gemäß §§ 1 Abs. 2 Satz 2 u. 23 SGB XI.[34]

23 Häufig ist die Anordnung einer Pflichtversicherung von einem bestimmten **Inlandsbezug** abhängig, der sich aus den einschlägigen Sachnormen des deutschen Rechts ergibt. Die Versicherungspflicht für Kraftfahrzeuge etwa besteht für den Halter eines Kraftfahrzeugs „mit regelmäßigem Standort im Inland", sofern das Fahrzeug auf „öffentlichen Wegen oder Plätzen" i.S. von § 1 des Straßenverkehrsgesetzes verwendet wird. Die Versicherungspflicht nach § 17 Abs. 1 Nr. 4 BJG erfasst die Ausübung der Jagd „im gesamten Bundesgebiet" (§ 15 Abs. 1, 3 BJG).[35] Die Pflichtversicherungen der GewO betreffen Gewerbetreibende, die ihre selbstständige gewerbsmäßige Tätigkeit von einer Niederlassung im Inland aus betreiben (arg. § 4 Abs. 1, 3 GewO e contrario). Eine Krankenversicherungspflicht besteht nach § 193 Abs. 3 VVG für jede „Person mit Wohnsitz im Inland."

24 Entsprechend den Ausführungen in Rn. 6 besteht eine dem **deutschen Versicherungsvertragsrecht** unterliegende Pflichtversicherung **ohne Rücksicht** darauf, ob das versicherte Risiko **innerhalb oder außerhalb von EU oder EWR belegen** ist. So sollte es z.B. für das Bestehen einer Jagdhaftpflichtversicherung bei Ausübung der Jagd im Bundesgebiet und der Anwendung deutschen Versicherungsrechts keinen Unterschied machen, ob eine in Oberbayern die Jagd ausübende Person ihren gewöhnlichen Aufenthalt in Österreich oder der Schweiz hat.[36]

---

31 Arzneimittelgesetz v. 12.12.2005 BGBl. **2005** I 3394.

32 Waffengesetz v. 11.10.2002 BGBl. **2002** I 3970, 4592.

33 Nicht jede Krankenversicherung ist allerdings eine Pflichtversicherung; wird die Versicherung freiwillig abgeschlossen, ist nach Maßgabe von Art. 7 Abs. 3 VO Rom I anzuknüpfen, vgl. Ferrari/*Staudinger* Art. 7 Rom I-VO Rn. 55.

34 Vgl. BGBl. **1994** I 1014.

35 Vgl. bereits Berliner Kommentar/*Dörner* Art. 12 EGVVG Rn. 14.

36 Vgl. bereits Berliner Kommentar/*Dörner* Anh. zu Art. 7–15 EGVVG Rn. 26.

4. Abschnitt: Internationales Versicherungsprozessrecht

Schrifttum

Fendt EuGVVO: Gerichtsstandswahl in Versicherungssachen – auch für Zessionare und Prozessführungsbefugte? VersR 2012 34; *Fricke* Internationale Zuständigkeit und Anerkennungszuständigkeit in Versicherungssachen nach europäischem und deutschem Recht, VersR **1997** 399; *ders.* Der Abschnitt über Versicherungssachen (Art. 8–14) in der Revision der EuGVVO, VersR **2009** 429; *ders.* Internationale Zuständigkeit und Anerkennungszuständigkeit, in: Beckmann/Matusche-Beckmann (Hrsg.), Versicherungsrechtshandbuch, 2. Aufl. (2009); *Fuchs* Gerichtsstand für die Direktklage am Wohnsitz des Verkehrsunfallopfers, IPRax **2007** 302; *dies.* Internationale Zuständigkeit für Direktklagen, IPRax **2008** 104; *dies.* Europäisches Gerichtsstands- und Vollstreckungsübereinkommen revidiert – Was bringt die Neufassung der Versicherungswirtschaft? VersR **1999** 1055; *Fucks* Die Zustellungsbevollmächtigung von inländischen Schadensregulierungsbeauftragten ausländischer Kraftfahrzeughaftpflichtversicherer, IPRax **2012** 140; *dies.* Die internationale Zuständigkeit für Klagen gegen den D&O-Versicherer aus übergegangenem Recht, in: Dörner (Hrsg.), Forum Versicherungsrecht 2012 (2012) 1 ff.; *Ganzer* Internationale Versicherungsprogramme (2012); *Geimer* Die Sonderrolle der Versicherungssachen im Brüssel I-System, Festschrift Heldrich (2005) 627; *Heiss* Gerichtsstandsvereinbarungen zulasten Dritter, insbesondere in Versicherungsverträgen zu ihren Gunsten, IPRax **2005** 497; *ders.* Die Direktklage vor dem EuGH, VersR 2007, 327; *Hub* Internationale Zuständigkeit in Versicherungssachen nach der VO 44/01/EG (EuGVVO) (2005); *Kropholler/von Hein* Europäisches Zivilprozessrecht, 9. Aufl. (2011); *Looschelders* Der Gerichtsstand am Wohnsitz des Versicherungsnehmers nach Art. 8 I Nr. 2 EuGVÜ, IPRax **1998** 86; *Lüttringhaus* Der Direktanspruch im vergemeinschafteten IZVR und IPR nach der Entscheidung EuGH VersR 2009, 1512 (Vorarlberger Gebietskrankenkasse), VersR **2010** 183; *Mankowski* Besteht der europäische Gerichtsstand der rügelosen Einlassung auch gegen von Schutzregimes besonders geschützten Personen? RIW 2010 667; *Micha* Der Klägergerichtsstand des Geschädigten bei versicherungsrechtlichen Direktklagen in der Revision der EuGVVO, IPRax **2012** 121; *Schaloske* Abwicklung von Versicherungsbeständen durch Solvent Schemes of Arrangement, VersR **2009** 23; *Staudinger* Vertragsstaatenbezug und Rückversicherungsverträge im EuGVÜ, IPRax **2000** 483; *ders.* Aktuelle Streitfragen zur D&O-Versicherung, in: Looschelders/Michael (Hrsg.), Düsseldorfer Vorträge zum Versicherungsrecht 2009 (2010) 19; *ders.* Geschädigte im Sinne von Art. 11 Abs. 2 EuGVO, IPRax **2011** 229; *ders.* Wer nicht rügt, der nicht gewinnt – Grenzen der stillschweigenden Prorogation nach Art. 24 EuGVVO, IPRax **2011** 548; *Staudinger/Czaplinski* Verkehrsopferschutz im Lichte der Rom I-, Rom II- sowie Brüssel I-Verordnung, NJW **2009** 2249; *Tomson* Der Verkehrsunfall im Ausland vor deutschen Gerichten, EuZW **2009** 204.

Text der VO (EG) Nr. 44/2001 des Rates über die gerichtliche Zuständigkeit u die Anerkennung u Vollstreckung von Entscheidungen in Zivil- u Handelssachen (EuGVVO)[1]

(Auszug)

Kapitel I – Anwendungsbereich

Artikel 1

(1) Diese Verordnung ist in Zivil- und Handelssachen anzuwenden, ohne dass es auf die Art der Gerichtsbarkeit ankommt. Sie erfasst insbesondere nicht Steuer- und Zollsachen sowie verwaltungsrechtliche Angelegenheiten.

(2) Sie ist nicht anzuwenden auf:

...

c) die soziale Sicherheit;

d) die Schiedsgerichtsbarkeit.

(3) In dieser Verordnung bedeutet der Begriff „Mitgliedstaat" jeden Mitgliedstaat mit Ausnahme des Königreichs Dänemark.

Kapitel II – Zuständigkeit

Abschnitt 1 – Allgemeine Vorschriften

Artikel 2

(1) Vorbehaltlich der Vorschriften dieser Verordnung sind Personen, die ihren Wohnsitz im Hoheitsgebiet eines Mitgliedstaats haben, ohne Rücksicht auf ihre Staatsangehörigkeit vor den Gerichten dieses Mitgliedstaats zu verklagen.

(2) Auf Personen, die nicht dem Mitgliedstaat, in dem sie ihren Wohnsitz haben, angehören, sind die für Inländer maßgebenden Zuständigkeitsvorschriften anzuwenden.

Artikel 3

(1) Personen, die ihren Wohnsitz im Hoheitsgebiet eines Mitgliedstaats haben, können vor den Gerichten eines anderen Mitgliedstaats nur gemäß den Vorschriften der Abschnitte 2 bis 7 dieses Kapitels verklagt werden.

(2) Gegen diese Personen können insbesondere nicht die in Anhang I aufgeführten innerstaatlichen Zuständigkeitsvorschriften geltend gemacht werden.

Artikel 4

(1) Hat der Beklagte keinen Wohnsitz im Hoheitsgebiet eines Mitgliedstaats, so bestimmt sich vorbehaltlich der Artikel 22 und 23 die Zuständigkeit der Gerichte eines jeden Mitgliedstaats nach dessen eigenen Gesetzen.

---

[1] ABl. 2001 Nr. L 12 S. 1 v. 16.1.2001, letzte Änderung in ABl. 2010 Nr. L 119 v. 12.5.2010 S. 7.

(2) Gegenüber einem Beklagten, der keinen Wohnsitz im Hoheitsgebiet eines Mitgliedstaats hat, kann sich jede Person, die ihren Wohnsitz im Hoheitsgebiet eines Mitgliedstaats hat, in diesem Staat auf die dort geltenden Zuständigkeitsvorschriften, insbesondere auf die in Anhang I aufgeführten Vorschriften, wie ein Inländer berufen, ohne dass es auf ihre Staatsangehörigkeit ankommt.

Abschnitt 2 – Besondere Zuständigkeiten

Artikel 5

Eine Person, die ihren Wohnsitz im Hoheitsgebiet eines Mitgliedstaats hat, kann in einem anderen Mitgliedstaat verklagt werden:

...

3. wenn eine unerlaubte Handlung oder eine Handlung, die einer unerlaubten Handlung gleichgestellt ist, oder wenn Ansprüche aus einer solchen Handlung den Gegenstand des Verfahrens bilden, vor dem Gericht des Ortes, an dem das schädigende Ereignis eingetreten ist oder einzutreten droht;

...

5. wenn es sich um Streitigkeiten aus dem Bereich einer Zweigniederlassung, einer Agentur oder einer sonstigen Niederlassung handelt, vor dem Gericht des Ortes, an dem sich diese befindet;

...

Artikel 6

Eine Person, die ihren Wohnsitz im Hoheitsgebiet eines Mitgliedstaats hat, kann auch verklagt werden:

1. wenn mehrere Personen zusammen verklagt werden, vor dem Gericht des Ortes, an dem einer der Beklagten seinen Wohnsitz hat, sofern zwischen den Klagen eine so enge Beziehung gegeben ist, dass eine gemeinsame Verhandlung und Entscheidung geboten erscheint, um zu vermeiden, dass in getrennten Verfahren widersprechende Entscheidungen ergehen konnten;

...

3. wenn es sich um eine Widerklage handelt, die auf denselben Vertrag oder Sachverhalt wie die Klage selbst gestützt wird, vor dem Gericht, bei dem die Klage selbst anhängig ist;

...

Abschnitt 3 – Zuständigkeit für Versicherungssachen

Artikel 8

Für Klagen in Versicherungssachen bestimmt sich die Zuständigkeit unbeschadet des Artikels 4 und des Artikels 5 Nummer 5 nach diesem Abschnitt.

Artikel 9

(1) Ein Versicherer, der seinen Wohnsitz im Hoheitsgebiet eines Mitgliedstaats hat, kann verklagt werden:

a) vor den Gerichten des Mitgliedstaats, in dem er seinen Wohnsitz hat,
b) in einem anderen Mitgliedstaat bei Klagen des Versicherungsnehmers, des Versicherten oder des Begünstigten vor dem Gericht des Ortes, an dem der Kläger seinen Wohnsitz hat, oder

c) falls es sich um einen Mitversicherer handelt, vor dem Gericht eines Mitgliedstaats, bei dem der federführende Versicherer verklagt wird.

(2) Hat der Versicherer im Hoheitsgebiet eines Mitgliedstaats keinen Wohnsitz, besitzt er aber in einem Mitgliedstaat eine Zweigniederlassung, Agentur oder sonstige Niederlassung, so wird er für Streitigkeiten aus ihrem Betrieb so behandelt, wie wenn er seinen Wohnsitz im Hoheitsgebiet dieses Mitgliedstaats hätte.

Artikel 10

Bei der Haftpflichtversicherung oder bei der Versicherung von unbeweglichen Sachen kann der Versicherer außerdem vor dem Gericht des Ortes, an dem das schädigende Ereignis eingetreten ist, verklagt werden. Das Gleiche gilt, wenn sowohl bewegliche als auch unbewegliche Sachen in ein und demselben Versicherungsvertrag versichert und von demselben Schadensfall betroffen sind.

Artikel 11

(1) Bei der Haftpflichtversicherung kann der Versicherer auch vor das Gericht, bei dem die Klage des Geschädigten gegen den Versicherten anhängig ist, geladen werden, sofern dies nach dem Recht des angerufenen Gerichts zulässig ist.

(2) Auf eine Klage, die der Geschädigte unmittelbar gegen den Versicherer erhebt, sind die Artikel 8, 9 und 10 anzuwenden, sofern eine solche unmittelbare Klage zulässig ist.

(3) Sieht das für die unmittelbare Klage maßgebliche Recht die Streitverkündung gegen den Versicherungsnehmer oder den Versicherten vor, so ist dasselbe Gericht auch für diese Personen zuständig.

Artikel 12

(1) Vorbehaltlich der Bestimmungen des Artikels 11 Absatz 3 kann der Versicherer nur vor den Gerichten des Mitgliedstaats klagen, in dessen Hoheitsgebiet der Beklagte seinen Wohnsitz hat, ohne Rücksicht darauf, ob dieser Versicherungsnehmer, Versicherter oder Begünstigter ist.

(2) Die Vorschriften dieses Abschnitts lassen das Recht unberührt, eine Widerklage vor dem Gericht zu erheben, bei dem die Klage selbst gemäß den Bestimmungen dieses Abschnitts anhängig ist.

Artikel 13

Von den Vorschriften dieses Abschnitts kann im Wege der Vereinbarung nur abgewichen werden:

1. wenn die Vereinbarung nach der Entstehung der Streitigkeit getroffen wird,
2. wenn sie dem Versicherungsnehmer, Versicherten oder Begünstigten die Befugnis einräumt, andere als die in diesem Abschnitt angeführten Gerichte anzurufen,
3. wenn sie zwischen einem Versicherungsnehmer und einem Versicherer, die zum Zeitpunkt des Vertragsabschlusses ihren Wohnsitz oder gewöhnlichen Aufenthalt in demselben Mitgliedstaat haben, getroffen ist, um die Zuständigkeit der Gerichte dieses Staates auch für den Fall zu begründen, dass das schädigende Ereignis im Ausland eintritt, es sei denn, dass eine solche Vereinbarung nach dem Recht dieses Staates nicht zulässig ist,
4. wenn sie von einem Versicherungsnehmer geschlossen ist, der seinen Wohnsitz nicht in einem Mitgliedstaat hat, ausgenommen soweit sie eine Versicherung, zu deren

Abschluss eine gesetzliche Verpflichtung besteht, oder die Versicherung von unbeweglichen Sachen in einem Mitgliedstaat betrifft, oder
5. wenn sie einen Versicherungsvertrag betrifft, soweit dieser eines oder mehrere der in Artikel 14 aufgeführten Risiken deckt.

Artikel 14

Die in Artikel 13 Nummer 5 erwähnten Risiken sind die folgenden:
1. sämtliche Schäden
   a) an Seeschiffen, Anlagen vor der Küste und auf hoher See oder Luftfahrzeugen aus Gefahren, die mit ihrer Verwendung zu gewerblichen Zwecken verbunden sind,
   b) an Transportgütern, ausgenommen Reisegepäck der Passagiere, wenn diese Güter ausschließlich oder zum Teil mit diesen Schiffen oder Luftfahrzeugen befördert werden;
2. Haftpflicht aller Art, mit Ausnahme der Haftung für Personenschäden an Passagieren oder Schäden an deren Reisegepäck,
   a) aus der Verwendung oder dem Betrieb von Seeschiffen, Anlagen oder Luftfahrzeugen gemäß Nummer 1 Buchstabe a), es sei denn, dass – was die letztgenannten betrifft – nach den Rechtsvorschriften des Mitgliedstaats, in dem das Luftfahrzeug eingetragen ist, Gerichtsstandsvereinbarungen für die Versicherung solcher Risiken untersagt sind,
   b) für Schäden, die durch Transportgüter während einer Beförderung im Sinne von Nummer 1 Buchstabe b) verursacht werden;
3. finanzielle Verluste im Zusammenhang mit der Verwendung oder dem Betrieb von Seeschiffen, Anlagen oder Luftfahrzeugen gemäß Nummer 1 Buchstabe a), insbesondere Fracht- oder Charterverlust;
4. irgendein zusätzliches Risiko, das mit einem der unter den Nummern 1 bis 3 genannten Risiken in Zusammenhang steht;
5. unbeschadet der Nummern 1 bis 4 alle „Großrisiken“ entsprechend der Begriffsbestimmung in der Richtlinie 73/239/EWG des Rates,[2] geändert durch die Richtlinie 88/357/EWG[3] und die Richtlinie 90/618/EWG,[4] in der jeweils geltenden Fassung.

...

Abschnitt 7 – Vereinbarungen über die Zuständigkeit

Artikel 23

...

(5) Gerichtsstandsvereinbarungen ... haben keine rechtliche Wirkung, wenn sie den Vorschriften der Artikel 13 ... zuwiderlaufen ...

Artikel 24

Sofern das Gericht eines Mitgliedstaats nicht bereits nach anderen Vorschriften dieser Verordnung zuständig ist, wird es zuständig, wenn sich der Beklagte vor ihm auf das Ver-

[2] Vgl. ABl. **1973** Nr. L 228 S. 3; Richtlinie zuletzt geändert durch die Richtlinie 2000/26/EG des Europäischen Parlaments und des Rates ABl. **2000** Nr. L 181 v. 20.7.2000 S. 65.

[3] Vgl. ABl. **1988** L 172 S. 1; Richtlinie zuletzt geändert durch die Richtlinie 2000/26/EG.

[4] Vgl. ABl. **1990** Nr. L 330 S. 44.

fahren einlässt. Dies gilt nicht, wenn der Beklagte sich einlässt, um den Mangel der Zuständigkeit geltend zu machen oder wenn ein anderes Gericht aufgrund des Artikels 22 ausschließlich zuständig ist.

Kapitel III – Anerkennung und Vollstreckung

Artikel 32

Unter „Entscheidung" im Sinne dieser Verordnung ist jede von einem Gericht eines Mitgliedstaats erlassene Entscheidung zu verstehen, ohne Rücksicht auf ihre Bezeichnung wie Urteil, Beschluss, Zahlungsbefehl oder Vollstreckungsbescheid, einschließlich des Kostenfestsetzungsbeschlusses eines Gerichtsbediensteten.

Abschnitt 1 – Anerkennung

Artikel 33

(1) Die in einem Mitgliedstaat ergangenen Entscheidungen werden in den anderen Mitgliedstaaten anerkannt, ohne dass es hierfür eines besonderen Verfahrens bedarf.

(2) Bildet die Frage, ob eine Entscheidung anzuerkennen ist, als solche den Gegenstand eines Streites, so kann jede Partei, welche die Anerkennung geltend macht, in dem Verfahren nach den Abschnitten 2 und 3 dieses Kapitels die Feststellung beantragen, dass die Entscheidung anzuerkennen ist.

(3) Wird die Anerkennung in einem Rechtsstreit vor dem Gericht eines Mitgliedstaats, dessen Entscheidung von der Anerkennung abhängt, verlangt, so kann dieses Gericht über die Anerkennung entscheiden.

Artikel 34

Eine Entscheidung wird nicht anerkannt, wenn

1. die Anerkennung der öffentlichen Ordnung (ordre public) des Mitgliedstaats, in dem sie geltend gemacht wird, offensichtlich widersprechen würde;
2. dem Beklagten, der sich auf das Verfahren nicht eingelassen hat, das verfahrenseinleitende Schriftstück oder ein gleichwertiges Schriftstück nicht so rechtzeitig und in einer Weise zugestellt worden ist, dass er sich verteidigen konnte, es sei denn, der Beklagte hat gegen die Entscheidung keinen Rechtsbehelf eingelegt, obwohl er die Möglichkeit dazu hatte;
3. sie mit einer Entscheidung unvereinbar ist, die zwischen denselben Parteien in dem Mitgliedstaat, in dem die Anerkennung geltend gemacht wird, ergangen ist;
4. sie mit einer früheren Entscheidung unvereinbar ist, die in einem anderen Mitgliedstaat oder in einem Drittstaat zwischen denselben Parteien in einem Rechtsstreit wegen desselben Anspruchs ergangen ist, sofern die frühere Entscheidung die notwendigen Voraussetzungen für ihre Anerkennung in dem Mitgliedstaat erfüllt, in dem die Anerkennung geltend gemacht wird.

Artikel 35

(1) Eine Entscheidung wird ferner nicht anerkannt, wenn die Vorschriften der Abschnitte 3, 4 und 6 des Kapitels II verletzt worden sind oder wenn ein Fall des Artikels 72 vorliegt.

(2) Das Gericht oder die sonst befugte Stelle des Mitgliedstaats, in dem die Anerkennung geltend gemacht wird, ist bei der Prüfung, ob eine der in Absatz 1 angeführten Zuständigkeiten gegeben ist, an die tatsächlichen Feststellungen gebunden, aufgrund deren das Gericht des Ursprungsmitgliedstaats seine Zuständigkeit angenommen hat.

(3) Die Zuständigkeit der Gerichte des Ursprungsmitgliedstaats darf, unbeschadet der Bestimmungen des Absatzes 1, nicht nachgeprüft werden. Die Vorschriften über die Zuständigkeit gehören nicht zur öffentlichen Ordnung (ordre public) im Sinne des Artikels 34 Nummer 1.

Artikel 36

Die ausländische Entscheidung darf keinesfalls in der Sache selbst nachgeprüft werden.

Artikel 37

(1) Das Gericht eines Mitgliedstaats, vor dem die Anerkennung einer in einem anderen Mitgliedstaat ergangenen Entscheidung geltend gemacht wird, kann das Verfahren aussetzen, wenn gegen die Entscheidung ein ordentlicher Rechtsbehelf eingelegt worden ist.

(2) Das Gericht eines Mitgliedstaats, vor dem die Anerkennung einer in Irland oder im Vereinigten Königreich ergangenen Entscheidung geltend gemacht wird, kann das Verfahren aussetzen, wenn die Vollstreckung der Entscheidung im Ursprungsmitgliedstaat wegen der Einlegung eines Rechtsbehelfs einstweilen eingestellt ist.

Abschnitt 2 – Vollstreckung

Artikel 38

(1) Die in einem Mitgliedstaat ergangenen Entscheidungen, die in diesem Staat vollstreckbar sind, werden in einem anderen Mitgliedstaat vollstreckt, wenn sie dort auf Antrag eines Berechtigten für vollstreckbar erklärt worden sind.

(2) Im Vereinigten Königreich jedoch wird eine derartige Entscheidung in England und Wales, in Schottland oder in Nordirland vollstreckt, wenn sie auf Antrag eines Berechtigten zur Vollstreckung in dem betreffenden Teil des Vereinigten Königreichs registriert worden ist.

Artikel 39

(1) Der Antrag ist an das Gericht oder die sonst befugte Stelle zu richten, die in Anhang II aufgeführt ist.

(2) Die örtliche Zuständigkeit wird durch den Wohnsitz des Schuldners oder durch den Ort, an dem die Zwangsvollstreckung durchgeführt werden soll, bestimmt.

Artikel 40

(1) Für die Stellung des Antrags ist das Recht des Vollstreckungsmitgliedstaats maßgebend.

(2) Der Antragsteller hat im Bezirk des angerufenen Gerichts ein Wahldomizil zu begründen. Ist das Wahldomizil im Recht des Vollstreckungsmitgliedstaats nicht vorgesehen, so hat der Antragsteller einen Zustellungsbevollmächtigten zu benennen.

(3) Dem Antrag sind die in Artikel 53 angeführten Urkunden beizufügen.

Artikel 41

Sobald die in Artikel 53 vorgesehenen Förmlichkeiten erfüllt sind, wird die Entscheidung unverzüglich für vollstreckbar erklärt, ohne dass eine Prüfung nach den Artikeln 34 und 35 erfolgt. Der Schuldner erhält in diesem Abschnitt des Verfahrens keine Gelegenheit, eine Erklärung abzugeben.

Artikel 42

(1) Die Entscheidung über den Antrag auf Vollstreckbarerklärung wird dem Antragsteller unverzüglich in der Form mitgeteilt, die das Recht des Vollstreckungsmitgliedstaats vorsieht.

(2) Die Vollstreckbarerklärung und, soweit dies noch nicht geschehen ist, die Entscheidung werden dem Schuldner zugestellt.

Artikel 43

(1) Gegen die Entscheidung über den Antrag auf Vollstreckbarerklärung kann jede Partei einen Rechtsbehelf einlegen.

(2) Der Rechtsbehelf wird bei dem in Anhang III aufgeführten Gericht eingelegt.

(3) Über den Rechtsbehelf wird nach den Vorschriften entschieden, die für Verfahren mit beiderseitigem rechtlichen Gehör maßgebend sind.

(4) Lässt sich der Schuldner auf das Verfahren vor dem mit dem Rechtsbehelf des Antragstellers befassten Gericht nicht ein, so ist Artikel 26 Absätze 2 bis 4 auch dann anzuwenden, wenn der Schuldner seinen Wohnsitz nicht im Hoheitsgebiet eines Mitgliedstaats hat.

(5) Der Rechtsbehelf gegen die Vollstreckbarerklärung ist innerhalb eines Monats nach ihrer Zustellung einzulegen. Hat der Schuldner seinen Wohnsitz im Hoheitsgebiet eines anderen Mitgliedstaats als dem, in dem die Vollstreckbarerklärung ergangen ist, so beträgt die Frist für den Rechtsbehelf zwei Monate und beginnt von dem Tage an zu laufen, an dem die Vollstreckbarerklärung ihm entweder in Person oder in seiner Wohnung zugestellt worden ist. Eine Verlängerung dieser Frist wegen weiter Entfernung ist ausgeschlossen.

Artikel 44

Gegen die Entscheidung, die über den Rechtsbehelf ergangen ist, kann nur ein Rechtsbehelf nach Anhang IV eingelegt werden.

Artikel 45

(1) Die Vollstreckbarerklärung darf von dem mit einem Rechtsbehelf nach Artikel 43 oder Artikel 44 befassten Gericht nur aus einem der in den Artikeln 34 und 35 aufgeführten Gründe versagt oder aufgehoben werden. Das Gericht erlässt seine Entscheidung unverzüglich.

(2) Die ausländische Entscheidung darf keinesfalls in der Sache selbst nachgeprüft werden.

Artikel 46

(1) Das nach Artikel 43 oder Artikel 44 mit dem Rechtsbehelf befasste Gericht kann auf Antrag des Schuldners das Verfahren aussetzen, wenn gegen die Entscheidung im Ursprungsmitgliedstaat ein ordentlicher Rechtsbehelf eingelegt oder die Frist für einen solchen Rechtsbehelf noch nicht verstrichen ist; in letzterem Fall kann das Gericht eine Frist bestimmen, innerhalb deren der Rechtsbehelf einzulegen ist.

(2) Ist die Entscheidung in Irland oder im Vereinigten Königreich ergangen, so gilt jeder im Ursprungsmitgliedstaat statthafte Rechtsbehelf als ordentlicher Rechtsbehelf im Sinne von Absatz 1.

(3) Das Gericht kann auch die Zwangsvollstreckung von der Leistung einer Sicherheit, die es bestimmt, abhängig machen.

...

Kapitel V – Allgemeine Vorschriften

Artikel 59

(1) Ist zu entscheiden, ob eine Partei im Hoheitsgebiet des Mitgliedstaats, dessen Gerichte angerufen sind, einen Wohnsitz hat, so wendet das Gericht sein Recht an.

(2) Hat eine Partei keinen Wohnsitz in dem Mitgliedstaat, dessen Gerichte angerufen sind, so wendet das Gericht, wenn es zu entscheiden hat, ob die Partei einen Wohnsitz in einem anderen Mitgliedstaat hat, das Recht dieses Mitgliedstaats an.

Artikel 60

(1) Gesellschaften und juristische Personen haben für die Anwendung dieser Verordnung ihren Wohnsitz an dem Ort, an dem sich
a) ihr satzungsmäßiger Sitz,
b) ihre Hauptverwaltung oder
c) ihre Hauptniederlassung
befindet.

(2) Im Falle des Vereinigten Königreichs und Irlands ist unter dem Ausdruck „satzungsmäßiger Sitz" das registered office oder, wenn ein solches nirgendwo besteht, der place of incorporation (Ort der Erlangung der Rechtsfähigkeit) oder, wenn ein solcher nirgendwo besteht, der Ort, nach dessen Recht die formation (Gründung) erfolgt ist, zu verstehen.

(3) Um zu bestimmen, ob ein trust seinen Sitz in dem Vertragsstaat hat, bei dessen Gerichten die Klage anhängig ist, wendet das Gericht sein Internationales Privatrecht an.

...

Artikel 65

(1) Die in Artikel 6 Nummer 2 und Artikel 11 für eine Gewährleistungs- oder Interventionsklage vorgesehene Zuständigkeit kann weder in Deutschland noch in Österreich geltend gemacht werden. Jede Person, die ihren Wohnsitz in einem anderen Mitgliedstaat hat, kann vor Gericht geladen werden
a) in Deutschland nach den §§ 68 und 72 bis 74 der Zivilprozessordnung, die für die Streitverkündung gelten,

...

(2) Entscheidungen, die in den anderen Mitgliedstaaten aufgrund des Artikels 6 Nummer 2 und des Artikels 11 ergangen sind, werden in Deutschland und in Österreich nach Kapitel III anerkannt und vollstreckt. Die Wirkungen, welche die in diesen Staaten ergangenen Entscheidungen nach Absatz 1 gegenüber Dritten haben, werden auch in den anderen Mitgliedstaaten anerkannt.

Übersicht

A. Anwendung der EuGVVO

1 In Versicherungsprozessen mit Auslandsberührung richten sich die **internationale Zuständigkeit** sowie die **Anerkennung und Vollstreckung ausländischer Entscheidungen** in erster Linie nach den Vorschriften der „VO (EG) Nr 44/2001 des Rates über die gerichtliche Zuständigkeit u die Anerkennung u Vollstreckung von Entscheidungen in Zivil- und Handelssachen“ vom 22.12.2000 (EuGVVO, auch: „VO Brüssel I“);[5] zur (weitgehend identischen) Rechtslage im Verhältnis zu **Dänemark** vgl. das zwischen der Europäischen Gemeinschaft und dem Königreich Dänemark geschlossene und am 1.7.2007 in Kraft getretene völkerrechtliche Abkommen über die gerichtliche Zuständigkeit und die Anerkennung und Vollstreckung von Entscheidungen in Zivil- und Handelssachen.[6] Im Verhältnis zu Dänemark, Island, Norwegen und der Schweiz gilt das ebenfalls weitgehend identische (revidierte) **Luganer Übereinkommen** vom 30.10.2007.[7]

2 Die **Verordnung** findet im Allgemeinen **Anwendung,** wenn der **Beklagte** zum Zeitpunkt der Klageerhebung seinen **Wohnsitz** oder – falls es sich dabei um eine Gesellschaft oder juristische Person handelt – seinen Sitz (vgl. Art. 59, 60 Abs. 1 EuGVVO) im Hoheitsgebiet eines **Mitgliedstaates** der EU (mit Ausnahme Dänemarks) hat (Art. 8 und Art. 4 Abs. 1 EuGVVO).

3 Wird die Klage **gegen** einen **Versicherer** erhoben, reicht zur Anwendbarkeit der VO eine „**Zweigniederlassung,** Agentur oder sonstige Niederlassung“ in einem Mitgliedstaat aus, soweit es sich um eine Streitigkeit aus dem Betrieb dieser Niederlassung handelt (Art 9 Abs. 2 EuGVVO, vgl. Rn. 13). In diesem Fall ist es also nicht erforderlich, dass der Versicherer über einen Sitz innerhalb der EU verfügt.

4 Hat der Beklagte (Versicherer oder Versicherungsnehmer) in einem Mitgliedstaat **keinen Wohnsitz** oder Sitz (und als Versicherer auch keine Zweigniederlassung i.S. des Art. 9 Abs. 2 EuGVVO), findet die VO grundsätzlich keine Anwendung und die internationale Zuständigkeit richtet sich nach **nationalem Prozessrecht** (vgl. Art. 8 und Art. 4 Abs. 1 EuGVVO), sofern nicht ausnahmsweise eine staatsvertragliche Regelung wie das (zweite) Luganer Übereinkommen (Rn. 1) existiert. Bei Anwendung des nationalen Pro-

[5] ABl. EG **2001** Nr. L 12 S. 1, zuletzt geändert durch VO (EU) ABl. **2010** Nr. L 119 S. 7.

[6] ABl. EG **2005** Nr. L 229 S. 62; **2007** Nr. L 94 S. 70.

[7] ABl. EU **2009** Nr. L 147 S. 5.

zessrechts greifen die deutschen Gerichte auf die „doppelfunktionalen“, weil neben der örtlichen in analoger Anwendung auch die internationale Zuständigkeit bestimmenden §§ 12 ff. ZPO zurück.

B. Versicherungssachen (Art. 8 EuGVVO)

Der in Art. 8 EuGVVO verwandte Begriff der **„Versicherungssachen“** ist nicht nach Maßgabe der lex fori, sondern durch gemeinschaftsrechtlich-autonome Interpretation zu bestimmen. Dabei ist die Vorschrift in Anbetracht ihrer Ratio (Schutz des wirtschaftlich schwächeren Versicherungsnehmers) weit auszulegen.[8] Gemeint sind im Wesentlichen Streitigkeiten aus privatrechtlichen Direktversicherungsverträgen, d.h. alle Streitigkeiten, die sich auf den Abschluss, die Auslegung, die Durchführung und Beendigung eines Versicherungsvertrags beziehen.[9] Darüber hinaus hat der EuGH in einem obiter dictum klargestellt, dass die Art. 8 ff. EuGVVO auch dann Anwendung finden, wenn einem Versicherungsnehmer, Versicherten oder Begünstigten eines Versicherungsvertrages z.B. im Falle einer Insolvenz des Erstversicherers nach dem Recht eines Mitgliedstaates unmittelbar Ansprüche gegen den Rückversicherer zustehen.[10] Zu den „Versicherungssachen“ i.S. dieser Bestimmung gehören auch gerichtlich veranlasste Verfahren zur Durchführung und Genehmigung eines Vergleichsplans („scheme of arrangement“) nach englischem Gesellschaftsrecht.[11] **5**

Dagegen werden Versicherungsverhältnisse auf **öffentlichrechtlicher** (insbesondere sozialversicherungsrechtlicher) **Grundlage** nach Art. 1 Abs. 2 lit. c EuGVVO von der Verordnung von vornherein nicht erfasst. Auch Streitigkeiten zwischen Erst- und Rückversicherern fallen nicht unter Art. 8–14 EuGVVO, weil diese Bestimmungen auf den **Schutz des typischerweise schwächeren Versicherungsnehmers** abzielen und ein solcher Schutz im Verhältnis zweier Versicherer nicht veranlasst ist.[12] Entsprechendes gilt für Regressklagen im Verhältnis von Mehrfachversicherern untereinander[13] sowie für die Geltendmachung übergegangener Ansprüche durch einen Versicherer als Legalzessionar.[14] In diesen Fällen sind nur die allgemeinen Zuständigkeitsregeln der Art. 2 ff. EuGVVO maßgebend. Soweit die h.M.[15] allerdings im Falle einer Rechtsnachfolge (Zession, Erbfolge) die Anwendung des Art. 9 Abs. 1 lit. b EuGVVO allgemein davon abhängig machen will, dass der Rechtsnachfolger in gleicher Weise schutzwürdig ist wie der Zessionar oder Erblasser, ist diese Auffassung wegen Unpraktikabilität abzulehnen (zum Rechtsnachfolger eines Geschädigten i.S. des Art. 11 Abs. 2 EuGVVO vgl. aber auch Rn. 17). Denn einerseits steht außer Frage, dass sich auch wirtschaftlich starke Versicherungsnehmer (ungeachtet aller rechtspolitischen Fragwürdigkeit dieses Ergebnisses) auf das Schutzregime der Art. 8 ff. EuGVVO berufen können (wie dies schon die in Art. 14 **6**

---

8 BGH 15.12.2012 VersR **2012** 601, 603.

9 Vgl. *Geimer/Schütze* Art. 8 EuGVVO Rn. 15; zu Klagen gegen den D&O-Versicherer vgl. ausführlich *Fucks*, Forum Versicherungsrecht **2012** 1 ff., ferner *Staudinger*, Düsseldorfer Vorträge 19, 22 ff.

10 EuGH 13.7.2000 VersR **2001** 123.

11 BGH 15.2.2012 VersR **2012** 601, 603; näher *Schaloske* VersR **2009** 23.

12 EuGH 13.7.2000 VersR **2001** 123; *Looschelders* VersR **2012** 1, 9.

13 EuGH 12.5.2005 VersR **2005** 1001.

14 LG Bremen JuS **2001** 1026 mit Anm. *Hohloch*.

15 Vgl. z.B. *Kropholler/von Hein* Vor Art. 8 EuGVO Rn. 7; Stein/Jonas/*G. Wagner* Art. 9 EuGVVO Rn. 17; *Fendt* VersR **2012** 34 ff.

EuGVVO angesprochenen Risiken deutlich machen).[16] Andererseits fehlen brauchbare Kriterien für die Beantwortung der Frage, wann denn eigentlich ein Rechtsnachfolger so schutzbedürftig ist, dass er sich auf das versicherungsrechtliche Sonderregime der EuGVVO sollte berufen können.

C. Internationale Zuständigkeit in Versicherungssachen (Art. 9 bis 14 EuGVVO)

7 In **„Versicherungssachen"** ergibt sich die internationale Zuständigkeit ausschließlich aus den Art. 9 bis 14 und Art. 24 EuGVVO.[17] Ein Verstoß gegen diese speziellen versicherungsrechtlichen Zuständigkeitsvorschriften hat nach Art. 35 Abs. 1 EuGVVO zur Folge, dass die Entscheidung von den anderen Mitgliedstaaten **nicht anerkannt** wird, so etwa, wenn vor englischen Gerichten unter Missachtung des Art. 12 EuGVVO ein gerichtliches Vergleichsplanverfahren („scheme of arrangement") durchgeführt wird.[18]

I. Klage gegen den Versicherer

1. Allgemeine Gerichtsstände (Art. 9 EuGVVO)

8 Nach **Art. 9 Abs. 1 EuGVVO** kann ein **Versicherer** mit Wohnsitz bzw. Sitz in einem Mitgliedstaat (vgl. näher Art. 60 Abs. 1 EuGVVO) **wahlweise verklagt** werden

- vor den Gerichten dieses Sitzstaates (lit. a),
- bei Klagen des Versicherungsnehmers, des Versicherten oder des Begünstigten gemäß lit. b vor dem Gericht des Ortes, an dem der Kläger seinen Wohnsitz hat, sofern sich dieser Wohnsitz in einem anderen Mitgliedstaat als dem des Versicherersitzes befindet;
- oder schließlich – falls es um einen Mitversicherer handelt – vor dem Gericht eines Mitgliedstaates, in dem der federführende Versicherer verklagt wird (lit. c).

9 Während durch **lit. a und c** lediglich die internationale Zuständigkeit festgelegt und die Bestimmung der örtlichen Zuständigkeit den nationalen Prozessrechten überlassen bleibt, enthält **lit. b** gleichzeitig eine Regelung der internationalen wie örtlichen Zuständigkeit. Voraussetzung ist aber, dass sich der Sitz des Versicherers in einem anderen Mitgliedstaat als der Wohnsitz des Klägers befindet. Für eine Klage gegen einen inländischen Versicherer besteht danach keine (örtliche) Zuständigkeit am inländischen Wohnsitz des Klägers. Ist der Vertrag allerdings mit der inländischen Niederlassung eines in einem anderen Mitgliedstaat ansässigen Versicherers geschlossen worden, kann der Versicherer wahlweise vor den Gerichten seines ausländischen Sitzstaates (lit. a), am inländischen Wohnsitz des Klägers (lit. b) sowie am Ort der inländischen Niederlassung (Art. 5 Nr. 5 EuGVVO, vgl. Rn. 12) verklagt werden.[19]

10 Auf den **Klägergerichtsstand** kann nach **lit. b** nicht nur der Versicherungsnehmer, sondern auch der Versicherte oder Begünstigte seine Klage stützen. Die Gewährung eines

[16] Vgl. dazu etwa HK ZPO/*Dörner* Art. 8 EuGVVO Rn. 6; *Fucks,* Forum Versicherungsrecht 2012, 1, 31 ff.

[17] Vgl. EuGH 20.5.2010 VersR **2010** 1099; *Mankowski* RIW **2010** 667; *Staudinger* IPRax **2011** 548.

[18] BGH 15.2.2012 VersR **2012** 601, 603, dazu *Mankowski* EWiR **2012** 313.

[19] Vgl. HK ZPO/*Dörner* Art. 9 EuGVVO Rn. 3.

solchen Klägergerichtsstands kann für den Versicherer zu Unzuträglichkeiten führen, wenn es sich bei den potentiellen Klägern um eine größere oder unüberschaubare Gruppe handelt, wie dies etwa bei den im Rahmen einer Gruppenversicherung versicherten Personen[20] oder bei den durch Massenkarambolagen Geschädigten[21] der Fall ist.[22] Der Vorschlag, in Fällen dieser Art die Reichweite des Klägergerichtsstands nach Art. 9 EuGVVO durch eine teleologische Reduktion zu beschränken,[23] dürfte sich in Anbetracht der Entstehungsgeschichte aber kaum durchsetzen lassen.[24]

Gemäß **Art. 9 Abs. 1 lit. c EuGVVO** kann im Falle einer **Mitversicherung** jeder Versicherer im Interesse einer Verfahrenskonzentration dort verklagt werden, wo (nach Art. 9 lit. a oder b oder nach Art. 8 i.V. mit Art. 5 Nr. 5 EuGVVO, vgl. Rn. 12) gegen den führenden Versicherer Klage erhoben wird. Die übrigen Gerichtsstände dieses Abschnitts werden von dieser zusätzlich gewährten Möglichkeit nicht berührt. **11**

Außerdem kann bei Streitigkeiten aus dem Betrieb einer **Zweigniederlassung** oder **Agentur** an dem Gericht des Ortes geklagt werden, an dem sich eine solche Niederlassung befindet (Art. 8 i.V. mit Art. 5 Nr. 5 EuGVVO). Die Vorschrift setzt voraus, dass der Versicherer in dem einen Mitgliedstaat seinen Sitz und in einem anderen die Niederlassung hat. Wurde der Vertrag also etwa durch die inländische Niederlassung eines Versicherers mit Sitz in einem anderen Mitgliedstaat geschlossen, so tritt neben den Klägergerichtsstand nach lit. b und den Gerichtsstand der ausländischen Hauptniederlassung nach lit. a auch ein (internationaler und örtlicher) Gerichtsstand am Sitz der Niederlassung des Versicherers nach Art. 5 Nr. 5 EuGVVO.[25] **12**

Hat ein Versicherer **keinen Sitz** im Hoheitsgebiet eines **Mitgliedstaates,** wohl aber eine **Zweigniederlassung**, Agentur oder sonstige Niederlassung, so steht dies einem Wohnsitz innerhalb eines Mitgliedstaates gleich, soweit der Streit aus dem Betrieb einer solchen Zweigniederlassung entstanden ist (Art. 9 Abs. 2 EuGVVO). Die Vorschrift hat eine Doppelfunktion. Sie erlaubt zunächst ohne weiteres eine Klage am Ort der Niederlassung selbst (Art. 9 Abs. 2 i.V. mit Abs. 1 lit. a EuGVVO). Darüber hinaus können Streitigkeiten, die sich aus dem Betrieb dieser Niederlassung ergeben, auch am Klägerwohnsitz (Abs. 1 lit. b) sowie an allen anderen Gerichtsständen des 3. Abschnitts ausgetragen werden. Dies ist vorteilhaft für den Versicherungsnehmer, dem mehrere Gerichtsstände (u.a. am eigenen Wohnsitz) nicht erst zur Verfügung stehen, wenn der Versicherer seinen Sitz, sondern bereits dann, wenn er nur eine Niederlassung in einem Mitgliedstaat hat.[26] Andererseits hat die in Art. 9 Abs. 2 EuGVVO vorgenommene Gleichstellung von Mitgliedstaatenwohnsitz und -niederlassung zur Folge, dass der Weg zu Art. 4 Abs. 2 EuGVVO (Berufung auf Inländergerichtsstände gegenüber Beklagten ohne EU-Wohnsitz) versperrt wird: Ein Kläger mit Wohnsitz in der EU kann dann einen Versicherer mit Sitz in einem Nichtmitgliedstaat nicht mehr an den exorbitanten Gerichtsständen verklagen, die sich aus dem nationalen Prozessrecht des Klägerwohnsitzstaates ergeben.[27] **13**

---

20 Vgl. *Beckmann/Matusche-Beckmann/Fricke* Versicherungsrechtshandbuch § 3 Rn. 34.

21 Kritisch *Fuchs* IPRax **2008** 104, 106.

22 Zur Situation bei den Versicherten einer D&O-Versicherung vgl. *Staudinger* Düsseldorfer Vorträge 22 f.

23 Vgl. *Fricke* a.a.O.

24 Vgl. dazu *Hub* 92; *Staudinger* Düsseldorfer Vorträge 23.

25 Vgl. LG Stuttgart IPRax **1998** 100, dazu *Looschelders* IPRax **1998** 86.

26 Vgl. *Kropholler/v Hein* Art. 9 EuGVO Rn. 5.

27 Vgl. *Fricke* VersR **1997** 399, 403.

2. Gerichtsstand am Ort des schädigenden Ereignisses (Art. 10 EuGVVO)

14 Bei Streitigkeiten aus **Haftpflichtversicherungen** und **Versicherungen unbeweglicher Sachen** (z.B. Gebäudeversicherungen) sind nach **Art. 10 Satz 1 EuGVVO** außerdem die **Gerichte am Ort des Schadenseintritts** international (und örtlich) zuständig. Die Vorschrift setzt – in Anlehnung an Art. 5 Nr. 3 EuGVVO – voraus, dass sich dieser Ort in einem anderen als dem Wohnsitzstaat des Versicherers befindet.[28] Die Zuständigkeit besteht nach **Satz 2** auch bei Streitigkeiten aus Verträgen, die gleichzeitig bewegliche wie unbewegliche Sachen versichern, sofern diese durch ein und denselben Schadensfall betroffen sind; zu denken ist etwa an Grundstücksversicherungen, die gleichzeitig auch Schäden an Hausrat decken.[29] Ort des Schadenseintritts ist bei der Versicherung unbeweglicher Sachen stets der Belegenheitsort. Bei Haftpflichtversicherungen ist darunter sowohl der Ort zu verstehen, an dem sich das schadenverursachende Geschehen zugetragen hat, wie auch der Ort, an dem der schädigende Erfolg eingetreten ist.[30] Befinden sich beide Orte in unterschiedlichen Rechtsordnungen, kann der Kläger den sich daraus jeweils ergebenden Gerichtsstand wählen. Die Parteien können den Gerichtsstand des Art. 10 EuGVVO unter den Voraussetzungen des Art. 13 Nr. 3 EuGVVO abbedingen.

3. Gerichtsstand in Haftpflichtprozessen (Art. 11 EuGVVO)

15 Darüber hinaus kann der Versicherer in Haftpflichtprozessen – sofern nach dem Recht des angerufenen Gerichts zulässig – grundsätzlich auch vor das Gericht geladen werden, an dem das **Verfahren des Geschädigten** gegen den Versicherten (Schädiger) **anhängig** ist (Art. 11 Abs. 1 EuGVVO). In Deutschland gilt diese Regelung allerdings nicht (Art. 65 Abs. 1 EuGVVO). Der Schädiger kann hier aber seinem Versicherer nach §§ 72 ff. ZPO den Streit verkünden.

16 Für **Direktklagen des Geschädigten** (soweit sie nach nationalem Recht zulässig sind[31]) verweist **Art. 11 Abs. 2 EuGVVO** auf die Art. 8 bis 10 EuGVVO.[32] Daraus ergibt sich die Frage, ob aufgrund dieser Verweisung auch der Geschädigte den Versicherer entsprechend Art. 9 Abs. 1 lit b EuGVVO an seinem – des Geschädigten – Wohnsitz verklagen kann. Diese Frage war heftig umstritten und hat nach einem Vorlagebeschluss des BGH[33] zu einer EuGH-Entscheidung v. 13.12.2007[34] geführt. Der EuGH stellt fest, dass sich die Funktion von Art. 11 Abs. 2 EuGVVO nicht allein darauf beschränke, die Klage des Geschädigten gegen den Versicherer den in Art. 9 Abs. 1 lit. b EuGVVO genannten Gerichten (am Wohnsitz des Versicherungsnehmers, Versicherten oder Begünstigten) zuzuweisen, sondern darüber hinaus auch eine Zuständigkeit am Wohnsitz des geschä-

---

28 *Kropholler/v. Hein* Art. 10 EuGVO Rn. 1.

29 Vgl. *Kropholler/v. Hein* Art. 10 EuGVO Rn. 2.

30 Vgl. etwa EuGH 30.11.1976 NJW **1977** 493; BGH 6.11.2007 VersR **2008** 1129.

31 Ob eine Direktklage zulässig ist, richtet sich gemäß Art. 18 Abs. 2 der Verordnung (EG) Nr. 864/2007 des Europäischen Parlaments und des Rates über das auf außervertragliche Schuldverhältnisse anzuwendende Recht (sog. VO „Rom II" v. 11.7.2007 ABl. EU **2007** Nr. L 199 S. 40) alternativ nach dem Delikts- oder dem Versicherungsvertragsstatut, näher zu diesem Problemkreis *Staudinger/Czaplinski* NJW **2009** 2249 ff.; *Tomson* EuZW **2009** 204. Zum deutschen materiellen Versicherungsrecht vgl. § 115 VVG.

32 Vgl. die Zusammenfassung des Problemstandes bei *Micha* IPRax **2011** 121 ff.

33 BGH 26.9.2006 VersR **2006** 1677 = NJW **2007** 71 mit zust. Anm. *Staudinger*; krit. dagegen *Heiss* VersR **2007**, 327. Zur Vorinstanz siehe OLG Köln 12.9.2005 VersR **2005** 1721 m. zust. Anm. *Looschelders*.

34 EuGH 13.12.2007 VersR **2008** 111 = NJW **2008** 819 f. m. zust. Anm. *Leible*; ebenso *Looschelders* ZZPInt **2007** 248.

digten Klägers begründen wolle. Es werde also den in Art. 9 Abs. 1 lit. b genannten Klägern die Person des Geschädigten hinzugefügt. Diese sich bereits aus dem Wortlaut der Norm ergebende Auslegung werde durch eine teleologische Interpretation unterstützt, da nach dem Erwägungsgrund Nr. 13 zur EuGVVO ein Schutz der schwächeren Prozesspartei gewährleistet werden solle; dadurch werde auch der Geschädigte in Versicherungsrechtsstreitigkeiten geschützt. Wenn mehrere Geschädigte den Versicherer in verschiedenen Mitgliedstaaten jeweils am Gericht ihres Wohnsitzes verklagen, kann das später angerufene Gericht nach Art. 28 Abs. 1 und 2 EuGVVO das Verfahren aussetzen oder sich auf Antrag einer Partei für unzuständig erklären.[35] Dass die Direktklage gegen den Haftpflichtversicherer im deutschen Recht als deliktische Klage qualifiziert wird, spielt demgegenüber keine Rolle. Der Gerichtshof stellt zu Recht fest, dass die Natur einer Klage nach nationalem Recht für die Auslegung der Verordnung unerheblich sei.

Geschädigter ist grundsätzlich jede natürliche oder juristische[36] Person, die entweder **17**
unmittelbar oder mittelbar einen Schaden erlitten hat.[37] Dazu gehören Rechtsnachfolger aber nicht. Dies gilt nicht nur für Legalzessionare (Sozialversicherungsträger oder Haftpflichtversicherer), auf welche der Anspruch des Geschädigten übergegangen ist,[38] sondern dürfte auch für jede Rechtsnachfolge kraft rechtsgeschäftlicher Abtretung[39] oder kraft Erbfolge gelten.[40]

Wird ein im Ausland ansässiger Versicherer von einem Geschädigten im Inland ver- **18**
klagt, kann die **Zustellung der Klageschrift** nach den Vorgaben der Europäischen Zustellungsverordnung[41] am ausländischen Versicherersitz vorgenommen werden; in diesem Fall ist in der Regel gemäß Art. 5 Abs. 1 und Art. 8 Abs. 1 EuZustellVO eine Übersetzung in die Amtssprache des Empfangsmitgliedstaates erforderlich. Daneben kann die Klageschrift aber auch dem inländischen Schadensregulierungsbeauftragten des Haftpflichtversicherers nach nationalem Prozessrecht (§§ 253 Abs. 1, 270 S. 1, 166 Abs. 2 ZPO) zugestellt werden, weil dieser nach Art. 4 der 4. Kraftfahrzeug-Haftpflichtversicherungsrichtlinie[42] bzw. Art. 24 der 6. Kraftfahrzeug-Haftpflichtversicherungsrichtlinie[43] als bevollmächtigt gilt.[44]

Hat der Geschädigte den Versicherer vor einem nach Abs. 2 möglichen Gericht ver- **19**
klagt und lässt das auf diese Direktklage anwendbare Prozessrecht des angerufenen Gerichts eine **Streitverkündung** zu (zum deutschen Recht vgl. §§ 72 ff. ZPO), so kann der Versicherer dem Versicherungsnehmer oder ggf. Versicherten nach **Art. 11 Abs. 3 EuGVVO** vor diesem Gericht den Streit verkünden.

---

[35] Thomas/Putzo/*Hüßtege* Art. 11 EuGVO Rn. 4.

[36] OLG Celle 27.2.2008 VersR **2009** 61.

[37] EuGH 17.9.2009 VersR **2009** 1512.

[38] EuGH 17.9.2009 VersR **2009** 1512; zust. *Lüttringhaus* VersR **2010** 183.

[39] *Staudinger/Czaplinski* NJW **2009** 2249, 2252.

[40] Anders und z.T. differenzierend *Staudinger* IPRax **2011** 229 ff.

[41] Verordnung (EG) Nr. 1393/2007 über die Zustellung gerichtlicher und außergerichtlicher Schriftstücke in Zivil- und Handelssachen in den Mitgliedstaaten und zur Aufhebung der Verordnung (EG) Nr. 1348/2000 ABl. EU **2007** Nr. L 324 S. 79.

[42] Richtlinie 2000/26/EG zur Angleichung der Rechtsvorschriften der Mitgliedstaaten über die Kraftfahrzeug-Haftpflichtversicherung und zur Änderung der Richtlinien 73/239/EWG und 88/357/EWG ABl. **2000** Nr. L 181 S. 65.

[43] Richtlinie 2009/103/EG über die Kraftfahrzeug-Haftpflichtversicherung und die Kontrolle der entsprechenden Versicherungspflicht ABl. **2009** Nr. L 263 S. 11.

[44] Näher *Fucks* IPRax **2012** 144; anders aber KG 5.3.2008 VersR **2009**, 93; OLG Saarbrücken 9.2.2010 IPRax **2012** 157, offen gelassen von BGH 7.12.2010 VersR **2011** 774.

II. Klage gegen den Versicherungsnehmer (Art. 12 EuGVVO)

20 Eine Klage gegen den Versicherungsnehmer, Versicherten oder den aus einer Versicherung Begünstigten ist nach **Art. 12 Abs. 1 EuGVVO** grundsätzlich nur vor den Gerichten des **Wohnsitzstaates des Beklagten** zulässig; eine Ausnahme gilt im Zusammenhang mit einer Streitverkündung nach Art. 11 Abs. 3 EuGVVO (Rn. 19) oder im Rahmen eines Widerklageverfahrens (**Abs. 2**). Außerdem kann sich der Versicherer auch auf den Gerichtsstand der **Niederlassung** des Beklagten nach **Art. 8 und 5 Nr. 5 EuGVVO** stützen, sofern dieser seinen Wohnsitz oder Sitz in einem anderen Mitgliedstaat hat. Dabei ist ohne Belang, ob sich der Sitz oder die Niederlassung des Versicherers selbst inner- oder außerhalb eines Mitgliedstaates befindet.

21 Art. 12 Abs. 1 EuGVVO legt lediglich die **internationale Zuständigkeit** fest; die Bestimmung der örtlichen Zuständigkeit bleibt daher den nationalen Prozessrechten überlassen. Bei der Entscheidung über die Frage, ob eine Partei im Gerichtsstaat ihren **Wohnsitz** hat, wendet jedes Gericht gemäß Art. 59 Abs. 1 EuGVVO sein eigenes Recht an, so dass etwa ein deutsches Gericht die §§ 7 ff. BGB heranzieht. Für Gesellschaften und juristische Personen gilt die Sonderregel des Art. 60 Abs. 1 EuGVVO.

22 Ein Versicherer, der an einem der Gerichtsstände der Art. 8 bis 11 EuGVVO verklagt worden ist, kann nach **Abs. 2** vor dem mit der Sache befassten Gericht **Widerklage** erheben, sofern diese denselben Vertrag oder Sachverhalt wie die Klage betrifft (Art. 6 Nr. 3 EuGVVO).

III. Gerichtsstandsvereinbarungen (Art. 13, 14 und 24 EuGVVO)

23 Die EuGVVO stellt im Hinblick auf die Schutzbedürftigkeit des in der Regel unerfahrenen Versicherungsnehmers, Versicherten oder Begünstigen Möglichkeiten zum Abschluss einer **Gerichtsstandsvereinbarung** in Versicherungssachen sehr **eingeschränkt,** nämlich nur unter den Voraussetzungen des Art. 13 Nr. 1 bis 5 EuGVVO zur Verfügung. Eine sich über die Grenzen des Art 13 EuGVVO hinwegsetzende Vereinbarung ist gemäß Art. 23 Abs. 5 EuGVVO unwirksam. Für Gerichtsstandsvereinbarungen zwischen Versicherern und Rückversicherern gelten diese Beschränkungen nicht; sie unterliegen lediglich den allgemeinen (im wesentlichen: Form-)Vorschriften des Art. 23 Abs. 1 Satz 3 und Abs. 2 EuGVVO.[45]

24 Gemäß **Art. 13 Nr. 1 EuGVVO** ist eine Gerichtsstandsvereinbarung in Versicherungssachen zulässig, wenn sie **nach der Entstehung der Streitigkeit** getroffen wird. Die VO geht davon aus, dass der Versicherungsnehmer sich in diesem Fall über die Folgen des etwa konkret anstehenden Prozess im Klaren sein wird und daher weniger schutzbedürftig erscheint.

25 **Vor Entstehung** einer Streitigkeit kann eine solche Vereinbarung dagegen nur **zugunsten** des **Versicherungsnehmers, Versicherten** oder **Begünstigten** in der Weise getroffen werden, dass diesen über die Art. 8 ff. EuGVVO hinaus ein **zusätzlicher Gerichtsstand** zur Verfügung gestellt wird (**Nr. 2**). Da die Klagemöglichkeiten dieses Personenkreises erweitert und nicht beschränkt werden sollen, kann nicht vereinbart werden, dass eine Klage ausschließlich an dem vereinbarten Gerichtsstand zu erfolgen hat. Auf den zusätzlichen Gerichtsstand können sich Versicherte und Begünstigte auch dann berufen, wenn sie an dem Abschluss des Vertrages bzw. an der Vereinbarung der Gerichtsstandsklausel

---

[45] Vgl. *Looschelders* VersR **2012** 1, 9.

nicht beteiligt waren, sofern die Klausel formgerecht (vgl. Art. 23 Abs. 1 Satz 3 und Abs. 2 EuGVVO) vereinbart wurde und der Versicherer der Drittbegünstigung klar zugestimmt hatte.[46] Gegenüber einer Klage des Versicherers können die Drittbegünstigten nicht unter Hinweis auf die Vereinbarung geltend machen, dass das gemäß Art. 12 EuGVVO angerufene Gericht unzuständig sei.

Versicherer und Versicherungsnehmer, die zum Zeitpunkt des Vertragsschlusses ihren Wohnsitz (Art 59, 60 EuGVVO) bzw. gewöhnlichen Aufenthalt in demselben Mitgliedstaat haben, können zugunsten der Gerichte dieses Staates eine Zuständigkeit auch für den Fall begründen, dass das **schädigende Ereignis im Ausland** eingetreten ist (vgl. **Nr. 3**). Damit werden die Deliktsgerichtsstände der Art. 10 und 11 Abs. 1 EuGVVO ausgeschlossen. Die Vereinbarung muss allerdings nach dem Recht des gemeinsamen Wohnsitz- bzw. Aufenthaltsstaates zulässig sein (vgl. im deutschen Recht §§ 38, 40 ZPO), so dass sich diese Möglichkeit praktisch auf Absprachen unter Kaufleuten beschränken wird. Die Vereinbarung wirkt allerdings nicht zu Lasten des Geschädigten, so dass Art. 11 Abs. 2 EuGVVO nicht derogiert werden kann.[47] Außerdem kann einem Versicherten, der seinen Sitz in einem anderen Mitgliedstaat als dem Wohnsitzstaat von Versicherer und Versicherungsnehmer hat, eine ohne seine ausdrückliche Zustimmung getroffene Vereinbarung nicht entgegengehalten werden.[48] Daher kann auch dann, wenn es sich bei dem Versicherungsnehmer um einen Mutterkonzern handelt, eine Konzerntochter die Ansprüche aus dem zu ihren Gunsten geschlossenen Versicherungsvertrag gemäß Art. 9 Abs. 1 lit. b EuGVVO weiterhin an ihrem Sitz geltend machen.[49] **26**

Zulässig sind unter den Voraussetzungen der **Nr. 4** Gerichtsstandsvereinbarungen mit Versicherungsnehmern, die ihren **Wohnsitz** (vgl. Art. 59 Abs. 1, 60 EuGVVO) in einem **Drittstaat** haben. In diesem Fall steht es den Parteien frei, anstelle der Art. 9 bis 11 EuGVVO einen anderen Gerichtsstand (in einem Mitglied- oder Nichtmitgliedstaat) festzulegen, der dann – falls es sich um einen Mitgliedstaat handelt[50] – nach Art. 23 Abs. 1 Satz 2 EuGVVO als ausschließlicher Gerichtsstand anzusehen ist, sofern die Parteien keine abweichende Vereinbarung getroffen haben. Eine solche Gerichtsstandsabrede ist aber unzulässig, wenn sie einen Anspruch aus einer Pflichtversicherung betrifft oder sich auf eine in einem Mitgliedstaat befindliche unbewegliche Sache bezieht. **27**

Zulässig sind ferner Gerichtsstandsvereinbarungen nach **Nr. 5**, wenn der betreffende Vertrag eines der in **Art 14 EuGVVO** aufgeführten, in der Regel **unternehmerischen Risiken** deckt. Insbesondere stellt Art. 14 Nr. 5 EuGVVO durch seine Bezugnahme auf die Großrisikodefinition der Richtlinien einen Bezug zu der in Art. 7 Abs. 2 VO Rom I vorgesehenen Anknüpfung her.[51] Die dort gewährte Parteiautonomie (vgl. Art. 7 VO Rom I Rn. 21) wird hier ins Prozessrecht hinein verlängert. In allen Fällen der Art. 13 Nr. 5 und 14 EuGVVO besteht häufig auch ein Interesse des Versicherungsnehmer daran, einen möglichen Gerichtsstand bereits bei Vertragsschluss zu bestimmen. **28**

Ein im Übrigen an sich unzuständiges Gericht wird unter den Voraussetzungen des **Art. 24 EuGVVO** zuständig durch **rügelose Einlassung**, die als eine stillschweigende Zuständigkeitsvereinbarung anzusehen ist. Dies gilt nach Auffassung des EuGH auch – **29**

46 EuGH 14.7.1983 NJW **1984** 260.

47 Vgl. *Kropholler/v. Hein* Art. 13 EuGVVO Rn. 4.

48 EuGH 12.5.2005 VersR **2005** 1261 (zu Art. 12 Nr. 3 EuGVÜ); kritisch *Heiss* IPRax **2005**, 500; *Fricke* VersR **2006** 1283.

49 Zustimmend *Ganzer* 87 ff.

50 Vgl. *Kropholler/v. Hein* Art. 13 EuGVO Rn. 6.

51 Kritisch *Ganzer* 75 ff. (Definition zu Lasten mittelständischer Unternehmen zu weit geraten).

ohne dass eine gerichtliche Hinweispflicht bestehen soll – für einen Versicherungsnehmer, der sich auf eine Klage vor einem unzuständigen Gericht einlässt und die fehlende Zuständigkeit nicht rügt.[52]

D. Anerkennung und Vollstreckung

I. Anerkennung ausländischer Entscheidungen (Art. 33 EuGVVO)

30 Die in einem Mitgliedstaat ergangenen **Entscheidungen** werden in den anderen Mitgliedstaaten **anerkannt**, ohne dass es hierfür eines besonderen Verfahrens bedarf (Art. 33 Abs. 1 EuGVVO). Unter einer Entscheidung ist jede von einem Gericht eines Mitgliedstaats erlassene Entscheidung ohne Rücksicht auf die nähere Bezeichnung (Urteil, Beschluss, Zahlungsbefehl, Vollstreckungsbescheid usw.) zu verstehen, sofern nur ein kontradiktorisches Verfahren zwischen den Parteien vorausgegangen ist oder hätte vorausgehen können.[53] Darum dürfte es sich auch handeln, wenn ein englisches Gericht einen Vergleichsplan nach englischem Gesellschaftsrecht genehmigt.[54] Die Anerkennung erfolgt also automatisch und ohne besondere Kosten. Das in einem Mitgliedstaat gefällte Urteil wird von den Gerichten und Behörden des anderen Mitgliedstaates wie ein Urteil behandelt, das von einem inländischen Gericht gefällt wurde.

31 Eine Entscheidung kann nur ausnahmsweise und unter engen Voraussetzungen nicht anerkannt werden. Das ist nach Art. 34 EuGVVO dann der Fall,

- wenn die Anerkennung der öffentlichen Ordnung desjenigen Mitgliedstaates offensichtlich widersprechen würde, in dem die Entscheidung geltend gemacht wird (Art. 34 Nr. 1 EuGVVO);
- wenn dem Beklagten das verfahrenseinleitende Schriftstück nicht ordnungsgemäß und nicht so rechtzeitig zugestellt wurde, dass er sich verteidigen konnte, und wenn er sich daraufhin auf das Verfahren nicht eingelassen hat (Art. 34 Nr. 2 EuGVVO). Hier führt ein Verstoß gegen Grundprinzipien eines rechtsstaatlichen Verfahrens zur Versagung der Anerkennung. Dies gilt aber nicht, wenn der Beklagte gegen die Entscheidung keinen Rechtsbehelf eingelegt hat, obwohl diese Möglichkeit bestand[55] (Grundsatz des rechtlichen Gehörs);
- wenn die Entscheidung mit einer Entscheidung unvereinbar ist, die zwischen denselben Parteien in dem Mitgliedstaat ergangen ist, in dem die Anerkennung geltend gemacht wird (Art. 34 Nr. 3 EuGVVO),
- oder mit einer früheren Entscheidung in einem Drittstaat, die jedoch die Anerkennungsvoraussetzungen in dem betreffenden Mitgliedstaat erfüllt (Art. 34 Nr. 4 EuGVVO – Prinzip der zeitlichen Priorität).

32 Außerdem werden Entscheidungen nicht anerkannt, wenn die **Zuständigkeitsvorschriften** etwa des 3. Abschnittes des 2. Kapitels über Versicherungssachen **nicht beachtet** worden sind (Art. 35 Abs. 1 EuGVVO).

---

[52] EuGH 20.5.2010 VersR **2010** 1099 mit Anm. *Sperlich/Wolf*; zustimmend *Staudinger* IPRax **2011** 548; kritisch dagegen *Mankowski* RIW **2010** 667; Looschelders/Pohlmann/*Schäfer* Int. Versicherungsvertragsrecht Rn. 34.

[53] Vgl. EuGH 21.5.1980 RIW **1980** 1510; BGH 21.12.2006 VersR **2008** 940.

[54] So wohl BGH 15.2.2012 VersR **2012** 601, 603; *Schaloske* VersR **2009** 23; anders aber OLG Celle 8.9.2009 VersR **2010** 612, 614.

[55] Vgl. BGH 17.12.2009 NJW-RR **2010** 571 sowie BGH 21.1.2010 NJW-RR **2010** 1001.

Die ausländische Entscheidung darf **keinesfalls in der Sache selbst** überprüft werden (Art. 36 EuGVVO). **33**

II. Vollstreckung ausländischer Entscheidungen (Art. 38 ff. EuGVVO)

Will eine Partei aus einem ausländischen Urteil die Zwangsvollstreckung betreiben, so **34** muss sie die im ersten Mitgliedstaat ergangene und dort vollstreckbare Entscheidung im zweiten Mitgliedstaat **für vollstreckbar erklären** lassen (Art. 38 Abs. 1 EuGVVO). Der Antrag ist in Deutschland an den Vorsitzenden einer Kammer des örtlich zuständigen Landgerichts zu richten (Art. 39 EuGVVO i.V. mit Anhang II der VO).

Das mit dem Antrag befasste Gericht erlässt seine **Entscheidung unverzüglich**, ohne **35** die anzuerkennende Entscheidung auf Verstöße gegen Art. 34 und 35 EuGVVO hin zu überprüfen und ohne dass der Schuldner in diesem Stadium des Verfahrens Gelegenheit erhält, eine Erklärung abzugeben (Art. 41 EuGVVO). Etwaige Verstöße gegen den materiellrechtlichen oder verfahrensrechtlichen ordre public oder gegen Zuständigkeitsregeln muss er im **Rechtsbehelfsverfahren** (Art. 43 ff. EuGVVO) geltend machen.

Sachregister

Die fetten Zahlen verweisen auf die Paragraphen bzw. Artikel, die mageren auf die Randnummern. Die Einleitung zum Internationalen Versicherungsvertragsrecht und der Abschnitt zum Internationalen Versicherungsprozessrecht werden mit **Einf. Int. VersR** bzw. **Int. VersProzR** bezeichnet.